Anwendbarkeit und Anwendung des Kartellrechts auf den Kapitalmarkt sowie dessen Verhältnis zum Kapitalmarktrecht

Europäische Hochschulschriften

European University Studies

Publications Universitaires Européennes

Reihe II	**Rechtswissenschaft**
Series II	Law
Série II	Droit

BAND/VOLUME **6056**

Maximilian Backhaus

Anwendbarkeit und Anwendung des Kartellrechts auf den Kapitalmarkt sowie dessen Verhältnis zum Kapitalmarktrecht

PETER LANG

Bibliografische Information der Deutschen Nationalbibliothek
Die Deutsche Nationalbibliothek verzeichnet diese Publikation in der Deutschen Nationalbibliografie; detaillierte bibliografische Daten sind im Internet über http://dnb.d-nb.de abrufbar.

Zugl.: Düsseldorf, Heinrich-Heine-Universität, Diss., 2018

D 61
ISSN 0531-7312
ISBN 978-3-631-77341-3 (Print)
E-ISBN 978-3-631-77536-3 (E-PDF)
E-ISBN 978-3-631-77537-0 (EPUB)
E-ISBN 978-3-631-77538-7 (MOBI)
DOI 10.3726/b14954

Peter Lang – Berlin · Bern · Bruxelles · New York · Oxford · Warszawa · Wien

Diese Publikation wurde begutachtet.

www.peterlang.com

Für Annina

Vorwort

Die vorliegende Arbeit wurde im Sommersemester 2017 von der Juristischen Fakultät der Heinrich-Heine-Universität Düsseldorf als Dissertation angenommen. Literatur und Rechtsprechung sind bis einschließlich Mai 2017 berücksichtigt.

Danksagungen

Im Rahmen der Erstellung dieser Arbeit habe ich von vielen Seiten Unterstützung erfahren. Zuvorderst gilt mein Dank meinem Doktorvater Prof. Dr. Christian Kersting, LL.M (Yale), für die gewissenhafte und pragmatische Unterstützung und Begleitung des Dissertationsvorhabens, insbesondere seine stets hilfreichen Anmerkungen und Hinweise. Er gab mir auch die Anregung zu diesem Thema, wofür ihm mein Dank gilt. Gleichermaßen danke ich auch meinem Zweitgutachter Prof. Dr. Rupprecht Podszun.

Nicht vergessen werden darf an dieser Stelle auch meine Ehefrau, die einen wesentlichen Anteil an der Fertigstellung dieser Arbeit trägt, indem sie mich unermüdlich und mit einer stoischen Gelassenheit bei meinem Vorhaben unterstützt hat.

Düsseldorf, im August 2018

Dr. Maximilian Backhaus

Inhaltsverzeichnis

Abkürzungsverzeichnis

Abl.	Amtsblatt der Europäischen Union
Abs.	Absatz
AEUV	Vertrag über die Arbeitsweise der Europäischen Union
AG	Aktiengesetz Zeitschrift
AktG	Aktiengesetz
allg.	allgemein
Art.	Artikel
BaFin	Bundesanstalt für Finanzdienstleistungsaufsicht
BB	Betriebsberater, Zeitschrift für Recht und Wirtschaft
BGB	Bürgerliches Gesetzbuch
BGH	Bundesgerichtshof
BKR	Zeitschrift für Bank- und Kapitalmarktrecht
BörsG	Börsengesetz
Bsp.	Beispiel
bspw.	beispielsweise
BT-Drs.	Bundestagsdrucksache
BVerfG	Bundesverfassungsgericht
bzgl.	bezüglich
bzw.	beziehungsweise
CCZ	Corporate Compliance Zeitschrift
DB	Der Betrieb
DStR	Deutsches Steuerrecht
EGMR	Europäischer Gerichtshof für Menschenrechte
Einl.	Einleitung
EMRK	Europäische Menschenrechtskonvention
et. al.	et alii, et aliae, et alia
EU-Charta	Charta der Grundrechte der Europäischen Union
EuG	Gericht der Europäischen Union
EuGH	Europäischer Gerichtshof
EuR	Europarecht
EUV	Vertrag über die Europäische Union
EuZW	Europäische Zeitschrift für Wirtschaftsrecht
f., ff.	fortfolgend(e)
FKVO	Fusionskontrollverordnung
Fn	Fußnote
FS	Festschrift
GA	Generalanwalt
GbR	Gesellschaft bürgerlichen Rechts
gem.	gemäß
GG	Grundgesetz

ggf.	gegebenenfalls
GmbH	Gesellschaft mit beschränkter Haftung
GWB	Gesetz gegen Wettbewerbsbeschränkungen
GWR	Gesellschafts- und Wirtschaftsrecht
HK	Handkommentar
Hrsg.	Herausgeber
HS	Halbsatz
i.S.d.	im Sinne des, im Sinne der
i.S.v.	im Sinne von
i.V.m.	in Verbindung mit
JA	Juristische Arbeitsblätter
JuS	Juristische Schulung
Kap	Kapitel
KG	Kammergericht
KommJur	KommunalJurist
KRP	Kredit & Rating Praxis
LG	Landgericht
Lit.	Buchstabe
MaKonV	Marktmissbrauchskonkretisierungsverordnung
NJW	Neue Juristische Wochenzeitschrift
Nr.	Nummer
NStZ	Neue Zeitschrift für Strafrecht
NVwZ	Neue Zeitschrift für Verwaltungsrecht
NZG	Neue Zeitschrift für Gesellschaftsrecht
NZKart	Neue Zeitschrift für Kartellrecht
OHG	Offene Handelsgesellschaft
OWiG	Gesetz über Ordnungswidrigkeiten
Rn	Randnummer
Rs.	Rechtssache
Rspr.	Rechtsprechung
S.	Seite, Satz
SDÜ	Schengener Durchführungsübereinkommen
sog.	sogenannte
u.	und
u.a.	unter anderem, und Andere
UAbs.	Unterabsatz
v.	vom
v.a.	vor allem
verb.	verbundene
vgl.	vergleiche
VO	Verordnung
WM	Wertpapiermitteilungen
WpHG	Wertpapierhandelsgesetz
WpÜG	Wertpapiererwerbs- und übernahmegesetz

WuW	Wirtschaft und Wettbewerb
z.B.	zum Beispiel
ZGR	Zeitschrift für Unternehmens- und Gesellschaftsrecht
ZHR	Zeitschrift für das gesamte Handelsrecht und Wirtschaftsrecht
ZIP	Zeitschrift für Wirtschaftsrecht
zit.	zitiert
ZWeR	Zeitschrift für Wettbewerbsrecht

Ergänzend wird verwiesen auf *Kirchner*, Abkürzungsverzeichnis der Rechtssprache, 8. Auflage, Berlin 2015.

A. Einleitung

Diese Arbeit beschäftigt sich mit der Frage der grundsätzlichen Anwendbarkeit und den Grundsätzen der Anwendung des Kartellrechts auf den Kapitalmarkt sowie mit dem mit diesen Fragenkomplexen verbundenen Verhältnis von Kartell- und Kapitalmarktrecht. Der Begriff *Kapitalmarkt* ist insoweit erkennbar von zentraler Bedeutung für diese Arbeit. Er ist das Objekt der Erörterung von Anwendbarkeit und Anwendung des Kartellrechts. Das Verständnis des Begriffs im Sinne dieser Arbeit sei daher hier einleitend näher erläutert. *Kapitalmarkt* meint den Handel mit Kapitalmarktprodukten, v.a. an Märkten, die wie Börsen kapitalmarktrechtlich organisiert sind, sowie zu Anlagezwecken. Er erfasst also primär Märkte, an denen Kapitalmarktprodukte als Kapitalanlage angeboten und nachgefragt werden. Ein Fokus der Arbeit liegt auf dem Handel mit Unternehmensbeteiligungen als Anlageprodukt und mit Derivaten, jeweils vor allem an Börsen als organisiertem Markt. Dieses Verständnis des *Kapitalmarkts* erfasst v.a. die Bereiche des Handels, die das Kapitalmarktrecht regelt. Das begründet sich damit, dass sich diese Arbeit mit dem Verhältnis von Kartell- und Kapitalmarktrecht am *Kapitalmarkt* auseinandersetzt. Im Kern meint *Kapitalmarkt* mithin den Handel mit Kapitalmarktprodukten an organisierten Märkten zwecks Anlage, bspw. den börslichen Handel mit Unternehmensbeteiligungen.

Bedürfnis wissenschaftlicher Aufarbeitung

Es bedarf einer grundlegenden Auseinandersetzung mit den bislang allenfalls partiell aufgearbeiteten Fragen, ob und in welchen Grenzen das Kartellrecht am Kapitalmarkt zur Anwendung kommen kann und in welchem Verhältnis es zum Kapitalmarktrecht steht.

Eine zentrale Rolle bei der Aufarbeitung dieser Fragen spielt der strukturelle Umstand, dass das Kapitalmarktrecht ein Rechtsgebiet ist, das spezifisch Belange des Kapitalmarkts regelt und das Kapitalmarktgeschehen als sachnahes Marktrecht organisiert. Es definiert maßgeblich den Kapitalmarktrechtsrahmen und bestimmt Grenzen zulässigen Kapitalmarktverhaltens. Gerade diese speziellen kapitalmarktrechtlichen Vorgaben bieten im Zusammenspiel mit den allgemeinen kartellrechtlichen Rahmenbedingungen für ein wettbewerbliches Marktgeschehen Raum für die wissenschaftliche Auseinandersetzung mit den vorgenannten Fragestellungen. Kartell- wie Kapitalmarktrecht regeln Grenzen zulässigen Marktverhaltens. Es ist zu beleuchten, wie sich die beiden Rechtsgebiete gegenseitig in der Anwendung bedingen.

Diese Arbeit soll daher insgesamt untersuchen, ob und wie das allgemein wettbewerbliches Marktverhalten regelnde Kartellrecht neben dem spezifisch Kapitalmarktverhalten regelnden Kapitalmarktrecht am Kapitalmarkt tatsächlich Geltung beanspruchen kann und welche Besonderheiten in Anbetracht der Existenz des spezifisch kapitalmarktbezogenen Kapitalmarktrechts für die Kartellrechtsanwendung zu beachten sind.

Konkret ergeben sich zwei Fragen, deren Klärung es bedarf. Ersten ist zu prüfen, ob das Kartellrecht am Kapitalmarkt anwendbar ist und wie sich die Kapitalmarktorganisation und -struktur auf diese Anwendung auswirkt, ohne jedoch schon das Verhältnis von Kartell- und Kapitalmarktrecht zu betrachten. Dies ist Gegenstand der zweiten Frage. Es bedarf insoweit der Aufarbeitung des Verhältnisses von Kartell- und Kapitalmarktrecht in der Anwendung auf den Kapitalmarkt. Dieses Verhältnis und seine Auswirkungen auf die Kartellrechtsanwendung sind wissenschaftlich und praktisch nicht minder erörterungswürdig.

Herangehensweise der Arbeit

Diese Arbeit vermag die vorgenannten Themenkomplexe sicherlich nicht allumfassend zu beleuchten. Sie soll aber u.a. einen grundlegenden Überblick über die bisherige Aufarbeitung der adressierten Fragen in nur bedingt vorhandener Rechtsprechung und Behördenpraxis sowie der juristischen Literatur geben.

So hat die Europäische Kommission in der Vergangenheit etwa Absprachen zur Steuerung von Referenzzinssätzen wegen damit verbundener Auswirkungen auf Märkten für referenzzinsgekoppelte Kapitalmarktprodukten kartellrechtlich geahndet.[1] Sie sieht mithin das Kartellrecht als auf den Kapitalmarkt anwendbar an. Auch deutsche Gerichte haben sich bereits, wenn auch nur rudimentär, mit der Anwendbarkeit des Kartellrechts auf den Kapitalmarkt beschäftigt. So hat sich das LG Stuttgart mit einem Missbrauch einer marktbeherrschenden Stellung in Bezug auf das Angebot von Aktien auseinandergesetzt, hat aber die Frage der Anwendbarkeit des Verbots des Missbrauchs einer marktbeherrschenden Stellung neben dem Kapitalmarktrecht ausdrücklich offen gelassen, weil es das Verbot an der nach Ansicht des Gerichts nicht bestehenden marktbeherrschenden Stellung scheitern ließ.[2] Das Gericht setzte sich mithin gerade nicht mit der wesentlichen Frage des Verhältnisses von Kartell- und Kapitalmarktrecht sowie der potentiellen Auswirkungen des Verhältnisses auf die Kartellrechtsanwendung auseinander. Neben dem LG Stuttgart hat sich das LG Braunschweig mit der Kartellrechtsanwendung neben dem Kapitalmarktrecht befasst. Laut LG Braunschweig kann das Kartellrecht bei kapitalmarktrechtlich relevantem Verhalten einschlägig sein. Das Gericht merkt aber zugleich an, dass das Verhältnis von Kartellrecht und Kapitalmarktrecht einer grundlegenden Aufarbeitung harrt.[3] Es besteht ein Bedürfnis zur grundlegenden Aufarbeitung der Frage nach der Anwendbarkeit und Anwendung des Kartellrechts auf den Kapitalmarkt neben dem Kapitalmarktrecht. Zur

---

1 Vgl. dazu eingehend Abschnitt B. IV. 3. dieser Arbeit.

2 LG Stuttgart v. 17.03.2014, 28 O 183/13 (= ZIP 2014, 726, 731); vgl. zu den Grundsätzen der Marktabgrenzung am Kapitalmarkt Abschnitt B. III. dieser Arbeit.

3 LG Braunschweig v. 19.06.2013, 5 O 552/12 (= BeckRS 2013, 12034).

adäquaten Beantwortung dieser Frage müssen die Grundsätze der Kartellrechtsanwendung auf dem Kapitalmarkt und ein Verhältnis von Kartell- und Kapitalmarktrecht erarbeitet werden.

Auch Stimmen in der Literatur setzen sich mit der Kartellrechtsanwendung auf dem Kapitalmarkt auseinander. Zu den erörterten Themenbereichen, die auch diese Arbeit adressiert, gehören der Missbrauch einer marktbeherrschenden Stellung durch Anbieter von Kapitalmarktprodukten, die Referenzzinsmanipulation sowie Aktienemission und Kursstabilisation durch Emissionskonsortien.

Wichtiger als die bloße Auseinandersetzung mit diesen Aufarbeitungen soll die Entwicklung eigener Ansätze zur Anwendung des Kartellrechts auf dem Kapitalmarkt sowie zum Verhältnis von Kartell- und Kapitalmarktrecht sein. Bei den in dieser Arbeit entwickelten Ansätzen handelt es sich insbesondere um Prinzipien zur Abgrenzung von Märkten für Kapitalmarktprodukte und zur Lösung von Konflikten zwischen Kartell- und Kapitalmarktrecht auf Verbots- und Sanktionsebene, die aus der in dieser Arbeit zugrunde gelegten grundsätzlichen parallelen Anwendung der beiden Rechtsmaterien folgen.

Aufgrund der nicht zu vernachlässigenden praktischen Relevanz der Anwendbarkeit und Anwendung des Kartellrechts am Kapitalmarkt strebt diese Arbeit nicht nur eine rechtstheoretische Einschätzung der beschriebenen Fragenkomplexe an, sondern soll anhand von einzelnen Fallgruppen und Praxisbeispielen auch die praktischen Auswirkungen der entwickelten Grundsätze der Kartellrechtsanwendung neben dem Kapitalmarktrecht darstellen. So ist sicherlich allein schon rechtstheoretisch z.B. interessant, wie das Kartellverbot und das Verbot des Missbrauchs einer marktbeherrschenden Stellung an Märkten für Kapitalmarktprodukte Anwendung finden können und welche Folgen dies für das Kapitalmarktrecht hat. Darzustellen ist aber sodann zugleich auch, welche praktische Konsequenz mit den jeweils theoretisch entwickelten Grundsätzen einhergeht. Dafür werden jeweils Beispiele in die Bearbeitung eingebracht.

Ferner soll im abschließenden Teil dieser Arbeit ein grundsätzlicher Leitfaden für die Prüfung der kartellrechtlichen Verbote am Kapitalmarkt präsentiert werden, der die wesentlichen Ergebnisse dieser Arbeit widerspiegelt.

Ziel der Arbeit

Ziel der Arbeit ist es, ein grundsätzliches Verständnis der Möglichkeiten und Grenzen der Kartellrechtsanwendung am Kapitalmarkt zu entwickeln und kapitalmarktbezogene Besonderheiten zu identifizieren, die in der Kartellrechtsanwendung am Kapitalmarkt grundsätzlich zu beachten sind. Dazu gehört sicherlich in erster Linie die Darstellung der Grundsätze der Anwendung des Kartellrechts. Diesbezüglich ist v.a. die Marktabgrenzung wesentlich, für die ein Ansatz entwickelt wird. Daneben ist das Verhältnis von Kartell- und Kapitalmarktrecht zwingend darzustellen, um ein Verständnis für die Kartellrechtsanwendung auf dem Kapitalmarkt entwickeln zu können. Diesbezüglich liegt der Fokus der Arbeit auf der Entwicklung eines allgemeinen Verhältnisses der beiden Rechtsmaterien sowie der Erarbeitung von Lösungsansätzen für das Verhältnis von Kartell- und Kapitalmarktrecht bei Überschneidungsfällen auf der Verbots- und Sanktionsebene.

Struktureller Aufbau der Arbeit

Die Arbeit gliedert sich in zwei wesentliche Teile und eine abschließende Zusammenfassung der wesentlichen Ergebnisse und Schlussfolgerungen der Arbeit. Der erste Teil der Arbeit befasst sich mit der Anwendbarkeit und Anwendung des Kartellrechts auf den Kapitalmarkt aus primär kartellrechtlicher Sicht. Betrachtet wird zudem, wie sich die Kapitalmarktorganisation und -struktur aus kartellrechtlicher Sicht auf die Anwendbarkeit und Anwendung des Kartellrechts auswirken. Dieser Teil der Arbeit lässt in diesem Zusammenhang das sodann im zweiten Teil zu erörternde Verhältnis von Kartell- und Kapitalmarktrecht grundsätzlich noch außen vor.

Der strukturelle Hintergrund für diese das Verhältnis von Kartell- und Kapitalmarktrecht erst an zweiter Stelle erörternde Betrachtungsreihenfolge ist, dass es zunächst einer Aufarbeitung der Anwendbarkeit und des Anwendungsspielraum des Kartellrechts am Kapitalmarkt aus kartellrechtlicher Sicht bedarf. Nur so können die Grenzen definiert werden, in denen eine Erörterung des Verhältnisses von Kartell- und Kapitalmarktrecht überhaupt erforderlich ist. Hierbei ist zu beachten, dass das Kartellrecht markt- und wettbewerbsliberalisierend ist, während der Kapitalmarkt in Teilen organisiert ist. Das Kapitalmarktgeschehen kann standardisiert sein, u.a. im Börsenhandel. Der Organisationsgrad des Kapitalmarkts wirft die Frage auf, ob das markt- und wettbewerbsliberalisierende Kartellrecht auf einen organisierten sowie in Teilen nach standardisierten Verfahren funktionierenden und damit möglicherweise nicht liberalen Kapitalmarkt unter Umständen schon aus kartellrechtlicher Sicht nicht anwendbar ist. Ist eine Anwendung des Kartellrechts bereits aus kartellrechtlicher Sicht ausgeschlossen, erübrigt sich die Frage nach dem Verhältnis von Kartell- und Kapitalmarktrecht. Ist aber aus kartellrechtlicher Sicht das Kartellrecht auf den Kapitalmarkt anwendbar, muss beleuchtet werden, wie die Besonderheiten des Kapitalmarkts in die Kartellrechtsanwendung einwirken. Vor allem ist zu erörtern, ob sie die Kartellrechtsanwendung limitieren. Verbleiben trotz der Besonderheiten des Kapitalmarkts aus kartellrechtlicher Sicht Anwendungsmöglichkeiten, sind aber die Möglichkeiten und Grenzen der Anwendung des Kartellrechts auf den Kapitalmarkt noch nicht abschließend beurteilt. Sodann ist auch das Kapitalmarktrecht in die Betrachtung einzubeziehen, um ein Verhältnis von Kartell- und Kapitalmarktrecht herauszufiltern und zu entwickeln.

Gliederung der Arbeit

Konkret leitet der erste Teil dieser Arbeit mit der Frage der Anwendbarkeit des Kartellrechts am Kapitalmarkt aus kartellrechtlicher Sicht ein. Anschließend werden die Grundsätze der Marktabgrenzung für Kapitalmarktprodukte dargestellt, bevor auf die Anwendung des Kartellverbots und des Verbots des Missbrauchs einer marktbeherrschenden Stellung eingegangen wird. Die Marktabgrenzung ist vor die Klammer der Erörterung der Anwendungsgrundsätze zu den kartellrechtlichen Verboten gezogen, da die Marktabgrenzung große Märkte für Kapitalmarktprodukte ergeben kann. Diese sind eine grundsätzliche Anwendungshürde für das Kartellrecht am Kapitalmarkt. Daher ist die Entwicklung der Grundsätze zur Marktabgrenzung ein wesentlicher Aspekt des ersten Teils. Die Darstellung der Marktabgrenzung und Anwendungsgrundsätze der kartellrechtlichen Verbote am Kapitalmarkt fokussieren auf den Kapitalmarkt als Markt für Kapitalanlage und den diesbezüglichen Handel mit Kapitalmarktprodukten als Anlageprodukte. Der Börsenhandel mit Wertpapieren steht im Vordergrund, v.a. der Handel mit Unternehmensbeteiligungen. Die Marktabgrenzung wird abstrakt dargestellt sowie an Aktien und Derivaten als Beispielen vertieft. Außerdem wird auf die Möglichkeiten einer Verengung von Märkten, die über die dargestellten Grundsätze hinausgeht, eingegangen. Im Anschluss an die Marktabgrenzung werden die Grundsätze der Anwendung des europäischen und deutschen Kartellverbots in Art. 101 und § 1 GWB sowie des europäischen und deutschen Verbots des Missbrauchs einer marktbeherrschenden Stellung in Art. 102 AEUV und § 19 GWB in Bezug auf den Handel mit Kapitalmarktprodukten dargestellt. Die Darstellung erfolgt abstrakt und an von Beispielen. Auf abstrakter Ebene werden primär die tatsächlichen Auswirkungen der spezifischen Kapitalmarktorganisation und -struktur auf die Anwendung der Verbote analysiert. Ein wesentlicher Aspekt ist dabei die Frage, wie sich die potentielle Größe der Märkte für Kapitalmarktprodukte auf die praktische Anwendung der Verbote auswirkt. Als Beispiele werden in Bezug auf das Kartellverbot die Referenzzinsmanipulation und Emissionskonsortien erörtert. Für das Verbot des Missbrauchs einer marktbeherrschenden Stellung wird die Forderung hoher Preise durch einen Anbieter börsengehandelter Unternehmensbeteiligungen, der deren Angebot vereint, als Beispiel für einen Preismissbrauch dargestellt.

Der zweite Teil der Arbeit setzt sich sodann damit auseinander, wie sich Kartell- und Kapitalmarktrecht in der Anwendung am Kapitalmarkt beeinflussen. Dabei wird weniger geprüft, welchen Einfluss das Kartellrecht auf das Kapitalmarktrecht hat. Im Fokus steht vielmehr die relevantere Frage, wie sich das besondere und in Bezug auf den Kapitalmarkt sachnähere Kapitalmarktrecht auf die Anwendung des Kartellrechts am Kapitalmarkt auswirkt. Im zweiten Teil dieser Arbeit werden Lösungsansätze dazu entwickelt, wie mit der parallelen Anwendung des Kartell- und Kapitalmarktrechts auf den Kapitalmarkt umzugehen ist. Es werden insoweit das Verhältnis und das Zusammenspiel von Kartell- und Kapitalmarkt in der Anwendung der kartell- und kapitalmarktrechtlichen Verbote sowie Sanktionsmöglichkeiten betrachtet. Wegen der parallelen Regelung der Grenzen zulässigen Marktverhaltens ist nicht auszuschließen, dass sich Kartell- und Kapitalmarktrecht in der Beurteilung eines Verhaltens überschneiden. Es wird daher erarbeitet, wie sich das Kartell- und Kapitalmarktrecht in diesem Fall zueinander verhalten. Insoweit harrt das Verhältnis von Kartell- und Kapitalmarktrecht einer grundsätzlichen Aufarbeitung.

Konkret wird im zweiten Teil der Arbeit zunächst diskutiert, ob das Kapitalmarktrecht in Bezug auf den Kapitalmarkt einen generell abschließenden, sonderkartellrechtlichen oder kartellrechtsverdrängenden Rechtsrahmen setzt. In diesem Zusammenhang wird am Beispiel von kapitalmarktrechtlichen Verboten in der europäischen Marktmissbrauchsverordnung[4] als eine der wesentlichen auf das Kapitalmarktverhalten bezogenen Regelungen des europäischen Kapitalmarktrechts dargestellt, dass kapitalmarktrechtliche Verbote durchaus parallel zu kartellrechtlichen Verboten eingreifen und faktisch den Wettbewerb schützen können. Da das Kapitalmarktrecht das Kartellrecht in der Anwendung am Kapitalmarkt nicht generell ausschließt und Kartell- und Kapitalmarktrecht im Ausgangspunkt parallel auf den Kapitalmarkt anwendbar sind, wird im Weiteren auf das Verhältnis der beiden Rechtsmaterien auf der Verbots- und Sanktionsebene eingegangen.

Auf der Verbotsebene stellt sich die Frage, wie mit unterschiedlichen Beurteilungen eines Verhaltens durch Kartell- und Kapitalmarktrecht umzugehen ist. Insoweit wird analysiert, ob die Zulässigkeit eines Verhaltens nach einer Rechtsmaterie ein Verbot dieses Verhaltens nach der anderen Rechtsmaterie verdrängt. Aufgrund der Sachnähe des Kapitalmarktrechts zum Kapitalmarkt liegt der Fokus auf der Betrachtung der kapitalmarktrechtlichen Zulässigkeit eines Verhaltens, das kartellrechtlich untersagt ist. Es wird erörtert, ob kapitalmarktrechtliche Zulässigkeitsregelungen kartellrechtliche Verbote beeinflussen oder sogar sperren. Das erarbeitete Verhältnis von Kartell- und Kapitalmarktrecht wird im Anschluss beispielhaft an einer kapitalmarktrechtlich nach Art. 5 Abs. 4 der Marktmissbrauchsverordnung zulässigen Kursstabilisation im Zusammenhang mit einer Aktienemission überprüft.

Neben dem Verhältnis auf der Verbotsebene wird das Verhältnis der Rechtsmaterien auf der Sanktionsebene dargestellt. Nach beiden Rechtsmaterien können Verstöße mit Bußgeldern geahndet werden. Erörtert werden daher zwei Fragen. Zum einen wird erörtert, ob der Umstand, dass ein Verhalten nach einer Rechtsmaterie nicht untersagt und sanktioniert ist, die Bebußung des Verhaltens nach der anderen Rechtsmaterie limitiert. Denkbar sind die Minderung oder der Ausschluss des Bußgelds. Wegen der Sachnähe des Kapitalmarktrechts zum Kapitalmarkt stellt sich auch diese Frage primär für eine kapitalmarktrechtliche Verbots- und Sanktionslosigkeit gegenüber einer kartellrechtlichen Bußgeldfestsetzung. Zum anderen wird der Fall betrachtet, dass ein Verhalten parallel gegen Kartell- und Kapitalmarktrecht verstößt und nach beiden Rechtsmaterien bebußt werden kann. Wegen der Möglichkeit mehrfacher Bebußung des gleichen Verhaltens besteht ein gesteigertes wissenschaftliches und praktisches Interesse daran, in welchem

4 Verordnung (EU) Nr. 596/2014 des Europäischen Parlaments und des Rates vom 16. April 2014 über Marktmissbrauch (Marktmissbrauchsverordnung) und zur Aufhebung der Richtlinie 2003/6/EG des Europäischen Parlaments und des Rates und der Richtlinien 2003/124/EG, 2003/125/EG und 2004/72/EG der Kommission, ABl. Nr. L 173 S. 1 (im Folgenden „Marktmissbrauchsverordnung“).

Umfang die kartell- und kapitalmarktrechtlichen Bußgeldmöglichkeiten parallel genutzt werden können. Darauf fokussiert die Betrachtung der Sanktionsebene. Die Darstellung erfolgt am Beispiel einer potentiellen parallelen Bebußung von Verstößen gegen die Marktmissbrauchsverordnung und Art. 101, 102 AEUV, §§ 1, 19 GWB.

Wesentliche Ergebnisse der Arbeit

Die aus dieser skizzierten Ausarbeitung resultierenden wesentlichen Ergebnisse lassen sich einleitend kurz wie folgt zusammenfassen:

Im ersten Teil der Arbeit wird festgestellt, dass das Kartellrecht aus kartellrechtlicher Sicht in der Tat eine Anwendbarkeit am Kapitalmarkt für sich beanspruchen kann.[5] Art. 101, 102 AEUV und §§ 1, 19 GWB sind aus kartellrechtlicher Sicht auf den Kapitalmarkt anwendbar, da sie universell Wettbewerb schützen. Die Kapitalmarktorganisation steht dem nicht entgegen. Dem Kapitalmarkt fehlt nicht die Wettbewerblichkeit, sodass das Kartellrecht seiner wettbewerbsschützenden Zwecksetzung am Kapitalmarkt nachkommen kann.

Obgleich die kartellrechtlichen Verbote aus kartellrechtlicher Sicht auf den Kapitalmarkt anwendbar sind, müssen in der konkreten Anwendung der Verbote Einschränkungen beachtet werden. Die Anwendung des Kartellrechts findet in der potentiellen Größe der Märkte für Kapitalmarktprodukte eine grundsätzliche Hürde, da sachliche Märkte für Kapitalmarktprodukte grundsätzlich nicht für einzelne Kapitalmarktprodukte bestehen, sondern in Gattungen funktional identischer Kapitalmarktprodukte zu trennen sind.[6] Die potentiell großen sachlichen Märkte dehnen sich räumlich zumindest bundesweit aus, wobei grenzüberschreitende Märkte v.a. im Börsenhandel wahrscheinlich sind, wenn die Anleger einen gewissen Professionalisierungsgrad erreichen.[7] An den potentiell großen Märkten werden die für die kartellrechtlichen Verbote erforderlichen Marktanteile nicht zwingend erreicht. Das schließt die Kartellrechtsanwendung nicht aus. Märkte können sich weiter verengen, unter besonderen Voraussetzungen im Einzelfall auch auf das einzelne Kapitalmarktprodukt, etwa Beteiligungen an einem Unternehmen.[8] Dadurch steigt die Wahrscheinlichkeit, dass die kartellrechtlichen Verbote anwendbar sind.

Ist die Marktgröße als Hürde überwunden, ergeben sich Anwendungsfälle für die kartellrechtlichen Verbote am Kapitalmarkt. Die Kapitalmarktteilnehmer haben wegen der wettbewerblichen Struktur des Kapitalmarkts Handlungsfreiheiten, die sie potentiell wettbewerbsbeschränkend nutzen können. Zugleich ist jedoch ebenso zu beachten, dass die Kapitalmarktorganisation die Anwendung

5 Vgl. dazu eingehend Abschnitt B. II. dieser Arbeit.
6 Vgl. dazu eingehend Abschnitt B. III. 2. a. dieser Arbeit.
7 Vgl. dazu eingehend Abschnitt B. III. 3. dieser Arbeit.
8 Vgl. dazu eingehend Abschnitt B. III. 2. e. dieser Arbeit.

der kartellrechtlichen Verbote rein tatsächlich einschränken kann, v.a. im organisierten Börsenhandel.[9] Relevanter als diese bloß tatsächlichen Einschränkungen sind die Auswirkungen der Besonderheiten der Kapitalmarktorganisation und -struktur auf die Prüfung der kartellrechtlichen Verbote. Sie können das Ergebnis dieser Prüfung beeinflussen, wie an den Beispielen Referenzzinsmanipulation[10] und Emissionskonsortien[11] für das Kartellverbot sowie Preismissbrauch[12] für das Missbrauchsverbot gezeigt wird. Das Kartellrecht kann nicht am Kapitalmarkt angewandt werden, ohne die Kapitalmarktbesonderheiten schon in der kartellrechtlichen Prüfung zu beachten.

Insgesamt ist das Kartellrecht am Kapitalmarkt anwendbar und es ergeben sich auch praktische Anwendungsfälle. Allerdings wird die Anwendung des Kartellrechts durch die Kapitalmarktorganisation und -struktur beeinflusst. Ein wesentlicher Faktor ist insoweit die potentielle Marktgröße.

Im zweiten Teil der Arbeit wird zunächst festgestellt, dass das Kapitalmarktrecht das Kartellrecht nicht generell sperrt, da es trotz der Sachnähe zum Kapitalmarkt nicht abschließend, sonderkartellrechtlich oder kartellrechtsverdrängend ist.[13] Die kapitalmarktrechtlichen Verbote erhalten, wenn sie parallel zu kartellrechtlichen Verboten eingreifen, keinen sonderkartellrechtlichen Charakter. Sie schützen allenfalls als Nebeneffekt der kapitalmarktrechtlichen Zwecke faktisch den Wettbewerb. Dies ist vom Kapitalmarktrecht nicht bezweckt. Kartell- und Kapitalmarktrecht finden daher grundsätzlich parallel Anwendung.

Auf der Verbotsebene ist im Ausgangspunkt vom Vorrang eines Verbots vor der Zulässigkeit nach der jeweils anderen Rechtsmaterie auszugehen.[14] Eine kartellrechtliche Zulässigkeit kann allenfalls überwiegend wettbewerbsschützende dritte Verbote sperren, zu denen kapitalmarktrechtliche Verbote nicht zählen. Eine kapitalmarktrechtliche Zulässigkeitsregelung kann hingegen aus kapitalmarktrechtlicher Sicht nach dem in dieser Arbeit entwickelten Verständnis einem kartellrechtlichen Verbot unter bestimmten Voraussetzungen vorgehen. Jenes in dieser Arbeit entwickelte Berücksichtigungserfordernis hat jedoch aufgrund der engen Voraussetzungen nur einen eingeschränkten Anwendungsbereich und kann darüber hinaus nur in den Grenzen der Normenhierarchie zu einem Vorrang der kapitalmarktrechtlichen Zulässigkeit führen. Daher ist eine daraus abzuleitende Sperrwirkung gegenüber den kartellrechtlichen Verboten unwahrscheinlich, wenn sie nicht geregelt ist. Gleichzeitig ist zu beachten, dass wegen der faktisch ähnlich auf einen wettbewerblich funktionierenden Kapitalmarkt gerichteten Zwecke von Kartell- und Kapitalmarktrecht die Möglichkeit besteht, die kapitalmarktrechtliche

---

9 Vgl. dazu eingehend Abschnitte B. IV. sowie B. V. dieser Arbeit.
10 Vgl. dazu eingehend Abschnitt B. IV. 3. dieser Arbeit.
11 Vgl. dazu eingehend Abschnitt B. IV. 4. dieser Arbeit.
12 Vgl. dazu eingehend Abschnitt B. V. 3. dieser Arbeit.
13 Vgl. eingehend zum grundsätzlichen Verhältnis Abschnitt C. II. dieser Arbeit.
14 Vgl. eingehend zur Verbotsebene Abschnitt C. III. dieser Arbeit.

Zulässigkeit im Kartellrecht zu spiegeln. Grundsätzlich mündet die parallele Anwendung von Kartell- und Kapitalmarktrecht auf der Verbotsebene in einen Vorrang des jeweiligen Verbots.

Das für die Verbotsebene in dieser Arbeit erarbeitete Verhältnis von Kartell- und Kapitalmarktrecht wird an einer kapitalmarktrechtlich zulässigen Kursstabilisation nach Art. 5 Abs. 4 der Marktmissbrauchsverordnung überprüft. Diese kann kartellrechtlich verboten sein, aber zugleich auch Vorteile für Markt, Wettbewerb, und Marktteilnehmer schaffen, die kartellrechtlich als Effizienzvorteile rechtfertigend Berücksichtigung finden können.[15] Aus dem für die Verbotsebene erarbeiteten Verhältnis folgt, dass die kapitalmarktrechtliche Zulässigkeitsregelung zur Kursstabilisation in Art. 5 Abs. 4 der Marktmissbrauchsverordnung die kartellrechtlichen Verbote nicht sperrt, soweit diese Kursstabilisation untersagen.

Für die Sanktionsebene folgt aus der parallelen Anwendung von Kartell- und Kapitalmarktrecht, dass kartell- und kapitalmarktrechtliche Sanktionsmöglichkeiten bei parallelen Verstößen gegen Kartell- und Kapitalmarktrecht im Ausgangspunkt parallel zur Verfügung stehen. Ist dies der Fall, sind nach in dieser Arbeit vertretener Ansicht auf Sanktionsebene parallele kartell- und kapitalmarktrechtliche Bußgelder durch *ne bis in idem* und zusätzlich für Bußgelder nationaler Behörden durch das OWiG limitiert, wohingegen einseitige kartell- oder kapitalmarktrechtliche Bußgelder uneingeschränkt möglich sind.[16]

---

15 Vgl. dazu eingehend Abschnitt C. III. 4. dieser Arbeit.
16 Vgl. dazu eingehend Abschnitt C. VI. dieser Arbeit.

B. Anwendbarkeit und Anwendung des Kartellrechts

I. Vorbemerkung

Der erste Teil der Arbeit beschäftigt sich mit der Anwendbarkeit und Anwendung der Art. 101, 102 AEUV, §§ 1, 19 GWB auf Märkte für Kapitalmarktprodukte aus kartellrechtlicher Sicht. Kapitalmarktrechtliche Einflüsse sind weitgehend noch ausgeblendet.[17] Zunächst wird die Anwendbarkeit der Verbote erörtert. Im Anschluss werden die Marktabgrenzung für Kapitalmarktprodukte und die Grundsätze der Anwendung von Kartell- und Missbrauchsverbot dargestellt.

II. Anwendbarkeit des Kartellrechts

1. Einleitung

Wie nachfolgend dargestellt wird, ist das Kartellrecht aus kartellrechtlicher Sicht am Kapitalmarkt anwendbar.[18] Die Anwendbarkeit hängt davon ab, ob das Kartellrecht den Kapitalmarkt erfasst und erfassen soll. Die Frage nach der Anwendbarkeit ist nicht nur theoretischer Natur. So ist die Anwendbarkeit bspw. zu verneinen, wenn das Kartellrecht auf klassische Waren- und Dienstleistungsmärkte zugeschnitten ist. Zu diesen zählt der teils stark organisierten Kapitalmarkt mit seinen ganz eigenen Produktformen nicht. Auch ist die einleitend schon erwähnte Kapitalmarktorganisation zu beachten. Diese könnte durch eine Anwendbarkeit des wettbewerbsschützenden Kartellrechts konterkariert sein. Auch insoweit ist zu fragen, ob dieser Umstand gegen eine Anwendbarkeit des Kartellrechts spricht. Ferner ist zu klären, ob dem Kapitalmarkt durch die Organisation die Wettbewerblichkeit fehlt. Ist der Kapitalmarkt nicht wettbewerblich, gibt es keinen Wettbewerb, den das Kartellrecht schützen könnte. Eine Anwendung des Kartellrechts wäre somit faktisch ausgeschlossen. Im Ergebnis stehen diese möglichen Hürden der Anwendbarkeit des Kartellrechts aus kartellrechtlicher Sicht nicht entgegen. Dafür sprechen Indizien im Kapitalmarktrecht und der universelle kartellrechtliche Wettbewerbsschutz. Ebenso scheitert die Anwendung nicht an fehlender Wettbewerblichkeit des Kapitalmarkts.

---

17 Vgl. zur Betrachtung der kapitalmarktrechtlichen Einflüsse Abschnitt C. dieser Arbeit.

18 Im Grundsatz ebenso: *Fleischer/Bueren*, ZIP 2013, 1253, 1263; KK-WpHG/*Stoll*, § 20a Anh. I - § 4 MaKonV; *Thomas*, ZWeR 2014, 119, 122.

2. Indizien für Kartellrechtsanwendung am Kapitalmarkt

Im Kapitalmarktrecht finden sich Indizien, die grundsätzlich für die Anwendung des Kartellrechts am Kapitalmarkt sprechen. So wirkt etwa die Börsenaufsicht nach § 9 Abs. 1 S. 1 BörsG darauf hin, „dass die Vorschriften des Gesetzes gegen Wettbewerbsbeschränkungen eingehalten werden". Die Vorschrift bezieht sich gem. § 9 Abs. 1 S. 2 BörsG zwar nur auf die Kartellrechtsanwendung „für den Zugang zu Handels-, Informations- und Abwicklungssystemen und sonstigen börsenbezogenen Dienstleistungseinrichtungen sowie deren Nutzung". Sie betrifft Börsendienstleistungen wie Zurverfügungstellung des Handelsplatzes, Abwicklung von Geschäften und Informationsdienste.[19] § 9 BörsG soll einer Konzentration des Wertpapierhandels und einer Schwächung der Marktposition kleiner Unternehmen und Börsenmakler gegenüber den Börsen beim Zugang zu Handels- und Abwicklungssystemen entgegenwirken.[20] Die Norm sichert den Wettbewerb der Börsen.[21] Sie erfasst nicht das Anlegerverhalten. Die Norm hat mithin keinen Bezug zum vorliegend analysierten Geschäft mit Kapitalmarktprodukten. Trotzdem zeigt die Norm grundsätzlich, dass das Kartellrecht im Kapitalmarktkontext nicht gänzlich ausgespart sein soll.

In die gleiche Richtung weist § 7 Abs. 1 S. 1 WpÜG, wonach Bundeskartellamt und BaFin „einander die für die Erfüllung ihrer Aufgaben erforderlichen Informationen mitzuteilen" haben. Informationen sind zu übermitteln, wenn eine Aufgabe dies erfordert. Ob das Bundeskartellamt Informationen zur Aufgabenerfüllung benötigt, mithin der Anwendungsbereich des Kartellrechts eröffnet ist, regelt § 7 WpÜG aber nicht. Die Norm dient vielmehr v.a. dazu, dem Bundeskartellamt für fusionskontrollrechtliche Fragen erforderliche Informationen zukommen zu lassen, die sich beim Erwerb von Unternehmensbeteiligungen stellen.[22] Trotzdem indiziert die Norm ebenso wie § 9 Abs. 1 S. 1 BörsG die grundsätzliche Kartellrechtsanwendung am Kapitalmarkt. Aufgaben des Bundeskartellamts nach § 7 Abs. 1 S. 1 WpÜG sind alle Aufgaben nach deutschem und europäischem Kartellrecht.[23] Dazu zählt die Anwendung von Kartell- und Missbrauchsverbots. Hätte man den Informationsfluss einseitig in Richtung BaFin halten wollen oder den Informationsfluss zum Bundeskartellamt auf bestimmte Bereiche und Themen beschränken wollen, wäre eine entsprechend eingeschränkte Regelung geschaffen worden. Das ist aber nicht der Fall. § 7 Abs. 1 S. 1 WpÜG differenziert dem Wortlaut nach nicht. Folglich ist die Norm als Indiz für eine Kartellrechtsanwendung zu werten.

---

19 EBJS/*Groß*, § 9 BörsG2007, Rn IX150; Groß/*Groß*, Kapitalmarktrecht, § 9 BörsG Rn 4; Heidel/*Uhl*, § 9 BörsG Rn 1; vgl. Schwark/Zimmer/*Beck*, § 9 BörsG Rn 13.

20 BT-Drs. 12/6679, S. 61.

21 EBJS/*Groß*, § 9 BörsG2007, Rn IX151; Groß/*Groß*, Kapitalmarktrecht, § 9 BörsG Rn 5.

22 Angerer/Geibel/Süßmann/*Süßmann*, § 7 WpÜG Rn 1; Heidel/*Sohbi*, § 7 WpÜG Rn 1; MüKo-AktG/*Wackerbarth/Kreße*, Band 6, § 7 WpüG Rn 1.

23 MüKo-AktG/*Wackerbarth/Kreße*, Band 6, § 7 WpüG Rn 7.

Ähnlich verpflichtet § 6 Abs. 2 WpHG BaFin und Bundeskartellamt, „einander Beobachtungen und Feststellungen (...) mitzuteilen, die für die Erfüllung ihrer Aufgaben erforderlich sind". § 6 Abs. 2 WpHG meint primär den Informationsfluss zur BaFin. Die Kartellbehörden werden bei Unternehmenszusammenschlüssen tätig. Die beteiligten Unternehmen kontaktieren insoweit die Kartellbehörden. Die Kontaktaufnahme kann ein Indiz für Insiderwissen sein, sodass eine Information der BaFin durch das Bundeskartellamt über ebendiese Kontaktaufnahme der BaFin die Feststellung von Insiderrechtsverstößen erleichtert.[24] Die Norm ist aber nicht auf diese Informationsrichtung limitiert, sondern erlaubt auch den Informationsfluss zum Bundeskartellamt. Wie auch § 7 Abs. 1 S. 1 WpÜG differenziert die Norm dem Wortlaut nach nicht und schränkt den Informationsfluss auch nicht ein. Sie ist daher ein Indiz dafür, dass das Kartellrecht am Kapitalmarkt Anwendung findet. Die Regelung enthält aber wie auch § 7 Abs. 1 S. 1 WpÜG keinen ausdrücklichen Anwendungsbefehl. Ob das Kartellrecht anwendbar und eine Information erforderlich ist, ist in beiden Fällen eine nicht von der Norm adressierte Vorfrage.

Ein deutlicher Hinweis auf die Anwendbarkeit des Kartellrechts an Märkten für Kapitalmarktprodukte findet sich indes in der europäischen Marktmissbrauchsverordnung. Sie definiert Grenzen und Vorgaben zulässigen Kapitalmarktverhaltens. Sie enthält u.a. das Verbot des Insiderhandels und der Marktmanipulation in Art. 14, 15. Sie ist ein zentrales auf das Kapitalmarktverhalten bezogenes Regelungswerk des Kapitalmarktrechts. Die vorliegende Arbeit analysiert die Anwendung des Kartellrechts auf Märkte für Kapitalmarktprodukte und diesbezügliches Verhalten der Kapitalmarktteilnehmer. Auch die Marktmissbrauchsverordnung adressiert dieses Verhalten. Es ergeben sich Überschneidungspunkte, die noch angesprochen werden.[25] Vorliegend relevant ist Erwägungsgrund 80 zur Marktmissbrauchsverordnung. Darin stellt der Verordnungsgeber fest, dass die Marktmissbrauchsverordnung der Anwendung des europäischen Kartellrechts, mithin der Art. 101, 102 AEUV, nicht entgegenstehe. Der Erwägungsgrund verdeutlicht, dass das europäische Kartellrecht auf Märkte für Kapitalmarktprodukte Anwendung finden soll. Er statuiert die Anwendbarkeit des Kartellrechts zwar nicht konstitutiv, sondern stellt nur fest, dass die Marktmissbrauchsverordnung das Kartellrecht nicht einschränkt. Da der Verordnungsgeber die Anwendung des Kartellrechts aber prominent nennt, ist das ein Indiz für die Anwendbarkeit des Kartellrechts.

Das Kapitalmarktrecht indiziert somit die Anwendung des Kartellrechts auf den Kapitalmarkt. Dies deckt sich auch mit dem grundsätzlichen Anwendungsbereich des Kartellrechts. Es wird als universell auf alle Wirtschaftsbereiche anwendbar angesehen, sofern keine Ausnahme geregelt ist.[26] Diese indizierte Anwendbarkeit bestätigt sich ferner in den nachfolgenden Ausführungen.

---

24 Fuchs/*Schlette*/*Bouchon*, § 6 WpHG Rn 7; Heidel/*Petow*, § 6 WpHG Rn 3; Schwark/Zimmer/*Beck*, § 6 WpHG Rn 11.

25 Vgl. dazu insbesondere die Abschnitte C. II. 4. sowie C. III. 4. dieser Arbeit.

26 EuGH v. 30.04.1986, Rs. C-209/84, ECLI:EU:C:1986:188, Rn 40 – „*Asjes*"; Europäisches Kartellrecht: *Bunte*, S. 34; Callies/Ruffert/*Weiß*, Art. 101 AEUV Rn 1 f.;

3. Analyse der kartellrechtlichen Verbotsnormen

a. *Europäisches Kartellrecht*

Zunächst bestätigt eine Analyse der Verbotsnormen die Geltung des Kartellrechts. Der offene Wortlaut der Art. 101, 102 AEUV spricht für eine Geltung für Kapitalmarktgeschäfte. Art. 101 Abs. 1 AEUV verlangt Absprachen oder abgestimmte Verhaltensweisen von Unternehmen oder Beschlüsse einer Unternehmensvereinigung, die eine Wettbewerbsbeschränkung im zwischenstaatlichen Handel bewirken oder bezwecken. Art. 102 AEUV fordert eine Wettbewerbsbeschränkung, die auf dem Missbrauch einer marktbeherrschenden Stellung beruht. Der Wortlaut nimmt keinen Bezug auf bestimmte Wirtschaftsbereiche, sondern erfasst Wettbewerbsbeschränkungen an allen wettbewerblichen Märkten. Art. 101, 102 AEUV richten sich dem Wortlaut nach abstrakt auf Wettbewerbsschutz. Der Wortlaut indiziert einen funktionalen Wettbewerbsschutz unabhängig von Wirtschaftsbereichen und er spart den Kapitalmarkt nicht aus. Aus dem funktionalen Wettbewerbsschutz folgt ein universeller Anwendungsbereich der kartellrechtlichen Verbote, der Kapitalmarktgeschäfte erfasst.

Der Begriff *Handel* in Art. 101, 102 AEUV steht dem ebenso nicht entgegen. Er meint nicht nur den klassischen Warenhandel. Laut EuGH ist *Handel* weit zu verstehen.[27] Um mit dem funktional wettbewerbsschützenden Wortlaut zu korrespondieren, ist *Handel* als wettbewerblicher Austausch im weitesten Sinne zu verstehen. Handel meint jeden Wirtschaftsverkehr ohne Ausnahme bestimmter Wirtschaftsbereiche,[28] auch Kapitalverkehr.[29] Geschäfte mit Kapitalmarktprodukten wie Handel mit Aktien sind Handel. Auch die Regelbeispiele in Art. 101, 102 AEUV ergeben nichts anderes.

Die Verbote erfassen also dem Wortlaut nach jede Wettbewerbsbeschränkung unabhängig vom Wirtschaftsbereich als Ergebnis eines universellen funktionalen Wettbewerbsschutzes. Der Wortlaut bestätigt die Anwendbarkeit auf den Kapitalmarkt.

Dauses/*Hoffmann*, H. I. Rn 45; *Emmerich*, § 3 Rn 52; Groeben, von der/Schwarze/*Schröter*, Vorbemerkungen zu den Artikeln 101 bis 105 Rn 31, 89; *Kling/Thomas*, § 4 Rn 1; Langen/Bunte/*Bunte*, Bd 2, Einl. Rn 49; Streinz/*Eilmansberger*, Vorbemerkungen Art 101 - 106 Rn 13; *von Dietze/Janssen*, Rn 101; Wiedemann/*Wiedemann*, § 4 Rn 4; deutsches Kartellrecht: *von Dietze/Janssen* Rn 86; Wiedemann/*Wiedemann*, § 4 Rn 10.

27 EuGH v. 14.07.1981, Rs. 172/80, ECLI:EU:C:1981:178, Rn 18 – *„Züchner/Bayerische Vereinsbank"*.

28 *Bechtold/Bosch/Brinker*, Art. 101 AEUV Rn 111; *Emmerich*, § 3 Rn 20; IM/*Zimmer*, Bd 1, Art. 101 Abs. 1 AEUV Rn 198; *Mestmäcker/Schweitzer*, § 5 Rn 11; MüKo-EUKartellR/*Kirchhof*, Art. 101 Abs. 1 AEUV Rn 495; *Neef*, § 2 Rn 35; SJM, 101 194.

29 IM/*Zimmer*, Bd 1, Art. 101 Abs. 1 AEUV Rn 198; MüKo-EUKartellR/*Kirchhof*, Art. 101 Abs. 1 AEUV Rn 495; vgl. *Bunte*, S. 34.

Das Ergebnis wird auch von der Systematik getragen. Art. 101, 102 AEUV sind Primärrecht. Die zentrale Regelung im europäischen Recht impliziert die universelle Anwendbarkeit. Der Abschnitt, der das Kartellrecht beinhaltet, ist mit „Wettbewerbsregeln“ überschrieben. Der Abschnitt enthält allgemein im Wettbewerb zu beachtende Regeln und ist nicht auf bestimmte Bereiche limitiert. Die Systematik bestätigt den universellen funktionalen Wettbewerbsschutz und die Anwendbarkeit der kartellrechtlichen Verbote auf den Kapitalmarkt.

Darüber hinaus findet das Verständnis im Zweck der Art. 101, 102 AEUV Bestätigung. Art. 101, 102 AEUV schützen allgemein und universell den Wettbewerb im Binnenmarkt.[30] Das erfordert die Anwendbarkeit in allen Wettbewerbsbereichen. Das Kartellrecht ist auf alle Wirtschaftsbereiche und jedes wirtschaftliche Handeln anwendbar.[31] Es schützt den Wettbewerb als Prinzip aller Wettbewerbsmärkte. Dieser funktional wettbewerbsschützende Ansatz ist missverstanden, beschränkt man den Schutz auf bestimmte Bereiche. Daraus folgt, dass das Kartellrecht auf Kapitalmarktgeschäfte und Märkte für Kapitalmarktprodukte anwendbar ist. Die Anwendbarkeit des Kartellrechts ist theoretisch unbegrenzt. Die Grenzen korrespondieren mit der Existenz von Wettbewerb.

Ferner bestätigt das Binnenmarktprojekt die Anwendbarkeit des europäischen Kartellrechts auf den Kapitalmarkt. Es handelt sich dabei um ein grundlegendes Prinzip der europäischen Integration.[32] Die Schaffung des Binnenmarkts ist gem. Art. 3 Abs. 3 UAbs. 1 S. 1 EUV ein Ziel der Europäischen Union. Entsprechend zentrale Bedeutung hat es. Nach Art. 26 Abs. 2 AEUV ist der Binnenmarkt ein Raum ohne Binnengrenzen, in dem u.a. der freie Verkehr von Kapital gem. den Bestimmungen der Verträge gewährleistet ist. Das Binnenmarktprojekt fordert die Europäische Union und die Mitgliedsstaaten dazu auf, Strukturen zu schaffen, die eine Mobilität im europäischen Wirtschaftsraum erlauben. Dieses integrative Ziel verdeutlicht der frühere Begriff *Gemeinsamer Markt*, der auf „Beseitigung aller Hemmnisse im innergemeinschaftlichen Handel mit dem Ziele der Verschmelzung der nationalen Märkte zu einem einheitlichen Markt“[33] gerichtet ist. Er wurde

---

30 EuGH v. 06.03.1974, Rs. C-6/73 ECLI:EU:C:1974:18, Rn 32 – *„Commercial Solvents/Kommission“*; EuGH v. 17.02.2011, Rs. C-52/09, ECLI:EU:C:2011:83, Rn 20 - *„TeliaSonera Sverige“*; EuGH v. 17.11.2011, Rs. C-496/09 INT, ECLI:EU:C:2013:461, Rn 60 – *„Komission/Italien“*; *Bunte*, S. 1; *Emmerich*, § 1 Rn 1; Dauses/*Hoffmann*; H. I. § 1 Rn 4; GHN/*Jung*, Art. 102 AEUV Rn 6; IM/*Fuchs*/*Möschel*, Bd 1, Art. 102 AEUV Rn 1; *Lettl*, § 1 Rn 2; Schulte/Just/*Schulte*/*Just*, Einleitung Rn 18 f.; Wiedemann/*Wiedemann*, § 1 Rn 1.

31 Groeben, von der/Schwarze/*Schröter*, Vorbemerkungen zu den Artikeln 101 bis 105 Rn 89.

32 Callies/Ruffert/*Korte*, Art. 26 AEUV Rn 14; vgl. GHN/*Bast*, Art. 26 AEUV Rn 5.

33 EuGH v. 05.05.1982, C-15/81, ECLI:EU:C:1982:135, Rn 33 – *„Schul“*.

im Vertrag von Lissabon durch *Binnenmarkt* ersetzt.[34] Eine der im Binnenmarkt gewährten Grundfreiheiten ist die Kapitalverkehrsfreiheit, Art. 26 Abs. 2 AEUV. Im Binnenmarkt soll ein freier Fluss von Kapital gewährleistet sein. Die Kapitalmarktintegration ist daher als ein Teil des Binnenmarktprojekts anzusehen.[35] Der Kapitalverkehrsfreiheit als Grundfreiheit im Binnenmarkt unterfallen nun Kapitalmarktgeschäfte. Die Kapitalverkehrsrichtlinie, der Hinweischarakter für die Kapitalverkehrsfreiheit zugesprochen wird,[36] nennt explizit den Wertpapierhandel als ein Beispiel für Kapitalverkehr.[37]

Die Zugehörigkeit des Kapitalmarkts zum Binnenmarkt bestätigt die Anwendbarkeit des Kartellrechts auf den Kapitalmarkt. Das Kartellrecht ist auf alle Teile des Binnenmarkts anwendbar. Der Anwendungsbereich korrespondiert mit den Binnenmarktgrenzen. Das ist mit der Bedeutung des unverfälschten Wettbewerbs im Binnenmarkt zu begründen. Er ist ein wesentlicher Teil des Binnenmarkts.[38] Freier Wettbewerb als unbeschränkte wirtschaftliche Betätigung ist eine Voraussetzung für den funktionierenden Binnenmarkt. Das Kartellrecht dient dazu, den Wettbewerb beschränkungsfrei zu halten. Es ist ein Pfeiler des Binnenmarkts.[39] Der freie Wettbewerb ist ein zentrales Strukturprinzip des europäischen Rechts, was sich auch daran zeigt, dass Art. 119 Abs. 1 AEUV die Mitgliedsstaaten zur offenen Marktwirtschaft mit freiem Wettbewerb verpflichtet.[40] Auch Art. 101, 102 AEUV zeigen diese Bedeutung des Wettbewerbsschutzes für den Binnenmarkt. Nach diesen Normen untersagtes Verhalten ist dem Wortlaut nach mit dem Binnenmarkt unvereinbar. Das spricht für eine Korrespondenz des Anwendungsbereichs des Kartellrechts und der Inhalte und Grenzen des Binnenmarkts, der wiederum den Kapitalmarkt erfasst.

---

34 Callies/Ruffert/*Kahl*, Art 26 AEUV Rn 6; GHN/*Terhechte*, Art. 3 EUV Rn 38; Schwarze/*Hatje*, Art. 26 AEUV Rn 2; Streinz/*Schröder*, Art 26 AEUV Rn 19; *Terhechte*, EuR 2008, 143, 177.

35 Dauses/*Follak*, F. III. Rn 2 u. 7.

36 EuGH v. 16.03.1999, Rs. C-222/97, ECLI: EU:C:1999:143, Rn 21 – *„Trummer und Mayer“*; EuGH v. 04.06.2002, Rs. C-367/98 ECLI:EU:C:2002:326, Rn 37 – *„Kommission/Portugal“*; EuGH v. 13.05.2003, Rs. C-98/01, ECLI:EU:C:2003:273, Rn 39 – *„Kommission/Vereinigtes Königreich“*; EuGH v. 02.06.2005, Rs. C-174/04, ECLI:EU:C:250:350, Rn 27 – *„Komission/Italien“*; EuGH v. 23.10.2007, Rs. C-112/05, ECLI:EU:C:2007:623, Rn 18 – *„Kommission/Deutschland“*.

37 Richtlinie 88/361/EWG des Rates vom 24. Juni 1988 zur Durchführung von Artikel 67 des Vertrags, Abl. Nr. L 178 S. 5.

38 Langen/Bunte/*Bunte*, Bd 2, Einl. Rn 1.

39 *Bueren*, WM 2013, 585, 595; *Fleischer/Bueren*, ZIP 2013, 1253, 1263; GHN/*Terhechte*, Art. 3 EUV Rn 41; *Lettl*, § 1 Rn 1; Schulte/Just/*Schulte/de Bronett*, Art. 101 AEUV Rn 4.

40 Langen/Bunte/*Bunte*, Bd 2, Einl. Rn 5; *Voet van Vormizeele*, NZKart 2013, 386, 389.

b. Deutsches Kartellrecht

Die §§ 1, 19 GWB sind ebenso am Kapitalmarkt anwendbar. § 1 GWB entspricht im Wesentlichen Art. 101 AEUV. Die Parallelität spricht dafür, § 1 GWB wie Art. 101 AEUV am Kapitalmarkt anzuwenden, da dies einer einheitlichen Anwendung der insoweit sachlich identischen Verbote dient. Die Übernahme des Anwendungsbereichs des Art. 101 AEUV folgt auch aus allgemeinen Erwägungen. Der Gesetzgeber hat mit der 7. GWB-Novelle[41] § 1 GWB an Art. 101 AEUV angeglichen.[42] Laut des Gesetzesentwurfs zur 7. GWB-Novelle wird „die Ausgestaltung des Verbots wettbewerbsbeschränkender Vereinbarungen und der Ausnahmen von diesem Verbot an das europäische Recht (...) angepasst“[43]. Das intendiert ein identisches Verständnis.[44] Das gilt auch für Fälle, in denen nur § 1 GWB anwendbar ist. Der Gesetzgeber hat sich generell für eine Angleichung an das europäische Recht entschieden. Ein von Art. 101 AEUV abweichendes Verständnis des § 1 GWB für nationale Fälle ist daher nicht gewollt.[45] Das spricht dafür, § 1 GWB als auf den Kapitalmarkt anwendbar anzusehen.

Für § 19 GWB ist die Erfassung des Kapitalmarkts in Übernahme des Anwendungsbereichs des Art. 102 AEUV zumindest geboten. Das nationale Missbrauchsrecht kann sich zwar unabhängig vom europäischen Recht entwickeln.[46] Art. 3 Abs. 2 S. 2 VO 1/2003[47] erlaubt gegenüber Art. 102 AEUV strengeres nationales Recht. Weniger strenges nationales Recht wird aber im Anwendungsbereich des Art. 102 AEUV wegen des Vorrangs des europäischen Rechts durch Art. 102 AEUV überspielt, sodass Art. 102 AEUV den Mindeststandard vorgibt.[48] Die Ähnlichkeit von Art 102 AEUV und § 19 GWB, die faktische Vorgabe der Mindeststandards durch Art. 102 AEUV sowie die Harmonisierung deutschen und europäischen Kartellrechts sprechen dafür, § 19 GWB im Mindestmaß wie Art. 102 AEUV zu verstehen.[49] Daher ist eine Übernahme des Anwendungsbereichs des Art. 102 AEUV und

---

41 BT-Drs. 15/3640, 1 ff.

42 *Bechtold/Bosch*, Einführung Rn 87; *Bechtold/Bosch/Brinker*, Art. 3 VO 1/2003 Rn 23; *Bunte*, S. 258; IM/*Zimmer*, Bd 2, § 1 GWB Rn 4 f.

43 BT-Drs. 15/3640, 1.

44 *Bechthold/Bosch*, § 1 GWB Rn 4; *Bechtold/Bosch/Brinker*, Art. 3 VO 1/2003 Rn 24; *Bunte*, S. 258; IM/*Zimmer*, Bd 2, § 1 GWB Rn 19.

45 BT-Drs. 15/3640, S. 22.

46 *Bechtold/Bosch*, Vorbemerkung vor §§ 18 – 21 GWB Rn 3; vgl. IM/*Rehbinder*, Bd 2, § 22 GWB Rn 19; LMR/*Loewenheim*, § 22 GWB Rn 11, 13; MüKo-EUKartellR/*Bardong*, Art. 3 VO Nr. 1/2003 Rn 98 ff.

47 Verordnung (EG) Nr. 1/2003 des Rates vom 16. Dezember 2002 zur Durchführung der in den Artikeln 81 und 82 des Vertrags niedergelegten Wettbewerbsregeln, ABl. L1/1 ff. (im Folgenden: „VO 1/2003“)

48 *Bechtold/Bosch*, § 22 GWB Rn 14; IM/*Rehbinder*, Bd 2, § 22 GWB Rn 19; MüKo-EU-KartellR/ *Bardong*, Art. 3 VO Nr. 1/2003 Rn 97; MüKo-DtKartellR/*Bardong*, § 22 GWB Rn 25; *von Dietze/Janssen*, Rn 104.

49 MüKo-DtKartellR/*Säcker*, Einleitung Rn 33; wohl auch *Emmerich*, § 27 Rn 62.

die Erfassung des Kapitalmarkts durch § 19 GWB geboten. Dafür spricht auch, dass damit die einheitliche Anwendung von §§ 1, 19 GWB gewährleistet ist.

Für die Anwendbarkeit der §§ 1, 19 GWB am Kapitalmarkt spricht jedoch nicht nur das Verhältnis zum europäischen Recht, sondern wie auch im europäischen Recht der Wortlaut, die Systematik und der Zweck der Normen.

Der Wortlaut des § 1 GWB spricht aus den gleichen Gründen wie bei Art. 101 AEUV für die Erfassung des Kapitalmarkts. Er ist offen gehalten, nicht auf bestimmte Bereiche fixiert und schließt den Kapitalmarkt nicht aus. Er spricht wie bei Art. 101 AEUV für einen funktional universellen Wettbewerbsschutz, der den Kapitalmarkt erfasst.

Gleiches gilt für § 19 GWB. § 19 Abs. 1 GWB untersagt wie Art. 102 S. 1 AEUV die missbräuchliche Ausnutzung einer marktbeherrschenden Stellung. § 19 GWB schafft keinen Bezug zu bestimmten Bereichen und schließt den Kapitalmarkt nicht aus, sondern schützt dem Wortlaut nach funktional universell den Wettbewerb. Dieses Ergebnis ist nicht zu revidieren, weil § 19 Abs. 2 GWB Anbieter oder Nachfrager von Waren oder gewerblichen Leistungen als Adressat nennt. *Waren* und *gewerbliche Leistungen* engen wie Handel im europäischen Recht den Anwendungsbereich nicht ein. Vielmehr sind alle Bereiche erfasst, in denen Unternehmen im Wettbewerb stehen und Leistungen ausgetauscht werden. Nur das wird einem funktional universell verstandenen Wettbewerbsschutz gerecht.

Im Weiteren stützt die Systematik dieses Ergebnis. Das Kartellrecht ist im *Gesetz gegen Wettbewerbsbeschränkung* geregelt. Der Bezeichnung nach richtet es sich gegen jede Wettbewerbsbeschränkung. Dies bestätigt den funktional universellen Wettbewerbsschutz und spricht für eine Anwendbarkeit der kartellrechtlichen Verbote am Kapitalmarkt. Dafür spricht auch, dass es für andere Bereiche Ausnahmen gibt, u.a. in §§ 28 – 31b GWB, für den Kapitalmarkt aber nicht. Den universellen Wettbewerbsschutz zugrundeliegend sind §§ 1, 19 GWB anwendbar, da und soweit Ausnahmen fehlen.

Der Zweck weist in die gleiche Richtung. Das deutsche Kartellrecht schützt generell den Wettbewerb.[50] Das bestätigt den universellen Wettbewerbsschutz an allen Wettbewerbsmärkten, der den Kapitalmarkt erfasst.

c. *Fazit: Anwendbarkeit des Kartellrechts am Kapitalmarkt*

Art. 101, 102 AEUV, §§ 1, 19 GWB sind aus kartellrechtlicher Sicht am Kapitalmarkt anwendbar. Dies gründet auf dem funktional universell wettbewerbsschützenden Ansatz des Kartellrechts und der universellen Anwendbarkeit auf alle Wettbewerbsmärkte, die aus Wortlaut, Systematik und Zweck der Art. 101, 102 AEUV, §§ 1, 19 GWB folgen. Der Wortlaut schließt den Kapitalmarkt nicht aus. Auch die

50 *Bechtold/Bosch*, Einführung Rn 50 ff.; *Emmerich*, § 1 Rn 1; IM/*Immenga/Mestmäcker*, Bd 2, Einleitung Rn 27; Langen/Bunte/*Bunte*, Bd 1, Einl. Rn 78; *Lettl*, § 7 Rn 5; *von Dietze/Jansen*, Rn 32; Wiedemann/*Wiedemann*, § 1 Rn 1.

eigenständige Regelung des Kartellrechts und fehlende Ausnahmen für den Kapitalmarkt sprechen für die Anwendbarkeit der Verbote. Das Binnenmarktprojekt bestätigt die Anwendbarkeit der Art. 101, 102 AEUV, deren Anwendungsgrenzen den Binnenmarktgrenzen entsprechen. Für §§ 1, 19 GWB bestätigt das Verhältnis zu Art. 101, 102 AEUV die Anwendbarkeit zwecks Harmonisierung deutschen und europäischen Rechts.

4. Kapitalmarkt als Wettbewerbsmarkt

a. Wettbewerb im kartellrechtlichen Sinne

Da das Kartellrecht den Wettbewerb schützt, wäre es allenfalls nicht anzuwenden, wenn der Kapitalmarkt nicht wettbewerblich ist. Das ist nicht der Fall. Das Kartellrecht definiert den Wettbewerb nicht.[51] Eine umfassende Definition des Wettbewerbs wird als nicht möglich angesehen.[52] Er ist zu vielgestaltig. Wettbewerb ist ein offener Rechtsbegriff.[53] Es gibt verschiedene Definitionsansätze, denen sich Elemente entnehmen lassen, die Wettbewerb auszeichnen.

Laut Gesetzesbegründung zum GWB ist Wettbewerb das Streben, „durch eigene Leistung, die nach Qualität oder Preis besser ist als die Leistung anderer Unternehmen, den Verbraucher zum Abschluss eines Vertrags zu veranlassen“[54]. Ferner wird Wettbewerb als selbständiges Streben sich gegenseitig im Wirtschaftserfolg beeinflussender Anbieter und Nachfrager nach Geschäftsverbindungen mit Dritten durch Inaussichtstellen günstiger erscheinender Geschäftsbedingungen beschrieben.[55] Eine andere Stimme sieht ihn „in der Beschränkung des Verhaltensspielraums durch die Wahl- und Auswahlmöglichkeit der Marktpartner und in den wettbewerblichen Risiken und Chancen“[56].

In den Ansätzen findet sich Konkurrenz und selbständige Betätigung der Wettbewerbsteilnehmer zutreffend als wesentliche Wettbewerbselemente. Vor allem Konkurrenz zeichnet Wettbewerb aus.[57] Sie erfordert antagonistisch agierende Marktparteien.[58] Um antagonistisch agieren und damit konkurrieren zu können,

---

51 *Bunte*, S. 1; Wiedemann/*Wiedemann*, § 1 Rn 3.

52 *Emmerich*, § 1 Rn 1; IM/*Zimmer*, Bd 2, § 1 GWB Rn 108; *Kling*/*Thomas*, § 2 Rn 3; Langen/Bunte/*Bunte*, Bd 2, Einl. Rn 35; LMR/*Meessen*/*Kersting*, Einführung in das europäische und deutsche Kartellrecht, Rn 6; vgl. *Mestmäcker/Schweitzer*, § 11 Rn 3; Schulte/Just/*Schulte*/*Just*, Einleitung Rn 18; Wiedemann/ *Wiedemann*, § 1 Rn 3.

53 *Bunte*, S. 5.

54 BT-Drs. 02/1158, S. 30 f.

55 *Bechtold*/*Bosch*, Einführung Rn 52; vgl. *Bunte*, S. 5; Fikentscher, WuW 1961, S. 788, 799; Groeben, von der/Schwarze/*Schröter*, Art. 101 AEUV Rn 17; Wiedemann/*Wiedemann*, § 1 Rn 3.

56 *Knöpfle*, DB 1991, 1433, 1438.

57 *Fikentscher*, WuW 1961, 788, 793; Wabnitz/Janovsky/*Dannecker*/*Müller*, Kap 18 Rn 1.

58 *Bunte*, S. 5; *Kling*/*Thomas*, § 2 Rn 5.

muss man frei agieren können. Wettbewerb setzt die Möglichkeit der autonomen Entscheidung über das Marktverhalten voraus.[59] Die selbständige Nutzung von Handlungsfreiheit durch die Marktteilnehmer ist zentral für Wettbewerb.[60] Sie erlaubt unterschiedliches Marktverhalten. Daraus folgt wiederum eine Ungewissheit über das Verhalten der Wettbewerber, die Konkurrenz und Wettbewerb schafft, da man das eigene Verhalten am ungewissen Verhalten der Wettbewerber ausrichten muss und das damit verbundene Risiko trägt. Wettbewerb zeichnet somit aus, dass unabhängige Teilnehmer frei und autonom über Geschäfte entscheiden sowie Risiken und Chancen selbst tragen.[61] Wesentlich sind dafür die selbständige Wahrnehmung wirtschaftlicher Handlungsfreiheit und konkurrierende Interessen im hinsichtlich des Verhaltens der übrigen Wettbewerbsteilnehmer ungewissen Marktprozess. Wettbewerb ist ein dynamischer Prozess.[62]

b. Wettbewerblichkeit des Kapitalmarkts

Der Kapitalmarkt ist vor diesem Hintergrund wettbewerblich. Die Kapitalmarktteilnehmer können wirtschaftliche Handlungsfreiheit wahrnehmen und autonom antagonistische Interessen verfolgen. Außerdem tragen sie die Risiken und Chancen ihres Handels im ungewissen Marktprozess selbst.

Die Finanzmärkte führen Angebot von und Nachfrage nach Kapital zusammen, wobei das Kapital in Form von Finanzinstrumenten angeboten und nachgefragt wird.[63] Der Kapitalmarkt ist Teil der Finanzmärkte.[64] Als Finanzmarkt führt der Kapitalmarkt Angebot und Nachfrage nach Kapital in Form von Kapitalmarktprodukten zusammen.[65] Er bringt als Marktplatz Anbieter und Nachfrager von Kapitalmarktprodukten zusammen. Diese gibt es in vielen Formen. Wertpapiere wie Aktien, § 2 Abs. 1 WpHG, oder Derivate, § 2 Abs. 2 WpHG sind Kapitalmarktprodukte. Der Kapitalmarkt erfasst aber nicht nur den Wertpapierhandel, sondern auch andere Produkte wie zum Beispiel Derivate.[66] § 2 Abs. 1 BörsG nennt abstrakt

---

59 Langen/Bunte/*Bunte*, Bd 1, Einl. Rn 95.

60 EuGH v. 16.12.1975, verb. Rs. 40–48, 50, 54–56, 111, 113 u. 114/73, ECLI:EU:C:2012:23, Rn 172 ff. – *„Suiker Unie"*; EuGH v. 14.07.1981, Rs. 172/80, ECLI:EU:C:1981:178, Rn 13 f. – *„Züchner/Bayerische Vereinsbank"*; *Bechtold/Bosch/Brinker*, Art. 101 AEUV Rn 66; *Bunte*, S. 3; *Emmerich*, Kartellrecht, § 1 Rn 1; *Fikentscher*, WuW 1961, 788, 792; *Kling/Thomas*, § 2 Rn 2; Langen/Bunte/*Bunte*, Bd 1, Einl. Rn 96; Langen/Bunte/*Bunte*, Bd 2, Einl. Rn 36; *Mestmäcker/Schweitzer*, § 3 Rn 4 u. § 11 Rn 3.

61 LMR/*Meessen/Kersting*, Einführung in das europäische und deutsche Kartellrecht Rn 6.

62 Langen/Bunte/*Bunte*, Bd 2, Einl. Rn 35.

63 *Grunewald/Schlitt*, S. 1; MüKo-BGB/*Lehmann*, Bd 11, Internationales Finanzmarktrecht, Rn 24 ff.

64 *Grunewald/Schlitt*, S. 1; Kümpel/Hammen/Ekkenga/*Kümpel*, 50 Rn 78; MüKo-BGB/*Lehmann*, Bd 11, Internationales Finanzmarktrecht, Rn 29 f.; vgl. SBL/*Seiler/Kniehase*, Vor § 104 Rn 7 f.

65 SBL/*Seiler/Kniehase*, Vor § 104 Rn 2.

66 *Buck-Heeb*, Rn 88; vgl. *Grunewald/Schlitt*, S. 2.

Wirtschaftsgüter und Rechte als Handelsobjekt der Börse. Es werden kapitalmarktbezogene Produkte im weitesten Sinne wie Wertpapiere, u.a. Unternehmensbeteiligungen, oder Derivate, u.a. Optionen, gehandelt. Der Kapitalmarkt bietet als Ort, an dem sich Anbieter und Nachfrager treffen, um Geschäfte über Kapitalmarktprodukte zu schließen, den Rahmen für Kapitalmarktgeschäfte. Anbieter und Nachfrager bewegen sich in diesem Rahmen frei und selbständig. Sie entscheiden frei, wie sie sich in Bezug auf Kapitalmarktgeschäfte verhalten. Sie nutzen selbständig wirtschaftliche Handlungsfreiheit.

Ebenso können sie konkurrierende Interessen verfolgen. An Marktplätzen verfolgen Teilnehmer einer Marktseite konkurrierende und die Teilnehmer der sich gegenüberstehenden Marktseiten gegenläufige Interessen. Anbieter wollen Kapitalmarktprodukte gewinnbringend veräußern, um hohe Rendite gemessen am Kapitaleinsatz zu erzielen. Sie konkurrieren um Geschäftsmöglichkeiten und das Kapital der Anleger. Diese Konkurrenz ist durch die Ungewissheit geprägt, wie sich dritte Kapitalmarktteilnehmer verhalten. Dazu zählt v.a. die Ungewissheit hinsichtlich der von Konkurrenten geforderten Preise. Auf der anderen Seite suchen Anleger als Nachfrager Kapitalmarktprodukte, die einen geringen Kapitaleinsatz erfordern und vorteilhafte Konditionen bieten. Anleger wollen mit wenig Kapitaleinsatz hohe Rendite erzielen. Sie konkurrieren um effiziente Kapitalmarktprodukte. Sie müssen darauf achten, nicht von anderen Anlegern unterboten zu werden, indem sie für Anbieter bessere Konditionen bieten. Insoweit stehen sie in Konkurrenz und ist das Marktgeschehen durch die Ungewissheit über das Verhalten der anderen Anleger geprägt. Ferner sind die Interessen der beiden Marktseiten gegenläufig. Anbieter und Nachfrager suchen Geschäfte zu günstigen Konditionen, was nur auf Kosten der Gegenseite möglich ist.

Folglich gibt der Kapitalmarkt selbständig nutzbare wirtschaftliche Handlungsfreiheit und erlaubt die Verfolgung gegenläufiger Interessen. Auch ist das Kapitalmarktgeschehen hinsichtlich des Verhaltens dritter Marktteilnehmer grundsätzlich ungewiss und trägt jeder Marktteilnehmer seine Risiken und Chancen selbst. Der Kapitalmarkt ist wettbewerblich. Diese Wettbewerblichkeit wird auch nicht durch die teilweise Organisation des Kapitalmarkts aufgehoben. Der Sekundärmarkt, an dem ausgegebene Kapitalmarktprodukte gehandelt werden,[67] teilt sich je nach Organisationsgrad in Segmente.[68] Steigende Organisation eines Marktes erhöht naturgemäß die Gefahr, dass die Handlungsfreiheit der Marktteilnehmer eingeschränkt wird. Die Kapitalmarktorganisation hebt jedoch die Wettbewerblichkeit des Kapitalmarkts nicht auf. Er bleibt ein Marktplatz, an dem die Teilnehmer selbständig handeln. Die Organisation betrifft den Rahmen, aber nicht die wettbewerbliche Betätigung der Marktteilnehmer am Markt.

---

67 *Hopt*, ZHR 141 (1977), 389, 425; MüKo-BGB/*Lehmann*, Bd 11, Internationales Finanzmarktrecht, Rn 39; SBL/*Seiler*/*Kniehase*, Vor § 104 Rn 19.

68 *Merkt/Rossbach*, JuS 2003, 217, 219; SBL/*Seiler*/*Kniehase*, Vor § 104 Rn 19.

Das sei exemplarisch am Börsenhandel dargestellt, der den wohl höchsten Organisationsgrad am Kapitalmarkt hat.[69] Er ist ein wichtiger Teil des Kapitalmarkts.[70] Nach § 2 Abs. 1 BörsG regeln und überwachen die Börsen multilaterale Systeme, welche die Interessen vieler Personen am Kauf und Verkauf von zum Handel zugelassenen Wirtschaftsgütern und Rechten innerhalb des Systems nach festgelegten Bestimmungen in einer Weise zusammenbringen oder das Zusammenbringen fördern, die zu Verträgen über den Kauf der Handelsobjekte führen. Die Beschreibung bestätigt die Marktplatzfunktion. Börsen führen Anbieter und Nachfrager für Kapitalmarktprodukte zusammen, damit sie Geschäfte schließen können. Die Börse bietet in zentralisierter Form Handel.[71] Nur dieses Zusammenführen von Angebot und Nachfrage, mithin die Marktplatzfunktion und der Ablauf sowie Rahmen der getätigten Geschäfte, unterliegt der Organisation. Die Entscheidung über die Vornahme und den Inhalt von Kapitalmarktgeschäften obliegt hingegen den Marktparteien, mithin den Anbietern und Nachfragern der Kapitalmarktprodukte. Es wird keine wettbewerbliche Handlungsfreiheit genommen, sondern nur der Marktplatz Börse strukturiert, an dem die Marktteilnehmer selbständig agieren. Die Börse ist ein staatlich genehmigter Handelsplatz und Marktveranstalter.[72] Sie bietet die Handelsplattform und wickelt die Geschäfte ab. Sie gibt aber nicht vor, zu welchen Konditionen Geschäfte zu tätigen sind.

Dass die Organisation den Rahmen, aber nicht die wettbewerbliche Betätigung der Anleger betrifft, verdeutlichen folgende Beispiele. So lassen Börsen nur bestimmte Produkte zum Handel zu. An Wertpapierbörsen dürfen gem. § 2 Abs. 2 BörsG Wertpapiere und Derivate und andere Finanzinstrumente i.S.v. § 2 Abs. 2b WpHG gehandelt werden. Der Handel mit den zugelassenen Produkten ist aber nicht limitiert. Die Zulassungserfordernisse dienen allein der Standardisierung des Handels und der Handelsprodukte. Sie schaffen keine generelle Einschränkung im Handel mit diesen Produkten.

Auch scheitert die Wettbewerblichkeit nicht daran, dass unmittelbar an Börsen nur handeln darf, wer nach § 19 BörsG zugelassen ist. Börsenhändler bedürfen einer Zulassung nach § 19 Abs. 1 BörsG.[73] Anleger haben aus markttechnischen Gründen keinen direkten Zugang zum börslich organisierten Kapitalmarkt.[74] Das schließt sie jedoch nicht vom Handel aus. Sie nutzen die Börsenhändler als Intermediäre und können sich über diese wettbewerblich im Börsenhandel betätigen. Dass nur zugelassene Händler an Börsen tätig sind, gewährleistet das Funktionieren, die Schnelligkeit und die Zuverlässigkeit des Börsenhandels.[75] Wettbewerbliche Kapitalmarktgeschäfte bleiben möglich.

---

69 Kümpel/Hammen/Ekkenga/*Kümpel*, 50 Rn 5 (in Bezug auf Wertpapierbörsen).

70 *Grunewald/Schlitt*, S. 1.

71 MüKo-BGB/*Lehmann*, Bd 11, Internationales Finanzmarktrecht, Rn 41.

72 *Merkt/Rossbach*, JuS 2003, 217, 219.

73 BH/*Kumpan*, § 19 BörsG Rn 1; SBL/*Seiler/Kniehase*, Vor § 104 Rn 30.

74 *Kümpel*, Rn 1.6.

75 Schwark/Zimmer/*Beck*, § 19 BörsG Rn 1.

Auch scheitert die Wettbewerblichkeit nicht daran, dass gem. § 24 BörsG der Preis für börsengehandelte Kapitalmarktprodukte von der Börse festgesetzt wird. Das ist keine Preisvorgabe, die den Marktteilnehmern die Entscheidung über Preise als wesentliche Wettbewerbsparameter nimmt. Gem. § 24 Abs. 2 S. 1 BörsG muss der Preis der Marktlage entsprechen. Der insoweit ermittelte Preis errechnet sich aus der gegebenen Angebots- und Nachfragelage. Der Preis muss der Kurswahrheit entsprechen und unterliegt dem Meistausführungsgebot, sodass der Preis so zu bestimmen ist, dass die meistmöglichen Geschäfte zu den von den Marktparteien vorgegebenen und autonom bestimmten Konditionen geschlossen werden können.[76] Der von der Börse festgestellte Preis ist kein staatlich vorgegebener Preis, sondern beruht auf den Preisforderungen der Marktteilnehmer, die mithin maßgeblichen Einfluss auf den Preis haben. Der Börsenpreis stellt den Preis dar, zu dem auf Grundlage der autonomen Preisforderungen der Marktparteien das meiste Geschäft abgewickelt werden kann. Es handelt sich um den Preis, der die größtmögliche Zahl von Kauf- und Verkaufsordern erfüllt, da regelmäßig Angebot und Nachfrage nicht zu fixen Preisen, sondern mit Preisspannen eingestellt werden. § 24 BörsG nimmt den Anlegern folglich nicht die Möglichkeit, frei über Preise zu entscheiden.

Die Beispiele zeigen, dass die Organisation des Börsenhandels dessen Wettbewerblichkeit nicht aufhebt, sondern den Rahmen setzt, in dem die wettbewerbliche Betätigung möglich ist. Ein funktionierender Kapitalmarkt erfordert, dass Emittenten und Anleger als Träger des Angebots- und Nachfragepotentials freien Zugang zum Kapitalmarkt haben.[77] Sie müssen frei agieren können, damit der Markt für Kapitalmarktprodukte effizient ist und der Rolle als Kapitalbeschaffungs- und Anlagemarkt gerecht wird. Daher muss er wettbewerblich sein. Die Organisation der Börsen betrifft den Rahmen, in dem die Marktparteien frei agieren, um einen effizient funktionierenden Kapitalmarkt durch ein Aufeinandertreffen eines hohen freien Angebots- und Nachfragepotentials als Marktplatz zu ermöglichen. Der Kapitalmarkt ist trotz der Organisation durch die dynamische und freie Betätigung der Marktparteien bedingt und bestimmt.

Die Wettbewerblichkeit des Börsenhandels als Segment mit hohem Organisationsgrad indiziert im Weiteren die Wettbewerblichkeit der anderen Segmente. Offensichtlich wettbewerblich ist der außerbörsliche Kapitalmarkt. Grundsätzlich ist er weniger organisiert als der Börsenhandel.[78] Es kann jede Art von Kapitalmarktprodukt gehandelt werden, ohne dass der Markt organisiert ist, der Teilnehmerkreis beschränkt wird oder eine Marktaufsicht besteht.[79] Geschäfte werden individuell geschlossen. Die Marktparteien können gegenläufigen Interessen

---

76 Groß/*Groß*, § 24 BörsG Rn 7; Heidel/*Uhl*, § 24 BörsG Rn 4; vgl. Schwark/Zimmer/*Beck*, § 24 BörsG Rn 22.

77 *Kümpel*, Rn 8.400.

78 SBL/*Seiler*/*Kniehase*, Vor § 104 Rn 38.

79 *Merkt*/*Rossbach*, JuS 2003, 217, 219.

verfolgen und genießen Handlungsfreiheit. Ebenso sind das Marktgeschehen und das Verhalten dritter Marktteilnehmer ungewiss. Jeder Marktteilnehmer trägt Chancen und Risiken seines Marktverhaltens selbst. Daneben kann es außerbörslich Handelssysteme mit einer gewissen Organisation als Alternativen zur Börse geben.[80] Können sich die Marktparteien dort trotz der Organisation frei betätigen, sind die Handelsplätze ebenso wettbewerblich. Das liegt nahe, da außerbörsliche Handelssysteme als Alternativen zum wettbewerblichen Börsenhandel nicht stärker organisiert sein sollten.

Der Kapitalmarkt ist also als Marktplatz für Kapitalmarktprodukte grundsätzlich wettbewerblich. Wettbewerb zeichnet sich durch die selbständige Wahrnehmung wirtschaftlicher Handlungsfreiheit im hinsichtlich des Verhaltens dritter Marktteilnehmer ungewissen Marktprozess, in dem die Marktteilnehmer Chancen und Risiken selbst tragen, und Konkurrenz aus. Die Kapitalmarktteilnehmer können frei wettbewerblich und autonom agieren. Ebenso verfolgen sie gegenläufige Interessen. Das folgt aus der Marktplatzfunktion des Kapitalmarkts. Auch der Organisationsgrad ändert grundsätzlich nichts an der Wettbewerblichkeit des Kapitalmarkts, da und sofern die Organisation lediglich den Rahmen betrifft, innerhalb dessen sich die Kapitalmarktteilnehmer frei bewegen. Sie hebt die Wettbewerblichkeit des Kapitalmarktgeschehens nicht generell auf. Vielmehr soll die Organisation dazu dienen, dass viele Marktteilnehmer markttätig sind und sich frei bewegen, sodass der Kapitalmarkt als Markt für Kapitalanlage und -beschaffung effizient funktioniert. Der Kapitalmarkt setzt der Grundfunktion nach gerade intensiven Wettbewerb voraus. In der Literatur werden Märkte für Aktien daher auch als Paradigma wettbewerblicher Märkte im kartellrechtlichen Sinne angesehen.[81]

5. Zusammenfassung

Art. 101, 102 AEUV, §§ 1, 19 GWB sind aus kartellrechtlicher Sicht als universell und funktional wettbewerbsschützendes Recht am Kapitalmarkt anwendbar. Das indiziert auch das Kapitalmarktrecht, v.a. Erwägungsgrund 80 zur Marktmissbrauchsverordnung. Ferner scheitert die Anwendbarkeit des Kartellrechts nicht an einer fehlenden Wettbewerblichkeit des Kapitalmarkts.

III. Marktabgrenzung am Kapitalmarkt

1. Einleitung

Vor der Darstellung von Kartell- und Missbrauchsverbot seien die Grundsätze der Marktabgrenzung für Kapitalmarktprodukte adressiert. Um einen

80 *Merkt/Rossbach*, JuS 2003, 217, 219; SBL/*Seiler/Kniehase*, Vor § 104 Rn 39 ff.
81 *Thomas*, ZWeR 2014, 119, 136.

Kartellrechtsverstoß festzustellen, ist zuvor grundsätzlich der relevante Markt zu bestimmen. Die Marktabgrenzung ist zentral für das Kartellrecht.[82] Das gilt insbesondere für das Verbot des Missbrauchs einer marktbeherrschenden Stellung. Bezugspunkt der marktbeherrschenden Stellung ist der Markt.[83] Dieser muss beherrscht werden, sodass dessen Bestimmung elementar ist, um überhaupt die für das Missbrauchsverbot relevante marktbeherrschende Stellung feststellen zu können. Für das Kartellverbot ist die Marktabgrenzung zwar weniger zentral. Es wird jedoch insbesondere eine spürbare Wettbewerbsbeschränkung verlangt, was primär vom Marktanteil der Kartellanten abhängt.[84] Um diesen Marktanteil zu bestimmen, ist wiederum der relevante Markt zu bestimmen. Große Märkte sprechen gegen Spürbarkeit und marktbeherrschende Stellung.

Nachfolgend werden Grundsätze zur sachlichen und räumlichen Marktabgrenzung für Kapitalmarktprodukte entwickelt mithin für Produkte, die an kapitalmarktrechtlich organisierten Märkten wie Börsen v.a. zu Anlagezwecken gehandelt werden. Der Fokus liegt auf der sachlichen Marktabgrenzung. Diese wird allgemein sowie an Aktien und Derivaten als Beispielen dargestellt. Wegen der potentiell großen sachlichen Märkte, die auf Basis der nachfolgend entwickelten Grundsätze zur sachlichen Marktabgrenzung für Kapitalmarktprodukte möglich sind, wird ferner diskutiert, ob sich ein sachlicher Markt auf einzelne Kapitalmarktprodukte verengen kann. Anschließend werden Grundsätze für die räumliche Marktabgrenzung erarbeitet. Im Ergebnis können Märkte für Kapitalmarktprodukte groß ausfallen und sind nicht generell auf einzelne Kapitalmarktprodukte verengt. Die Marktgröße ist eine wesentliche Hürde für die Anwendung des Kartellrechts.

2. Sachliche Marktabgrenzung am Kapitalmarkt

a. Kapitalmarkt als Anlagemarkt

aa. Grundlagen der sachlichen Marktabgrenzung

Die sachliche Marktabgrenzung erfolgt nach dem Bedarfsmarktkonzept.[85] Der EuGH zählt Produkte zu einem Markt, die sich aufgrund ihrer Merkmale zur

---

82 MüKo-EUKartellR/*Füller*, Einleitung Rn 1033; Schwarze/*Brinker*, Art. 102 AEUV Rn 5; *Thomas*, ZWeR 2014, 119, 124.

83 *Bechtold/Bosch/Brinker*, Art. 102 AEUV Rn 18; GHN/*Jung*, Art. 102 AEUV Rn 33; Groeben, von der/Schwarze/*Schröter/Bartl*, Art. 102 AEUV Rn 123; Wiedemann/*de Bronett*, § 22 Rn 12.

84 *Bechtold/Bosch/Brinker*, Art. 101 AEUV Rn 103 ff.; *Bechtold/Bosch*, § 1 GWB Rn 42 f.; Callies/Ruffert/*Weiß*, Art. 101 Rn 85; *Emmerich*, § 4 Rn 59; GHN/*Stockenhuber*, Art. 101 AEUV Rn 217 f.; IM/*Emmerich*, Bd 1, Art. 101 Abs. 1 AEUV Rn 142 ff.; IM/*Zimmer*, Bd 2, § 1 GWB Rn 139 f.

85 *Bechtold/Bosch*, § 18 GWB Rn 7; *Emmerich*, § 4 Rn 63; *Fleischer/Bueren*, ZIP 2013, 1253, 1258; GHN/*Jung*, Art. 102 AEUV Rn 37; Groeben, von der/Schwarze/*Schröter/Voet*

Befriedigung gleichbleibenden Bedarfs eignen und mit anderen Erzeugnissen im geringen Maß austauschbar sind.[86] Nach dem BGH müssen Produkte aus Abnehmersicht nach Eigenschaft, Verwendungszweck und Preis zur Deckung eines bestimmten Bedarfs austauschbar sein.[87] Produkte müssen für die Marktgegenseite und deren Bedarf problemlos austauschbar sein, um einem Markt anzugehören.[88] An Angebotsmärkten für Kapitalmarktprodukte müssen also Kapitalmarktprodukte aus Anlegersicht den gleichen Bedarf decken, um zu einem Markt zu zählen. Die funktionale Austauschbarkeit aus Sicht der jeweiligen Marktgegenseiten ist generell maßgeblich.[89] Eigenschaften und Verwendungszweck sind insoweit wesentliche Abgrenzungskriterien.[90]

bb. Trennung der Kapitalmarktanlage von anderen Anlagemärkten

Am Kapitalmarkt als Anlagemarkt ist die Anlage zur Renditeerzielung als Bedarf der Ausgangspunkt der Marktabgrenzung. Es ist zu klären, welche Produkte diesen Bedarf für Anleger austauschbar decken. Definieren allein Kapitalanlage und Rendite den Bedarf, ist der Markt breit. Viele Anlageformen bieten dies, u.a. Kunst und Immobilien. Daraus folgt aber kein unteilbarer Anlagemarkt. So bilden auch nicht alle Fortbewegungsmittel einen unteilbaren Markt, weil sie der Fortbewegung dienen. Es ist der konkrete Anlegerbedarf zugrunde zu legen. Zu dessen Bestimmung sind alle für die Marktgegenseite entscheidungsrelevanten Faktoren zu berücksichtigen.[91] Es kommt auf die spezifischen Zwecke und Eigenschaften an, die Anleger mit der Kapitalmarktanlage verbinden. Sie deckt daher eigenständig einen nicht substituierbaren Bedarf, wenn sie von anderen Anlageformen abweichende Eigenschaften und Zwecke hat.

Anleger suchen Kapitalmarktanlage wegen der Eigenschaft als faktische Finanztransaktion zur Anlage und Kapitalmehrung. Es wird Kapital in ein Kapitalmarktprodukt wie Unternehmensbeteiligung investiert, aus dem sich v.a. durch Veräußerung nach Wertsteigerung eine Rendite erzielen lässt. Das erworbene Produkt als Gegenstand ist weniger relevant, sondern es kommt auf die verkörperte Anlage- und Renditemöglichkeit an. Kapitalmarktanlage ist Kapitalanlage, die anders als bspw. Kunst oder Immobilien nicht darauf abstellt, dass ein konkreter

---

van Vormizeele, Art. 101 AEUV Rn 111; IM/*Fuchs/Möschel*, Bd 2, § 18 GWB Rn 32; IM/*Emmerich*, Bd 1, Art. 101 Abs. 1 AEUV Rn 159; IM/*Fuchs/Möschel*, Bd 2, Art. 102 AEUV Rn 48; *Thomas*, ZWeR 2014, 119, 125.

86 EuGH v. 21.02.1973, Rs. 6–72, ECLI:EU:C:1973:22, Rn 32 – „*Continental Can*“; EuGH v. 11.12.1980, Rs. 31/80, ECLI:EU:C:1980:289, Rn 25 – „*L'Oreal*“.

87 BGH v. 19.03.1996, KZR 1/95 – „*Pay-TV-Durchleitung*“; BGH v. 24.10.1995, KVR 17/94 – „*Backofenmarkt*“.

88 *Emmerich*, § 4 Rn 63.

89 *Bunte*, S. 294.

90 *Emmerich*, § 4 Rn 63; *Thomas*, ZWeR 2014, 119, 125 (mit Blick auf den Kapitalmarkt).

91 GHN/*Jung*, Art. 102 AEUV Rn 40.

Gegenstand erworben wird. Sie zeichnet aus, dass Kapital direkt in eine Investition umgewandelt wird, die Rendite ermöglicht. Die faktisch unverkörperte Anlage und Umwandlung von Kapital in ein Kapitalmarktprodukt zeichnet die Kapitalmarktanlage bedarfsrelevant aus. Das unterscheidet sie wesentlich von anderen Anlageformen. Ferner hat sie Eigenschaften und Zwecke, die andere Anlageformen nicht haben, die nicht diese direkte Kapitalanlagemöglichkeit bieten. Kunst hat bspw. einen ästhetischen Wert. Sie findet ihren Wert in sichtbarer Verkörperung, die für Kapitalmarktprodukte irrelevant ist. Für Wertpapiere sieht dies der Gesetzgeber, sodass nach § 2 Abs. 1 WpHG keine Verkörperung durch Verbriefung erforderlich ist. Der Wertpapierhandel ist entmaterialisiert.[92] Der Blick auf Immobilien bestätigt diese bedarfsrelevante Besonderheit der Kapitalmarktanlage, die sie von anderen Anlageformen unterscheidet. Die Immobilie wird wesentlich als Sache erworben. Darüber hinaus ist ebenso der im Vergleich einfachere Handel mit Kapitalmarktprodukten, v.a. an Börsen, bedarfswesentlich für Kapitalmarktprodukte. Kapitalmarktanlage zeichnet sich primär dadurch aus, dass Kapital in eine andere Form gebracht wird, um es zu mehren, ohne dass diese Form wie bei Immobilien oder Kunst eine über die enthaltene Anlage- und Renditemöglichkeit hinausgehende Relevanz hat.

Neben den von anderen Anlageformen bedarfsrelevant abweichenden Eigenschaften ist zu beachten, dass es praktisch unterschiedliche Entscheidungen sind, ob man bspw. in Wertpapiere wie Aktien an der Börse, in Immobilien mit Folgepflichten oder in Kunst mit ästhetischem Wert investiert. Der Anleger, der Kapitalmarktanlage durch faktische Umwandlung des Kapitals in das Kapitalmarktprodukt sucht, sieht sie wegen der zusätzlichen von Kapitalmarktprodukten abweichenden Charakteristika nicht als Alternative. Ferner folgen unterschiedliche Anlagemärkte unterschiedlichen Regeln. Der Kunstmarkt erfordert ein Verständnis von Kunst, um sie als Anlage bewerten zu können, der Immobilienmarkt ein Verständnis von Immobilienbewertung. Gleiches gilt für den Kapitalmarkt. Er folgt eigenen Regeln und erfordert spezifische Kenntnisse. Die Kenntnis des Kapitalmarkts impliziert nicht die Kenntnis anderer Anlagemärkte. Allein dies spricht dagegen, dass jede Anlage für Anleger austauschbar ist.

Die Kapitalmarktanlage ist also von anderen Anlageformen zu trennen. Sie hat spezifische Eigenschaften und Zwecke. Kapitalmarktanleger suchen Anlage, die faktisch Finanztransaktion ist und bei der es nicht auf die Verkörperung, sondern die Anlage- und Renditemöglichkeit ankommt. Diese Besonderheit der Kapitalmarktanlage bieten andere Anlageformen nicht. Da sich die Eigenschaften und Zwecke somit unterscheiden, deckt die Kapitalmarktanlage einen eigenen Bedarf. Der Entscheidung für eine Anlageform liegen ebenso unterschiedliche Erwägungen und Bewertungskriterien zugrunde. Märkte für verschiedene Anlageformen entwickeln sich verschieden. Für Kapitalmarktanleger sind daher andere

---

92 Assmann/Schütze/*Roth*, § 12 Rn 8; Fuchs/*Fuchs*, § 2 WpHG Rn 12; Schwark/Zimmer/*Kumpan*, § 2 WpHG Rn 6; SBL/*Seiler*/*Kniehase*, § 104 Rn 64 ff.

Anlageformen trotz vergleichbarer Anlagefunktion nicht gleich bedarfsdeckend. Der Kapitalmarkt ist daher von anderen Anlagemärkten zu trennen.

cc. Einteilung der Kapitalmarktprodukte in Gattungen

Kapitalmarktprodukte bilden aber trotz der vergleichbaren Funktion als Kapitalmarktanlage keinen einheitlichen untrennbaren Markt, sondern sind weiter zu trennen. Die Einordung aller Kapitalmarktprodukte ist hier nicht möglich. Daher werden allgemeine Kriterien entwickelt, um generell gleich bedarfsdeckende Produkte und sachliche Märkte zu bestimmen. Im Ausgangspunkt kann man insoweit zunächst erwägen, Märkte generell stark zu fragmentieren und tatsächlich nur absolut identische Kapitalmarktprodukte als austauschbar anzusehen. Danach wären bspw. nur identische Aktien des gleichen Unternehmens, identische Schuldverschreibungen des gleichen Emittenten oder Beteiligungen am gleichen Immobilienfonds jeweils gleich bedarfsdeckend. Aktien an Unternehmen A wären von Aktien an Unternehmen B zu trennen. Begründen ließe sich das für Unternehmensbeteiligungen damit, dass Beteiligungen jeweils auf individuelle Unternehmen mit spezifischen Eigenschaften und Merkmalen betreffen.[93] Das ist auf andere Kapitalmarktprodukte übertragbar. Jedes Kapitalmarktprodukt ist einzigartig, da es einen spezifischen Bezugspunkt und spezifische Charakteristika hat. Dies wirkt auf die Anlegerentscheidung, ein Kapitalmarktprodukt zu erwerben. So entscheidet sich ein Anleger nicht nur für Aktien, sondern für Aktien eines bestimmten Unternehmens. Den Anlegern sind die Unterschiede der Kapitalmarktprodukte durchaus bewusst. Sie fließen in die Investitionsentscheidung ein, da die individuellen Eigenschaften und Charakteristika der Kapitalmarktprodukte auf die Rendite und den Wert des Kapitalmarktprodukts wirken sowie Anlegervorlieben spiegeln können.

Um jedoch die Kapitalmarktprodukte sachlich in dieser Form zu trennen, muss der Anlegerbedarf generell auf das einzelne Kapitalmarktprodukt individualisiert sein. Das entspricht nicht der Marktrealität. Anleger suchen nicht einzelne Kapitalmarktprodukte. Sie fragen Kapitalmarktprodukte wegen der Renditemöglichkeit unter Berücksichtigung des Risikos nach.[94] Jedes Kapitalmarktprodukt bietet gleichermaßen Kapitalanlage, Renditechancen und Verlustrisiken. Damit entsprechen sich grundsätzlich der Verwendungszweck (Anlage zur Renditeerzielung) und die Eigenschaft (Ermöglichung der Anlage zur Renditeerzielung) aller Kapitalmarktprodukte als Anlage. Da der Anleger auf die Kapitalanlage zur Renditeerzielung gerichtet ist, sind Kapitalmarktprodukte über diese Grundfunktion vergleichbar. Das spricht gegen einen auf das einzelne Kapitalmarktprodukt individualisierten Bedarf. Der Anleger sucht im Grundsatz nicht einzelne Kapitalmarktprodukte, sondern sichere und bestmögliche Anlage- und Renditemöglichkeiten. Anlage und

---

93 *Bueren*, WM 2013, 585, 587; *Fleischer/Bueren*, ZIP 2012, 1253, 1259.

94 So auch: *Bueren*, WM 2013, 585, 588; *Fleischer/Bueren*, ZIP 2012, 1253, 1259.

Rendite bieten alle Kapitalmarktprodukte. Einer Investitionsentscheidung geht daher der Vergleich verschiedener Produkte voraus. Auch mit der Entscheidung für ein Produkt individualisiert der Anleger den Bedarf nicht. Er wählt lediglich zwischen funktional identisch Anlage und Rendite bietenden Produkten das aus seiner Sicht bestmögliche Produkt mit Blick auf Anlage und Rendite aus. Die Produkte, zwischen denen er sich entscheidet, sind für den Anlegerbedarf indes austauschbar.

Individuell verschiedene Kapitalmarktprodukte können somit durchaus austauschbar sein, wenn sie sich funktional entsprechen, wobei zu erörtern ist, was funktionale Identität in dem Zusammenhang heißt. Auf den ersten Blick scheinen alle Kapitalmarktprodukte austauschbar, da sie formal gleich Anlage und Rendite bieten. Der Anlegerbedarf bezieht sich im Grundsatz nicht nur auf absolut identische Kapitalmarktprodukte wie Beteiligungen an einem Unternehmen. Der Anleger sucht im Ausgangspunkt Kapitalmarktanlage mit Renditemöglichkeit. Trotzdem gehören nicht alle Kapitalmarktprodukte zu einem untrennbaren Markt, weil sie übereinstimmend Rendite durch Anlage bieten. Damit mögen sich grundsätzlich Verwendungszweck und Eigenschaften entsprechen. Auch hier kommt es jedoch auf den konkreten Anlegerbedarf an, mithin die konkret relevanten Zwecke und Eigenschaften. Diese differenzieren sich über die bloße Anlage zur Renditeerzielung hinaus weiter aus.

Insoweit nimmt das KG zutreffend an, dass sich der Anlegerbedarf auf spezifische Formen wirtschaftlichen Engagements zur Kapitalanlage zwecks Renditeerzielung bezieht.[95] Die gleichen Anlageformen sind mithin vergleichbar. Der Bedarf ist dabei funktional zu verstehen und nicht auf das einzelne Kapitalmarktprodukt individualisiert. Wählt ein Anleger bspw. Beteiligungen an Unternehmen A, schließt das nicht aus, dass er einen Bedarf deckt, den Beteiligungen an anderen Unternehmen auch decken können. Dafür muss sich der Bedarf so darstellen, dass der Anleger Unternehmensbeteiligungen als spezifische Anlage und Form wirtschaftlichen Engagements sucht, die sich trotz unterschiedlicher Emittenten entsprechen. Gleiches gilt für andere Anlageprodukte, bspw. Schuldverschreibungen, die der Anleger als spezifische Anlageform sucht. Er kann mit Schuldverschreibungen eines Emittenten einen Bedarf decken, den Schuldverschreibungen anderer Emittenten ebenso decken, da es nur auf die Anlageform Schuldverschreibung ankommt.

Dieses Verständnis des Bedarfs nach funktional identischer Anlage spiegelt die Marktrealität. Individuelle Unterschiede der Kapitalmarktprodukte führen nicht generell zu Markttrennung. Funktionale Unterschiede der Anlageform sind indes relevant. Insoweit unterschiedlich funktionierende Kapitalmarktprodukte sind trotz gleicher Ausrichtung auf Anlage und Rendite nicht vergleichbar. Anlage, Rendite und Verlustrisiko sind zwar wesentliche Elemente der Investitionsentscheidung des Anlegers. Darüber wäre auch funktional unterschiedliche Anlage

95 KG v. 20.05.1998 – Kart U 6148/97, WuW/E DE-R 165, 168 – „*BVS*“.

vergleichbar. Der Anleger betrachtet nicht nur Rendite und Risiko.[96] Er unterscheidet unterschiedliche Formen wirtschaftlichen Engagements.[97] Maßgeblich ist dabei ein funktionales Verständnis des wirtschaftlichen Engagements. Es kommt darauf an, dass es formal identisch ist, wobei individuelle Unterschiede über die abstrakt-formale Kriterien der funktional identischen Anlage als spezifisches wirtschaftliches Engagement hinaus im Grundsatz irrelevant sind. Für Anleger sind bspw. börsengehandelte Unternehmensbeteiligungen und hochspekulative Optionsgeschäfte nicht funktional identisches wirtschaftliches Engagement, obgleich beides Anlage und Rendite dienen kann. Sie decken nicht austauschbar den gleichen Bedarf. Andererseits sieht der Anleger Beteiligungen an verschiedenen Unternehmen als gleich bedarfsdeckendes wirtschaftliches Engagement *Unternehmensbeteiligung* an.[98] Gleiches ist bspw. für verschiedene Immobilienfonds trotz unterschiedlicher Inhalte oder Schuldverschreibungen unterschiedlicher Unternehmen anzunehmen. Das führt zu einem funktional verstandenen Anlegerbedarf. Bieten Kapitalmarktprodukte funktional bezogen auf die Form des wirtschaftlichen Engagements gleiche Anlage, sind sie für den Bedarf vergleichbar und bilden einen Markt.

Kapitalmarktprodukte sind daher zur Bestimmung sachlicher Märkte auf die formal spezifische Anlage als Form wirtschaftlichen Engagements zu reduzieren. Individuelle Charakteristika wie der Emittent, der Unternehmensbezug oder der individuelle Inhalt sind auszublenden, wenn die Produkte bspw. wie Unternehmens- oder Immobilienfonds-Beteiligungen jeweils formal identisch sind. Kapitalmarktprodukte sind daher im Ausgangspunkt in Gattungen einzuteilen, die jeweils all die Kapitalmarktprodukte umfassen, die funktional identisch Anlage als eine spezifische Form des wirtschaftlichen Engagements bieten. Dann entsprechen sich Anlage sowie Renditemöglichkeit und decken die Produkte in der Folge einen funktional identischen Anlagebedarf. Kapitalmarktprodukte einer Gattung haben funktional gleiche Anlagecharakteristika.

Der Ansatz einer funktionalen Austauschbarkeit lässt sich an einem Beispiel verdeutlichen. Besteht Bedarf nach einem Nahrungsmittelprodukt, sind Produkte verschiedener Hersteller vergleichbar, wenn sie den Bedarf nach dem Nahrungsmittel decken. Unterschiede wie individuell abweichende Rezepturen oder Hersteller sind nicht bedarfsrelevant, sondern Kriterien der Auswahlentscheidung zwischen gleich bedarfsdeckenden Produkten. Für Kapitalmarktprodukte gilt Entsprechendes. Der Anleger sucht spezifische Anlageformen. Diese kann durch individuell unterschiedliche Produkte geboten werden. Stellen sie funktional identische Anlage und das gleiche wirtschaftliche Engagement dar, sind sie für Anleger austauschbar und decken gleichen Bedarf nach spezifischer Anlage.

---

96 *Fleischer/Bueren*, ZIP 2013, 1253, 1259.

97 KG v. 20.05.1998 – Kart U 6148/97, WuW/E DE-R 165, 168 – *„BVS"*.

98 Auf die sachliche Marktabgrenzung in Bezug auf Unternehmensbeteiligungen wird in Abschnitt B. III. d. bb. dieser Arbeit eingegangen.

Der Anleger kann mit allen vergleichbaren Produkten den Bedarf decken. Die Auswahl eines Produkts der Gruppe führt nicht zur Bedarfsänderung, sondern ist die Auswahl aus mehreren Produkten, die wie identische Nahrungsmittelprodukte unterschiedlicher Hersteller den gleichen Bedarf decken. Der Zuordnung zu einem Markt steht nicht entgegen, dass sich Kapitalmarktprodukte nicht bis ins Detail gleichen, bspw. Beteiligungen an verschiedenen Unternehmen, da sich die funktionale Anlageform entspricht. Das ist das wesentliche Kriterium, über das heterogene Produkte auf einem Markt zusammengefasst werden können. Die Produkte eines Markts müssen nicht vollkommen austauschbar sein, sondern es reicht hinreichende Austauschbarkeit mit Blick auf die Verwendung.[99] Sie müssen einem einheitlichen Verwendungszweck dienen.[100] Das ist bei funktional gleicher Anlage der Fall, da sie sich als funktional identische Form wirtschaftlichen Engagements zwecks Anlage zur Renditeerzielung in Verwendungszweck und Eigenschaften entsprechen.

Zu klären ist der Begriff *„funktional identische Anlage“*. Von diesem hängt ab, was Anleger als gleich bedarfsdeckend ansehen. Es ist zu klären, wo funktionale Unterschiede anfangen, sodass Produkte unterscheidbaren Bedarf decken und nicht einem Markt zuzuordnen sind, und bis zu welchem Punkt Unterschiede nicht bedarfsrelevante individuelle Unterschiede funktional identischer Produkte sind, sodass die Produkte austauschbar einem Markt zugeordnet sind. Haben Kapitalmarktprodukte formal identische Grundmerkmale, können sie den gleichen Anlagebedarf decken. Dafür müssen sie als Anlage identisch funktionieren. Emittentenbezogene Dienstleistungen der Börse für Aktien, Schuldverschreibungen und Optionen werden bspw. getrennt, da die Produkte spezifische Eigenschaften haben, spezifische Rechte verbriefen und spezifischen wirtschaftlichen Zwecken (Eigen-, Fremdkapital, Spekulation) dienen.[101] Eigenschaften, verbrieftes Recht und wirtschaftliche Zwecke sind als Kriterien auch zur Bestimmung funktional identischer Anlage in einer Gesamtbetrachtung nutzbar.

Funktional identische Anlage hat zunächst die formal gleichen Eigenschaften. Sie funktioniert identisch und bietet formal und funktional identischen Anlagenutzen. Da alle Kapitalmarktprodukte der Anlage dienen können, zeichnen sich formal gleiche Eigenschaften v.a. dadurch aus, dass sich die Anlage nach identischen formalen Bewertungsfaktoren richtet und damit in ähnlicher Form sowie nach formal gleichen Kriterien Rendite bietet. Das macht Anlageprodukt als Kapitalanlage zur Renditeerzielung für Anleger vergleichbar, da sie die formal gleichen Eigenschaften als Anlageprodukte haben. Bei allen Unternehmensbeteiligungen sind bspw. in identischer Weise Unternehmenswert und -entwicklung relevant, die sich nach formal identischen Kriterien richten, u.a. Umsatz, Prognose, Innovationskraft,

---

99 EuGH v. 13.02.1979, Rs. C-85/76, ECLI:EU:C:1979:36, Rn 28 – *„Hoffmann La Roche“*; GHN/*Jung*, Art. 102 AEUV Rn 38; IM/*Fuchs/Möschel*, Bd 1, Art. 102 AEUV Rn 49 f.

100 Langen/Bunte/*Bardong*, Bd 1, § 18 GWB Rn 33.

101 Schwark/Zimmer/*Beck*, § 9 BörsG Rn 15.

Marktstellung. Unternehmenswert und -entwicklung wirken in gleicher Weise auf den Wert sowie die potentielle Rendite, sodass Unternehmensbeteiligungen damit die formal gleichen Eigenschaften haben. Ferner kann die Laufzeit laufzeitgebundener Kapitalmarktprodukte relevante formale Eigenschaft sein, da sie die Dauer der Kapitalbindung definieren kann. Anlegern kommt es aber auf die Anlage- und Renditemöglichkeit an. Laufzeitunterschiede trennen daher nicht generell sachliche Märkte. Produkte mit unterschiedlichen Laufzeiten können vergleichbar sein, wenn sie im Übrigen funktional identisch sind. Laufzeitunterschiede können auf die Renditemöglichkeit sowie die Dauer der Kapitalbindung wirken. Bei hohen Laufzeitunterschieden, kurz- und langfristige Anlage, kann eine Trennung möglich sein. Dies ist aber nur der Fall, wenn die Laufzeit bedarfsrelevant wirkt. Das ist bspw. an Börsen nicht zwingend. Das börsliche Geschäft ist auf Handel ausgerichtet. Auch laufzeitgebundene Produkte können während der Laufzeit gehandelt werden. Dann ist das Kapital des Anlegers nicht für die gesamte Laufzeit gebunden. Vielmehr kann die Laufzeit auf den Handelswert wirken, bspw. bei langer Laufzeit und hoher prognostizierter Zahlungen aus dem Produkt. Damit wirkt die Laufzeit auf die Rendite und ist damit Abwägungsfaktor, aber nicht bedarfsbestimmend. Daher müssen Laufzeitunterschiede zumindest im Börsenhandel keine bedarfsbestimmende Relevanz haben.

Ein wesentliches Kriterium ist das verbriefte Recht. Es muss vergleichbar sein, um Produkte einer Gattung zuzuordnen. Dabei ist der tatsächliche Anlegerbedarf relevant. Die Vergleichbarkeit des verbrieften Rechts ist durch eine tatsächliche Betrachtung festzustellen. Ist aus Anlegersicht faktisch Gleiches verbrieft, treten rechtliche Unterschiede in den Hintergrund. Gleichermaßen führen rechtliche Parallelen nicht automatisch zu funktional gleicher Anlage. So verbriefen alle Unternehmensbeteiligungen identisch Beteiligung an Unternehmen. Ob das Unternehmen eine Kapital- oder Personengesellschaft ist, macht grundsätzlich keinen Unterschied, da es sich um funktional identische Anlage und wirtschaftliches Engagement in Unternehmen handelt. Die erforderliche den tatsächlichen Anlegerbedarf zugrunde legende Betrachtung kann also rechtliche Unterschiede aufheben. Gleichermaßen kann sie dazu führen, dass trotz rechtlicher Parallelen des verbrieften Rechts keine funktional identische Anlage vorliegt. Eine Beteiligung an einem Immobilienfonds ist bspw. von der Beteiligung an Unternehmen zu trennen.

Daneben sind die wirtschaftlichen Zwecke relevant. So macht es einen Unterschied, ob in Eigen- oder Fremdkapitaltitel investiert wird oder das Geschäft wie Optionen der Spekulation dient. Anlageformen und -zwecke sowie Bewertungsfaktoren unterscheiden sich. Die Unternehmensbeteiligung als Eigenkapitaltitel ist von der Zurverfügungstellung von Fremdkapital zu unterscheiden. Durch die Investition in Fremdkapitaltitel werden Anleger nicht Gesellschafter, sondern sind nur Gläubiger, die das Kapital nebst Zinsen bei Laufzeitende zurückerhalten. Bei Fremdkapitaltiteln besteht ein Anspruch auf Verzinsung und Rückzahlung bei Laufzeitende, wobei Eigenkapital unbefristet und zinslos zur Verfügung gestellt wird.[102] Bei Eigenkapitaltiteln wird Rendite, v.a. börslich, primär aus dem Handel und daneben aus Ausschüttungen gezogen. Fremdkapitaltitel zeichnet indes eine fortlaufende Zinszahlung, zeitliche Befristung und die Kapitalrückzahlung aus. Es unterscheidet sich das wirtschaftliche Engagement. Fremd- und Eigenkapitaltitel sind nicht austauschbar, da sie unterschiedlich funktionieren.[103]

Ist die Anlageform funktional vergleichbar, sind individuelle Unterschiede funktional identischer Anlage grundsätzlich nicht bedarfsrelevant, sondern Kriterien der Auswahlentscheidung zwischen gleich bedarfsdeckenden Produkten. Anleger nutzen sie um sich für ein Produkt zu entscheiden. Da es den Anleger auf die Kapitalanlage zur Renditeerzielung ankommt, wählen sie das Produkt, das auf Grundlage der Auswahlkriterien das geringste Verlustrisiko und die höchste Rendite gemessen am Kapitaleinsatz bietet. Die Entscheidung für ein Produkt verengt den Bedarf nicht auf das gewählte Produkt. Die Anleger könnten den Bedarf weiterhin mit dritten Produkten der gleichen Gattung decken.

Individuell unterschiedliche Inhalte von Produkten, die keine Bestimmungskriterien funktional identischer Anlage sind, wirken bei funktionaler Identität der Kapitalmarktprodukte grundsätzlich nicht bedarfsbestimmend. So sind verschiedene Immobilienfonds nicht deswegen verschieden, weil sie sich auf unterschiedliche Immobilien beziehen, oder Aktienfonds, weil sie verschiedene Beteiligungen enthalten. Es handelt sich funktional gleichermaßen um Immobilien- bzw. Aktienfondbeteiligungen als identisches wirtschaftliches Engagement. Insoweit sind sie miteinander vergleichbar. Es ist ebenso nicht fernliegend, verschiedene Fondsarten als vergleichbar anzusehen. Das wirtschaftliche Engagement ist die Fondsbeteiligung. Als solche funktionieren verschiedene Fondsarten grundsätzlich gleich. Die individuellen Unterschiede kann man zumindest grundsätzlich als nicht bedarfsrelevant. Unterschiedliche Inhalte funktional identischer Produkte sind als dritte Faktoren grundsätzlich nicht bedarfsbestimmend, da sie nicht das wirtschaftliche Engagement und die funktionale Anlageform definieren. Gleiches gilt für Emittenten bei im Übrigen funktional gleichen Kapitalmarktprodukten, bspw. bei Unternehmensbeteiligungen oder Schuldverschreibungen verschiedener Emittenten, da sie nicht funktionale Anlage oder das wirtschaftliche Engagement verändern.

Solche individuellen dritten nicht bedarfsrelevanten Faktoren sind Kriterien der Auswahlentscheidung zwischen funktional identischen Kapitalmarktprodukten einer Gattung. Sie können auf die Rendite und den Anlagewert als Faktoren der Entscheidung für ein Kapitalmarktprodukt wirken. Sie können ferner Anlegervorlieben spiegeln, die eine Affinität zu einem individuellen Anlageprodukt, bspw. die Beteiligung an einem bestimmten Unternehmen, das der Anleger schätzt, begründen können. Solche Faktoren, die nicht auf die funktionale Anlage wirken, beeinflussen die Entscheidung für ein Produkt, heben aber nicht die funktionale Vergleichbarkeit mit dritten Produkten der Gattung auf. Aus diesen Faktoren

102 *Kümpel*, Rn 9.3.
103 So auch: *Bueren*, WM 2013, 585, 588, Fn 46.

ermittelt der Anleger individuelle Vor- und Nachteile gleich bedarfsdeckender Produkte. Sie können die Auswahl entscheiden, sind aber nicht bedarfsbegründend. Anleger suchen spezifische Anlageformen als wirtschaftliches Engagement.

Der Anlegerbedarf richtet sich also nicht auf einzelne Kapitalmarktprodukte, sondern funktional identische Anlageformen. Entscheidend sind die formalen Eigenschaften, das verbriefte Recht und der wirtschaftliche Zweck. Anlage mit formal gleichen Eigenschaften, formal gleichem verbrieften Recht und formal gleichen wirtschaftlichen Zwecken ist für Anleger vergleichbar. Das verbriefte Recht ist tatsächlich zu bestimmen. Individuelle Aspekte von Kapitalmarktprodukten sind grundsätzlich Kriterien der Auswahlentscheidung für ein Produkt einer Gattung, welche die Vergleichbarkeit zur Deckung des Anlegebedarfs nicht aufheben. Gleichzeitig sind nicht alle Kapitalmarktprodukte austauschbar, weil sie vergleichbar Anlage- und Renditemöglichkeiten bieten. Die Anleger suchen vielmehr funktional spezifische Anlageformen.

Der Ansatz, die Märkte nicht generell nach einzelnen Kapitalmarktprodukten abzugrenzen, bestätigt sich ferner darin, dass die Anleger gewinnbringend anlegen. Mit jeder Anlageform sind spezifische Verlustrisiken verbunden, weshalb ein diversifiziertes Portfolio sinnvoll ist, um das Gesamtrisiko des Kapitalverlusts zu minimieren.[104] Das erfordert Anlage in funktional unterschiedliche Kapitalmarktprodukte und spiegelt die Einteilung in Gattungen funktional identischer Anlage, da unterschiedliche Anlageformen mit unterschiedlichen Risiken verbunden sind, sodass sich der Anlegerbedarf im Grundsatz nicht auf einzelne Produkte verengt. Diese erforderliche Diversifikation zeigt zugleich, dass nicht alle Kapitalmarktprodukte austauschbar sind. Es wird unterschiedlicher Bedarf gedeckt. Es sind Anlageformen im Portfolio zusammengefasst, die unterschiedliche Risiken absichern. Das bestätigt wiederum ein Vergleich. Beim Nahrungsmitteleinkauf enthält der Warenkorb verschiedene Nahrungsmittel. Man will nicht auf ein Nahrungsmittel fixiert sein, sondern nach Bedarf wählen. Obgleich alle Nahrungsmittel ernähren, unterscheiden sie sich im Detail und decken unterschiedlichen Ernährungsbedarf. Im Warenkorb enthaltene Produkte decken jeweils einen nicht substituierbaren Bedarf. Der Warenkorb ist diversifiziert, um unterschiedliche Bedarfslagen zu bedienen. Die Nahrungsmittel gehören aber als Teile des Warenkorbs nicht zu einem Markt. Das lässt sich übertragen. Kapitalmarktprodukte im Portfolio als Warenkorb decken Bedarf nach unterschiedlich funktionierenden Anlageprodukten, um das Gesamtrisiko zu minimieren. Vergleichbar sind Anlageprodukte, die funktional identisch sind, da sie gleiche Risiken treffen.

dd. Weitere grundsätzliche sachliche Unterteilungsmöglichkeiten

Im Grundsatz sind Märkte für Kapitalmarktprodukte in Gattungen funktional identischer Anlage zu teilen. Das entspricht der Anlagerealität. Wesentlich für die

104 *Bueren*, WM 2013, 585, 588.

funktionale Identität von Kapitalmarktprodukten sind die formalen Eigenschaften, das tatsächlich bestimmte verbriefte Recht und der wirtschaftliche Zweck. Die Einteilung in funktional identische Kapitalmarktprodukte führt dazu, dass die Gattungen unterschiedliche Kapitalmarktprodukte zusammenfassen und Märkte nicht generell für einzelne Kapitalmarktprodukte bestehen. Unterschiede, die nicht die funktionale Anlageform definieren, bspw. Emittentenbezug oder in Grenzen Laufzeiten, führen nicht zu unterschiedlichen Märkten. Vielmehr sind die Unterschiede Kriterien der Auswahlentscheidung zwischen funktional gleichen Kapitalmarktprodukten. Sie können wertbildend sein, auf die Rendite wirken oder Vorlieben abbilden. Sie ändert aber nichts an der funktionalen Identität. Auf der anderen Seite bilden nicht alle Kapitalmarktprodukte einen Markt, sondern sind Anlageformen, die sich funktional unterscheiden und unterschiedliches wirtschaftliches Engagement darstellen, zu trennen. Da diese Gattungen groß ausfallen können, bspw. für Unternehmensbeteiligungen, stellt sich die Frage, ob die Gattungsmärkte weiter zu unterteilen sind.

Zunächst ist der börs- und außerbörsliche Handel zu trennen. Börslicher Handel meint Handel an den Börsen als organisiertem Markt. Die Eigenschaften des börs- und außerbörslichen Handels unterschieden sich bedarfsrelevant, sodass sie für Anlegersicht nicht austauschbar zu trennen sind. Die Börse zeichnen bedarfsrelevante Besonderheiten aus.

Die Börse führt als organisierter Marktplatz Angebot und Nachfrage zentral zusammen. Sie bietet organisiert, sicher, einfach, schnell und standardisiert Handel.[105] Wesentliches Merkmal der Börse ist dieser Handel. Die Möglichkeit der Nutzung des Börsenhandels ist wiederum das wesentliche Merkmal der Anlagetätigkeit an Börsen. Sie ermöglichen einfachen Handel durch die Marktplatzfunktion. Die Börse schafft einen Handelsplatz, der für jedermann offen ist und an dem viele Marktakteure tätig sind und viele Produkte gehandelt werden. Das erhöht die Wahrscheinlichkeit, dass sich für Anleger Handelsmöglichkeiten ergeben. Kapitalmarktprodukte können einfach erworben und veräußert werden. Die Börse ist ein strukturierter Marktplatz, der einfachen sowie schnelle Handel und über die Marktplatzfunktion viele Akteure und Produkte bietet.

Außerbörslich ist das Geschäft individueller und weniger auf Handel ausgelegt. Es ist kaum organisiert.[106] Es fehlen vergleichbare Marktplätze. Der Handel ist nicht so einfach und schnell wie an der Börse. Außerdem ist das außerbörsliche Geschäft nicht standardisiert und nimmt auf individuelle Kundenwünsche Bezug, weshalb Produkte oft nicht verkehrsfähig und damit schlecht handelbar sind.[107] Es gibt oft keinen Sekundärmarkt.[108] Handel ist zwar möglich, aber nicht

105 *Grunewald/Schlitt*, S. 6.
106 SBL/*Seiler/Kniehase*, Vor § 104 Rn 8.
107 Fuchs/*Fuchs*, § 2 WpHG Rn 16.
108 EBJS/*Grundmann*, Bank- und Börsenrecht Rn VI 49; SBL/*Seiler/Kniehase*, Vor § 104 Rn 8.

mit dem Börsenhandel vergleichbar. Es ist keine sichere einfache Handelbarkeit durch Standardisierung und Organisation möglich. Ferner unterscheidet sich nicht nur der Handel. Ebenso weicht die Risikostruktur außerbörslicher Anlage wegen der schlechten Handelbarkeit von börslicher Anlage ab. Man kann Produkt weniger leicht veräußern, trägt somit ein höheres Risiko. Außerbörsliche Anlage hat eine von börslicher Anlage abweichende Anlage- und Risikostruktur. Börsenanleger suchen sichere, standardisierte und einfach handelbare Anlage als Spezifikum des Börsenhandels. Sie beziehen bei der Anlageentscheidung die jederzeitige Veräußerbarkeit des Kapitalmarktprodukts durch den einfachen Handel mit ein.

Diese Unterschiede sprechen dafür, dass Anleger börs- und außerbörsliche Anlage nicht als substituierbar ansehen. Die Unterschiede sind nicht bloß Kriterien der Auswahlentscheidung zwischen gleich bedarfsdeckender Anlage. Die Risikostruktur von Anlagemöglichkeiten kann zwar ein Abwägungskriterium sein. Die Unterschiede zwischen börs- und außerbörslichem Geschäft sind jedoch zu groß. Wegen der unterschiedlichen Handels-, Anlage- und Risikostruktur unterscheiden sie sich wesentlich. Der spezifische Börsenhandel als bedarfsrelevante Eigenschaften ist durch außerbörsliche Handelbarkeit nicht gespiegelt. Der Handel gestaltet sich außerbörslich aufgrund fehlender Marktplätze schlechter und weniger sicher. Eine Ausnahme von dieser Trennung ist allenfalls denkbar, wenn die Kapitalmarktprodukte außerbörslich börsenähnlich gehandelt sind. Außerbörslich sind organisierte Marktplätze wie multilaterale Handelssysteme nach § 2 Abs. 3 Nr. 8 WpHG möglich, die „die Interessen einer Vielzahl von Personen am Kauf und Verkauf von Finanzinstrumenten innerhalb des Systems und nach festgelegten Bestimmungen“ zusammenbringen. Funktionieren sie börsenähnlich, ist ein Markt denkbar.[109] In der Literatur wird vertreten, dass manche dieser Handelssysteme der Börse in der Organisation in nichts nachstünden.[110] Trotzdem ist im Rahmen der Marktabgrenzung mit Zurückhaltung vorzugehen. Die Hürde ist hoch, da die Börse über die öffentlich-rechtliche Organisation eine Sicherheit gibt, die außerbörsliche Handelssysteme nicht bieten. Ebenso muss der Handel nicht entsprechend einfach sein, da u.a. die Teilnehmerzahlen niedriger sein können. Grundsätzlich ist auch insoweit die Trennung aufrechtzuerhalten und allenfalls im Einzelfall zu durchbrechen.

Neben der Trennung des börs- und außerbörslichen Geschäfts ist zu klären, ob in den Gattungen das börs- und außerbörsliche Geschäft jeweils weiter zu trennen ist. Der Börsenhandel ist in verschiedene Segmente unterteilt. Börsengehandelte Kapitalmarktprodukte sind in Börsensegmente einsortiert. Die Trennung von Märkten für funktional identische Kapitalmarktprodukte nach diesen Segmenten ist aber abzulehnen. Die Zuordnung in Börsensegmente schafft keine funktionalen Unterschiede der Produkte einer Gattung. Es ist eine formale Kategorisierung, die

---

109 Ebenso Substituierbarkeit vom Einzelfall abhängig machend: Groß/*Groß*, § 9 BörsG Rn 5.

110 Kümpel/Hammen/Ekkenga/*Ekkenga*/*Maas*, 55 Rn 136.

den Börsenhandel ordnet, aber nicht auf für Marktabgrenzung relevante Faktoren wirkt. In welchem Segment ein Kapitalmarktprodukt gehandelt wird, ist für den Anlegerbedarf nicht relevant, da diese Zuordnung die funktionale Identität nicht aufhebt. Sind bspw. in verschiedenen Segmenten gehandelte Unternehmensbeteiligungen funktional identisch, liegen sie auf einem Markt. Anleger suchen keine Produkte aus Börsensegmenten, sodass die Segmentierung auch nicht auf die Marktabgrenzung wirkt.

Außerbörslich ergeben sich hingegen Möglichkeiten funktional identische Anlage weiter zu trennen. Außerbörsliche Anlage kann sich durch eine andere Anlage- und Risikostruktur auszeichnen als Börsenhandel. Die Kapitalmarktprodukte sind außerbörslich grundsätzlich schlechter handelbar. Es ist insbesondere weniger einfach, ein Kapitalmarktprodukt, das man erworben hat, zu veräußern, wenn Risiken oder Verluste zu groß werden. Die außerbörsliche Anlage kann wegen der schlechteren Handelbarkeit risikoreicher sein als die börsliche Anlage. Ebenso kann sie längerfristiger angelegt sein. Es ist nicht auszuschließen, dass die Zuordnung zu Gattungen den Anlegerbedarf sowie die Austauschbarkeit aus Anlegersicht und damit die sachlichen Märkte nicht abschließend abbildet. Anlagetätigkeit und Bedarf können wegen der Anlage- und Risikostruktur enger auf Kapitalmarktprodukte bezogen sein als im Börsenhandel. So ist denkbar, dass eine durch die schlechtere Handelbarkeit bedingte potentiell längerfristige Anlage gewisse Affinitäten des Anlegers erfordert, damit er ein Anlageprodukt in Betracht zieht. Ebenso kann wegen des grundsätzlich höheren Risikos durch die schlechtere Handelbarkeit und fehlende Organisation aus Anlegersicht spezifisches Wissen zur adäquaten Einordnung der Produkte und deren Risiko erforderlich sein, um sie als Anlage in Betracht zu ziehen. Dies kann dazu führen, dass nur individuell unterschiedliche Produkte einer Gattung zu einem Markt zählen, welche die entsprechenden Kriterien gleichermaßen erfüllen. Es müssen mithin Produkte sein, für die gleiche Affinitäten bestehen oder die sich mit dem gleichen Wissen bewerten lassen, bspw. Unternehmensbeteiligungen[111] einer bestimmten Branche oder Schuldverschreibungen einer bestimmten Gruppe von Emittenten. Das führt dazu, dass Kapitalmarktprodukte anhand dritter Kriterien, die eigentlich Kriterien der Auswahlentscheidung sind, über Gattungen hinaus sachlich zu trennen sind. Individuelle Unterschiede können von Abwägungskriterien zu bedarfsbestimmenden Kriterien werden. Die Markttrennung kann hier durchaus auf psychischen Hemmschwellen aufgrund der Risikostruktur des außerbörslichen Markts beruhen. Auch solche psychischen Hemmschwellen bestimmten den Bedarf und definieren die Austauschbarkeit. Ferner kann die Anlage im Falle laufzeitgebundener Produkte auf die ganze Laufzeit bezogen sein, da Produkte schlecht handelbar sind. Die Laufzeit von laufzeitgebundenen Kapitalmarktprodukten kann außerbörslich eher bedarfsbestimmend sein und Märkte verengen. Aufgrund fehlender Marktplätze

111 Vgl. vertiefend am Bsp. von Unternehmensbeteiligungen Abschnitt B. III. 3. d. bb. (2). dieser Arbeit.

sowie möglicher höheren Individualität der Produkte und damit einhergehender fehlender Verkehrsfähigkeit besteht eine gewisse Wahrscheinlichkeit, dass laufzeitgebundene Produkte über die ganze Laufzeit gehalten werden. Daher ist nicht ausgeschlossen, lang- und kurzzeitige laufzeitgebundene Kapitalmarktprodukte zu trennen, da sie aus Anlegersicht unterschiedlichen Bedarf decken, nämlich kurz- und langfristige Anlage.

Im Börsenhandel sind solche Unterteilungen aufgrund der einfachen Handelbarkeit sowie der Fixierung auf Handel im Grundsatz nicht erforderlich. Produkte können veräußert werden, wenn Risiko steigt oder Renditemöglichkeiten schlechter werden. Die Einschätzung von Risiko und Wertentwicklung ist im börslichen Geschäft aufgrund der einfachen Handelbarkeit nicht mit solcher Akribie vorzunehmen wie außerbörslich. Insbesondere müssen Produkte nicht bis zum Laufzeitende gehalten, sondern können gehandelt werden. Die Laufzeit spielt daher keine bedarfsrelevante Rolle. Sie wirkt sich auf die Bewertung des Kapitalmarktprodukts aus und ist Kriterium der Auswahlentscheidung.

Nicht generell zu trennen sind hingegen der Primär- und Sekundärmarkt. Der Primärmarkt umfasst die Emission des Kapitalmarktprodukts,[112] der Sekundärmarkt den Handel mit platzierten Kapitalmarktprodukten durch Anleger.[113] Primär- und Sekundärmarkt bedienen grundsätzlich den gleichen Bedarf, sofern sie funktional identische Kapitalmarktprodukte im vorstehenden Sinne betreffen. Der Unterschied zwischen Primär- und Sekundärmarkt ist rein zeitlicher Natur, wirkt sich aber nicht bedarfsbestimmend aus. Der Unterschied hat keinen Einfluss auf die funktionale Identität der Anlageprodukte.

Das erste Angebot erfolgt am Primärmarkt. Ist ein Produkt in den Handel eingeführt, wird es am Sekundärmarkt angeboten. Die Zuordnung zu Primär- oder Sekundärmarkt hebt die funktionale Identität der Anlage nicht auf. Es wird vertreten, dass bei Emission für Anleger Gewinne durch Preisunterschiede an Primär- und Sekundärmarkt möglich sind, weshalb für Anleger Primär- und Sekundärmarkt nicht austauschbar seien.[114] Die Gewinnmöglichkeit hebt die Substituierbarkeit funktional identischer Anlage an Primär- und Sekundärmarkt nicht auf. Die Renditemöglichkeit ist ein Abwägungskriterium zwischen gleich bedarfsdeckenden Produkten. Es kommt den Anlegern auf die Rendite gemessen am Kapitaleinsatz an. Die Höhe der potentiellen Rendite ist nicht bedarfsbestimmend, sondern wirkt sich auf die Attraktivität des Produkts in der Auswahlentscheidung zwischen gleich bedarfsdeckenden Produkten aus. Produkte gleicher Gattung sind unabhängig von

---

112 *Buck-Heeb*, Rn 73; *Grunewald/Schlitt*, S. 5; *Hopt*, ZHR 141 (1977), 389, 425; Kümpel/Ham-men/Ekkenga/*Kümpel*, 50 Rn 128; *Langenbucher*, § 13 Rn 3; *Merkt/Rossbach*, JuS 2003, 217, 218; MüKo-BGB/*Lehmann*, Bd 11, Internationales Finanzmarktrecht, Rn 38; SBL/*Seiler/ Kniehase*, Vor § 104 Rn 20.

113 *Buck-Heeb*, Rn 73; *Grunewald/Schlitt*, S. 5; Kümpel/Hammen/Ekkenga/*Kümpel*, 50 Rn 137; *Langenbucher*, § 13 Rn 4.

114 *Bueren*, WM 2013, 585, 589.

der Verortung auf Primär- oder Sekundärmarkt funktional gleiche Anlage. Sind mögliche Gewinne durch Preisunterschiede an Primär- und Sekundärmarkt aus Anlegersicht zu gering, wird er andere Produkte der Gattung wählen. Eine grundsätzliche Trennung von Primär- und Sekundärmarkt ist abzulehnen.[115] Dem steht nicht entgegen, dass der Primärmarkt zum außerbörslichen Markt zählt.[116] Auch wenn börs- und außerbörslicher Handel getrennt werden, sind der Primär- und Sekundärmarkt für börsengehandelte Kapitalmarktprodukte nicht zu trennen. Die Trennung vom börs- und außerbörslichem Handel betrifft den Handel am Sekundärmarkt. Der Primärmarkt zählt aber aus Sicht der kartellrechtlichen Marktabgrenzung sachlich immer zum Sekundärmarkt, an dem die emittierten Produkte im Anschluss gehandelt werden. Somit ist bspw. der Primärmarkt für börsengehandelte Kapitalmarktprodukte dem börslichen Handel der jeweiligen Gattung zuzuordnen. Der Anleger kann die am Primärmarkt erworbenen Produkte in der Folge an der Börse handeln, sodass die formale Außerbörslichkeit des Primärmarkts einer sachlichen Zusammenfassung nicht entgegensteht.

In Grenzen ist in Gattungen eine Trennung nach Anlegergruppen möglich. Generell können Märkte in Abnehmergruppen getrennt sein, wenn Wettbewerbsbedingungen für eine Gruppe homogen und von anderen Gruppen verschieden sind.[117] Die Anbieter müssen gegenüber der betreffenden Gruppe eine von anderen Gruppen abweichende Marktstrategie verfolgen können.[118] An Börsen ist eine Trennung in Anlegergruppen im Grundsatz zu verneinen. Alle Anleger und Anbieter agieren grundsätzlich an einem Markt. Angebot und Nachfrage werden an der Börse zentral eingestellt und von der Börse automatisch zusammengeführt. Es ist daher grundsätzlich irrelevant, ob fünf Anleger je 20 von 100 Einheiten nachfragen oder ein Anleger 100 Einheiten, wenn ein Anbieter 100 Einheiten anbietet. Ebenso ist grundsätzlich nicht relevant, wer das Produkt anbietet oder nachfragt. Es müssen grundsätzlich lediglich Angebot und Nachfrage passen. Im Einzelfall kann jedoch in Grenzen eine Trennung nach Anlegergruppen denkbar sein. Ein Beispiel sind Großanleger, die aufgrund der generell angelegten und verwalteten Summen einen Mindestwert an Volumen hinsichtlich eines gehandelten Kapitalmarktprodukts benötigen, um es als Anlage in Betracht zu ziehen, sodass Kapitalmarktprodukte aus Sicht dieser Anleger grundsätzlich nach Handelsvolumina zu trennen sein können.[119] Produkte einer Gattung ohne hinreichend Volumen kommen für sie nicht in Betracht, obgleich sie grundsätzlich funktional identisch sind.

---

115 Vgl. zur Möglichkeit der Marktverengung bei Emission Abschnitt B. III. 2. e. cc. dieser Arbeit.

116 Zur Einordnung des Primärmarkts: Kümpel/Hammen/Ekkenga/*Kümpel*, 50 Rn 128.

117 MüKo-EUKartellR/*Füller*, Einleitung Rn 1062.

118 IM/*Fuchs*/*Möschel*, Bd 1, § 18 GWB Rn 44.

119 *Bueren*, WM 2013, 585, 588.

Eine generelle Trennung nach Preisen ist indes abzulehnen. Der Preis ist generell von geringerer Relevanz als andere Merkmale.[120] Oft ist nicht der Preis bedarfsrelevant, sondern sind es die Eigenschaften, die das Produkt hat und die zu einem Preis führen. Preisunterschiede können das Ergebnis bestimmter Präferenzen sein, müssen aber nicht für Marktrennung sprechen.[121] Das gilt v.a. am Kapitalmarkt. Der Preis ist nicht originär bedarfsrelevant für Kapitalmarktprodukte. Es kommt im Grundsatz auf die funktional verstandene Anlageform und das wirtschaftliche Engagement an. Der Preis wirkt sich auf diese Punkte grundsätzlich nicht aus. Er wirkt vielmehr auf Renditewahrscheinlichkeit und -höhe. Rendite ist in Relation zum Kapitaleinsatz zu lesen. Relevant ist mithin die Rendite gemessen am Kapitaleinsatz. Darüber sind teure und günstige Kapitalmarktprodukte vergleichbar. Die Renditewahrscheinlichkeit und -höhe sind Kriterien der Auswahlentscheidung zwischen gleich bedarfsdeckenden Kapitalmarktprodukten. Günstige Kapitalmarktprodukte können die gleiche prozentuale Rendite bieten wie teure Kapitalmarktprodukte. Daher ist der Markt grundsätzlich nicht nach Preisen zu trennen. Ausnahmen sind jedoch denkbar, bspw. wenn sich Preise in Regionen bewegen, die durchschnittliche Anleger nicht bedienen und die eine gewisse Finanzkraft erfordern. Dann können sich Angebots- und Nachfragemarkt verengen.

Gleichermaßen sind Kapitalmarktprodukte im Grundsatz nicht nach Risiko zu trennen. Das Risiko wirkt auf die Attraktivität und die Renditewahrscheinlichkeit. Es ist wie der Preis grundsätzlich ein Abwägungskriterium der Auswahlentscheidung. Ausnahmen sind ähnlich wie beim Preis in Extremfällen denkbar, bspw. Hochrisikoanlagen, bei denen das Ausfallrisiko bei hohem Kapitaleinsatz hoch ist und nur wegen potentiell hoher Rendite in Kauf genommen wird. Solche Produkte können von konservativer Anlage zu trennen sein. Das Risiko des Kapitalverlusts ist dann nicht nur Abwägungskriterium, sondern zeichnet die Produkte aus.

b. Sonderfall: Zweckgebundene Kapitalmarktprodukte

Kapitalmarktprodukte müssen nicht nur der Anlage dienen, auch wenn der Fokus dieser Arbeit auf diesen Produkten liegt. Ein insoweit erwähnenswerter Sondertypus von Kapitalmarktprodukten sind zweckgebundene Kapitalmarktprodukte. Es gibt Kapitalmarktprodukte, die spezifischen Zwecken dienen. Der Bedarf ist auf diese spezifischen Zwecke gerichtet, sodass auch die sachliche Marktabgrenzung nach diesen Zwecken auszurichten ist. Sichert ein Produkt bspw. ein Risiko ab, suchen Anleger dessen Absicherung. Das bestimmt den Bedarf, sodass Produkte einen Markt bilden, die das Risiko absichern. Zweckgebundene Kapitalmarktprodukte sind nach Zwecken zu trennen. Zu Produkten mit besonderer Zwecksetzung

---

120 *Bunte*, S. 295; IM/*Fuchs*/*Möschel*, Bd 2, § 18 GWB Rn 35; IM/*Fuchs*/*Möschel*, Bd 2, Art. 102 AEUV Rn 51 ff.; Groeben, von der/Schwarze/*Schröter*/*Bartl*, Art 102 AEUV Rn 138; *Thomas*, ZWeR 2014, 119, 125.

121 *Emmerich*, § 27 Rn 16.

zählen Derivate, an denen Marktabgrenzung zweckgebundener Kapitalmarktprodukte noch dargestellt wird.[122]

c. *Zwischenfazit zu den Grundsätzen der sachlichen Marktabgrenzung*

Es ist festzuhalten, dass sachliche Märkte nicht generell für einzelne Kapitalmarktprodukte bestehen, sondern für funktional identische Anlage. Die sachliche Marktabgrenzung folgt dem Bedarfsmarktkonzept auf Basis des Anlegerbedarfs. Bei Kapitalmarktprodukten zur Anlage ist der Bedarf die Kapitalmarktanlage zur Renditeerzielung. Kapitalmarktanlage ist von anderen Anlageformen zu trennen und Kapitalmarktprodukte sind in Gattungen funktional identischer Produkte als wirtschaftliches Engagement zu trennen. Es gibt nicht generell eigene Märkte für einzelne Kapitalmarktprodukte. Die funktionale Vergleichbarkeit aufgrund formaler Faktoren ist für die Marktabgrenzung maßgebend. Die Kriterien zur Bestimmung der Vergleichbarkeit sind formale Eigenschaften, verbrieftes Recht und wirtschaftlicher Zweck. Das verbriefte Recht ist tatsächlich zu bestimmen. Rechtliche Unterschiede können in den Hintergrund treten. Dritte Faktoren, die nicht auf die funktionale Austauschbarkeit wirken, wie Renditewahrscheinlichkeit, Emittent oder in Grenzen Laufzeitunterschiede, sind grundsätzlich nicht bedarfsrelevant, sondern Kriterien der Auswahlentscheidung zwischen gleich bedarfsdeckenden Produkten. Die Gattungen sind ferner in börs- und außerbörslichen Handel zu trennen. Den Börsenhandel zeichnet Organisation, Standardisierung, Sicherheit und einfacher Handel aus. Der außerbörsliche Handel bietet das grundsätzlich nicht, sondern weist eine andere Anlage- und Risikostruktur auf. Vor allem ist die Handelbarkeit schlechter und haben Anlageprodukte oft individuellen Bezug. Ausnahmen sind für börsenähnliche Handelssysteme denkbar, aber unwahrscheinlich. Primär- und Sekundärmarkt sind indes nicht zu trennen. Eine weitere Unterteilung in den Gattungen ist in Grenzen möglich, bspw. für Hochrisikoanlage, hochpreisige Anlage oder spezifische Anlegergruppen wie Großanleger. Preisstufen und Risikogruppen sind nicht generell zu trennen, da sie im Grundsatz nur auf die Rendite und deren Wahrscheinlichkeit als Abwägungskriterien zwischen funktional identischen Produkten wirken. Im Börsenhandel ist eine solche Unterteilung wegen der Fixierung des Anlegerbedarfs auf den einfachen Handel eher unwahrscheinlich. Insbesondere ist keine Unterteilung nach Börsensegmenten vorzunehmen. Außerbörslich können Gattungen wegen der abweichenden Anlage- und Risikostruktur weiter zu trennen sein.

122 Vgl. dazu nachfolgenden Abschnitt B. III. 2. d. cc. dieser Arbeit.

d. Vertiefung der sachlichen Marktabgrenzung

aa. Vorbemerkung

Die Grundsätze können nicht umfassend vertieft werden. Exemplarisch werden Aktien als Anlage und Derivate als zweckgebunden dargestellt.

bb. Aktien

(1). Grundsatz: Ein Markt für Unternehmensbeteiligungen

Legt man die Einteilung in Gattungen funktional identischer Anlage zugrunde, bilden Aktien als Unternehmensbeteiligungen mit allen Unternehmensbeteiligungen eine Gattung, da sie funktional identisch Beteiligung an Unternehmen mitteln. Zu trennen sind börs- und außerbörsliches Geschäft.

Es gibt nicht generell Märkte für Aktien einzelner Unternehmen. Für eine solche Trennung scheint jedoch zu sprechen, dass Beteiligungen an unterschiedlichen Unternehmen differenziert Beteiligung an spezifischen Unternehmen mit spezifischen Eigenschaften mitteln.[123] Beteiligungen an unterschiedlichen Unternehmen sind unterschiedliche Produkte, die sich durch individuelle Merkmale auszeichnen. Das schafft aber keinen grundsätzlich auf einzelne Unternehmensbeteiligungen verengten Bedarf und entsprechend enge Märkte. Vielmehr sind alle Aktien im Ausgangspunkt als Anlageprodukt funktional austauschbar.[124] Sie sind funktional identisch. Das zeigt die Betrachtung der Eigenschaften, des verbrieften Rechts und der wirtschaftlichen Zwecke. Alle Aktien sind als formal gleiche Unternehmensbeteiligung in diesen Punkten vergleichbar. Sie bieten gleiche Eigenschaften. Vor allem sind Bewertungsfaktoren und Anlagefunktion identisch. Der Wert hängt vom Unternehmenswert ab, der sich nach den formal gleichen Kriterien bestimmt, u.a. Umsatz, Gewinn, Absatz, Produkte, Marktstellung, Prognose und Ansehen. Der wirtschaftliche Zweck ist die Investition in Eigenkapitaltitel. Das verbriefte Recht ist die Unternehmensbeteiligung. Alle Aktien bieten als Unternehmensbeteiligung die funktional gleiche Anlage und bilden eine Gattung. Aktien gibt es in verschiedenen Formen, u.a. in Namensaktien, Inhaberaktien und vinkulierte Aktien.[125] Aktienarten sind im Grundsatz nicht zu trennen.[126] Es ist eine tatsächliche Betrachtung zugrunde zu legen. Sie mitteln funktional identisch Beteiligung. Die rechtlichen Unterschiede sind im Grundsatz nicht

---

123 *Bueren*, WM 585, 587; *Fleischer*/*Bueren*, ZIP 2013, 1253, 1259.

124 LG Stuttgart v. 17.03.2014 – 28 O 183/13 (= ZIP 2014, 726); *Bueren*, WM 2013, 585, 588 (börsengehandelte Aktien); *Fleischer*/*Bueren*, ZIP 2013, 1253, 1259 (börsengehandelte Aktien); *Thomas*, ZWeR 2014, 119, 127.

125 BH/*Kumpan*, § 2 WpHG Rn 3; Fuchs/*Fuchs*, § 2 WpHG Rn 20; Schwark/Zimmer/*Kumpan*, § 2 WpHG Rn 14.

126 LG Stuttgart v. 17.03.2014 – 28 O 183/13 (= ZIP 2014, 726); *Thomas*, ZWeR 2014, 119, 127.

bedarfsrelevant, sondern als Abwägungskriterien zu werten. Das gilt auch für eine Vinkulierung. Sie hebt die Handelbarkeit nicht auf.[127] Die durch eine Vinkulierung erschwerte Handelbarkeit ist wie andere Unterschiede ein Kriterium der Auswahlentscheidung. Die rechtlichen Unterschiede schließen die Zuordnung zu einer Gattung damit nicht aus.

Damit ist die Gattung nicht abschließend beschrieben. Vielmehr sind alle Unternehmensbeteiligungen vergleichbar.[128] Die Anleger investieren in Unternehmensbeteiligungen als spezifische Anlageform. Sie bieten ihnen funktional identisch Beteiligung an Unternehmen. Sie mögen sich zwar rechtlich unterscheiden. Diese Unterschiede treten aber in den Hintergrund, sofern tatsächlich der gleiche Bedarf gedeckt wird. Wer in Unternehmensbeteiligungen investiert, sucht als Anlage Unternehmensbeteiligung. Die Unterschiede der Beteiligungsformen und damit verbundene Vor- und Nachteile sind im Ausgangspunkt nicht bedarfsrelevant, sondern Kriterien der Auswahlentscheidung zwischen funktional identischen Bedarf deckenden Unternehmensbeteiligungen. Rechtliche Unterschiede wie eine Beteiligung an einer Kapital- oder Personengesellschaft können in der Auswahlentscheidung den Ausschlag für ein Produkt geben. So sind GmbH-Anteile wegen der eingeschränkten Haftung weniger riskant als eine Beteiligung an einer GbR oder an einer OHG. Das ändert aber nichts daran, dass alle Unternehmensbeteiligungen im Ausgangspunkt eine funktional identische Anlage in Unternehmensbeteiligungen bieten. Alle Unternehmensbeteiligungen sind daher die gleiche Ware.[129]

(2). Potentielle weitere Trennung

Ferner ist nicht generell nach Tätigkeitsfeldern[130] der Unternehmen oder nach Unternehmen zu trennen, legt man die Grundsätze der sachlichen Einteilung von Kapitalmarktprodukten in Gattungen funktional identischer Anlage zugrunde. Der Unternehmensbezug ist wiederum nur ein Kriterium der Auswahlentscheidung zwischen funktional identischen Beteiligungen. Ein Unternehmen, das innovative Produkte bietet und die Gewinne steigert, steigert zugleich den Unternehmens- und Beteiligungswert. Der Unternehmensbezug wirkt somit auf die Renditewahrscheinlichkeit und -höhe als ein Abwägungskriterien der Auswahlentscheidung. Gleiches gilt auch für die Tätigkeitsfelder von Unternehmen. Beteiligungen an Unternehmen mit unterschiedlichen Beteiligungsfeldern bleiben funktional identisch. So sind bspw. Beteiligungen an Automobil- und Energieunternehmen Teil einer Gattung. Das Tätigkeitsfeld ist ein Kriterium der Auswahlentscheidung, das

---

127 BH/*Kumpan*, § 2 WpHG Rn 2; Fuchs/*Fuchs*, § 2 WpHG Rn 15; Schwark/Zimmer/*Kumpan*, § 2 WpHG 10.

128 KG v. 20.05.1998 – Kart U 6148/97, WuW/E DE-R 165, 168 – „*BVS*"; *Thomas*, ZWeR 2014, 119, 129.

129 KG v. 20.05.1998 – Kart U 6148/97, WuW/E DE-R 165, 168 – BVS.

130 So auch in Bezug auf Aktien: *Bueren*, WM 2013, 585, 588; *Fleischer/Bueren*, ZIP 2013, 1253, 1259.

auf die Rendite wirken kann. Das führt nicht dazu, dass die Beteiligungen einen unterschiedlichen Bedarf decken. Die Anleger wählen die Beteiligung, welche die beste Rendite bietet. Da sich der Wert und die Rendite der Beteiligungen nach den gleichen Faktoren entwickeln, sind sie funktional identisch. Ebenso mögen bestimmte Unternehmen oder Branchen bei den Anlegern besondere Affinitäten wecken. Diese sind im Grundsatz ebenso nur ein Element der Auswahlentscheidung, da der Anleger die Wahl des Produkts, mit dem er den Bedarf an spezifischer Anlage deckt, auch über solche subjektive Faktoren bestimmt, die dadurch aber nicht automatisch den Bedarf verengen. Sie sind im Grundsatz nur Vor- und Nachteile der sachlich identischen Beteiligungen, die in die Anlageentscheidung einfließen.[131]

Ebenso erfolgt keine generelle Trennung nach Preisen, Risiko oder Anlegergruppen. Sie ist aber möglich. Insoweit gilt das allgemein Dargestellte. Die Preise und Risiken können die Märkte verengen, wenn bestimmte Produkte teuer oder mit einem hohen Risiko behaftet sind und der durchschnittliche Anleger sie in der Folge nicht als Investition in Betracht zieht. Ebenso ist eine Trennung des Angebotsmarkts nach Anlegergruppen möglich. Dies ist für die Anleger denkbar, die ein hinreichendes Volumen in einer Beteiligung benötigen, um sie als Investition in Betracht zu ziehen.[132]

Eine Trennung von Primär- und Sekundärmarkt für Unternehmensbeteiligungen erfolgt nicht. Die börs- und außerbörslichen Bereiche sind zwar zu trennen. Auch insoweit gilt das allgemein Dargestellte. Den Börsenhandel zeichnet eine Organisation, Standardisierung, Sicherheit und ein einfacher Handel aus. Außerbörslich ist im Grundsatz kein vergleichbarer Handel möglich und besteht nicht zwingend ein Sekundärmarkt mit hinreichend Angebot und Nachfrage. Die außerbörslich gehandelten Beteiligungen haben eine von börslicher Anlage abweichende Anlage- und Risikostruktur, welche die Vergleichbarkeit für die Anleger aufhebt. Der besondere und v.a. einfache Handel am Marktplatz Börse ist ein bedarfsrelevantes Element börslicher Anlage, das außerbörsliche Anlage nicht aufweist. Auch hinsichtlich Unternehmensbeteiligungen ist daher im außerbörslichen Bereich die Veräußerung erworbener Produkte schwieriger und damit die Anlagetätigkeit mit einem höheren Risiko behaftet. Anleger können außerbörslich Rendite nicht zwingend über Handel erzielen. Ferner kann außerbörsliche Anlage längerfristiger und individueller ausgelegt sein. Das börsliche Geschäft ist primär auf einfachen Handel gerichtet, dessen Risiko im Vergleich kleiner ist und in dem sich grundsätzlich Handelsmöglichkeiten ergeben, sodass die börsliche Anlage nicht langfristig und v.a. nicht individuell ausgestaltet ist. Es ist wahrscheinlich, dass Anleger wegen der Unterschiede börslich- und außerbörslich angebotene Unternehmensbeteiligungen trennen. Diese Trennung kann theoretisch aufgehoben sein, wenn

---

131 Vgl. jedoch zur Möglichkeit der sachlichen Marktverengung aufgrund von Anlegerpräferenzen Abschnitt B. III. 2. e. cc. dieser Arbeit.

132 *Bueren*, WM 2013, 585, 588.

Beteiligungen außerbörslich mit Börsen vergleichbar gehandelt werden und die Handelsplätze hinreichend vergleichbar sind. Dafür muss das Handelssystem aus Anlegersicht in mit Börsen vergleichbarer Weise Handel und Organisation bieten, was in der Regel an der Stellung der Börse als öffentlich-rechtlich geregeltem Handelsplatz sowie der Marktplatzfunktion und den höheren Teilnehmerzahlen scheitert. Grundsätzlich sind börs- von außerbörslich gehandelten Unternehmensbeteiligungen zu trennen.

Außerbörslich ist eine weitere Trennung in einer Gattung denkbar, da sich die beschriebene von börslicher Anlage abweichende Anlage- und Risikostruktur ergibt. Beteiligungen sind schlechter handelbar, da sich kein Sekundärmarkt wie an Börsen bildet, an dem ein Handel der Beteiligungen einfach möglich ist. Ebenso ist denkbar, dass aufgrund des individuellen Geschäftsabschlusses Beteiligungspakete größer ausfallen als an Börsen, an der Angebot und Nachfrage aller Marktteilnehmer automatisch zusammengeführt werden, sodass es irrelevant ist, wie viele Anleger das Angebot wahrnehmen, solange es in der Summe wahrgenommen wird. Die außerbörsliche Anlage kann daher für Anleger mit höherem Risiko verbunden sein. Beteiligungen können insbesondere nicht ohne weiteres wieder angeboten werden. Es ist daher nicht auszuschließen, dass Anleger nur in Unternehmen investieren, wenn sie die erforderlichen Kenntnisse haben, um die Risiken infolge der schlechteren Handelbarkeit adäquat einschätzen zu können. Ebenso können aufgrund des individuelleren Bezugs Affinitäten der Anleger in Bezug auf Beteiligung an bestimmten Unternehmen eine höhere Relevanz erlangen und damit den Bedarf der Anleger verengen. Aufgrund der Anlage- und Risikostruktur ist es möglich, dass Anleger nur solche Beteiligungen als Anlage in Betracht ziehen, zu denen sie einen gewissen Bezug haben. Dieser Bezug kann sich aus Affinitäten, Vorlieben oder sonstigen Bezugspunkten ergeben.

I.V.m. dem möglicherweise erforderlichen Wissen zur Einschätzung der Unternehmensbeteiligung sowie deren Risikos, das Anleger aufgrund der außerbörslichen Anlage- und Risikostruktur als erforderlich erachten, um außerbörsliche Anlage in Betracht zu ziehen, wird ersichtlich, dass Möglichkeiten bestehen, die Gattung Unternehmensbeteiligungen außerbörslich stärker zu segmentieren als an Börsen. Nimmt man an, dass die außerbörsliche Anlage- und Risikostruktur dazu führt, dass Anleger einen gewissen Bezug zu einer Unternehmensbeteiligung oder spezifisches Wissen zur Einschätzung des mit der Unternehmensbeteiligung verbundenen Risiken voraussetzen, um sie als Anlage in Betracht zu ziehen, ist dies nicht auszuschließen. Es ist denkbar, dass Anleger nur solche Unternehmensbeteiligungen als austauschbar ansehen, für die grundsätzlich ein gleicher individueller Bezug bestehen kann und die sich mit den gleichen Kenntnissen einordnen lassen. Insoweit kann eine Einteilung nach Tätigkeitsfeldern der Unternehmen in Frage kommen. So sieht ein Anleger, der sich in der Automobilbranche auskennt oder einen Bezug zu diesem Bereich hat, Beteiligungen im Automobilsektor grundsätzlich als austauschbar an. Da sich dieser Bezug und die Kenntnisse jedoch bspw. nicht auf Beteiligung im Energiesektor beziehen, insbesondere mit der Kenntnis des Automobilsektors keine Kenntnis anderer Branchen automatisch einhergeht, ist es nicht ausgeschlossen, dass der Anleger aufgrund der außerbörslichen Anlage- und Risikostruktur ebendiese Beteiligungen im Energiesektor nicht mit Automobilbeteiligungen austauschbar ansieht. Ebenso ist bspw. denkbar, Märkte für Start-Up-Unternehmen und auf Investition in solche Unternehmen spezialisierte Anleger abzugrenzen. Dies wirkt nicht nur auf die Abgrenzung der Angebotsmärkte, sondern auch auf der Nachfrageseite, da Anbieter auf Anleger fixiert sind, die in solche Unternehmen investieren. Wie sich zeigt, können außerbörsliche Besonderheiten dazu führen, dass sich der Anlagebedarf über die Gattung hinaus verengt.

Im Börsenhandel ist eine solche grundsätzliche weitere Unterteilung im Ausgangspunkt als unwahrscheinlich abzulehnen. Aufgrund der Marktplatzfunktion und des einfachen Handels spielen spezifische Kenntnisse und individueller Bezug keine bedarfsrelevante Rolle. Beteiligungen lassen sich grundsätzlich einfach wieder veräußern, sodass insbesondere die Risikostruktur vom außerbörslichen Bereich abweicht und gegen eine grundsätzliche Trennung spricht

(3). Ausländische Unternehmensbeteiligungen

Ausländische können mit deutschen Unternehmensbeteiligungen sachlich austauschbar sein, wenn sie aus Anlegersicht den gleichen Bedarf decken. Sie müssen funktional identisch sein. Maßgeblich sind Eigenschaften, verbrieftes Recht und wirtschaftliche Zwecke. Beteiligungsformen verschiedener Länder können sich rechtlich unterscheiden. Die Unterschiede heben die Vergleichbarkeit nicht generell auf, da eine tatsächliche Betrachtung zugrunde zu legen ist. Beteiligungen können den gleichen Bedarf decken, wenn sie ähnlich strukturiert sind wie nach deutschem Recht. Es kommt somit für eine sachliche Austauschbarkeit darauf an, ob die Beteiligungen wesentlich gleiche Eigenschaften als wirtschaftliches Engagement haben. Wesentliche Unterschiede können aus dem rechtlichen Rahmen folgen. So können mit ausländischen Beteiligungen besondere Pflichten oder Risiken einhergehen, bspw. Haftungsrisiken oder Handlungspflichten. Es liegt jedoch nahe, börsengehandelte Unternehmensbeteiligungen aufgrund der Funktionsweise der Börse bei grundsätzlich identischer Beteiligung an Unternehmen sachlich austauschbar anzusehen. Weichen sie gänzlich von deutschen Beteiligungsformen ab, spricht dies gegen funktionale Austauschbarkeit, da sich bedarfsrelevante Eigenschaften unterscheiden. Ebenso sind Anlegerpräferenzen zu beachten.

(4). Zusammenfassung

Im Ergebnis zählen Aktien als Unternehmensbeteiligungen zur Gattung Unternehmensbeteiligungen. Zu trennen sind das börs- und außerbörsliche Geschäft. Abgesehen davon ist nicht generell nach Unternehmen oder Tätigkeitsfeldern zu trennen. Das sind Kriterien der Auswahlentscheidung zwischen gleich bedarfsdeckender Anlage. Gleiches gilt für rechtliche Unterschiede. Außerbörslich ist wegen der vom börslichen Bereich abweichenden Anlage- und Risikostruktur, u.a.

schlechtere Handelbarkeit und individueller Bezug, denkbar, die Gattung weiter zu unterteilen, u.a. nach Tätigkeitsfeldern. Im Grenzen sind für hochpreisige oder risikobehaftete Anlagen oder Anlegergruppen wie Großanleger, die ein gewisses Volumen benötigen, eigene Märkte denkbar. Bieten ausländische Unternehmensbeteiligungen funktional identische Eigenschaften, kann der gleiche Bedarf gedeckt sein. Im Grundsatz bildet die Gattung *Unternehmensbeteiligung* in börs- und außerbörsliche Bereiche getrennte Märkte. Die generelle Fragmentierung auf einzelne Kapitalmarktprodukte ist abzulehnen.

cc. Derivate

(1). Einführung

Derivate dienen spezifischen Zwecken, die bei der Marktabgrenzung zu beachten sind. Derivate sind „Kauf, Tausch oder anderweitig ausgestaltete Festgeschäfte oder Optionsgeschäfte, die zeitlich verzögert zu erfüllen sind und deren Wert sich unmittelbar oder mittelbar vom Preis oder Maß eines Basiswerts ableitet“, § 2 Abs. 2 Nr. 1 WpHG. Vertragsschluss und -erfüllung fallen mithin auseinander.[133] Es werden Konditionen eines künftigen Geschäfts, meist als Pflicht oder Möglichkeit zu Kauf oder Verkauf eines auf einen Basiswert bezogenen Handelsguts festgelegt.[134] Da Derivate künftige Leistungspflichten abhängig vom Basiswert betreffen, hängen der Wert des Derivats sowie mögliche Gewinne und Verluste von der Entwicklung des Basiswerts ab, an den das Derivat gekoppelt ist.[135] Beispiele sind Zins-, Währungs-, Aktien-, und Warenderivate.[136] Nachfolgend wird an Aktien- und Zinsderivaten die Grundstruktur erläutert.

Aktienderivaten wie Aktienoptionen liegt eine Aktie als Basiswert zugrunde.[137] Eine Option gibt bspw. das Recht, Aktien einseitig zu einem künftigen Zeitpunkt zum in der Option vereinbarten Preis von der Gegenpartei zu erwerben oder an sie zu veräußern.[138] Sie nehmen das Risiko einer Kursveränderung nach Abschluss der Option, da man Aktien zum festgelegten Preis veräußern oder erwerben kann. Sie gibt Preissicherheit.

---

133 BH/*Kumpan*, § 2 WpHG Rn 5; EBJS/*König*, Bd 2, Bank- und Börsenrecht Rn VIII 1; *Grunewald*/*Schlitt*, S. 9; LBS/*Binder*, Kap 37 Rn 12; Schwark/Zimmer/*Kumpan*, § 2 WpHG Rn 35.

134 *Grunewald*/*Schlitt*, S. 133.

135 BH/*Kumpan*, § 2 WpHG Rn 5; EBJS/*König*, Bd 2, Bank- und Börsenrecht Rn VIII 1; MüKo-BGB/*Lehmann*, Bd 11, Internationales Finanzmarktrecht, Rn 33; SBL/*Jahn*, § 114 Rn 1; Schwark/Zimmer/*Kumpan*, § 2 WpHG Rn 36; Zerey/*Storck*, § 12 Rn 3.

136 *Kümpel*, Rn 14.7; SBL/*Jahn*, § 114 Rn 1.

137 SBL/*Jahn*, § 114 Rn 1; Zerey/*Storck*, § 12 Rn 3; Fuchs/*Fuchs*, § 2 WpHG Rn 49; Schwark/Zimmer/*Beck*, § 9 BörsG Rn 17.

138 Allg.: BH/*Kumpan*, § 2 WpHG Rn 9; Fuchs/*Fuchs*, § 2 WpHG Rn 44; LBS/*Binder*, Kap 37 Rn 15.

Bei Zinsderivaten dienen Zinssätze als Basiswerte. Ein Beispiel sind Zinsswaps. Damit tauschen die Beteiligten für eine bestimmte Zeit Zinszahlungen auf Basis eines Nominalbetrags aus.[139] Der Nominalbetrag wird nicht gezahlt. Relevant sind allein die Zinszahlungen. Man verpflichtet sich gegenseitig zu Zinszahlungen auf Basis unterschiedlicher Zinssätze auf den gleichen Nominalbetrag, wobei oft eine Partei einen festen und die andere Partei einen variablen Zins zahlt.[140] So kann ein Swap vorsehen, dass A auf den Nominalbetrag 100.000 Euro einen festen Zins an B zahlt und B einen variablen Zins bezogen auf den EURIBOR an A auf den gleichen Nominalbetrag. Der Grund kann Folgender sein:[141] Zahlt ein Darlehensnehmer einen EURIBOR-gebundenen Zins, steigt die Zinszahlungspflicht mit dem EURIBOR. Ein fester Zins eliminiert das Risiko. Das erreicht der Darlehensnehmer mit dem Swap. Darlehensnehmer und Dritter vereinbaren, dass der Darlehensnehmer dem Dritten den festen Zins zu Konditionen des Darlehens und der Dritte den variablen Darlehenszins an den Darlehensnehmer zahlt. Mit dieser Zahlung erfüllt der Darlehensnehmer die Pflicht des Darlehensvertrags gegenüber dem Darlehensgeber. Ein Swap überträgt mithin ein Zinsrisiko.

(2). Grundsatz: Trennung nach Zwecken

Derivatmärkte sind nach dem Bedarfsmarktkonzept auf Basis des Anlegerbedarfs abzugrenzen. Derivate sichern im Grundsatz Risiken ab,[142] Aktienoptionen bspw. Kursrisiken,[143] indem sie einen Preis für Aktien zusichern und vor Preisschwankungen schützen. Zinsderivate sichern hingegen Zinsrisiken ab.[144] Durch den Swap schützt sich der Darlehensnehmer bspw. vor der Veränderung eines variablen Darlehenszinses. Anleger mit Bedarf für eine bestimmte Risikoabsicherung haben einen entsprechend verengten Bedarf, den nur ein den Zweck erfüllendes Derivat deckt. Die Absicherung eines Risikos wird nachfolgend als Beispiel zugrunde gelegt.

---

139 *Fleischer/Bueren*, DB 2012, 2561, 2562; *Grunewald/Schlitt*, S. 141; LBS/*Binder*, Kap 37 Rn 28; Schwark/Zimmer/*Kumpan*, § 2 WpHG Rn 38.

140 *Fleischer/Bueren*, DB 2012, 2561, 2562; *Grunewald/Schlitt*, S. 141; SBL/*Jahn*, § 114 Rn 3.

141 Vgl. zum folgenden Bsp.: SBL/*Jahn*, § 114 Rn 3.

142 BH/*Kumpan*, § 2 WpHG Rn 5; EBJS/*König*, Bd 2, Bank- und Börsenrecht Rn VIII 1; *Grunewald/Schlitt*, S. 9 und 135; vgl. *Kümpel*, Rn 14.7; LBS/*Binder*, Kap 37 Rn 19; MüKo-BGB/*Lehmann*, Bd 11, Internationales Finanzmarktrecht, Rn 33; Schwark/Zimmer/*Beck*, § 9 BörsG Rn 17 ff.; vgl. Europäische Kommission, Pressemitteilung vom 04.12.2013, IP/13/ 1208, S. 4.

143 LBS/*Binder*, Kap 37 Rn 24.

144 Fuchs/*Fuchs*, § 2 WpHG Rn 54; Schwark/Zimmer/*Beck*, § 9 BörsG Rn 19; vgl. Europäische Kommission, Pressemitteilung vom 04.12.2013, IP/13/1208, S. 1.

Derivate sind sachlich im ersten Schritt nach Basiswerten zu trennen. Es sind u.a. Zins-, Aktien- und Indexoptionen zu trennen.[145] Ein identischer Basiswert ist Grundlage dafür, dass identische Risiken abgesichert sind, da das Risiko in Bezug auf den Basiswert besteht. Aus Sicht risikoabsichernder Anleger ist jedoch weiter zu trennen. Sie sichern spezifische Risiken ab, sodass das spezifische Risiko relevant ist. Soll ein Zinsswap bestimmte Zinssätze tauschen, deckt ein Swap, der andere Zinssätze tauscht, nicht den spezifischen Bedarf. Gleiches gilt für Optionen. Sie dienen einem spezifischen Bedarf, sodass ein Anleger, der Kursrisiken für bestimmte Aktien absichern will, eine auf diese Aktien bezogene Option benötigt.[146] Es entsteht ein spezifischer Bedarf aus dem jeweiligen Risiko. Optionen, die Kursrisiken anderer Aktien absichern, decken den Bedarf nicht. Märkte sind aus Sicht risikoabsichernder Anleger im Grundsatz also nach dem Risiko als Zweck und dem Basiswert zu trennen.

Bei Optionen ist bspw. auch die Optionsausrichtung auf Veräußerung oder Erwerb relevant, da sie das abzusichernde Risiko definiert. Entweder will man eine Aktie zum zugesicherten Preis erwerben oder veräußern, um das Risiko zu eliminieren. Auch der Zeitpunkt, zu dem sie genutzt werden kann, ist relevant. Absicherung wird für einen Zeitpunkt benötigt. Es sind nur solche Optionen vergleichbar, die man zum relevanten Zeitpunkt nutzen kann. Optionen sind je nach Gestaltung zu einem Zeitpunkt, mehreren Zeitpunkten oder über einen Zeitraum nutzbar.[147] Für risikoabsichernde Anleger bestehen jedoch nicht generell insoweit getrennte Märkte. Erfassen die Optionen gleichermaßen den relevanten Zeitpunkt, sind sie für den Anlegerbedarf austauschbar, da sie den gleichen Bedarf an Risikoabsicherung zum bestimmten Zeitpunkt sichern.

Bei Swaps sind bspw. zu tauschender Zins, Nominalbetrag und Währung relevant. Da eine nachteilige Zinsentwicklung abgesichert werden soll, bestimmt der Zins den Bedarf. Daneben sind Betrag und Währung relevant. Soll ein variabler Zins für 1.000.000 Euro gegen einen festen Zins getauscht werden, hilft der Tausch des Zinses bezogen auf 100.000.000 US-Dollar nicht, da nicht das relevante Risiko abgesichert ist. Die Laufzeit ist grundsätzlich bedarfsrelevant, da die Absicherung für eine bestimmte Zeit benötigt wird. Wird Absicherung für 3 Monate benötigt, ist Absicherung für 12 Monate keine Alternative. Grundsätzlich sind Zinsderivate nur einem Markt zuzuordnen, wenn sie die gleiche Laufzeit haben.[148] Toleranzen sind denkbar. Wer Absicherung für einen Zeitraum sucht, zieht möglicherweise nicht wesentlich kürzere oder längere Absicherung in Betracht. Lang- und kurzfristige

---

145 EuG v. 09.03.2015, T-175/12, ECLI:EU:T:2015:148, Rn 106 – *„Deutsche Börse AG/ Kommission“*; Europäische Kommission v. 01.02.2012, C(20102) 440, COMP/M.6166, Rn 445 – *„Deutsche Börse/NYSE Euronext“*.

146 Schwark/Zimmer/*Beck*, § 9 BörsG Rn 18.

147 LBS/*Binder*, Kap 37 Rn 15: Zerey/*Storck*, § 12 Rn 11.

148 *Fleischer/Bueren*, DB 2012, 2561, 2568.

Absicherung kann man wohlmöglich trennen, was die Europäische Kommission annimmt, wobei Übergänge fließend sind.[149]

Über den Zweck, bspw. Risikoabsicherung, hinausgehende Unterschiede sind grundsätzlich nicht bedarfsrelevant. Daher müssen für risikoabsichernde Anleger Fest- und Optionsgeschäft nicht getrennt sein, da sie den gleichen Bedarf an Risikoabsicherung decken. Bei Festgeschäften ist das Geschäft zu den vereinbarten Konditionen vorzunehmen, während Optionen einer Partei das Recht zur Vornahme des Geschäfts zu den vereinbarten Konditionen einräumen.[150] Für die Risikoabsicherung ist die Geschäftsvornahme aber nicht zwingend. Man will nur das Risiko absichern, bspw. steigende Kurse durch Erwerbsoption abfedern. Bietet der Markt zum relevanten Zeitpunkt bessere Preise, hat sich das Risiko nicht realisiert. Bei Optionen kann man in diesem Fall den Markt nutzen, wenn er bessere Konditionen bietet, bei Festgeschäften nicht. Sie müssen vorgenommen werden. Trotzdem decken sie den gleichen Bedarf, wenn sie das gleiche Risiko absichern. Der Options- und Festgeschäftscharakter ist ein Abwägungskriterium zwischen funktional identischer Absicherung. Daher können Anleger Festgeschäft und Optionen als austauschbar ansehen. So sehen EuG und Europäische Kommission einen Markt für börsliches Options- und Festgeschäft.[151]

(3). Spekulative Nutzung von Derivaten

Termingeschäfte wie Derivate können spekulativ genutzt werden.[152] Spekulative Anleger haben einen anderen Bedarf als risikoabsichernde Anleger. Aus Sicht spekulativer Anleger sind nicht Risiken zu trennen. Für sie können Märkte weiter ausfallen, da sie Anlage und Rendite aus dem Derivat durch Spekulation suchen. Sie wetten auf die Basiswertentwicklung, um daraus Gewinn zu erzielen.[153] Mit Aktienoptionen kann auf die Wertentwicklung von Aktien spekuliert werden. Liegt bspw. der Marktpreis einer Aktie zum Erfüllungszeitpunkt der Erwerbsoption über dem in der Option festgelegten Preis, macht der Erwerber Gewinn, da er die Aktie über die Erwerbsoption günstiger erwerben und zum höheren Preis am Markt veräußern kann. Derivate sind außerdem handelbar.

---

149 Europäische Kommission v. 01.02.2012, C(20102) 440, COMP/M.6166, Rn 409 – *„Deutsche Börse/NYSE Euronext"*.

150 *Buck-Heeb*, Rn 89; *Grunewald/Schlitt*, S. 9 und 134; Kümpel/Hammen/Ekkenga/*Kümpel*, 50 Rn 121; LBS/*Binder*, Kap 37 Rn 15; Schwark/Zimmer/*Kumpan*, § 2 WpHG Rn 37.

151 EuG v. 09.03.2015, T-175/12, ECLI:EU:T:2015:148, Rn 106 – *„Deutsche Börse AG/Kommission"*; Europäische Kommission v. 01.02.2012, C(20102) 440, COMP/M.6166, Rn 445 – *„Deutsche Börse/NYSE Euronext"*.

152 Allg: BH/*Kumpan*, § 2 WpHG Rn 5; *Grunewald/Schlitt*, S. 136; *Kirchhof*, FS Streck, 849, 852; Kümpel/Hammen/Ekkenga/*Kümpel*, 50 Rn 109; LBS/*Binder*, Kap 37 Rn 20, 24; Schwark/Zimmer/*Beck*, § 9 BörsG Rn 18.

153 *Grunewald/Schlitt*, S. 136; *Kirchhof*, FS Streck, 849, 852.

Auch hier sind Gewinne möglich. Sinkt der Marktpreis bspw. unter den in der Veräußerungsoption festgelegten Preis, kann der Marktpreis der Option wegen des im Vergleich zum Marktpreis der Aktien höheren in der Option vereinbarten Preises steigen.

Spekulative Anleger sind renditefixiert. Die Marktabgrenzung folgt daher im Ausgangspunkt den zu Anlageprodukten dargestellten Grundsätzen. Funktional identische Derivate sind mithin aus Sicht spekulativer Anleger austauschbar. Zu betrachten sind die Eigenschaften, das verbriefte Recht und wirtschaftliche Zwecke. Der wirtschaftliche Zweck ist bei allen Derivaten die Spekulation. Es sind primär die anderen Kriterien zu betrachten. So ist der Blick dem verbrieften Recht zuzuwenden. Derivate können nach funktional identischen Basiswerten getrennt werden, u.a. Aktien-, Index-, Zins- und Währungsderivate.[154] Funktional identische Basiswerte machen Derivate vergleichbar, da sie sich nach formal gleichen Kriterien richtet. Bei vergleichbaren Basiswerten richtet sich die Bewertung nach formal identischen Kriterien. Legt man zugrunde, dass der spekulative Anleger funktional identische Anlage sucht, sind nicht nur Derivate mit Bezug auf individuell gleiche Basiswerte wie Beteiligungen an einem bestimmten Unternehmen austauschbar. Es ist der Gattungsansatz des Anlagebereichs zu übernehmen. Der spekulative Anleger sucht Derivate in Bezug auf funktional identische Basiswerte. Diese sind über die funktional identischen Basiswerte vergleichbar. Eine weitere Unterteilung nach der Funktionsweise ist nicht zwingend. So können für spekulative Anleger bspw. Erwerbs- und Veräußerungsoptionen vergleichbar sein. Je nach Basiswertentwicklung kann eine Erwerbs- oder Veräußerungsoption teurer gehandelt werden. Will der Anleger die Option nutzen, ist die Optionsausrichtung grundsätzlich auch nicht bedarfsrelevant, sondern Abwägungskriterium zwischen gleich bedarfsdeckender Optionen. Geht der Anleger davon aus, dass der Kurs einer Aktie sinkt, erwirbt er eine Veräußerungsoption in der Hoffnung die Aktien vor dem Erfüllungszeitpunkt günstig zu erwerben, um sie dann mit Gewinn in Nutzung der Option zu veräußern. Bei Aussicht auf Kursanstieg wird er hingegen eine Erwerbsoption abschließen, um die Aktie günstiger als am Markt zu erwerben und mit Gewinn zum Marktpreis zu veräußern. Laufzeitunterschiede im Übrigen identischer Derivate verlieren bei spekulativer Nutzung ebenso an Relevanz. Eine langfristige Erwerbsoption kann bei langfristig positiver Entwicklung des Basiswerts hohe Rendite ermöglichen, eine kurzfristige Erwerbsoption bei zeitnaher Wertsteigerung. Die Laufzeit ist daher grundsätzlich ein Abwägungskriterium zwischen gleich bedarfsdeckenden Derivaten. Es ist denkbar, aufgrund von Anlegerpräferenzen und hohen Laufzeitunterschieden im Einzelfall zu differenzieren.

---

154 Schwark/Zimmer/*Beck*, § 9 BörsG Rn 16.

(4). Börs- und außerbörslicher Handel

Derivate werden börs- und außerbörslich angeboten.[155] Für risikoabsichernde Anleger ist es irrelevant, ob sie börs- oder außerbörslich angeboten werden. V.a. die außerbörslich schlechtere Handelbarkeit spielt keine Rolle. Dem risikoabsichernden Anleger kommt es darauf nicht an. Er will Risiken absichern. Das kann er mit funktional identischen börs- wie außerbörslichen Derivaten erreichen. Die Börse gibt zwar mehr Sicherheit über den organisierten Marktplatz. Ferner sind börsengehandelte Produkte standardisiert und außerbörslich auf individuelle Bedürfnisse zugeschnitten.[156] Das spricht aber nicht für eine Trennung des börs- und außerbörslichen Geschäfts für risikoabsichernde Anleger, solange die tatsächliche Risikoabsicherung identisch ist. Börs- und außerbörslich angebotene Derivate können substituierbar sein, wenn hinreichende Identität hinsichtlich der Risikoabsicherung besteht.[157] Für risikoabsichernde Anleger fehlt erst bei bedarfsrelevanten Unterschieden die Austauschbarkeit, bspw. unterschiedliche Laufzeiten. Im liquiden Bereich ist die Börse günstiger.[158] Das kann bis zu einem gewissen Grad gegen eine Austauschbarkeit sprechen. Gleichen sich die Preise jedoch an, kann dies anders sein. Grundsätzlich kann für risikoabsichernde Anleger das börs- und außerbörsliche Angebot austauschbar sein. Für spekulative Anleger sind die Bereiche hingegen zu trennen. Es gelten die Grundsätze zu Anlagemärkten. Die Besonderheiten des börslichen Handels, insbesondere der einfache Handel, ist für sie ein bedarfsrelevanter Unterschied.

(5). Zusammenfassung

Die sachliche Marktabgrenzung für Derivate hängt vom Anleger ab. Suchen Anleger eine Risikoabsicherung, decken solche Derivate den gleichen Bedarf, die dem dienen. Der verfolgte Zweck ist bedarfsbestimmend. Eine Trennung börs- und außerbörslich angebotener Derivate ist nicht erforderlich, wenn die Derivate dem gleichen Zweck dienen. Für spekulative Anleger sind Derivate zusammenzufassen, die an funktional identische Basiswerte anknüpfen. Der börs- und außerbörsliche Markt ist zu trennen. Eine weitere Trennung ist nicht zwingend.

---

155 Europäische Kommission, Pressemitteilung vom 04.12.2013, IP/13/1208, S. 4 (zu Zinsderivaten); *Buck-Heeb*, Rn 90; EBJS/*König*, Bd 2, Bank- und Börsenrecht Rn VIII 1; LBS/*Binder*, Kap 37 Rn 24 (zu Optionen); vgl. *Fleischer/Bueren*, DB 2012, 2561, 2562 (zu Zinsswaps).

156 *Buck-Heeb*, Rn 90.

157 EuG v. 09.03.2015, T-175/12, ECLI:EU:T:2015:148, Rn 214 ff. – *„Deutsche Börse AG/ Kommission"*; Europäische Kommission v. 01.02.2012, C(20102) 440, COMP/M.6166, Rn 367 – *„Deutsche Börse/NYSE Euronext"*.

158 Europäische Kommission v. 01.02.2012, C(20102) 440, COMP/M.6166, Rn 337 – *„Deutsche Börse/NYSE Euronext"*; Europäische Kommission, MEMO/12/60 vom 01.02.2012, S. 1.

e. *Verengung des sachlichen Markts*

aa. *Grundlagen*

Ferner sei neben der grundsätzlichen Abgrenzung der sachlichen Märkte für Kapitalmarktprodukte die Frage adressiert, ob sich Märkte darüber hinaus verengen können. Wie die Darstellung zu Kapitalmarktprodukten als Anlage zeigt, können sachliche Märkte groß ausfallen, wenn sie im Ausgangspunkt nur in Gattungen funktional identischer Kapitalmarktprodukte und das börs- wie außerbörsliche Geschäft unterteilt werden. Das gilt v.a. für volumenstarke Gattungen wie Unternehmensbeteiligungen im Börsenhandel, für die eine weitere Unterteilung aus Anlegersicht unwahrscheinlich ist. Sachliche Märkte am Kapitalmarkt können viele verschiedene Kapitalmarktprodukte umfassen. Die Märkte bilden sich nicht generell für einzelne Kapitalmarktprodukte wie Beteiligungen an einem bestimmten Unternehmen. Eine solch enge Abgrenzung entspräche nicht dem grundsätzlichen Anlegerbedarf nach funktional identischen Kapitalmarktprodukten als Formen des wirtschaftlichen Engagements.

Diese einleitende Feststellung schließt aber nicht aus, dass sich der Anlegerbedarf und damit der sachliche Markt für Kapitalmarktprodukte im Einzelfall über die dargestellten Möglichkeiten hinaus verengt, auch auf das einzelne Kapitalmarktprodukt. Diese Thematik wird nachfolgend vor allem für Unternehmensbeteiligungen an den Beispielen bedarfsverengende Verpflichtungen und Anlegerpräferenzen dargestellt.

Sachliche Märkte können sich grundsätzlich verengen, wenn ein spezifischer Bedarf für ein Produkt eines ansonsten größeren Markts besteht.[159] Die Marktverengung auf ein Kapitalmarktprodukt erfordert also im Ausgangspunkt, dass sich der Anlegerbedarf auf ein Produkt eines größeren Markts verengt. Der Bedarf darf nicht mehr auf funktional identische Anlage als wirtschaftliches Engagement gerichtet sein. Er muss sich aus Anlegersicht nicht substituierbar auf ein Produkt verjüngen. Der Anleger darf also nicht nur eine Auswahlentscheidung zwischen gleich bedarfsdeckenden Produkten treffen, bspw. die Auswahl zwischen mehreren Unternehmensbeteiligungen zur Deckung des funktional identischen Bedarfs an Unternehmensbeteiligungen. Sofern sich ein solcher verengter Bedarf identifizieren lässt, ist in einem zweiten Schritt zu fragen, welche Relevanz der Bedarf haben muss, um einen eigenen Markt für die Bedienung dieses Bedarfs vom Gesamtmarkt abzukoppeln.

Für die Abgrenzung eines verengten Markts für Beteiligungen an einem Unternehmen muss somit erstens ein auf diese Beteiligungen verengter Anlegerbedarf entstehen. Zweitens muss der Bedarf so relevant sein, dass sich ein eigener Markt für die Bedienung dieses Bedarfs vom Gesamtmarkt abkoppelt, obgleich die Beteiligungen für andere Anleger, die nicht den verengten Bedarf haben, mit funktional identischen Beteiligungen weiterhin austauschbar sind. Eine Marktverengung

159 Groeben, von der/Schwarze/*Schröter*/*Bartl*, Art. 102 AEUV Rn 142.

hat zwei Voraussetzungen. Zunächst muss ein verengter Bedarf entstehen. Ferner muss der Bedarf eine solche Relevanz haben, dass sich das Markt- und Wettbewerbsgeschehen für dessen Bedienung vom Gesamtmarkt für funktional identische Anlage abkoppelt.

bb. Bedarfsverengende Verpflichtungen

(1). Grundlagen

Ein Beispiel für einen verengten Anlegerbedarf als Grundlage einer Marktverengung sind bedarfsverengende Verpflichtungen der Anleger. Gehen Anleger Verpflichtungen ein, aufgrund derer sie ein Kapitalmarktprodukt am Markt erwerben müssen, um diese Verpflichtung erfüllen, zu können, verengt sich der Bedarf der Anleger auf das zu erwerbende Kapitalmarktprodukt, da die Verpflichtung mit anderen im Übrigen funktional identischen Kapitalmarktprodukten nicht bedient werden kann. Der Anlegerbedarf bezieht sich nicht mehr auf funktional identische Anlageprodukte einer Gattung Er ist auf das Kapitalmarktprodukt verengt, das zur Erfüllung der Verpflichtung zu erwerben ist.

Leerverkaufsverpflichtungen sind ein Beispiel für eine solche Verengung des Anlegerbedarfs.[160] Sie verengen den Bedarf des Anlegers auf das leerverkaufte Kapitalmarktprodukt. Der Leerverkäufer verpflichtet sich, ein Kapitalmarktprodukt zu einem künftigen Zeitpunkt an einen Dritten zu veräußern, wobei er das Kapitalmarktprodukt zum Zeitpunkt der Verpflichtung nicht hat, sondern noch erwerben muss,[161] bspw. Aktien eines Unternehmens. Verpflichtung und Erfüllung fallen auseinander. Der Leerverkauf schafft beim Leerverkäufer die Notwendigkeit, das Kapitalmarktprodukt zu erwerben. Er benötigt bspw. Aktien eines Unternehmens, wenn sie sich verpflichtet, diese zu veräußern, obgleich er sie noch erwerben muss. Seine Nachfrage ist starr.[162] Er kann nicht Aktien anderer Unternehmen nachfragen, die zwar funktional den gleichen Bedarf decken, aber nicht den durch die Verpflichtung geschaffenen Bedarf. Dieser ist durch den Leerverkauf auf das erforderte Kapitalmarktprodukt verengt.

(2). Berücksichtigungsfähigkeit in der Marktabgrenzung

Es ist zu fragen, ob der durch die Verpflichtung verengte Bedarf zur Verengung des Markts führen kann. Die Berücksichtigung von Anlegerverpflichtungen in der Marktabgrenzung wird teils abgelehnt. Die Leerverkaufsverpflichtung wird als bloße Auswahlentscheidung verstanden, die den Markt nicht definiere.[163] Die Auswahlentscheidung für eine Unternehmensbeteiligung führe unabhängig von

---

160 *Bueren*, WM 2013, 585, 588; *Fleischer/Bueren*, ZIP 2013, 1253, 1259.

161 LBS/*Binder*, Kap 37 Rn 33; MüKo-BGB/*Lehmann*, Bd 11, Internationales Finanzmarktrecht, Rn 449.

162 *Bueren*, WM 2013, 585, 588; *Fleischer/Bueren*, ZIP 2013, 1253, 1259.

163 *Thomas*, ZWeR 2014, 119, 127.

der Entscheidung zum Erwerb der Ware *Unternehmensbeteiligung*.[164] Das ist im Grundsatz richtig.

Die reine Auswahlentscheidung zwischen mehreren Kapitalmarktprodukten für ein Kapitalmarktprodukt, bspw. die Wahl der Beteiligung an einem bestimmten Unternehmen aus mehreren Unternehmensbeteiligungen, verengt den Anlegerbedarf tatsächlich nicht, sondern ist als Wahl aus mehreren gleich bedarfsdeckenden Kapitalmarktprodukten für die Marktabgrenzung nicht relevant. In dieser Auswahlentscheidung vergleicht der Anleger gleich bedarfsdeckende Kapitalmarktprodukte und wählt das Produkt, das aus seiner Sicht den Bedarf am besten deckt. Das ist im Zweifel das Produkt, das die höchste Rendite bei geringstem Risiko in Aussicht stellt. Der Auswahlentscheidung liegen die individuellen Unterschiede der Kapitalmarktprodukte zugrunde. Zu diesen zählt bei Unternehmensbeteiligungen bspw. der Bezug zum Unternehmen, der sich u.a. auf Wert, Wertentwicklung und Attraktivität der Beteiligung auswirkt.

Entscheidet sich ein Anleger aufgrund dieser nicht bedarfsbestimmenden Unterschiede in der Auswahlentscheidung zwischen gleich bedarfsdeckenden Kapitalmarktprodukten für ein Kapitalmarktprodukt, verengt dies nicht den Bedarf auf das gewählte Produkt. Die Kapitalmarktprodukte zählen als funktional identische Produkte weiterhin zur gleichen Kapitalmarktproduktgattung, die den gleichen Bedarf nach Kapitalmarktprodukten der Gattung decken. Sucht der Anleger Unternehmensbeteiligungen und entscheidet er sich für die Beteiligung an einem Unternehmen, ändert dies nichts daran, dass der Bedarf auf Unternehmensbeteiligungen als Anlageform gerichtet ist. Er wählt unabhängig von der Entscheidung die gleiche Ware Unternehmensbeteiligung.[165] Anleger suchen Formen wirtschaftlichen Engagements.[166] Trotz der Wahl einer Beteiligung zur Umsetzung des wirtschaftlichen Engagements bleibt das wirtschaftliche Engagement *Unternehmensbeteiligung* die Grundlage des Bedarfs, den er mit mehreren funktional identischen Produkten decken kann. Die Substituierbarkeit der in die Auswahl einbezogenen Produkte bleibt erhalten. Wer den Bedarf nach börsengehandelten Unternehmensbeteiligungen mit Beteiligungen an Unternehmen A deckt, kann ihn auch mit Beteiligungen an Unternehmen B decken, da die Beteiligungen funktional identisch sind. Die individuelle Investitionsentscheidung wirkt sich nicht in der Marktabgrenzung aus, solange sie nur eine Auswahlentscheidung ist.

Diese Überlegungen führen jedoch nicht dazu, dass Verpflichtungen, durch die ein Anleger ein Kapitalmarktprodukt erwerben muss, in der Marktabgrenzung keine Bedeutung haben.[167] Das ist damit zu begründen, dass die Verpflichtung keine

---

164 KG v. 20.05.1998 – Kart U 6148/97, WuW/E DE-R 165, 168 – *„BVS"*; *Thomas*, ZWeR 2014, 119, 127.

165 Siehe: KG v. 20.05.1998 – Kart U 6148/97, WuW/E DE-R 165, 168 – *„BVS"*; *Thomas*, ZWeR 2014, 119, 127.

166 KG v. 20.05.1998 – Kart U 6148/97, WuW/E DE-R 165, 168 – *BVS*.

167 Zum Leerverkauf: *Bueren*, WM 2013, 585, 588; *Fleischer/Bueren*, ZIP 2013, 1253, 1259.

bloße Auswahlentscheidung zwischen gleich bedarfsdeckenden Kapitalmarktprodukten, sondern bedarfsbestimmend ist. Das liegt daran, dass sich der Anleger, der sich zum Verkauf eines Kapitalmarktprodukts verpflichtet, das er noch erwerben muss, kein anderes Produkt erwerben kann, um den Bedarf zu decken. Verpflichtet er sich zum Verkauf von Aktien an Unternehmen A, ist der Bedarf mit Aktien an Unternehmen B nicht zu decken. Die Verpflichtung, Aktien an Unternehmen A zu veräußern, verengt den Bedarf auf Aktien an Unternehmen A. Bei einer bloßen Auswahlentscheidung könnte der Anleger den Bedarf mit anderen Produkten der Gattung decken. Das ist hier nicht möglich.

Die Literaturansicht versucht daher, die Einordnung als Auswahlentscheidung aus der zeitlich zuvor eingegangenen Leerverkaufsverpflichtung abzuleiten. Sie sieht die Verpflichtung zur Veräußerung der Aktien an den Vertragspartner, aus der die bedarfsverengende Erwerbsnotwendigkeit folgt, als die relevante Auswahlentscheidung an, in der sich der Anleger entscheide, die Aktie nachzufragen, wobei zu dem Zeitpunkt alle Aktien gleichwertig nebeneinander stünden, weshalb der Umstand, dass die Aktie zur Deckung erworben werden muss, nicht aus der Marktstruktur folge.[168] Der Anleger schaffe den Bedarf beim Leerverkauf selbst.[169] Dieser Ansicht ist insoweit zuzustimmen, dass der verengte Bedarf aus einer individuellen Verpflichtung des Anlegers folgt. Daraus folgt aber nicht, dass dieser Bedarf in der Marktabgrenzung keine Relevanz hat. Das hat mehrere Gründe.

Blendet man den durch die Verpflichtung bestehenden Bedarf aus, bestimmt man den Markt nicht aufgrund der tatsächlichen Bedarfslage, sondern auf Basis eines Bedarfs, der vor Eingehung der Verpflichtung, mithin in der Vergangenheit, einmal bestand. Zur Bedarfsbestimmung darf man nicht auf den Zeitpunkt vor der Verpflichtung abstellen, sondern man muss den zum Zeitpunkt des untersuchten Verhaltens bestehenden Bedarf zugrunde legen. Die Verpflichtung verengt den Bedarf, bspw. auf Aktien, deren Erwerb die Verpflichtung erforderlich macht. Diesen durch die Verpflichtung entstehenden Bedarf kann der Anleger nicht mit anderen grundsätzlich funktional identischen Kapitalmarktprodukten decken. Stellt man auf den Bedarf vor der Verpflichtung ab, lässt man diese Veränderung in der tatsächlichen Bedarfslage am Markt unberücksichtigt. Den Anlegerbedarf vor der Verpflichtung zugrunde zu legen, führt dazu, einen Bedarf zum Maßstab der Marktbestimmung zu machen, der nicht mehr besteht. Der Markt wird an der Marktrealität vorbei bestimmt. Die frühere Entscheidung, die besondere Verpflichtung einzugehen, ändert nichts daran, dass später nach der Verpflichtung der tatsächlich verengte Bedarf besteht. Entsprechend ist der Bedarf bei der Marktbestimmung grundsätzlich berücksichtigungsfähig.

Ebenso ist die Berücksichtigung dieses Bedarfs in der Marktabgrenzung auch nicht mit der Begründung abzulehnen, dass der Bedarf aus einer individuellen Verpflichtung der Anleger und nicht aus der Marktstruktur folge. Zur Bestimmung

---

168 *Thomas*, ZWeR 2014, 119, 127 f.
169 *Thomas*, ZWeR 2014, 119, 141.

des für die Marktabgrenzung relevanten Bedarfs ist auf den tatsächlichen Bedarf abzustellen. Von ihm hängt ab, welche Produkte austauschbar sind und wettbewerblichen Wechselwirkungen unterliegen. Er bestimmt die Markt- und Wettbewerbsstruktur. Der durch individuelle Verpflichtung geschaffene Bedarf zählt zum tatsächlichen Bedarf. Eine unterschiedliche Beurteilung individuell oder durch die Marktstruktur geschaffenen Bedarfs ist daher abzulehnen, da der durch individuelle Verpflichtung geschaffene Bedarf ebenso die Marktstruktur beeinflusst. Die Gründe für den tatsächlich verengten Bedarf sind nicht relevant. Ob er aus Verwendungsmöglichkeiten, Präferenzen oder individueller Verpflichtung folgt, ändert nichts daran, dass er nicht substituierbar besteht und eine Markt- und Wettbewerbsstruktur bilden kann, die sich vom Gattungsmarkt trennt. Das verdeutlicht folgende Überlegung. Gehen viele Anleger die identische Verpflichtung mit Blick auf Aktien eines Unternehmens ein, generieren sie im großen Umfang verengte Nachfrage. Das beeinflusst die Marktstruktur. Sie nicht zu beachten, weil sie aus individueller Verpflichtung folgt, führt dazu, die tatsächliche Marktstruktur nicht zu beachten. Der Bedarf verändert die Marktstruktur, da viele Anleger die Aktien nicht mehr als funktional identische Anlage zur Deckung des Bedarfs an Unternehmensbeteiligungen nachfragen.

(3). Erforderliche Bedarfsrelevanz für Marktverengung

Die Frage ist also nicht, *ob* die Verpflichtung in der Marktabgrenzung zu beachten ist, sondern *welche Relevanz* der durch die Verpflichtung entstehende Bedarf haben muss, um den Markt zu verengen. Vor allem ist zu klären, ob auch der Bedarf einzelner Anleger ausreicht, um den Markt zu verengen. Da der Bedarf aus individueller Verpflichtung folgt, muss er sich nicht breit im Markt wiederfinden, bspw. müssen nicht viele Anleger gleiche Leerverkaufsverpflichtungen eingehen. Zu klären ist, ab wann der Bedarf hinreichend relevant ist, um einen verengten Markt abzugrenzen, obwohl dritte Anleger das vom verengten Bedarf erfasste Kapitalmarktprodukt noch als mit dritten funktional identischen Produkten der gleichen Gattung austauschbar ansehen.

Nach Ansicht des LG Stuttgart verengt eine individuelle Verpflichtung, die dazu führt, dass man ein Kapitalmarktprodukt am Markt erwerben muss, nicht den Markt, wenn sie nur die Austauschbarkeit für einen Anleger verengt.[170] Auch in der Literatur wird die Austauschbarkeit aus Sicht des überwiegenden Teils der Marktgegenseite als maßgebend angesehen, wobei Präferenzen von Nachfragern mit gemessen am Marktvolumen geringer Bedeutung Märkte nicht trennen.[171] Danach kann verengter Bedarf eines Anlegers keine Marktverengung begründen. Als Ausgangspunkt ist dem zuzustimmen. Die Marktabgrenzung erfolgt grundsätzlich auf

---

170 LG Stuttgart v. 17.03.2014 – 28 O 183/13 (= ZIP 2014, 726).

171 *Bechtold/Bosch*, § 18 GWB Rn 7; *Bueren*, WM 2013, 585, 588; *Bunte*, S. 294; *Fleischer/Bueren*, ZIP 2013, 1253, 1258; vgl. *Emmerich*, § 27 Rn 14.

Basis einer typisierenden Betrachtung der Marktgegenseite als Gesamtheit,[172] nicht auf einzelne Anleger individualisiert.

Gegen eine generelle Relevanz individuellen Bedarfs spricht, dass ein Markt sich durch Teilnehmermehrheit auszeichnet. Gleiches gilt für den Wettbewerb. Stellt man generell auf den individuellen Anlegerbedarf ab, konterkariert das die Mehrparteilichkeit des wettbewerblichen Marktgeschehens.

Ferner ist eine generalisierende Betrachtung auf Basis des Zwecks der Marktabgrenzung im Ausgangspunkt richtig. Wird auf individuelle Präferenzen abgestellt, atomisiert das Märkte und nimmt der Marktabgrenzung den Sinn.[173] Die Marktabgrenzung soll die Marktstruktur spiegeln. Reicht ein winziger Bedarf für die Marktverengung, obwohl für die überwiegenden Anleger das betreffende Produkt mit anderen Produkten austauschbar ist, wird ein zusammenhängender Markt entgegen der Markt- und Wettbewerbsrealität fragmentiert, sofern der verengte Bedarf so gering ist, dass er im Markt nicht wirkt. Geringfügiger verengter Bedarf bricht die Wettbewerbsbedingungen nicht auf und hat wegen des geringen Umfangs keine Wettbewerbsrelevanz. Grenzt man einen verengten Markt aufgrund dieses Bedarfs ab, widerspricht dies den tatsächlichen Markt- und Wettbewerbsstrukturen. Die Marktabgrenzung dient dem Zweck, die Wettbewerbskräfte zu ermitteln, denen sich ein Unternehmen stellen muss, sowie die konkurrierenden Unternehmen zu bestimmen, die dem Verhalten des Unternehmens über den Wettbewerbsdruck Schranken setzen können.[174] Das Kartellrecht schützt wettbewerbliche Marktstrukturen. Diese werden nicht durch unbedeutende individuelle Präferenzen definiert, sondern durch tatsächliche wettbewerbliche Wechselwirkungen.

Ein bestehender Bedarf kann Relevanz für die Marktabgrenzung haben, wenn er sich in der Marktstruktur abbildet. Die generalisierende Betrachtung bildet im Ausgangspunkt daher die Markt- und Wettbewerbslage zutreffend ab, weil sie auf den Bedarf der Mehrheit abstellt, der die Marktstruktur beeinflusst. Fragen Anleger generell Produkte austauschbar nach, bestehen zwischen den Produkten wettbewerbliche Wechselwirkungen, die in der Marktbestimmung zu beachten sind. Andererseits ist unwahrscheinlich, dass geringer nicht substituierbarer Bedarf eines Anlegers in Bezug auf eines der Produkte eigene Markt- und Wettbewerbsstrukturen für das Produkt schafft und das Markt- und Wettbewerbsgeschehen vom Gesamtmarkt abkoppelt. Fragt bspw. ein Anleger Beteiligungen eines Unternehmens im geringen Umfang nach, kann ein Anbieter der Beteiligungen nicht generell wettbewerblich unabhängig von dritten Anbietern anderer Beteiligungen agieren, da der Bedarf die Wechselwirkungen zwischen den Produkten der Gattung nicht aufhebt. So wird gegen die Marktverengung bei Verpflichtung eines Anlegers zutreffend angeführt, dass kein Markt für eine Art von Mittelklassewagen mit

172 *Thomas*, ZWeR 2014, 119, 127.
173 *Thomas*, ZWeR 2014, 119, 126.
174 Langen/Bunte/*Hengst*, Bd 2, Art. 101 AEUV Rn 250.

bestimmten Spezifikationen entsteht, wenn sich ein Händler zu dessen Lieferung gegenüber einem Kunden verpflichtet.[175] Die Verpflichtung schafft keine eigenen Markt- und Wettbewerbsstrukturen.

Eine Marktverengung durch bedarfsverengende Verpflichtungen ist also grundsätzlich denkbar, wenn viele Anleger die Verpflichtung volumenstark parallel eingehen. Diese generalisierende Betrachtung schließt aber auf der anderen Seite nicht aus, dass der verengte Bedarf einzelner Anleger zur Marktverengung führt. Dafür muss der Bedarf lediglich hinreichend relevant sein, um sich auf die Markt- und Wettbewerbsstruktur auszuwirken. Dann können sich in der Folge eigene Markt- und Wettbewerbsstrukturen für die Bedienung des Bedarfs bilden, sodass die betreffenden Anbieter bei der Bedienung des Bedarfs keinen Wettbewerbskräften mehr von dritten Unternehmen unterliegen, die funktional identische Beteiligungen anbieten. Der hinreichende Bedarf koppelt das Markt- und Wettbewerbsgeschehen vom Gesamtmarkt ab und ermöglicht in der Folge einen eigenen Markt.

Zu klären ist, wann der verengte Bedarf diese hinreichende Relevanz hat, um auf die Markt- und Wettbewerbsstruktur zu wirken und einen eigenen Markt für die Bedienung des verengten Bedarfs abzukoppeln. Präferenzen mit gemessen am Marktvolumen geringer Bedeutung wirken auf die Markt- und Wettbewerbsstruktur nicht in einer Weise, die ein vom übergeordneten Markt abgekoppeltes Marktgeschehen erlaubt. Für einen eigenen Markt muss der Bedarf von den Anbietern spezifisch wahrgenommen werden können. Der Bedarf muss eine solche Relevanz erlangen, dass Anbieter eine eigene Marktstrategie für die Bedienung dieses Bedarfs entwickeln können. Er muss von den Anbietern generell unabhängig von Gesamtmarkt bedient werden können. Anbieter dürfen in Bedienung des Bedarfs nicht wettbewerblichen Wechselwirkungen funktional identischer Produkte, die den Bedarf nicht bedienen, ausgesetzt sein. Die Nachfrage muss sich also aufgrund der Relevanz des verengten Bedarfs von der Nachfrage nach funktional identischen Kapitalmarktprodukten abkoppeln.

Maßgebliche Kriterien zur Bestimmung der hinreichenden Bedarfsrelevanz sind die Zahl der Nachfragenden sowie Bedarfsumfang und -dauer. Ein hoher langer Bedarf wirkt auf die Markt- und Wettbewerbsstruktur, da sich die Anbieter auf diesen Bedarf einstellen und ihn spezifisch wahrnehmen können. Daraus können sich eigene Markt- und Wettbewerbsstrukturen bilden. Die Zahl der Nachfragenden sowie Bedarfsumfang und -dauer sind Elemente einer Gesamtbetrachtung. Hoher Bedarf kann bspw. eine kurze Dauer und geringe Zahl Nachfragender ausgleichen, wenn die Anbieter den Bedarf aufgrund dessen Höhe spezifisch adressieren können.

Der Bedarfsumfang ist das Kriterium, von dem die Möglichkeit der Marktverengung wesentlich abhängt. Der verengte Bedarf muss einen Umfang haben, der eine Bedienung dieses Bedarfs ermöglicht, die vom übergeordneten Gesamtmarkt, auf dem funktional identische Kapitalmarktprodukte gehandelt werden, losgelöst

---

175 *Thomas*, ZWeR 2014, 119, 128.

ist. Dann sind eigene Markt- und Wettbewerbsstrukturen möglich und fragmentiert die Abgrenzung des verengten Markts keinen Markt entgegen der Markt- und Wettbewerbsstruktur.

Je höher der Bedarf ist, desto eher sind solche eigene Markt- und Wettbewerbsstrukturen denkbar. Ein Bedarf in einem Umfang, der wettbewerbliche Wechselwirkungen mit Anbietern funktional identischer Kapitalmarktprodukte in der Bedienung des verengten Bedarfs aufhebt, schlägt sich in der Markt- und Wettbewerbsstruktur nieder. Er muss also eine gewisse quantitative Relevanz haben. Die Frage ist, wann diese Relevanz anzunehmen ist.

Stellt man darauf ab, dass die verengte Nachfrage gemessen am Marktvolumen keine geringe Bedeutung haben darf, kann man einen hinreichenden Umfang annehmen, wenn die Nachfrage absolut gemessen an der Gesamtnachfrage am Gesamtmarkt einen relevanten Teil der Nachfrage ausmacht. Gemessen am Volumen eines Gesamtmarkts wie für börsengehandelte Unternehmensbeteiligungen ist jedoch selbst ein extrem hoher Bedarf in Bezug auf eine bestimmte Beteiligung gemessen an der absoluten Nachfrage am Markt gering. Stellt man auf diese Relation ab, ist ein für eine Marktverengung ausreichende Relevanz nicht wahrscheinlich.

Eine hinreichende Relevanz kann daneben aber auch aus der Relation von Angebot und Nachfrage für das betroffene Produkt folgen. Dies ist der Fall, wenn der verengte Bedarf für ein Produkt gemessen am Angebot des Produkts nicht untergeordnet ist. Auch dann können die Anbieter den verengten Bedarf unabhängig vom Gesamtmarkt wahrnehmen, sodass sich das Wettbewerbsgeschehen vom Gesamtmarkt abkoppeln kann. Besteht ein hinreichender verengter Bedarf, schafft das für Anbieter Anreize, ihn spezifisch zu adressieren. Erforderlich ist, dass der Bedarf die Anbieter von wettbewerblichen Zwängen dritter Produkte am Gesamtmarkt befreit. Selbst wenn man aufgrund der Gefahr der Marktfragmentierung entgegen des Markt- und Wettbewerbsrealität zurückhaltend agiert, ist dies denkbar, wenn der verengte Bedarf dem Angebot hinsichtlich dem betreffenden Produkt entspricht oder dieses übersteigt. Gerade bei Produkten, die wie Unternehmensbeteiligungen in begrenzter Stückzahl verfügbar sind, kann ein dem Angebot entsprechender oder dieses übersteigender Bedarf eigene Markt- und Wettbewerbsstrukturen schaffen, da die Anbieter ihn spezifisch wahrnehmen und ihre Angebotstätigkeit darauf ausrichten können, was die wettbewerbliche Wechselwirkungen in Bezug auf dritte Produkte der gleichen Gattung aussetzt.

In der Gesamtbetrachtung ist neben dem Umfang die Bedarfsdauer zu betrachten, obgleich der Umfang das wesentliche Kriterium ist. Nicht jeder kurze Bedarf schafft eigene Markt- und Wettbewerbsstrukturen. Das ist offensichtlich, wenn er so kurz besteht, dass der Markt nicht reagieren kann. Gerade ein aus individueller Verpflichtung folgender Bedarf kann zeitlich stark limitiert sein. So benötigt der Anleger beim Leerverkauf das Produkt zum Erfüllungszeitpunkt. Vor der Verpflichtung und nach dem Erfüllungszeitpunkt besteht der verengte Bedarf nicht.

Grundsätzlich wird zeitlich limitierte Nachfrage für die Marktbestimmung als irrelevant angesehen und eine gewisse Dauer und Regelmäßigkeit gefordert.[176] Der EuGH fordert gleichbleibenden Bedarf.[177] Das stellt sicher, dass ein zu kurzer Bedarf, der sich nicht in der Marktrealität spiegelt, Märkte nicht verengt. Die zeitliche Limitierung schließt aber nicht aus, dass der kurzzeitige Bedarf einen Markt verengt. Schlägt sich der kurzzeitige Bedarf in der Markt- und Wettbewerbsstruktur nieder, ist ein verengter Markt erforderlich, um die Markt- und Wettbewerbslage adäquat zu spiegeln.

Der Abgrenzung eines Markts für zeitlich limitierten Bedarf wird jedoch generell entgegengehalten, dass Dritte das Produkt nach, während und vor der Verengung nachfragen.[178] Dem wird widersprochen. Wenn sich der nicht substituierbare verengte Bedarf in der Markt- und Wettbewerbsstruktur widerspiegelt, entsteht unabhängig davon, ob und dass Dritte das Produkt parallel nachfragen, ein auf diesen Bedarf verengter Markt. Die parallele Nachfrage nach dem Produkt findet auf dem Gesamtmarkt für funktional identische Produkte statt und damit auf einem anderen Markt. Ein Produkt kann verschiedenen Märkten angehören, wenn verschiedene Verwendungszwecke gegeben sind.[179] Das ist der Fall. Anleger mit verengtem Bedarf verfolgen einen anderen Zweck als Anleger, die das Produkt aufgrund des Bedarfs nach funktional identischer Anlage nachfragen. Ferner spricht die Möglichkeit verschiedener Absatzstrategien der Anbieter in Bezug auf die unterschiedlichen Gruppen für eine Markttrennung, trotz Bedarf nach dem gleichen Produkt.[180] Solche unterschiedlichen Absatzstrategien sind hier möglich. Anleger mit verengtem Bedarf haben einen nicht substituierbaren Bedarf nach dem Produkt, wohingegen dritte Anleger es austauschbar als Teil der Gattung funktional identischer Kapitalmarktprodukte nachfragen. Der Anbieter kann wegen des verengten Bedarfs der Anleger, die bedarfsverengende Verpflichtungen eingegangen sind, offensichtlich eine andere Absatzstrategie verfolgen, da sie keine dritten Produkte als Ausweichmöglichkeiten haben, um ihren spezifischen Bedarf zu decken.

Die im Einzelfall erforderliche Bedarfsdauer hängt neben dem Umfang im Wesentlichen auch von der Reaktionsgeschwindigkeit und Anpassungsfähigkeit der Anbieter ab. Für Märkte für Kapitalmarktprodukte ist zu beachten, dass Anbieter auf kurzfristige Bedarfsveränderung reagieren können, wenn die Märkte v.a. in der Preisgestaltung nicht träge sind. Davon ist im Börsenhandel auszugehen. An

---

176 GHN/*Jung*, Art. 102 AEUV Rn 40; Groeben, von der/Schwarze/*Schröter/Bartl*, Art. 102 AEUV Rn 136 u. 157; MüKo-KartellR/*Füller*, Bd I, Einleitung Rn 1056.

177 EuGH v. 21.02.1973, Rs. 6–72, ECLI:EU:C:1973:22, Rn 32 – „*Continental Can*"; EuGH v. 11.12.1980, Rs. 31/80, ECLI:EU:C:1980:289, Rn 25 – „*L'Oreal*"; EuGH v. 03.07.1991, Rs. C-62/86, ECLI:EU:C:1991:286, Rn 51 – „*Akzo*".

178 *Thomas*, ZWeR 2014, 119, 132.

179 Langen/Bunte/*Hengst*, Bd 2, Art. 101 AEUV Rn 254.

180 *Bunte*, S. 295.

die Bedarfsdauer sind daher im Ausgangspunkt keine zu hohen Anforderungen zu stellen.

Als drittes Kriterium der Gesamtbetrachtung ist neben Umfang und Dauer des Bedarfs die Zahl der Nachfragenden mit verengtem Bedarf einzubeziehen. Insoweit ist jedoch zu beachten, dass eine in Umfang und Dauer hinreichende verengte Nachfrage für einen verengten Markt ausreichen kann, selbst wenn nur wenige oder einzelne Anleger den verengten Bedarf haben. Es entspricht kartellrechtlicher Marktabgrenzung, enge Märkte abzugrenzen, wenn der verengte Bedarf eigenständig adressierbar eigene Markt- und Wettbewerbsbedingungen schafft. Insoweit ist wiederum der Bedarfsumfang maßgeblich. Erlangt der Bedarf ein Maß, aufgrund dessen Anbieter ihn eigenständig wahrnehmen, können sich für dessen Bedienung in der Folge eigene Markt- und Wettbewerbsstrukturen bilden. Das erfordert keine Mehrzahl von Anlegern mit verengtem Bedarf. Der Bedarf muss lediglich ausreichen, damit sich eigene Markt- und Wettbewerbsstrukturen bilden. Die Zahl der Anleger ist natürlich nicht völlig irrelevant. Haben viele Anleger den gleich verengten Bedarf, begünstigt dies den für die Verengung erforderlichen Umfang, da aus der Summe eher ein hinreichender Umfang folgt. Es ist aber auf der anderen Seite nicht pauschal eine Mindestzahl Nachfragender für eine Marktverengung zu fordern. Die Zahl der Nachfragenden ist lediglich ein Kriterium der Gesamtbetrachtung neben Bedarfsdauer und -umfang. Die verengte Nachfrage muss insgesamt eine Relevanz haben, die eine Abkopplung des Markt- und Wettbewerbsgeschehens für die Bedienung der Nachfrage vom Gesamtmarkt erlaubt. Diese Relevanz bestimmt sich auf Grundlage einer Gesamtschau der drei Kriterien, ohne dass die Zahl der Nachfragenden erhöhte Relevanz hat oder eine bestimmte Mindestzahl zu fordern wäre. Das bestätigen die folgenden zwei Kontrollüberlegungen.

Generieren viele Anleger kurzzeitig einen verschwindend geringen Bedarf, ist es ebenso wie bei verschwindend geringer Nachfrage eines einzelnen Anlegers nicht sachgerecht, einen eigenen Markt abzugrenzen. Es ist nicht wahrscheinlich, dass der Bedarf eigenständig wahrgenommen wird und zu eigenen Markt- und Wettbewerbsbedingungen für die Bedienung des Bedarfs führt, sodass sie sich auch nicht vom Gesamtmarkt abkoppelt.

Schafft hingegen ein Anleger lang und umfangreich Bedarf für ein Kapitalmarktprodukt, bspw. Aktien eines bestimmten Unternehmens, ist es möglich, dass Anbieter diesen Bedarf als eigenständig wahrnehmen und ihre Angebotstätigkeit darauf ausrichten. Dann sind sie in der Angebotstätigkeit nicht mehr den wettbewerblichen Wechselwirkungen mit Anbietern dritter funktional identischer Beteiligungen ausgesetzt, da sich wegen des hinreichenden Bedarfsumfangs von einiger Dauer ein verengter Markt mit eigener Markt- und Wettbewerbsstruktur abkoppelt. Auch hieran zeigt sich, dass die Zahl der Nachfragenden für die Marktverengung nicht primär relevant ist, sondern Dauer und Umfang. Im Börsenhandel indiziert ferner dessen Funktionsweise eine grundsätzliche Irrelevanz der Zahl der Nachfragenden. Für Anbieter börsengehandelter Kapitalmarktprodukte ist es gleich, ob ein Anleger das gesamte Angebot nachfragt oder 10 Anleger je 10% der

Gesamtmenge. An der Börse werden Angebot und Nachfrage zentral eingestellt und automatisch zusammengeführt.[181]

Eine hohe Zahl Nachfragender impliziert somit ebenso wenig automatisch einen eigenen Markt, wie eine geringe Zahl Nachfragender die Abgrenzung eines verengten Markts verbietet. Vielmehr sind Dauer und Umfang des Bedarfs primär ausschlaggebend für eine Marktverengung, wobei sich die Zahl der Nachfragenden natürlich in der Prüfung dieser Kriterien auswirken kann.

Auch ein verengter Bedarf nur einzelner oder weniger Anleger kann somit Märkte verengen. Es gilt kein automatischer Ausschluss. Die Zahl der Nachfragen sowie Bedarfsumfang und -dauer sind Elemente einer Gesamtbetrachtung. Fällt ein Faktor niedriger aus, kann dies über die anderen Faktoren ausgeglichen werden, wenn sie entsprechend höher ausfallen. Eine geringe Zahl von Anlegern mit verengtem Bedarf kann bspw. durch höheren Bedarfsumfang ausgeglichen werden. Im Falle nur eines Anlegers oder weniger Anleger mit verengtem Bedarf sind daher entsprechend höhere Anforderungen an den Umfang zu stellen. Dies gilt erst recht, wenn der Bedarf wie bei bedarfsverengenden Verpflichtungen nur für gewisse Zeit besteht und damit der Zeitfaktor ebenso niedrig ausfällt.

Gerade bei Bedarf weniger Anleger von kurzer Dauer muss man zurückhaltend agieren, um Märkte nicht entgegen der Markt- und Wettbewerbsrealität zu fragmentieren. Man muss die Relevanz des Bedarfs anhand von Umfang, Dauer und Zahl besonders prüfen, um sicherzustellen, dass er sich in der Markt- und Wettbewerbsstruktur niederschlägt. Die Relevanz ist auch in diesem Fall wahrscheinlich, wenn der verengte Bedarf unabhängig von der Zahl der Nachfragenden dem Angebot entspricht oder dieses übersteigt, da damit für die Anbieter, unabhängig von der Zahl der Nachfragenden, ein Anreiz besteht, die Nachfrage als eigenständig wahrzunehmen und ihre Angebotstätigkeit darauf zu fixieren. Ist dies der Fall, sind sie nicht den wettbewerblichen Wechselwirkungen der Anbieter funktional identischer Kapitalmarktprodukte ausgesetzt, wenn sie den verengten Bedarf bedienen. Bei volumenstark angebotenen Produkten ist nicht zwingend wahrscheinlich, dass ein hinreichender Umfang durch wenige oder einzelne Anleger generiert wird. Das gilt v.a. am Marktplatz Börse, der hohe Marktvolumina begünstigt. Dies kann anders sein, wenn besondere Umstände hinzutreten, bspw. eine starke Verknappung des Angebots des Kapitalmarktprodukts. Das steigert die Wahrscheinlichkeit eines hinreichenden Nachfrageumfangs. Es handelt sich mithin um eine Frage des Einzelfalls.

Dass ein hoher Bedarf an einem Produkt gemessen am dessen Angebot einen Markt verengen kann, bestätigt folgendes Beispiel eines verengten Bedarfs an Beteiligungen eines Unternehmens. Erreicht oder übersteigt der Bedarf das Gesamtangebot der nur begrenzt verfügbaren Beteiligungen, ist eine eigenständige Wahrnehmung und Bedienung des Bedarfs wahrscheinlich. Die Anbieter können die Beteiligung anbieten, ohne wettbewerblichen Wechselwirkungen dritter

181 SBL/*Seiler*/*Kniehase*, Vor § 104 Rn 23.

Anbieter funktional identischer Beteiligungen ausgesetzt zu sein, da sich die verengte Nachfrage nutzen können, die das Angebot der Dritten nicht deckt. Das kann dazu führen, dass sich eigene Marktbedingungen bilden. Eine zeitliche Limitierung des verengten Bedarfs steht dem nicht entgegen. Es reicht aus, wenn der Bedarf lang genug besteht, damit die Anbieter ihn spezifisch wahrnehmen können. Hat der verengte Bedarf aufgrund des Umfangs hinreichende Relevanz, ist es wahrscheinlich, dass die Anbieter ihn auch bei kurzer Dauer eigenständig adressieren und nicht den Wettbewerbszwängen des Gesamtmarkts unterliegen. Das gilt v.a., wenn der verengte Bedarf das Angebot übersteigt.

Dass die Marktverengung in diesem Fall sachgerecht ist, zeigt ein Blick auf die kartellrechtlichen Verbote. Nehmen die Anbieter des Kapitalmarktprodukts einen verengten Bedarf wahr, können sie das auf dessen Bedienung bezogene wettbewerbliche Verhalten abstimmen und Wettbewerb beschränken. Um diese auf die Bedienung des verengten Bedarfs gerichtete Wettbewerbsbeschränkung adäquat zu erfassen, ist die Abgrenzung eines verengten Markts sachgerecht. Die Anbieter beziehen die Abstimmung auf den verengten Bedarf. Daher ist die kartellrechtliche Prüfung auf dieses Verhältnis bezogen vorzunehmen, der Markt entsprechend eng abzugrenzen. Dass eine enge Marktabgrenzung bei hinreichender Relevanz des Bedarfs sachgerecht ist, bestätigt sich auch darin, dass ein Anbieter, der das Angebot des Kapitalmarktprodukts beherrscht, den verengten Bedarf ausnutzen kann, indem er bspw. missbräuchliche Preise fordert. Er ist bei hinreichender Relevanz des Bedarfs nicht den Wettbewerbszwängen ausgesetzt, die von Anbietern funktional identischer Kapitalmarktprodukte ausgehen, sondern kann den verengten Bedarf unabhängig davon nutzen und seine Marktaktivität darauf ausrichten. Die Anbieter des Kapitalmarktprodukts, auf das sich der Bedarf verengt, stehen nur untereinander im Wettbewerb. Die wettbewerbsbefreiende Relevanz des verengten Bedarfs folgt primär aus dem hohen Bedarfsumfang, vor allem wenn er dem Angebot im Umfang entspricht oder diesen sogar übersteigt. Dann ist es Anbietern möglich ist, sich dem Wettbewerb mit dritten Anbietern funktional identischer Kapitalmarktprodukte zu entziehen. Nehmen die Anbieter den verengten Bedarf gesondert wahr, was bei hinreichender Relevanz des Bedarfs aufgrund des Umfangs naheliegt, können sie den verengten Bedarf nutzen. Dann konkurrieren sie nur untereinander in Bezug auf den verengten Bedarf und kann sich das Marktgeschehen in Bezug auf den verengten Bedarf vom übergeordneten Markt abkoppeln.

(4). Zusammenfassung

Im Ergebnis können bedarfsverengende Verpflichtungen zur Abgrenzung eines verengten Markts führen. In der Marktabgrenzung ist der tatsächliche Bedarf relevant, zu dem Bedarf durch individuelle Verpflichtung zählt. Die Verpflichtung ist nicht nur eine Auswahlentscheidung zwischen Kapitalmarktprodukten zur Deckung des Bedarfs an funktional identischen Kapitalmarktprodukten, sondern bedarfsrelevant. Die Frage ist daher nicht, *ob* die Verpflichtung eine

Marktverengung begründet, sondern *welche Relevanz* der verengte Bedarf dafür haben muss. Im Grundsatz bestimmt sich der Bedarf generalisierend. Daher ist ein verengter Markt möglich, wenn viele Anleger im hohen Volumen gleich verengten Bedarf haben, Andererseits reicht ein geringer Bedarf eines Anlegers nicht, da es unwahrscheinlich ist, dass eine eigene Markt- und Wettbewerbsstruktur entsteht. Vielmehr wäre der Markt entgegen der Markt- und Wettbewerbsrealität fragmentiert. Um dies zu verhindern, ist eine gewisse Relevanz des Bedarfs zu fordern, damit das Kapitalmarktprodukt, für das der Bedarf besteht, nicht den wettbewerblichen Wechselwirkungen funktional identischer Produkte ausgesetzt. Die Relevanz ist gesamtbetrachtend zu bestimmen, wobei die Zahl der Anleger mit verengtem Bedarf sowie Bedarfsumfang und -dauer zu berücksichtigen sind. Maßgeblich ist der Bedarfsumfang. Hoher, langer und gleichbleibender Bedarf spricht dafür, dass sich eigene Markt- und Wettbewerbsbedingungen bilden. Je höher der Bedarf ist, desto kürzer kann er sein. Im Börsenhandel ist ferner die hohe Reaktionsgeschwindigkeit zu beachten, sodass eine kurze Bedarfsdauer reichen kann. Vor allem die Zahl der Anleger mit verengtem Bedarf ist nur ein Faktor der Gesamtbetrachtung. Es ist keine Mindestzahl erforderlich, sondern es kommt allein auf die gesamtbetrachtend bestimmte hinreichende Bedarfsrelevanz an. Sie hängt nicht von der Zahl der Nachfragenden ab, wird aber durch eine hohe Zahl begünstigt. Es ist daher möglich, dass der Bedarf eines Anlegers für eine Marktverengung reicht, v.a. wenn er dem Angebot entspricht oder dieses übersteigt. Das Problem ist praktischer Natur. Der Anleger muss einen hinreichenden Bedarfsumfang generieren. Das ist bei volumenstarken Kapitalmarktprodukten, v.a. im Börsenhandel, nicht ohne weiteres möglich. Um Märkte nicht entgegen der Markt- und Wettbewerbsrealität zu fragmentieren, wird man daher bei einem verengten Bedarf einzelner Anleger grundsätzlich einen erhöhten Umfang fordern müssen.

Verpflichtungen der Anleger, die den Bedarf auf ein Kapitalmarktprodukt verengen, können den Markt verengen. Es ist aber Zurückhaltung geboten, um Märkte nicht entgegen der Markt- und Wettbewerbsrealität zu fragmentieren. Ferner ist vor allem bei bedarfsverengenden Verpflichtungen nur einzelner Anleger zu prüfen, ob die Anleger hinreichenden Bedarf generiert. Das ist ein wesentlicher Limitierungsfaktor der Marktverengung.

cc. Anlegerpräferenzen

Die Ergebnisse zu bedarfsverengenden Verpflichtungen gelten auch für Anlegerpräferenzen. Auch wenn sich der Anleger bei bedarfsverengenden Verpflichtungen verpflichtet, ein Produkt zu erwerben, präferiert er faktisch das benötigte Produkt. Die Fallgruppen sind eng verwandt. Anlegerpräferenzen für bestimmte Kapitalmarktprodukte können gleichermaßen einen Markt verengen. Verbraucherpräferenzen können generell eigene Märkte begründen.[182] Bei Kapitalmarktprodukten

182 Groeben, von der/Schwarze/*Schröter*/*Voet van Vormizeele*, Art. 101 Rn 116.

kann die Präferenz aus Merkmalen der Produkte folgen. Haben viele Anleger die gleiche Präferenz, kann daraus offensichtlich ein auf das Kapitalmarktprodukt, das die Präferenzen erfüllt, verengter Markt folgen. Wie bei bedarfsverengenden Verpflichtungen kann eine Präferenz weniger oder einzelner Anleger ausreichen. Anders als bei bedarfsverengenden Verpflichtungen ist es bei Anlegerpräferenzen wahrscheinlicher, dass sie sich breit im Markt wiederfinden und daher verengter Bedarf im hinreichenden Umfang generiert wird.

Anlegerpräferenz meint, dass Anleger individuelle Merkmale eines Kapitalmarktprodukts als bedarfsbestimmende Alleinstellungsmerkmale ansehen, die dritte Produkte der Gattung ohne das Merkmal nicht substituieren. Eine Marktverengung durch Anlegerpräferenz setzt also voraus, dass sich die Produkte einer Gattung individuell unterscheiden. Die Zusammenfassung heterogener Produkte in einer Gattung begünstigt wegen der individuellen Unterschiede der Produkte, bspw. Beteiligungen an verschiedenen Unternehmen, Anlegerpräferenzen. Auf individuellen Unterschieden der heterogenen Kapitalmarktprodukte, die einer Gattung angehören, kann eine bedarfsverengende Anlegerpräferenz gründen. Anlageentscheidungen können von subjektiven Erwägungen der Anleger geprägt sein. Anleger können diese Erwägungen in einer Weise übersteigern, dass für sie ein spezifischer Bedarf entsteht, den sie durch dritte Anlageprodukte trotz funktionaler Identität als nicht substituierbar ansehen. Präferieren Anleger ein individuelles Merkmal als bedarfsrelevant, ist ihr Bedarf nicht mehr auf funktional identische Anlage als wirtschaftliches Engagement bezogen, sondern wird verengt. Generell ist nicht relevant, ob die Anleger ihre Präferenz rational begründen. Auch irrationaler Bedarf ist ein tatsächlicher Bedarf, der für die Marktabgrenzung maßgeblich ist.[183] Offensichtlich ist das, wenn alle Anleger den Bedarf irrational bestimmen. Stellt man in diesem Fall nur auf rationale Anleger ab, entspricht die Marktabgrenzung nicht der Marktrealität.

Die zur Marktverengung führende Anlegerpräferenz kann somit vor allem auf den Kriterien gründen, die der Auswahlentscheidung zwischen funktional identischen Produkten der gleichen Gattung dienen. So kann bei Unternehmensbeteiligungen eine bedarfsverengende Anlegerpräferenz entstehen, wenn die Anleger individuelle Unternehmens- oder Beteiligungsmerkmale als bedarfsverengendes Alleinstellungsmerkmal ansehen, sodass aus Anlegersicht ein Bedarf entsteht, den Beteiligungen an dritten Unternehmen nicht decken. Als solche Merkmale kommen alle Merkmale in Frage, die bei der Bestimmung des Bedarfs nach funktional identischer Anlage nicht relevant sind, bspw.: das generelle Betätigungsfeld, innovative Produkte oder Betätigungsfelder, das Ansehen des Unternehmens, positive Wertentwicklung oder eine übersteigerte Renditeerwartung. Es sind Merkmale, die der Anleger sonst in die Auswahlentscheidung einfließen lässt. Anleger wählen

---

183 *Bueren*, WM 2013, 585, 589 f.; IM/*Emmerich*, Bd 1, Art. 101 Abs. 1 AEUV Rn 161; Groeben, von der/Schwarze/*Schröter*/*Bartl*, Art. 102 AEUV Rn 133; vgl. Langen/Bunte/*Bardong*, Bd 1, § 18 GWB Rn 21.

bspw. grundsätzlich das Produkt aus gleich bedarfsdeckenden Produkten, das aus ihrer Sicht die beste Rendite gemessen am Kapitaleinsatz bietet. Übersteigern sie die Renditeerwartung, kann jedoch eine bedarfsverengende Anlegerpräferenz entstehen.

Auch können Hochphasen bestimmter Branchen dazu führen, dass sich ein eigener Markt für Beteiligungen an Unternehmen der Branche bildet.[184] Die Hochphase kann bei den Anlegern eine Begehrlichkeit wecken, in der Hochphase Beteiligungen aus der Branche zu erwerben. Das kann einen verengten Bedarf begründen, der nicht durch Beteiligungen an Unternehmen anderer Branchen substituierbar ist. Gleiches gilt für subjektive Vorlieben wie für Beteiligungen an Unternehmen aus bestimmten Branchen, sofern sich diese hinreichend relevant im Markt abbilden.

Da die Anlegerpräferenzen auf Kriterien fußen, die in der Auswahlentscheidung eine Rolle spielen, bedarf es einer genauen Abgrenzung. Die Auswahlentscheidung verengt den Anlegerbedarf nicht, die Anlegerpräferenz schon. Der Anleger wählt bei der Auswahlentscheidung nur ein Produkt aus gleich bedarfsdeckenden Produkten. Wer Beteiligungen an Unternehmen A zur Deckung des Bedarfs *Unternehmensbeteiligungen* wählt, da er hohe Rendite erwartet, kann den Bedarf auch mit Beteiligungen an anderen Unternehmen decken. Damit eine Anlegerpräferenz entsteht, muss das Kriterium so übersteigert werden, dass der Anleger es als nicht substituierbar ansieht, er verengten Bedarf entwickelt.

Ein weiteres Beispiel für bedarfsverengende Anlegerpräferenzen ist die erstmalige Emission von Anteilen eines Unternehmens an der Börse. Sie können entstehen, wenn ein Unternehmen mit besonderer Bekanntheit, Größe oder Marktstellung erstmals Anteile ausgibt.[185] Die erstmalige Beteiligungsmöglichkeit für die breite Marktöffentlichkeit kann Begehrlichkeiten der Anleger wecken, die dazu führen, dass sie die Beteiligungen unbedingt erwerben wollen und als durch dritte Beteiligungen nicht substituierbar ansehen. Dann kann sich der Markt auf die emittierte Beteiligung verengen. Auch hier ist genau zu prüfen, ob eine bedarfsverengende Präferenz vorliegt oder Anleger nur eine Auswahlentscheidung zur Deckung des allgemeinen Anlagebedarfs treffen. Ferner ist ebenso irrelevant, ob der Bedarf irrational begründet ist.

Die zu Unternehmensbeteiligungen erfolgten Ausführungen sind auf dritte Kapitalmarktproduktgattungen übertragbar, die individuell unterschiedliche Kapitalmarktprodukte umfassen, bspw. Schuldverschreibungen verschiedener Unternehmen. Insoweit können die Bewertung individueller Unterschiede bedarfsverengende Anlegerpräferenzen schaffen. Ein weiteres Beispiel sind Fondsbeteiligungen. So kann die Zusammensetzung eines Fonds bei den Anlegern rational oder irrational begründet Begehrlichkeiten wecken und daher zur nicht substituierbaren Eigenschaft des Fonds werden, bspw. Zusammensetzung des Fonds

184 *Fleischer/Bueren*, ZIP 2013, 1253, 1259 f.
185 *Bueren*, WM 2013, 585, 588; *Fleischer/Bueren*, ZIP 2013, 1253, 1259.

aus Beteiligungen an Unternehmen einer bestimmten Branche. Auch hier gilt es, die bloße Auswahlentscheidung von einer bedarfsverengenden Anlegerpräferenz abzugrenzen.

Im Ergebnis sind Anlegerpräferenzen, die den Bedarf und die Märkte auf kleine Gruppen von Kapitalmarktprodukten einer Gattung oder einzelne Kapitalmarktprodukte verengen, möglich. Sie werden begünstigt, wenn Kapitalmarktproduktgattungen heterogene Produkte zusammenfassen, die sich individuell unterscheiden, ohne dass diese Unterschiede für den funktional verstandenen Bedarf nach Anlage als wirtschaftliches Engagement relevant sind. Die Unterschiede können Begehrlichkeiten wecken oder sich auf Wert und Renditewahrscheinlichkeit der Produkte auswirken. Verbinden Anleger mit einem Kapitalmarktprodukt eine besondere Begehrlichkeit, durch die sie es nicht mehr als durch dritte Produkte substituierbar ansehen, kann sich eine bedarfsverengende Anlegerpräferenz bilden. Grundlage der Anlegerpräferenz können die Kriterien sein, die der Auswahlentscheidung zwischen gleich bedarfsdeckenden Kapitalmarktprodukten dienen. Insoweit ist zu prüfen, ob nur eine Auswahlentscheidung oder eine bedarfsverengende Anlegerpräferenz vorliegt. Ferner ist irrelevant, ob die Anlegerpräferenz rational oder irrational begründet ist. Maßgeblich ist, ob das Kapitalmarktprodukt aus Anlegersicht ein Merkmal hat, das nicht substituierbar ist. Aus Anlegersicht muss das Kriterium als Alleinstellungsmerkmal bedarfsverengend wirken. Das ist für Unternehmensbeteiligungen bspw. in Hochphasen einer Branche, bei innovativen Produkten oder Betätigungsfeldern, übersteigerter Renditeerwartung oder bei Erstemission von Beteiligungen eines Unternehmen denkbar. Bei Fonds kann ferner die Zusammenstellung, bspw. Beteiligungen an Unternehmen einer Branche, eine Anlegerpräferenz hervorrufen. Nicht jede Anlegerpräferenz schafft einen eigenen Markt, auch wenn sie den Bedarf des Anlegers verengt. Es gelten die zu bedarfsverengenden Verpflichtungen dargestellten Grundsätze. Es kommt auf hinreichende Relevanz des Bedarfs an. Vor allem wenn viele Anleger die gleiche Präferenz entwickeln und gleich verengten Bedarf haben, ist eine Marktverengung denkbar. Eine weite Verbreitung von Präferenzen im Markt ist grundsätzlich nicht auszuschließen, bspw. in Hochphasen einer Branche oder bei Erstemission.

dd. Zusammenfassung zur Marktverengung

Der Markt kann sich im Einzelfall auf einzelne Kapitalmarktprodukte verengen. Das hat zwei Voraussetzungen. Es muss ein Anlegerbedarf bestehen, der sich nicht nur auf funktional identische Kapitalmarktprodukte richtet, sondern sich aus Anlegersicht unsubstituierbar verengt. Ferner muss der Bedarf eine Relevanz haben, aufgrund derer die Anbieter ihn als eigenständig wahrnehmen und durch die sich vom Gesamtmarkt unabhängige Markt- und Wettbewerbsstrukturen zur Bedienung des Bedarfs bilden können. Beispiele sind bedarfsverengende Verpflichtungen oder Anlegerpräferenzen.

Bedarfsverengende Verpflichtungen sind keine Auswahlentscheidungen zwischen gleich bedarfsdeckenden Produkten, sondern schaffen Bedarf. Der limitierende Faktor für die Marktverengung ist die hinreichende Relevanz des Bedarfs. Er muss wettbewerbliche Wechselwirkungen mit Produkten des Markts aufbrechen, von dem sich der Bedarf abkoppelt, und eigene Markt- und Wettbewerbsbedingungen für die Bedienung des Bedarfs schaffen. Ein wesentliches Indiz ist die eigenständige Wahrnehmung des Bedarfs durch die Marktgegenseite. Ausgangspunkt der Marktabgrenzung ist eine generalisierende Betrachtung, um Märkte nicht entgegen der Markt- und Wettbewerbsrealität zu fragmentieren. Die Marktabgrenzung muss die tatsächlichen Markt- und Wettbewerbsbedingungen spiegeln. Eine Marktverengung ist möglich, wenn sich in generalisierender Betrachtung ein hinreichender Bedarf ergibt. Das ist wegen des oft individuellen Charakters bedarfsverengender Verpflichtungen nicht zwingend. Der Bedarf weniger Anleger oder eines Anlegers reicht aber, wenn er eigene Markt- und Wettbewerbsstrukturen für die Bedienung des Bedarfs schafft. Kriterien sind insoweit die Zahl der Anleger mit verengtem Bedarf sowie Bedarfsumfang und -dauer in einer Gesamtbetrachtung. Der Umfang ist das wesentliche Kriterium. Zur Bestimmung hinreichender Relevanz ist er dem Angebot der Produkte, auf die sich der Bedarf verengt, gegenüberzustellen. Wegen der wettbewerblichen Wechselwirkungen mit dritten Produkten aufgrund der Nachfrage dritter Anleger nach funktional identischen Kapitalmarktprodukten und der Gefahr, Märkte entgegen der Markt- und Wettbewerbsrealität abzugrenzen, sind grundsätzlich höhere Nachfrageumfänge zu fordern. Hinreichende Relevanz ist zumindest nicht ausgeschlossen, wenn der Umfang dem Angebot des Kapitalmarktprodukts entspricht oder dieses übersteigt. Das kann eine eigenständige Wahrnehmung und eigene Markt- und Wettbewerbsstrukturen ermöglichen. Ferner ist die Bedarfsdauer von Belang. Je länger der Bedarf besteht, desto eher wird er wahrgenommen. Er muss lang genug bestehen, um sich in der Marktstruktur niederzuschlagen. Eine zeitliche Limitierung des verengten Anlegerbedarfs spricht aber nicht pauschal gegen eine Marktverengung. Ist ein Markt reaktionsschnell, kann er auf diese Bedarfsveränderung reagieren. Die Zahl der Anleger mit verengtem Bedarf ist nur ein Element der Gesamtbetrachtung. Es ist keine Mindestzahl für eine Marktverengung erforderlich, da es primär auf einen hinreichenden Umfang von ausreichender Dauer ankommt. Einen ausreichenden Bedarf können daher auch wenige oder einzelne Anleger schaffen. Es widerspricht nicht der kartellrechtlichen Marktabgrenzung, enge Märkte abzugrenzen, wenn Markt- und Wettbewerbsrealität adäquat gespiegelt sind. Die Marktabgrenzung dient der Darstellung der tatsächlichen Wettbewerbsbeziehungen, die durch einen hinreichend hohen verengten Bedarf verändert sein können. Man muss bei einer sinkenden Zahl an Nachfragenden jedoch darauf achten, Märkte nicht entgegen der Marktrealität zu fragmentieren.

Bei einer Anlegerpräferenz ist indes die Abgrenzung der Bedarfsverengung von der bloßen Auswahlentscheidung zentral. Präferenzen können wie die Auswahlentscheidung zwischen gleich bedarfsdeckenden Produkten auf den individuellen Merkmalen der Produkte fußen. Ein Merkmal muss aus Anlegersicht vom Abwägungskriterium zum nicht substituierbaren Merkmal werden. Dabei ist der tatsächliche Bedarf maßgeblich, auch wenn er irrational begründet ist. Anlegerpräferenzen werden dadurch begünstigt, dass Kapitalmarktproduktgattungen heterogene Produkte umfassen können, bspw. Beteiligungen an unterschiedlichen Unternehmen. Hinreichende Relevanz der verengten Nachfrage ist bei Anlegerpräferenzen kein Problem, wenn sich diese breit im Markt wiederfinden, was bei einer Erstemission von Anteilen an besonderen Unternehmen oder Branchenhochphasen für Unternehmensbeteiligungen denkbar ist.

Abschließend ist anzumerken, dass die Marktverengung durch spezifischen Anlegerbedarf kein generell zur Verfügung stehendes Mittel ist, um Märkte zu verengen. Die Marktverengung ergibt sich primär in Sonderfällen. Es bedarf daher einer genauen Prüfung der Voraussetzungen im Einzelfall.

Anlegerpräferenzen führen bspw. nicht zwingend zu einem marktverengenden Bedarf. Dafür müssen sich die Merkmale zu solchen Alleinstellungsmerkmalen wandeln, dass sie tatsächlich den Bedarf verengen und nicht nur der Auswahlentscheidung zwischen funktional identischen Kapitalmarktprodukten zur Deckung des gleichen Bedarfs dienen. Es muss sich um eine Sondersituation handeln, in der besondere subjektive Begehrlichkeiten entstehen, bspw. in Hochphasen oder bei Erstemissionen. Aufgrund des grundsätzlichen Anlegerbedarfs, der heterogene Produkte zusammenfasst, darf man einen verengten Bedarf aufgrund von Anlegerpräferenz nicht vorschnell annehmen.

Bei bedarfsverengenden Verpflichtungen mag der Bedarf einfacher erkennbar sein. Hier ist aber die hinreichende Relevanz das Problem. Der verengte Bedarf muss hinreichend relevant sein, um über eigene Markt- und Wettbewerbsstrukturen einen eigenen Markt zu begründen. Die bedarfsverengende Verpflichtung muss sich nicht breit im Markt wiederfinden. Gerade wenn nur einzelne Anleger den verengten Bedarf haben, müssen Umfang und Dauer entsprechend höher ausfallen, um hinreichende Relevanz zu generieren. Da die Dauer des verengten Bedarfs limitiert sein kann, kommt es v.a. auf den Bedarfsumfang an, der die niedrige Anlegerzahl und Bedarfsdauer ausgleichen muss. Fordert man grundsätzlich einen dem Angebot entsprechenden oder dieses übersteigenden Bedarfsumfang, kann er durch wenige oder einen Anleger nicht zwingend generiert werden. Auch hier wird man eine Verengung primär in Sonderfällen wie starker Angebotsverengung annehmen können.

f. Zusammenfassung

Sachliche Märkte bestimmen sich nach dem Bedarfsmarktkonzept. Ausgangspunkt ist der Anlegerbedarf. Dieser ist im Anlagebereich grundsätzlich auf funktional identische Anlage gerichtet. Die Kapitalmarktanlage ist von anderen Anlageformen zu trennen. Ferner sind Kapitalmarktprodukte in Gattungen funktional identischer Anlage einzuteilen, da es dem Anleger auf Formen wirtschaftlichen Engagements ankommt, die sich durch formal identische Anlageeigenschaften auszeichnen. Sachliche Märkte bilden sich nicht generell für das einzelne Kapitalmarktprodukt. Die zu Gattungen und sachlichen Märkten zusammengefassten Kapitalmarktprodukte können heterogen sein. Tatsächliche und rechtliche Unterschiede rücken in den Hintergrund, wenn formal gleiche Anlagemöglichkeiten geboten sind. Zur Abgrenzung der Gattungen ist primär auf die formalen Eigenschaften des Produkts, das tatsächlich verbriefte Recht und den wirtschaftlichen Zweck abzustellen. Im Weiteren sind der börs- und außerbörsliche Handel in den Gattungen zu trennen. Börsen bieten als organisierte Marktplätze Standardisierung, Sicherheit und einfachen Handel. Dies, v.a. der einfache Handel, sind bedarfsbestimmende Eigenheit des Börsenhandels, die außerbörsliche Anlage nicht bieten. Daher ist nicht davon auszugehen, dass die Anleger außerbörsliche Anlage als Alternative zu börslicher Anlage sehen. Ausnahmen sind für börsenähnliche Handelssysteme theoretisch denkbar. Ferner sind Primär- und Sekundärmarkt nicht generell zu trennen, da sich sie für den Anlagebedarf nicht bedarfsrelevant nur in zeitlicher Hinsicht unterscheiden und gleiche Produkte gegeben sind. Ebenso sind Kapitalmarktprodukte nur in Sonderfällen nach Anleger- oder Risikogruppen und Preisen zu trennen. Außerbörslich sind wegen der spezifischen Anlage- und Risikostruktur Teilmärkte in den Gattungen möglich. So kann es für Anleger ein bedarfsrelevantes Kriterium sein, dass sie für die Bewertung der Anlage erforderliche Kenntnisse haben, sodass bspw. Unternehmensbeteiligungen nach Branchen unterteilt sein können. Ebenso kann die Laufzeit wegen der schlechteren Handelbarkeit bedarfsrelevant sein. Im Börsenhandel bestehen solche Trennungserfordernisse im Grundsatz nicht. Daher sind in den Gattungen Produkte nicht anhand der Börsensegmente als nur formale Einteilung ohne Einfluss auf die funktionale Identität der Kapitalmarktprodukte als wirtschaftliches Engagement zu trennen.

Auf Grundlage der Einteilung in Gattungen funktional identischer Kapitalmarktprodukte sind bspw. Aktien als Unternehmensbeteiligungen mit allen Unternehmensbeteiligungen zusammenfassen. Individuelle Unterschiede wie das Unternehmen, dessen Tätigkeitsfeld, Popularität, Wertentwicklung oder rechtliche Unterschiede sind im Grundsatz nicht bedarfsrelevant, sondern Kriterien der Auswahlentscheidung zwischen funktional identischer Anlage. Daher sind Unternehmensbeteiligungen grundsätzlich nicht nach Tätigkeitsfeldern oder Unternehmen zu trennen. Wie allgemein dargestellt, ist außerbörslich eine Trennung in Teilmärkte, bspw. nach Tätigkeitsfeldern, möglich. Börs- und außerbörsliches Geschäft sind generell zu trennen. Ausländische Unternehmensbeteiligungen können zum gleichen sachlichen Markt zählen, wenn sie sich von deutschen Unternehmensbeteiligungen nicht wesentlich unterscheiden, v.a. rechtliche Unterschiede trotz grundsätzlicher tatsächlicher Betrachtung kein solches Ausmaß erlangen, das aus Anlegersicht die Vergleichbarkeit als funktional identisches wirtschaftliches Engagement aufgehoben ist.

Indes können sich Märkte im Anlagebereich auf einzelne Kapitalmarktprodukte oder Gruppen von Kapitalmarktprodukten verengen, wenn ein hinreichend relevanter verengter Bedarf besteht. Besondere Verpflichtungen der Anleger oder Anlegerpräferenzen sind potentielle Beispiele für eine Marktverengung. Dafür muss der Bedarf v.a. hinreichende Relevanz haben, was bei bedarfsverengenden Verpflichtungen fraglich sein kann, und es darf sich nicht um eine bloße Auswahlentscheidung handeln, was bei Anlegerpräferenzen zu prüfen ist.

Ferner können Kapitalmarktprodukte spezifischen Zwecken dienen. Für zweckgebundene Kapitalmarktprodukte ist der Markt auf Basis des verfolgten Zwecks abzugrenzen. Sie decken den gleichen Bedarf, wenn sie gleichen Zwecken dienen. Ein Beispiel sind Derivate. Sie sichern primär Risiken ab. Für risikoabsichernde Anleger sind sie nach abgesicherten Risiken zu teilen. Rechtliche Unterschiede können in den Hintergrund treten, wenn die Derivate das gleiche Risiko absichern. Ferner ist das börs- und außerbörsliche Angebot für risikoabsichernde Anleger nicht zu trennen. Es ist aber auf Anlegerpräferenzen zu achten. Derivate können auch spekulativ genutzt werden. Dann ist nach funktional identischen Basiswerten zu trennen. Bei Spekulation ist der börs- und außerbörsliche Handel zu trennen. Eine weitere Trennung ist nicht zwingend.

3. Räumliche Marktabgrenzung am Kapitalmarkt

a. Grundlagen

Ein räumlicher Markt liegt vor, wenn die Wettbewerbsbedingungen auf diesem Markt homogen sind und sich von anderen Bereichen unterscheiden.[186] Der räumliche Markt ist aus Sicht der Marktgegenseite zu bestimmen.[187] Auch bei der räumlichen Marktabgrenzung ist dabei das Bedarfsmarktkonzept als Grundlage der Marktbestimmung heranzuziehen, sodass es auf die Existenz von Alternativen für die Marktgegenseite ankommt.[188] Grundsätzlich ist in Bezug auf die räumliche Marktabgrenzung auf dem Kapitalmarkt festzuhalten, dass Entfernungen am Kapitalmarkt nicht relevant sind. Moderne Kommunikations- und Transaktionsmöglichkeiten erlauben den Abschluss von Geschäften über große Entfernungen.[189] Primär abzustellen ist hinsichtlich der räumlichen Marktabgrenzung auf die Anlegergewohnheiten sowie Marktzutrittsschranken.[190]

b. Grundsatz: Zumindest nationale Märkte

Räumliche Märkte am Kapitalmarkt sind zumindest bundesweit ausgedehnt. Tatsächliche und rechtliche Rahmenbedingungen sind insoweit homogen. Anleger können überall in Deutschland investieren. Es gibt keine Marktzutrittsschranken.

---

186 EuGH v. 14.02.1978, Rs. C-27/76, ECLI:EU:C:1978:22, Rn 10/11 – *„United Brands"*; *Bechtold/ Bosch*, § 18 GWB Rn 23; Dauses/*Emmerich*, H. I. § 3 Rn 21; IM/*Fuchs /Möschel*, Bd 2, § 18 GWB Rn 53; IM/*Fuchs/Möschel*, Art. 102 AEUV Rn 65; Langen/ Bunte/*Bardong*, Bd 1, § 18 GWB Rn 46.

187 *Bechtold/Bosch*, § 18 GWB Rn 23; IM/*Fuchs/Möschel*, Bd 2, § 18 GWB Rn 53; IM/*Fuchs/ Möschel*, Bd 1, Art. 102 AEUV Rn 65; MüKo-EUKartellR/*Füller*, Einleitung Rn 1068.

188 *Emmerich*, § 27 Rn 25.

189 Kümpel/Hammen/Ekkenga/*Kümpel*, 50 Rn 2.

190 Allg.: *Emmerich*, § 9 Rn 18; GHN/*Jung*, Art. 102 AEUV Rn 50; IM/*Fuchs/Möschel*, Bd 1, Art. 102 AEUV Rn 65; MüKo-EUKartellR/*Füller*, Einleitung Rn 1068.

Das gilt v.a., wenn keine Anwesenheit vor Ort erforderlich ist, um Geschäfte vorzunehmen. Moderne Kommunikations- und Transaktionsmittel erlauben am Kapitalmarkt Geschäfte über Entfernung hinweg. Anleger können v.a. von jedem Ort aus an jeder deutschen Börse tätig sein. Einschränkende Anlegerpräferenzen sind insoweit nicht anzunehmen. Im außerbörslichen Bereich fehlen hingegen grundsätzlich mit den Börsen vergleichbare Handelsplätze. Trotzdem sind auch die Märkte zumindest bundesweit ausgedehnt. Moderne Kommunikations- und Transaktionsmittel erlauben auch im außerbörslichen Bereich die Vornahmen von Geschäften über Distanzen hinweg. Auch wenn der Geschäftsschluss eine Anwesenheit vor Ort verlangt, sind Märkte deswegen nicht generell zu trennen. Grundsätzlich spielt die Entfernung zwar eine Rolle in der räumlichen Marktabgrenzung. Die räumliche Nähe ist aber primär ein Abwägungskriterium zwischen Produkten auf einem Markt. Nähere Anbieter mögen im Einzelfall bei Klein- und Privatanleger einen Standortvorteil haben, wenn die Geschäftswahrnehmung eine Anwesenheit vor Ort fordert, bspw. bei abstrakten Produkten wie Zinsderivaten, die verschiedene Anbieter identisch anbieten können. Die Entfernungen in Deutschland sind aber im Ausgangspunkt nicht so groß, dass eine einmalige Anreise zur Angebotswahrnehmung generell an der Angebotswahrnehmung hindert. Das gilt v.a. bei teureren Kapitalmarktprodukten. Andererseits ist nicht auszuschließen, dass Anleger im Einzelfall Präferenzen haben, die zur Trennung räumlicher Märkte führen. All dies gilt für Klein- und Privatanleger. Für professionelle Anleger ist eine räumlich Trennung von Märkten innerhalb von Deutschland generell unwahrscheinlich, da für sie Entfernungen kein Hindernis darstellen.

c. *Europäische Märkte*

Räumliche Märkte für Kapitalmarktprodukte können Grenzen überschreiten. Es sind v.a. Marktzutrittsschranken und Anlegerpräferenzen als Abgrenzungskriterien zu beachten. Die Europäische Marktintegration und die Globalisierung sprechen generell für europäische Märkte.[191] Anleger können im europäischen Ausland am Kapitalmarkt tätig sein. Es gibt keine generelle Marktzutrittsschranke. Dies sichert die Kapitalverkehrsfreiheit. Auch tatsächlich ist eine Geschäftstätigkeit im europäischen Ausland durch moderne Kommunikationsmittel möglich.[192] Sprachunterschiede, notwendige Anwesenheit vor Ort für Geschäfte oder eine fehlende Bereitschaft zum Grenzüberschritt können gegen europäische Märkte sprechen.[193] Für Aktien werden in der Literatur europaweite Märkte angenommen.[194] Das ist aber nicht zwingend. Eine für das Geschäft erforderliche Anwesenheit im Ausland

191 *Emmerich*, § 4 Rn 65; GHN/*Jung*, Art. 102 AEUV Rn 52; Groeben, von der/Schwarze/*Schröter/Bartl*, Art. 102 AEUV Rn 156.

192 *Thomas*, ZWeR 2014, 119, 130.

193 Groeben, von der/Schwarze/*Schröter/Bartl*, Art. 102 AEUV Rn 154.

194 *Fleischer/Bueren*, ZIP 2013, 1253, 1262.

ist bspw. für Klein- und Privatanleger eine Hürde, die für eine räumliche Markttrennung sprechen kann. Professionelle Anleger halten Entfernung und Grenzübertritt hingegen nicht von der Angebotswahrnehmung ab. Ist eine Anwesenheit vor Ort nicht erforderlich, spricht das aufgrund moderner Transaktions- und Kommunikationsmöglichkeiten für europäische Märkte. Ferner ist die Sprachbarriere für Privat- und Kleinanleger ein Hindernis, das gegen den Grenzübertritt spricht. Zum Vergleich werden im Privatkundengeschäft der Banken nationale Märkte angenommen, da die Kunden auf Beratung in der eigenen Sprache Wert legen.[195] Dies lässt sich übertragen. Klein- und Privatanleger kann die Verständigung in einer fremden Sprache von der Geschäftstätigkeit im Ausland abhalten. Für professionelle Anleger ist das wiederum kein Hindernis. Eine andere Sprache hält professionelle Nachfrager generell nicht von einer Angebotswahrnehmung im Ausland ab.[196] Ebenso sind rechtliche und tatsächliche Unterschiede als mögliche Faktoren einer räumlichen Markttrennung denkbar. Der Rechtsrahmen für Investition, u.a. die für Beteiligungen relevanten Gesellschaftsformen, kann in verschiedenen Ländern differieren. Es ist zwar eine tatsächliche Betrachtung zugrunde legend auf funktional identische Anlage abzustellen. Trotzdem können rechtliche Unterschiede Anleger vom Grenzübertritt abhalten. Für professionelle Anleger sind auch sie kein Hindernis. Für Klein- und Privatanleger können sie relevant sein, da Erfahrung und Ressourcen fehlen, um durch die Unterschiede entstehende Unsicherheiten auszuräumen. Unterschiedliche Preise und wirtschaftliche Entwicklungen am ausländischen Kapitalmarkt sprechen demgegenüber nicht zwingend gegen einen räumlichen Markt. Anleger sind auf Rendite gemessen am Kapitaleinsatz fixiert. Dadurch können Produkte trotz insoweit bestehender Unterschieden vergleichbar bleiben, sodass keine Präferenzen entstehen müssen, die räumliche Marktgrenzen schaffen. Wesentliche Unterschiede im Wirtschaftsumfeld, u.a. eine besondere Marktentwicklung wie Wirtschaftskrisen, können jedoch eine räumliche Markttrennung aufgrund von Anlegerpräferenzen begründen. Potentielle Hindernisse, die gegen europäische Märkte und für eine räumliche Markttrennung sprechen, bestehen somit grundsätzlich v.a. für Klein- und Privatanleger.

In einer vertiefenden Betrachtung sind darüber hinaus für Klein- und Privatanleger der börs- und außerbörsliche Handel zu trennen. Im Börsenhandel sind nationale Grenzen überschreitende Märkte trotz der erwähnten Hindernisse nicht ausgeschlossen. Börsen führen Angebot und Nachfrage zentral zusammen und bieten Organisation, Standardisierung, Sicherheit und einfachen Handel. Dies spricht dafür, dass Anleger ausländische Börsen nicht generell als Alternative zu deutschen Börsen ausschließen. Funktionieren ausländische Börsen vergleichbar mit deutschen Börsen, begünstigt das europäische Märkte. Für Privat- und Kleinanleger können die Sprachbarriere und rechtliche Unterschiede trotz der vergleichbaren Funktionsweise von Börsen Hindernisse sein, die gegen einen einheitlichen

---

195 MüKo-EUKartellR/*Füller*, Einleitung Rn 1113.
196 MüKo-EUKartellR/*Füller*, Einleitung Rn 1074.

räumlichen Markt sprechen. Es kommt darauf an, ob die Hindernisse überwunden werden können. Bieten bspw. deutsche Banken den Handel als Mittler, können solche Hindernisse überwunden werden. Das ist im Börsenhandel nicht unwahrscheinlich. Außerbörslich ist dies anders. Fehlen Börsen als organisierte und standardisierte Marktplätze, kann das Klein- und Privatanleger, die im Durchschnitt keine besonderen Kenntnisse ausländischer Märkte haben werden, vom Grenzübertritt abhalten. Ebenso ist die Sprachbarriere ein Hindernis, wenn kein Mittler verfügbar ist. Es fehlen außerbörslich Makler, über die Geschäfte vorgenommen werden können.[197] Für Klein- und Privatanleger sprechen Sprachbarriere und Unkenntnis außerbörslicher ausländischer Marktbedingungen und rechtlicher Bedingungen gegen europäische Märkte.

Für professionelle Anleger sind hingegen generell im börslichen wie außerbörslichen Bereich europäische Märkte der Grundsatz, da die beschriebenen Hindernisse für sie regelmäßig irrelevant sind. Professionelle Anleger sehen am organisierten Marktplatz Börse generell nicht von einer grenzüberschreitenden Markttätigkeit ab. Für sie sind daher im Börsenhandel europäische Märkte anzunehmen. Im außerbörslichen Bereich sind für professionelle Anleger die Hindernisse ebenso wahrscheinlich überwindbar. Es ist wahrscheinlich, dass sie durch die Professionalisierung ausländische Besonderheiten nicht als ein Ausschlusskriterium sehen, das gegen eine Betätigung im Ausland spricht. Im Einzelfall kann bei einer erforderlichen Anwesenheit vor Ort die räumliche Marktausdehnung jedoch von der Entfernung und dem Produkt sowie dem Transaktionsvolumen abhängen.

Im Ergebnis ist somit zu differenzieren. Generell ermöglichen moderne Kommunikations- und Transaktionsmöglichkeiten eine Betätigung im Ausland. Der Grenzübertritt bedeutet jedoch eine Veränderung des rechtlichen und tatsächlichen Umfelds. Professionelle Anleger können die damit verbundenen Hindernisse börs- wie außerbörslich überwinden, sodass europäische Märkte für sie die Regel sind. Für Klein- und Privatanleger ist zu prüfen, ob die rechtlichen Unterschiede und tatsächlichen Hindernisse, bspw. eine Sprachbarriere, zu überwinden sind oder eine Präferenz für eine nationale Betätigung begründen. An Börsen sind für diese Anleger jedoch auch europäische Märkte denkbar, wenn sie Mittelsmänner nutzen können. Ferner ist generell auf Anlegerpräferenzen zu achten, die gegen und für europäische Märkte sprechen können. Solche Präferenzen werden mit steigender Professionalität der Anleger, Simplizität der Anlage und Organisation der Märkte unwahrscheinlicher.

d. Weiterreichende Märkte

Ferner sind über europäische Märkte hinausgehende Märkte denkbar. Die Finanzmärkte sind nationale Grenzen überschreitend verknüpft.[198] Deswegen

---

197 SBL/*Seiler*/*Kniehase*, Vor § 104 Rn 37.
198 *Kirchhof*, FS Streck, 849, 851.

liegt nicht automaisch ein einheitlicher räumlicher Markt vor. Weltmärkte sind vielmehr bei Homogenität und fehlenden Marktzutrittsschranken möglich.[199] Es gelten die gleichen Grundsätze wie zu europäischen Märkten. Es kommt primär auf Markzutrittsschranken und Anlegerpräferenzen an. Ebenso werden über europäische Märkte hinausgehende Märkte mit steigender Professionalisierung der Anleger, Simplizität der Kapitalmarktprodukte sowie Organisation des Handels wahrscheinlicher. Die Anlegerpräferenzen können eine höhere Relevanz erlangen, da man sich außerhalb des zumindest grundsätzlich vereinheitlichenden Bereichs der Europäischen Union bewegt. Es kommt stark auf den Einzelfall an, welche Staaten von Anleger tatsächlich noch als Alternativen in Betracht gezogen werden.

Grenzüberschreitende Transaktionen müssen im Weiteren und davon unabhängig überhaupt rein praktisch möglich sein, um den ausländischen Markt dem gleichen Markt zuzuordnen. Das ist anders als im europäischen Kontext, in dem die Kapitalverkehrsfreiheit die Möglichkeit grenzüberschreitender Transaktionen gibt, zumindest nicht automatisch der Fall. Ferner können rechtliche oder tatsächliche Hindernisse, die eine Tätigkeit am ausländischen Kapitalmarkt ausschließen oder wesentlich erschweren, gegen einen gemeinsamen räumlichen Markt sprechen. Dazu können eine notwendige Anwesenheit vor Ort oder protektive Regelungen zählen. Die Entfernung spielt hingegen keine Rolle, wenn man sie über moderne Kommunikations- und Transaktionsmöglichkeiten überwinden kann. Ferner sind wirtschaftliche Unterschiede zu beachten. Größere Unterschiede können in diesem Zusammenhang trotz der Fixierung der Anleger auf die Renditemöglichkeiten gemessen am Kapitaleinsatz für eine Markttrennung sprechen.

Für Anleger, für die eine Investition im Ausland in Frage kommt, wird ein weltweiter Markt für Unternehmensbeteiligungen angenommen.[200] Professionelle Anleger können Hindernisse wie die Entfernung, eine Sprachbarriere sowie Marktbesonderheiten oder rechtliche Besonderheiten im Grundsatz überwinden, sodass weltweite Märkte wahrscheinlich sind, v.a. im organisierten und standardisierten Börsenhandel. Auch sind im außerbörslichen Bereich existierende Hindernisse für professionelle Anleger eher überwindbar. Grundsätzlich sind daher für professionelle Anleger weltweite Märkte börs- wie außerbörslich möglich. Für Klein- und Privatanleger sind hingegen weltweite Märkte eher die Ausnahme. An Börsen mag eine Betätigung in Drittstaaten begrenzt auf bestimmte Staaten denkbar sein. Dies hängt wesentlich davon ab, ob ein Mittelsmann gegeben ist, um die Sprachbarriere zu überwinden, rechtliche sowie tatsächliche Unterschiede gering sind und die Börse ähnlich funktioniert. Ebenso können Anlegerpräferenzen generell gegen eine Betätigung in Drittstaaten sprechen. Es liegen mithin nicht

199 Groeben, von der/Schwarze/*Schröter*/*Bartl*, Art. 102 AEUV Rn 131.

200 KG v. 20.05.1998, Kart U 6148/97, WuW/E DE-R 165, 168 – „*BVS*“; *Thomas*, ZWeR 2014, 119, 130 f.

generell alle weltweiten Börsen auf einen räumlichen Markt. Außerbörslich ist hinsichtlich weltweiter Märkte für Klein- und Privatanleger ebenso zurückhaltend zu verfahren, wie dies auch mit Blick auf europäische Märkte der Fall ist. Eine grundsätzliche Beschränkung der Tätigkeit dieser Anleger auf nationale Märkte ist als Ausgangspunkt zugrunde zu legen. Unterschiede und Unsicherheiten sowie Hindernisse wie eine Sprachbarriere können so groß sein, dass diese Anleger einen Grenzüberschritt außerbörslich nicht in Betracht ziehen. Hier wird man allenfalls im Einzelfall Abweichendes annehmen können. Insoweit ist eine Gesamtbetrachtung erforderlich.

e. Zusammenfassung

Räumliche Märkte für Kapitalmarktprodukte sind im Grundsatz bundesweit ausgedehnt. Die Marktbedingungen und rechtlichen Bedingungen sind homogen, Entfernung überwindbar und markttrennende Anlegerpräferenzen unwahrscheinlich. Daneben sind grenzüberschreitende Märkte möglich. Maßgebliche Kriterien zur Bestimmung grenzüberschreitender Märkte sind Marktzutrittsschranken und Anlegerpräferenzen. Rechtliche und tatsächliche Hindernisse dürfen die Tätigkeit im Ausland nicht ausschließen. Aufgrund der Kapitalverkehrsfreiheit ist daher im europäischen Kontext von der Möglichkeit grenzüberschreitender Betätigung auszugehen. Die Entfernung spielt v.a. keine Rolle, wenn Geschäfte mit modernen Kommunikations- und Transaktionsmitteln geschlossen werden können. Hindernisse, die gegen grenzüberschreitende Märkte sprechen, sind v.a. eine Sprachbarriere sowie tatsächliche und rechtliche Unterschiede. Im Grundsatz ist festzuhalten, dass diese Hindernisse für professionelle Anleger eher überwindbar sind, sodass für sie im Grundsatz börs- wie außerbörslich europäische Märkte anzunehmen sind. Bei Klein- und Privatanlegern ist einschränkender vorzugehen. Für sie sind börslich grenzüberschreitende Märkte möglich, wenn sie Hindernisse wie eine Sprachbarriere, eine Unkenntnis des ausländischen Markts sowie rechtliche und tatsächliche Unterschiede überwinden können. Da sie dafür selbst nicht die Ressourcen haben werden, ist dies v.a. möglich, wenn Mittelsmänner verfügbar sind. Im Weiteren ist zu beachten, dass die Organisation und Standardisierung der Börsen grenzüberschreitende Märkte begünstigt. Im außerbörslichen Bereich stehen die Sprachbarriere und rechtliche wie tatsächliche Unterschiede einer grenzüberschreitenden Tätigkeit von Klein- und Privatanlegern eher entgegen, da die Börse als Marktplatz und Mittelsmänner fehlen. Ob insoweit grenzüberschreitende Märkte möglich sind, hängt vom Einzelfall unter Beachtung der Marktzutrittsschranken und Anlegerpräferenzen aufgrund rechtlicher, tatsächlicher und sprachlicher Unterschiede ab. Grundsätzlich ist jedoch festzuhalten, dass mit steigender Professionalisierung, sinkenden rechtlichen und tatsächlichen Unterschieden, steigender Simplizität der Produkte sowie steigender Organisation des Handels die Wahrscheinlichkeit grenzüberschreitender räumlicher Märkte ansteigt. Grenzüberschreitende Märkte sind bspw. für börsengehandelte standardisierte Unternehmensbeteiligungen auch für Klein- und Privatanleger wahrscheinlicher als für komplizierte außerbörsliche Produkte. Ferner sind primär Anlegerpräferenzen zu beachten, v.a. wenn es über den europäischen Raum hinausgeht.

4. Ergebnisse der Marktabgrenzung

Zu den Grundsätzen der Marktabgrenzung für Kapitalmarktprodukte ist vor allem festzuhalten, dass die Märkte groß ausfallen können, v.a. an Börsen, die viele Marktteilnehmer zusammenführen und v.a. über Standardisierung die Produkte vergleichbar machen. Märkte bestehen im Anlagebereich nicht generell für einzelne Kapitalmarktprodukte, sondern fassen im Ausgangspunkt wegen funktional identische Kapitalmarktprodukte zusammen. Eine Verengung der Märkte auf einzelne Kapitalmarktprodukte ist möglich, wenn hinreichend relevanter verengter Bedarf besteht. Daneben trägt die räumliche Marktausdehnung zu großen Märkten bei. Sie sind zumindest bundesweit ausgedehnt, können aber auch Grenzen überschreiten, v.a. im Börsenhandel.

Sachlich sind im Anlagebereich die Kapitalmarktprodukte in Gattungen funktional identischer Anlage als Formen wirtschaftlichen Engagements zu unterteilen. Sind Kapitalmarktprodukte funktional identisch, sind dritte Unterschiede nicht generell bedarfsrelevant und trennen die Märkte nicht. Sie sind Kriterien der Auswahlentscheidung zwischen gleich bedarfsdeckenden Produkten. Zentrale Bestimmungskriterien der funktionalen Identität sind die formalen Eigenschaften, das tatsächlich verbriefte Recht und die wirtschaftlichen Zwecke. Unternehmensbeteiligungen bilden bspw. eine Gattung als funktional identische Anlage in Unternehmen. Rechtliche Unterschiede der Beteiligungsformen sind nicht bedarfsrelevant. Es ist eine tatsächliche Betrachtung vorzunehmen. Trotz individueller Unterschiede der Beteiligungen an unterschiedlichen Unternehmen bleibt es bei der für den Anlegerbedarf relevanten funktionalen Identität. Fernern können ausländische und deutsche Beteiligungen vergleichbar sein.

Die Gattungsmärkte sind in den börs- und außerbörslichen Handel zu trennen, da außerbörslich die für Börsen charakteristische Organisation, Standardisierung und einfache Handelbarkeit fehlen. Primär- und Sekundärmarkt sind nicht zu trennen. In Grenzen ist eine Trennung nach Anleger, Risiko oder Preisen möglich. Daneben kann man außerbörslich wegen der vom Börsenhandel abweichenden Anlage- und Risikostruktur eher weitere Trennungen vornehmen, bspw. bei Unternehmensbeteiligungen in Branchen. Ferner kann aufgrund der schlechten Handelbarkeit die Laufzeit eher bedarfsrelevant sein. An Börsen sind wegen der Organisation, Standardisierung und des einfachen Handels die Gattungen nicht generell zu trennen.

Ein wesentlicher Punkt ist, Märkte im Anlagebereich nicht generell in einzelne Kapitalmarktprodukte zu trennen. Sie können sich aber auf einzelne Kapitalmarktprodukte verengen. Mögliche Konstellationen sind bedarfsverengende Verpflichtungen oder Anlegerpräferenzen. Die Verengungsmöglichkeiten bestehen aber nicht pauschal. Bedarfsverengende Verpflichtungen müssen sich bspw. nicht breit im Markt wiederfinden, sondern können nur für einzelne Marktteilnehmer vorliegen. Eine Marktverengung kann sich zwar ergeben, wenn nur einzelne Anleger einen verengten Bedarf haben. Der verengte Bedarf muss aber hinreichend sein. Ein wesentliches Zeichen für einen hinreichenden Bedarf ist, dass die Anbieter den verengten Bedarf als eigenständig wahrnehmen. Dann besteht die Möglichkeit, dass sich für die Bedienung des Bedarfs eigene Markt- und Wettbewerbsstrukturen bilden. Maßgebliche Elemente der diesbezüglich erforderlichen Gesamtbetrachtung sind der Umfang und die Dauer des verengten Bedarfs sowie die Zahl der Anleger mit verengtem Bedarf. Eine Mindestzahl ist nicht erforderlich. Gerade wenn nur einzelne Anleger den verengten Bedarf haben und er nur kurz besteht, muss der Umfang entsprechend hoch sein, was bei wenigen Anleger nicht zwingend ist. Die Anlegerpräferenzen können daneben auf Kriterien fußen, die auch der Auswahlentscheidung zwischen funktional identischen Kapitalmarktprodukten dienen. Der verengter Bedarf ist daher genau von der Auswahlentscheidung abzugrenzen. Dafür müssen die Kriterien vom Auswahlkriterium zum bedarfsverengenden Merkmal werden.

Ferner gibt es zweckgebundene Kapitalmarktprodukte. Für zweckspezifisch agierende Anleger sind die verfolgten Zwecke die Grundlage der Marktabgrenzung. Ein Beispiel sind risikoabsichernde Derivate. Sie sind vergleichbar, wenn sie das gleiche Risiko absichern. Unterschiede sind irrelevant, wenn sie nicht auf die Risikoabsicherung wirken. Derivate können daneben spekulativ genutzt werden. Dann sind Derivate zusammenzufassen, die an funktional identische Basiswerte anknüpfen. Eine weitere Trennung ist nicht zwingend. Für spekulativ agierende Anleger sind außerdem das börs- und außerbörsliche Angebot zu trennen. Bei risikoabsichernden Anlegern ist das indes nicht erforderlich, sofern tatsächlich die identischen Risiken abgesichert werden, da für sie nur die Risikoabsicherung relevant ist.

Räumlich sind die Märkte zumindest bundesweit ausgedehnt. Grenzüberschreitende Märkte sind möglich. Für professionelle Anleger sind europäische Märkte börs- wie außerbörslich wohl die Regel. Weitergehende Märkte sind möglich. Für Klein- und Privatanleger sind v.a. die Sprachbarriere, rechtliche Unterschiede oder tatsächliche Besonderheiten wie eine notwendige Anwesenheit vor Ort primäre Hindernisse, die gegen europäische und weitergehende Märkte sprechen können. Generell sind grenzüberschreitende Märkte mit steigender Professionalisierung der Anleger, Organisation und Standardisierung des Handels und sinkender rechtlicher sowie tatsächlicher Unterschiede wahrscheinlicher.

Im Ergebnis können Märkte für Kapitalmarktprodukte groß ausfallen, v.a. im Anlagebereich, in dem im Ausgangspunkt die Märkte sachlich nur in Kapitalmarktproduktgattungen und börs- sowie außerbörsliches Geschäft zu trennen ist. Zur Marktgröße trägt ferner die potentiell grenzüberschreitende räumliche Ausdehnung der Märkte bei. Am Markt für börsengehandelte Unternehmensbeteiligungen zeigt sich diese potentielle Größe der Märkte.

IV. Grundsätze der Anwendung des Kartellverbots

1. Einleitung

Das Kartellverbot in Art. 101 AEUV, § 1 GWB ist auf Märkte für Kapitalmarktprodukte anwendbar. Die Marktteilnehmer genießen wettbewerbliche Freiheit und können Wettbewerbsverhalten abstimmen. Zugleich wirken sich aber die Kapitalmarktorganisation und -struktur rein tatsächlich auf die Anwendung des Kartellverbots aus. Dadurch kann das Kartellverbot in der Anwendung limitiert oder das Ergebnis der kartellrechtlichen Prüfung beeinflusst sein. Die insoweit beeinflussten Anwendungsmöglichkeiten werden zunächst allgemein dargestellt. Im Anschluss daran wird die Spürbarkeit adressiert, die wegen der potentiellen Größe der Märkte eine wesentliche Hürde der Kartellverbotsanwendung ist. Abschließend wird der Einfluss der Kapitalmarktorganisation und -struktur auf die Prüfung des Kartellverbots an den Beispielen Referenzzinsmanipulationen und Emissionskonsortien dargestellt.

2. Allgemeine Grundlagen

a. Anwendungsmöglichkeiten

Ein naheliegender Anwendungsfall sind Preisabsprachen. Anbieter können die Preise für die von ihnen angebotenen Kapitalmarktprodukte absprechen. Ebenso können sich Nachfrager abstimmen, Kapitalmarktprodukte zu einheitlichen Preisen nachzufragen. Anbieter börsengehandelter Aktien eines Unternehmens können sich bspw. abstimmen, sie nur zu hohen Preisen anzubieten. Die Anleger können demgegenüber als Nachfrager vereinbaren, sie nur zu niedrigen Preisen nachzufragen. In beiden Fällen kann das Vorgehen für die sich abstimmenden Parteien von Vorteil sein und ihren möglichen Gewinn steigern.

Art. 101 Abs. 1 lit. a AEUV nennt Preisabsprachen als ein Regelbeispiel. Die Preisabstimmung ist eine für das Kartellverbot hinreichende Abstimmung über eine Vereinbarung oder abgestimmte Verhaltensweise. Für eine Vereinbarung muss man sich einigen, in bestimmter Weise am Markt zu agieren.[201] Die abgestimmte Verhaltensweise fordert bewusst praktische Zusammenarbeit anstelle des mit Risiken verbundenen Wettbewerbs.[202] Für die Abstimmung reicht dabei ein Mindestmaß an Fühlungnahme zwischen den Beteiligten, die das Marktverhalten der anderen Partei beeinflusst oder über eigenes Marktverhalten aufklärt.[203]

---

201 *Bechtold/Bosch*, § 1 GWB Rn 17; Callies/Ruffert/*Weiß*, Art. 101 AEUV Rn 47.

202 EuGH v. 14.07.1972, Rs. 48/69, ECLI:EU:C:1972:70, Rn 64/67 – *„ICI“*; EuGH v. 04.06.2009, Rs. C-8/08, ECLI:EU:2009:343, Rn 26 – *„T-Mobile Netherlands“*.

203 EuGH v. 16.12.1975, verb. Rs. 40–48, 50, 54–56, 111, 113 u. 114/73, ECLI:EU:C:1975:174, Rn 173/174 – *„Suiker Unie“*; EuGH v. 28.05.1998, Rs. C-7/95 P, ECLI:EU:C:1998:256, I-3111, Rn 87 – *„Deere/Kommission“*.

Stimmen Wettbewerber die Preise für Kapitalmarktprodukte ausdrücklich ab, liegt darin eine Absprache.

Ferner beschränkt die Preisabsprache den Wettbewerb. Eine Wettbewerbsbeschränkung liegt vor, wenn die wirtschaftliche Handlungsfreiheit abstimmungsbeteiligter Unternehmen eingeschränkt wird.[204] Der Schutz vor Beschränkungen der wettbewerblichen Handlungsfreiheit ist ein Element des Wettbewerbsschutzes, da bei einer Abstimmung des Marktverhaltens, die zur Einschränkung der wettbewerblichen Freiheit der Beteiligten führt, im Marktprozess keine wettbewerblichen Mittel mehr eingesetzt werden und man sich damit dem Wettbewerbsprozess entzieht.[205] Preisabsprachen limitieren die Preisbildungsfreiheit der Beteiligten als wesentliche wettbewerbliche Freiheit.[206] Das beschränkt den Wettbewerb. Ebenso beschränkt es den Wettbewerb, wenn die Abstimmung die Auswahl- und Betätigungsfreiheit Dritter beeinträchtigt.[207] Eine Preisabsprache limitiert diese Freiheit, da sie dem Markt Preisvarietät nimmt.

Dabei ist zu beachten, dass infolge der Marktabgrenzung eine wettbewerbsbeschränkende Abstimmung nicht nur möglich ist, wenn Anbieter oder Nachfrager des identischen Produkts wie Beteiligungen an Unternehmen A die Preise abstimmen. Die Abstimmung der Preise für unterschiedliche Kapitalmarktprodukte der gleichen Gattung wie börsengehandelte Beteiligungen verschiedener Unternehmen kann ebenso den Wettbewerb beschränken und das Kartellverbot verletzen. Alle börsengehandelten Kapitalmarktprodukte einer Gattung bilden grundsätzlich einen Markt, u.a. Unternehmensbeteiligungen.[208] Dieser Markt ist zumindest bundesweit ausgedehnt.[209] Daher sprechen sich Anbieter an deutschen Börsen gehandelter Beteiligungen unterschiedlicher Unternehmen wettbewerbsbeschränkend ab, wenn sie Preise für die gehandelten Beteiligungen abstimmen. Insoweit ist jedoch auch die noch anzusprechende Spürbarkeit der Wettbewerbsbeschränkung zu beachten.

Nach dem gleichen Muster können Wettbewerber ferner sonstige Modalitäten von Angebot oder Nachfrage wie den Zeitpunkt oder den Umfang von Angebot oder Nachfrage abstimmen. Auch das beschränkt wettbewerbliche Freiheit.

---

204 *Bechtold/Bosch*, § 1 GWB Rn 35; *Bunte*, S. 83 f.; Callies/Ruffert/*Weiß*, Art 101 AEUV Rn 96 ff.; *Emmerich*, § 4 Rn 37; GHN/*Stockenhuber*, Art 101 AEUV Rn 122; IM/*Zimmer*, Bd 2, § 1 GWB Rn 127 ff.; Groeben, von der/Schwarze/*Schröter*/*Voet van Vormizeele*, Art. 101 AEUV Rn 85.

205 Langen/Bunte/*Krauß*, Bd 1, § 1 GWB Rn 125.

206 GHN/*Stockenhuber*, Art. 101 AEUV Rn 178; Groeben, von der/Schwarze/*Schröter*/*Voet van Vormizeele*, Art. 101 AEUV Rn 134.

207 *Bechtold*/*Bosch*/*Brinker*, Art. 101 AEUV, Rn 76; Callies/Ruffert/*Weiß*, Art 101 AEUV Rn 83; IM/*Emmerich*, Bd 1, Art. 101 Abs. 1 AEUV Rn 116 ff.; von der Groeben/Schwarze/*Schröter*/*Voet van Vormizeele*, Art. 101 AEUV Rn 85.

208 Vgl. dazu Abschnitt B. III. 2. dieser Arbeit.

209 Vgl. dazu Abschnitt B. III. 3. dieser Arbeit.

Die Kapitalmarktorganisation und -struktur kann die grundsätzlichen Anwendungsmöglichkeiten praktisch limitieren. Ein steigender Organisationsgrad eines Marktes kann kartellverbotswidriges Verhalten erschweren und in der Folge die Kartellverbotsanwendung einschränken. Das zeigen Kundenaufteilungen. Wettbewerber können vereinbaren, nur noch unterschiedliche Kundengruppen zu bedienen. Das unterfällt als Marktaufteilung dem Kartellverbot als in Art. 101 Abs. 2 lit. c AEUV erwähntes Regelbeispiel.[210] Indem Anbieter nicht gegenüber den Kundengruppen auftreten, die der Absprache nach einem anderen Wettbewerber zugeordnet sind, beschränken sie ihre eigene wirtschaftliche Handlungsfreiheit und damit den Wettbewerb.

Solche Kundenaufteilungen sind am Kapitalmarkt möglich, indem die Anbieter von Kapitalmarktprodukten Anlegergruppen aufteilen. Im Börsenhandel ist dies jedoch allenfalls eingeschränkt möglich. So werden an der Börse Kauf- oder Verkaufsorder für Kapitalmarktprodukte eingestellt und von der Börse automatisch zusammengeführt, sofern die Konditionen, insb. die Preise, übereinstimmen.[211] Der Anbieter hat insoweit keinen Einfluss darauf, an wen er veräußert, da die Börse Angebot und Nachfrage automatisch zusammenführt. Daher können bspw. Anbieter nicht nur bestimmte Anlegergruppen adressieren. Sie bieten die Beteiligungen allen Anlegern auf der Marktgegenseite an. Das ist die zentrale Funktion des Marktplatzes Börse. Angebot und Nachfrage für ein Kapitalmarktprodukt wie Aktien eines Unternehmens werden zusammengeführt, wenn sie übereistimmen. Ein Angebot wird im automatischen Handel nicht nur für bestimmte Anlegergruppen eingestellt. Die Organisation des Börsenhandels erschwert somit die Kundenaufteilung. Um Anlegergruppen gezielt adressieren zu können, muss der Anbieter Einfluss auf deren Auswahl als Erwerber haben. Das ist denkbar, wenn man mit der Anlegergruppe außerbörslich Geschäfte abschließt, die man dann über die Börse abwickelt. Das entspricht jedoch nicht der Marktrealität. Wegen der Marktplatzfunktion der Börse fragen die Anleger nicht individuell bei Anbietern nach, sondern zentral an der Börse. Mithin limitiert die Börsenorganisation praktisch kartellverbotswidriges Verhalten, auch wenn es nicht generell unmöglich werden muss.

Im nichtorganisierten außerbörslichen Handel werden Angebot und Nachfrage hingegen nicht automatisch zusammengeführt. Die Kapitalmarktteilnehmer schließen Geschäfte individuell und können frei entscheiden, mit wem sie diese Geschäfte abschließen. Die Anbieter können daher gezielt nur mit bestimmten Anlegergruppen Geschäfte abschließen. Folglich können sie die Anlegergruppen aufteilen und kartellverbotswidrig den Wettbewerb beschränken.

---

210 *Bechtold/Bosch/Brinker*, Art. 101 AEUV Rn 94; Callies/Ruffert/*Weiß*, Art. 101 AEUV Rn 141; von der Groeben/Schwarze/*Schröter*/*Voet van Vormizeele*, Art. 101 AEUV Rn 161; IM/*Zimmer*, Bd 1, Art. 101 Abs. 1 AEUV Rn 244.

211 SBL/*Seiler*/*Kniehase*, Vor § 104 Rn 23.

Ein weiteres Beispiel für den tatsächlichen Einfluss der Kapitalmarktorganisation und -struktur auf die Anwendung des Kartellverbots ist die geographische Marktaufteilung. Das meint, dass Wettbewerber vereinbaren, nur räumlich getrennt Nachfrage zu bedienen. Ein Beispiel ist die Aufteilung eines einheitlichen deutschen Markts durch Anbieter in Teilregionen, in denen je nur einer der abstimmungsbeteiligten Anbieter tätig sein soll. Die geographische Marktaufteilung unterfällt als Marktaufteilung nach Art. 101 Abs. 1 lit. c AEUV dem Kartellverbot.[212] Wie bei Kundenaufteilungen beschränken die Anbieter ihre eigene wettbewerbliche Handlungsfreiheit, indem sie nicht in Regionen tätig sind, die anderen abstimmungsbeteiligten Anbietern zugewiesen sind, obgleich es ihnen möglich wäre, Nachfrage aus diesen Regionen zu bedienen.

Eine geographische Marktaufteilung wird im Börsenhandel wie die Kundenaufteilung durch die Kapitalmarktorganisation und -struktur limitiert. So können Anbieter an der gleichen Börse gehandelter Aktien nicht vereinbaren, Nachfrage aus unterschiedlichen Regionen zu bedienen, wenn sie das Angebot an der Börse einstellen. Das Angebot kann nicht mit der Bedingung versehen werden, dass es nur für Anleger einer bestimmten Region gilt. An der Börse treffen Angebot und Nachfrage unabhängig vom geographischen Ursprung aufeinander. Dazu dient die Börse. Soweit die Börse nur Angebot und Nachfrage als Handelsplatz zusammenführt, haben die Anbieter keinen Einfluss auf die Wahl des Anlegers, mit dem sie das Geschäft abschließen. Sie können nicht nur die Nachfrage aus einer bestimmten Region bedienen und den Markt in der Folge nicht räumlich teilen, wenn die Börse Angebot und Nachfrage automatisch zusammenführt. Die Kapitalmarktorganisation und -struktur kann somit der räumlichen Marktaufteilung an Börsen entgegenstehen. Wie bei Kundenaufteilungen erfordert die Marktaufteilung einen individuellen Einfluss auf die Wahl des Anlegers, an den man die Kapitalmarktprodukte veräußert, den man erlangen kann, wenn man das Geschäft außerbörslich vereinbaren und über die Börse abwickeln kann. Dem steht wie bei Kundenaufteilungen faktisch die Rolle der Börse als Angebot und Nachfrage zusammenführender Marktplatz entgegen, die eine außerbörsliche individuelle Geschäftsvereinbarung gerade überflüssig machen soll.

Außerbörslich ist eine geographische Marktaufteilung wie die Kundenaufteilung möglich. Anbieter schließen mit Anlegern individuell Geschäfte. Sie können die Geschäftstätigkeit auf bestimmte Regionen beschränken. Diese Möglichkeit ist nicht durch die grundsätzlich bundesweiten Märkte gesperrt. Auch ein einheitlicher räumlichen Markt kann geteilt werden. Die Anbieter müssen dafür vereinbaren, nur Nachfrage aus unterschiedlichen Regionen zu bedienen. Dann trennen sie den einheitlichen Markt auf. Das beschränkt die eigene wettbewerbliche Handlungsfreiheit und die Auswahlmöglichkeiten der Marktgegenseite.

---

212 *Bechtold/Bosch/Brinker*, Art. 101 AEUV Rn 97; Callies/Ruffert/*Weiß*, Art. 101 AEUV Rn 141; GHN/*Stockenhuber*, Art. 101 AEUV Rn 191; von der Groeben/Schwarze/*Schröter/Voet van Vormizeele*, Art. 101 AEUV Rn 161.

Im Ergebnis findet das Kartellverbot auf Märkte für Kapitalmarktprodukte Anwendung. Die Kapitalmarktteilnehmer genießen wettbewerbliche Freiheit. Diese und den Wettbewerb können sie über Abstimmungen beschränken. Kapitalmarktorganisation und -struktur kann die Anwendung tatsächlich erschweren, v.a. wenn der Organisationsgrad des Handels steigt. Einschränkungen ergeben sich daher insbesondere im Börsenhandel. Sie schließen das Kartellverbot aber nicht generell von der Anwendung aus. Beispiele sind erwähnte Markt- und Kundenaufteilungen. Sie erfordern einen Einfluss auf die Gegenpartei, den man im automatischen Börsenhandel nicht haben muss. Es wären zusätzliche Vereinbarungen erforderlich, deren praktischer Umsetzung der automatische Börsenhandel nicht entgegenstehen darf. Ihre Umsetzbarkeit ist zumindest fraglich, da sie der Funktion der Börse als Marktplatz zuwiderlaufen. Anbieter und Nachfrager schließen Geschäfte nicht individuell, sondern durch Einstellen von Angebot und Nachfrage zentral und für jedermann an der Börse, die Angebot und Nachfrage automatisch zusammenführt. Es ist unwahrscheinlich, Vereinbarungen wie Kunden- oder Marktaufteilungen an der Börse umsetzen zu können. Auf der anderen Seite schränkt die Kapitalmarktorganisation und -struktur nicht jedes potentiell kartellverbotswidrige Verhalten ein, wie Preisabsprachen zeigen. Diese sind auch börslich möglich. Im nichtorganisierten außerbörslichen Handel sind Abstimmungen grundsätzlich uneingeschränkt möglich.

Abschließend bleibt anzumerken, dass sich pauschale Antworten verbieten. Vielmehr ist eine Betrachtung im Einzelfall erforderlich. Im Mittelpunkt steht dabei die Frage, ob den Akteuren ein hinreichender Verhaltensspielraum eröffnet ist, um sich als Wettbewerber über das Marktverhalten abstimmen zu können. Ein steigender Organisationsgrad des Handels spricht dafür, dass ebendieser Verhaltensspielraums nicht besteht oder verkleinert ist. Insoweit wirkt die Kapitalmarktorganisation und -struktur in das Kartellverbot hinein. Kartelle sind in der Folge schwieriger zu bilden, aber nicht ausgeschlossen.

b. Spürbarkeit als grundsätzliche Hürde

aa. Grundlagen

Die Anwendung des Kartellverbots auf Märkte für Kapitalmarktprodukte scheitert nicht an den Anwendungsmöglichkeiten. Es ist eine andere Hürde zu beachten: die Spürbarkeit der Wettbewerbsbeschränkung. Sie ist ein ungeschriebenes Tatbestandsmerkmal des Kartellverbots.[213] Eine wettbewerbsbeschränkende Abstimmung allein reicht nicht für den Verstoß gegen das Kartellverbot. Die Wettbewerbsbeschränkung muss auch spürbar sein. Laut EuGH ist sie das

---

213 *Bechtold/Bosch/Brinker*, Art. 101 AEUV Rn 103; *Bechtold/Bosch*, § 1 GWB Rn 42; Callies/Ruffert/*Weiß*, Art. 101 Rn 85; *Emmerich*, § 4 Rn 42; GHN/*Stockenhuber*, Art. 101 AEUV Rn 217; IM/*Emmerich*, Bd 1, Art. 101 Abs. 1 AEUV, Rn 142; IM/*Zimmer*, Bd 2, § 1 GWB Rn 139; Langen/Bunte/*Krauß*, Bd 1, § 1 GWB Rn 122.

nicht, wenn sie den Markt wegen der schwachen Stellung der Beteiligten auf dem Markt der fraglichen Erzeugnisse nur geringfügig beeinträchtigt.[214] Die Wettbewerbsbeschränkung muss somit merklich am Markt und auf Dritte sowie deren Handlungsmöglichkeiten im Wettbewerb wirken.[215] Die Spürbarkeit wird primär anhand der Marktanteile der Abstimmungsbeteiligten bestimmt.[216] Die Europäische Kommission fordert in Ziffer 8 lit. a der *De-miminis*-Bekanntmachung[217] bei einer Abstimmung von Wettbewerbern 10 % Marktanteil am betroffenen Markt. Der EuGH hat schon 5 % reichen lassen.[218] Es reichen also vergleichsweise geringe Marktanteile. Selbst diese sind aber an Märkten für Kapitalmarktprodukte wegen der potentiellen Marktgröße nicht zwingend.

Um die Spürbarkeit prüfen zu können, ist zunächst zu klären, wie Marktanteile an Märkten für Kapitalmarktprodukte zu bestimmen sind. Der Marktanteil wird aus dem Wert- oder Mengenanteil der Beteiligten am Gesamtumfang des Marktes errechnet.[219] Bei begrenzt verfügbaren Kapitalmarktprodukten wie börsengehandelten Unternehmensbeteiligungen, deren Anzahl im Handel nur durch Emission erhöht werden kann, kann man am Angebotsmarkt auf den Mengenanteil am Gesamtvolumen des Angebots am Markt abstellen. Dabei ist zu beachten, dass bei Produkten, die in der Anzahl nur begrenzt verfügbar sind, die Gesamtzahl der existierenden und theoretisch für den Börsenhandel verfügbaren Produkte nicht zwingend mit dem Gesamtumfang des Angebots korrespondieren muss. So können Halter des Produkts, bspw. börsengehandelter Beteiligungen eines Unternehmens, als Anbieter ausscheiden und aus dem Angebot herauszurechnen sein, wenn sie das Produkt nur halten und auch nicht potentiell als Anbieter in Frage kommen. Sie dürfen die Veräußerung generell nicht in Betracht ziehen. Daher muss auf Anbieterseite bei in der Zahl begrenzt verfügbaren Produkten der Marktanteil nicht dem Anteil am Gesamtvolumen des Produkts entsprechen, wenn man den Mengenanteil am Angebot als Grundlage nimmt. Halten manche Akteure die Beteiligungen nur und kommt für sie kein Angebot der Beteiligungen in Frage, sind die von ihnen gehaltenen Produkte aus dem Volumen des Angebotsmarkts herauszurechnen. Ferner dürfen Marktanteile nicht auf Basis kurzzeitiger

---

214 EuGH v. 09.07.1969, Rs. 5/69, ECLI:EU:C:1969:35, Rn 7 – *„Völk/Vervaecke"*.

215 *Emmerich*, § 4 Rn 42.

216 *Bechtold/Bosch/Brinker*, Art. 101 AEUV Rn 105 ff.; Callies/Ruffert/*Weiß*, Art. 101 AEUV Rn 85; *Emmerich*, § 4 Rn 45; IM/*Zimmer*, Bd 2, § 1 GWB Rn 140.

217 Europäische Kommission, Mitteilung der Kommission, Bekanntmachung über Vereinbarungen von geringer Bedeutung, die im Sinne des Artikels 101 Absatz 1 des Vertrags über die Arbeitsweise der Europäischen Union den Wettbewerb nicht spürbar beschränken (De-minimis-Bekanntmachung), 2014/C 291/01, ABl. 2014 C 291/1.

218 EuGH v. 25.10.1983, Rs. 107/82, ECLI:EU:C:1983:293, Rn 58 – *„AEG/Kommission"*.

219 Zum Missbrauchsverbot: *Emmerich*, § 27 Rn 43; IM/*Fuchs*/*Möschel*, Bd 2, § 18 GWB Rn 104; IM/*Fuchs*/*Möschel*, Bd 2, Art. 102 AEUV Rn 94; LMR/*Huttenlauch*/*Lübbig*, Art. 102 AEUV Rn 128; Langen/Bunte/*Bulst*, Bd 2, Art. 102 AEUV Rn 50; LMR/*Kühnen*, § 18 GWB Rn 77.

Fluktuationen, welche die Marktverhältnisse nicht spiegeln, bestimmt werden. Wie zur Marktverengung dargestellt, ist der Kapitalmarkthandel v.a. an Börsen grundsätzlich reaktionsschnell, sodass man an die Verfestigung der Anteile keine hohen Anforderungen stellen sollte.

bb. Grundsatz: Große Märkte und kleine Marktanteile

Wendet man sich den Märkten für Kapitalmarktprodukte zu, wird ersichtlich, dass deren potentielle Größe eine Hürde ist, an der für die Spürbarkeit ausreichende Marktanteile und damit das Kartellverbot scheitern können. Grundsätzlich umfassen sachliche Märkte im Anlagebereich in börs- und außerbörsliches Geschäft getrennt Kapitalmarktprodukte, die funktional identische Anlage bieten.[220] Räumliche Märkte sind zumindest bundesweit ausgedehnt, können aber, v.a. börslich, Grenzen überschreiten.[221]

Märkte für Kapitalmarktprodukte können also groß sein. So besteht ein zumindest bundesweiter Markt für börsengehandelte Unternehmensbeteiligungen. Auf solch großen Märkten ist nicht nur möglich, dass die Abstimmungsbeteiligten keine für die Spürbarkeit hinreichenden Marktanteile haben. Realistisch betrachtet sind ausreichende Marktanteile unwahrscheinlich. Stimmen Anbieter börsengehandelter Beteiligungen eines Unternehmens oder verschiedener Unternehmen Preise für die Beteiligungen ab, haben sie auf dem zumindest bundesweiten Markt für börsengehandelte Unternehmensbeteiligungen regelmäßig keinen Marktanteil, der für die Spürbarkeit reicht, sofern sich nicht eine Vielzahl von Anbietern beteiligt oder wenige Anbieter, was unwahrscheinlich ist, einen hinreichenden Anteil am Gesamtangebot des Markts vereinen. Selbst ein Marktanteil von 5 % ist auf volumenstarken Gattungsmärkten schwer erreichbar. Das gilt v.a. an Börsen, die als Marktplatz viele Parteien und Produkte zusammenführen und durch Standardisierung breite Gattungsmärkte ermöglichen. Ebenso sind im Börsenhandel grenzüberschreiten Märkte nicht ausgeschlossen.

Nicht nur auf Angebotsmärkten sind hohe Marktanteile auf den Gattungsmärkten unwahrscheinlich, auch auf Nachfrageseite. Am Nachfragemarkt sind grundsätzlich alle Anleger tätig, welche die Produkte einer Kapitalmarktproduktgattung nachfragen, bspw. börsengehandelte Unternehmensbeteiligungen, und das zumindest bundesweit. Auch dieser Markt kann zu groß ausfallen, um für die Spürbarkeit hinreichende Marktanteile zu ermöglichen. Das gilt wiederum v.a. für den Börsenhandel. Die Börse stellt den Marktplatz, der jedem Anleger offensteht. Erweitert sich der Markt räumlich über Staatsgrenzen hinaus, was im Börsenhandel nicht ausgeschlossen ist, potenziert sich die Größe.

---

220 Vgl. dazu Abschnitt B. III. 2. a. dieser Arbeit.

221 Vgl. dazu Abschnitt B. III. 3. dieser Arbeit.

cc. *Grundsätzliche Notwendigkeit der Marktverengung*

Daraus folgt nicht automatisch, dass Marktanteile generell zu klein ausfallen für eine Spürbarkeit und in der Folge das Kartellverbot an Märkten für Kapitalmarktprodukte an der fehlenden Spürbarkeit scheitert. Für die Spürbarkeit hinreichende Marktanteile sind wahrscheinlicher, wenn der Markt kleiner wird, v.a. kleiner als der Gesamtmarkt für börsengehandelte Unternehmensbeteiligungen. Das ist nicht ausgeschlossen.

Zunächst ist zu prüfen, ob eine generell kleine und volumenschwache Kapitalmarktproduktgattung vorliegt, die aus Anlegersicht ein von dritten Kapitalmarktprodukten funktional verschiedenes wirtschaftliches Engagement ist. Ferner sind die in den Grundsätzen zur Marktabgrenzung angesprochenen Möglichkeiten einer Aufteilung der Gattungsmärkte zu beachten.[222] So können sich bspw. in Grenzen eigene Märkte für Hochrisikoanlagen, hochpreisige Anlagen oder Anlegergruppen bilden. Insoweit ist zu beachten, dass dies für Hochrisikoanlagen oder hochpreisige Anlagen nur in Grenzen möglich ist, da die Anleger Risiken und Preise primär als Kriterien der Abwägungsentscheidung zwischen funktional identischer Anlage ansehen und daher allenfalls sehr hohe Preise oder Risiken zur Abgrenzung eines eigenen Markts von insoweit konservativerer Anlage führen können. Des Weiteren ist zu beachten, dass hochpreisige oder mit hohem Risiko behaftete Kapitalmarktprodukte oft professionelle Anleger ansprechen. Für diese sind Märkte im Grundsatz grenzüberschreitend.[223] Das relativiert die sachliche Enge und erhöht die Marktvolumina und Teilnehmerzahl auf Angebots- und Nachfrageseite, was gegen hohe Marktanteile des einzelnen Marktteilnehmers spricht. Sachlich engere Märkte sind u.a. bei bestimmten Zwecken dienenden Kapitalmarktprodukten wie risikoabsichernden Derivate denkbar. Auch hier sind die Marktvolumina und die potentielle Marktausdehnung zu beachten. Insbesondere wenn Derivate individuell abgeschlossen und nicht in begrenzter Stückzahl gehandelt sind, kann es viele Anbieter geben. Außerbörslich ist ebenso nicht ausgeschlossen, dass die Kapitalmarktproduktgattungen wegen der spezifischen Anlage- und Risikostruktur, v.a. infolge einer schlechteren Handelbarkeit und fehlender Marktplätze, aus Anlegersicht sachlich weiter getrennt werden können. So ist es für Unternehmensbeteiligungen nicht ausgeschlossen, sie außerbörslich in Branchen zu trennen, da die Anleger nur zu bestimmten Branchen Kenntnisse haben, die sie für die Einschätzung der Anlage und des Risikos als erforderlich erachten, oder nur für bestimmte Branchen Affinitäten bestehen, die wegen eines individuelleren und langfristigeren Charakters der Anlage aus Anlegersicht erforderlich sind, um die Beteiligung in Betracht zu ziehen. Im Börsenhandel sind solche Unterteilungen wegen der Fixierung auf den Handel sowie des einfachen Handels, der Standardisierung und der Organisation unwahrscheinlich.[224] Ebenso begünstigen Standardisierung,

---

222 Vgl. dazu Abschnitt B. III. 2. a dd. dieser Arbeit.
223 Vgl. dazu Abschnitt B. III. 3. dieser Arbeit.
224 Vgl. dazu Abschnitt B. III. 2. a. dd. sowie B. III. 2. a. d. bb. (2). dieser Arbeit.

Organisation und Marktplatzfunktion des Börsenhandels ferner grenzüberschreitende Märkte sowie hohe Teilnehmerzahlen und Marktvolumina. Sachliche Enge ist daher kein Garant für kleine Märkte, hohe Marktanteile und damit die Spürbarkeit.

Für Spürbarkeit ausreichende Marktanteile sind vor dem Hintergrund dessen am wahrscheinlichsten, wenn sich der Markt auf ein Kapitalmarktprodukt wie Beteiligungen an einem Unternehmen verengt. Vor allem bei Kapitalmarktprodukten, die wie Unternehmensbeteiligungen nur in begrenzter Stückzahl verfügbar sind, sind dann auf der Anbieterseite ausreichende Marktanteile nicht auszuschließen. Anteile von 5–10 %, die für die Annahme der Spürbarkeit reichen können, sind bei einer Verengung des Angebotsmarkts auf ein Kapitalmarktprodukt möglich, v.a. wenn man diejenigen, die das Produkt nur halten und objektiv nicht anbieten, aus dem Marktvolumen herausrechnet. Beruht die Marktverengung auf einer Anlegerpräferenz, die sich breit im Markt findet, ist es denkbar, dass die Erwerber das Produkt nicht direkt wieder anbieten, sondern zunächst halten, weil mit der Anlegepräferenz eine Begehrlichkeit verbunden ist, die sie von einer Veräußerung abhält. Sie können als Anbieter am Markt ausscheiden. Der ausbleibende Auftritt eines Erwerbers als Anbieter nach dem Erwerb ist ferner bei einer bedarfsverengenden Verpflichtung des Erwerbers möglich. Er erwirbt das Kapitalmarktprodukt am Markt, um damit eine Verpflichtung gegenüber einem Dritten als Vertragspartner zu erfüllen. Folglich wird er das Produkt nach dem Erwerb nicht am Markt anbieten, sondern zur Erfüllung der Verpflichtung nutzen. Andererseits ist nicht auszuschließen, dass der Dritte das Produkt am Markt anbietet. Wie zur Marktverengung dargestellt, dürfen daher bedarfsverengende Verpflichtungen nicht als pauschale Möglichkeit der Marktverengung verstanden werden.[225] Ferner ist zu beachten, dass mit der Verengung des Angebotsmarkts durch einen verengten Anlegerbedarf nicht automatisch eine Verengung des Nachfragemarkts einhergeht. Die Verengung auf ein Kapitalmarktprodukt erfordert außerdem regelmäßig eine erhöhte Nachfrage, bspw. durch eine am Markt breit bestehenden Anlegerpräferenzen. Auch dies spricht gegen hohe Anteile des einzelnen Nachfragers am Nachfragemarkt.

dd. Zwischenfazit

Sieht man im Marktanteil das wesentliche Kriterium für die Spürbarkeit, können sie und der Verstoß gegen das Kartellverbot an der Marktgröße scheitern. Die im Anlagebereich grundsätzlich in Gattungen sowie börs- und außerbörsliches Geschäft getrennten Märkte sind v.a. an Börsen, die durch Standardisierung, Organisation, grenzüberschreitende Märkte und die Marktplatzfunktion hohe Teilnehmer- und Produktzahlen sowie -volumina begünstigen, in der Regel zu groß. An großen Gesamtmärkten, bspw. für börsengehandelte Unternehmensbeteiligungen,

225 Vgl. zu diesen Verpflichtungen Abschnitt B. III. e. bb. dieser Arbeit.

sind hinreichende Marktanteile faktisch ausgeschlossen. Hinreichende Marktanteile erfordern kleinere Märkte, die sich ergeben, wenn sich enge Kapitalmarktproduktgattungen abgrenzen oder die Gattungsmärkte weiter verengen lassen. Im Börsenhandel ist dies aufgrund der Standardisierung der Produkte und der Fixierung auf den Handel nur in Grenzen möglich. Außerdem ist die räumliche Marktausdehnung zu beachten. Außerbörslich können Märkte eher über Gattungen hinaus getrennt werden. Außerdem begünstigen die fehlende Standardisierung, Organisation und Marktplatzfunktion der Börse kleine Märkte. Für zweckgebundene Produkte sind sachlich engere Märkte gegeben. Es sind aber die Marktteilnehmerzahl und -liquidität zu beachten. Am wahrscheinlichsten sind hinreichende Marktanteile einer Marktverengung auf ein Kapitalmarktprodukt. Das gilt primär am Angebotsmarkt, da am Nachfragemarkt wegen der Verengung viele Marktteilnehmer aktiv sein können.

ee. *Dritte Faktoren neben dem Marktanteil*

Die Marktanteilsschwellen sind kein starres Konstrukt der Spürbarkeitsbestimmung. Daneben sind qualitative Merkmale einzubeziehen.[226] Der EuGH hat bspw. wegen einer starken Marktstellung der Produkte von Kartellbeteiligten an einem durch viele Anbieter und Produkte geprägten Markt trotz eines Marktanteils von unter 5 % die Spürbarkeit bejaht.[227] In dieser Form können dritte Faktoren auch an Märkten für Kapitalmarktprodukte relevant sein.

So können Beteiligungen an Unternehmen, die angesehen oder innovativ sind, primär nachgefragt werden, da die Anleger damit eine höhere Rendite verbinden oder Begehrlichkeiten entwickeln. Führt dies nicht zur Marktverengung, kann sich eine Marktstellung der betreffenden Beteiligungen ergeben, die auf deren Anbieter durchwirken kann. Darüber hinaus spielen dritte Faktoren an Börsen jedoch keine überragende Rolle. Alle Anbieter und Nachfrager stehen sich am Marktplatz Börse gegenüber, der Angebot und Nachfrage automatisch zusammenführt. Eine besondere nicht durch den Marktanteil indizierte Stellung eines Anbieters oder Nachfragers ist infolge dieses automatischen Zusammenführens unwahrscheinlich. Deutlich wird die fehlende Relevanz dritter Faktoren bei einer Marktverengung auf ein Kapitalmarktprodukt. Das am Markt angebotene und nachgefragte Produkt ist wegen der Verengung absolut identisch. Qualitative Unterschiede bestehen somit in dieser Situation weder in Bezug auf den Anbieter noch auf das Produkt. Es ergeben sich daher keine Faktoren, die trotz eines geringen Marktanteils Spürbarkeit indizieren. Außerbörslich können Anbieter wegen der fehlenden Handelsplätze

---

226 GHN/*Stockenhuber*, Art. 101 AEUV Rn 223; IM/*Emmerich*, Bd 1, Art. 101 Abs. 1 AEUV Rn 145 ff.

227 EuGH v. 07.06.1983, verb. Rs. 100 - 103/80, ECLI:EU:C:1983:158, Rn 82 ff. – „*Musique Diffusion Francaise/Kommission*".

und des individuellen Geschäfts insoweit eher eine besondere Marktstellung über solche dritte Faktoren erlangen.

Abschließend ist der Blick der praktischen Rechtsanwendung zuzuwenden. Insoweit ist anzumerken, dass geringe Marktanteile auf Grundlage von Behördenpraxis und Rechtsprechung nicht gegen die Spürbarkeit sprechen müssen. So vermutet die Europäische Kommission die Spürbarkeit, wenn die Wettbewerbsbeschränkung bezweckt ist.[228] Auch der EuGH bejaht sie unabhängig von den konkreten Auswirkungen, wenn die Wettbewerbsbeschränkung bezweckt ist, da bestimmte Formen der Kollusion ihrer Natur nach als schädlich für das gute Funktionieren des Wettbewerbs angesehen würden.[229] Demnach wären große Märkte und potentiell geringe Marktanteile keine Hürde des Kartellverbots, wenn die Wettbewerbsbeschränkung bezweckt ist. Für das Ergebnis spricht, dass die Spürbarkeit keine geschriebene Voraussetzung des Kartellverbots ist, sondern als ungeschriebene Einschränkung sicherstellt, dass sich die Abstimmung tatsächlich im Wettbewerb auswirkt. Attestiert man bezweckten Wettbewerbsbeschränkungen das generell, ist die Spürbarkeit obsolet.

Auch wenn die Irrelevanz der Spürbarkeitsprüfung insoweit begründbar ist und der Anwendungspraxis entspricht, bleibt die Frage, ob die Spürbarkeit damit nicht missverstanden ist. Nimmt man sie als Voraussetzung des Kartellverbots ernst, kann man sie auch in diesen Fällen nicht pauschal annehmen. Über die Spürbarkeitsprüfung sollen die Fälle vom Kartellverbot ausgenommen werden, die sich nicht im Wettbewerb auswirken. Sind die Marktanteile der Abstimmungsbeteiligten verschwindend gering, wirkt eine Abstimmung sich nicht im Wettbewerb aus. Vereinbaren Anbieter, die Aktien eines Unternehmens verschwindend gering bezogen auf das Gesamtangebot am Markt für Unternehmensbeteiligungen anbieten, diese zum identischen Preis anzubieten, ist das als Preisabsprache eine bezweckte Wettbewerbsbeschränkung. Die Spürbarkeit wäre zu vermuten. Wegen des geringen Marktanteils der Beteiligten wirkt die Abstimmung faktisch aber nicht im Wettbewerb. Versteht man die Spürbarkeit als eine Erheblichkeitsschwelle, wäre sie zu verneinen. Die Ablehnung der Spürbarkeit wäre Ergebnis einer einheitlichen Anwendung des Kartellverbots. Gleichwohl bleibt für die Anwendungspraxis, insbesondere den EuGH das starke Wortlautargument, da die Spürbarkeit eine ungeschriebene Voraussetzung ist.

228 Europäische Kommission, Bekanntmachung über Vereinbarungen von geringer Bedeutung, die im Sinne des Art. 101 Absatz 1 des Vertrags über die Arbeitsweise der Europäischen Union den Wettbewerb nicht spürbar beschränken (De-minimis-Bekanntmachung), ABl. 2014 C 291/1, Ziffer 13.

229 EuGH v. 13.12.2012, Rs. C-266/11, ECLI:EU:C:2012:795, Rn 36 f. – „*Expedia*".

c. *Zusammenfassung*

Es gibt für das Kartellverbot Anwendungsmöglichkeiten an Märkten für Kapitalmarktprodukte. Zugleich ist zu beachten, dass die Kapitalmarktorganisation und -struktur mit steigendem Organisationsgrad kartellverbotswidriges Verhalten erschweren kann. Das limitiert den Anwendungsradius, v.a. an Börsen. Außerbörslich ist eine Limitierung unwahrscheinlicher, da und sofern eine den Börsen entsprechende Organisation des Marktgeschehens fehlt.

Eine wesentliche Hürde des Kartellverbots ist wegen der Größe der Märkte für Kapitalmarktprodukte die Spürbarkeit der Wettbewerbsbeschränkung. Sie hängt primär vom Marktanteil ab. Im Anlagebereich sind die nur in börs- und außerbörsliches Geschäft getrennten Märkte für Kapitalmarktproduktgattungen in der Regel zu groß für hinreichende Marktanteile. Das gilt wegen der Standardisierung und Organisation, Marktplatzfunktion sowie räumlicher Ausdehnung v.a. an Börsen. Ausnahmen sind denkbar, bspw. für Kapitalmarktproduktgattungen mit geringem Marktvolumen.

Im Grundsatz müssen sich Märkte weiter verengen, damit für die Spürbarkeit hinreichende Marktanteile wahrscheinlich sind. Das ist möglich. So sind bspw. auf Hochrisikoanlage oder teure Anlage verengte Märkte denkbar. Da sich die Produkte oft an professionelle Anleger richten, sind große räumliche Märkte möglich, die gegen hohe Marktanteile sprechen können. Außerbörslich sind engere Märkte möglich. Gleiches gilt für zweckgebundene Produkte. Hier sind aber Marktteilnehmerzahlen, Marktliquidität, räumliche Ausdehnung und Börsenwirkungen limitierend zu beachten. Am wahrscheinlichsten sind ausreichende Marktanteile, wenn sich der Markt auf ein Kapitalmarktprodukt verengt.

In der Praxis ist die Spürbarkeit als Hürde jedoch dadurch relativiert, dass u.a. der EuGH sie unabhängig von den Auswirkungen und Marktanteilen annimmt, wenn die Wettbewerbsbeschränkung bezweckt ist. Danach sprechen geringe Marktanteile bei einer bezweckten Wettbewerbsbeschränkung nicht gegen die Spürbarkeit.

Nachfolgend wird an zwei Beispielen dargestellt, dass die Kapitalmarktorganisation und -struktur nicht nur tatsächlich das Kartellverbot limitieren können, sondern direkt in der Prüfung des Kartellverbots zu berücksichtigen sind.

3. Beispiel: Referenzzinsmanipulation

a. *Einführung*

Es bietet sich das Beispiel der Referenzzinsmanipulation zur Darstellung der Einflüsse der Kapitalmarktorganisation und -struktur auf das Kartellverbot an. Die Referenzzinsmanipulation beschränkt nicht automatisch den Wettbewerb. Dies folgt aus der spezifischen Referenzzinsbestimmung und -nutzung als Besonderheiten der Kapitalmarktorganisation und -struktur.

Ein Referenzzins ist ein Mittelwert aus Zinssätzen, die Banken regelmäßig an eine berechnende Stelle übermitteln.[230] Der Referenzzins hat eine repräsentative Funktion mit Blick auf die Bedingungen am Referenzmarkt und andere Zinssätze in Finanzgeschäften richten sich nach ihm,[231] bspw. in Zinsderivaten. Auch Darlehen können an Referenzzinssätze gebunden sein. So kann sich ein Darlehenszins aus dem Referenzzins plus eines Aufschlags zusammensetzen.[232]

Die Manipulation von Referenzzinssätzen meint nun, dass die an der Referenzzinsbestimmung Beteiligten die Werte, die sie zur Referenzzinsbestimmung melden, absprechen und den Referenzzins dadurch steuern. Die Europäische Kommission hat solche Manipulationen kartellrechtlich geahndet.[233] Sie nahm eine Kollusion von Wettbewerbern auf Zinsderivatmärkten an.[234] Banken hätten eine Preisfestlegungskomponente für Zinsderivate beeinflusst und die Handels- und Preisstrategien für Zinsderivate sowie zur Zinsbestimmung gemeldete Werte ausgetauscht.[235] Sie sollen abgestimmt Werte zur Referenzzinsbestimmung gemeldet haben, die den Zins am Referenzmarkt nicht spiegeln.[236]

Um nun prüfen zu können, ob die abgestimmte Referenzzinssteuerung das Kartellverbot verletzt, ist ein Verständnis der Referenzzinsbestimmung erforderlich, die nachfolgend an LIBOR und EURIBOR dargestellt sei:

Der LIBOR[237] spiegelt den Zins, zu dem sich Banken am Londoner Interbankenmarkt für bestimmte Laufzeit und in bestimmter Höhe Geld gegenseitig leihen.[238] Er wird täglich für mehrere Laufzeiten und Währungen bestimmt.[239] Hierzu melden bestimmte Banken, zu welchem Zins sie sich Geld am Interbankenmarkt leihen könnten.[240] Das Mittel aus den gemeldeten Werten ist der Referenzzins, wobei ein Teil der höchsten und niedrigsten Meldungen nicht in dessen Bestimmung

---

230 Europäische Kommission, Pressemitteilung vom 04.12.2013, IP/13/1208, S. 1.

231 *Bächstädt/Pietrzak*, KRP 5/2012, 19, 19.

232 *Bächstädt/Pietrzak*, KRP 5/2012, 19, 19.

233 Europäische Kommission, Pressemitteilung vom 04.12.2013, IP/13/1208, S. 1; vgl.: Wiedemann/*Schneider*, § 33 Rn 284; Zerey/*Kübler*, § 35 Rn 49.

234 Europäische Kommission, Pressemitteilung vom 04.12.2013, MEMO/13/1090, S. 5.

235 Europäische Kommission, Pressemitteilung vom 04.12.2013, IP/13/1208, S. 2; *Fleischer/Bueren*, DB 2012, 2561, 2562; *Weck*, KommJur 2013, 247, 248.

236 *Bausch/Witmann* WM 2014, 494, 495 f.; vgl. zu den Vorwürfen: FSA, Final Notice vom 27.06.2012, FSA Reference Number 122702, S. 2 f., abrufbar unter: www.fsa.gov.uk/static/pubs/final/barclays-jun12.pdf (zuletzt abgerufen am: 11.04.2017).

237 *London Interbank Offered Rate.*

238 ICE, LIBOR: Frequently asked questions, unter: http://www.theice.com/publicdocs/IBA_LIBOR_FAQ.pdf (zuletzt abgerufen: 11.04.2017); *Bausch/Witmann* WM 2014, 494, 495; *Fleischer/Bueren*, DB 2012, 2561, 2561 f.; *Weck*, KommJur 2013, 247, 248.

239 *Bächstädt/Pietrzak*, KRP 5/2012, 19, 20; *Bausch/Witmann* WM 2014, 494, 495; *Weck*, KommJur 2013, 247, 248.

240 *Bächstädt/Pietrzak*, KRP 5/2012, 19, 19; *Weck*, KommJur 2013, 247, 248.

einfließt.[241] Der LIBOR ist eine Grundlage für Zinsderivate,[242] wird aber auch in Finanzierungsgeschäften für Zinszahlungspflichten genutzt.[243] Der EURIBOR[244] ist daneben das eurobezogene Gegenstück zum LIBOR. Er wird ebenso für mehrere Laufzeiten berechnet[245] und ist Grundlage für Zinsprodukte[246] sowie Darlehenszinsen. Er wird ähnlich zum LIBOR berechnet. Es werden die Mitglieder ein Bankenpanels befragt, zu welchem Zins sie sich Geld am europäischen Interbankenmarkt leihen könnten, und der Mittelwert aus den Meldungen unter Streichung eines Teils der höchsten und niedrigsten gemeldeten Werte als Referenzzins ausgegeben.[247]

LIBOR und EURIBOR spiegeln mithin den Zins am Interbankenmarkt, zu dem sich Banken untereinander Geld leihen.[248] Die Zahlungspflichten aus an ihn gekoppelten Produkten wie Zinsderivate oder Darlehen hängen nun vom Referenzzins und dessen Entwicklung ab. Sehen bspw. Derivate referenzzinsgekoppelte Zahlungen vor, so bestimmt die Referenzzinshöhe die Höhe dieser Zahlungen. Tauscht man bspw. im Zinsswap einen referenzzinsgebundenen gegen einen festen Zins, wird ersichtlich, dass der Referenzzins auf die Zahlungspflichten der Parteien des Zinsswaps wirkt und damit der Gewinn oder Verlust aus dem Zinsswap von der Referenzzinshöhe abhängen. Gleiches gilt auch bei referenzzinsgebundenen Darlehen. Kann man den Referenzzins steuern, hat man daher Einfluss auf diese Zinszahlungspflichten. Man kann in der Folge Gewinne über eine Beeinflussung der referenzzinsgekoppelten Zahlungspflichten aus diesen Produkten steigern.[249]

Nachfolgend wird erörtert, ob abgestimmte Meldungen von Werten zur Referenzzinsberechnung mit dem Ziel der Referenzzinssteuerung das Kartellverbot verletzen. Zunächst wird dafür dargestellt, ob die Abstimmung der Meldewerte eine Abstimmung i.S.d. des Kartellverbots ist. Der Fokus der Betrachtung liegt in der Folge darauf, ob die abgestimmten Meldungen zur Referenzzinsberechnung zur Steuerung des Referenzzinses den Wettbewerb beschränkt. Dies wird für drei Ebenen getrennt geprüft. Die Prüfung erfolgt zunächst bezogen auf die Referenzzinsbestimmungsebene, sodann bezogen auf den referenzierten Interbankenmarkt

---

241 ICE, LIBOR: Frequently asked questions, aaO; *Bächstädt/Pietrzak*, KRP 5/2012, 19, 20; *Bausch/Witmann* WM 2014, 494, 495; *Fleischer/Bueren*, DB 2012, 2561, 2561; *Weck*, KommJur 2013, 247, 248.

242 *Bächstädt/Pietrzak*, KRP 5/2012, 19, 19; *Fleischer/Bueren*, DB 2012, 2561, 2561; *Weck*, KommJur 2013, 247, 248.

243 ICE, LIBOR: Frequently asked questions, aaO; *Fleischer/Bueren*, DB 2012, 2561, 2561.

244 *Euro Interbank Offered Rate.*

245 *Fleischer/Bueren*, DB 2012, 2561, 2561 f.

246 *Fleischer/Bueren*, DB 2012, 2561, 2562.

247 Europäische Kommission, Pressemitteilung vom 04.12.2013, MEMO/13/1090, S. 3 f.; *Bäch-städt/Pietrzak*, KRP 5/2012, 19, 21; *Bausch/Witmann* WM 2014, 494, 495; *Fleischer/Bueren*, DB 2012, 2561, 2561 f.

248 Zerey/*Kübler*, § 35 Rn 28.

249 *Bächstädt/Pietrzak*, KRP 5/2012, 19, 20; *Bausch/Witmann* WM 2014, 494, 495 f.

und zuletzt bezogen auf Märkte für referenzzinsgekoppelte Produkte. Der Fokus der Betrachtung liegt auf diesen referenzzinsgekoppelten Produkten. Anschließend wird auf die Frage eingegangen, ob mit der Referenzzinsmanipulation ein unzulässiger Informationsaustausch verbunden ist.

b. Abstimmungserfordernis

Ein Verstoß gegen das Kartellverbot verlangt zunächst eine praktische Zusammenarbeit anstelle des mit Risiken verbundenen Wettbewerbs.[250] Die abgestimmte Meldung von Zinswerten zur Referenzzinsbestimmung reicht formal für eine Abstimmung aus.[251] Die Beteiligten stimmen ihr Verhalten hinsichtlich der Meldungen zur Referenzzinsbestimmung ab, wenn sie die Meldewerte abstimmen. Die wesentliche Frage ist in diesem Zusammenhang, ob diese Abstimmung der Meldewerte eine Abstimmung i.S.d. Kartellverbots ist. Dafür muss sie die Unsicherheiten und Risiken des Wettbewerbs verringern. Sie muss den Wettbewerb beschränken. Dies ist, wie nachfolgend für die eingangs erwähnten drei Ebenen getrennt dargestellt wird, nicht generell der Fall.

Eine kartellrechtlich relevante Abstimmung fehlt ferner in jedem Fall, wenn die Meldungen zur Referenzzinsbestimmung autonom erfolgen. Hinsichtlich der gegebenen Manipulationen wurde den Beteiligten vorgeworfen, autonom Werte unter dem Zinsniveau am Interbankenmarkt gemeldet zu haben, um damit die eigenen Refinanzierungsmöglichkeiten besser darzustellen, als sie waren.[252] Ein solches autonomes Parallelverhalten der an der Referenzzinsbestimmung beteiligten Unternehmen verletzt das Kartellverbot nicht, da die erforderliche Abstimmung fehlt.[253] Eine Abstimmung liegt selbst dann nicht vor, wenn man sich in der autonomen Entscheidung und Meldung an den öffentlich bekannten Meldungen Dritter orientiert.[254] Man darf sich autonom an das Verhalten der Wettbewerber anpassen.[255] Nachahmung ist keine Form der Abstimmung, sondern einseitiges Verhalten, da der Dritte, der nachgeahmt wird, nicht mitwirkt.[256]

---

250 Vgl. allg. zur Wettbewerbsbeschränkung Abschnitt B. IV. 2. a. diese Arbeit.

251 *Bausch/ Wittmann*, WM 2014, 494, 501; *Fleischer/Bueren*, DB 2012, 2561, 2566.

252 *Bächstädt/Pietrzak*, KRP 5/2012, 19, 20; *Bausch/ Witmann* WM 2014, 494, 496; *Fleischer/Bueren*, DB 2012, 2561, 2562.

253 *Bechtold/Bosch*, § 1 GWB Rn 26; Callies/Ruffert/*Weiß*, Art. 101 AEUV Rn 60; IM/*Zimmer*, Bd 2, § 1 GWB Rn 79; Langen/Bunte/*Krauß*, Bd 1, § 1 GWB Rn 93.

254 *Fleischer/Bueren*, DB 2012, 2561, 2566.

255 EuGH v. 16.12.1975, verb. Rs 40–48, 50, 54–56, 111, 113 u. 114/73, ECLI:EU:C:1975:174, Rn 173/174 – *„Suiker Unie“*; EuGH v. 28.05.1998, Rs. C-7/95 P, ECLI:EU:C:1998:256, I-3111, Rn 87 – *„Deere/Kommission“*; *Bechtold/Bosch/Brinker*, Art. 101 AEUV Rn 54; Callies/Ruffert/*Weiß*, Art. 101 AEUV Rn 60; Dauses/*Emmerich*, § 2 Rn 25; GHN/*Stockenhuber*, Art. 101 AEUV Rn 115; LMR/*Grave/Nyberg*, Art. 101 Abs. 1 AEUV Rn 217, 236.

256 Langen/Bunte/*Krauß*, Bd 1, § 1 GWB Rn 97.

c. *Keine Wettbewerbsbeschränkung auf der Referenzzinsbestimmungsebene*

Von größerer Relevanz ist die Frage, ob eine Referenzzinssteuerung über die abgestimmten Meldungen den Wettbewerb beschränkt. Dies ist eine wesentliche Voraussetzung für einen Verstoß gegen das Kartellverbot. Die Abstimmung der Meldewerte, mit der im Ergebnis der Referenzzins gesteuert werden soll, erfolgt originär auf der Referenzzinsbestimmungsebene, auf der die Panelmitglieder die Zinswerte zur Zinsberechnung übermitteln. Insoweit scheitert das Kartellverbot schon an einer fehlenden Wettbewerblichkeit der Meldung zur Referenzzinsbestimmung. Diese Meldung ist ein wettbewerbsloser Informationsvorgang. Der den Referenzzins berechnende Dritte fragt keine wettbewerbliche Leistung *Meldewert* von den Meldenden nach, sondern lediglich die Information zwecks Referenzzinsberechnung. Diese und die Meldung der Werte sind daher wettbewerbsneutral. Folglich beschränken die abgestimmten Meldungen zur Referenzzinsteuerung zumindest keinen Wettbewerb auf der Referenzzinsbestimmungsebene.

d. *Mögliche Wettbewerbsbeschränkung am Referenzmarkt*

Ferner ist auch der Referenzmarkt, dessen Zinsbedingungen der Referenzzins spiegeln soll, zu betrachten. Auch am Referenzmarkt beschränkt die Abstimmung der Meldewerte nicht automatisch den Wettbewerb. Insoweit ist nach dem Verfahren der Referenzzinsbestimmung zu differenzieren.

Erlaubt das Zinsbestimmungsverfahren den Beteiligten die Meldung hypothetischer Werte, beschränken die abgestimmten Meldewerte nicht automatisch Wettbewerb am Referenzmarkt. Die abgestimmten Werte müssen nämlich nicht die tatsächlich am Referenzmarkt gezahlten Zinsen spiegeln, wenn hypothetische Werte gemeldet werden. Es besteht insoweit kein Konnex zwischen Meldewert und tatsächlichem Zinssatz am Markt. Banken melden die Zinssätze, die sie ihrer Meinung nach zahlen müssten. Daher können sie die zur Zinsbestimmung gemeldeten Werte abstimmen, ohne dafür die am Referenzmarkt geforderten Zinssätze als Wettbewerber abzustimmen. Trotz der Abstimmung der hypothetischen Meldewerte entscheiden sie wegen des fehlenden Konnexes zwischen den gemeldeten und am Referenzmarkt geforderten Zinssätzen autonom über ihr Verhalten am Referenzmarkt. Daher beschränkt die bloße Abstimmung der hypothetischen Meldewerte nicht den Wettbewerb.

Eine Wettbewerbsbeschränkung ist hingegen denkbar, wenn das Zinsbestimmungsverfahren fordert, dass die Meldewerte mit am Referenzmarkt geforderten Zinssätzen zu unterlegen sind. Dann besteht ein Konnex zwischen gemeldeten und am Referenzmarkt geforderten Zinssätzen. Die Beteiligten müssen dann den Zins, den sie abgestimmt melden, auch am Referenzmarkt fordern, um ihn melden zu können, da sonst das Geschäft fehlt, mit dem die Zinsmeldungen zu unterlegen sind. Um die am Referenzmarkt geforderten Zinssätze insoweit zu schaffen, können sich die Beteiligten abstimmen, Geschäfte am Referenzmarkt nur zu dem

Zinssatz mit Dritten abzuschließen, den sie melden wollen. Damit nehmen sie sich jedoch zugleich die Möglichkeit einer autonomen Bestimmung der Zinssätze im Wettbewerb. Sie limitieren damit ihre eigene wettbewerbliche Freiheit durch eine Abstimmung des Marktverhaltens und beschränken somit den Wettbewerb.[257] Sprechen sie die Zinssätze ab, die sie als Wettbewerber am Referenzmarkt fordern, ist das eine Preisabsprache. Der Zins ist als die Gegenleistung für die Zurverfügungstellung des Geldes ein Preis.

e. Mögliche Wettbewerbsbeschränkung an Märkten für referenzzinsgekoppelte Produkte

aa. Eingangsüberlegungen

Ferner ist auf Märkte für referenzzinsgekoppelte Produkte wie Derivate oder Darlehen mit referenzzinsgekoppeltem Zins zu blicken, um zu prüfen ob die abgestimmte Meldung der Zinswerte zur Referenzzinsberechnung mit dem Ziel der Referenzzinssteuerung den Wettbewerb beschränken und damit das Kartellverbot verletzen kann, sofern die Beteiligten Wettbewerber an den Märkten für an den jeweiligen Referenzzins gekoppelte Produkte sind. Die primäre Relevanz dieser Ebene ergibt sich daraus, dass Zahlungspflichten aus solchen Produkten von der Referenzzinshöhe abhängen. Abgestimmte Meldungen zur Referenzzinsbestimmung steuern daher den Zins als wesentliches Element dieser Produkte. Darauf ist die Manipulation ausgerichtet, da sich auf dieser Ebene durch die Beeinflussung eigener Zahlungspflichten die Kosten minimieren und durch die Beeinflussung der Zahlungspflichten der Gegenseite die Gewinne maximieren lassen. Bei einer Referenzzinssteuerung durch abgestimmte Meldungen zur Zinsbestimmung werden daher auch Preisabsprachen für referenzzinsgekoppelte Produkte als ein möglicher Kartellverstoß angenommen, sofern die Beteiligten Wettbewerber an Märkten für die betroffenen Produkte sind.[258] Dem sei nachfolgend nachgegangen.

Zunächst ist der Referenzzins ein Preisbestandteil, wenn er ein Teil des Produktpreises ist, bspw. ein Betrag multipliziert mit dem Referenzzins wie *Referenzzins x 100.* Die Abstimmung von Preisbestandteilen ist grundsätzlich eine Preisabsprache.[259] Jede Einschränkung der Preisbildungsfreiheit ist verboten.[260] Bieten daher die Beteiligten als Wettbewerber an den Referenzzins gekoppelte Produkte an, stimmen sie als Wettbewerber einen Preisbestandteil ab. Die Preisabsprache scheitert nicht schon daran, dass nur die Meldungen zur Zinsbestimmung

---

257 Vgl. allg. zur Wettbewerbsbeschränkung Abschnitt B. IV. 2. a. dieser Arbeit.

258 *Bausch/Wittmann*, WM 2014, 494, 501; *Fleischer/Bueren*, DB 2012, 2561, 2566.

259 Dauses/*Hoffmann*, H. I. § 2 Rn 101; *Emmerich*, § 5 Rn 3; *Fleischer/Bueren*, DB 2012, 2561, 2566; Groeben, von der/Schwarze/*Schröter/Voet van Vormizeele*, Art. 101 AEUV Rn 137; IM/*Zimmer*, Bd 2, § 1 GWB Rn 209.

260 Dauses/*Hoffmann*, H. I. § 2 Rn 101; *Emmerich*, § 5 Rn 3.

abgestimmt werden, aus der eine dritte Stelle den Zins berechnet.[261] Diese dritte Stelle hat keinen Einfluss auf den Zins. Sie berechnet ihn nur aus den Meldewerten, die von den Panelmitgliedern bestimmt und übermittelt werden. Beteiligen sich alle Panelmitglieder an der Manipulation, steuern sie den Referenzzins als Mittelwert der Meldewerte. Beteiligt sich nur ein Teil, kann kein genauer Wert festgelegt werden, da ein Einfluss auf Meldungen der nicht beteiligten Panelmitglieder fehlt, die aber ebenso in die Zinsbestimmung einfließen. Daran scheitert die Preisabsprache jedoch nicht. Selbst wenn Wettbewerber nur die Preisentwicklung abstimmen, limitieren sie damit die eigene Preisbildungsfreiheit, da sie sich die freie Entscheidung über die Preisrichtung nehmen. Der Preis ist ein wesentlicher Wettbewerbsparameter.

Richten sich hingegen nur Zahlungspflichten aus referenzzinsgekoppelten Produkten nach dem Referenzzins, ist zu differenzieren. Solche Produkte sind bspw. Zinsswaps, mit denen die beiden beteiligten Parteien gegenläufig Zahlungen auf einen Nominalbetrag leisten und die Zahlung einer Partei vom Referenzzins abhängt,[262] oder auch Darlehen. Die referenzzinsgebundene Zahlungspflicht hat Preischarakter, wenn sie die Gegenleistung für eine Hauptleistung ist. Bei Darlehen mit referenzzinsgebundener Zinspflicht ist der Darlehenszins der Preis für die Zurverfügungstellung des Geldes. Der Referenzzins ist insoweit nur ein Preisbestandteil, wenn sich der konkrete Darlehenszins aus weiteren Faktoren neben dem Referenzzins errechnet. Mithin wird mit den abgestimmten Meldungen zur Referenzzinsbestimmung der Referenzzins als Preisbestandteil gelenkt, was für eine Preisabsprache grundsätzlich ausreicht.

Der Preischarakter muss jedoch nicht immer gegeben sein. Bei Zinsswaps als Zinsderivaten ist er nicht offensichtlich gegeben. Man kann die referenzzinsgebundene Zahlung aus dem Derivat als den Preis der Risikoabsicherung[263] ansehen. Das ist der Fall, wenn der die Absicherung Suchende sie leistet und man die Risikoabsicherung als Hauptleistung und die Zinszahlung als Preis ansieht. Man kann aber auch ablehnen, eine der Zahlungen im Swap als Gegenleistung, mithin Preis, für die Risikoabsicherung zu deklarieren. Vor allem erscheint dies naheliegend, wenn der Anbieter die referenzzinsgebundene Zahlung leistet oder Zahlungen aus dem Swap automatisch verrechnet werden, sodass nur eine Partei tatsächlich Zahlungen leistet. Dann liegt es näher, den Referenzzins als Kondition des Geschäfts anzusehen. Der Geschäftsverlauf, die Höhe der verrechneten Zahlungspflichten, Gewinne, Verluste und Kosten der Risikoabsicherung hängen von dessen Entwicklung ab. Er ist für das Geschäft eine wesentliche Kondition. Konditionenabsprachen werden parallel zu Preisabsprachen behandelt. Die Einordnung macht also keinen Unterschied.

---

261 *Fleischer/Bueren*, DB 2012, 2561, 2566.
262 Vgl. dazu Abschnitt B. III. 2. d. cc. dieser Arbeit.
263 Vgl. zu diesem Zweck von Zinsderivaten Abschnitt B. III. 2. d. cc. dieser Arbeit.

Der Referenzzins kann mithin ein Preisbestandteil oder eine Kondition referenzzinsgekoppelter Produkte sein, sodass eine Preis- oder Konditionenabsprache in Frage kommt, die grundsätzlich die wettbewerbliche Freiheit limitiert. Ein Verstoß gegen das Kartellverbot scheint gegeben. Man darf aber nicht vorschnell von einer Abstimmung der Meldewerte zur Zinsbestimmung und einer Steuerung des Referenzzinssatzes durch die Wettbewerber auf Märkten für referenzzinsgekoppelte Produkte sowie dem Preis- oder Konditionencharakter des Referenzzinses auf einen Kartellverstoß schließen. Die Preis- und Konditionenabsprachen beschränken zwar grundsätzlich Wettbewerb. Das liegt in der Natur der Sache. Mit Blick auf die Referenzzinsmanipulationen folgt jedoch aus der Referenzzinsbindung und -nutzung als ein Strukturelementen des Kapitalmarkts, dass die Absprache des Referenzzinses als ein Preisbestandteil oder eine Kondition referenzzinsgekoppelter Produkte nicht generell den Wettbewerb beschränkt. Dies begründet sich wie folgt:

bb. Keine Einschränkung der wettbewerblichen Freiheit der Manipulationsbeteiligten an Märkten für referenzzinsgekoppelte Produkte

Der Wettbewerb ist beschränkt, wenn die wettbewerbliche Freiheit abstimmungsbeteiligter Unternehmen limitiert ist.[264] Eine Preisabsprache schränkt die Preisbildungsfreiheit als wettbewerbliche Freiheit ein.[265] Ebenso beschränken Konditionenabsprachen die wettbewerbliche Freiheit. Die bloß abgestimmte Meldung zur Referenzzinsbestimmung und die Referenzzinssteuerung schränken aber, anders als für Preis- und Konditionenabsprachen üblich, nicht die wettbewerbliche Freiheit beteiligter Wettbewerber ein.

Die Referenzzinshöhe unterliegt nicht der freien wettbewerblichen Bestimmung durch die Marktparteien an Märkten für referenzzinsgekoppelte Produkte, da der Referenzzins ein objektiver Bestandteil referenzzinsgekoppelter Produkte ist, den die Marktparteien nicht autonom festlegen, sondern der vom Markt durch die Bindung der referenzzinsgekoppelten Produkte an den Referenzzins strukturell vorgegeben ist. Der Referenzzins ist immer fixer Bestandteil referenzzinsgekoppelter Darlehen oder Zinsderivate mit referenzzinsgekoppelten Zahlungspflichten. Er ist nicht frei wählbar. Der Referenzzins wird mithin von allen Marktteilnehmern als Bestandteil referenzzinsgekoppelter Produkte als von der Markt- und Produktstruktur vorgegeben hingenommen. Auf die Höhe haben sie anders als mit Blick auf dritte autonom bestimmte Preisbestandteile und Konditionen keinen Einfluss.

---

264 *Bechtold/Bosch*, § 1 GWB Rn 35; Callies/Ruffert/*Weiß*, Art 101 AEUV Rn 96; GHN/*Stockenhuber*, Art. 101 AEUV Rn 122; IM/*Zimmer*, Bd 2, § 1 GWB Rn 127 ff.; Groeben, von der/Schwarze/*Schröter*/*Voet van Vormizeele*, Art. 101 AEUV Rn 85.

265 GHN/*Stockenhuber*, Art. 101 AEUV Rn 178; Groeben, von der/Schwarze/*Schröter*/*Voet van Vormizeele*, Art. 101 AEUV Rn 134.

Solche dritten Preisbestandteile und Konditionen können bspw. Faktoren neben dem Referenzzins sein, welche die Zinshöhe mitbestimmen. Da kein Teilnehmer an Märkten für referenzzinsgekoppelte Produkte die wettbewerbliche Freiheit hat, die Referenzzinshöhe zu wählen, schränkt die bloße Referenzzinssteuerung über abgestimmte Meldungen zur Referenzzinsbestimmung keine wettbewerbliche Freiheit der Beteiligten an diesen Märkten ein. Der Referenzzins ist nicht mit frei bestimmbaren Preisbestandteilen oder Konditionen vergleichbar. Die Marktparteien lenken zwar einen Bestandteil referenzzinsgekoppelter Produkte. Auch ohne die abgestimmte Meldung der Zinswerte zur Referenzzinssteuerung bestimmten sie aber die Referenzzinshöhe nicht autonom als Wettbewerber an Märkten für entsprechend referenzzinsgekoppelte Produkte. Der Referenzzins wird auch dann, wenn auch nicht manipuliert, von allen Wettbewerbern identisch und v.a. in identischer Höhe als Bestandteil des referenzzinsgekoppelten Produkts angesetzt. Die abgestimmten Meldungen der Zinswerte zur Referenzzinsbestimmung mit dem Ziel der Referenzzinssteuerung nimmt mithin den beteiligten Wettbewerbern keine wettbewerbliche Freiheit an Märkten für referenzzinsgekoppelte Produkte. Es wird vielmehr nur die nicht wettbewerblich bestimmte Referenzzinshöhe gesteuert. Das mag verwerflich und manipulativ sein, betrifft aber kein wettbewerbliches Marktverhalten.

Die Beteiligten nehmen sich dadurch keine wettbewerbliche Freiheit. Der Wettbewerb zwischen ihnen hat vor und nach der Abstimmung die gleiche Intensität. Alle Preisbestandteile und Konditionen, die im Wettbewerb autonom bestimmt sind, bleiben trotz der Abstimmung der zur Referenzzinsbestimmung gemeldeten Werte und der Referenzzinssteuerung autonom bestimmt. Die wettbewerbliche Freiheit ist limitiert, wenn diese Bestandteile abgestimmt werden. Das ist mit der bloßen Abstimmung der Meldewerte und der Referenzzinssteuerung nicht verbunden. Dieser Vorgang ist wettbewerblich neutral. Im Ergebnis beschränken die Beteiligten durch die Abstimmung der Meldewerte und die Referenzzinssteuerung nicht die eigene wettbewerbliche Freiheit an Märkten für referenzzinsgekoppelte Produkte.

cc. Keine generelle Beschränkung der Auswahl- und Betätigungsfreiheit dritter Marktteilnehmer als deren wettbewerbliche Freiheit

Ferner ist der Wettbewerb beschränkt, wenn die Auswahl- und Betätigungsfreiheit dritter Marktteilnehmer eingeschränkt ist.[266] Ein Eingriff in diese wettbewerbliche Freiheit dritter Marktbeteiligter beschränkt ebenso den Wettbewerb. Eine Einschränkung der wettbewerblichen Handlungsfreiheit der Abstimmungsbeteiligten mag beim Kartellverbot im Vordergrund stehen, da die Abstimmung grundsätzlich

266 *Bechtold/Bosch/Brinker*, Art. 101 AEUV, Rn 76; Callies/Ruffert/*Weiß*, Art 101 AEUV Rn 83; IM/*Emmerich*, Bd 1, Art. 101 Abs. 1 AEUV Rn 116 ff.; von der Groeben/Schwarze/*Schröter*/*Voet van Vormizeele*, Art. 101 AEUV Rn 85.

darauf bezogen ist, dass die Beteiligten die eigene wettbewerbliche Freiheit limitieren.[267] Das schränkt den Tatbestand des Kartellverbots aber nicht ein. Nach dem Wortlaut des Kartellverbots muss es durch eine Abstimmung zur Wettbewerbsbeschränkung kommen. Diese folgt wiederum aus der Einschränkung wirtschaftlicher Handlungsfreiheit. Das Kartellverbot gibt nicht vor, wessen Freiheit dafür einzuschränken ist. Für einen umfassenden Wettbewerbsschutz muss die Beeinträchtigung der Auswahl- und Betätigungsfreiheit Dritter als deren wirtschaftliche Handlungsfreiheit ebenso erfasst sein. Es reicht daher aus, wenn generell die Handlungsfreiheit von Marktteilnehmern eingeschränkt wird.[268] Auch diese ist von der Steuerung des Referenzzinses durch abgestimmte Meldewerte aber nicht generell beschränkt.

Zunächst sind die Auswahlmöglichkeiten dritter Marktteilnehmer aus dem gleichen Grund, der gegen eine Einschränkung der wettbewerblichen Freiheit der Abstimmungsbeteiligten durch die bloße Abstimmung der Meldewerte spricht, nicht eingeschränkt, wenn der Referenzzins über die Abstimmung der Meldewerte gesteuert ist, da er als ein Bestandteil referenzzinsgekoppelter Produkte nicht autonom durch die Marktparteien bestimmt ist. Er ist in entsprechend referenzzinsgekoppelten Produkten immer in gleicher Höhe angesetzt, ohne dass dies auf einer Abstimmung beruht, sondern weil es aus der Natur der Referenzzinskopplung folgt. Durch die Abstimmung der Meldungen zur Referenzzinsbestimmung und die Referenzzinssteuerung wird daher keine Preis- und Konditionenvarietät genommen, die ohne die Manipulation bestünde. Unabhängig davon, ob der Referenzzins abgestimmt gesteuert oder unbeeinflusst im Zinsbestimmungsverfahren bestimmt wird, wird er von allen Anbietern entsprechend referenzzinsgekoppelter Produkte gleich und in gleicher Höhe angesetzt. Die Auswahlmöglichkeiten dritter Marktteilnehmer werden folglich nicht eingeschränkt, da die Referenzzinssteuerung nicht erst ein ansonsten autonomes wettbewerbliches Marktverhalten der Beteiligten in Form einer autonom gewählten Referenzzinshöhe gleichschaltet. Die Auswahlmöglichkeiten Dritter werden hingegen wie die wettbewerbliche Freiheit der abstimmungsbeteiligten Wettbewerber an Märkten für entsprechend referenzzinsgekoppelte Produkte beschränkt, wenn sie sich über autonom bestimmte Elemente referenzzinsgekoppelter Produkte abstimmen.

Ebenso limitiert die Referenzzinssteuerung durch die abgestimmten Meldewerte nicht generell Betätigungsmöglichkeiten dritter Marktteilnehmer. Es werden bspw. nicht automatisch Marktzutrittsschranken geschaffen oder Dritte vom Markt ausgeschlossen. Grundsätzlich können Dritte trotz der Referenzzinssteuerung an Märkten für referenzzinsgekoppelte Produkte frei agieren. Ferner haben Dritte keine wettbewerbliche Freiheit hinsichtlich der Bestimmung der Referenzzinshöhe. Eine Steuerung des Referenzzinses nimmt ihnen daher nicht Handlungsmöglichkeiten und wettbewerbliche Freiheit. Daraus folgt jedoch nicht

267 Vgl. *Emmerich*, § 4 Rn 37.
268 *Bunte*, S. 83.

zugleich, dass eine Einschränkung der wettbewerblichen Freiheit Dritter generell ausgeschlossen ist. Sie kann sich durchaus aus dritten Effekten ergeben. Sie folgt lediglich nicht pauschal aus der bloßen Referenzzinssteuerung. Die Referenzzinssteuerung kann bspw. die Betätigungsmöglichkeiten dritter Marktteilnehmer limitieren, wenn die Abstimmungsbeteiligten den Referenzzins fortlaufend stark schwanken lassen. Das kann Dritte vom Marktauftritt abhalten, da sie die Marktentwicklung sowie die Geschäftschancen nicht einschätzen können und das Risiko des Marktauftritts für sie dadurch zu hoch ist. Damit schaffen die den Referenzzins steuernden Wettbewerber an Märkten für entsprechend referenzzinsgekoppelte Produkte eine Marktzutrittsschranke, die potentielle Wettbewerber vom Marktauftritt abhalten bzw. aktuelle Wettbewerber vom Markt verdrängen kann. Sie beschränken mithin den Wettbewerb, indem sie die Zahl der Wettbewerber klein halten bzw. Maßnahmen gegen eine Erhöhung dieser Zahl ergreifen. Gleichermaßen schränken sie die Betätigungsmöglichkeiten der Wettbewerber ein. Dann wird der Wettbewerb durch die Referenzzinsmanipulation an Märkten für referenzzinsgekoppelte Produkte beschränkt. Dem steht nicht entgegen, dass es Marktteilnehmer freistehen muss, als Ausdruck wettbewerblicher Freiheit ihr Marktverhalten kompetitiv zu wählen, um damit Wettbewerber vom Marktauftritt abzuhalten oder aus dem Markt zu drängen. Dies kann ein Ausdruck von Wettbewerb sein. Über diesen Aspekt lässt sich das vorliegende Vorgehen jedoch nicht rechtfertigen, da die Abstimmungsbeteiligten ihr kompetitives Marktverhalten nicht autonom bestimmen, sondern als Gruppe von Wettbewerbern gemeinsam konzertiert gegen andere Wettbewerber vorgehen. Darin liegt offensichtlich ein wettbewerbswidriges Verhalten in Form eines gleichgeschalteten Vorgehens durch Wettbewerber, die selbständig und nicht abgestimmt wettbewerblich agieren sollen.

dd. Zwischenfazit

Die Abstimmung der Meldewerte zur Referenzzinssteuerung beschränkt mithin die wettbewerbliche Freiheit der Abstimmungsbeteiligten oder Dritter nicht generell, da die Referenzzinshöhe an Märkten referenzzinsgekoppelter Produkte nicht der freien wettbewerblichen Bestimmung unterliegt. Eine Wettbewerbsbeschränkung ist indes nicht grundsätzlich ausgeschlossen. Im Einzelfall kann die Steuerung die Betätigungsmöglichkeiten dritter Marktteilnehmer einschränken. So können sie bspw. vom Marktauftritt abgehalten oder vom Markt verdrängt werden. Zu einem anderen Ergebnis führt auch nicht der vergleichende Blick auf die Festsetzung von Referenzpreisen. Diese wird als Preisabsprache angesehen, da sie mittelbar die Preissetzung der beteiligten Unternehmen beeinflusst, die den Referenzpreis als die Bezugsgröße der eigenen Preisbestimmung nutzen.[269] Diese Festsetzung ist mit der Referenzzinsmanipulation nicht vergleichbar. Bei referenzzinsgekoppelten

---

269 Europäische Kommission v. 06.08.1984, ABl. 1984 L 220/27 Rn 66 – „*Zinc Producer Group*"; vgl. GHN/*Stockenhuber*, Art. 101 AEUV Rn 180.

Produkten ist der Referenzzins ein eigenständiger Bestandteil des Produkts. Er ist anders als ein Referenzpreis nicht nur die Grundlage eines frei von den Marktteilnehmern bestimmten Preises. Bei der Vorgabe eines Referenzpreises orientieren sich die Beteiligten bei der freien Preisbildung am Referenzpreis. Sie haben jedoch volle wettbewerbliche Freiheit bei der Bestimmung der Preishöhe, die sich nur am Referenzpreis ausrichten soll. Der Referenzzins als Bestandteil referenzzinsgekoppelter Produkte unterliegt hingegen nicht der freien Bestimmung durch die Marktparteien, sodass anders als beim Referenzpreis, an dem sich die Beteiligten lediglich in ihrer grundsätzlich freien Preisbestimmung orientieren und damit die eigene Preisbildungsfreiheit limitieren, keine wettbewerbliche Freiheit beschränkt wird. Wird der Referenzzins wie ein Referenzpreis nur als Orientierungsgrundlage eines frei bestimmten Preises genutzt, ist hingegen eine Wettbewerbsbeschränkung anzunehmen. In diesem Fall haben die Parteien die wirtschaftliche Freiheit hinsichtlich der Zinsbestimmung, da der Referenzzins dann kein objektiv vorgegebener Bestandteil ist.

ee. Wettbewerbsverfälschung durch künstliche Veränderung der Wettbewerbsbedingungen und Senkung der Wettbewerbsintensität

Da eine Wettbewerbsbeschränkung an Märkten für referenzzinsgekoppelte Produkte aus einer abgestimmten Meldung der Zinswerte zur Referenzzinsberechnung mit dem Ziel der Steuerung des Referenzzinssatzes durch Wettbewerber an diesen Märkten, wie vorstehend dargestellt, nur eingeschränkt folgt, obgleich ein wesentlicher Bestandteil referenzzinsgekoppelter Produkte abgestimmt wird, bleibt die Frage, ob diese abgestimmten Meldungen auf eine andere Weise den Wettbewerb beschränken. Die Beteiligten lenken immerhin bewusst den Referenzzins. Damit erlangen sie Vorteile. Es ist zu klären, ob sich daraus eine Wettbewerbsbeschränkung ableiten lässt. Für das Kartellverbot reicht dem Wortlaut nach jede Verhinderung, Einschränkung oder Verfälschung des Wettbewerbs. Jede negative Beeinflussung des Wettbewerbs kann den Wettbewerb beschränken. Man kann daher über eine Wettbewerbsverfälschung nachdenken. Dafür muss die Abstimmung der Wettbewerber die Wettbewerbsbedingungen künstlich verändern.[270] Auch das läuft der Wettbewerbsordnung zuwider,[271] sodass es als eine Wettbewerbsbeschränkung zu werten ist, die gegen das Kartellverbot verstößt. Für eine solche Verfälschung reicht es aus, wenn die Wettbewerbsintensität künstlich gesenkt wird.[272] Damit werden die Wettbewerbsbedingungen verfälscht. Verändert die abgestimmte Steuerung des Referenzzinses die Wettbewerbsbedingungen

---

270 *Bunte*, S. 83; IM/*Emmerich*, Bd 1, Art. 101 Abs. 1 AEUV Rn 120; Langen/Bunte/*Hengst*, Bd 2, Art. 101 AEUV Rn 174.

271 Langen/Bunte/*Hengst*, Bd 2, Art. 101 AEUV Rn 174.

272 *Bunte*, S. 83; Groeben, von der/Schwarze/*Schröter*/*Voet van Vormizeele*, Art. 101 AEUV Rn 84.

künstlich und senkt sie damit die Wettbewerbsintensität, ist mithin der Wettbewerb beschränkt.

Die Steuerungsmöglichkeit für den Referenzzins ist problematisch. Die Abstimmungsbeteiligten erlangen darüber eine vom Markt nicht vorgesehene Steuerungsmacht über den Referenzzins. Dieser ist zwar auch ohne die Manipulation durch die Panelmitglieder, die abgestimmt manipulierend auftreten, bestimmt. Sie haben somit grundsätzlich einen Einfluss auf die Referenzzinshöhe. Mit diesem normalen Einfluss geht aber keine Steuerungsmacht einher. Die normale Referenzzinsbestimmung sieht nicht vor, dass die Meldewerte zur Referenzzinsbestimmung abgestimmt werden, um den Referenzzins zu steuern. Der Referenzzins soll vielmehr repräsentativ den Referenzmarkt spiegeln. Die abgestimmte Manipulation verändert die Marktbedingungen daher künstlich. Die Bestimmung des Referenzzinses ohne Abstimmung der Meldewerte und die Referenzzinssteuerung durch Wettbewerber an Märkten für referenzzinsgekoppelte Produkte sind ungeschriebene Marktbedingung an diesen Märkten. Diese sind künstlich verändert, wenn der Referenzzins gesteuert wird. Der Referenzzins ist in diesem Fall kein objektiv unbeeinflusster Bestandteil referenzzinsgekoppelter Produkte, dessen Höhe nicht bewusst steuernder Kontrolle eines Teils der Marktteilnehmer unterliegt.

Diese manipulative Veränderung beschränkt den Wettbewerb, wenn sie auf die Wettbewerbsbedingungen wirkt und diese künstlich verändert, indem sie bspw. die Wettbewerbsintensität senkt. Die Senkung der Wettbewerbsintensität als eine künstliche Veränderung der Wettbewerbsbedingungen und eine Wettbewerbsverfälschung durch die Referenzzinssteuerung ist daher denkbar. Sie ist für referenzzinsgekoppelte Produkte möglich, die künftige referenzzinsgekoppelte Zahlungspflichten vorsehen, bspw. Zinsderivate mit fortlaufenden Zahlungspflichten wie Zinsswaps oder referenzzinsgebundene Darlehen. So können die manipulierenden Panelbanken als Anbieter solcher Produkte auftreten. Stimmen sie nun ab, den Referenzzinssatz künftig in einer bestimmten Weise zu beeinflussen, können sie das wiederum im Wettbewerbsprozess als Anbieter nutzen, wenn sie einem Nachfrager den Abschluss eines referenzzinsgekoppelten Produkts anbieten. Sie wissen, dass sie durch prospektierte künftige Anpassung des Referenzzinssatzes die Bedingungen des Geschäfts, das sie dem Nachfrager anbieten, zu ihren eigenen Gunsten verändern können. Die Vereinbarung der Steuerung des Referenzzinses vor dem Abschluss eines Geschäfts über das referenzzinsgekoppelte Produkt mit dem Dritten wird als Lieferung geringerer Qualität oder als Preiserhöhung und als wettbewerbsbeschränkend angesehen, wenn sich die Abstimmenden über eine Entwertung des Leistungsanspruchs der Gegenseite unabhängig von deren Forderungen verhalten können.[273] Dem ist zuzustimmen. Die Manipulierenden können sich durch die prospektierte Anpassung des Referenzzinses zum Zeitpunkt des Angebots des referenzzinsgekoppelten Produkts von den Forderungen der Marktgegenseite und von Wettbewerbern unabhängig verhalten, da durch

273 *Fleischer/Bueren*, DB 2012, 2561, 2567.

die Möglichkeit der einseitigen Anpassung des Referenzzinses nach Abschluss des referenzzinsgekoppelten Produkts ein gewisser Spielraum bzgl. der Konditionen der abgeschlossenen Geschäfte verbleibt, ohne dass sie daraus einen Nachteil erleiden, sofern sie durch die nachträgliche Anpassung des Referenzzinses die für die Gegenseite zu günstigen Konditionen einseitig anpassen können. Sie verbessern damit ihre eigene Stellung gegenüber den übrigen Marktteilnehmern im Wettbewerb, die ebendiese Macht einer einseitigen Anpassung nicht haben und daher in einer durch die abgestimmte Steuerung künstlich geschaffenen schlechteren Position stehen. Damit senken die manipulierenden Wettbewerber zu ihren Gunsten die Wettbewerbsintensität im Wettbewerbsprozess bei Angebot des referenzzinsgekoppelten Produkts. Sie verbessern durch die abstimmungsbasierte Steuerung des Referenzzinses künstlich die Wettbewerbsbedingungen, da diese einseitige Steuerungsmöglichkeit am Markt und im Wettbewerb nicht vorgesehen, sondern künstlich durch die Abstimmung geschaffen ist. Sie können sich darüber unabhängig verhalten. Sie verfälschen den Wettbewerb. Die Senkung der Wettbewerbsintensität durch künstliche Veränderung der Wettbewerbsbedingungen sei nachfolgend weiter verdeutlicht:

Die Manipulierenden können als Anbieter die Konditionen bieten, die für die Kunden von Vorteil und besser als die Konditionen der Wettbewerber sind. Da sie den Referenzzins im Nachhinein anpassen können, entsteht ihnen dadurch kein Nachteil. Durch die Steuerungsmacht können sie die Zahlungsströme über die Referenzzinskopplung zu eigenen Gunsten verändern. Mithin kann eine referenzzinsgekoppelte Zahlungspflicht über dritte Faktoren für die Gegenseite attraktiv gestaltet werden, um sie durch eine nachträgliche Anpassung des Referenzzinses rentabel zu machen. Man kann bspw. ein referenzzinsgekoppeltes Darlehen mit einem Faktor neben dem Referenzzins versehen, der für Kunden günstig ist. Durch die Veränderung des Referenzzinses wird der für den Kunden günstige Faktor ausgeglichen, sodass der Anbieter höhere Gewinne generiert. Ist die Anpassung bei Angebot im wettbewerblichen Marktprozess prospektiert, kann sich der Manipulierende als Anbieter unabhängig im Wettbewerbsprozess verhalten. Damit nehmen sie dem Wettbewerb die Intensität und verändern die Wettbewerbsbedingungen künstlich, da dem Anbieter im Wettbewerb diese spätere Anpassungsmöglichkeit nicht zustehen soll. Der Referenzzins soll für den Anbieter eine nicht steuerbare Unbekannte sein. Das ist nicht mehr der Fall, wenn er weiß, dass er den Referenzzins steuern kann, um die Konditionen zu verändern. Die Märkte für referenzzinsgekoppelte Produkte zeichnet gerade aus, dass keine Marktpartei einen einseitigen bestimmenden Einfluss auf den Referenzzins als Bestandteil der referenzzinsgekoppelten Produkte hat. Die Marktteilnehmer müssen die unbekannte Entwicklung des Referenzzinses bei der Bestimmung des Marktverhaltens beachten. Dies wirkt im Wettbewerbsprozess, da das Wettbewerbsverhalten durch die individuelle Einschätzung dieser Unbekannten bestimmt ist. Hat ein Marktteilnehmer hingegen Einfluss auf den Referenzzins, verschiebt er das Wettbewerbsgleichgewicht, da für ihn der Referenzzins keine unbeeinflussbare Unbekannte des Marktprozesses mehr ist. Die nicht vorgesehene Steuerungsmöglichkeit verändert die Wettbewerbsbedingungen künstlich und beschränkt damit den Wettbewerb. Indem das Kartellverbot die Wettbewerbsverfälschung als eine Wettbewerbsbeschränkung erfasst, zeigt sich, dass das Kartellverbot weit zu verstehen ist und die Wettbewerbsbeschränkung durch eine verfälschende Einflussnahme auf den Wettbewerbsprozess erfasst. Die Verfälschung als eine künstliche Einflussnahme auf den Wettbewerb ist eine die Wettbewerbsintensität senkende Wettbewerbsbeschränkung am Markt für referenzzinsgekoppelte Produkte.

Hinsichtlich dieser Wettbewerbsbeschränkung ist auf Basis des Zeitpunkts der Abstimmung zu differenzieren. Wird der Zins erst nach dem Abschluss des Geschäfts über ein referenzzinsgekoppeltes Produkt abgestimmt und gesteuert, um dessen Ertrag zu verbessern – u.a. kurz vor Abrechnungsterminen, um Zahlungspflichten aus referenzzinsgekoppelten Derivaten zu beeinflussen – wird die Intensität des Wettbewerbs im Zeitpunkt des Angebots des referenzzinsgekoppelten Produkts nicht gesenkt und der Wettbewerb nicht beschränkt, wenn dies nicht schon bei Angebot prospektiert war, weil sich die abgestimmte Steuerung nicht im Wettbewerbsprozess auswirkt.[274] Hat die Steuerung keine Auswirkungen im Wettbewerb bei Angebot, senkt sie keine Wettbewerbsintensität im Wettbewerb. Sie ist dann allein eine manipulative nachträgliche Veränderung des Referenzzinses ohne kartellrechtliche Relevanz in Bezug auf das Angebot des Produkts. Die Möglichkeit, dass sich die Steuerung nur auf geschlossene Geschäfte und nicht im Wettbewerbsprozess auswirkt, zeigt die Wettbewerbsneutralität der bloßen Manipulation. Um die Senkung der Wettbewerbsintensität auszuschließen, darf die Steuerung jedoch nicht auf noch abzuschließende Geschäfte im Wettbewerb wirken. Sind die Abstimmungsbeteiligten somit weiter am Markt tätig, ist das praktisch ausgeschlossen.

In der Literatur wird ein Kartellverstoß ferner abgelehnt, wenn die Beteiligten nur die Zahlungspflichten bestehender Verträge beeinflussen *wollen*.[275] Damit bliebe der Kartellverstoß auch aus, wenn die Beteiligten weiter am Markt tätig sind. Dem ist jedoch nicht zu folgen. Die Wettbewerbsbeschränkung hängt nicht von der Vorstellung der Parteien ab.[276] Beschränkt eine Abstimmung objektiv den Wettbewerb, scheitert der Kartellverstoß nicht daran, dass die Beteiligten den Wettbewerb nicht beschränken wollen. Das Kartellrecht schützt den Wettbewerb objektiv.

Ebenso wenig wirkt es auf den Kartellverstoß, wenn die Beteiligten sowohl Anbieter als auch Nachfrager referenzzinsgekoppelter Produkte sind. Das kann dazu führen, dass die Steuerung für sie wirtschaftlich nachteilig ist,[277] wenn sie

---

274 *Fleischer/Bueren*, DB 2012, 2561, 2567.

275 *Bausch/Wittmann*, WM 2014, 494, 501.

276 *Bechtold/Bosch*, § 1 GWB Rn 36; Dauses/*Emmerich*, H. I. § 2 Rn 96; *Fleischer/Bueren*, DB 2012, 2561, 2566; GHN/*Stockenhuber*, Art. 101 AEUV Rn 142; Groeben, von der/Schwarze/*Schröter/Voet van Vormizeele*, Art. 101 AEUV Rn 120.

277 *Bausch/Wittmann*, WM 2014, 494, 501.

bspw. gegenläufig referenzzinsgekoppelte Produkte abgeschlossen haben, die künftige Zahlungspflichten vorsehen. Die Schäden, die sie durch eine Lenkung des Referenzzinses erleiden, können die Gewinne übersteigen. Dafür muss der Verlust aus Produkten, deren Ertrag die Referenzzinssteuerung senkt, den Ertrag aus den Produkten, deren Ertrag sie steigert, übersteigen. Die Einordnung als Profiteur oder Geschädigter der Steuerung kann mithin zufällig sein.[278] Eine solche Zufälligkeit sei vom Schutzzweck des Kartellverbots nicht erfasst, sodass ein Verstoß nur anzunehmen sei, wenn ausschließlich positive Folgen erzielt werden.[279] Dem ist zu widersprechen. Die Wettbewerbsbeschränkung hängt nicht davon ab, ob die Kartellanten von den Auswirkungen der Wettbewerbsbeschränkung betroffen sind oder einen Profit erzielen. Der Wettbewerb wird unabhängig davon beschränkt. Die Abhängigkeit des Wettbewerbsschutzes von Profit oder Verlust der Kartellanten konterkariert den abstrakten und umfassenden Wettbewerbsschutz.

ff. Fazit: Keine generelle Wettbewerbsbeschränkung durch abgestimmte Referenzzinssteuerung an Märkten für referenzzinsgekoppelte Produkte

Zusammenfassend bleibt für Märkte für referenzzinsgekoppelte Produkte festzuhalten, dass die Referenzzinssteuerung durch abgestimmte Meldungen zur Referenzzinsbestimmung nicht generell den Wettbewerb beschränkt. Der Referenzzins ist Preis oder Kondition referenzzinsgekoppelter Produkte, sodass auf den ersten Blick eine Preis- oder Konditionenabsprache vorliegt, welche die Preis- bzw. Konditionensetzungsfreiheit der Beteiligten limitiert. Das trifft auf die Referenzzinssteuerung aber nicht zu. Sie beschränkt wegen der Referenzzinsbindung nicht generell die wettbewerbliche Freiheit. Der Referenzzins ist ein objektiver Bestandteil gekoppelter Produkte, bzgl. dessen Höhe die Marktteilnehmer keine wettbewerbliche Freiheit haben. Daher kann die abgestimmte Referenzzinssteuerung sie nicht beschränken. Ebenso limitiert sie nicht generell die Auswahl- und Betätigungsmöglichkeiten Dritter. Da mit und ohne Steuerung der Referenzzins ein objektiver Bestandteil referenzzinsgekoppelter Produkte ist, nimmt die Steuerung der Höhe keine Preis- oder Konditionenvarietät. Andererseits kann der Wettbewerb beschränkt sein, wenn die Steuerung genutzt wird, um Dritten die Marktbetätigung zu erschweren. Ferner kann der Wettbewerb beschränkt sein, wenn die Manipulation die Wettbewerbsintensität senkt. Wissen die Wettbewerber bei Angebot eines referenzzinsgekoppelten Produkts, das eine künftige referenzzinsbezogene Zahlungspflichten vorsieht, sicher um die Möglichkeit einer späteren Anpassung des Referenzzinses, können sie sich unabhängiger im Wettbewerb verhalten. Sie haben hinsichtlich der Konditionen der abgeschlossenen Geschäfte einen gewissen Spielraum. Die Möglichkeit der abgestimmten Steuerung des

278 *Bausch/Wittmann*, WM 2014, 494 501; *Fleischer/Bueren*, DB 2012, 2561, 2566.
279 *Bausch/Wittmann*, WM 2014, 494 501; vgl. *Fleischer/Bueren*, DB 2012, 2561, 2566.

Referenzzinses erlaubt es ihnen daher, diese nachträglich zu eigenen Gunsten anzupassen. Das senkt die Wettbewerbsintensität und verändert künstlich die Wettbewerbsbedingungen. Da jede negative Beeinträchtigung des Wettbewerbs den Wettbewerb beschränkt, beschränkt ebenhin auch dies den Wettbewerb. Auf der anderen Seite wird ebenso ersichtlich, dass eine abgestimmte Steuerung des Referenzzinses keine Wettbewerbsbeschränkung impliziert. Insbesondere ist die Wettbewerbsintensität nur gesenkt, wenn die Steuerung im Wettbewerbsprozess bei Angebot referenzzinsgekoppelter Produkte prospektiert ist. Erst dadurch entstehen wettbewerbsbeschränkende Effekte bei Angebot des referenzzinsgekoppelten Produkts.

Die Referenzzinssteuerung durch abgestimmte Meldungen zur Zinsberechnung ist folglich in Bezug auf Märkte für referenzzinsgekoppelte Produkte isoliert betrachtet wettbewerbsneutral. Wegen der Stellung des Referenzzins als in der Höhe nicht wettbewerblich zu bestimmender Bestandteil referenzzinsgekoppelter Produkte wird nicht automatisch die wettbewerbliche Freiheit Beteiligter oder Dritter beschränkt, wenn die Meldungen zur Referenzzinsbestimmung abgestimmt und der Referenzzins gesteuert werden. Die Wettbewerbsbeschränkung muss vielmehr aus dritten Effekten folgen. Die Steuerungsmöglichkeit muss wettbewerbsbeschränkend genutzt werden.

f. Informationsaustausch

Darüber hinaus kann man sich der Frage widmen, ob eine Wettbewerbsbeschränkung bei einer abgestimmten Referenzzinsmanipulation aus einem kartellrechtlich unzulässigen Informationsaustausch folgt. Dieser Frage sei nur am Rande nachgegangen. Die Europäische Kommission wirft den Beteiligten der LIBOR- und EURIBOR-Manipulation einen Austausch über Handels- und Preisstrategien für referenzzinsgekoppelte Derivate vor.[280] Es ist insoweit denkbar, dass die Abstimmungsbeteiligten nicht bereit sind, an einer Referenzzinssteuerung teilzunehmen, um die ein Dritter bittet, ohne dessen Beweggründe und Handelspositionen zu kennen.[281] Daher ist es im Einzelfall nicht ausgeschlossen, dass der bittende Dritte diese offenlegt, um zu zeigen, warum der Referenzzins in eine Richtung gesteuert werden soll. Beziehen sich die Handels- und Preisstrategien auf die Zukunft, werden damit Informationen zu künftigem Marktverhalten offengelegt. Damit liegt eine Informationsweitergabe vor. Dies kann zwischen den Wettbewerbern den Geheimwettbewerb aufheben und eine wettbewerbsbeschränkende Kollusion ermöglichen.[282] Die kartellrechtliche Zulässigkeit der Informationsweitergabe richtet sich

---

280 Europäische Kommission, Pressemitteilung vom 04.12.2013, IP/13/1208, S. 2; *Almunia*, New rules for finance: Putting the genie back in the bottle, 24.09.2012, Speech/12/648, S. 3.

281 *Fleischer/Bueren*, DB 2012, 2561, 2567.

282 LMR/*Grave/Nyberg*, Art. 101 Abs. 1 AEUV Rn 240.

generell nach dem Selbständigkeitspostulat, nach dem jeder Wettbewerber sein Marktverhalten grundsätzlich selbständig bestimmen soll.[283] Wettbewerber stehen im Geheimwettbewerb. Es soll grundsätzlich keine Kollusion ermöglichende Gewissheit über künftiges Wettbewerbsverhalten geschaffen werden. Grundsätzlich untersagt ist daher ein Informationsaustausch, mit dem Wettbewerbsverhalten von Wettbewerbern beeinflusst oder eigenes Wettbewerbsverhalten dargelegt wird, wenn er zu nicht normalen Marktbedingungen entsprechenden Wettbewerbsbedingungen führt.[284] Die Zulässigkeit eines Informationsaustauschs hängt v.a. von der wettbewerblichen Sensibilität, Aktualität und Häufigkeit des Austausches ab.[285] Ein Austausch geheimer unternehmensspezifischer strategischer Daten zu künftigem Wettbewerbsverhalten ist regelmäßig eine wettbewerbsbeschränkende Verhaltensabstimmung.[286] Sie hebt den Geheimwettbewerb auf.

Künftige Handels- und Preisstrategien sind Informationen zu künftigem Marktverhalten mit wettbewerblicher Relevanz. Solche Informationen geben Aufschluss über das Wettbewerbsverhalten des Offenlegenden. Daran kann ein Wettbewerber, der die Informationen erhält, sich anpassen. In einer individuellen Offenlegung liegt auch eine ausreichende Fühlungnahme. Gibt ein Panelmitglied im Rahmen einer abgestimmten Referenzzinssteuerung eigene Handels- und Preisstrategien für referenzzinsgekoppelte Produkte an Dritte weiter, die Wettbewerber am betroffenen Markt sind, liegt darin grundsätzlich ein unzulässiger Informationsaustausch, der das Kartellverbot verletzt.

Der Austausch geht aber nicht automatisch mit einer abgestimmten Referenzzinssteuerung einher. Die Beteiligten können die Meldungen zur Referenzzinsbestimmung abstimmen, ohne ihr Verhalten auf den Märkten für referenzzinsgekoppelte Produkte oder im Handel mit diesen Produkten untereinander offenzulegen. Die Referenzzinssteuerung über eine Abstimmung der Meldewerte zur Referenzzinsbestimmung erfordert keine Offenlegung von wettbewerblich relevanten Informationen zum Verhalten an diesen Märkten. Die Kenntnis der Meldewerte ist für diese Märkte wettbewerblich nicht relevant, da die Meldewerte nicht das Wettbewerbsverhalten auf diesen Märkten betreffen. Auch die Kenntnis des gemeinsam abgestimmten Referenzzinses bzw. dessen grundsätzlicher Entwicklung gibt keinen Aufschluss über das Wettbewerbsverhalten auf diesen Märken. Die Beteiligten wissen auch ohne die Abstimmung und Steuerung, dass alle Beteiligten den Referenzzins in identischer Höhe als Bestandteil in referenzzinsgekoppelten

283 GHN/*Schroeder*, Art. 101 AEUV Rn 725.

284 EuGH v. 16.12.1975, verb. Rs. 40 bis 48, 50, 54 bis 56, 111, 113 und 114/73, ECLI:EU:C:1975: 174, Rn 174 – „*Suiker Unie*"; EuGH v. 04.06.2009, Rs. C-8/08, ECLI:EU:C:2009:343, Rn 33 – „*T-Mobile Netherlands*".

285 *Bechtold*/*Bosch*, § 1 GWB Rn 27; LMR/*Grave*/*Nyberg*, Art. 101 Abs. 1 AEUV Rn 244.

286 Dauses/*Emmerich*, Art. 101 AEUV Rn 106; *Fleischer*/*Bueren*, DB 2012, 2561, 2567; Groeben, von der/Schwarze/Hatje/*Schröter*/*Voet van Vormizeele*, Art. 101 AEUV Rn 56.

Produkten ansetzen. Eine Gewissheit hinsichtlich der Höhe und Entwicklung des Referenzzinses schafft daher keinen Mehrwert in Bezug auf das Marktverhalten der Wettbewerber. Über eine Abstimmung der Meldewerte und eine gemeinsame Steuerung des Referenzzinses wird kein Wettbewerbsverhalten an diesen Märkten offengelegt, da es unabhängig von den zur Referenzzinsbestimmung gemeldeten Werten ist. Ferner ist der Referenzzins im Handel nur ein wertbildender Faktor, sodass auch hier allein aus der Abstimmung der Meldewerte und der Steuerung des Referenzzinses kein Wissen hinsichtlich des Marktverhaltens der dritten Beteiligten folgt. Im Ergebnis geht mit Abstimmung der Meldewerte zur Referenzzinsbestimmung und der Steuerung des Referenzzinses daher nicht automatisch ein kartellrechtlich unzulässiger Informationsaustausch auf Märkten für referenzzinsgekoppelte Produkte oder im Handel mit diesen einher.

g. *Spürbarkeit*

Abschließend sei auch noch kurz auf die Spürbarkeit eingegangen. Der mögliche Kartellverstoß am Referenzmarkt und an Märkten für referenzzinsgekoppelte Produkte hängt von der Spürbarkeit der Wettbewerbsbeschränkung ab. Diese richtet sich primär nach dem Marktanteil der Beteiligten.[287]

Am Referenzmarkt ist sie wahrscheinlicher, wenn große Teilnehmer am Referenzmarkt an der Referenzzinsbestimmung beteiligt sind. Dass der Referenzzins der Mittelwert der Meldewerte ist und für eine effektive Zinssteuerung die Beteiligung mehrerer Teilnehmer von Vorteil ist, begünstigt ebenso die Schaffung ausreichender Marktanteile.

An Märkten für referenzzinsgekoppelte Produkte werden hinreichende Marktanteile dadurch begünstigt, dass die Märkte für Zinsderivate aus Sicht von Risiken absichernden Nachfragern nach Risiken getrennt sind.[288] Sie sind daher grundsätzlich denkbar.[289] Märkte für referenzzinsgekoppelte Darlehen kann man daneben grundsätzlich nach Laufzeiten, Darlehenssummen, Kundengruppen sowie Referenzzinssatz trennen. Dadurch werden ebenso für eine Spürbarkeit hinreichend kleine Märkte und große Marktanteile begünstigt.

h. *Zusammenfassung*

Abschließend lässt sich Folgendes festhalten:

Auf der Referenzzinsbestimmungsebene scheitert ein Verstoß gegen das Kartellverbot bereits an fehlender Wettbewerblichkeit, obgleich die Abstimmung des Verhaltens originär auf dieser Stufe erfolgt. Die Referenzzinsbestimmung ist insoweit ein reiner Informationsvorgang ohne Wettbewerbsbezug.

---

287 Vgl. allg. zur Spürbarkeit Abschnitt B. IV. 2. b. dieser Arbeit.

288 Vgl. zur Marktabgrenzung bei Derivaten Abschnitt B. III. 2. e. cc. dieser Arbeit.

289 So auch: *Fleischer/Bueren*, DB 2012, 2561, 2568.

Am Referenzmarkt hängt es hingegen vom Referenzzinsbestimmungsverfahren ab, ob eine Abstimmung der Meldewerte den Wettbewerb beschränkt. Sind die Meldewerte hypothetisch und müssen sie nicht mit Geschäft am Referenzmarkt übereinstimmen, muss das Referenzmarktverhalten nicht abgestimmt werden, um gleiche Werte zu melden. Es fehlt der Konnex zwischen Meldewert und gefordertem Zins am Referenzmarkt. Sind die Meldungen aber mit geforderten Zinssätzen zu unterlegen, erfordert eine abgestimmte Meldung zur Steuerung des Referenzzinses die Vornahme von Geschäften zu dem Zins, den die Manipulierenden zwecks Manipulation melden wollen. Das beschränkt den Wettbewerb, wenn sie damit Marktverhalten am Referenzmarkt in der Form abstimmen, dass sie von den Dritten übereinstimmend den zu meldenden Zins fordern.

An Märkten für referenzzinsgekoppelte Produkte beschränkt die abgestimmte Steuerung des Referenzzinses nicht generell den Wettbewerb, sondern lediglich im Einzelfall, wenn sich wettbewerbsbeschränkende Effekte ergeben. Der Referenzzins ist ein von der Marktstruktur in Form der spezifischen Referenzzinskopplung vorgegebener Bestandteil, auf dessen Höhe die Marktparteien keinen wettbewerblichen Einfluss haben. Es besteht daher keine wettbewerbliche Freiheit der Manipulationsbeteiligten, die eine abgestimmte Steuerung des Referenzzinses einschränkt. Ebenso werden die Auswahlmöglichkeiten Dritter nicht limitiert. Deren Betätigungsmöglichkeiten als wettbewerbliche Freiheit können indes beschränkt sein, wenn sie vom Markt verdrängt oder vom Marktauftritt abgehalten werden, bspw. über starke Zinsschwankungen. Die Manipulation kann also über eine Einschränkung der Betätigungsfreiheit Dritter Wettbewerb beschränken. Ebenso ergibt sich eine Wettbewerbsbeschränkung in Form der Wettbewerbsverfälschung, wenn die abgestimmte Manipulation die Wettbewerbsintensität für die Beteiligten senkt und damit die Wettbewerbsbedingungen künstlich verändert. Dafür müssen sich die Manipulierenden zum Zeitpunkt des Angebots referenzzinsgekoppelter Produkte, die künftige referenzzinsgekoppelte Zahlungspflichten vorsehen, im Wissen um eine prospektierte spätere Anpassung des Referenzzinssatzes, mit der die Konditionen des Angebots einseitig zu eigenen Gunsten angepasst werden können, unabhängig von Dritten verhalten können. Dies senkt die Wettbewerbsintensität, was den Wettbewerb verfälscht und beschränkt.

Ebenso geht mit einer abgestimmten Steuerung des Referenzzinses nicht generell ein unzulässiger Informationsaustausch einher. Es ist aber denkbar, dass dieser mit der Manipulation verbunden ist, um das nötige Vertrauen zur Teilnahme an der Referenzzinsmanipulation zu schaffen.

Liegen Wettbewerbsbeschränkungen am referenzzierten Markt oder am Markt für referenzzinsgekoppelte Produkte vor, können sie spürbar sein. Die Spürbarkeit wird vor allem dadurch begünstigt, dass für eine effektive Manipulation die Beteiligung mehrere Panelmitglieder sinnvoll ist.

Die Referenzzinssteuerung über abgestimmte Meldungen zur Referenzzinsbestimmung kann somit am Referenzmarkt und an Märkten für referenzzinsgekoppelte Produkte den Wettbewerb beschränken. An Märkten für referenzzinsgekoppelte Produkte folgt aus der spezifischen Referenzzinskopplung, dass sich eine Wettbewerbsbeschränkung nicht allein aus der Steuerung des Referenzzinses ergibt. Im Ausgangspunkt ist die Referenzzinsmanipulation dort wettbewerbsneutral.

Das Beispiel zeigt damit, dass die Kapitalmarktorganisation und -struktur auf die kartellrechtliche Prüfung einwirken können. Obgleich der Referenzzins Preisbestandteil oder Kondition referenzzinsgekoppelter Produkte sein kann, folgt aus der Referenzzinsberechnung und -nutzung als Besonderheit der Kapitalmarktorganisation und -struktur, dass die abgestimmte Referenzzinssteuerung nicht pauschal als Preis- oder Konditionenabsprache die wettbewerbliche Handlungsfreiheit der Beteiligten beschränkt, die als Wettbewerber an Märkten für an den Referenzzins gekoppelte Produkte auftreten. Daher limitiert eine abgestimmte Steuerung der Referenzzinshöhe nicht pauschal diese wettbewerbliche Freiheit der Abstimmungsbeteiligten oder die Auswahlmöglichkeiten der Marktgegenseite.

4. Beispiel: Emissionskonsortien

a. Einleitung

Ferner sind Emissionskonsortien ein Beispiel für ein abgestimmtes Verhalten am Kapitalmarkt, das zeigt, dass die Besonderheiten der Kapitalmarktorganisation und -struktur in die kartellrechtliche Prüfung wirken können. Ein Emissionskonsortium ist die Zusammenarbeit von Banken zur Durchführung der Emission eines Kapitalmarktprodukts für einen Emittenten, bspw. die Aktienemission.[290] Diese liegt nachfolgend als Beispiel zugrunde. Der Emittent will durch die Emission Kapital generieren, bspw. durch Ausgabe neuer Aktien.[291] Das Konsortium platziert diese für den Emittenten.[292] Ein wesentlicher Grund für die Einschaltung des Konsortiums ist, dass die Emittenten finanziell und wirtschaftlich die Risiken der Emission zu groß sind oder die Erfahrung für die Vornahme der Emission fehlt.[293] Es ist für sie einfacher, die Emission von Dritten vornehmen zu lassen, welche die tatsächlichen und rechtlichen Anforderungen kennen sowie erforderliche Erfahrung und Ressourcen haben, um das Produkt effizient zu platzieren.[294] Damit steigt für den Emittenten die Wahrscheinlichkeit, mehr Kapital zu generieren. Die Emission durch Konsortien ist im Gegensatz zur Emission durch Emittenten bei Aktien der Regelfall.[295] Das Konsortium übernimmt dabei die Aktien zwecks Platzierung

---

290 *Buck-Heeb*, Rn 75; *Grunewald/Schlitt*, S. 10; MüKo-BGB/*Schäfer*, Bd 6, Vor § 705 BGB Rn 52.

291 *Kümpel*, Rn 9.2 f.

292 *Buck-Heeb*, Rn 75; *Grunewald/Schlitt*, S. 317; *Langenbucher*, § 13 Rn 21; Kümpel/Hammen/Ekkenga/*Ekkenga/Maas*, 55 Rn 293; MüKo-BGB/*Schäfer*, Bd 6, Vor § 705 BGB Rn 52.

293 Vgl. *Langenbucher*, § 13 Rn 20.

294 Allg. *Grunewald/Schlitt*, S. 17; *Kümpel*, Rn 9.18 ff.; vgl. SBL/*Seiler/Kniehase*, Vor § 104 Rn 22.

295 *Grunewald/Schlitt*, S. 177; Kümpel/Hammen/Ekkenga/*Ekkenga/Maas*, 55 Rn 75.

und trägt grundsätzlich das Platzierungsrisiko.[296] Regelmäßig übernehmen Konsortien die Emission und nicht Einzelbanken, da die Emission für Einzelbanken nur bei kleinen Volumina praktikabel ist. Sie kann für Einzelbanken zu umfang- oder risikoreich sein und die Leistungskraft, Risikobereitschaft und Fähigkeiten überschreiten.[297] Die Konsortialbildung dient mithin der Risikostreuung sowie der Bündelung von Ressourcen.

Kartellrechtlich kann die Betätigung als Konsortium an zwei Stellen relevant sein. Das Konsortium bietet dem Emittenten gemeinsam die Emissionserbringung an. Daneben bieten sie die Aktien in Durchführung der Emission gemeinsam an, sofern die den Zuschlag zur Emission erhalten. Auf beiden Ebenen sind kartellverbotswidrige Abstimmungen denkbar. Es wird zunächst auf das gemeinsame Angebot der Emissionserbringung eingegangen. Es wird dargelegt, dass es sich über den Arbeitsgemeinschaftsgedanken rechtfertigen kann. In Bezug auf das Angebot der Aktien zeigen sich hingegen spezifische Kapitalmarktbesonderheiten. Aus der strukturellen Einheitlichkeit der Emission folgt, dass ein abgestimmtes Angebot der Aktien durch die Konsortialmitglieder nicht gegen das Kartellverbot verstoßen muss.

b. Angebot der Emissionserbringung durch das Konsortium

aa. Möglicher Verstoß gegen das Kartellverbot

Bzgl. des Angebots der Emissionserbringung können die Konsortialmitglieder einerseits von Beginn an gegenüber dem Emittenten als Konsortium auftreten und damit gemeinsam ein Angebot für die Emissionserbringung abgeben. Dann sprechen sie den Auftritt am Markt für das Angebot der Emissionserbringung ab. Sie geben insoweit keine Einzelangebote ab. Durch das gemeinsame Angebot sprechen sie Preise und Konditionen des Angebots gegenüber dem Emittenten ab.[298] Sie agieren nicht wettbewerblich, sondern konzertiert. Sie einigen sich auf ein gemeinsames Vorgehen am Markt für die Emissionserbringung. Könnten sie dem Emittenten einzeln wettbewerblich die Emission anbieten, beschränkt die Konsortialbildung damit offensichtlich den Wettbewerb zwischen den Konsortialmitgliedern. Sie treten dann nicht als unabhängige Wettbewerber auf, sondern als Gruppen, obwohl ihnen ein Auftritt als Wettbewerber möglich wäre. Sie heben daher durch die Konsortialbildung den Wettbewerb zwischen sich auf und schränken die eigene wettbewerbliche Handlungsfreiheit ein, da sie sich die Möglichkeit nehmen, autonom und wettbewerblich eine Emissionserbringung anzubieten.

---

296 EBJS/*Groß*, Bank- und Börsenrecht, Rn VII 31; *Kümpel*, Rn 9.14; Kümpel/Hammen/Ekkenga/*Ekkenga*/*Maas*, 55 Rn 56M; üKo-BGB/*Schäfer*, Vor § 705 Rn 54; SBL/*Grundmann*, § 112 Rn 6.

297 *Bueren*, WM 2013, 585, 591; EBJS/*Groß*, Bank- und Börsenrecht Rn VII2; vgl. Kümpel/Ham-men/Ekkenga/*Ekkenga*/*Maas*, 55 Rn 49.

298 *Bueren*, WM 2013, 585, 591.

Ferner reduziert der gemeinsame Auftritt potentieller Wettbewerber die Zahl der wettbewerblich agierenden Anbieter. Sie senkt die Wettbewerbsintensität. Ebenso nehmen sie dem Emittenten, der die Emissionserbringung nachfragt, Auswahlmöglichkeiten, wenn sie Zahl der Anbieter reduzieren. Diese Einschränkung der Auswahlmöglichkeiten der Marktgegenseite beschränkt ebenso Wettbewerb.[299] Die Wettbewerbsbeschränkung beruht auch auf einer Abstimmung i.S.d. Kartellverbots. Die Konsortialabsprache ist eine Vereinbarung i.S.d. Kartellverbots. Eine solche Vereinbarung verlangt eine Verständigung darüber, in bestimmter Weise am Markt zu agieren.[300] Die Konsortialmitglieder geben ein gemeinsames Angebot der Emissionserbringung ab und vereinbaren damit einen gemeinsamen Marktauftritt. Das ist eine Verständigung über den Marktauftritt, mithin eine Vereinbarung. Auf dieser beruht die vorstehend beschriebene Wettbewerbsbeschränkung. Der gemeinsame Auftritt von Wettbewerbern als Konsortium, das ein gemeinsames Angebot zur Emissionserbringung abgibt, stellt grundsätzlich eine wettbewerbsbeschränkende Absprache dar.

Im Ausgangspunkt anders ist es hingegen, wenn das Konsortium nicht von Beginn an gemeinsam auftritt und dementsprechend auch kein gemeinsames Angebot abgibt. So kann bspw. ein Konsortialführer die Emissionserbringung zunächst allein anbieten und im Angebot vorsehen, dass zur Emissionsdurchführung Dritte hinzugezogen werden.[301] In diesem Fall liegt keine wettbewerbsbeschränkende Absprache der Konsortialmitglieder über den Marktauftritt am Markt für die Emissionserbringung vor, sofern der Konsortialführer das Angebot autonom unterbreitet und erst danach Dritte in die Emissionsdurchführung, mithin das Angebot des Emissionsprodukts am Kapitalmarkt, einbindet, ohne dass sie aber Einfluss auf das vom Konsortialführer autonom abgegebene Angebot haben. Es fehlt die Abstimmung von Wettbewerbern hinsichtlich dieses Angebots der Emissionsdurchführung gegenüber dem Emittenten. Die vom Konsortialführer angebotene Emission steht nur unter der Bedingung, dass nach der Annahme des Angebots durch den Emittenten Dritte als Konsortialmitglieder zur Durchführung der Emission hinzugezogen werden. Das Angebot gegenüber dem Emittenten stimmt der Konsortialführer jedoch nicht mit den Dritten ab, wenn er sie erst nach dem Zuschlag hinzuzieht und nicht in die Angebotserstellung involviert. In diesem Fall können die hinzugezogenen Dritten auch Wettbewerber des Konsortialführers am Markt für das Angebot der Emissionserbringung sein, da es dadurch allein nicht zu einer Abstimmung von Wettbewerbern im Wettbewerbsprozess an diesem Markt kommt. Es wird kein wettbewerbliches Verhalten abgestimmt, wenn die Wettbewerber erst nach der autonomen Angebotsunterbreitung durch den

---

299 Vgl. allg. zur Wettbewerbsbeschränkung Abschnitt B. IV. 2. a. dieser Arbeit.

300 *Bechtold/Bosch*, § 1 GWB Rn 17; Callies/Ruffert/*Weiß*, Art. 101 AEUV Rn 47.

301 *Bueren*, WM 2013, 585, 591; vgl. *Grunewald/Schlitt*, S. 180; Heidel/*Williamkowski*, Teil 2, Die Rolle der Banken bei der Aktienemission, Rn 11; vgl. Kümpel/Hammen/Ekkenga/*Ekkenga/Maas*, 55 Rn 50 u. 259.

Konsortialführer zur Emissionsdurchführung hinzugezogen werden. Es fehlt das Abstimmungselement. Das autonome Angebot des Konsortialführers unter Bedingung späterer Hinzuziehung Dritter zur Durchführung verletzt nicht das Kartellverbot.

Eine wettbewerbsbeschränkende Absprache liegt hingegen vor, wenn der angebotsunterbreitende Konsortialführer die Wettbewerber nicht erst nach dem Zuschlag zwecks der bloßen Beteiligung am Konsortium kontaktiert, sondern ihnen vor der Angebotsunterbreitung die Beteiligung als Konsortialmitglied verspricht, wenn sie von einem eigenen Angebot absehen, oder er sogar die Konditionen des Angebots mit diesen vergleichbar mit dem vorstehend dargestellten offenen Konsortium abstimmt. Der Konsortialführer unterbreitet das Angebot der Emissionsdurchführung zwar auch in diesem Fall äußerlich allein. Tatsächlich ist das Angebot aber mit den Wettbewerbern abgestimmt, die Konsortialmitglieder werden. Dieses Vorgehen ist als eine Art verstecktes Konsortium ebenso eine wettbewerbsbeschränkende Absprache wie das offene Konsortium, als das die Konsortialmitglieder von Beginn an agieren. Sehen die Wettbewerber in Aussicht auf eine Beteiligung am Konsortium von einem eigenen Angebot ab, wird deren wettbewerbliche Freiheit am Markt für das Angebot der Emissionserbringung ebenso limitiert wie die Auswahlmöglichkeiten der Emittenten als Marktgegenseite, da durch das abstimmungsbedingt ausbleibende eigene Angebot der Wettbewerber des Konsortialführers weniger Angebote vorliegen. Offensichtlich wird die wettbewerbsbeschränkende Abstimmung, wenn die Dritten nicht nur von einem eigenen Angeboten absehen, sondern zugleich mit dem Konsortialführer Inhalte des Angebots abstimmen, um insbesondere Risiken zu diversifizieren und Ressourcen zu bündeln, sodass sich das Vorgehen vom offenen Konsortium nur dahingehend unterscheidet, dass rein äußerlich das Angebot allein durch den Konsortialführer abgegeben wird. All dies beruht auf einer ausreichenden Abstimmung, wenn der Konsortialführer und die designierten Konsortialmitglieder das Vorgehen bewusst absprechen.

Der mögliche Kartellverstoß hängt von der Spürbarkeit der Wettbewerbsbeschränkung ab. Diese bestimmt sich primär an den Marktanteilen der Beteiligten.[302] Der Markt ist aus Sicht des Emittenten als Nachfrager der Emissionserbringung abzugrenzen. Am Markt sind alle Anbieter tätig, welche die entsprechende Emission anbieten. Es sind daher potentiell viele Banken und Konsortien am Markt tätig. Man wird eine gewisse Einteilung anhand des Emissionsumfangs vornehmen können, da bspw. eine großvolumige Emission wegen der damit verbundenen Risiken und dem finanziellen Aufwand wohl nur größere Unternehmen oder Konsortien anbieten. Räumlich ist der Markt wohl zumindest europaweit.[303] Dafür sprechen die Dienstleistungsfreiheit und der Umstand, dass professionell emissionsdurchführende Banken eine etwaige Sprachbarriere und rechtliche wie tatsächliche

302 Vgl. dazu Abschnitt B. IV. 2. b. dieser Arbeit.
303 *Bueren*, WM 2013, 585, 591.

Unterschiede als Hindernisse überwinden können. Je nach Größe und Marktanteil der am Konsortium beteiligten Banken sowie Emissionsumfang ist die Spürbarkeit daher nicht ausgeschlossen, v.a. wenn Marktanteile von 5–10 % reichen.[304]

bb. Mögliche Rechtfertigung als Arbeitsgemeinschaft

Das gemeinsame Angebot der Emissionserbringung durch ein Konsortium kann somit das Kartellverbot verletzen, wenn die Konsortialmitglieder die Emission einzeln als Wettbewerber anbieten könnten, da der abgestimmte Marktauftritt dann den Wettbewerb beschränkt. Offensichtlich ist dies, wenn die Beteiligten von Anfang an als Konsortium ein gemeinsames Angebot unterbreiten. Gleichzeitig beschränkt eine Betätigung von Unternehmen als Konsortium aber nicht pauschal den Wettbewerb. Eine horizontale Kooperation von Unternehmen kann den Wettbewerb beschränken, wenn sie als Wettbewerber wettbewerbliche Anstrengung aufgeben und ihr Marktverhalten koordinieren, aber auch fördern, wenn sie einen Marktzutritt erst ermöglicht.[305] Der erste Fall ist vorstehend beschrieben. Auf den zweiten Fall wird nun eingegangen.

Eine Konsortialbildung zum Angebot der Emissionserbringung zwecks Ermöglichung des Marktzutritts ist als Arbeitsgemeinschaft mit dem Kartellverbot vereinbar, da die Beteiligten die Leistung nicht alleine erbringen könnten.[306] Eine Arbeitsgemeinschaft ist eine Kooperation zur gemeinsamen Auftragsausführung.[307] Sie ist mit dem Kartellverbot vereinbar, wenn die Mitglieder nur als Arbeitsgemeinschaft als Wettbewerber am Markt tätig sein können. Die Kooperation ist dann zulässig. Die einzelnen Mitglieder sind für die Leistung keine Wettbewerber, da sie u.a. Kapazitäten zur Auftragsausführung nicht haben oder kein erfolgsversprechendes Angebot abgeben können und daher von einer Marktbetätigung absehen.[308] Der Arbeitsgemeinschaftsgedanke erlaubt Absprachen von Unternehmen, die Projekte nicht allein durchführen können.[309] Sie dürfen objektiv tatsächlich nicht einzeln am Markt auftreten können. In diesem Fall schafft die Kooperation einen Wettbewerber und fördert den Wettbewerb.[310] Wenn die Kooperation erst

---

304 Vgl. dazu Abschnitt B. IV. 2. b. dieser Arbeit.

305 IM/*Zimmer*, Bd 1, Art. 101 Abs. 1 AEUV Rn 254 f.

306 *Bueren*, WM 2013, 585, 591; LMR/*Grave*/*Nyberg*, Art. 101 Abs. 1 AEUV Rn 376.

307 *Bunte*, S. 90; Groeben, von der/Schwarze/*Haag*, Nach Artikel 101 - Fallgruppen Rn 246.

308 *Bechtold*/*Bosch*, § 1 GWB Rn 104; IM/*Zimmer*, Bd 2, § 1 GWB Rn 255; Schulte/Just/*Schulte*/*Lober*, § 1 GWB Rn 81; Schwarze/*Brinker*, Art. 101 AEUV Rn 64; *von Dietze*/*Janssen*, Rn 236; Wiedemann/*Lübbig*, § 9 Rn 229.

309 *Bunte*, S. 90; *Hauck*, CCZ 2010, 53, 56; GHN/*Schroeder*, Art. 101 AEUV Rn 533; IM/*Zimmer*, Bd 2, § 1 GWB Rn 255; vgl. Langen/Bunte/*Krauß*, Bd 1, § 1 GWB Rn 140.

310 *Bunte*, S. 91; IM/*Zimmer*, Bd 2, § 1 GWB Rn 255; LMR/*Grave*/*Nyberg*, Art. 101 AEUV Rn 321; MüKo-DtKartellR/*Säcker*, § 1 GWB Rn 39; Schulte/Just/*Schulte*/*Lober*, § 1 GWB Rn 81; *von Dietze*/*Janssen*, 2. Teil Rn 236.

die Teilnahme am Wettbewerbsgeschehen eröffnet, wird der Wettbewerb durch die Kooperation generell nicht beschränkt, sondern befördert, sodass eine Wettbewerbsbeschränkung abzulehnen ist.[311]

Die Konsortialbildung ist mithin als Arbeitsgemeinschaft mit dem Kartellverbot vereinbar, wenn die Konsortialmitglieder keine Wettbewerber am Markt für die Emissionserbringung sind und sie den Markzutritt ermöglicht. Sie beschränkt in diesem Fall nicht den Wettbewerb, wenn die Konsortialmitglieder nicht als Wettbewerber einzeln Angebote abgeben können und damit in keinem Wettbewerbsverhältnis stehen.[312] Gründe dafür können sein, dass sie das Risiko der Emission allein nicht tragen können oder nicht über nötige Finanzkraft verfügen.[313] Agieren mehrere Banken als ein Konsortium, die nicht wettbewerblich auftreten, schafft die Konsortialbildung das Konsortium erst als einen zusätzlichen Wettbewerber und belebt damit den Wettbewerb. Es werden nicht nur nicht die wettbewerblichen Freiheiten der Beteiligten beschränkt. Ebenso werden die Auswahlmöglichkeiten des Emittenten nicht limitiert. Vielmehr werden sie erweitert, indem das Konsortium als zusätzlicher Anbieter auftritt.

Zu beachten ist, dass sich die Banken, die allein nicht als Wettbewerber am Markt auftreten können, weil ihnen die Ressourcen oder die Kapazitäten dafür fehlen, nicht in beliebiger Zahl zusammenschließen dürfen. Schließen sich Unternehmen in einer Zahl zusammen, die eine getrennte Bildung zweier Arbeitsgemeinschaften erlaubt, ist die Bildung nur einer Arbeitsgemeinschaft aus allen Unternehmen problematisch.[314] Dann wird dem Emittenten insoweit Auswahlfreiheit genommen, da sich mehrere Konsortien hätten bilden können. Ebenso wird der Wettbewerb limitiert, hätten sich sonst zwei Konsortien gebildet. Faktisch sprechen sich dann zwei potentiell eigenständige Konsortien über den Marktauftritt ab. Um daraus eine wettbewerbsbeschränkende Abstimmung abzuleiten, die das Kartellverbot verletzt, wird man eine gewisse Wahrscheinlichkeit sowie weitere Anhaltspunkte dafür fordern müssen, dass sich ohne die Abstimmung zu einem Konsortium tatsächlich zwei Konsortien gebildet hätten.

Ferner muss man sich fragen, wann die Voraussetzungen für eine Arbeitsgemeinschaft wegen der Unmöglichkeit eines alleinigen Marktauftritts erfüllt sind. Voraussetzung dafür ist, dass die Beteiligten die Emission alleine nicht durchführen können, sondern erst in der Gruppe. Es muss somit objektiv ausgeschlossen sein, dass die Banken allein die Finanzmittel und Ressourcen haben, um die Emission anzubieten.

Daher ist eine zweite Konstellation, die den Anwendungsbereich des Arbeitsgemeinschaftsgedankens erweitert, von höherer Relevanz. Ein Verstoß gegen das

---

311 Langen/Bunte/*Krauß*, Bd 1, § 1 GWB Rn 139.

312 *Bueren*, WM 2013, 585, 591; LMR/*Grave*/*Nyberg*, Art. 101 Abs. 1 AEUV Rn 376; SBL/*Grundmann*, § 112 Rn 22; SBL/*Bunte*, § 141 Rn 15.

313 *Bueren*, WM 2013, 585, 591; LMR/*Grave*/*Nyberg*, Art. 101 AEUV Rn 376.

314 *Bunte*, S. 91.

Kartellverbot fehlt ebenso, wenn Wettbewerber miteinander kooperieren, welche die Leistung theoretisch alleine erbringen könnten, aber aus dritten Gründen die Leistung objektiv nicht alleine erbringen.[315] In diesem Fall sind sie objektiv keine Wettbewerber. Ihre Abstimmung ist keine Abstimmung von Wettbewerbern und beschränkt keinen Wettbewerb, sondern schafft den Wettbewerber in Form des Konsortiums erst, da sie ohne eine Kooperation objektiv nicht am Markt aufträten.

Zu Bietergemeinschaften in diesem Zusammenhang wird vertreten, dass sie zulässig sind, wenn ein selbständiges Vorgehen der Mitglieder wegen der Unattraktivität des Übernahmeobjekts und der Folgeinvestitionen wirtschaftlich unzweckmäßig und kaufmännisch unvernünftig ist.[316] Dann soll der Wettbewerb zwischen den Abstimmenden fehlen.[317] Da sie objektiv nicht einzeln am Markt auftreten, ist die Annahme eines fehlenden Wettbewerbsverhältnisses zutreffend. Der Gedanke lässt sich ferner auf Emissionskonsortien übertragen. Könnten die Konsortialmitglieder einzeln due Emission anbieten, ist es aber wirtschaftlich unzweckmäßig oder kaufmännisch unvernünftig, sie allein anzubieten, treten sie nicht als Wettbewerber auf. Denkbare Gründe sind eine umfangreiche Kapitalbindung oder hohe Risiken und Kosten, die ein Unternehmen nach kaufmännischer Vernunft nicht alleine tragen kann.[318] Entsprechend wird durch die Kooperation der Marktauftritt erst ermöglicht, obgleich die Konsortialmitglieder formal als Wettbewerber tätig sein könnten. Die Kooperation schafft einen Wettbewerber und beschränkt wie der eingangs beschriebene Grundfall der Arbeitsgemeinschaft keinen Wettbewerb. Die Konstellation kann sich bei Emissionskonsortien einstellen, wenn Emissionen hohe Umfänge haben und das wirtschaftliche Risiko zu hoch ist, um es alleine zu tragen.

Es ist jedoch insoweit Zurückhaltung geboten. Die Unzweckmäßigkeit und die Unvernunft dürfen nicht aus subjektiver Sicht der Beteiligten bestimmt werden. Um sicherzustellen, dass nicht über subjektive Einschätzung der Beteiligten eine als eine Arbeitsgemeinschaft getarnte Wettbewerbsbeschränkung möglich ist, muss eine objektive Betrachtung die Grundlage sein. Die Entscheidung, kein Angebot aus Gründen fehlender wirtschaftlicher Zweckmäßigkeit oder kaufmännischer Vernunft abzugeben und nicht als Wettbewerber aufzutreten, muss mithin objektiv nachvollziehbar sein.[319] Das Konsortium ist daher unzulässig, wenn sich die Mitglieder nur zusammenschließen, um damit Risiken zu minimieren oder Gewinne zu steigern, obgleich sie ohne Probleme wettbewerblich tätig sein könnten. Eine wettbewerbsbelebende Arbeitsgemeinschaft liegt nicht vor, wenn Beteiligte nur die Aufwendungen senken wollen.[320] Der Einzelne darf nicht nur kein

---

315 Langen/Bunte/*Braun*, Bd 2, Nach Art. 101 AEUV Rn 66.

316 *Bunte*, S. 91; *Hauck*, CCZ 2010, 53, 57 f.

317 BGH v. 13.12.1983, KRB 3/83 (= BB 1984, 364); *Bechtold/Bosch*, § 1 GWB Rn 104.

318 Vgl. allg. Langen/Bunte/*Braun*, Bd 2, Nach Art. 101 AEUV Rn 66.

319 *Bechtold/Bosch*, § 1 GWB Rn 104; *Emmerich*, § 10 Rn 37; vgl. LMR/*Grave/Nyberg*, Art. 101 Abs. 1 AEUV Rn 321; MüKo-DtKartellR/*Säcker*, § 1 GWB Rn 40.

320 *Bunte*, S. 91.

Angebot unterbreiten *wollen*, sondern muss es wegen der wirtschaftlichen Sachlage objektiv nicht unterbreiten *können*.[321] Gerade bei fehlender wirtschaftlicher Zweckmäßigkeit oder kaufmännischer Vernunft wird man im Übrigen die Zahl der am Konsortium Beteiligten ins Auge nehmen müssen. Schließen sie sich in einer Zahl zusammen, die zwei Konsortien erlaubt, kann ein Wettbewerber genommen und, wie oben beschrieben, ein Verstoß gegen Kartellverbot nicht ausgeschlossen werden.

Ferner kann in Grenzen eine Konsortialbildung einer Bank, die allein die Emission anbieten kann, mit Dritten, die nicht wettbewerblich auftreten und die Emission nicht einzeln anbieten können, mit dem Kartellverbot vereinbar sein. Grundsätzlich wird die Zahl der Wettbewerber nicht reduziert, wenn nur ein Mitglied allein als Wettbewerber am Markt auftreten könnte und die Anderen nicht.[322] Die am Konsortium beteiligten Dritten, die einzeln nicht wettbewerblich am Markt auftreten, stehen untereinander ebenso nicht im Wettbewerb wie mit dem Unternehmen, das allein am Markt auftreten kann.[323] Daher kann eine Konsortialbildung in dieser Konstellation zulässig sein.

Damit ist jedoch nicht automatisch jedes Konsortium solcher Dritter mit einer allein zum Angebot der Emissionserbringung fähigen Bank mit dem Kartellverbot vereinbar. Können sich die Dritten untereinander oder mit Anderen, die auch nicht einzeln die Emissionserbringung anbieten können, zu Konsortien zusammenschließen, ist die Zahl der Wettbewerber reduziert, wenn sich die Dritten mit der Bank zusammenschließen, die allein ein Angebot unterbreiten kann.[324] Dann ist das Konsortium mit der potentiell allein als Wettbewerber tätigen Bank unzulässig. Es wird dadurch die wettbewerbliche Freiheit der Dritten beschränkt, als ein unabhängiges Konsortium ohne die Bank, die das Angebot allein unterbreiten kann, und damit als deren Wettbewerber aufzutreten. Ebenso werden die Auswahlmöglichkeiten der Marktgegenseite beschränkt, wenn sich anderenfalls ein Konsortium ohne den allein am Markt als Wettbewerber Tätigen neben diesem als Wettbewerber gebildet hätte. Es wird mithin der Wettbewerb beschränkt.

Insoweit hängt viel vom Einzelfall ab. Nicht jede formale Möglichkeit Dritter, durch eine Konsortialbildung untereinander oder mit Anderen am Markt für das Angebot der Emissionserbringung aufzutreten, reicht aus, um eine Wettbewerbsbeschränkung anzunehmen. Um ein Wettbewerbsverhältnis mit der Bank, die alleine am Markt auftreten könnte, anzunehmen, muss die autonome Konsortialbildung der Dritten eine gewisse Wahrscheinlichkeit haben. Es muss wahrscheinlich sein, dass die Dritten, wenn sie nicht mit der Bank, die allein am Markt auftreten kann, ein Konsortium bilden, untereinander oder mit anderen ein Konsortium bilden, um als Wettbewerber neben dieser aufzutreten.

---

321 Wiedemann/*Lübbig*, § 9 Rn 229.
322 GHN/*Schroeder*, Art. 101 AEUV Rn 533; Wiedemann/*Lübbig*, § 9 Rn 232.
323 Wiedemann/*Lübbig*, § 9 Rn 232.
324 Allg. zu Arbeitsgemeinschaften: GHN/*Schroeder*, Art. 101 AEUV Rn 533.

cc. *Zusammenfassung*

Im Ergebnis ist eine Betätigung als Emissionskonsortium am Markt für das Angebot der Emissionserbringung mit Blick auf das Kartellverbot nicht unproblematisch. Die Konsortialbildung durch Wettbewerber kann gegen das Kartellverbot verstoßen. Sie ist aber nicht generell unzulässig. Sie ist als eine Arbeitsgemeinschaft zulässig, soweit sie den Konsortialmitgliedern erst den Marktzutritt ermöglicht. In Grenzen kann darüber hinaus auch eine Kooperation von Unternehmen mit dem Kartellverbot vereinbar sein, die einzeln wettbewerblich auftreten können. Das hängt davon ab, ob ein alleiniger Auftritt als Wettbewerber objektiv wirtschaftlich unzweckmäßig und kaufmännisch unvernünftig ist. Es darf dabei jedoch keine subjektive Betrachtung aus Sicht der Beteiligten zugrunde gelegt werden. Die Konsortialbildung einer Bank, die allein ein Angebot der Emissionserbringung unterbreiten und wettbewerblich auftreten könnte, mit Dritten, die nicht allein auftreten können, ist ferner ebenso in Grenzen möglich, sofern die Dritten untereinander oder mit Anderen kein eigenes Konsortium als Wettbewerber neben dieser Bank bilden können. Die autonome Konsortialbildung muss jedoch eine gewisse Wahrscheinlichkeit erreichen, um tatsächlich ein Wettbewerbsverhältnis annehmen zu können. Generell ist dabei immer die Zahl der Beteiligten zu betrachten, um zu prüfen, ob sich auch mehrere Konsortien hätten bilden können und damit durch die gegebene Bildung eines insoweit großen Konsortiums doch ein Wettbewerber genommen wird.

Abschließend ist zu beachten, dass die Zulässigkeit des Konsortiums als Arbeitsgemeinschaft kein Freibrief für eine wettbewerbsbeschränkende Abstimmung ist. Er lässt nur die für die Durchführung des Projekts erforderlichen Absprachen zu.[325] Eine allgemeine Abstimmung des Marktverhaltens über diese Grenzen hinaus ist jedoch unzulässig. Die Konsortialmitglieder dürfen nur den Marktauftritt des Angebots der Emissionserbringung als Arbeitsgemeinschaft abstimmen. Ferner sei erwähnt, dass die Konsortialbildung erlaubt ist, wenn der Emittent nur Konsortien akzeptiert.[326] Dann können Einzelbanken, selbst wenn sie in der Lage sind, die Emission einzeln durchzuführen, sie nicht anbieten. Sie sind dann keine Wettbewerber. Dann beschränkt eine Konsortialbildung nicht den Wettbewerb, sondern ermöglicht erst den Marktauftritt.

c. *Angebot des Emissionsprodukts durch das Konsortium*

aa. *Möglicher Verstoß gegen das Kartellverbot*

Die abgestimmte Betätigung des Konsortiums am Markt für das Angebot der Aktien als das Emissionsprodukt ist der zweite kartellrechtlich relevante Bereich.

---

325 *Hauck*, CCZ 2010, 53, 59; IM/*Emmerich*, Bd 1, Art 101 Abs. 1 AEUV Rn 141; LMR/*Grave/Nyberg*, Art. 101 Abs. 1 AEUV Rn 322; *von Dietze/Janssen*, Rn 237.

326 Allg. zu Arbeitsgemeinschaften: *von Dietze/Janssen*, Rn 236.

Bietet das Konsortium die Aktien als juristische Person an, erfordert das Angebot keine Absprache, da nur ein Anbieter auftritt. Ein solches Vorgehen ist aber unwahrscheinlich. Das Konsortium ist in der Regel eine GbR als Innengesellschaft, wobei die Konsortialmitglieder nach außen auftreten und die Aktien anbieten.[327] Grundsätzlich übernehmen die Konsortialmitglieder je einen Teil der Aktien und platzieren sie auf eigenes Risiko.[328]

Der Konsortialführer kann mit den übrigen Konsortialmitgliedern dabei Einzelverträge zur Übernahme eines Teils der Aktien schließen, oder die Konsortialmitglieder können zusammen ein Einheitskonsortium bilden.[329] Zweiteres ist insbesondere wahrscheinlich, wenn die Beteiligten von Beginn an als Konsortium gemeinsam auftreten und ein gemeinsames Angebot der Emissionserbringung unterbreiten. Unabhängig von der konkreten Gestaltung vereinbaren sie typischerweise einen einheitlichen Preis für die Aktien.[330] Sei es nun, dass der Konsortialführer ihn vorgibt und die Konsortialmitglieder ihn akzeptieren, oder sie gemeinsam einen Preis festlegen. Im Bookbuilding-Verfahren legt sich das Konsortium auf eine Preisspanne fest, innerhalb derer die Erwerber ihr Angebot zum Erwerb der Aktien stellen.[331] Sie können jedoch auch einen Fix- oder Mindestpreis festlegen.[332] All diese Formen der Preisabstimmung sind Preisabsprachen.[333] Auch die Vereinbarung einer Preisspanne beschränkt die Preissetzungsfreiheit, da die Wettbewerber die Preise nicht autonom bestimmen, sondern sich auf die Preisspanne einigen. Daneben können sie auch dritte Angebotskonditionen und -modalitäten wie den Zeitpunkt und Umfang von Teilplatzierungen abstimmen oder Märkte und Kunden aufteilen. Insgesamt können sie die Platzierung der Aktien und damit den Verkauf koordinieren.

Diese Koordinierung gewährleistet eine einheitliche Emission, die auch gewollt und vorgesehen ist, insbesondere seitens des Emittenten. Dies impliziert eine Einheitlichkeit der Verkaufsbedingungen und eine Abstimmung des Verkaufs durch die Konsortialmitglieder. Ein abgestimmter Verkauf durch Wettbewerber verletzt jedoch grundsätzlich das Kartellverbot, da er den Preis- und Konditionenwettbewerb beschränkt.[334] Die Konsortialmitglieder sind hinsichtlich des Angebots der Aktien als Emissionsprodukt formal Wettbewerber. Wenn sie die zu emittierenden

---

327 MüKo-BGB/*Schäfer*, Bd 6, Vor § 705 BGB Rn 54, 56.

328 EBJS/*Groß*, Bank- und Börsenrecht, Rn VII 31; *Kümpel*, Rn 9.14; Kümpel/Hammen/Ekken-ga/*Ekkenga/Maas*, 55 Rn 56M; MüKo-BGB/*Schäfer*, Bd 6, Vor § 705 BGB Rn 54; SBL/*Grundmann*, § 112 Rn 6.

329 Kümpel/Hammen/Ekkenga/*Ekkenga/Maas*, 55 Rn 60 f.

330 *Bueren*, WM 2013, 585, 592.

331 Kümpel/Hammen/Ekkenga/*Ekkenga/Maas*, 55 Rn 127 ff.; *Langenbucher*, § 13 Rn 44.

332 Kümpel/Hammen/Ekkenga/*Ekkenga/Maas*, 55 Rn 125 (Festpreis) und 133 (Mindestpreis).

333 Allg. zu solchen Preisabsprachen: Langen/Bunte/*Hengst*, Bd 2, Art. 101 AEUV Rn 265.

334 Callies/Ruffert/*Weiß*, Art 101 AEUV Rn 183.

Aktien untereinander zwecks Platzierung durch die einzelnen Konsortialmitglieder aufteilen, könnten sie diese Aktien auch wettbewerblich anbieten. Sie könnten mithin als Wettbewerber am Markt für das Angebot der Aktien agieren. Stimmen sie den Verkauf ab, koordinieren sie mithin auf den ersten Blick einen wettbewerblichen Vorgang. Sie limitieren eigentlich eigene wettbewerbliche Handlungsfreiheit, da sie sich die Möglichkeit nehmen, die Preise für die Aktien und die sonstigen Konditionen und Modalitäten des Marktauftritts autonom zu bestimmen. Ebenso nehmen sie den Anlegern als Marktgegenseite durch die Gleichschaltung des Angebots Auswahlmöglichkeiten. Legt man dies zugrunde, wird der Wettbewerb beschränkt.

Der Verstoß gegen das Kartellverbot kann an der fehlenden Spürbarkeit der Wettbewerbsbeschränkung scheitern. Dafür sprechen die großen Gattungsmärkte, bspw. für börsengehandelte Aktien der zumindest bundesweite Markt für börsengehandelte Unternehmensbeteiligungen. Der Umstand, dass die Emission am Primärmarkt stattfindet, verkleinert den Markt nicht automatisch, da der Primär- und Sekundärmarkt nicht generell zu trennen sind.[335] Es ist aber denkbar, dass sich bei einer Emission der Markt auf das Emissionsprodukt verengt, indem bspw. eine Anlegerpräferenz entsteht, da mit der börslichen Emission erstmalig dem breiten Anlegerpublikum eine Möglichkeit gegeben ist, die Aktien zu erwerben.[336] Auf diesem verengten Markt wäre der Marktanteil der Konsortialmitglieder in jedem Fall hoch genug für die Spürbarkeit.

bb. Mögliche Rechtfertigung des Kartellverstoßes

(1). Eingangsüberlegungen

Obgleich das abgestimmte Angebot der Aktien durch die Konsortialmitglieder auf den ersten Blick spürbar Wettbewerb beschränken kann, verletzt es nicht das Kartellverbot. Man darf das Angebot insoweit nicht losgelöst von der Konsortialbildung zur Emissionserbringung und der Funktionsweise der Emission bewerten. Die Emission ist marktstrukturell als einheitlicher Vorgang zu verstehen. Das Konsortium bietet gemeinsam eine Emission an, welche die Konsortialmitglieder lediglich umsetzen.

Eine generelle kartellrechtliche Unzulässigkeit des abgestimmten Angebots der Aktien konterkariert das zulässige gemeinsame Angebot der Emission durch das Konsortium als Einheit sowie die in der Emission tatsächlich angelegte strukturelle Einheitlichkeit der Emission als Vorgang. Die Aktien sollen einheitlich platziert werden und nicht im Binnenverhältnis der Konsortialmitglieder wettbewerblich. Dies ist auch vom Emittenten intendiert und gewollt, der die Aktienemission als einheitlichen Vorgang auffasst. Es ist nicht im Interesse des Emittenten, dass die

335 Vgl. dazu Abschnitt B. III. d. bb. (2). dieser Arbeit.

336 Vgl. zu Anlegerpäferenzen Abschnitt B. III. e. cc. dieser Arbeit.

Konsortialmitglieder, die nur die Emission für den Emittenten übernehmen, weil er selbst v.a. die Risiken und Kosten nicht tragen kann, die Aktien im Binnenverhältnis wettbewerblich anbieten. Vielmehr wird er ein einheitliches und möglich effizientes Vorgehen der Konsortialmitglieder wünschen, damit sie über eine Abstimmung und Koordinierung des Angebots der Aktien v.a. die bestmöglichen Ausgabepreise und eine breite sowie umfassende Emission erreichen können. Dann wird das vom Emittenten intendierte Finanzierungsziel bestmöglich erreicht, weil er dadurch möglichst viel Kapital einsammeln kann. Daher ist ein konzertiertes Vorgehen im Konsortium im Interesse des Emittenten.

Ferner ist zu beachten, dass die Konsortialmitglieder anstelle des Emittenten auftreten. Dieser hätte die Emission einheitlich vorgenommen, wenn er sie denn selbst vorgenommen hätte. Die Emission verliert durch die Zwischenschaltung des Konsortiums als Vorgang strukturell nicht ihre Einheitlichkeit. Das Konsortium ist eine zwischengeschaltete Einheit, deren Einsatz sich vor allem in der erforderlichen Bündelung von Kapital und Kapazitäten sowie der Minimierung von Risiken begründet.

Auch darf nicht außer Betracht bleiben, dass das vorgeschaltete gemeinsame Angebot der Emissionsdurchführung durch das Konsortium wegen der damit verbundenen wettbewerbsbelebenden Effekte am Markt für die Emissionserbringung zulässig ist. Es ist durchaus nicht auszuschließen, dass dieses gemeinsame Angebot der Emissionserbringung überhaupt erst möglich wird, weil die Konsortialmitglieder das Angebot der Aktien als Emissionsprodukt abstimmen und darüber die Risiken und Kosten auf ein für das einzelne Konsortialmitglied erst tragbares Niveau senken. Diese Effekte wären konterkariert, ließe man das einheitliche Angebot der Aktien, auf welches die Konsortialbildung ausgerichtet ist, nicht zu. Lässt man das abgestimmte Angebot der Aktien nicht zu, stellen sich diese Effekte nicht ein. Das Konsortium träte nicht als zusätzlicher Wettbewerber am Markt für das Angebot der Emissionserbringung auf, womit die wettbewerbsförderlichen Effekte an diesem Markt ausblieben.

Das Konsortium ist ferner auf das Angebot der Aktien in Ausführung der Emission gerichtet. Die Konsortialbildung ermöglicht das Angebot der Aktien durch die Konsortialmitglieder. Das Angebot der Emission als Konsortium ist daher mit dem Angebot der Aktien verknüpft. Die Emission ist dabei strukturell als ein einheitlicher Vorgang anzusehen, da die Aktien einheitlich am Markt platziert werden soll und das Konsortium auch ebendiese einheitliche Emissionserbringung anbieten. Das impliziert die einheitliche Durchführung der Emission durch das Konsortium, mithin das einheitliche Angebot der Aktien. Unterstützt wird dies dadurch, dass das gemeinsame Angebot der Emission durch das Konsortium zwangsläufig auch auf eine gemeinsame Emissionsdurchführung ausgerichtet ist, sofern sich daraus erst die Synergien ergeben, die den Konsortialmitgliedern ein gemeinsames Angebot der Emissionserbringung als Konsortium ermöglichen. Das gemeinsame Angebot der Emission und die strukturelle Einheitlichkeit der Emission implizieren, dass die Emission im Binnenverhältnis der Konsortialmitglieder nicht als ein wettbewerblicher, sondern als ein einheitlicher Vorgang verstanden und vorgenommen wird. Die Aktien sollen einheitlich platziert werden. Ebendem widerspricht ein im Binnenverhältnis der Konsortialmitglieder wettbewerbliches Angebot der Aktien. Das Konsortium tritt anstelle des Emittenten auf, der sonst die Aktien anböte. Auch dann gäbe es nur einen Anbieter, der die Aktien einheitlich platziert, und kein im Binnenverhältnis wettbewerbliches Angebot der Aktien. Dadurch dass das Konsortium an die Stelle des Emittenten tritt, verliert die Emission nicht diese Einheitlichkeit. Um die Einheitlichkeit der Emission zu spiegeln, müssen die Konsortialmitglieder den Marktauftritt hinsichtlich des Angebots der Aktien abstimmen können.

Eine kartellrechtliche Zulässigkeit des abgestimmten Angebots der Aktien als Durchführung der Emission entspräche somit der Struktur der Emission als einem einheitlichen Vorgang. Diese Struktur wäre durch ein kartellrechtliches Verbot des abgestimmten Angebots konterkariert. Daraus folgt jedoch nicht automatisch die kartellrechtliche Zulässigkeit des abgestimmten Angebots der Aktien durch die Konsortialmitglieder. Sie entspräche lediglich der Struktur und Funktion der Emission. Es stellt sich daher die Frage, wie das insoweit wirtschaftlich und tatsächlich sinnvolle sowie auch strukturell in der Einheitlichkeit der Emission angelegte abgestimmte Angebot der Aktien kartellrechtlich zugelassen werden kann. Zunächst ist in diesem Zusammenhang festzuhalten, dass die Zulässigkeit, anders als für die Abstimmung des Angebots der Emissionserbringung gegenüber dem Emittenten, nicht aus dem Arbeitsgemeinschaftsgedanken folgt. Die Konsortialmitglieder agieren hinsichtlich des Angebots der Aktien nicht als Einheit, sondern stimmen vielmehr ihr paralleles Marktverhalten am Markt für die zu emittierenden Aktien ab. Ferner ist das abgestimmte Angebot der Aktien für den Auftritt an diesem Markt nicht direkt erforderlich, da sie die Aktien formal auch wettbewerblich anbieten könnten. Eine Zulässigkeit gemessen am Kartellverbot ist aber auf anderen Wegen zu erreichen.

(2). Konsortium als wirtschaftliche Einheit

Eine Zulässigkeit des abgestimmten Angebots folgt aus einer wirtschaftlichen Einheit der Konsortialmitglieder in Bezug auf das Angebot der Aktien. Obgleich sie die Aktien formal wettbewerblich anbieten könnten, folgt die Vereinbarkeit der Abstimmung des Angebots mit dem Kartellverbot aus der vorstehend schon beschriebenen in der Emission strukturell angelegten Einheitlichkeit der Emission. Daraus folgt, dass die Konsortialmitglieder im Konsortium nicht als Wettbewerber anzusehen sind, soweit es um die Emissionsdurchführung geht. Nimmt man dies an, stimmen sie keine Wettbewerber ab, wenn sie das Angebot der Aktien abstimmen. Es fehlt das Wettbewerbsverhältnis, in dem Wettbewerb beschränkt werden kann. Diese Annahme begründet sich wie folgt:

Obgleich die Konsortialmitglieder die Aktien einzeln anbieten, führen sie die Emission als Einheit aus, da sie diese als Konsortium gemeinsam anbieten. Dem steht nicht entgegen, dass sie die Aktien untereinander aufteilen. Gewinn und Verlust aus der Platzierung des jeweils übernommenen Teils treffen damit zwar nur das jeweilige Konsortialmitglied.[337] Im als GbR ausgestalteten Konsortium wird die gleichmäßige Gewinn- und Verlustverteilung zwischen den Konsortialmitgliedern in der Regel abbedungen.[338]

Trotzdem bieten sie die Aktien aus einer tatsächlichen Betrachtung heraus nicht als autonom anzusehende Marktteilnehmer an. Insoweit darf die Zugehörigkeit zum Konsortium nicht ausgeblendet werden. Wegen der Stellung als Konsortialmitglied und wegen des gemeinsamen Angebots der Emission besteht eine Bindung zwischen den Konsortialmitgliedern, die sie wirtschaftlich und tatsächlich zu einer Einheit verklammert. Es stehen nicht beliebige Kapitalmarktakteure als Anbieter nebeneinander, die zufällig die gleichen Aktien anbieten und sich über das Angebot abstimmen. Sie bilden vielmehr ein Konsortium, das gemeinsam eine strukturell als einheitlich zu verstehende Emission anbietet. Daher sind sie hinsichtlich des Angebots der Aktien keine voneinander unabhängigen Wettbewerber. Ferner schulden sie dem Emittenten als Konsortium die Platzierung.[339] Auch wird bei einem Ausfall eines Konsortialmitglieds eine Nachschusspflicht der anderen Mitglieder gegenüber dem Emittenten angenommen, wenn es keine abweichende Regelung gibt.[340] Daraus lässt sich eine wirtschaftliche und tatsächliche Verbundenheit der Konsortialmitglieder ableiten. Jedes Konsortialmitglied ist nicht nur auf den eigenen Erfolg fixiert, sondern auf den Erfolg des Konsortiums als Anbieter der gemeinsam vorgenommenen Emission ausgerichtet. Man kann sie daher hinsichtlich des Angebots des Emissionsprodukts als eine wirtschaftliche und tatsächliche Einheit ansehen. Als diese Einheit stehen sie aufgrund der strukturellen Einheitlichkeit der Emission nicht in einem Wettbewerbsverhältnis zueinander.

Diese Negierung des Wettbewerbsverhältnisses für das Angebot der Aktien durch eine Verklammerung zur Einheit bestätigt auch sich in der eingangs schon beschriebenen Funktionsweise der Emission. Es sollen die Aktien als Gesamtheit platziert werden. Die Emission ist als einheitlicher Vorgang zu verstehen. Sie sieht der Funktionsweise nach vor, die Aktien im Binnenverhältnis der beteiligten Konsortialmitglieder nicht wettbewerblich anzubieten. Sie bieten keine wettbewerbliche, sondern eine einheitliche Emission an. Sie emittieren als Konsortium anstelle des Emittenten, der das Produkt ebenso im Binnenverhältnis nicht wettbewerblich anböte. Das nimmt der Emission nicht die Einheitlichkeit. Ein im Binnenverhältnis wettbewerbliches Angebot der Aktien ist funktional nicht vorgesehen, da die Emission ein einheitlicher Vorgang ist. Die Abstimmung des Angebots der Aktien darf nicht ohne die Berücksichtigung dieses Zusammenhangs zur Konsortialbildung und dieser Funktionsweise der Emission beurteilt werden.

---

337 EBJS/*Groß*, Bank- und Börsenrecht, Rn VII 43; MüKo-BGB/*Schäfer*, Bd 6, Vor § 705 BGB Rn 54; SBL/*Grundmann*, § 112 Rn 103.

338 Kümpel/Hammen/Ekkenga/*Ekkenga*/*Maas*, 55 Rn 284 f.

339 EBJS/*Groß*, Bank- und Börsenrecht, Rn VII 22; SBL/*Grundmann*, § 112 Rn 70, 91.

340 Siehe: *Grunewald*/*Schlitt*, S. 184; Kümpel/Hammen/Ekkenga/*Ekkenga*/*Maas*, 55 Rn 275.

Durch die Verklammerung zur Einheit durch das die einheitliche Emission anbietende Konsortium sind die Konsortialmitglieder in der Emissionsdurchführung, mithin bei Angebot der Aktien, nicht als im einem Wettbewerbsverhältnis stehende Anbieter anzusehen. Die Abstimmung des Angebots der Aktien durch die Konsortialmitglieder beschränkt daher nicht Wettbewerb, da sie wegen Verklammerung zur Einheit durch die Einheitlichkeit der Emission, die im Binnenverhältnis nicht wettbewerblich ist, keine Wettbewerber sind.

Dem steht nicht entgegen, dass in jedem Kartell die Kartellbeteiligten eine Einheit bilden. Sie stimmen sich ab und agieren einheitlich am Markt. Damit werden sie aber nicht automatisch zu einer wirtschaftlichen Einheit. Die normale Kartellierung ist mit dem vorliegenden Fall nicht vergleichbar. Die Konsortialmitglieder stimmen sich nicht willkürlich ab, um lediglich Vorteile aus der Abstimmung zu ziehen. Durch die Verklammerungswirkung der Konsortialbildung wird die Abstimmung vielmehr die Willkürlichkeit genommen. Sie erhält einen Zweck, der sie von der normalen Kartellierung unterscheidet. Ferner ist insoweit auch die strukturelle Einheitlichkeit der Emission zu beachten. Die Konsortialmitglieder setzen durch das einheitliche Angebot der Aktien nur um, was die Einheitlichkeit der Emission marktstrukturell schon intendiert. Die Konsortialmitglieder sprechen sich nicht willkürlich und als im Wettbewerb stehende Anbieter ab, sondern als Mitglieder des Emissionskonsortiums, das als Einheit die strukturell einheitliche Emission anbietet und in der Folge auch durchführt. Diese Einheitlichkeit wirkt auf das Angebot der Aktien durch, das als einheitlich und nicht als wettbewerblich zu werten ist. Sie nimmt der Abstimmung in dieser Hinsicht die Willkürlichkeit. Ferner nimmt die strukturelle Einheitlichkeit der Emission nicht nur die Willkürlichkeit der Abstimmung, sondern hebt auch das Wettbewerbsverhältnis zwischen den Konsortialmitgliedern als Anbieter der Aktien auf. Sie nimmt dem Angebot der Aktien durch die Konsortialmitglieder mithin im Binnenverhältnis die Wettbewerblichkeit. In der Folge stehen die Konsortialmitglieder als Anbieter der Aktien auch nicht im Wettbewerb. Folglich kann der Wettbewerb nicht beschränkt werden, wenn sie das Angebot der Aktien abstimmen.

Die Berücksichtigung einer wirtschaftlichen Einheit als ein Grund, der eine Abstimmung vom Kartellverbot ausnimmt, findet sich auch bei konzerninternen Absprachen. Der Konzern wird als eine wirtschaftliche Einheit angesehen, sodass eine Absprache zwischen einem beherrschten und dem herrschenden Unternehmen nicht das Kartellverbot verletzt, wenn das beherrschte Unternehmen Marktverhalten nicht autonom bestimmt.[341] Die Abstimmung im Konzern ist durch diese wirtschaftliche Einheit dem Kartellverbot entzogen. Die Ausnahme fußt darauf,

---

341 EuGH v. 14.07.1972, Rs. 48/69, ECLI:EU:1972:70, Rn 132/135 – *„ICI"*; EuGH v. 11.04.1989, Rs. 66/86, ECLI:EU:1989:140, Rn 35 – *„Ahmed Saeed Flugreisen"*; *Bechtold/Bosch*, § 1 GWB Rn 29; *Bechtold/Bosch/Brinker*, Art. 101 AEUV Rn 58; Schulze/Zuleeg/Kadelbach/*Mäger*, § 16 Rn 189.

dass konzerninterne Absprachen nicht den Wettbewerb beschränken.[342] Die Konzerngesellschaften stehen insoweit nicht im Wettbewerb.[343] Da ihnen durch die Konzernierung die wirtschaftliche Autonomie fehlt, besteht kein beschränkungsfähiger Wettbewerb zwischen ihnen.[344] Es fehlt das Wettbewerbsverhältnis. Sie stehen nicht als unabhängige Wettbewerbsteilnehmer nebeneinander, sondern sind aufgrund der Verklammerung zum Konzern als eine Einheit zu werten.

Emissionskonsortien sind offensichtlich keine Konzerne. Die Konsortialmitglieder sind weder vom Emissionskonsortium noch vom Konsortialführer in einer Weise abhängig wie die Konzerngesellschaften von der Muttergesellschaft. Die Konsortialmitglieder genießen wirtschaftliche Autonomie. Sie können selbstbestimmt am Markt agieren und unterliegen keinen Weisungen. Vor allem könnten sie die Aktien formal wettbewerblich anbieten. Eine Gleichsetzung des Konsortiums mit Konzernen wird in dieser Arbeit auch nicht angenommen. Das Konzernprivileg dient lediglich als Beispiel und Bestätigung dafür, dass eine wirtschaftliche Einheit und die Zusammengehörigkeit von Unternehmen im Kartellrecht Berücksichtigung finden kann. Diese Aspekte können dazu führen, dass eine Abstimmung zwischen zur Einheit verklammerter Unternehmen nicht den Wettbewerb beschränkt, da zwischen ihnen aus tatsächlicher Betrachtung kein Wettbewerbsverhältnis besteht. Ebendies lässt sich auf Emissionskonsortien übertragen und bestätigt die obenstehenden Ausführungen zur wirtschaftlichen Einheit der Konsortialmitglieder hinsichtlich des Angebots der Aktien.

Da die Emission strukturell ein einheitlicher Vorgang ist, besteht in tatsächlicher Hinsicht kein Wettbewerbsverhältnis zwischen den Konsortialmitgliedern. Die Emission, die sie als Konsortium anbieten, verklammert sie zur Einheit. Es besteht eine gewisse strukturelle Ähnlichkeit zu Konzernsachverhalten. Die Konsortialmitglieder sind hinsichtlich des Angebots der Aktien ebenso zur tatsächlichen wie wirtschaftlichen Einheit verklammert. Obgleich sie die übernommenen Aktien jeweils auf eigenes Risiko platzieren, sind sie doch an einer erfolgreichen Gesamtemission interessiert, was für eine wirtschaftliche wie tatsächliche Verbundenheit spricht. Darüber hinaus ist die Emission im Binnenverhältnis strukturell wettbewerbslos. Das ähnelt dem Konzern. In diesem besteht im Verhältnis der Konzerngesellschaften ebenso kein Wettbewerbsverhältnis. Das folgt zwar aus einer fehlenden Autonomie sowie der Weisungsmacht der Muttergesellschaft. Dies spricht jedoch nicht dagegen, im Emissionskonsortium ebenso eine

---

342 Callies/Ruffert/*Weiß*, Art. 101 AEUV Rn 40; Groeben, von der/Schwarze/*Schröter/ Voet van Vormizeele*, Art. 101 AEUV Rn 100; IM/*Emmerich*, Bd 1, Art 101 Abs. 1 AEUV Rn 50; IM/*Zimmer*, Bd 2, § 1 GWB Rn 48 u. 112; GHN/*Stockenhuber*, Art. 101 AEUV Rn 166.

343 Callies/Ruffert/*Weiß*, Art 101 AEUV Rn 40 u. 80; *Emmerich*, § 4 Rn 45; Schwarze/*Brinker*, Art. 101 AEUV Rn 52.

344 *Bunte*, S. 86; Callies/Ruffert/*Weiß*, Art. 101 AEUV Rn 82; IM/*Emmerich*, Bd 1, Art 101 Abs. 1 AEUV Rn 50 f.; GHN/*Stockenhuber*, Art. 101 AEUV Rn 166.

Wettbewerbslosigkeit im Binnenverhältnis anzunehmen. Diese folgt lediglich nicht aus fehlender Autonomie oder Weisungsmacht, sondern der marktstrukturell vorgegebenen Einheitlichkeit der Emission.

Mithin ergibt sich für Emissionskonsortien eine zumindest in der Grundausrichtung dem Konzern formal ähnliche wirtschaftliche Einheit der Konsortialmitglieder sowie eine Wettbewerbslosigkeit im Binnenverhältnis, auch wenn sich diese beiden Punkte anders begründen als im Konzern. Daher zeigt sich am Konzern, dass aufgrund ebendieser Aspekte das Wettbewerbsverhältnis zwischen entsprechend verklammerten Unternehmen abgelehnt werden kann. Das bestätigen die obenstehenden Ausführungen zur das Wettbewerbsverhältnis aufhebenden wirtschaftlichen und tatsächlichen Einheit der Konsortialmitglieder hinsichtlich des Angebots der Aktien.

Im Ergebnis folgt aus der strukturellen Einheitlichkeit der Emission sowie dem gemeinsamen Angebot dieser einheitlichen Emission durch die Konsortialmitglieder als Konsortium eine wirtschaftliche und tatsächliche Einheit der Konsortialmitglieder hinsichtlich des Angebots der Aktien. Daraus folgt wiederum hinsichtlich des Angebots der Aktien eine Wettbewerbslosigkeit im Binnenverhältnis der Konsortialmitglieder. Sie stehen in keinem Wettbewerbsverhältnis in Bezug auf deren Angebot, sodass eine Abstimmung dieses Angebots keinen Wettbewerb beschränkt. Dieses Ergebnis bestätigt sich in einer Kontrollüberlegung. Das Emissionskonsortium nimmt die Emission lediglich anstelle des Emittenten vor. Dadurch wird die Emission nicht zu einem wettbewerblichen Geschehen im Binnenverhältnis, sondern bleibt ein einheitlicher Vorgang.

(3). Zulässige Nebenabrede zur Konsortialbildung

Will man dem vorstehenden Ergebnis nicht folgen, kann die Abstimmung des Angebots als zulässige Nebenabrede zur Emissionserbringung mit dem Kartellverbot vereinbar sein.[345] Kartellrechtlich zulässige Nebenabreden sind mit der Durchführung einer kartellrechtsneutralen Hauptmaßnahme unmittelbar verbundene objektiv notwendige wettbewerbsbeschränkende Vereinbarungen.[346] Sie müssen im Weiteren erforderlich und verhältnismäßig sein.[347] Das dient dazu, diese ungeschriebene Ausnahme vom Kartellverbot nicht ausufern zu lassen und den

345 *Bueren*, WM 2013, 585, 592.

346 EuG v. 18.09.2011, Rs. T-112/99, ECLI:EU:T2001:215, Rn 104 – *„M6 u.a/Kommission“*; EuG v. 24.05.2012, Rs. T-111/08, ECLI:EU:T:2012:260, Rn 77 – *„Mastercard u.a./Kommission“*; *Bunte*, S. 93; Groeben, von der/Schwarze/*Schröter*/*Voet van Vormizeele*, Art. 101 AEUV Rn 90; Langen/Bunte/*Hengst*, Bd 2, Art. 101 AEUV Rn 186.

347 EuGH v. 11.09.2014, Rs. C-382/12 P, ECLI:EU:C:2014:2201, Rn 107 – *„Mastercard u.a./Kommission“*; GHN/*Stockenhuber*, Art. 101 AEUV Rn 151; *Bunte*, S. 93; IM/*Emmerich*, Bd 1, Art. 101 Abs. 1 AEUV Rn 141; Langen/Bunte/*Hengst*, Bd 2, Art. 101 AEUV Rn 186; LMR/*Grave*/*Nyberg*, Art. 101 Abs. 1 AEUV Rn 309 ff.

Wettbewerbsschutz nicht über Gebühr in einer tatbestandlich nicht vorgesehenen Weise einzuschränken.

Eine Abstimmung der Konsortialmitglieder über das Angebot der Aktien ist damit zulässig, wenn sie für eine kartellrechtsneutrale Hauptvereinbarung erforderlich und verhältnismäßig ist, ohne deren Hauptzweck zu sein.[348] Wäre sie ihr Hauptzweck, läge keine Nebenabrede vor. Die Hauptvereinbarung ist das Angebot der Emissionserbringung als Konsortium, die nach den dargestellten Grundsätzen nicht das Kartellverbot verletzt, mithin wettbewerbsneutral ist. Die Abstimmung des Angebots der Aktien ist nicht der Hauptzweck der Vereinbarung. Deren Hauptzweck ist das Angebot der Emissionserbringung gegenüber dem Emittenten als Konsortium.

Die Abstimmung des Angebots der Aktien ist für das Angebot der Emissionserbringung als Hauptabrede erforderlich. Zunächst kann sich dies aus dem Umstand ergeben, dass Banken ein Konsortium bilden, die eine Emission nicht einzeln anbieten können, da sie ihnen u.a. wegen der fehlenden Kapazitäten oder des zu hohen Risikos unmöglich ist. Insoweit ist denkbar, dass sie über eine Abstimmung des Angebots der Aktien erst die erforderlichen Synergien generieren, Risiken minimieren und Angebotsmöglichkeiten für die Aktien schaffen. Ermöglichen erst diese Effekte auf dem Markt für das Angebot der Aktien dem Konsortium die Emissionsdurchführung, kann es die Emission entsprechend als Konsortium nur anbieten, wenn die Konsortialmitglieder auch das Angebot der Aktien abstimmen. Anderenfalls bietet das Konsortium dem Emittenten eine Emission an, welche die Konsortialmitglieder nicht durchführen können. In diesem Fall ist die Nebenabrede *Abstimmung des Angebots des Emissionsprodukts* für die Hauptabrede *Emissionserbringung als Konsortium* erforderlich.

Selbst wenn den Konsortialmitgliedern das Angebot der Emissionsdurchführung möglich wäre, ohne sich über das Angebot der Aktien abzustimmen, ist diese Abstimmung erforderlich. Dies folgt aus der zur wirtschaftlichen Einheit beschriebenen strukturellen Einheitlichkeit der Emission. Das Angebot der Aktien als Durchführungsakt der Emission ist aufgrund dieser Einheitlichkeit ebenso zwingend einheitlich. Die Emission bleibt trotz der Emissionsdurchführung durch ein Konsortium und damit durch seine Mitglieder tatsächlich und wirtschaftlich ein einheitlicher Vorgang. Da im Binnenverhältnis ein wettbewerbliches Angebot der Aktien nicht vorgesehen ist und auch nicht der Funktionsweise der Emission entspricht, müssen die Konsortialmitglieder das Angebot der Aktien abstimmen, um diese Einheitlichkeit der Emission zu erhalten.

Es wird ersichtlich, dass die Abstimmung des Angebots der Aktien in der Regel erforderlich für das Angebot der Emissionserbringung ist. Vor allem wegen der strukturell angelegten Einheitlichkeit der Emission ist sie daher im Regelfall funktionsnotwendig für das Angebot der Emissionserbringung als Konsortium.

---

348 Vgl. *Bueren*, WM 2013, 585, 592.

Ferner ist die Abstimmung des Angebots auch eine verhältnismäßige Nebenabrede. Lehnt man die weiter oben dargestellte wirtschaftliche Einheit der Konsortialmitglieder hinsichtlich des Angebots der Aktien ab, beschränkt die Abstimmung des Angebots der Aktien durch die Konsortialmitglieder den Wettbewerb am Angebotsmarkt für die Aktien, da sie die Aktien zu einheitlichen Bedingungen, bspw. Preisen, anbieten, obwohl sie in einem Wettbewerbsverhältnis stünden.

Trotzdem ist die Abstimmung über das Angebot der Aktien durch die Konsortialmitglieder verhältnismäßig. Die entstehenden Nachteile werden aufgewogen und relativiert. Das folgt aus der strukturellen Einheitlichkeit der Emission. Die Konsortialmitglieder treten an die Stelle des Emittenten, der die Emission einheitlich vornähme. Daher werden durch ein einheitliches und abgestimmtes Angebot der Aktien durch die Konsortialmitglieder keine Auswahlmöglichkeiten genommen oder Wettbewerb reduziert. Ohne ein Angebot der Aktien durch das Konsortium, gäbe es auch nur einen Anbieter, der die Aktien einheitlich anböte. Bietet das Konsortium die Aktien abgestimmt und einheitlich an, werden somit lediglich keine zusätzlichen Auswahlmöglichkeiten und kein zusätzliches wettbewerbliches Angebot im Gegensatz zur Emission durch den Emittenten geschaffen. Die Abstimmung des Angebots der Aktien durch die Konsortialmitglieder nimmt daher nicht aktiv bestehende Auswahlmöglichkeiten oder bestehenden Wettbewerb. Das relativiert die negativen Effekte. Außerdem ist die strukturell angelegte Einheitlichkeit der Emission als im Binnenverhältnis nicht wettbewerblich vorgesehener Vorgang zu berücksichtigen. Das relativiert die mit der Abstimmung formal einhergehende Beschränkung ebenso. Da die Emission im Binnenverhältnis strukturell nicht wettbewerblich, sondern einheitlich ist, besteht darüber hinaus auch ein in der Verhältnismäßigkeit zu berücksichtigendes berechtigtes Interesse an Abstimmung des Angebots der Aktien zur Wahrung der Einheitlichkeit.

Im Ergebnis ist die Abstimmung des Angebots der Aktien nicht nur erforderlich, sondern auch verhältnismäßig. Sie wird daher in der Literatur als zulässige Nebenabrede zur Emissionserbringung als Konsortium angesehen.[349]

cc. Zusammenfassung

Zusammenfassend ist festzuhalten, dass die Abstimmung des Angebots der Aktien als Emissionsprodukt durch die Konsortialmitglieder mit dem Kartellverbot vereinbar ist, obgleich sie sich formal auf den ersten Blick als eine wettbewerbsbeschränkende Abstimmung von Wettbewerbern darstellt.

Können die Konsortialmitglieder das Emissionsprodukt wettbewerblich anbieten, beschränken sie mit der Abstimmung des Angebots formal die eigene wettbewerbliche Handlungsfreiheit und die Auswahlfreiheit der Marktgegenseite. Ist die Wettbewerbsbeschränkung spürbar, liegt formal ein Verstoß gegen das Kartellverbot vor. Diese formale Betrachtung lässt die Zugehörigkeit der Konsortialmitglieder

---

349 Im Ergebnis auch: *Bueren*, WM 2013, 585, 592.

zum Konsortium sowie die Einheitlichkeit der Emission unberücksichtigt. Aufgrund dieser Aspekte ergeben sich Ansätze, aus denen eine kartellrechtliche Zulässigkeit der Abstimmung des Angebots der Aktien durch die Konsortialmitglieder im kartellrechtlich zulässigen Konsortium folgt.

Diese Zulässigkeit des abgestimmten Angebots der Aktien folgt im zulässigen Konsortium daraus, dass die Konsortialmitglieder wegen der Zugehörigkeit zum Konsortium, das gemeinschaftlich eine Emission anbietet, sowie der marktstrukturellen Einheitlichkeit der Emission hinsichtlich des Angebots der Aktien in Ausführung der durch das Konsortium angebotenen einheitlichen Emission zur wirtschaftlichen und tatsächlichen Einheit verklammert sind, deren Mitglieder im Binnenverhältnis nicht im Wettbewerb stehen. Die Emission ist ein einheitlicher und kein wettbewerblicher Vorgang. Aufgrund dieser Einheit zwischen den Konsortialmitgliedern fehlt hinsichtlich des Angebots der Aktien das Wettbewerbsverhältnis zwischen ihnen, sodass die Abstimmung des Angebots der Aktien keinen Wettbewerb beschränkt. Aufgrund der fehlenden Wettbewerbsbeschränkung ist der Tatbestand des Kartellverbots nicht erfüllt.

Will man dem nicht folgen, ist die Abstimmung des Angebots der Aktien als eine zulässige Nebenabrede zur Konsortialbildung zu werten. Sie ist für diese erforderlich sowie auch verhältnismäßig. Die Erforderlichkeit folgt zumindest aus der Einheitlichkeit der Emission. Um die Emission anbieten zu können, muss das Konsortium die Einheitlichkeit der Emission wahren. Die Verhältnismäßigkeit folgt ebenso aus der Einheitlichkeit der Emission.

Die Annahme einer wirtschaftlichen Einheit ist in der Sache vorzuziehen, da sie als Begründung die tatsächliche Sachlage spiegelt. Sie gibt die strukturelle Einheitlichkeit der Emission zutreffend wieder, die dazu führt, dass die Konsortialmitglieder hinsichtlich des Angebot der zu emittierenden Aktien nicht als Wettbewerber, sondern als eine wirtschaftliche und tatsächliche Einheit anzusehen sind, innerhalb derer schon grundsätzlich kein Wettbewerb herrscht. Da das Wettbewerbsverhältnis fehlt, wird durch die Abstimmung kein Wettbewerb beschränkt. Es fehlt mithin eine Tatbestandsvoraussetzung des Kartellverbots. Die Begründung über die zulässige Nebenabrede ist hingegen eine ungeschriebene Tatbestandsrestriktion, die sich weniger offensichtlich im Tatbestand wiederfindet. Außerdem ist gerade wegen der strukturellen Einheitlichkeit der Emission kein Rückgriff auf diese von außen kommende Limitierung des Kartellverbots erforderlich, sondern ist es naheliegender, die Zulässigkeit der Abstimmung aus dem fehlenden Wettbewerbsverhältnis zwischen den Konsortialmitgliedern abzuleiten.

Ergänzend bleibt zu erwähnen, dass die Konsortialmitglieder über die zulässige Nebenabrede und die wirtschaftliche Einheit keinen Freibrief erhalten, jegliches Verhalten abzustimmen. Die Abstimmung ist über die dargestellten Grundsätze mit dem Kartellverbot vereinbar, wenn sie sich auf das Angebot der zu emittierenden Aktien bezieht. Bezieht sich die Abstimmung auf dritte Produkte, Tätigkeiten oder Bereiche ist sie im Grundsatz nicht gerechtfertigt, da dies für die Wahrung der Einheitlichkeit der Emission nicht erforderlich ist. Zulässig sind Abstimmungen, welche die Konditionen und Modalitäten des Angebots der Aktien betreffen.

Insoweit bilden die Konsortialmitglieder eine wirtschaftliche Einheit. Neben Preis- und Konditionenabsprachen können bspw. Kunden- und Marktaufteilungen mit Bezug auf das Aktienangebot erforderlich sein, um Doppelangebote in der einheitlichen Emission zu vermeiden. Dies ist über die wirtschaftliche Einheit, die generell im Binnenverhältnis für das Angebot der Aktien die Wettbewerblichkeit aufhebt, zu rechtfertigen. Zugleich sind sie für das Angebot der einheitlichen Emission erforderlich, sodass sie als zulässige Nebenabrede gewertet werden können. Eine Abstimmung des allgemeinen Marktverhaltens unabhängig vom Angebot der zu emittierenden Aktien steht nicht im Bezug zur Emission, sodass sie keine erforderliche Nebenabrede für das Angebot der Emissionsdurchführung sein kann. Die wirtschaftliche Einheit besteht ebenso lediglich für das Angebot des Emissionsprodukts. Nur in diesem Bereich fehlt im Binnenverhältnis der Konsortialmitglieder das Wettbewerbsverhältnis.

d. Sonderfall: Konsortialmitglieder als Mittler

Anstatt die Aktien zu übernehmen und auf eigenes Risiko zu platzieren, können das Konsortium und damit die Konsortialmitglieder auch als Mittler des Emittenten auftreten, der wiederum das Platzierungsrisiko hinsichtlich der Aktien alleine trägt.[350] Das Konsortium stellt in diesem Fall die Vertriebsorganisation.[351] Faktisch bleibt somit der Emittent der Verkäufer. Es ist insoweit denkbar, dass der Emittent als Träger der Risiken das Angebot der Aktien, u.a. Preise, mit den Konsortialmitgliedern einheitlich abstimmt. Auch solche vertikalen Vereinbarungen können generell den Wettbewerb beschränken, da sie die wettbewerbliche Handlungsfreiheit der Mittler am Markt einschränken.[352] Die Absprache von Verkaufspreisen, die der Verkäufer fordert, im Vertikalverhältnis zwischen dem Lieferant und dem Verkäufer ist grundsätzlich eine Preisabsprache.[353] Das lässt sich auf Emissionskonsortien übertragen. Stimmen der Emittent und die Konsortialmitglieder die Preise der Aktien ab, wird die Preisbildungsfreiheit der Konsortialmitglieder am Markt für die Aktien beschränkt. Ferner werden die Auswahlmöglichkeiten der Marktgegenseite am Markt eingeschränkt. Der Wettbewerb am Angebotsmarkt der Aktien wird beschränkt.

Dem Kartellverstoß steht insoweit nicht entgegen, dass die Konsortialmitglieder unter den vorstehend dargestellten Voraussetzungen das Angebot der Aktien untereinander abstimmen dürfen. Auf den ersten Blick scheint die Mittlertätigkeit

---

350 EBJS/*Groß*, VII Emissions- und Konsortialgeschäft, Rn VII31; *Kümpel*, Rn 9.23 ff.; Kümpel/Hammen/Ekkenga/*Ekkenga/Maas*, 55 Rn 295; SBL/*Grundmann*, § 112 Rn 6.

351 Kümpel/Hammen/Ekkenga/*Ekkenga/Maas*, 55 Rn 55.

352 Callies/Ruffert/*Weiß*, Art 101 AEUV Rn 193.

353 *Bechtold/Bosch/Brinker*, Art 101 AEUV Rn 91; Dauses/*Emmerich*, Art. 101 AEUV Rn 102; GHN/*Stockenhuber*, Art. 101 AEUV Rn 179; Groeben, von der/Schwarze/*Schröter/Voet van Vormizeele*, Art. 101 AEUV Rn 138; Schwarze/*Brinker*, Art. 101 AEUV Rn 47.

mit dieser Konstellation vergleichbar. Durch die Abstimmung mit dem Emittenten wird der Wettbewerb am Markt für die Aktien faktisch in gleicher Form beschränkt wie bei einer Abstimmung allein zwischen den Konsortialmitgliedern. Trotzdem impliziert die Zulässigkeit der Abstimmung der Konsortialmitglieder untereinander nicht zugleich die Zulässigkeit der Abstimmung mit dem Emittenten. Die Zulässigkeit der Abstimmung der Konsortialmitglieder folgt aus ihrer übereinstimmenden Zugehörigkeit zum Konsortium. Es handelt es sich um eine zulässige Nebenabrede oder eine wirtschaftliche Einheit im Konsortium.[354] Die Zulässigkeit der Abstimmung der Konsortialmitglieder als Vorgang im Konsortium folgt aus dem Konsortium. Der Emittent ist hingegen ein außenstehender Dritter. Daher impliziert die Zulässigkeit der Abstimmung der Konsortialmitglieder nicht die Zulässigkeit der Abstimmung der Konsortialmitglieder mit dem Emittenten.

Trotzdem verstößt diese Abstimmung mit dem Emittenten nicht gegen das Kartellverbot, wenn die Konsortialmitglieder als Mittler des Emittenten keine Risiken der Platzierung der Aktien tragen. Ausnahmen vom Kartellverbot sind dem Kartellrecht bei dieser Risikostruktur nicht fremd. Für Absatzmittler gilt, dass Vorgaben des Geschäftsherrn mit dem Kartellverbot vereinbar sind, wenn der Absatzmittler keine oder nur geringe Risiken des vermittelten Geschäfts trägt.[355] Der EuGH fragt, ob die Absatzmittler in die Organisation des Geschäftsherrn eingegliedert sind.[356] Keine Risiken tragende Absatzmittler sind insoweit wirtschaftlich eingegliedert.[357] Diese Ausnahme vom Kartellverbot für Absatzmittler folgt daraus, dass derjenige, der, ohne selbst Risiken zu tragen, nur den Absatz für einen Dritten mittelt, wirtschaftlich kein eigenständiger Marktteilnehmer ist,[358] sondern die Geschäfte wirtschaftlich Geschäfte mit dem Geschäftsherrn sind.[359] Geschäftsherr und Mittler sind eine Einheit, sodass sie hinsichtlich der gemittelten Geschäfte als ein Unternehmen anzusehen sind.[360] Da der Mittler faktisch also kein vom Geschäftsherrn unabhängiges Unternehmen ist, liegt keine Absprache zwischen Unternehmen vor, wenn der Geschäftsherr und der Mittler die Konditionen der

354 Vgl. dazu Abschnitt B. IV. 4. c. bb. dieser Arbeit.

355 EuGH v. 16.12.1975, verb. Rs. 40–48, 50, 54-46, 111, 113 u. 114/73, ECLI:EU:C:1975:174, Rn 482/483 – *„Suiker Unie“*; EuGH v. 14.12.2006, Rs. C-217/05, ECLI:EU:C:2006:784, Rn 43 u. 61 – *„Confederación Española de Empresarios de Estaciones de Servicio“*; EuGH v. 11.09.2008, Rs. C-279/06, ECLI:EU:2008:485, Rn 36 ff. – *„CEPSA“*; *Bechtold/Bosch*, § 1 GWB Rn 31; *Bechtold/Bosch/Brinker*, Art. 101 AEUV Rn 64; GHN/*Stockenhuber*, Art. 101 AEUV Rn 171; IM/*Zimmer*, Bd 2, § 1 GWB Rn 324.

356 EuGH v. 16.12.1975, verb. Rs. 40–48, 50, 54-46, 111, 113 u. 114/73, ECLI:EU:C:1975:174, Rn 478/481, 493 – *„Suiker Unie“*; EuGH v. 14.12.2006, Rs. C-217/05, ECLI:EU:C:2006:784, Rn 43 – *„Confederación Española de Empresarios de Estaciones de Servicio“*.

357 GHN/*Stockenhuber*, Art. 101 AEUV Rn 172.

358 Callies/Ruffert/*Weiß*, Art 101 AEUV Rn 122.

359 Vgl. EuGH v. 16.12.1975, verb. Rs. 40–48, 50, 54-46, 111, 113 u. 114/73, ECLI:EU:C:1975:174, Rn 492/493 – *„Suiker Unie“*.

360 *Bechtold/Bosch*, § 1 GWB Rn 28.

vermittelten Geschäfte abstimmen.[361] Die Situation ist damit vergleichbar, dass der Geschäftsherr die Geschäfte mit eigenen Mitarbeitern vornimmt. Auch dann trägt er das Risiko in gleicher Form selbst. Nimmt ein Anbieter den Vertrieb mit eigenem Personal vor, darf er das Personal hinsichtlich der Angebotstätigkeit binden.[362] Wirtschaftlich steht eine Geschäftsvermittlung durch einen keine Risiken tragenden Mittler dem Geschäftsabschluss durch eigene Mitarbeiter des Geschäftsherrn gleich. Der Geschäftsherr nutzt die Mittler lediglich als einen verlängerten Arm, ohne mit ihnen hinsichtlich der vermittelten Geschäfte als eigenständige Wirtschaftsteilnehmer zu interagieren.

Das lässt sich auf die Emission durch keine Risiken tragende Konsortialmitglieder übertragen, wenn der Emittent die Risiken trägt. Die Konsortialmitglieder stehen dann Vertriebsmittlern gleich. Konsortialmitglied und Emittent sind daher hinsichtlich des Angebots der Aktien keine getrennten Unternehmen. Das Konsortialmitglied ist wirtschaftlich kein selbständiger Marktakteur. Daher ist eine Abstimmung zwischen dem Emittent und den Konsortialmitgliedern über das Angebot der Aktien keine Abstimmung zwischen Unternehmen, wenn allein der Emittent die Risiken der Emission trägt. Eine Abstimmung zwischen Unternehmen ist eine Voraussetzung des Kartellverbots, sodass der Tatbestand des Kartellverbots insoweit nicht erfüllt ist.

Welche Risiken ein Konsortialmitglied tragen darf, ohne dadurch ein eigenständiges Unternehmen zu sein, ist eine Frage des Einzelfalls. Im Verhältnis eines Tankstellenbetreibers zum Kraftstofflieferanten nimmt der EuGH an, dass der Tankstellenbetreiber als Mittler die Absatzrisiken wahrscheinlich trägt, wenn er die Ware übernimmt, die Vertriebskosten wie Beförderungs- und Lagerkosten trägt, für Schäden Dritter haftet, finanzielle Risiken gegenüber dem Lieferanten trägt oder für marktspezifische Investitionen im Zusammenhang mit dem Warenabsatz wie Investitionen in Einrichtungen und Räumlichkeiten aufkommt.[363] Der Mittler darf somit erkennbar keine Kosten- oder Haftungsrisiken der vermittelten Geschäfte tragen. Trägt der Emittent alle Kosten und Risiken der Emission, ist dies der Fall.

Damit wird aber nicht jede Abstimmung zulässig. Vorgaben des Emittenten sind nur für das Aktienangebot zulässig, da das Konsortialmitglied außerhalb dessen ein eigenständiger Marktteilnehmer ist. Die Abstimmung zwischen Geschäftsherr und Mittler ist zulässig, soweit sie notwendig für die Absatzmittlung ist.[364]

---

361 Vgl. EuGH v. 14.12.2006, Rs. C-217/05, ECLI:EU:C:2006:784, Rn 51 ff. – „*Confederación Española de Empresarios de Estaciones de Servicio*"; vgl. EuGH v. 11.09.2008, Rs. C-279/06, ECLI:EU:2008:485, Rn 35 – „*CEPSA*".

362 Vgl. *von Dietze/Janssen*, 2. Teil Rn 299.

363 EuGH v. 14.12.2006, Rs. C-217/05, ECLI:EU:C:2006:784, Rn 51 ff. – „*Confederación Española de Empresarios de Estaciones de Servicio*"; EuGH v. 11.09.2008, Rs. C-279/06, ECLI:EU:2008:485, Rn 38 f. – „*CEPSA*".

364 EuGH v. 14.12.2006, Rs. C-217/05, ECLI:EU:C:2006:784, Rn 62 – „*Confederación Española de Empresarios de Estaciones de Servicio*"; EuGH v. 11.09.2008, Rs. C-279/06,

Im Ergebnis sind Bindungen der Konsortialmitglieder hinsichtlich des Angebots der Aktien durch den Emittenten mit dem Kartellverbot vereinbar, wenn der Emittent die Risiken und Kosten der Emission trägt.

e. *Zusammenfassung*

Die Betätigung von Emissionskonsortien ist nicht generell mit dem Kartellverbot unvereinbar. In der Betrachtung sind das gemeinsame Angebot der Emissionserbringung gegenüber dem Emittenten sowie das abgestimmte Angebot der Aktien als Emissionsprodukt durch die Konsortialmitglieder zu trennen.

Die Konsortialbildung kann am Markt für das Angebot der Emissionserbringung gegenüber dem Emittenten als wettbewerbsbeschränkende Abstimmung das Kartellverbot verletzen, wenn die Konsortialmitglieder wettbewerblich auftreten könnten. Dann senken die Konsortialbildung und das gemeinsame Angebot der Emissionserbringung durch die Konsortialmitglieder die Zahl der Wettbewerber. Ebenso beschränken sie die eigene wettbewerbliche Handlungsfreiheit und die Auswahlmöglichkeiten des Emittenten.

Die Konsortialbildung und das gemeinsame Angebot der Emissionserbringung können aber in Anwendung des Arbeitsgemeinschaftsgedankens mit dem Kartellverbot vereinbar sein. Dies ist der Fall, wenn die Konsortialbildung den Beteiligten erst den Auftritt am Markt für das Angebot der Emissionserbringung ermöglicht. Dann sind sie keine Wettbewerber an diesem Markt. Die Konsortialbildung schafft einen zusätzlichen Wettbewerber. Sie fördert Wettbewerb. In Grenzen kann auch eine Konsortialbildung von Unternehmen zulässig sein, die einzeln wettbewerblich am Markt auftreten könnten. Das ist der Fall, wenn ein alleiniger Auftritt objektiv wirtschaftlich unzweckmäßig und kaufmännisch unvernünftig ist. Ebenso kann in Grenzen ein Unternehmen, das allein wettbewerblich am Markt tätig sein kann, mit Dritten ein Konsortium bilden, die nicht alleine am Markt tätig sein können. Es ist, v.a. in den letzten beiden Fällen, genau zu prüfen, ob sich aus dem gebildeten Konsortium mehrere Konsortien bilden könnten. Wenn sich dafür Anhaltspunkt ergeben und eine Bildung mehrerer Konsortien wahrscheinlich ist, kann die Bildung des insoweit zu großen Konsortiums das Kartellverbot verletzen. Daneben ist eine Kooperation generell zulässig, soweit der Emittent nur Emission durch Konsortien annimmt. Das Angebot der Emissionserbringung durch Emissionskonsortien scheitert somit nicht generell am Kartellverbot.

Ferner ist der Angebotsmarkt für die Aktien als Emissionsprodukt zu betrachten. Stimmen die Konsortialmitglieder das Angebot der Aktien ab, verletzt dies auf den ersten Blick das Kartellverbot, sofern sie die Aktien wettbewerblich anbieten könnten und die Wettbewerbsbeschränkung spürbar ist.

ECLI:EU:C:2008: 485, Rn 41 – *„CEPSA"*; *Bechtold/Bosch*, § 1 GWB Rn 31; Groeben, von der/Schwarze/*Schröter*/*Voet van Vormizeele*, Art. 101 AEUV Rn 106; IM/*Zimmer*, Bd 2, § 1 GWB Rn 323.

Die Abstimmung des Angebots der Aktien im Konsortium kann jedoch mit dem Kartellverbot vereinbar sein. Dies folgt daraus, dass die Konsortialmitglieder für die Emission eine wirtschaftliche Einheit sind, in der kein Wettbewerb herrscht, da die als Konsortium angebotene Emission im Binnenverhältnis strukturell wettbewerbslos ist. Zwischen den Konsortialmitgliedern besteht kein Wettbewerbsverhältnis, da sie durch das Konsortium zur wirtschaftlichen Einheit verklammert werden, sodass die Abstimmung des Angebots der Aktien durch die Konsortialmitglieder keinen Wettbewerb beschränkt. Folgt man dem nicht, kann die Abstimmung eine zulässige Nebenabrede der Konsortialbildung zur Emissionserbringung sein. Die Abstimmung des Angebots des Emissionsprodukts in Ausführung der Emission ist wegen der Einheitlichkeit der Emission erforderlich, um die Emission anbieten zu können. Ebenso ist die Abstimmung verhältnismäßig, da die Emission strukturell ein einheitlicher Vorgang ist und die Abstimmung keine Auswahlmöglichkeiten und Wettbewerblichkeit nimmt.

Daneben können die Konsortialmitglieder als Mittler des Emittenten die Aktien anbieten, der alle Emissionsrisiken und -kosten trägt. Stimmt der Emittent die Konditionen des Angebots der Aktien mit den Konsortialmitgliedern ab, liegt kein Verstoß gegen das Kartellverbot vor, wenn der Emittent die Risiken und Kosten der vermittelten Geschäfte trägt. Dann sind die Konsortialmitglieder keine eigenständigen Unternehmen neben dem die Risiken und Kosten tragenden Emittenten, womit eine Abstimmung zwischen Unternehmen im Wettbewerb ausscheiden.

Am Beispiel der Emissionskonsortien zeigt sich, dass die Kapitalmarktorganisation und -struktur auf die Prüfung des Kartellverbots am Kapitalmarkt einwirken und deren Ergebnis beeinflussen kann. Besonders deutlich wird der Einfluss auf das Kartellverbot bei der Abstimmung des Angebots der Aktien durch die Konsortialmitglieder als Wettbewerber. Insoweit ergibt sich aus der strukturellen Einheitlichkeit der Emission die Zulässigkeit der Abstimmung als eine zulässige Nebenabrede oder über den Gedanken einer wirtschaftlichen Einheit der Konsortialmitglieder hinsichtlich der Emission sowie eine entsprechende Wettbewerbslosigkeit im Binnenverhältnis.

5. Zusammenfassung zum Kartellverbot

Zusammenfassend bleibt zur Anwendung des Kartellverbots am Kapitalmarkt Folgendes festzuhalten:

Das Kartellverbot findet an Märkten für Kapitalmarktprodukte Anwendung und es gibt Anwendungsmöglichkeiten. Die Kapitalmarktakteure können sich auf dem wettbewerblichen Kapitalmarkt frei bewegen. Daher können sie ihr Marktverhalten abstimmen und den Wettbewerb beschränken. Offensichtliches Beispiel sind Preisabsprachen.

Mit steigendem Organisationsgrad, v.a. an Börsen, wirken die Kapitalmarktorganisation und -struktur tatsächlich limitierend auf die Anwendung des Kartellverbots, da dadurch die Umsetzung wettbewerbsbeschränkender Abstimmung erschwert ist. So hat man bspw. im Börsenhandel, wenn Angebot und Nachfrage für einzelne Kapitalmarktprodukte von den Anbietern und Nachfragern an der Börse eingestellt werden und die Börse Angebot- und Nachfrageorder automatisch zusammenführt, grundsätzlich keinen Einfluss auf die Geschäftspartner, sondern bietet die Produkte allen an der Börse tätigen Anlegern an. Aus dem gleichen Grunde sind an Börsen räumliche Marktaufteilungen erschwert. Obgleich die Organisation und Struktur des Börsenhandels die Anwendung des Kartellverbots faktisch erschweren können, wird es nicht ausgeschlossen.

Die Beispiele Referenzzinsmanipulation und Emissionskonsortien zeigen ferner, dass die Kapitalmarktorganisation und -struktur in die kartellrechtliche Prüfung einwirken und deren Ergebnis beeinflussen kann. Das gilt unabhängig vom Verhältnis von Kartell- und Kapitalmarktrecht. Eine abschließende kartellrechtliche Prüfung kann nicht vorgenommen werden, ohne die Besonderheiten der Kapitalmarktorganisation und -struktur zu beachten.

An Referenzzinsmanipulation zeigt der Blick auf referenzzinsgekoppelte Produkte, dass das Kartellverbot durch die Kapitalmarktorganisation und -struktur limitiert sein kann. Steuern Wettbewerber an Märkten für diese Produkte abgestimmt den Referenzzins, steht auf den ersten Blick eine Preis- oder Konditionenabsprache im Raum. Diese beschränkt grundsätzlich den Wettbewerb. Bei der Referenzzinsmanipulation ist diese generelle Wettbewerbsbeschränkung wegen der Referenzzinsbindung referenzzinsgekoppelter Produkte als Kapitalmarktbesonderheit aber nicht gegeben. Wegen der vorgegebenen Referenzzinskopplung haben die Marktteilnehmer keine wettbewerbliche Freiheit zur autonomen Bestimmung der Referenzzinshöhe. Daher beschränken sie an diesen Märkten durch abgestimmte Referenzzinssteuerung keine eigene wettbewerbliche Freiheit. Ebenso wird die wettbewerbliche Freiheit Dritter nicht generell eingeschränkt, da die Referenzzinssteuerung keine Preis- oder Konditionenvarietät nimmt. Es wird keine zuvor autonom durch die Wettbewerber bestimmte Referenzzinshöhe gleichgeschaltet.

Wettbewerbsbeschränkungen durch abgestimmte Meldungen zur Referenzzinsbestimmung zwecks Referenzzinssteuerung sind aber nicht generell ausgeschlossen. Der Wettbewerb kann bspw. beschränkt sein, wenn die Referenzzinssteuerung Dritten die Marktbetätigung erschwert. Das limitiert abstimmungsbasiert deren wettbewerbliche Betätigungsfreiheit. Für das Kartellverbot reicht eine Einschränkung der wettbewerblichen Freiheit Dritter aus. Darüber hinaus beschränkt die prospektierte Möglichkeit einer späteren Anpassung des Referenzzinses als Bestandteil referenzzinsgekoppelter Produkte, die künftig referenzzinsgebundene Zahlungspflichten vorsehen, zum Zeitpunkt des Angebots dieser Produkte im wettbewerblichen Prozess den Wettbewerb. Indem die Manipulierenden eine Steuerungsmöglichkeit haben, verändern sie die Wettbewerbsbedingungen künstlich, da die Steuerungsmöglichkeit für Wettbewerber auf Märkten für referenzzinsgekoppelte Produkte nicht vorgesehen ist. Damit können sie die Wettbewerbsintensität senken, indem sie durch spätere Referenzzinsanpassung die Konditionen anpassen und sich im Wettbewerbsprozess zu einem gewissen Grad von der Marktgegenseite und den Wettbewerbern unabhängig verhalten können. Sie verfälschen durch eine künstliche Veränderung der Wettbewerbsbedingungen und eine Senkung der Wettbewerbsintensität abstimmungsbasiert den Wettbewerb.

Zugleich wird ersichtlich, dass die Referenzzinssteuerung nicht automatisch den Wettbewerb an Märkten für referenzzinsgekoppelte Märkte beschränkt. Dies folgt aus der spezifischen Referenzzinskopplung als Element der Kapitalmarktorganisation und -struktur. Daran zeigt sich mithin, dass die Kapitalmarktorganisation und -struktur in die kartellrechtliche Prüfung einwirken.

Die Beeinflussung des Ergebnisses der Prüfung des Kartellverbots durch die Kapitalmarktorganisation und -struktur zeigt sich ferner an Emissionskonsortien. Dafür ist der Blick auf die Abstimmung des Angebots des Emissionsprodukts durch die Konsortialmitglieder zu richten. Können sie das Emissionsprodukt wettbewerblich anbieten, liegt darin auf den ersten Blick eine kartellverbotswidrige Abstimmung des Marktverhaltens durch Wettbewerber, u.a. sehr wahrscheinlich eine Preisabsprache.

In diesem Zusammenhang ist nun die strukturelle Einheitlichkeit der Emission als Besonderheit der Kapitalmarktorganisation und -struktur zu beachten. Sie führt dazu, dass die Emission im Binnenverhältnis der Konsortialmitglieder als nicht wettbewerblicher Vorgang anzusehen ist. Über diese strukturelle Besonderheit der Emission lässt sich das abgestimmte Angebot des Emissionsprodukts vom Kartellverbot ausnehmen. Die Konsortialmitglieder bilden wegen dieser Einheitlichkeit hinsichtlich des Angebots des Emissionsprodukts eine wirtschaftliche Einheit, die das Wettbewerbsverhältnis zwischen ihnen hinsichtlich des Angebots des Emissionsprodukts aufhebt. Daher kann kein Wettbewerb beschränkt werden, wenn sie sich über das Angebot des Emissionsprodukts abstimmen. Alternativ kommt eine Einordung der Abstimmung des Angebots des Emissionsprodukts als zulässige Nebenabrede zur Konsortialbildung zum Angebot der Emissionserbringung in Frage.

Unabhängig vom Begründungsansatz wird deutlich, dass sich über die strukturelle Einheitlichkeit der Emission als im Binnenverhältnis wettbewerbsloser Vorgang eine kartellrechtliche Zulässigkeit ergibt. Die Kapitalmarktorganisation und -struktur beeinflusst das Ergebnis der kartellrechtlichen Prüfung.

Eine allgemein für das Kartellverbot zu beachtende wesentliche Anwendungshürde ist ferner die potentielle Größe der Märkte für Kapitalmarktprodukte. Das Kartellverbot verlangt die Spürbarkeit der Wettbewerbsbeschränkung. Diese bestimmt sich primär anhand des Marktanteils der Abstimmungsbeteiligten. Die Märkte für Kapitalmarktprodukte teilen sich im Anlagebereich sachlich im Ausgangspunkt in Gattungen funktional identischer Anlage sowie in das börs- und außerbörsliche Geschäft. Diese Märkte sind regelmäßig zu groß, sofern sich keine Gattung mit einem geringen Marktvolumen abgrenzen lässt, was v.a. im Börsenhandel aufgrund der Standardisierung, Organisation und Marktplatzfunktion unwahrscheinlich ist. Eine weitere Unterteilung der Märkte setzt grundsätzlich einen über die Gattungseinteilung hinaus spezifizierten Bedarf voraus. Im Börsenhandel ist dies aufgrund der Fixierung auf den Handel, den die Börse einfach, sicher, organisiert und standardisiert bietet, allenfalls in Grenzen denkbar, bspw.

für Hochrisikoanlagen oder teure Kapitalmarktprodukte. Außerbörslich sind aufgrund der abweichenden Anlage- und Risikostruktur kleinere Märkte und weitere Verengungen der Gattungen eher denkbar. Am wahrscheinlichsten ist die Spürbarkeit, wenn sich ein Markt im Einzelfall auf ein Kapitalmarktprodukt verengt. Selbst dann sind die durch die Marktplatzfunktion der Börse begünstigten hohen Teilnehmerzahlen und die räumlich weiten Märkten zu beachten. Das Kartellverbot hat daher wegen des Spürbarkeitserfordernisses an Märkten für Kapitalmarktprodukte aufgrund der Marktstruktur einen eingeschränkten Anwendungsbereich. Sind die relevanten Anleger professionelle Anleger, ist ferner dic mögliche grenzüberschreitende räumliche Marktausdehnung zu beachten, was eine sachliche Enge relativieren kann. In der Regel wird eine deutliche Verengung der Gattungsmärkte im Einzelfall erforderlich sein, um hinreichende Marktanteile annehmen zu können. Auch für auf spezifische Zwecke bezogene Kapitalmarktprodukte wie Derivate können sich im Vergleich sachlich kleinere Märkte bilden. Auch hier sind im Börsenhandel potentiell weite räumliche Märkte sowie viele Teilnehmer und hohe Marktvolumina durch die Standardisierung, Organisation und Marktplatzfunktion begünstigt. Es ist aber zu beachten, dass v.a. der EuGH bei einer bezweckten Wettbewerbsbeschränkung das Kartellverbot nicht an einer fehlenden Spürbarkeit scheitern lässt. Danach ist in diesen Fällen die potentielle Marktgröße keine Hürde.

Abschließend ist festzuhalten, dass die Kapitalmarktorganisation und -struktur auf das Kartellverbot einwirkt. Die Größe der Märkte für Kapitalmarktprodukte ist eine Anwendungshürde. Die Kapitalmarktorganisation und -struktur kann tatsächlich limitierend wirken. Daneben kann sie das Ergebnis der kartellrechtliche Prüfung beeinflussen wie die Referenzzinsmanipulation und Emissionskonsortien zeigen. Das Kartellverbot darf mithin nicht ohne Blick auf die Besonderheiten des Kapitalmarkts geprüft werden. Sie sind einzubeziehen, um zu prüfen, ob sich daraus Ausnahmen vom Kartellverbot ergeben.

V. Grundsätze der Anwendung des Verbots des Missbrauchs einer marktbeherrschenden Stellung

1. Einleitung

Neben dem Kartellverbot ist auf das Verbot des Missbrauchs einer marktbeherrschenden Stellung nach Art. 102 AEUV, § 19 GWB einzugehen. Es hat zwei Voraussetzungen. Ein Unternehmen muss marktbeherrschend sein und die Stellung missbräuchlich nutzen. Die Kapitalmarktorganisation und -struktur wirkt wie beim Kartellverbot limitierend auf die Anwendung des Verbots ein.

Nachfolgend wird zunächst auf die marktbeherrschende Stellung eingegangen, um die Auswirkungen der Marktgröße auf die Anwendung des Missbrauchsverbots darzustellen. Die Größe der Märkte für Kapitalmarktprodukte ist auch hier eine wesentliche Anwendungshürde. Anschließend wird das Missbrauchserfordernis adressiert, um die Anwendungsmöglichkeiten und die tatsächlichen Einschränkungen durch die Kapitalmarktorganisation und -struktur darzustellen. Abschließend werden die Besonderheiten der Anwendung des Missbrauchsverbots am Beispiel eines potentiellen Preismissbrauchs dargestellt.

2. Allgemeine Grundlagen

a. *Marktbeherrschende Stellung*

aa. *Einleitung*

Art. 102 AEUV, § 19 GWB setzen eine marktbeherrschende Stellung des Normadressaten voraus. Im deutschen Recht ist sie in § 18 GWB geregelt. Nach § 18 Abs. 1 GWB ist ein Unternehmen marktbeherrschend, wenn es als Anbieter oder Nachfrager von Waren oder gewerblichen Leistungen am relevanten Markt keine Wettbewerber hat, keinem wesentlichen Wettbewerb ausgesetzt ist oder eine überragende Marktstellung hat. Der Wortlaut fordert ein Fehlen *wesentlichen* Wettbewerbs oder eine *überragende* Marktstellung. Das Unternehmen muss einen von der Marktgegenseite und vom Wettbewerb nicht hinreichend kontrollierten Verhaltensspielraum haben.[365] § 18 Abs. 3 GWB nennt indizierende Faktoren. Dazu zählt primär der Marktanteil, § 18 Abs. 3 Nr. 1 GWB.[366]

Im europäischen Recht ist die Marktbeherrschung nicht geregelt. Ihr liegt aber das gleiche Verständnis zugrunde.[367] Laut EuGH muss man sich unabhängig von Wettbewerbern und Marktgegenseite verhalten können.[368] Marktbeherrschung hängt davon ab, ob ein Unternehmen einen nicht hinreichend kontrollierbaren Verhaltensspielraum hat.[369] Der Marktanteil hat auch im europäischen Recht einen wesentlichen Stellenwert bei der Marktmachtbestimmung.[370]

Die Marktbeherrschung verlangt also im deutschen und europäischen Recht übereinstimmend einen vom Wettbewerb und von der Marktgegenseite nicht kontrollierbaren Verhaltensspielraum. Man ist marktbeherrschend, wenn man

---

365 Wiedemann/*Lübbert*/*Schöner*/*Wiedemann*, § 23 Rn 28; *Bechtold*/*Bosch*, § 18 GWB Rn 31; *Emmerich*, § 27 Rn 40; IM/*Fuchs*/*Möschel*, Bd 2, § 18 GWB Rn 74.

366 *Bechtold*/*Bosch*, § 18 GWB Rn 33; IM/*Fuchs*/*Möschel*, Bd 2, § 18 GWB Rn 90; LMR/*Kühnen*, § 18 GWB Rn 72; Wiedemann/*Lübbert*/*Schöner*/*Wiedemann*, § 23 Rn 30.

367 *Bunte*, S. 177; IM/*Fuchs*/*Möschel*, Bd 2, § 18 GWB Rn 74; MüKo-DtKartellR/*Wolf*, § 18 GWB Rn 16; *Thomas*, ZWeR 2014, 119, 121.

368 EuGH v. 14.02.1978, Rs. 27/76, ECLI:EU:C:1978:22, Rn 63/66 – „*United Brands*“; EuGH v. 13.02.1979, Rs. 85/76, ECLI:EU:C:1976:36, Rn 38 – „*Hoffmann La Roche*“.

369 *Bunte*, S. 177; Dauses/*Emmerich*, H. I. § 3 Rn 35; GHN/*Jung*, Art. 102 AEUV Rn 64; IM/*Fuchs*/*Möschel*, Bd 1, Art. 102 AEUV Rn 77.

370 *Bechtold*/*Bosch*/*Brinker*, Art. 102 AEUV Rn 23; *Bunte*, S. 178; Callies/Ruffert/*Weiß*, Art. 102 AEUV Rn 10; Dauses/*Emmerich*, H. I. § 3 Rn 80; GHN/*Jung*, Art. 102 AEUV Rn 88; IM/*Fuchs*/*Möschel*, Bd 1, Art. 102 AEUV Rn 80.

sich dem anonymen Wettbewerbsdruck entziehen und ohne Rücksicht auf dritte Marktteilnehmer Marktstrategien entwickeln und Marktbedingungen künstlich beeinflussen kann.[371] Die Marktbeherrschung ergibt sich aus einer Gesamtbetrachtung im Einzelfall und darf sich nicht auf ein formales Prüfen üblicher Marktmachtmerkmale, wie sie § 18 Abs. 3 GWB nennt, beschränken.[372] Eine solche Prüfung kann diese abstrakte Betrachtung des Verbots nicht leisten. Es werden einzelne Faktoren erörtert, primär der Marktanteil, auf den die folgende Betrachtung fokussiert.

bb. Marktanteil

(1). Eingangserläuterungen

Der Marktanteil steht bei der Bestimmung der Marktbeherrschung im Vordergrund.[373] Ein hoher Marktanteil indiziert Marktmacht, da damit eingeschränkte Auswahlmöglichkeiten der Marktgegenseite einhergehen, die einen unabhängigen Verhaltensspielraum des Unternehmens mit hohem Marktanteil begründen können.[374] Ein hoher Marktanteil indiziert eine Stellung, aufgrund derer der Wettbewerb und die Marktgegenseite keine hinreichende wettbewerbliche Kontrolle ausüben. Das ist nach der gängigen Umschreibung des Begriffs der marktbeherrschenden Stellung maßgeblich.

Es gibt jedoch keinen starren Grenzwert.[375] Marktbeherrschung ist eine Frage des Einzelfalls. Gem. § 18 Abs. 4 GWB indiziert ein Marktanteil von 40 % Marktbeherrschung. Die Europäische Kommission verneint eine marktbeherrschende Stellung bei Anteilen unter 40 % grundsätzlich.[376] Nach Stimmen in der Literatur besteht bei 25 % Marktanteil oder weniger grundsätzlich keine Marktbeherrschung, zwischen 25 und 40 % bei dritten Faktoren und ab 40 % in der Regel.[377] Hohe Marktanteile sprechen für und kleine Marktanteile gegen Marktbeherrschung. Je kleiner

---

371 *Emmerich*, § 9 Rn 21.

372 Langen/Bunte/*Bardong*, Bd 1, § 18 GWB Rn 78.

373 Deutsches Recht: *Bechtold/Bosch*, § 18 GWB Rn 33; *Bunte*, S. 303; *Emmerich*, § 27 Rn 43; IM/*Fuchs/Möschel*, Bd 2, § 18 GWB Rn 90; LMR/*Kühnen*, § 18 GWB Rn 72; Wiedemann/*Lübbert/Schöner/Wiedemann*, § 23 Rn 30; EU-Recht: *Bechtold/Bosch/Brinker*, Art. 102 AEUV Rn 23; Callies/Ruffert/*Weiß*, Art. 102 AEUV Rn 10; *Emmerich*, § 9 Rn 25; GHN/*Jung*, Art. 102 AEUV Rn 88; IM/*Fuchs/Möschel*, Bd 1, Art. 102 AEUV Rn 80.

374 Langen/Bunte/*Bardong*, Bd 1, § 18 GWB Rn 85 f.

375 LMR/*Kühnen*, § 18 GWB Rn 73; MüKo-EUKartellR/*Eilmansberger*, Art. 102 AEUV Rn 107; Wiedemann/*Lübbert/Schöner/Wiedemann*, § 23 Rn 30.

376 Mitteilung der Kommission – Erläuterungen zu den Prioritäten der Kommission bei der Anwendung von Artikel 82 des EG-Vertrags auf Fälle von Behinderungsmissbrauchs durch marktbeherrschende Unternehmen vom 24.02.2009, 2009/C 45/02, Rn 14.

377 Dauses/*Emmerich*, H. I. § 3 Rn 42; IM/*Fuchs/Möschel*, Bd 1, Art. 102 AEUV Rn 91 ff.; *Thomas*, ZWeR 2014, 119, 123 f.

der Marktanteil ist, desto unwahrscheinlicher ist, dass er einen nicht kontrollierbaren Verhaltensspielraum gibt, der für die Marktbeherrschung gefordert ist. Daher ist bei einem verschwindend geringen Marktanteil die Marktbeherrschung in der Regel abzulehnen.

(2). Große Märkte als Hürde der Marktbeherrschung

Wegen der Relevanz der Marktanteile bei der Bestimmung der Marktbeherrschung ist das Marktbeherrschungserfordernis eine Hürde, an der das Missbrauchsverbot scheitern kann. Das liegt an der grundsätzlichen und potentiellen Größe der Märkte für Kapitalmarktprodukte.[378] Legt man im Ausgangspunkt die Einteilung der Kapitalmarktprodukte in Gattungen funktional identischer Anlage sowie eine Trennung in das börs- und außerbörsliche Geschäft zugrunde, können die Märkte für Kapitalmarktprodukte so groß ausfallen, dass für Marktbeherrschung hinreichende Marktanteile ausscheiden.

So bilden bspw. alle börsengehandelten Unternehmensbeteiligungen grundsätzlich einen bundesweiten Markt, wobei ein grenzüberschreitender Markt v.a. an Börsen möglich ist.[379] Um relativ sicher eine marktbeherrschende Stellung aus dem Marktanteil ableiten zu können, muss ein Anbieter auf diesem Markt 40 % des Angebots an allen zumindest in Deutschland börsengehandelten Unternehmensbeteiligungen vereinen. Der Marktanteil ergibt sich aus dem Wert- oder Mengenanteil am Gesamtumfang des Markts.[380] Für Produkte, die wie Unternehmensbeteiligungen nur begrenzt verfügbar sind, bietet sich eine Berechnung auf Grundlage des Mengenanteils an. Dass ein Anbieter 40 % des Angebots aller zumindest an deutschen Börsen angebotener Unternehmensbeteiligungen vereint, ist praktisch unwahrscheinlich, selbst wenn manche Anleger die Unternehmensbeteiligungen objektiv nicht anbieten und man sie daher aus dem Gesamtumfang des Angebots herausrechnet.

Anbieter von Unternehmensbeteiligungen haben an der Börse regelmäßig atomistisch kleine Marktanteile.[381] Umfassen die Gattungen eine Vielzahl verschiedener Produkte und sind viele Teilnehmer am Markt tätig, spricht dies generell gegen für Marktbeherrschung hinreichende Marktanteile. Beide Effekte werden durch die Funktion der Börse als zentraler Marktplatz für den Handel mit Kapitalmarktprodukten begünstigt. Die Börse bietet einen Handel, der für jedermann

---

378 Vgl. zur Marktabgrenzung Abschnitt B. III. dieser Arbeit.

379 Vgl. zur sachlichen Marktabgrenzung für Unternehmensbeteiligungen Abschnitt B. III. 2. d. bb. dieser Arbeit und generell zur räumlichen Marktabgrenzung Abschnitt B. III. 3. dieser Arbeit.

380 *Emmerich*, § 27 Rn 43; IM/*Fuchs*/*Möschel*, Bd 2, § 18 GWB Rn 104; IM/*Fuchs*/*Möschel*, Bd 1, Art. 102 AEUV Rn 94; Langen/Bunte/*Bardong*, Bd 1, § 18 GWB Rn 92; LMR/*Huttenlauch*/*Lübbig*, Art. 102 AEUV Rn 128; Langen/Bunte/*Bulst*, Bd 2, Art. 102 AEUV Rn 50; LMR/*Kühnen*, § 18 GWB Rn 77.

381 *Thomas*, ZWeR 2014, 119, 133.

zugänglich ist. Das spricht für hohe Teilnehmerzahlen und begünstigt, dass Angebot und Nachfrage nicht in den Händen weniger Marktteilnehmer liegen. Das spricht gegen hohe Marktanteile einzelner Marktteilnehmer. Ebenso trägt die Standardisierung börsengehandelter Produkte dazu bei, dass viele Produkte aus Anlegersicht als funktional identisch eingestuft werden können, und Produkte des gleichen sachlichen Markts sind. Das begünstigt ein hohes Marktvolumen, das gegen hohe Marktanteile einzelner Marktteilnehmer spricht.

(3). Höherer Marktanteil durch Marktverengung

Damit hohe Marktanteile wahrscheinlicher sind, müssen die Märkte schrumpfen. Dies ist möglich, wenn eine Kapitalmarktproduktgattung volumenschwach ist, bspw. nur ein spezifisches Produkt umfasst, das einen entsprechend spezifischen Anlagebedarf deckt. Gegen die Existenz solcher Gattungen sprechen an der Börse indes die Marktplatzfunktion der Börse und die Standardisierung, die auch in einer spezifischen Gattung hohe Teilnehmerzahlen, Produktzahlen und Marktvolumina begünstigen können. Demgegenüber sind solche spezifischen Gattungen außerbörslich wegen der im Vergleich zu Börsen fehlenden Standardisierung und Marktplatzfunktion eher denkbar. Grundsätzlich kleinere Märkte sind ferner bei zweckgebundenen Kapitalmarktprodukten wie risikoabsichernden Derivaten gegeben, wenn diese nicht spekulativ genutzt werden.[382] Ebenso schrumpfen die Märkte, wenn in der Gattung neben der Trennung des börs- und außerbörslichen Geschäfts eine weitere Unterteilung möglich ist. So können sich in Grenzen eigene Märkte für bestimmte Anlegergruppen wie Großanleger oder hochpreisige oder risikobehaftete Anlagen ergeben.[383] An der Börse sind jedoch auch dann wegen der Marktplatzfunktion die Teilnehmerzahlen, Produktzahlen sowie Marktvolumina als Faktoren zu beachten, die für große Märkte und gegen hohe Marktanteile sprechen können. Außerbörslich können sich mit Blick auf Unternehmensbeteiligungen wegen der vom Börsenhandel abweichenden Anlage- und Risikostruktur die Märkte generell eher über die Einteilung in Gattungen hinaus verengen, bspw. bei Unternehmensbeteiligungen getrennt nach den Betätigungsfeldern emittierender Unternehmen.[384] Selbst wenn Märkte sachlich klein sind, impliziert das jedoch nicht für Marktbeherrschung ausreichende Marktanteile. Die zumindest bundesweite räumliche Marktausdehnung ist ebenso zu beachten.[385] Im Börsenhandel und v.a. für professionelle Anleger sind europäische und weltweite Märkte möglich.

Am wahrscheinlichsten sind daher ausreichende Marktanteile im Falle der Verengung des sachlichen Markts auf ein Kapitalmarktprodukt wie Beteiligungen an einem Unternehmen.[386] Es ist bspw. nicht ausgeschlossen, dass ein

---

382 Vgl. zur Marktabgrenzung bei Derivaten Abschnitt B. III. 3. d. cc. dieser Arbeit.
383 Vgl. dazu Abschnitt B. III. 2. a. dd. dieser Arbeit.
384 Vgl. dazu Abschnitt B. III. 2. a. dd. und B. III. 2. d. bb. (2). dieser Arbeit.
385 Vgl. zur räumlichen Marktabgrenzung Abschnitt B. III. 3. dieser Arbeit.
386 Vgl. dazu Abschnitt B. III. 3. e. dieser Arbeit.

Anbieter 40% des Angebots börsengehandelter Anteile eines Unternehmens vereint. Das gilt v.a., wenn man Anleger, die Anteile nur halten, aus dem Markt herausrechnet. In Marktverengungsfällen ist ein Halten der Kapitalmarktprodukte nicht unwahrscheinlich. Folgt die Marktverengung bspw. aus einer bedarfsverengenden Verpflichtung kann der Anleger mit dem verengtem Bedarf das Produkt nicht wieder am Markt anbieten, wenn er es erworben hat, da er es für die Erfüllung der Verpflichtung, bspw. eine Leerverkaufsverpflichtung, benötigt. Haben viele Anleger den gleich verengten Bedarf und haben einige das Produkt schon erworben, treten sie nicht als Anbieter auf. Zumindest sie sind hinsichtlich dritter Anleger mit verengtem Bedarf, die das betreffende Produkt noch erwerben müssen, aus dem Angebot herauszurechnen. Zu beachten ist jedoch, dass dies nicht für den Dritten gilt, an den das Produkt aufgrund der Verpflichtung veräußert wird. Dieser kann wiederum als Anbieter auftreten. Ferner ist auch bei breit im Markt bestehenden Anlegerpräferenzen denkbar, dass die Inhaber des Produkts sowie die Erwerber das Produkt zunächst halten und nicht wieder am Markt anbieten. Sie können daher aus dem Gesamtumfang des Angebots herauszurechnen sein.

Für eine marktbeherrschende Stellung ausreichende Marktanteile bestehen anbieterseitig in jedem Fall bei einer Erstemission, wenn sich für das Emissionsprodukt ein verengter Markt bildet. Der anbietende Emittent ist bzw. die Mitglieder des Emissionskonsortiums sind als einziger Anbieter marktbeherrschender Monopolist. Auch bei einer Zweitemission und einer Verengung des Markts auf das Emissionsprodukt sind für eine marktbeherrschende Stellung ausreichende Anteile der emittierenden Einheit nicht ausgeschlossen. Insbesondere wenn diese in großem Umfang das Produkt emittiert, hat sie zumindest grundsätzlich einen höheren Marktanteil.

(4). Relativer Marktanteil

Die Einteilung der Märkte in funktional identische Anlageformen getrennt nach börs- und außerbörslichem Geschäft spricht somit gegen einen für Marktbeherrschung ausreichenden Marktanteil. Wegen der potentiellen Größe der Märkte sowie zusätzlich im Börsenhandel wegen der Standardisierung und Marktplatzfunktion sind hohe Marktanteile von 40 % und mehr nicht zwingend. Mit steigender sachlicher Enge werden für die Marktbeherrschung ausreichende Marktanteile wahrscheinlicher. Am wahrscheinlichsten sind sie bei Marktverengung auf ein Kapitalmarktprodukt. Durch die Marktplatzfunktion der Börse ist es aber auch in Verengungsfällen nicht zwingend, dass Marktanteile hoch sind und Angebot sowie Nachfrage vermachtet in den Händen weniger Marktteilnehmer liegen. Eine Ausnahme bildet die Erstemission bei Marktverengung.

Es ist jedoch zu beachten, dass nicht nur der absolute Marktanteil eine marktbeherrschende Stellung indizieren kann. Auch der relative Marktanteil kann für einen kontrollfreien Verhaltensspielraum und Marktbeherrschung sprechen. Der relative Marktanteil ist der Abstand des Marktanteils zu den Marktanteilen von

Wettbewerbern.[387] Ein großer Abstand zu den Wettbewerbern kann für Marktbeherrschung sprechen.[388] Man kann dadurch eine Vormachtstellung erlangen. Je größer der Abstand ist, desto geringere absolute Anteile können für eine Marktbeherrschung reichen.[389] Daher kann bei zersplitterten Märkten ein kleiner Marktanteil die Marktbeherrschung begründen.[390] Eine Zersplitterung der Marktanteile ist am Kapitalmarkt kein gänzlich unwahrscheinlicher Zustand. Gerade der Börsenhandel begünstigt mit der Marktplatzfunktion hohe Teilnehmerzahlen und eine Zersplitterung der Marktanteile. In die gleiche Richtung wirkt die grundsätzliche Größe der Märkte. Die in Gattungen eingeteilten Märkte können eine Mehrzahl von Produkten umfassen, die in den Händen vieler verschiedener Anbieter liegen können. Auch bei einer Marktverengung auf ein Kapitalmarktprodukt ist eine Zersplitterung der Marktanteile nicht ausgeschlossen. So können sich bspw. Anteile an einem Unternehmen im Streubesitz befinden. Zu beachten ist jedoch, dass der Anteil absolut nicht zu klein ausfallen darf. Bei winzigen Anteilen spricht ein hoher Abstand zu anderen Anbietern nicht automatisch für eine marktbeherrschende Stellung. In der Literatur wird dem relativen Marktanteile v.a. im Bereich eines Marktanteils von 25 – 40 % eine Bedeutung beigemessen.[391]

(5). Einfluss der Börsenfunktion

Bei der Beurteilung der Marktanteile als Indiz für die Marktbeherrschung ist im Weiteren auch die Funktionsweise der Börse zu beachten. Hohe Marktanteile indizieren einen von den Wettbewerbern und der Marktgegenseite nicht kontrollierbaren Verhaltensspielraum. Der Marktanteil ist jedoch im jeweiligen Marktkontext zu bewerten und in Relation zum Marktgeschehen zu setzen, da ein hoher Marktanteil bspw. bei niedrigen Marktzutrittsschranken oder einem starken Restwettbewerb nicht zwingend für Marktmacht spricht.[392] Die Funktionsweise der Börse begünstigt einen solchen lebhaften Restwettbewerb, da Angebot und Nachfrage durch die Börse automatisch zusammengeführt werden. Ein hoher Marktanteil impliziert in diesem automatischen Börsenhandel nicht zwingend eine bessere Marktstellung, da das Angebot dritter Anbieter trotz eines geringeren Marktanteils gleichberechtigt danebensteht. Es kommt an der Börse insoweit nur auf übereinstimmende Angebots- und Nachfragekonditionen an. Sind diese gegeben,

387 *Bechtold/Bosch*, § 18 GWB Rn 33; *Bunte*, S. 303; IM/*Fuchs/Möschel*, Bd 2, § 18 GWB Rn 107.

388 EuGH v. 14.02.1978, Rs. C-27/76 ECLI:EU:C:1978:22, Rn 111/120 – „*United Brands*"; *Bunte*, S. 179; IM/*Fuchs/Möschel*, Bd 1, Art. 102 AEUV Rn 88; vgl. Streinz/*Eilmansberger*, Art. 102 AEUV Rn 23.

389 GHN/*Jung*, Art. 102 AEUV Rn 91; *Mestmäcker/Schweitzer*, § 17 Rn 40.

390 *Bechtold/Bosch*, § 18 GWB Rn 42; IM/*Fuchs/Möschel*, Bd 2, § 18 GWB Rn 107; IM/*Fuchs/Möschel*, Bd 1, Art. 102 AEUV Rn 88.

391 Siehe: *Bunte*, S. 179.

392 IM/*Fuchs/Möschel*, Bd 2, § 18 GWB Rn 105.

führt die Börse Angebot und Nachfrage zusammen. Dieses automatische Zusammenführen von Angebot und Nachfrage im Börsenhandel spricht gegen eine aus einem erhöhten Marktanteil pauschal abzuleitende Machtstellung. Der erhöhte Marktanteil muss nicht zwingend einen kontrollfreien Verhaltensspielraum des betreffenden Unternehmens schaffen, da und sofern die Marktgegenseite ohne Probleme Angebot bzw. Nachfrage der Wettbewerber dieses Unternehmens nutzen kann, weil die Börse Angebot und Nachfrage automatisch zusammenführt. Hat bspw. ein Anbieter einen hohen relativen, aber nicht absoluten Marktanteil, übersteigt das freie Angebot Dritter in der Summe dessen Marktanteil. Da die Börse das Angebot gleichberechtigt behandelt und mit der Nachfrage zusammenführt, impliziert der hohe relative Marktanteil nicht automatisch eine Machtstellung, da das überwiegende Angebot Dritter, mit dem die Börse die Nachfrage zusammenführen kann, als ein Korrektiv im Raum steht. Fordert bspw. der Anbieter mit dem hohen Marktanteil für die Nachfrager extrem nachteilige Konditionen, die deutlich schlechter sind als die Konditionen der übrigen Anbieter, können die Anleger das Angebot dieser übrigen Anbieter aufgrund des automatischen Zusammenführens von Angebot und Nachfrage nutzen.

Die beschriebene Situation wird in Preismissbrauchsfällen relevant. Fordert der Anbieter mit nur einem relativ hohem Marktanteil, der aber nicht absolut hoch ist, bspw. hohe Preise, setzt er diese nicht zwingend am Markt durch, wenn dritte Anbieter generell niedrigere Preise fordern. Reicht das Angebot dieser Dritten durchgängig aus, um die Nachfrage zu decken, können die Anleger dieses Angebot im Wege des automatischen Zusammenführens von Angebot und Nachfrage nutzen. Sie müssen nicht das Angebot des Anbieters mit hohem Marktanteil nutzen, sodass dessen Marktanteil ihm keinen freien Verhaltensspielraum schafft. Passen die dritten Anbieter ihrerseits die Preisforderungen nicht an den Anbieter mit dem hohen Marktanteil an, hat dessen Preisforderung keinerlei Einfluss auf das Marktgeschehen. Das zeigt, dass er keinen kontrollfreien Verhaltensspielraum hat. Er kann wegen der Funktion des Börsenhandels die Preise nicht diktieren, sofern die Anleger das Angebot Dritter, das durch die Preisforderungen des marktbeherrschenden Anbieters unbeeinflusst bleibt, im Wege des automatischen Zusammenführens von Angebot und Nachfrage durch die Börse nutzen können und dieses Angebot auch generell für die Nachfrage ausreicht. Der Anbieter mit hohem Marktanteil beherrscht dann nicht den Markt.

Das automatische Zusammenführen von Angebot und Nachfrage an der Börse kann mithin einer marktbeherrschenden Stellung eines Anbieters trotz eines hohen, v.a. relativ hohen, Marktanteils dieses Anbieters entgegenstehen. Dass sich dieser Effekt praktisch einstellt, ist aber unwahrscheinlich. Dieser Effekt, der trotz eines hohen Marktanteils gegen eine marktbeherrschende Stellung des Anbieters mit dem hohen Marktanteil spricht, folgt aus dem automatischen Zusammenführen von Angebot und Nachfrage durch die Börse. Er kann sich ergeben, wenn die Anleger nicht auf das Angebot des Anbieters mit dem hohen Marktanteil angewiesen sind. An der Börse sind jedoch aufgrund der Organisation, der Standardisierung und des einfachen Handels regelmäßig viele Anleger tätig. Dieser Umstand begünstigt nun grundsätzlich, dass die Nachfrage das Angebot dritter Anbieter, die neben dem Anbieter mit dem hohen Marktanteil auftreten, überschreitet. Ist die Nachfrage insoweit höher als das zusammengefasste Angebot aller dritten Anbieter neben dem Anbieter mit einem hohen Marktanteil, kann dieser Anbieter zumindest im Umfang des insoweit entstehenden Nachfrageüberhangs die Preise für das betreffende Produkt diktieren. Die Nachfrager können in diesem Fall nicht allein auf das Angebot der dritten Anbieter zurückgreifen, sofern sie auf das Angebot des Anbieters mit dem hohen Marktanteil angewiesen sind. Das kann der Anbieter nutzen und sich entsprechend unabhängig verhalten, weil die Nachfrager aufgrund der das Angebot Dritter überschreitenden Nachfrage von ihm abhängig sind. Ferner ist zu beachten, dass bei einer Marktverengung, bspw. auf das einzelne Kapitalmarktprodukt, im Grundsatz schon eine erhöhte Nachfrage für das Produkt, auf die sich die Nachfrage verengt, einhergeht, die das Angebot und damit auch das Angebot Dritter übersteigen kann. Bei einer Marktverengung auf ein Kapitalmarktprodukt indiziert gerade eine dem Angebot entsprechende oder dieses übersteigende Nachfrage, dass die Nachfrage von Anbietern spezifisch wahrgenommen werden kann und sich eigene Markt- und Wettbewerbsstrukturen für die Bedienung der Nachfrage bilden können.[393] Dann sind die Anleger, um ihre Nachfrage insgesamt zu decken, auch auf das Angebot des Anbieters mit dem hohen Marktanteil angewiesen. Daher kann sich der beschriebene Effekt des automatischen Zusammenführens von Angebot und Nachfrage an der Börse, der gegen eine marktbeherrschende Stellung trotz eines hohen Marktanteils sprechen kann, regelmäßig nicht aktivieren.

Insgesamt muss aufgrund der Funktionsweise des Börsenhandels insbesondere aus einem nur relativ hohen Marktanteil nicht automatisch eine Marktbeherrschung folgen. Es ist zu prüfen, ob der Marktanteil einen freien Verhaltensspielraum gibt. Das ist denkbar, wenn das Angebot oder die Nachfrage Dritter nicht ausreicht, um die Nachfrage bzw. das Angebot zu decken. Das automatische Zusammenführen von Angebot und Nachfrage durch die Börse kann dabei gegen eine Marktbeherrschung sprechen. Ist die Nachfrage aber so hoch, dass sie das freie Angebot Dritter übersteigt, kann der hohe Marktanteil eines Anbieters trotzdem für eine marktbeherrschende Stellung des Anbieters sprechen.

(6). Zeitliche Limitierung der Marktverengung

Vor allem bei einer Marktverengung wird die Bedeutung des Marktanteils für die Bestimmung der Marktbeherrschung nicht dadurch relativiert, dass der verengte Markt nur kurz besteht, da der marktverengungsbegründende Bedarf nur eine limitierte Zeit existiert. Grundsätzlich dürfen Marktanteile nicht nur eine Momentaufnahme sein, sondern müssen einen längeren Zeitraum erfassen.[394] Die Forderung

---

393 Vgl. dazu Abschnitt B. III 2. e. bb. (3). dieser Arbeit.

394 *Bechtold/Bosch*, § 18 GWB Rn 42; *Bunte*, S. 303; vgl. *Emmerich*, § 9 Rn 28a; MüKo-EUKartellR/*Eilmansberger*, Art. 102 AEUV Rn 108; vgl. *Thomas*, ZWeR 2014, 119, 122.

einer zeitlichen Verfestigung des Marktanteils stellt sicher, dass Unternehmen nicht über Anteilsfluktuationen eine marktbeherrschende Stellung unterstellt wird, die tatsächlich nicht besteht, sondern die aus dem Marktanteil abzuleitende Stellung tatsächlich nutzbar ist. Ist auf dem verengten Markt der Marktanteil keine bloße Momentaufnahme, sondern verfestigt, ist er tatsächlich nutzbar und kann eine marktbeherrschende Stellung begründen. Verengt sich bspw. der Markt auf Beteiligungen an einem Unternehmen und vereint ein Anbieter wesentlich das Angebot, erlangt er zwangsläufig eine Machtstellung über das Angebot und einen unabhängigen Verhaltensspielraum, da und sofern mit Blick auf den Börsenhandel sein Anteil am Angebot die Nachfrage übersteigt, was bei einer marktverengungsbedingt erhöhten Nachfrage wahrscheinlich ist. Dieser Marktanteil ist verfestigt. Die zeitliche Limitierung des Markts diese Machtstellung für die Dauer des Markts insoweit nicht negieren.

(7). Fazit: Marktgröße als Hürde der marktbeherrschenden Stellung

Im Ergebnis können die Kapitalmarktteilnehmer Marktanteile erlangen, die eine Marktbeherrschung indizieren. Zugleich zeigt sich, dass dies wegen der grundsätzlich großen Gattungsmärkte, die nur in börs- und außerbörsliches Geschäft getrennt sind, nicht wahrscheinlich sein muss. Das wird v.a. im Börsenhandel wegen der Standardisierung und Marktplatzfunktion deutlich, wie der Markt für börsengehandelte Unternehmensbeteiligungen zeigt.

Marktanteile, die eine marktbeherrschende Stellung indizieren können, werden wahrscheinlicher, wenn sich der Markt verengt. Am wahrscheinlichsten sind sie bei einer Marktverengung auf ein Kapitalmarktprodukt wie auf Beteiligungen an einem Unternehmen. Märkte für auf bestimmte Anlegegruppen oder Zwecke zugeschnittene Produkte sind zwar sachlich kleiner als die Gesamtmärkte. Insoweit sind jedoch die Produkt- und Teilnehmerzahlen und die räumliche Ausdehnung zu beachten, die trotz sachlicher Enge gegen hohe Marktanteile sprechen können. Die Marktplatzfunktion und Standardisierung der Produkte im Börsenhandel wirken in die gleiche Richtung. Im Börsenhandel wird die Bedeutung des Marktanteils für die Marktbeherrschung ferner zumindest dadurch grundsätzlich relativiert, dass Angebot und Nachfrage automatisch zusammengeführt werden. Es ist daher zu prüfen, ob ein hoher, insbesondere hoher relativer, Marktanteil tatsächlich die Möglichkeit eines unabhängigen Marktverhaltens gibt. Dies muss nicht sein, wenn das freie Angebot bzw. die freie Nachfrage Dritter in der Summe ausreicht, um die Nachfrage bzw. das Angebot generell vollumfänglich zu bedienen. Aufgrund der Marktplatzfunktion der Börse sowie bei der oft für eine Marktbeherrschung erforderlichen Marktverengung ist es jedoch wahrscheinlich, dass die Marktgegenseite aufgrund des insgesamt generierten Angebots- bzw. Nachfrageumfangs auf den betreffenden Marktteilnehmer mit hohem Marktanteil angewiesen ist. Sicher ist die Marktbeherrschung des Anbieters hingegen bei einer Erstemission, wenn sich der Angebotsmarkt auf das emittierte Kapitalmarktprodukt verengt. Ausgeschlossen sind für eine Marktbeherrschung ausreichende Marktanteile im Ergebnis somit nicht. Die potentiell großen Märkte sind jedoch wesentliche Faktoren, die gegen Marktanteile sprechen, die für eine marktbeherrschende Stellung ausreichen.

cc. Dritte Marktbeherrschungsfaktoren

(1). Einleitung

Zur Bestimmung der Marktbeherrschung können auch dritte Faktoren neben dem Marktanteil dienen. Vor allem sind solche dritten Faktoren zu beachten, die auf Wettbewerbsvorsprünge wie ein gutes Vertriebsnetz, Finanzkraft oder Zugang zu dritten Märkten hindeuten, vgl. § 18 Abs. 3 GWB.[395] Ergibt sich aus solchen Faktoren eine überragende Marktstellung, können sie kleine Marktanteile ausgleichen.[396] Es ist aber unwahrscheinlich, dass dritte Faktoren verschwindend geringe Marktanteile ausgleichen und trotz dieser geringen Marktanteile einen kontrollfreien Verhaltensspielraum begründen können. Vor allem auf den nur nach börs- und außerbörslichem Bereich getrennten Gattungsgesamtmärkten sind die Marktanteile oft so klein, dass dritte Faktoren wahrscheinlich keine Marktbeherrschung begründen. Nachfolgend werden exemplarisch die Finanzkraft sowie der Zugang zu Beschaffungs- und Absatzmärkten dargestellt.

(2). Beispiel: Finanzkraft

Die Finanzkraft ist ein solcher dritter Faktor, vgl. auch § 18 Abs. 3 Nr. 2 GWB.[397] Ihr Fehlen kann eine Marktzutrittsschranke sein. Ebenso kann sie unabhängiges Marktverhalten erlauben. Finanzstarke Unternehmen können bspw. eher an Märkten für hochpreisige oder risikoreiche Kapitalmarktprodukte tätig sein. An solchen Märkten kann die Finanzkraft mithin eine Markzutrittsschranke sein. Daneben kann sie dem Unternehmen auch Spielräume eröffnen und die Möglichkeit geben, dem Preisdruck Dritter besser standzuhalten.[398] Das kann einen kontrollfreien Verhaltensspielraum begründen. Hohe Finanzkraft ermöglicht im Vergleich zu Wettbewerbern die Zahlung höherer Preise bzw. die Forderung niedrigerer Preise, da die entstehenden Einbußen über die Finanzkraft getragen werden können. So ist es in Kapitalmarktgeschäften möglich, dass ein Nachfrager die Preise von Wettbewerbern durch seine Finanzkraft überbietet bzw. ein Anbieter seine Finanzkraft nutzt, um die Preise dritter Anbieter zu unterbieten. Wegen der Renditefixierung am Kapitalmarkt kann sich das am Markt auswirken. Anbieter veräußern primär

---

395 IM/*Fuchs*/*Möschel*, Bd 1, Art. 102 AEUV Rn 102 ff.; LMR/*Huttenlauch*/*Lübbig*, Art. 102 AEUV Rn 134 ff.; Groeben, von der/Schwarze/*Schröter*/*Bartl*, Art. 102 AEUV Rn 108.

396 IM/*Fuchs*/*Möschel*, Bd 2, § 18 GWB Rn 106.

397 *Bechtold*/*Bosch*/*Brinker*, Art. 102 AEUV Rn 18; GHN/*Jung*, Art. 102 AEUV Rn 101 ff.; IM/*Fuchs*/*Möschel*, Bd 2, § 18 GWB Rn 110; Wiedemann/*de Bronett*, § 22 Rn 26.

398 IM/*Fuchs*/*Möschel*, Bd 2, § 18 GWB Rn 110.

an hohe Preise zahlende Anleger, die eher von Anbietern erwerben, die günstig anbieten.

Praktisch hat die Finanzkraft als Marktbeherrschungsfaktor in Kapitalmarktgeschäften neben der Funktion als Marktzutrittsschranke aber nur eine begrenzte Bedeutung. Sie kann genutzt werden, um Preisdruck auszuüben oder diesem standzuhalten, Wettbewerber durch Preise, die für die Marktgegenseite günstiger sind, vom Markt zu verdrängen und den eigenen Marktanteil erhöhen. Solche Effekte mögen außerbörslich beim individuellen Abschluss von Geschäften über Kapitalmarktprodukte mit Unternehmen, die Anlagemöglichkeiten vertreiben, eine Relevanz haben. Man kann dann unter Nutzung der Finanzkraft Wettbewerber verdrängen und damit positive Langzeiteffekte erzielen. Im Börsenhandel ist ein solches Vorgehen hingegen unwahrscheinlich. An der Börse steht das automatische Zusammenführen von Angebot und Nachfrage einer Generierung von für den Agierenden positiven Langzeiteffekten entgegen. Ein Anbieter kann sich durch ein günstiges Angebot keine Marktstellung aufbauen oder Kunden binden, um dies in der Folge auszunutzen, da er an der Börse als Anbieter nicht individualisiert ist. Man kann zwar theoretisch im Handel durch eine Nutzung der Finanzkraft Wettbewerber vom Markt verdrängen oder den eigenen Marktanteil erhöhen. Vor allem der Börsenhandel ist jedoch leicht zugänglich. Es können jederzeit neue Wettbewerber hinzutreten. Insbesondere die Marktplatzfunktion der Börsen spricht gegen zählbare Vorteile im Börsenhandel. Bei einer Marktverengung besteht der verengte Markt ferner teils nur kurz, sodass man an diesem Markt keine langfristigen Vorteile erzielen kann.

Eine Nutzung der Finanzkraft macht praktisch v.a. bei außerbörslich individuell geschlossenen Geschäften Sinn, wenn ein Anbieter über einen längeren Zeitraum die Finanzkraft nutzen kann, um über günstige Preise Kunden zu binden und Wettbewerber zu verdrängen.

(3). Beispiel: Zugang zu Absatz- und Beschaffungsmärkten

Der Zugang zu Beschaffungs- und Absatzmärkten, vgl. § 18 Abs. 3 Nr. 3 GWB, ist an Märkten für Kapitalmarktprodukte auch nur begrenzt relevant. Generell ist eine vertikale Integration wie ein den Wettbewerbern überlegenes Vertriebsnetz davon erfasst.[399] Überlegene Kontakte auf den Beschaffungs- und Absatzmärkten können eine entsprechende Wirkung haben. Sie vermitteln einen besseren Zugang zu Anbietern, von denen Produkte erworben werden, sowie zu Abnehmern, an welche die Produkte veräußert werden. Solche Kontakte können die Markttätigkeit erleichtern und ein unabhängiges Verhalten begünstigen. Die Börsen bieten als ein Marktplatz für alle Anbieter und Nachfrager den gleichen Zugang und führen Angebot und Nachfrage automatisch zusammen. Individuelle Marktkontakte spielen daher grundsätzlich keine Rolle und bieten im automatischen Börsenhandel

399 IM/*Fuchs*/*Möschel*, Bd 2, § 18 GWB Rn 112 f.; Dauses/*Emmerich*, H. I. § 3 Rn 43.

keine besseren Beschaffungs- oder Absatzmöglichkeiten. Die Börsen ersetzen durch die Marktplatzfunktion die Notwendigkeit individueller Kontakte. Außerbörslich sind Geschäftspartner hingegen eigenhändig zu suchen, da regelmäßig mit den Börsen vergleichbare Marktplätze fehlen. Bessere Kontakte an den Absatz- und Beschaffungsmärkten können daher von Vorteil sein und ein unabhängiges Verhalten begünstigen.

dd. Zusammenfassung

Eine Marktbeherrschung ist an Märkten für Kapitalmarktprodukte möglich. Ihr sind aber durch die grundsätzliche Marktgröße Grenzen gesetzt. Sie zeichnet ein kontrollfreier Verhaltensspielraum aus, für dessen Bestimmung der Marktanteil wesentlich ist. Die Märkte für Kapitalmarktprodukte können wegen der grundsätzlichen Einteilung in Kapitalmarktproduktgattungen und der Trennung nach börs- und außerbörslichem Geschäft groß ausfallen, v.a. im Börsenhandel. Das spricht gegen hohe Marktanteile und Marktbeherrschung. Ohne weitere Verengung ist eine marktbeherrschende Stellung unwahrscheinlich. Sofern sich Märkte über die Gattungsmärkte funktional identischer Anlage hinaus verengen, sind vor allem die Produkt- und Teilnehmerzahlen Faktoren, die für ein hohes Marktvolumen und gegen hohe Marktanteile sprechen können. An Börsen werden die Effekte durch die Markplatzfunktion und die Standardisierung unterstützt. Am wahrscheinlichsten ist eine Marktbeherrschung auf der Angebotsseite, wenn sich der Markt auf ein Kapitalmarktprodukt verengt. Zu beachten ist, dass mit der Verengung des Angebotsmarkts auf dem Nachfragemarkt nicht automatisch eine parallele Möglichkeit der Verengung und Marktbeherrschung einhergeht. Die Verengung des Angebotsmarkts kann gerade auf erhöhter Nachfrage beruhen. Daneben kann wegen einer an den Märkten für Kapitalmarktprodukte denkbaren Zersplitterung der Marktanteile der relative Marktanteil für die Bestimmung der Marktbeherrschung relevant werden. Dabei ist zu beachten, dass die Börse Angebot und Nachfrage automatisch zusammenführt. Liegt also bspw. im hinreichenden Umfang Angebot Dritter vor, um die Nachfrage durchgängig zu decken, kann es sein, dass ein Anbieter trotz eines hohen Marktanteils keinen freien Verhaltensspielraum erlangt und nicht marktbeherrschend ist. Insbesondere bei einer Marktverengung ist es jedoch unwahrscheinlich, dass sich dieser Effekt einstellt, da die marktverengungsbegründende Nachfrage grundsätzlich hoch genug ausfallen wird.

Neben dem Marktanteil können dritte Faktoren wie die Finanzkraft oder der Zugang zu Absatz- und Beschaffungsmärkten zur Begründung der Marktbeherrschung beitragen. Je kleiner der Marktanteil ausfällt, desto schwerer müssen diese dritten Faktoren jedoch wiegen, um eine Marktbeherrschung zu begründen. Außerdem ersetzen sie nicht den Marktanteil, sodass sie auf den großen Gesamtmärkten keine Marktbeherrschung begründen können, da der Marktanteil zu klein ausfällt. Ebenso ist der Wettbewerb auf diesen Märkten in der Regel zu groß, als dass dritte Faktoren eine Marktbeherrschung begründen könnten.[400] Außerdem

---

400 So in Bezug auf Aktienmärkte: *Thomas*, ZWeR 2014, 119, 135 f.

zeigt sich an den Beispielen, dass die dritten Faktoren im Börsenhandel grundsätzlich lediglich von einem begrenzten Nutzen für die Bestimmung der marktbeherrschenden Stellung sein können.

Es wird im deutlich, dass die Marktbeherrschung außerhalb von Sonderfällen wie der Marktverengung am zu kleinen Marktanteil scheitern kann. Außerbörslich mag eine Marktbeherrschung einfacher sein, da die Marktplatzfunktion der Börse fehlt und Märkte sich eher über Gattungen hinaus verengen. Neben der sachlichen Größe sind auch die potentiell grenzüberschreitende räumliche Marktausdehnung sowie die Produkt- und Teilnehmerdichte zu beachten.

b. Missbrauch

aa. Grundlagen

Die bloße marktbeherrschende Stellung reicht für den Verstoß gegen Art. 102 AEUV, § 19 GWB nicht aus. Sie muss missbraucht werden. Das Missbrauchserfordernis ist im deutschen und europäischen Recht grundsätzlich gleich zu verstehen.[401] Es handelt sich um ein Verhalten, dass die Struktur eines Marktes beeinflussen kann, auf dem der Wettbewerb wegen des marktbeherrschenden Unternehmens geschwächt ist, und die Erhaltung sowie Entwicklung des Restwettbewerbs durch eine Nutzung von nicht dem normalen Wettbewerb entsprechenden Mitteln durch das Unternehmen behindert.[402] Das marktbeherrschende Unternehmen muss sich also durch die Marktbeherrschung Vorteile verschaffen, die bei wirksamem Wettbewerb nicht möglich wären.[403] Die Stellung muss dem Unternehmen Handlungsmöglichkeiten geben, die es ohne Marktbeherrschung nicht hätte.[404]

Das ist auf Märkten für Kapitalmarktprodukte möglich. Diese Märkte sind wettbewerblich strukturiert. Die Marktteilnehmer können sich frei bewegen. Daher kann ein marktbeherrschendes Unternehmen die bestehenden Handlungsmöglichkeiten tatsächlich nutzen, um Vorteilen zu generieren, die bei wirksamem Wettbewerb nicht zu erreichen wären.

Ein Beispiel ist der Preismissbrauch nach Art. 102 S. 2 lit. a AEUV, § 19 Abs. 2 Nr. 2 GWB. Auf dessen Besonderheiten wird nachfolgend noch näher an einem Beispiel eingegangen.[405] Hier sei zunächst nur festgestellt, dass ein Preismissbrauch grundsätzlich möglich ist. Die Kapitalmarktteilnehmer haben Preissetzungsfreiheit. Sie können frei bestimmen, zu welchem Preis sie Kapitalmarktprodukte anbieten oder nachfragen wollen. Daher können sie eine marktbeherrschende Stellung nutzen,

---

401 *Bechtold/Bosch*, § 19 GWB Rn 2; *Emmerich*, § 27 Rn 63.

402 EuGH v. 13.02.1979, Rs. 85/76, ECLI:EU:C:1976:36, Rn 91 – „*Hoffmann La Roche*“: GHN/*Jung*, Art. 102 AEUV Rn 120; IM/*Fuchs*/*Möschel*, Bd 1, Art. 102 AEUV Rn 129.

403 EuGH v. 14.02.1978, Rs. 27/76, ECLI:EU:C:1978:22, Rn 248/257 – „*United Brands*“.

404 *Emmerich*, § 27 Rn 63.

405 Vgl. dazu nachfolgenden Abschnitt B. V. 3. dieser Arbeit.

um unangemessen bzw. nicht wettbewerbsgerecht hohe oder niedrige Preise zu fordern.

bb. Einflüsse von Kapitalmarktorganisation und -struktur

Wie auch beim Kartellverbot[406] können die Anwendungsmöglichkeiten des Verbots mit steigendem Organisationsgrad durch die Kapitalmarktorganisation und -struktur rein tatsächlich limitiert werden, v.a. im Börsenhandel.

Ein Beispiel dafür sind Kopplungen. Damit ist gemeint, dass ein marktbeherrschender Anbieter ein Produkt nur zusammen mit einem dritten Produkt anbietet.[407] Kopplungen unterfallen Art. 102 Abs. 2 lit. d AEUV. Danach darf der Abschluss eines Vertrags nicht an die Annahme einer dritten Leistung gebunden werden, die weder sachlich noch nach Handelsbrauch in einer Beziehung zum Vertragsgegenstand steht. Ein insoweit rechtfertigender Sachzusammenhang besteht, wenn technische oder wirtschaftliche Gründe für eine Zusammenfassung der Leistungen sprechen.[408] Ein rechtfertigender Handelsbrauch fehlt, wenn die Produkte ausschließlich getrennt angeboten werden.[409] Daneben können Kopplungen im deutschen Recht § 19 Abs. 2 Nr. 1 1. Alt GWB unterfallen.[410] Danach dürfen dritte Unternehmen nicht unbillig behindern werden. Eine Kopplung behindert grundsätzlich dritte Anbieter, da der koppelnde Anbieter seine Marktmacht auf den Markt für das dritte gekoppelte Produkt transferiert, Abnehmer durch das Kopplungsangebot bindet und in der Folge deren Handlungsfreiheit einschränkt.[411] Andererseits kann sie aber auch von der wettbewerblichen Freiheit des Anbieters gedeckt sein, sodass sie kartellrechtlich nicht generell unzulässig ist.[412] Grundsätzlich entscheidet jeder Anbieter im Wettbewerb frei, zu welchen Bedingungen er Produkte anbietet. Es darf dadurch jedoch nicht zu marktverschließenden Effekten durch eine Nutzung der Marktbeherrschung kommen.[413] Ein Verhalten, das nur wegen der Marktbeherrschung möglich wird, ist daher grundsätzlich unbillig und kartellrechtswidrig.[414] Eine Rechtfertigung fehlt insbesondere, wenn die Kopplung allein darauf gerichtet ist, die Marktmacht auf

---

406 Vgl. dazu Abschnitt B. IV. 2. a. dieser Arbeit.

407 Vgl.: IM/*Markert*, Bd 2, § 19 GWB Rn 200; LMR/*Loewenheim*, § 19 GWB Rn 35.

408 IM/*Fuchs*/*Möschel*, Bd 1, Art. 102 AEUV Rn 290; MüKo-EUKartellR/*Eilmansberger*/*Bien*, Art. 102 AEUV Rn 293.

409 *Bechtold*/*Bosch*/*Brinker*, Art. 102 AEUV Rn 44 f.

410 *Bechtold*/*Bosch*, § 19 GWB Rn 9, 11; *Emmerich*, § 27 Rn 79; IM/*Markert*, Bd 2, § 19 GWB Rn 200 ff.; LMR/*Loewenheim*, § 19 GWB Rn 33; MüKo-DtKartellR/*Westermann*, § 19 GWB Rn 77.

411 IM/*Markert*, Bd 1, § 19 GWB Rn 200; LMR/*Loewenheim*, § 19 GWB Rn 35; MüKo-DtKartellR/*Westermann*, § 19 GWB Rn 77.

412 *Bechtold*/*Bosch*, § 19 GWB Rn 21; vgl. LMR/*Loewenheim*, § 19 GWB Rn 35.

413 *Emmerich*, § 27 Rn 80.

414 *Bechtold*/*Bosch*, § 19 GWB Rn 19.

den anderen Markt zu transferieren und damit Gewinne durch das kombinierte Angebot der Produkte zu maximieren.[415]

Im Handel mit Kapitalmarktprodukten sind solche Kopplungen nur eingeschränkt möglich. Eine Kopplung liegt bspw. vor, wenn ein marktbeherrschender Anbieter die Veräußerung von Beteiligungen an einem Unternehmen davon abhängig macht, dass der Erwerber zugleich dritte sachlich verschiedene Kapitalmarktprodukte erwirbt. Dafür muss der Anbieter das Angebot der Kapitalmarktprodukte an den Erwerb dritter Produkte koppeln können. Diese Möglichkeit ist im Börsenhandel limitiert, wenn nur Angebot und Nachfrage für einzelne Kapitalmarktprodukte eingestellt und von der Börse automatisch zusammengeführt werden. Dann kann ein Anbieter das Angebot von börsengehandelten Unternehmensbeteiligungen nicht an den Erwerb dritter Produkte koppeln. Werden die Angebote für einzelne Kapitalmarktprodukte getrennt eingestellt, kann der Anbieter sie nicht verbinden. Wie zum Kartellverbot dargestellt, kann eine Kopplung umgesetzt werden, wenn die Parteien die Kopplung außerbörslich vereinbaren und dann die Geschäfte einzeln über die Börse abwickeln können. Aufgrund der Marktplatzfunktion ist es jedoch unwahrscheinlich, dass es zu einem außerbörslichen Kontakt kommt.

Demgegenüber sind Kopplungen im nichtorganisierten außerbörslichen Geschäft möglich. Angebot und Nachfrage werden nicht an Handelsplätzen eingestellt, sondern Anbieter und Nachfrager schließen die Geschäfte individuell. Daher ist es Anbietern unbenommen, den Geschäftsabschluss an den Erwerb von dritten Kapitalmarktprodukten zu koppeln. Liegt eine Kopplung vor, kann sie kartellrechtlich zulässig sein, wenn sie gerechtfertigt ist. In jeden Fall scheidet eine Rechtfertigung jedoch aus, wenn die Produkte in Nutzung der Marktbeherrschung lediglich zur Einnahmensteigerung durch den zusätzlichen Verkauf des gekoppelten dritten Produkts gekoppelt angeboten werden.[416]

cc. Zusammenfassung

Es gibt für das Missbrauchsverbot Anwendungsmöglichkeiten. Wie das Kartellverbot ist es aber durch Kapitalmarktorganisation und -struktur in der Anwendung eingeschränkt. Das zeigt der Börsenhandel. Werden nur Angebot und Nachfrage für Einzelprodukte eingestellt und zusammengeführt, ist es bspw. nicht möglich, ein Angebot von Kapitalmarktprodukten an den Erwerb von dritten Produkten zu koppeln.

---

415 IM/*Markert*, Bd 2, § 19 GWB Rn 202; MüKo-DtKartellR/*Westermann*, § 19 GWB Rn 77.

416 Allg.: IM/*Markert*, Bd 2, § 19 GWB Rn 202; MüKo-DtKartellR/*Westermann*, § 19 GWB Rn 77.

3. Beispiel: Preismissbrauch

a. Einleitung

Die Besonderheiten und Schwierigkeiten der Anwendung des Missbrauchsverbots an Märkten für Kapitalmarktprodukte werden am Preismissbrauchs nach Art. 102 S. 2 lit. a AEUV, § 19 Abs. 2 Nr. 2 GWB vertieft. Der Preismissbrauch ist am Kapitalmarkt praktisch relevant, da insoweit Überschneidungen zum Kapitalmarktrecht möglich sind, auf die noch eingegangen wird.[417] Der folgenden Darstellung liegt das Beispiel eines Anbieters zugrunde, der einen Großteil des Angebots an börsengehandelten Beteiligungen an einem Unternehmen vereint und für diese hohe Preise fordert. Zunächst werden die Möglichkeiten einer marktbeherrschenden Stellung eines solchen Anbieters dargestellt. Danach wird darauf eingegangen, welche Schwierigkeiten sich im Zusammenhang mit der Bestimmung der missbräuchlichen Preise ergeben, die sich v.a. bei einer Marktverengung im Einzelfall einstellen können.

b. Marktbeherrschende Stellung

aa. Allgemeine Erwägungen

Zunächst muss der Anbieter marktbeherrschend sein.[418] Der hohe Angebotsanteil schafft keinen hohen Marktanteil am zumindest bundesweiten Gesamtmarkt für börsengehandelte Unternehmensbeteiligungen. Auch wenn der Anbieter das ganze Angebot der betreffenden Beteiligungen vereint, hat er gemessen am Marktvolumen keinen Marktbeherrschung indizierenden Marktanteil.[419] Dass der hohe Anteil am Angebot der Beteiligungen keinen von Wettbewerb und der Marktgegenseite unabhängigen Verhaltensspielraum gibt, der eine marktbeherrschenden Stellung indiziert, zeigt die folgende Überlegung:

Hebt der Anbieter die Preise für die Beteiligungen stark an, werden sie für die Anleger unattraktiver. Sie bieten eine schlechtere Rendite, da der Kapitaleinsatz steigt. Da die Anleger am vorstehend erwähnten Gesamtmarkt keinen besonderen Bedarf an den Beteiligungen eines Unternehmens haben, sondern funktional identische Beteiligungen anderer Unternehmen für sie austauschbar sind, können sie dritte Beteiligungen erwerben, um ihren Bedarf zu decken. Wegen dieses Zusammenhangs ist es unwahrscheinlich, dass der Anbieter durch den hohen Anteil am Angebot der Beteiligungen an einem Unternehmen einen Anteil am Gesamtangebot am Markt erhält, der ihm die Möglichkeit gibt, Preise einseitig zu diktieren. Die Anleger können eine Preissteigerung durch den Anbieter durch die einfache Wahl einer dritten funktional identischen Beteiligung umgehen. Der Anbieter hat

---

417 Vgl. dazu Abschnitt C. II. 4. c. dieser Arbeit.

418 Vgl. dazu Abschnitt B. V. 2. a. dieser Arbeit.

419 So in Bezug auf Alleinaktionäre eines Unternehmens: *Thomas*, ZWeR 2014, 119, 129.

somit keinen kontrollfreien Verhaltensspielraum, der ihm eine einseitige Preisfestsetzung erlaubt.

Der Markt muss somit im Vergleich dazu schrumpfen, damit Marktanteile denkbar sind, die eine Marktbeherrschung begründen können. Ob eine Marktbeherrschung durch einen hohen Anteil am Angebot der Beteiligungen eines Unternehmens bspw. in Bezug auf hochpreisige oder risikoreiche Unternehmensbeteiligungen möglich ist, hängt davon ab, ob man einen eigenen Markt für diese Beteiligungen abgrenzen kann.[420] Zu beachten ist dabei, dass solche Produkte sich auf professionelle Anleger beziehen können, sodass weite räumliche Märkte möglich sind. Außerdem können im Börsenhandel wegen der Marktplatzfunktion die Produkt- und Teilnehmerzahlen limitierend wirken. Außerbörslich kann sich der Gesamtmarkt für Unternehmensbeteiligungen wegen der vom Börsenhandel abweichenden Anlage- und Risikostruktur hingegen über die Gattung Unternehmensbeteiligung hinaus verengen.[421] Hier ist ein Marktanteil, der eine Marktbeherrschung indiziert, eher denkbar.

Der hohe Anteil am Angebot der Beteiligungen an einem Unternehmen vermittelt hingegen eine marktbeherrschende Stellung, wenn sich der Markt auf diese Beteiligungen verengt. Eine Marktverengung ist bei bedarfsverengenden Verpflichtungen oder Anlegerpräferenzen bspw. bei einer Erstemission möglich.[422] Verengt sich der Bedarf auf die Beteiligungen, ist die Nachfrage aufgrund dieses spezifischen Anlegerbedarfs unflexibel und erlaubt dem Anbieter die Forderung erhöhter Preise, da die Anleger ihren spezifischen Bedarf nicht mit dritten Beteiligungen decken können, die funktional austauschbar wären. Er hat damit grundsätzlich einen kontrollfreien Verhaltensspielraum durch den hohen Anteil am Angebot der Beteiligungen, da die Marktgegenseite wegen ihres verengten Bedarfs den Preisforderungen dieses Anbieters nicht ausweichen kann.

Zu beachten ist zumindest grundsätzlich das angesprochene automatische Zusammenführen von Angebot und Nachfrage durch die Börse.[423] Gibt es neben dem potentiell marktbeherrschenden Anbieter dritte Anbieter, ist zu prüfen, ob deren Angebot die Nachfrage durchgängig deckt, sodass die Nachfrager nicht auf das Angebot des betreffenden Anbieters angewiesen sind. Das kann gegen eine Marktbeherrschung sprechen, da der potentiell marktbeherrschende Anbieter dann keinen freien Verhaltensspielraum hat, der es ihm erlaubt, einseitig Preise zu diktieren. Die Anleger können das Angebot der Dritten nutzen, da die Börse Angebot und Nachfrage automatisch zusammenführt.

Eine Marktbeherrschung liegt hingegen auch unter Berücksichtigung dieser Zusammenhänge vor, wenn am Markt so viel Nachfrage generiert wird, dass ein Rückgriff auf das Angebot des potentiell marktbeherrschenden Anbieters

420 Vgl. dazu allg. Abschnitt B. III. 2. d. bb. (2). dieser Arbeit.
421 Vgl. dazu Abschnitt B. III. 2. a. dd. sowie B. III. 2. d. bb. (2). dieser Arbeit.
422 Vgl. dazu Abschnitt B. III. 2. e. dieser Arbeit.
423 Vgl. dazu Abschnitt B. V. 2. a. bb. (5). dieser Arbeit.

erforderlich ist, um die Nachfrage zu decken. Daher scheitert die marktbeherrschende Stellung regelmäßig nicht an diesem Punkt, wenn der Anbieter einen Großteil des Angebots vereint und sich ein verengter Markt für die Beteiligungen bildet. Das ist damit zu begründen, dass mit der Verengung in der Regel eine spezifische Nachfrage in einem höheren Umfang einhergeht, da dies für die Etablierung eigener Markt- und Wettbewerbsbedingungen erforderlich ist, wobei eine dem Angebot entsprechende oder dieses übersteigende Nachfrage ein wesentliches Indiz ist.[424] Vereint nun der Anbieter einen Großteil des Angebots, sind die Anleger wegen des gegebenen Bedarfsumfangs wahrscheinlich auf dessen Angebot angewiesen.

bb. Besonderheiten bei Bedarf einzelner Anleger

Eine marktbeherrschende Stellung setzt somit im Fall des Anbieters, der einen Großteil des Angebots an börsengehandelten Beteiligungen an einem Unternehmen vereint, im Ausgangspunkt eine Marktverengung auf die betroffenen Unternehmensbeteiligungen voraus. Das wird an bedarfsverengenden Verpflichtungen der Anleger wie dem Leerverkauf vertieft. Der Leerverkäufer bietet dem Erwerber zu einem künftigen Zeitpunkt die Veräußerung der Beteiligungen an, die er selbst noch erwerben muss.[425] Durch die Verpflichtung entsteht ein spezifischer Bedarf des Leerverkäufers, der v.a. bei hinreichendem Umfang den Markt verengen kann.[426] Leerverkäufer müssen die Beteiligungen zu jedem Preis kaufen, um die Verpflichtung zu erfüllen.[427] Ihre Nachfrage ist starr, sodass ein verengter Markt für die Beteiligungen möglich ist, der eine Marktbeherrschung der Anbieter der Beteiligungen ermöglicht.[428]

An solchen Verpflichtungen zeigt sich ein Problem der Marktbeherrschung wegen spezifischer Nachfrage nach einem Kapitalmarktprodukt. Unter Umständen haben nur einzelne Anleger den Bedarf durch eine solche Verpflichtung, da er ebendiese individuelle Verpflichtung voraussetzt. Daran scheitert jedoch wie in der Marktabgrenzung dargestellt, nicht die Abgrenzung eines verengten Markts, da sie keine Mindestzahl von Anlegern mit verengtem Bedarf erfordert, sondern primär Bedarf im hinreichenden Umfang, sodass der Bedarf einzelner Anleger für die Marktverengung reichen kann.[429] In diesem Fall muss lediglich die geringe Zahl spezifisch Nachfragender entsprechend aufgewogen werden.

---

424 Vgl. zur erforderlichen Relevanz des Bedarfs Abschnitt B. III. 2. e. bb. (3). dieser Arbeit.

425 LBS/*Binder*, Kap 37 Rn 33; MüKo-BGB/*Lehmann*, Bd 11, Internationales Finanzmssarktrecht, Rn 449.

426 Vgl. zu bedarfsverengenden Verpflichtungen Abschnitt B. III. 2. e. bb. dieser Arbeit.

427 LG Braunschweig v. 19.06.2013 – 5 O 552/12 (= BeckRS 2013, 12034); *Fleischer/Bueren*, ZIP 2013, 1253, 1254; *Möllers*, NZG 2014, 361, 365 f.; *Ziouvas*, ZGR 2003, 113, 134.

428 *Fleischer/Bueren*, ZIP 2013, 1253, 1260.

429 Vgl. dazu Abschnitt B. III. 2. e. bb. (3). dieser Arbeit.

Lässt sich ein verengter Markt abgrenzen, kann das in Bezug auf den verengten Bedarf marktstarke Unternehmen wegen der Abhängigkeit der Abnehmer keinem Verhaltensspielraum begrenzenden Wettbewerb ausgesetzt sein, da es nicht auf Dritte Rücksicht nehmen muss, die am nicht verengten Markt Wettbewerber wären, sodass es marktbeherrschend sein kann.[430] Das Angebot der Wettbewerber am nicht verengten Markt, bspw. Beteiligungen an dritten Unternehmen, ist für die Nachfrager mit verengtem Bedarf keine Alternative, da es nicht den verengten Bedarf deckt. Bei einem auf die Beteiligungen an einem Unternehmen verengten Markt führt somit der besondere Bedarf der Anleger dazu, dass die Anbieter der Unternehmensbeteiligungen in Bedienung des spezifischen Bedarfs nicht dem Wettbewerbsdruck ausgesetzt sind, der von Anbietern anderer Unternehmensbeteiligungen ausgeht, die ohne die Marktverengung zum gleichen Markt funktional identischer Anlage zählen.

Die Marktbeherrschung scheitert bei einer Marktverengung infolge spezifischen Bedarfs weniger Anleger ferner nicht daran, dass für die Marktbeherrschung nach § 18 GWB eine gewisse Generalisierbarkeit verlangt wird.[431] Erforderlich ist, dass eine für den Markt „erhebliche Zahl von Unternehmen keine ausreichenden und zumutbaren Absatz- und Bezugsalternativen“[432] hat. Es muss also grundsätzlich eine Mehrzahl von Unternehmen am Markt abhängig sein.

Das steht einer Marktbeherrschung nach § 18 GWB wegen einer Abhängigkeit einzelner Anleger infolge einer engen Marktabgrenzung nicht entgegen. Wie zur Marktabgrenzung dargestellt, kann ein hinreichender Bedarf von gewissem Umfang Märkte verengen, da dieser Bedarf eine Erheblichkeit erreicht, die es der Marktgegenseite ermöglicht, den Bedarf als eigenständig wahrzunehmen und zu nutzen, ohne auf Dritte, die den Bedarf nicht bedienen, Rücksicht nehmen zu müssen. Dann kann sich der Bedarf in der Marktstruktur auswirken. Dies gilt unabhängig davon, ob ihn nur wenige oder viele Anleger generieren. Die Annahme einer Marktverengung bei hinreichendem Bedarf eines Anlegers spiegelt in diesen Fällen die Wettbewerbsrealität. Hinreichender Bedarf kann es Anbietern ermöglichen, das Angebot spezifisch auf diesen Bedarf zu beziehen. Ein atomistisch kleiner Bedarf reicht dafür nicht, sodass nicht die Gefahr besteht, dass die Märkte insoweit entgegen der Marktrealität bestimmt werden.

Kann der Markt aufgrund des spezifischen Bedarfs einzelner Anleger eng abgegrenzt werden, ist auch eine für den Markt erhebliche Teilnehmerzahl abhängig. Im Falle einer Verengung auf bestimmte Unternehmensbeteiligungen sind alle Anleger mit dem verengten Bedarf vom Angebot dieser Beteiligung abhängig. Die geforderte Erheblichkeit impliziert somit nicht generell eine hohe Zahl oder eine Mehrzahl Abhängiger, sondern ist im Marktkontext zu lesen. Mithin steht auch

---

430 Allg.: MüKo-DtKartellR/*Wolf*, § 18 GWB Rn 23.
431 Dazu: *Bechtold*/*Bosch*, § 18 GWB Rn 52; MüKo-DtKartellR/*Wolf*, § 18 GWB Rn 24.
432 BT-Drs. 11/4610, S. 17.

der Marktbeherrschungsbegriff einer engen Marktabgrenzung im Falle eines hinreichenden Bedarfs nicht entgegen.

cc. Keine Sperrwirkung durch § 20 Abs. 1 GWB

Eine Literaturstimme lehnt eine Marktbeherrschung ab, wenn die Abhängigkeit der Anleger bei individuellen Verpflichtungen nicht aus der Marktstruktur herrühre, sondern aus der Verpflichtung gegenüber dem Dritten, sodass diese Abhängigkeit des Anlegers von den Anbietern eine individuelle Abhängigkeit nach § 20 Abs. 1 GWB sei und keine Marktbeherrschung nach § 18 GWB begründe.[433] Dies wird insbesondere mit Blick auf einen spezifischen Bedarf einzelner Anleger angenommen. Dem ist zu widersprechen.

§ 20 Abs. 1 GWB regelt die relative Marktmacht als eine Machtstellung gegenüber den Teilnehmern der Marktgegenseite, die wegen des im Vergleich zur Marktgröße kleinen Marktanteils des Anbieters keine Marktbeherrschung nach § 18 GWB begründet. Die Norm erweitert mithin den Anwendungsbereich des Missbrauchsverbots in § 19 GWB.[434] Bei relativer Marktmacht nach § 20 Abs. 1 GWB besteht nur eine besondere Abhängigkeit von einem Produkt, das jedoch weiterhin mit dritten Produkten austauschbar einen Bedarf deckt, da der Anbieter sonst marktbeherrschend am einem verengten Markt wäre.[435]

Bei relativer Marktmacht nach § 20 Abs. 1 GWB besteht also gerade kein verengter Markt. Vielmehr ist der Markt zu groß für eine „echte" Marktbeherrschung des Anbieters. Das ist nicht der Fall, wenn ein verengter Markt entsteht, auf dem der Anbieter i.S.v. § 18 GWB marktbeherrschend ist. § 20 Abs. 1 GWB steht einer Marktbeherrschung infolge einer engen Marktabgrenzung nicht entgegen. Die Norm stellt auf die bilaterale Beziehung der Parteien unterschiedlicher Marktseiten ab, in der ein Unternehmen im Vergleich zu den Wettbewerbern eine marktstarke Stellung hat, aber trotzdem wesentlichem Wettbewerb ausgesetzt und nicht absolut marktbeherrschend ist.[436] Die Regelung schafft also zusätzlichen Schutz, wenn eine enge Marktabgrenzung unmöglich ist.[437]

§ 20 Abs. 1 GWB schränkt hingegen nicht den Schutzbereich der §§ 18, 19 GWB ein. Die Norm untersagt v.a. keine enge Marktabgrenzung und damit keine absolute Marktbeherrschung bei einem hinreichenden Bedarf einzelner Anleger.

Ferner ist zu beachten, dass Art. 102 AEUV als europäische Norm anwendbar ist, selbst wenn man der Regelung in § 20 Abs. 1 GWB eine Sperrwirkung für §§ 18,

---

433 *Thomas*, ZWeR 2014, 119, 134 f.

434 *Bechtold/Bosch*, § 20 GWB Rn 2; *Bunte*, S. 328; IM/*Markert*, Bd 2, § 20 GWB Rn 1; *Emmerich*, § 28 Rn 1 u. 4; LMR/*Loewenheim*, § 20 GWB Rn 4; Wiedemann/*Lübbert/Schöner*, § 24 Rn 2.

435 *Bechtold/Bosch*, § 20 GWB Rn 13.

436 MüKo-DtKartellR/*Wolf*, § 18 GWB Rn 20; vgl. IM/*Markert*, Bd 2, § 20 GWB Rn 6.

437 MüKo-DtKartellR/*Wolf*, § 18 GWB Rn 20.

19 GWB zuspricht. Die Regelung des § 20 Abs. 1 GWB beschränkt Art. 102 AEUV nicht. Art. 102 AEUV erfasst darüber hinaus eine vertikale Abhängigkeit.[438]

dd. Fazit: Bestätigung der Grundsätze zur Marktabgrenzung

Das Beispiel bestätigt die Darstellung zur Marktbeherrschung. Außerhalb von Sonderfällen sind hinreichende Marktanteile und eine Marktbeherrschung wegen der grundsätzlich großen Märkte, v.a. an Börsen, unwahrscheinlich. Besonders deutlich wird dies daran, dass selbst ein das Angebot an börsengehandelten Beteiligungen eines Unternehmens vereinender Anbieter am Gesamtmarkt für börsengehandelte Unternehmensbeteiligungen faktisch keinen hinreichenden Marktanteil generieren kann, da der Markt zu groß ist. Gegeben sind hohe Marktanteile und die Marktbeherrschung hingegen bei einer Marktverengung auf die betreffenden Beteiligungen. Ferner ist zu beachten, dass § 20 Abs. 1 GWB einer Marktbeherrschung des Anbieters mit einem hohen Angebotsanteil am verengten Markt nicht entgegensteht.

c. Missbrauch

aa. Grundlagen der Bestimmung missbräuchlicher Preise

Die Forderung überhöhter Preise für die Beteiligungen durch den marktbeherrschenden Anbieter am auf die Beteiligungen verengten Markt muss im Weiteren missbräuchlich sein. Gem. Art. 102 S. 2 lit. a AEUV ist ein Preismissbrauch das Erzwingen unangemessener Ein- oder Verkaufspreise. Der Maßstab der Angemessenheit ist der wirtschaftliche Wert des Produkts.[439] Preis und Wert müssen im angemessen Verhältnis stehen.[440] Unangemessen sind Preise, die bei wirksamem Wettbewerb unmöglich sind.[441] Auf Grundlage des deutschen Rechts dürfen nach § 19 Abs. 2 Nr. 2 GWB keine Entgelte gefordert werden, die sich bei wirksamem Wettbewerb nicht eingestellt hätten. Somit sind die Preise wettbewerbsgerecht, die bei wirksamem Wettbewerb entstünden.[442]

Die Angemessenheit und die Wettbewerbsgerechtheit sind identisch zu verstehen. Preise sind missbräuchlich, wenn sie sich im Wettbewerb nicht ergäben. Nicht jeder von einem Marktbeherrscher initiierte Preisanstieg ist jedoch missbräuchlich,

---

438 EuGH v. 06.04.1995, verb. Rs. C-241/91 P u. C-242/91 P, ECLI:EU:C:1995:98, Rn 47 – *„Magill“*.

439 *Bunte*, S. 184; Callies/Ruffert/*Weiß*, Art. 102 AEUV Rn 48; Dauses/*Emmerich*, H. I. § 3 Rn 68; GHN/*Jung*, Art. 102 AEUV Rn 345; IM/*Fuchs*/*Möschel*, Bd 1, Art. 102 AEUV Rn 175; MüKo-EUKartellR/*Eilmansberger*, Art. 102 AEUV Rn 202.

440 EuGH v. 14.02.1978, Rs. 27/76, ECLI:EU:C:1978:22, Rn 248/257 – *„United Brands“*; *Bechtold*/ *Bosch*/*Brinker*, Art. 102 AEUV Rn 34; Wiedemann/*de Bronett*, § 22 Rn 43, 63.

441 Wiedemann/*de Bronett*, § 22 Rn 61.

442 *Bechtold*/*Bosch*, § 19 GWB Rn 55; IM/*Markert*, Bd 2, § 19 GWB Rn 259; MüKo-DtKartellR/ *Wolf*, § 19 GWB Rn 91.

sondern nur eine Preissteigerung in Nutzung der Marktbeherrschung.[443] Das verdeutlicht der Wortlaut der Normen, der eine Ausnutzung der Marktbeherrschung fordert. Beim Preismissbrauch als Ausbeutungsmissbrauch muss also ein Ursächlichkeitszusammenhang zwischen der Marktbeherrschung und der Forderung der missbräuchlichen Preise bestehen.[444] Es ist zu fragen, welche Preise die Anleger ohne eine Marktbeherrschung zahlen würden. Dem Anbieter ist eine Preissteigerung nicht vorzuwerfen, wenn sie nicht auf der Marktbeherrschung beruht. So kann bspw. eine positive Prognose eines Unternehmens dazu führen, dass die Anleger von sich aus für die Beteiligungen höhere Preise zahlen, ohne dass der Anbieter seine marktbeherrschende Stellung einsetzt. Die Preiserhöhung kann ihm dann nicht als ein Verstoß gegen das Missbrauchsverbot vorgeworfen werden, da sie aus dem Markt folgt. Das ist v.a. bei einer Marktverengung zu beachten. Sie beruht auf einem besonderen Anlegerbedarf. Dieser kann bspw. aus einer Anlegerpräferenz folgen, mit der eine erhöhte Wertschätzung des Produkts einhergeht. Es ist daher denkbar, dass die Anleger bis zu einem gewissen Grad höhere Preise für ein Produkt zahlen, ohne dass dafür der Anbieter eine bestehende Marktbeherrschung nutzen muss.

Es reicht ferner nicht aus, dass der marktbeherrschende Anbieter den Preis nur erhöht. Der geforderte Preis darf vielmehr nicht dem Preis entsprechen, der sich im Wettbewerb ergäbe. Das Problem ist, dass dieser Preis nur näherungsweise bestimmt werden kann.[445] Dazu wird vor allem das Vergleichsmarktkonzept genutzt,[446] das den Preis mit den Preisen auf räumlichen, sachlichen und zeitlichen Vergleichsmärkten vergleicht.[447] Das Ziel ist die Bestimmung des hypothetischen Wettbewerbspreises.[448] Dafür ist in einem ersten Schritt ein Vergleichsmarkt zu finden, auf dessen Basis in einem zweiten Schritt ein an die Besonderheiten des beherrschten Markts angepasster Vergleichsmaßstab bestimmt wird, um dann zu prüfen, ob die Differenz des Vergleichsmaßstabs zum geforderten Preis einen Missbrauch begründet.[449] Fordert ein Anbieter hohe Preise, spricht dies für einen Missbrauch, wenn der Preis wesentlich über dem räumlich, sachlich und zeitlich bestimmten Vergleichsmaßstab liegt. Dabei darf aber der Preis des Vergleichsmarkts

---

443 *Thomas*, ZWeR 2014, 119, 136.

444 MüKo-EUKartellR/*Eilmansberger*/*Bien*, Art. 102 AEUV Rn 139; *Thomas*, ZWeR 2014, 119, 140.

445 *Emmerich*, § 27 Rn 114.

446 Europäisches Recht: *Bechtold*/*Bosch*/*Brinker*, Art. 102 AEUV Rn 35; Dauses/*Emmerich*, H. I. § 3 Rn 70; GHN/*Jung*, Art. 102 AEUV Rn 399; Groeben, von der/Schwarze/*Schröter*/*Bartl*, Art. 102 AEUV Rn 197 ff.; deutsches Recht: *Bechtold*/*Bosch*, § 19 GWB Rn 57; *Emmerich*, § 27 Rn 115; IM/*Markert*, Bd 2, § 19 GWB Rn 266; MüKo-DtKartellR/ *Wolf*, § 19 GWB Rn 94.

447 *Bunte*, S. 185.

448 Groeben, von der/Schwarze/*Schröter*/*Bartl*, Art. 102 AEUV Rn 197; vgl. LMR/*Huttenlauch*/ *Lübbig*, Art. 102 AEUV Rn 182.

449 MüKo-DtKartellR/ *Wolf*, § 19 GWB Rn 92.

nicht pauschal übernommen werden. Die Unterschiede der Märkte sind einzupreisen.[450] Gerade bei einer Marktverengung, die auf einer erhöhten Nachfrage beruht, kann dies schwierig sein, da die besondere marktverengungsbegründende Nachfrage einzupreisen ist. Nachfolgend werden daher die Möglichkeiten und Schwierigkeiten der Bestimmung des Vergleichsmaßstabs über den räumlichen, sachlichen und zeitlichen Vergleich bei einer Marktverengung dargestellt.

Neben dem Vergleichsmarktkonzept gibt es andere Methoden der Bestimmung der Verhältnismäßigkeit bzw. Wettbewerbsgerechtheit von Preisen. So richtet der BGH neben dem Vergleichsmarktkonzept seinen Blick auch auf die Preisbildungsfaktoren, um zu überprüfen, ob ein im hinreichenden Wettbewerb stehendes Unternehmen anders kalkuliert hätte, wobei die Darlegung, dass die geforderten Preise die Kosten für eine effiziente Leistungsbereitstellung vergleichbarer Produkte deutlich übersteige, für wettbewerbswidrige Preise sprechen könne.[451] Die Anwendung dieser Grundsätze ist dem Vergleichsmarktkonzept hinsichtlich der Preise für Kapitalmarktprodukte nicht überlegen. Es liefe auf eine Kosten-Preis-Analyse hinaus, die in diesem Kontext wenig zielführend ist. Im Handel ist der Erwerbspreis für das Kapitalmarktprodukt, bspw. der an der Börse gezahlte Preis für die Unternehmensbeteiligung, der wesentliche Kostenfaktor. Dieser ist kein tauglicher Maßstab. Wertentwicklung und -prognose blieben außen vor. Der „richtige“ Preis für ein Kapitalmarktprodukt definiert sich nicht über eine effiziente Leistungserbringung. Der Anbieter eines Kapitalmarktprodukts erbringt keine kosten- und aufwandverursachende Leistung, deren preisliche Effizienz objektiv definiert und mit dritten Produkten verglichen werden kann. Die Preise für Kapitalmarktprodukte sind individuell und heterogen. Vor allem sieht sich der Preis eines Kapitalmarktprodukts gerade im Anlagebereich wesentlich durch die subjektive Werteinschätzung und die Wertentwicklungsprognose seitens der Marktparteien definiert und beeinflusst. Objektive Kriterien wie eine Preis-Kosten-Analyse oder auch der Maßstab einer effizienten Leistungserbringung mit Blick auf vergleichbare Produkte erlauben insoweit keine belastbare Bewertung. Aufgrund der mitunter stark subjektiv geprägten Einschätzung der Wertentwicklung und der damit verbundenen wert- und preisrelevanten Prognoseleistung der Marktparteien lässt sich eine effiziente Leistungserbringung schwerlich objektiv bestimmen oder mit dritten Produkten vergleichen. Die Effizienz der Leistungserbringung sowie die Kosten-Preis-Analyse sind keine tauglichen Kriterien, da die Preise für Kapitalmarktprodukte subjektiv bestimmt sind und vor allem von einer Wertentwicklungsprognose der Marktteilnehmer abhängen. Daher ist für die Preisbestimmung im vorliegenden Kontext das klassische Vergleichsmarktkonzept vorzuziehen, das – wie nachfolgend dargestellt werden wird – trotz bestehender Schwierigkeiten zu grundsätzlich tragfähigen Ergebnissen führen kann.

---

450 *Emmerich*, § 27 Rn 117.

451 BGH, Urteil v. 24.01.2017, KZR 2/15, Rn 27.

bb. Räumlicher Vergleichsmarkt

Der räumliche Vergleichsmarkt ist ein getrennter räumlicher Markt für das Produkt.[452] Weichen die Preise für das gleiche Produkt an getrennten räumlichen Märkten voneinander ab, kann dies missbräuchliche Preise an dem Markt indizieren, an dem der Wettbewerb durch den marktbeherrschende Anbieter geschwächt ist.[453]

Eine erste Voraussetzung zur Identifizierung des räumlichen Vergleichsmarkts ist die Existenz räumlich getrennter sachlich gleicher Märkte. Nimmt man am Kapitalmarkt zumindest bundesweite Märkten an,[454] sind sie im Ausland zu suchen. Dabei ist zu prüfen, ob der räumliche Markt über die deutsche Grenzen hinausreicht, was im Börsenhandel nicht unwahrscheinlich ist. Unabhängig davon sind ausländische Märkte grundsätzlich taugliche Vergleichsmärkte.[455] Dass sie im Ausland liegen, wirkt sich nicht auf diese Eignung aus, sondern auf die Korrekturzuschläge, die in den Vergleichsmaßstab einzurechnen sind. Ferner ist nicht ausgeschlossen, dass im Ausland ein Vergleichsmarkt für sachlich identische Kapitalmarktprodukte besteht. Unternehmensbeteiligungen werden weltweit angeboten. Trotz der grundsätzlichen räumlichen Ausdehnung, v.a. an Börsen, können sich räumliche Teilmärkte bilden. Zugleich ist aber zu beachten, dass die Unternehmensbeteiligung, für die erhöhte Preise gefordert werden, nicht am räumlichen Vergleichsmarkt angeboten sein muss. So müssen an deutschen Börsen gehandelte Unternehmensbeteiligungen nicht an ausländischen Börsen gehandelt sein. In diesem Fall kann der geforderte Preis nur mit den Preisen sachlich identischer, aber nicht gleicher Produkte verglichen werden. Das senkt den Vergleichswert, v.a. wenn es sich um heterogene Produkte mit heterogenen Preisen wie Unternehmensbeteiligungen handelt.

Ebenso ist zu beachten, dass der Gesamtmarkt für Unternehmensbeteiligungen regelmäßig nicht relevant ist, da die Marktanteile für eine Marktbeherrschung dort zu klein sind. Erst bei einer Marktverengung sind hinreichende Marktanteile wahrscheinlich. Ferner sind bei einer Verengung auf die betroffenen Beteiligungen bei der Bestimmung des räumlichen Vergleichsmarkts weitere Punkte zu beachten. Um den Vergleichsmarkts bestimmen zu können, muss räumlich getrennt ein auf die betreffenden Beteiligungen verengter Markt existieren. Dabei ist zu prüfen, ob die Verengung tatsächlich räumlich getrennt ist. Werden die Beteiligungen bspw. nur an einer Börse gehandelt, besteht nur ein räumlicher Markt. Damit an Börsen räumlich getrennte Märkte möglich sind, müssen die Beteiligungen an unterschiedlichen Börsen gehandelt werden, die wegen der zumindest bundesweiten

---

452 IM/*Fuchs*/*Möschel*, Bd 1, Art. 102 AEUV Rn 181; LMR/*Loewenheim*, § 19 GWB Rn 71; MüKo-DtKartellR/*Wolf*, § 19 GWB Rn 94; Schwarze/*Brinker*, Art. 102 AEUV Rn 22.

453 *Emmerich*, § 27 116.

454 Vgl. dazu Abschnitt B. III. 3. b. dieser Arbeit.

455 *Bechtold*/*Bosch*, § 19 GWB Rn 58; IM/*Fuchs*/*Möschel*, Bd 2, § 19 GWB Rn 268; LMR/*Loewenheim*, § 19 GWB Rn 71.

räumlichen Märkte im Ausland liegen müssen. Bildet sich die spezifische Nachfrage nur in einem Staat, gibt es schon deswegen keinen räumlichen Vergleichsmarkt.

Die Märkte müssen außerdem sachlich identisch auf die Beteiligungen verengt sein. Im Weiteren ist denkbar, dass die Marktverengung räumliche Marktgrenzen aufbricht, wenn für die Anleger irrelevant ist, wo sie das Produkt erwerben. Ein Beispiel für die Möglichkeit räumlicher Vergleichsmärkte ist eine Marktverengung bei einer Emission an verschiedenen internationalen Börsen, sofern sich die sachlich verengten Emissionsmärkte räumlich trennen. Auch außerbörslich sind für Beteiligungen an einem Unternehmen räumlich getrennte verengte Märkte nicht zwingend, selbst wenn die Anteilseigner als Anbieter in verschiedenen Ländern beheimatet sind, da sich der Anleger mit spezifischem Bedarf grundsätzlich an jeden Anteilseigner halten kann.

Mithin gibt es bei einer Marktverengung nicht pauschal räumliche Vergleichsmärkte. Der Vergleichsmarkt ist grundsätzlich im Ausland zu suchen. Die Gesamtmärkte für Kapitalmarktproduktgattungen bieten sich nur auf den ersten Blick an. Sofern die Marktbeherrschung eine Marktverengung erfordert, haben diese Märkte keine Relevanz. Bei einer Marktverengung stellt sich außerdem das Problem, dass sich räumlich getrennt ein identisch verengter Markt bilden muss. Der verengte Bedarf kann national beschränkt vorliegen oder räumliche Grenzen aufbrechen. Mithin sind räumlich getrennte Märkte nicht zwingend, selbst wenn sich ein identisch verengter Bedarf bildet. Bei einer Emission an verschiedenen internationalen Börsen sind im Börsenhandel räumlich getrennte verengte Märkte am ehesten denkbar.

Selbst wenn es einen räumlichen Vergleichsmarkt gibt, sind dessen Preise nicht pauschal übertragbar. Der Vergleichsmarkt und der betroffene Markt liegen regelmäßig in unterschiedlichen Staaten. Daher ist der jeweilige wirtschaftliche Kontext einzupreisen. Grundsätzlich sind Unterschiede in der Marktstruktur über Zu- und Abschläge abzubilden.[456] Die Preise am Kapitalmarkt hängen von der jeweiligen wirtschaftlichen Gesamtsituation, dem Anlegerverhalten und der Anlegerstruktur ab. All dies kann in verschiedenen Staaten unterschiedlich ausgeprägt sein. So können sich die Preise für das gleiche Produkt unterscheiden, ohne dass dies einen Preismissbrauch indiziert, sondern vielmehr aus einer abweichenden wirtschaftlichen Gesamtsituation folgt. Weicht die wirtschaftliche Gesamtsituation des Staates, in dem der betroffene Markt liegt, von dem Staat ab, in dem der Vergleichsmarkt liegt, können die Preise auf den Märkten zulässigerweise voneinander abweichen. So können die Anleger bei einer schlechteren wirtschaftlichen Gesamtsituation zurückhaltender oder generell in verschiedenen Staaten unterschiedlich preissensitiv anlegen. Ebenso können sich die Preise auf Märkten mit lebhaftem Wettbewerb und vielen Teilnehmern anders entwickeln als auf Märkten

456 BGH, Urteil v. 24.01.2017, KZR 2/15, Rn 28.

mit wenigen Teilnehmern und geringem Wettbewerb. Die Preise am Vergleichsmarkt sind im konkreten wirtschaftlichen Kontext zu lesen und nicht pauschal übertragbar.

Der Vergleichswert ist außerdem weiter limitiert, wenn der geforderte Preis mit den Preisen nur sachlich identischer Beteiligungen anderer Unternehmen verglichen wird. In diesem Fall ist nicht nur der Unterschied im wirtschaftlichen Kontext in den Vergleichsmaßstab einzurechnen, sondern auch die generelle Heterogenität der Beteiligungen und deren Preise. Die Preise für Beteiligungen an unterschiedlichen Unternehmen fallen trotz der grundsätzlichen funktionalen Identität in der Anlagefunktion unterschiedlich aus, da der Wert und die Wertentwicklung des konkreten Unternehmens und dessen konkreten Charakteristika preisrelevant und damit einzupreisen sind. Da und sofern die Beteiligungen wegen der oft für die Marktbeherrschung erforderlichen Marktverengung auf die betroffene Beteiligung im Übrigen nicht auf getrennten räumlichen Teilen des gleichen sachlichen Markts liegen, ist auch zu beachten, dass insoweit kein räumlicher, sondern ein sachlicher Vergleich gegeben ist, auf den nachfolgend noch eingegangen wird.

Selbst wenn räumlich getrennt ein identisch verengter Bedarf vorliegt, ist zu prüfen, ob der zur Marktverengung führende Bedarf in Grund und Intensität identisch ist. Fällt er trotz der identischen Verengung auf einem Markt stärker aus oder beruht er auf einem Markt auf einer höheren Begehrlichkeit, ist das einzupreisen. Die Schwierigkeit ist dabei, das Maß der Unterschiede und den daraus resultierenden Anpassungsbedarf zutreffend zu bestimmen. Dies schränkt die Nutzbarkeit des räumlichen Vergleichs offensichtlich stark ein.

Die Preise eines räumlichen Vergleichsmarkts sind also nicht unangepasst übertragbar. Da der Vergleichsmarkt wegen der räumlichen Größe der Märkte grundsätzlich im Ausland liegt, sind die wirtschaftlichen Unterschiede zu beachten. Strukturelle Unterschiede der Märkte sind generell durch Zu- und Abschläge einzupreisen.[457] Sie können selbst für die identische Unternehmensbeteiligung Preisunterschiede erlauben, die praktisch schwer einzupreisen sind. Daneben muss bei einer Marktverengung der Bedarf, der zur Verengung führt, auf den unterschiedlichen Märkten nicht gleich ausfallen. Auch daraus folgen schwer einzupreisende Preisunterschiede. Ein Vergleich mit Preisen für bloß sachlich identische Unternehmensbeteiligung hat ferner einen geringen Vergleichswert, da zusätzlich die Heterogenität der Beteiligungen und der Preise einzupreisen sind. Zunächst ist insoweit zu bestimmen, welche Unterschiede überhaupt bestehen. Dann ist zu fragen, in welchem Umfang sie Korrekturen des Vergleichspreises zur Bestimmung des Vergleichsmaßstabs erfordern. Das kann schwierig zu bestimmen sein. Es ist offensichtlich, dass der Vergleichsmaßstab bei vielen Anpassungen beliebig zu werden droht, sodass er in der Folge auch nicht den hypothetischen Wettbewerbspreis abbildet.

---

457 IM/*Fuchs*/*Möschel*, Bd 2, § 19 GWB Rn 268.

Die Bildung des Vergleichsmaßstabs über den räumlichen Vergleich ist bei einer Marktverengung schwierig. Zunächst ist bei einer Verengung auf die Beteiligungen eines Unternehmens ein räumlich getrennter identisch verengter Markt unwahrscheinlich. Bildet sich ein identisch verengter Bedarf, ist nicht ausgeschlossen, dass ein einheitlicher Markt besteht. Selbst wenn die Märkte räumlich zu trennen sind, ist zu beachten, dass die Nachfrage auf räumlich getrennten Märkten unterschiedlich ausgeprägt sein kann. Bei Emission an verschiedenen internationalen Börsen kann sich hingegen der räumliche Vergleich anbieten.

Insgesamt wird deutlich, dass sich die Bestimmung des Vergleichsmaßstabs über den räumlichen Vergleich schwierig gestaltet. Das begründet sich primär darin, dass die Vergleichsmärkte im Ausland zu suchen sind. Das kann selbst für die gleiche Beteiligung unterschiedliche Preise erlauben. Die Schwierigkeiten werden ferner durch die oftmals erforderliche Marktverengung vergrößert.

cc. *Sachlicher Vergleichsmarkt*

Neben dem räumlichen Vergleich kann der Vergleichsmaßstab über einen sachlichen Vergleich ermittelt werden. Der sachliche Vergleichsmarkt ist ein Markt für sachlich vergleichbare Produkte, die mit dem betroffenen Produkt für den Bedarf nicht austauschbar sind.[458] Da es sich nur um sachlich vergleichbare Produkte handelt, sind generell Zu- und Abschläge einzurechnen.[459] Es kommen daher nur Märkte für eng verwandte Produkte mit ähnlichen Wettbewerbsbedingungen in Betracht.[460] Auf den ersten Blick bietet sich der sachliche Vergleich bei einer Marktverengung an. Man kann auf den Gesamtmarkt abstellen, von dem sich der verengte Markt abspaltet, bspw. bei einem auf Beteiligungen eines Unternehmens verengten Markt auf den Gesamtmarkt für Unternehmensbeteiligungen. Daneben ist es ebenso denkbar, auf Beteiligungen abzustellen, für die sich zeitgleich ein verengter Markt bildet. Sachliches Vergleichsmaterial scheint somit gegeben zu sein.

Diese grundsätzlich einfache Identifizierung des Vergleichsmarkts führt aber nicht dazu, dass der Vergleichsmaßstab problemlos zu bestimmen ist. Die Wettbewerbsbedingungen, Preise und Marktlage sind im Einzelfall für die sachlich unterschiedlichen Beteiligungen wenig vergleichbar. Die Preise von Beteiligungen hängen vom Wert und von der Wertentwicklung des Unternehmens sowie der Einschätzung dessen durch die Anleger ab. Diese zahlen für eine Unternehmensbeteiligung, der sie eine positive Wertentwicklung zusprechen oder die besondere Charakteristika verkörpert, bspw. die Produktion besonderer Produkte durch das Unternehmen, höhere Preise als für Beteiligungen an Unternehmen mit schlechter

---

458 *Bechtold/Bosch*, § 19 GWB Rn 58; IM/*Markert*, Bd 2, § 19 GWB Rn 271; IM/*Fuchs/Möschel*, Bd 1, Art. 102 AEUV Rn 183; Groeben, von der/Schwarze/*Schröter/Bartl*, Art. 102 AEUV Rn 198.

459 IM/*Fuchs/Möschel*, Bd 2, § 19 GWB Rn 271; IM/*Fuchs/Möschel*, Bd 1, Art. 102 AEUV Rn 183.

460 MüKo-DtKartellR/*Wolf*, § 19 GWB Rn 95.

Wertprognose. Generell erlauben Präferenzen bei heterogenen Produkten unterschiedliche Preise.[461] Das ist auf andere Kapitalmarktprodukte übertragbar. Generell hängt der Preis von Wert und Wertentwicklung ab, die sich je nach Inhalt des Produkts unterscheiden. Die Preise des Vergleichsmarkts sind bei heterogenen Preisen daher nicht pauschal übertragbar. Man kann erwägen, die allgemeine Preiskurve sachlich vergleichbarer Produkte heranzuziehen. Bei Beteiligungen an Unternehmen der gleichen Branche kann man das damit begründen, dass die Unternehmen den gleichen Marktbedingungen ausgesetzt sind, was ähnlich auf den Wert des Unternehmens und den Preis der Beteiligung wirken kann. Trotzdem ist auch hier die individuelle Situation der Unternehmen einzupreisen, die sich sehr wohl unterscheiden kann.

Ferner begrenzt die regelmäßig erforderliche Marktverengung die Vergleichbarkeit der Märkte. Verengt sich der Markt auf die Beteiligungen eines Unternehmens, ist selbst die allgemeine Preisentwicklung für Beteiligungen anderer Unternehmen nicht unangepasst nutzbar. Die Beteiligungen, für die sich der verengte Markt bildet, sind wegen der marktverengungsbegründenden Nachfrage, der Beweggründe und der Begehrlichkeiten einer besonderen Marktsituation ausgesetzt, die auf den Preis wirkt. Die Preisfindung erfolgt ferner bei besonderen Anlegerpräferenzen nicht zwingend objektiv, sondern kann subjektiv übersteigert sein. Ein unangepasster Vergleich mit den Preisen von Produkten, die dem gleichen Gesamtmarkt angehören, bietet sich daher bei einer Marktverengung nicht an. Der verengungsbegründe Bedarf führt gerade dazu, dass sich der verengte Markt vom Gesamtmarkt abkoppelt. Das ist einzupreisen.

Die Situation verbessert sich auch nicht, wenn man auf die Preise einer dritten Unternehmensbeteiligung abstellt, für die zeitgleich ein verengter Markt besteht. Auch diese Preise kann man nicht unangepasst nutzen. Auf beiden Märkten ist die jeweils spezifische Nachfrage einzupreisen, die sich nicht entsprechen muss. Die Preise hängen von jeweiligen der Marktsituation infolge der Verengung ab.

Im Ergebnis kommt die Bestimmung des Vergleichsmaßstabs über einen sachlichen Vergleich auch nicht ohne Korrekturen aus. Dies liegt zunächst an der Heterogenität der Preise selbst funktional identischer Beteiligungen. Bei einer Marktverengung kommt hinzu, dass sich die Preisentwicklung für das Produkt vom Gesamtmarkt abkoppelt, sodass selbst die allgemeine Preisentwicklung am Gesamtmarkt kein Maßstab sein kann. Auch ein Vergleich mit dem Preis für Beteiligungen, für die sich zeitgleich ein verengter Markt bildet, ist nicht möglich, da in beiden Fällen die spezifische Nachfrage das Preisgefüge bestimmt. Auch beim sachlichen Vergleich sind somit Unterschiede einzupreisen, die bei einem hohen Ausmaß den Vergleichsmaßstab willkürlich lassen werden können.

Im Zusammenhang mit dem sachlichen Vergleich sei noch der Vergleich mit Preisen für dritte Unternehmensbeteiligungen am gleichen sachlichen Markt erwähnt, sofern sich der Markt nicht nur auf Beteiligungen an einem Unternehmen verengt

---

461 MüKo-DtKartellR/*Wolf*, § 19 GWB Rn 97.

und trotzdem eine Marktbeherrschung vorliegt. Auch hier spricht die Heterogenität der Preise grundsätzlich gegen eine unangepasste Übernahme der Preise. Demgegenüber kann man bei einer Marktverengung auf eine Unternehmensbeteiligung zwar auf die Preise abstellen, die Konkurrenten für die Beteiligung am verengten Markt fordern. Auch hier ist aber Vorsicht geboten. Wettbewerber können dem Preisverhalten des marktbeherrschenden Unternehmens folgen.[462] Ein fehlender Abstand des geforderten Preises zum Preis der Wettbewerber impliziert daher nicht, dass die geforderten Preise des marktbeherrschenden Anbieters nicht missbräuchlich sind.

dd. Zeitlicher Vergleichsmarkt

Es bleibt die Bestimmung des Vergleichsmaßstabs über einen zeitlichen Vergleich. Dieser betrachtet frühere Preise am gleichen sachlichen wie räumlichen Markt und fragt, ob die Preise ohne Marktbeherrschung ebenso hätten erhöht werden können.[463] Dabei ist primär auf die Preise abzustellen, die das betreffende Unternehmen gefordert hat, als es noch nicht marktbeherrschend war.[464] Das schließt die Beeinflussung dieser früheren Preise durch die Marktbeherrschung aus. Hat der Anbieter früher ohne die Marktbeherrschung niedrigere Preise gefordert, indiziert dies einen Missbrauch, sofern sich der Unterschied nicht aus der Marktentwicklung begründet.

Auf den ersten Blick scheinen sich damit solide Ergebnisse erzielen zu lassen. In der Literatur wird insoweit vorgeschlagen, den wettbewerblichen Preis über den zeitlichen Vergleich zu bestimmen.[465] Der zeitliche Vergleich bietet sich tatsächlich an, wenn ein Markt so lange besteht, dass sich ein früherer Preis etabliert, mit dem der aktuell geforderte Preis verglichen werden kann. Daher bietet er sich bei Märkten an, die grundsätzlich eng sind und lange bestehen. Bei einer Marktverengung im Einzelfall ist dies aber grundsätzlich nicht der Fall. Verengte Märkte bestehen nur eine limitierte Zeit, sodass das Fenster für die Feststellung des Vergleichspreises eng ist. Auch ist ferner nicht ausgeschlossen, dass die Grenze zwischen Gesamtmarkt und verengtem Markt nicht zweifelsfrei zu ziehen ist. So können entstehende Anlegerpräferenzen fließend zu einem verengten Markt führen. Dann besteht die Gefahr, dass der Preis am nicht verengten Markt als Ausgangspunkt des Vergleichsmaßstabs herangezogen wird. Dann liegt kein zeitlicher, sondern ein sachlicher Vergleich vor.[466]

---

462 MüKo-EUKartellR/*Eilmansberger*, Art. 102 AEUV Rn 228.

463 IM/*Fuchs*/*Möschel*, Bd 1, Art. 102 AEUV Rn 184; IM/*Fuchs*/*Möschel*, Bd 2, § 19 GWB Rn 272; LMR/*Loewenheim*, § 19 GWB Rn 73; MüKo-DtKartellR/*Wolf*, § 19 GWB Rn 96; Schwarze/*Brinker*, Art. 102 AEUV Rn 22; Groeben, von der/Schwarze/*Schröter*/*Bartl*, Art. 102 AEUV Rn 198.

464 Dauses/*Emmerich*, H. I. § 3 Rn 70; Groeben, von der/Schwarze/*Schröter*/*Bartl*, Art. 102 AEUV Rn 198.

465 *Fleischer*/*Bueren*, ZIP 2013, 1253, 1261.

466 Vgl. *Thomas*, ZWeR 2014, 119, 138 f.

Auch wenn sich ein früherer Preis ermitteln lässt, ist er nicht pauschal übertragbar. Preise für Unternehmensbeteiligungen sind nicht starr. Sie hängen von der Bewertung der Beteiligung ab. Je mehr Zeit zwischen den Preisen liegt, desto weniger vergleichbar sind sie und desto eher erfordern sie Korrekturzuschläge. Die Preise für Kapitalmarktprodukte sind durch Angebots- und Nachfrageschwankungen sowie Spekulation beeinflusst, sodass sich ein pauschaler Vorher-Nachher-Vergleich verbietet und die nicht aus der Marktbeherrschung folgenden preissteigernden Einflüsse herauszurechnen sind.[467]

Das ist v.a. bei einer Marktverengung relevant, die auf gesteigerter spezifischer Nachfrage beruht. Damit geht eine besondere Marktlage einher, die dazu führen kann, dass sich die Nachfrage während der Verengung weiter verändert. Dies kann eine Preissteigerung zulassen, bspw. wenn sich die Nachfrage weiter stark erhöht und die Begehrlichkeiten der Anleger aufgrund von Anlegerpräferenzen zu einer deutlich höheren Bewertung der Beteiligung aus Anlegersicht führen. Dies kann wiederum dazu führen, dass die Anleger freiwillig höhere Preise zahlen und diese höheren Preise auch zahlen würden und müssten, wenn hinreichender Wettbewerb bestünde. All dies ist in den zeitlichen Vergleich einzupreisen. Der frühere Preis kann also nicht pauschal übernommen werden. In welchem Umfang Anpassungen erforderlich sind, ist eine Frage des Einzelfalls und kann mit erheblichen Schwierigkeiten verbunden sein, weil die markt- und wettbewerbsgerechten Einwirkungen der Nachfrage als freiem Spiel von Angebot und Nachfrage schwer zu bestimmen sein können und nicht zu erkennen ist, ab welchem Preis eine marktmachtbedingte Preisbeeinflussung eintritt. Die Bestimmung des zeitlichen Vergleichsmaßstabs kommt bei einer Marktverengung daher nicht ohne erhebliche Korrekturzuschläge aus. Man darf es Anbietern nicht vorwerfen, wenn sie durch eine Anlegerpräferenz bedingte und von den Anlegern freiwillig gezahlte höhere Preise in die eigenen Preisforderungen einfließen lassen. Erst wenn der marktbeherrschende Anbieter die Stellung nutzt, um Preise durchzusetzen, die sich nicht in der Nachfrage begründen, steht ein Missbrauch im Raum. Wegen der besonderen Nachfrage bei Marktverengungen kann die Grenze zwischen dem zulässigen und missbräuchlichen Preis durchaus schwer bestimmbar sein.

Ebenso ist darauf zu achten, nicht mit den Preisen am nicht verengten Gesamtmarkt zu vergleichen. Sofern diese Gefahr besteht, sind ebenso hohe Korrekturzuschläge erforderlich.[468] Die Marktsituation am Gesamtmarkt und am verengten Markt ist völlig verschieden. Der Preis ist vor und nach der Verengung wegen unterschiedlicher Nachfrage und unterschiedlichen Einflüssen ausgesetzt.

Im Ergebnis kann der durch zeitlichen Vergleich ermittelte Preis nicht pauschal als Maßstab dienen. Er bietet sich an, wenn ein Markt lang genug besteht, um einen früheren Preis am gleichen Markt ermitteln zu können. Je entfernter der Vergleichspreis liegt, desto genauer ist jedoch zu prüfen, ob sich die Marktlage in

---

467 *Thomas*, ZWeR 2014, 119, 138.
468 *Thomas*, ZWeR 2014, 119, 139.

einer Weise verändert hat, welche die Preisunterschiede rechtfertigt, und desto höhere Korrekturzuschläge sind erforderlich, wenn die Preise nicht stabil sind, was gerade bei einer Marktverengung selten der Fall sein wird. Bei einer Marktverengung erschwert außerdem die zeitliche Limitierung des verengten Marktes die Feststellung des Vergleichspreises. Selbst wenn ein früherer Preis am verengten Markt bestimmt werden kann, ist nicht auszuschließen, dass die zur Verengung führende Nachfrage auch während der Verengung Preissteigerungen als zulässig begründen kann.

ee. Probleme bei Bestimmung missbräuchlicher Preise

Jede Vergleichsmethode kämpft mit Schwierigkeiten bei der Bestimmung des Vergleichsmaßstabs. Die Identifizierung von Vergleichsmärkten ist zwar grundsätzlich möglich. Bei einer Marktverengung auf Beteiligungen eines Unternehmens lassen sich der Gesamtmarkt als sachlicher Vergleichsmarkt und, sofern der verengte Markt lang genug besteht, auch der verengte Markt selbst als zeitlicher Vergleichsmarkt nutzen. Die Schwierigkeit liegt in der Berücksichtigung von Markt- und Wettbewerbsunterschieden.[469] Die verglichenen Märkte stimmen nie in allen Merkmalen überein, was Zu- und Abschläge erfordert.[470] Erst wenn der geforderte Preis über dem insoweit adjustierten Vergleichsmaßstab liegt, spricht das für einen Missbräuchlichkeit.

Dem räumlichen Vergleich steht die räumliche Marktausdehnung entgegen. Da Märkte für Kapitalmarktprodukte zumindest bundesweit ausgedehnt sind, liegen räumliche Vergleichsmärkte im Ausland. Die insoweit bestehenden wirtschaftlichen Unterschiede sind einzupreisen. Bei einer Marktverengung erfordert der räumliche Vergleich ferner räumlich getrennt gleich verengte Nachfrage. Die zur Marktverengung führende Nachfrage kann räumliche Marktgrenzen aufbrechen. Selbst bei gleich verengten getrennten Märkten sind zusätzlich die Unterschiede der verengungsbegründenden Nachfrage einzupreisen.

Für den sachlichen Vergleich bietet sich bei einer Marktverengung auf den ersten Blick der Gesamtmarkt als Vergleichsmarkt an. Die Aussagekraft des Vergleichs ist jedoch durch die Heterogenität der Preise geschmälert. So hängt der Preis einer Beteiligung individuell von der Wertentwicklung des Unternehmens sowie deren subjektiver Einschätzung durch die Anleger ab. Daher sind die Preise für unterschiedliche Beteiligungen, obgleich sie auf dem gleichen Gesamtmarkt liegen, nur mit Korrekturzuschlägen zu vergleichen. Ferner ist der der marktverengungsbegründende Bedarf einzupreisen, dem die dritten Beteiligungen nicht ausgesetzt sind.

Für den zeitlichen Vergleich muss der Markt lang genug bestehen, um einen früherer Preis bestimmten zu können. Er scheitert bei der Marktverengung oft

469 *Thomas*, ZWeR 2014, 119, 138.
470 *Emmerich*, § 27 Rn 117.

an der Marktkürze. Ferner muss er die fortlaufende Marktentwicklung, die auf der schwer einzupreisenden verengungsbegründenden Nachfrage beruht, berücksichtigen. Je größer der zeitliche Abstand ist, desto weniger vergleichbar sind die Preise. Bei einer Marktverengung kann außerdem schwer zu bestimmen sein, ab wann der verengte Markt besteht.

ff. Lösungsansatz: Kombinierter sachlich-zeitlicher Vergleich

Alle Konzepte erfordern Korrekturzuschläge. Die Preise des Vergleichsmarkts können nicht pauschal übernommen werden. Auf den ersten Blick scheint vor allem bei einer Marktverengung ein tragfähiger Vergleich ausgeschlossen. Die erforderlichen Korrekturen sprechen jedoch nicht grundsätzlich gegen einen belastbaren Vergleichsmaßstab. Es gibt generell keine vollständigen sachlichen, zeitlichen und räumlichen Vergleichsmärkte.[471] Dem Vergleichsmarktkonzept ist es immanent, Unterschiede durch Korrekturzuschläge auszugleichen. Hohe Korrekturzuschläge machen daher den Vergleichsmaßstab nicht pauschal unbrauchbar. Es ist aber zu beachten, dass er sich der Gefahr der Willkürlichkeit aussetzt, wenn er primär auf Schätzungen beruht und die Vergleichbarkeit gering ist. In diesem Fall ist fraglich, ob der Vergleichspreis den hypothetischen Wettbewerbspreis spiegelt. Diese Gefahr ergibt sich besonders bei der Marktverengung, da die besondere Nachfrage schwierig einzupreisen ist.

Die Bestimmung eines Vergleichsmaßstabs ist jedoch nicht ausgeschlossen. Er ist lediglich nicht als strikter Grenzwert, sondern als Richtwert zu verstehen, der im Zweifel hohe Korrekturzuschläge erfordert, sodass erst bei hohen Abweichungen von den Preisen auf den Vergleichsmärkten ein Preismissbrauch denkbar ist. Bei einer Marktverengung bietet sich insoweit eine Kombination des sachlichen und zeitlichen Vergleichs für die betroffene Beteiligung als Grundlage für den Vergleichsmaßstab an. Dies wird nachfolgend dargestellt:

Existiert ein früherer Vergleichspreis am verengten Markt, ist er die Basis. Er ist aber nicht pauschal zu übernehmen. Es ist die Marktentwicklung einzupreisen. Diese ist auch während der Verengung durch den besonderen Bedarf bedingt, der sich während der Verengung verändern und Preisveränderungen zulassen kann. Grundsätzlich gilt, dass der frühere Preis umso eher als Vergleichsmaßstab dienen kann, je zeitlich näher er am untersuchten Preis liegt. Weichen die Preise stark von früheren Preisen ab, spricht das für einen Missbrauch, wenn keine Begründung aus der Marktentwicklung möglich ist, v.a. durch eine Veränderung der verengungsbegründenden Nachfrage. Das ist eine Frage des Einzelfalls. War das frühere Preisniveau stabil und verändern sich Angebot und Nachfrage am verengten Markt nicht, spricht ein starker Preisanstieg für einen Missbrauch. Steigt die Nachfrage während der Verengung, kann eine Preiserhöhung zulässig sein, wenn

---

471 *Emmerich*, § 27 Rn 117; *Thomas*, ZWeR 2014, 119, 137; vgl. Groeben, von der/Schwarze/*Schröter*/*Bartl*, Art. 102 AEUV Rn 198.

die Nachfrage bspw. auf einer erhöhten Wertschätzung beruht. Dann ist es denkbar, dass sich bei hinreichendem Wettbewerb auch höhere Preise ergäben. Daher kann man diese Preissteigerung nicht dem marktbeherrschenden Unternehmen anlasten, sodass Toleranzen einzupreisen sind. Da die Märkte bei einer Marktverengung jedoch zeitlich limitiert und durch besondere Nachfrage geprägt sind, lässt sich nicht sicher ein früheres stabiles Preisniveau am verengten Markt bestimmen.

Ist ein zeitlicher Vergleich am gleichen Markt daher nicht möglich, ist auf sachliche Vergleichselemente zurückzugreifen. Insoweit kann man auf den Preis für die Beteiligung am Gesamtmarkt vor der Verengung zurückgreifen. Das erfordert jedoch hohe Korrekturzuschläge. Der Preis am Gesamtmarkt ist durch eine andere Nachfrage bedingt, sodass Preissteigerungen im Vergleich zulässig sein müssen, da die Beteiligung am Gesamtmarkt nicht der verengungsbegründenden Nachfrage unterliegt. Die Preissteigerungen können deutlich höher ausfallen als in Bezug auf einen Vergleichspreis, der über einen zeitlichen Vergleich am verengten Markt bestimmt ist. Greift man hingegen die Preise sachlich identischer Beteiligungen auf, für die sich parallel ein verengter Markt bildet, ist zu beachten, dass die Unterschiede der jeweiligen bedarfsverengenden Nachfrage hohe Korrekturzuschläge erfordern können. Es muss sich um nah verwandte Produkte handeln, bspw. Beteiligungen an Unternehmen der gleichen Branche, um aus dem Vergleich einen Vergleichswert folgern zu können. Selbst bei einem Rückgriff auf frühere Verengungen für das gleiche Produkt sind Toleranzen einzupreisen. Generell sind die Gründe für die Nachfrage und die Intensität der Nachfrage zu beachten. Hohe Nachfrage, die auf einer Anlegerpräferenz beruht, mit der eine erhöhte Wertschätzung des Produkts einhergeht, kann eine höhere Preissteigerung zulassen als eine Nachfrage ohne erhöhte Wertschätzung.

Daneben bietet sich ein räumlicher Vergleich bei einer Marktverengung nur in Grenzen an. Denkbar ist er bei einer parallelen Emission an mehreren internationalen Börsen und getrennter räumlicher Marktverengung. Insoweit sind der jeweilige wirtschaftliche nationale Kontext und ggf. die unterschiedlich ausgeprägte verengte Nachfrage einzupreisen.

Insgesamt ist bei einer Marktverengung mit umfangreichen Korrekturzuschlägen zugunsten des marktbeherrschenden Unternehmens zu arbeiten, da die durch erhöhte Nachfrage bedingten höheren Preise nicht allein dem Anbieter anzulasten sind. Der Vergleichsmaßstab bestimmt sich nicht durch eine pauschale Übernahme der Preise am Vergleichsmarkt. Vielmehr ist die zur Marktverengung führende Nachfrage bei allen Vergleichsmethoden über Korrekturen abzubilden. Deren Höhe hängt vom Einzelfall ab, u.a. von der Intensität und den Gründe der Nachfrage sowie dem gewählten Vergleichsmarkt. Kann über einen zeitlichen Vergleich ein früherer Preis am verengten Markt identifiziert werden, sind im Zweifel geringere Preisanstiege zulässig als bei einem Vergleichspreis auf Basis des sachlichen Vergleichs mit dem Preis vor der Marktverengung am Gesamtmarkt. Auch wenn sich der Vergleichsmaßstab im größeren Umfang durch Korrekturzuschläge auszeichnet, kann man prüfen, ob die Preisentwicklung insoweit im Rahmen liegt. Es reicht aus, wenn der vom marktbeherrschenden Unternehmen geforderte

Preis erkennbar über dem hypothetisch wettbewerblichen Niveau liegt. Auch bei einem Preis, der lediglich den um hohe Korrekturzuschläge erweiterten Vergleichsmaßstabs überschreitet, kann man einen Preismissbrauch annehmen. Seine Unterbindung dient folglich ebenso dem Wettbewerbsschutz. Ist ein Vergleichsmaßstab identifiziert, liegt ein Missbrauch jedoch nur vor, wenn der geforderte Preis erheblich vom ermittelten Vergleichsmaßstab abweicht.[472] Der BGH begründet das Erheblichkeitserfordernis zutreffend damit, dass dem Missbrauchsverbot ein Unwerturteil innewohnt.[473] Es gibt an Märkten grundsätzlich nicht nur einen Preis, sodass gewisse Toleranzen erlaubt sein müssen, ohne dass der Preis direkt missbräuchlich wird. Das muss auch der Vergleichsmaßstab spiegeln. Erst einer erheblichen Überschreitung wohnt der erforderliche Unwert inne.

Insgesamt erlaubt somit ein kombinierter sachlich-zeitlicher Vergleich eine Bestimmung des Vergleichsmaßstabs bei Marktverengung. Er muss aber hohe Korrekturzuschläge vorsehen. Preise sind nicht unangepasst zu übernehmen. Berücksichtigt man daneben das Erfordernis einer erheblichen Abweichung vom Vergleichsmaßstab, wird deutlich, dass regelmäßig nur extreme Abweichungen vom Vergleichsmaßstab ein Missbrauch sicher indizieren. Der Missbrauch muss offen vortreten, bspw. durch einen extremen Preisanstieg. Der Preismissbrauchskontrolle sind somit enge Grenzen gesetzt.

d. Ergebnis zum Preismissbrauchsbeispiel

Am Preismissbrauch zeigen sich die Schwierigkeiten in der Anwendung des Missbrauchsverbots an Märkten für Kapitalmarktprodukte, die aus der Kapitalmarktorganisation und -struktur folgen. Zunächst ergeben sich Schwierigkeiten bei der Bestimmung der Marktbeherrschung. Die grundsätzliche Marktgröße am Kapitalmarkt ist hier die wesentliche Hürde. Die Märkte können groß sein, wie der Gesamtmarkt für börsengehandelte Unternehmensbeteiligungen. Ein Anbieter, der das Angebot an börsengehandelten Beteiligungen eines Unternehmens vereint, hat auf diesem Gesamtmarkt in der Regel keinen Marktanteil, der für Marktbeherrschung reicht. Vor allem die Marktplatzfunktion und die Standardisierung der Börse begünstigen weite Märkte sowie hohe Produkt- und Teilnehmerzahlen. Ohne eine Marktverengung ist eine marktbeherrschende Stellung allenfalls bei volumenschwachen Gattungen denkbar, wobei auch dem die Marktplatzfunktion entgegensteht. Der das Angebot an Beteiligungen eines Unternehmens beherrschende Anbieter ist marktbeherrschend, wenn sich der Markt auf diese Beteiligungen verengt. Eine solche Marktverengung ist bspw. bei bedarfsverengenden Verpflichtungen oder Anlegerpräferenzen möglich. Grundsätzlich zeigt

---

472 *Bechtold/Bosch*, § 19 GWB Rn 61; IM/*Fuchs/Möschel*, Bd 2, § 19 GWB Rn 275 f.; IM/*Fuchs/Möschel*, Bd 1, Art. 102 AEUV Rn 185; MüKo-DtKartellR/*Wolf*, § 19 GWB Rn 118 ff.; MüKo-EUKartellR/*Eilmansberger/Bien*, Art. 102 AEUV Rn 228.

473 BGH, Urteil v. 24.01.2017, KZR 2/15, Rn 25.

das Beispiel des Preismissbrauchs, dass die für eine Markbeherrschung erforderlichen Marktanteile wegen der potentiellen Größe der Märkte eine wesentliche Anwendungshürde des Missbrauchsverbots und damit des Preismissbrauchs ist.

Bei einer Marktverengung ergeben sich ferner Folgeprobleme bei der Bestimmung der missbräuchlichen Preise über das Vergleichsmarktkonzept. Vergleichsmärkte lassen sich zwar bestimmen. Aufgrund der Unterschiede der Märkte sind aber hohe Toleranzen zugunsten des marktbeherrschenden Anbieters einzurechnen. Mögliche räumliche Vergleichsmärkte liegen in der Regel im Ausland, sodass die Unterschiede des jeweiligen Wirtschaftsumfelds einzupreisen sind. Sachlich vergleichbare Produkte können sich aufgrund der Heterogenität der in einer Gattung zusammengefassten Produkte durch unterschiedliche Bewertungskriterien und damit zulässig durch heterogene Preise auszeichnen. Beim zeitlichen Vergleich führt ein großer zeitlicher Abstand zu Korrekturzuschlägen, wenn die Preise nicht stabil sind. Dieser Vergleich kann bei einer hinreichenden Stabilität des Markts und nur geringfügiger Veränderungen der Angebots- und Nachfragelage aber die belastbarsten Ergebnisse liefern.

Der Vergleichsmaßstab muss jedoch bei der Marktverengung grundsätzlich hohe Korrekturzuschläge vorsehen. Der verengungsbegründende Bedarf ist einzupreisen. Ein sachlicher Vergleich ist insoweit kaum möglich, da für sachlich vergleichbare Produkte nicht die gleiche Nachfrage besteht. Der zeitliche Vergleich kann daran scheitert, dass der verengte Markt so kurz besteht, dass sich kein früherer Preis als Vergleichsgrundlage am gleichen Markt ergibt. Ferner ist in den zeitlichen Vergleich die durch den verengungsbedingten Bedarf geprägte Marktentwicklung während der Verengung einzupreisen, die Preissprünge zulassen kann. Ein räumlicher Vergleich muss indes die Unterschiede des wirtschaftlichen Umfelds einpreisen, wobei fraglich ist, ob überhaupt räumlich getrennt identisch verengte Märkte bestehen. Ein identisch verengter Bedarf kann räumliche Marktgrenzen aufbrechen. Bezieht sich die als Vergleich herangezogene Verengung nur auf sachlich identische Beteiligungen an anderen Unternehmen, ist ein Vergleich kaum zweckmäßig, da die Preise stark heterogen sind und der verengungsbegründende Bedarf sich unterscheiden kann. Ferner sind die Unterschiede in der Begründung und Intensität der verengungsbegründenden Nachfrage und im wirtschaftlichen Kontext der nationalen Märkte einzupreisen.

Bei allen Vergleichsmethoden sind folglich Korrekturen in den Vergleichsmaßstab einzupreisen. Daran scheitert die Preismissbrauchskontrolle nicht generell. Bei einer Marktverengung bietet sich ein kombinierter sachlich-zeitlicher Vergleich der Preise für die betreffende Beteiligung an. Bildet sich ein früherer Vergleichspreis am verengten Markt, ist er die Grundlage, wobei die verengungsbedingte Nachfrage einzupreisen ist. Ist ein zeitlicher Vergleichspreis nicht zu bestimmen, kann der Preis vor der Verengung am Gesamtmarkt als Basis dienen. Insoweit erschweren aber zulässige Preisunterschiede am verengten und nicht verengten Markt durch die unterschiedliche Nachfrage die Bestimmung des Vergleichsmaßstabs. Wegen der verengungsbegründenden Nachfrage sind Toleranzen zugunsten des Anbieters einzurechnen, die höher ausfallen, wenn man mit Preisen vor der Verengung vergleicht. Gerade bei Verengung infolge von Anlegerpräferenzen können wesentliche Preisunterschiede zulässig sein, da sie sich nicht aus der Marktmachtnutzung ergeben müssen, sondern aus der gesteigerten Begehrlichkeit folgen können.

Der Preismissbrauch wird also zweifach durch die Kapitalmarktorganisation und -struktur limitiert. Zunächst sieht man dies am Erfordernis der Marktbeherrschung bei grundsätzlich großen Märkten. Die Marktbeherrschung erfordert in der Regel eine Marktverengung. Aus dieser folgen als zweite Limitierung Schwierigkeiten bei der Bestimmung des Vergleichsmaßstabs. Grundsätzlich bietet sich ein sachlich-zeitlicher Vergleich für das betroffene Produkt an. Bei jeder Vergleichsmethode sind hohe Toleranzen einzurechnen. Daher kommt der Preismissbrauch v.a. bei starken Abweichungen des geforderten Preises vom Preis des Vergleichsmarkts in Frage. Der zeitliche Vergleich erfordert grundsätzlich die kleinsten Korrekturen. Bei einer Marktverengung und damit einhergehender besonderer Nachfrage sind jedoch selbst hier Schwankungen wahrscheinlich, die hohe Toleranzen erfordern. Der sachliche Vergleich kämpft daneben mit der Heterogenität der Produkte und Preise sowie bei einer Marktverengung mit den Auswirkungen der spezifischen Nachfrage. Ist indes ein räumlicher Vergleich möglich, sind v.a. die Unterschiede im wirtschaftlichen Kontext und der Nachfrage einzupreisen. Das Beispiel des Preismissbrauchs bestätigt die Schwierigkeiten, die bei der Anwendung des Missbrauchsverbots aus der Kapitalmarktorganisation und -struktur folgen. Dabei handelt es sich um die großen Märkte und die aus der oftmals erforderlichen Marktverengung folgenden Probleme bei der Bestimmung des Vergleichsmaßstabs.

4. Fazit zum Verbot des Missbrauchs einer marktbeherrschenden Stellung

Abschließend bleibt zum Verbot des Missbrauchs einer marktbeherrschenden Stellung Folgendes festzuhalten:

Es gibt Anwendungsfälle für das Verbot an Märkten für Kapitalmarktprodukte. Ein Beispiel ist der Preismissbrauch. Kapitalmarktteilnehmer bestimmen frei, zu welchen Preisen sie Kapitalmarktprodukte anbieten und nachfragen, sodass sie eine marktbeherrschende Stellung zur Forderung missbräuchlicher Preise nutzen können. Mit steigendem Organisationsgrad wirken aber die Kapitalmarktorganisation und -struktur tatsächlich in das Missbrauchsverbot hinein.

Die wesentliche Anwendungshürde des Verbots ist die potentielle Größe der Märkte. Im Vergleich zum Kartellverbot wirkt sie einschneidender, da die Marktbeherrschung höhere Marktanteile erfordert. Die in funktional identische Anlage und börs- und außerbörslichen Bereich getrennten Märkte sind grundsätzlich zu groß für Marktbeherrschung aufgrund des Marktanteils, wenn nicht eine volumenschwache Kapitalmarktproduktgattung vorliegt. Grundsätzlich ist eine Marktverengung erforderlich. Vor allem begünstigt die Marktplatzfunktion der Börse hohe Teilnehmer- und Produktzahlen. Außerbörslich ist hingegen nicht ausgeschlossen, dass sich die Kapitalmarktproduktgattungen weiter unterteilen, bspw. für Unternehmensbeteiligungen in Branchen. Am wahrscheinlichsten sind ausreichende Marktanteile, wenn sich der Markt auf ein Kapitalmarktprodukt verengt.

Zu beachten ist, dass hinsichtlich der Marktanteilsbestimmung für Anbieter nur auf das tatsächlich verfügbare Angebot abzustellen ist. Wenn die Inhaber von Kapitalmarktprodukten diese objektiv nur halten, könne sie aus dem Marktvolumen herauszurechnen sein. Das kann v.a. bei Marktverengungen relevant werden. Ferner kann ein hoher relativer Marktanteil für eine Marktbeherrschung sprechen. Das wird durch die Existenz stark zersplitterter Marktanteile begünstigt. Vor allem beim relativen Marktanteil ist das automatische Zusammenführen von Angebot und Nachfrage durch die Börse zu beachten. Reicht das freie Angebot dritter Anbieter zur Befriedigung der Nachfrage aus, kann ein Anbieter mit einem hohen relativen Marktanteil möglicherweise keine Preise diktieren. Daneben können dritte Faktoren bei Bestimmung der Marktbeherrschung eine Rolle spielen. Wesentlich ist insoweit aber der Marktanteil.

Am Beispiel eines Preismissbrauchs durch den das Angebot an börsengehandelten Beteiligungen eines Unternehmens vereinenden Anbieters zeigen sich die Schwierigkeiten in der Anwendung des Missbrauchsverbots. Zunächst ist selbst beim das Angebot an Beteiligungen eines Unternehmens vereinenden Anbieter grundsätzlich eine Marktverengung für einen für die Marktbeherrschung hinreichenden Marktanteil erforderlich. Daran zeigt sich die Beschränkung des Missbrauchsverbots durch die Marktgröße, v.a. im Börsenhandel.

Bei einer Marktverengung ist ferner die Bestimmung der missbräuchlichen Preise schwierig. Ein nach dem Vergleichsmarktkonzept festgestellter Vergleichsmaßstab muss wegen der besonderen Nachfrage in der Regel hohe Toleranzen zugunsten des marktbeherrschenden Anbieters vorsehen. Alle Vergleichsmethoden kämpfen mit dieser Schwierigkeit. Bei der Marktverengung auf ein Kapitalmarktprodukt lässt sich ein Vergleichsmaßstab am ehesten durch einen kombinierten sachlich-zeitlichen Vergleich für das Produkt bestimmen. Der geforderte Preis ist mit früheren Preisen für das Produkt am verengten Markt und am Gesamtmarkt zu vergleichen. Es sind dabei Toleranzen zugunsten des Anbieters einzurechnen, die höher ausfallen, wenn man mit Preisen vor der Verengung vergleicht. Selbst am verengten Markt können durch die verengungsbegründender Nachfrage, v.a. wenn sie auf Anlegerpräferenzen beruht, über die Zeit hohe Preissteigerungen möglich sein, ohne dass dies auf einer Marktbeherrschung beruht, sondern sich diese Preissteigerungen auch bei hinreichendem Wettbewerb eingestellt hätten. Die Preissteigerung kann man dem marktbeherrschenden Anbieter nicht anlasten. Insgesamt kommt eine Preismissbrauchskontrolle primär bei starken Abweichungen des geforderten Preises vom Vergleichspreis in Frage.

Ist keine Marktverengung erforderlich, kann sich ein zeitlicher Vergleich anbieten, sofern der Markt stabil ist. Dann kann der frühere Preis am Markt Aussagekraft besitzen. Der sachliche Vergleich kann durch die Heterogenität von Produkten und Preisen limitiert sein. Der räumliche Vergleich sieht sich dem Problem ausgesetzt,

Unterschiede nationaler wirtschaftlicher Umfelder einzupreisen, da die Vergleichsmärkte oft im Ausland liegen.

Insgesamt ist der Anwendungsbereich des Missbrauchsverbots durch die Kapitalmarktorganisation und -struktur eingeschränkt. Die Marktgröße ist der zentrale Limitierungsfaktor. In der Regel ist bei großen Gattungen wie für Unternehmensbeteiligungen eine Verengung des Marktes auf das einzelne Kapitalmarktprodukt erforderlich. Wie sich insbesondere am Beispiel des Preismissbrauchs zeigt, wirkt die Kapitalmarktorganisation und -struktur aber auch darüber hinaus tatsächlich limitierend auf das Verbot ein.

VI. Fazit zur Anwendbarkeit und Anwendung des Kartellrechts

Zum ersten Teil der Arbeit ist festzuhalten, dass aus kartellrechtlicher Sicht Art. 101, 102 AEUV, §§ 1, 19 GWB am Kapitalmarkt anwendbar sind. Es ergeben sich Anwendungsfälle. Die Kapitalmarktorganisation und -struktur wirken aber tatsächlich einschränkend auf die Anwendung des Kartell- und Missbrauchsverbots. Sie sind in der kartellrechtlichen Bewertung zu berücksichtigen und können sich auf diese auswirken.

Generelle Anwendbarkeit

Die Anwendbarkeit der Art. 101, 102 AEUV, §§ 1, 19 GWB ist aus kartellrechtlicher Sicht gegeben. Sie folgt aus dem universell wettbewerbsschützenden Charakter des Kartellrechts. Die Erwähnungen des Kartellrechts im Kapitalmarktrecht bestätigen die Geltung des Kartellrechts, v.a. Erwägungsgrund 80 zur Marktmissbrauchsverordnung. Ebenso scheitert die Anwendung nicht an einer fehlenden Wettbewerblichkeit des Kapitalmarkts.

Marktgröße als wesentliche, aber nicht unüberwindbare, Hürde für Spürbarkeit und marktbeherrschende Stellung

Die wesentliche Hürde der Kartellrechtsanwendung an Märkten für Kapitalmarktprodukte ist die grundsätzliche und potentielle Größe der Märkte. Sie spricht im Ausgangspunkt dagegen, dass für die Spürbarkeit der Wettbewerbsbeschränkung und v.a. für die Marktbeherrschung erforderliche Marktanteile erreicht werden. Das ist damit zu begründen, dass der Anlegerbedarf grundsätzlich auf funktional identische Anlage als Form des wirtschaftlichen Engagements gerichtet ist. Die Anleger suchen bestimmte Kapitalmarktproduktformen zur Kapitalanlage und Renditeerzielung. Es entstehen nicht generell Märkte für einzelne Kapitalmarktprodukte. So entsprechen sich bspw. alle Unternehmensbeteiligungen sachlich als funktional identische Anlage und als Form des wirtschaftlichen Engagements. Sachliche Märkte für Kapitalmarktprodukte sind im Ausgangspunkt daher in Gattungen funktional identischer Kapitalmarktprodukte zu trennen. Die zentralen Einordnungskriterien sind die formalen Eigenschaften, die wirtschaftlichen Zwecke sowie das tatsächlich und nicht formalrechtlich zu bestimmende verbriefte Recht. Diese Gattungen können heterogene Produkte umfassen, bspw. Beteiligungen an unterschiedlichen Unternehmen oder Schuldverschreibungen verschiedener Emittenten. Individuelle Unterschiede einer Gattung zuzuordnender Kapitalmarktprodukte, bspw. für Unternehmensbeteiligungen Unterschiede im Betätigungsfeld der Unternehmen oder rechtliche Unterschiede der Beteiligungsformen, sind grundsätzlich nur Kriterien der Auswahlentscheidung des Anlegers zwischen mehreren gleich bedarfsdeckenden Kapitalmarktprodukten, die auf die Attraktivität der Anlage sowie die Renditemöglichkeiten wirken, und nicht bedarfsbestimmend. Sie heben die funktionale Austauschbarkeit nicht auf und trennen nicht den sachlichen Markt.

Die Gattungsmärkte sind ferner in das börs- und außerbörsliche Geschäft zu trennen. Die Organisation, Standardisierung, Sicherheit und der einfache Handel sind Merkmale des Börsenhandels, die außerbörsliche Märkte nicht bieten. Eine denkbare Ausnahme sind mit Börsen vergleichbare außerbörsliche Handelsplätze, wobei die besondere Stellung der Börsen für eine Aufrechthaltung der Trennung spricht. Die so entstehenden Gattungsmärkte sind grundsätzlich groß, sofern nicht eine Kapitalmarktproduktgattung mit einem geringen Marktvolumen abgegrenzt werden kann. Im Börsenhandel ist eine weitere Unterteilung der Kapitalmarktprodukte aufgrund der Standardisierung sowie der einfachen Handelbarkeit im Grundsatz abzulehnen, da sie nicht den Anlegerbedarf in der Fixierung auf den Handel spiegelt. Sie ist aber nicht ausgeschlossen. So können sich eigene Märkte für Hochrisikoprodukte oder teure Produkte in den Gattungen bilden. Unterschiedliche Laufzeiten von laufzeitgebundenen Kapitalmarktprodukten sind hingegen wegen der Fixierung auf den Handel im Börsenhandel von geringerer Relevanz. Außerbörslich sind wegen der abweichenden Anlage- und Risikostruktur weitere Unterteilungen in den Gattungen wahrscheinlicher. Wegen der schlechteren Handelbarkeit kann die außerbörsliche Anlage längerfristig oder bei laufzeitgebundenen Produkten über die gesamte Laufzeit angelegt sein. Außerdem ist das Risiko wegen der fehlenden Organisation und Standardisierung sowie der im Vergleich schlechteren Handelbarkeit potentiell höher als im Börsenhandel. Es ist daher nicht ausgeschlossen, dass die Anleger die Produkte einer Gattung anhand individueller Unterschiede, die eigentlich Kriterien der Auswahlentscheidung sind, trennen, womit die Unterschiede bedarfsrelevant werden und die Austauschbarkeit funktional identischer Kapitalmarktprodukte aufheben, bspw. eine Unterteilung nach Branchen bei Unternehmensbeteiligungen. Ebenso können wegen der schlechteren Handelbarkeit Laufzeitunterschiede, zumindest wenn sie größer sind, die Vergleichbarkeit der Produkte wegen der lang- bzw. kurzfristigen Bindung des Kapitals aufheben.

Ein Sonderfall sind zweckgebundene Kapitalmarktprodukte, bspw. risikoabsichernde Derivate. Sie sind aus Sicht zweckspezifisch agierender Anleger nach verfolgten Zwecken einzuteilen. Ist die Absicherung eines bestimmten Risikos der Zweck, sind nur solche Produkte vergleichbar, die dieses Risiko absichern.

Rechtliche und tatsächliche Unterschiede, u.a. Laufzeitunterschiede, sind nicht von Relevanz, sofern die Produkte das tatsächlich gleiche Risiko absichern. So sind bspw. das Fest- und Optionsgeschäft im Grundsatz nicht zu trennen.

Neben der sachlichen Marktgröße ist ferner die räumliche Marktausdehnung zu beachten. Im Grundsatz sind die Märkte für Kapitalmarktprodukte bundesweit ausgedehnt. Marktzutrittsschranken und Anlegerpräferenzen sind Faktoren, die gegen grenzüberschreitende Märkte sprechen können. Relevant sind bspw. eine Sprachbarriere und die Unkenntnis des ausländischen Kapitalmarkts, die v.a. Klein- und Privatanleger vom Grenzübertritt abhalten können, sowie eine erschwerte Betätigung am ausländischen Kapitalmarkt. Mit steigendem Professionalisierungsgrad der Anleger sowie steigender Standardisierung, Organisation und Simplizität des Handels und der Kapitalmarktprodukte steigt die Wahrscheinlichkeit grenzüberschreitender Märkte. Für professionelle Anleger ist hingegen börs- wie außerbörslich grundsätzlich von europäischen Märkten auszugehen, da sie die Möglichkeiten haben, tatsächliche sowie rechtliche Hindernisse zu überwinden. Weltweite Märkte sind aufgrund modernder Transaktionsmöglichkeiten und Globalisierung ebenso denkbar, hängen jedoch von den Anlegerpräferenzen und Marktzutrittsschranken ab. Im Börsenhandel sind für Privat- und Kleinanleger zumindest europaweite Märkte nicht ausgeschlossen, wenn sie die Möglichkeit haben, tatsächliche Hindernisse wie eine Sprachbarriere über Mittelsmänner zu überwinden. Die Standardisierung und Organisation des Börsenhandels tragen dazu bei, dass Privat- und Kleinanleger an ausländischen Börsen gehandelte Kapitalmarktprodukte nicht generell als Alternative ausschließen. Außerbörslich ist eine Fixierung auf den deutschen Markt wegen der rechtlichen und tatsächlichen Unterschiede und fehlender zentraler Marktplätze und fehlender Mittler wahrscheinlich.

Von Sonderfällen wie Hochrisikoanlage, teuren Kapitalmarktprodukten, volumenschwachen Kapitalmarktproduktgattungen oder zweckgebundenen Kapitalmarktprodukten abgesehen sind an den im Grundsatz großen sachlichen Märkten für Kapitalmarktprodukte von zumindest bundesweiter Ausdehnung hohe Marktanteile unwahrscheinlich, v.a. im Börsenhandel. Am wahrscheinlichsten sind für die Spürbarkeit und Marktbeherrschung ausreichende Marktanteile, wenn sich der Markt auf ein Kapitalmarktprodukt verengt. Dies setzt einen verengten Anlegerbedarf voraus. Er muss hinreichend relevant sein, um als eigenständig vom Gesamtmarkt abgekoppelt wahrgenommen zu werden. Dann können sich für die Bedienung des Bedarfs eigene Markt- und Wettbewerbsstrukturen bilden. Zur Bestimmung dieser Relevanz sind die Zahl der Anleger mit dem verengten Bedarf, der Bedarfsumfang und die Bedarfsdauer gesamtbetrachtend zu bewerten. Es kommt nicht primär auf die Zahl der Anleger an. Eine hohe Zahl von Anlegern mit verengtem Bedarf begünstigt eine Marktverengung, ist aber keine zwingende Voraussetzung. Eine Nachfrage mit hohem Umfang kann als eigenständig wahrgenommen werden. Eine gewisse Dauer des Bedarfs trägt dazu bei. Bei schneller Anpassungsfähigkeit des Kapitalmarkts kann eine kürzere Dauer reichen, v.a. wenn der Bedarf und die Zahl der Anleger mit verengtem Bedarf hoch sind.

Beispiele sind insoweit bedarfsverengende Verpflichtungen oder Anlegerpräferenzen, bspw. in Hochphasen von Branchen oder bei Erstemission. Die Möglichkeit der Marktverengung darf, wie zur Marktverengung dargestellt, nicht als allgemein zur Verfügung stehendes Mittel der Marktverkleinerung verstanden werden.

Einflüsse von Kapitalmarktorganisation und -struktur

Ist die Marktgröße als Hürde überwunden, ergeben sich Anwendungsfälle für das Kartell- und Missbrauchsverbot. Preisabsprachen und -missbrauch sind bspw. börs- wie außerbörslich möglich. Kapitalmarktorganisation und -struktur können jedoch tatsächlich limitierend auf die Anwendung des Kartellrechts wirken. Das zeigt sich am Börsenhandel. Aufgrund des bloßen Einstellens von Angebot und Nachfrage sowie des automatischen Zusammenführens von Angebot und Nachfrage durch die Börse sind bspw. Kopplungen oder Aufteilungen von Märkten und Anlegergruppen allenfalls auf Umwegen möglich. Das führt nicht zum Ausschluss der kartellrechtlichen Verbote, erschwert aber praktisch gegen die Verbote verstoßendes Verhalten. Außerbörslich gibt es wegen der grundsätzlich keine solchen Limitierungseffekte.

Relevanter ist, dass sich die Kapitalmarktorganisation und -struktur in der kartellrechtlichen Prüfung auswirken und deren Ergebnis beeinflussen kann. Die kartellrechtliche Prüfung darf daher nicht vorgenommen werden, ohne die Besonderheiten der Kapitalmarktorganisation und -struktur einzubeziehen und deren möglichen Auswirkungen auf die kartellrechtliche Bewertung zu prüfen. Das zeigen die Beispiele zum Kartell- und Missbrauchsverbot. An Emissionskonsortien zeigt sich dies daran, dass eine Abstimmung der Konsortialmitglieder im zulässigen Emissionskonsortium über die strukturelle Einheitlichkeit der Emission als Vorgang als zulässige Nebenabrede zur Konsortialbildung bzw. als wirtschaftliche Einheit, die bzgl. des Angebots der Emissionsprodukte nicht im Wettbewerb steht, gemessen am Kartellverbot zulässig ist. Bei den Referenzzinsmanipulationen folgt aus der marktstrukturell vorgegebenen Referenzzinskopplung der Produkte, dass die Steuerung des Referenzzinses nicht automatisch den Wettbewerb beschränkt. Die Wettbewerbsbeschränkung kann aus dritten Effekten wie der Senkung der Wettbewerbsintensität oder der Beschränkung der Betätigungsfreiheit dritter Marktteilnehmer folgen. In Bezug auf das Missbrauchsverbot bestätigt ferner das Beispiel eines möglichen Preismissbrauchs die marktstrukturell bedingte Einschränkung des Missbrauchsverbots durch die potentiell großen Märkte. Bei der Marktverengung auf ein Kapitalmarktprodukt ergeben sich außerdem Schwierigkeiten bei der Bestimmung missbräuchlicher Preise. Wegen des marktverengungsbegründenden Bedarfs ist die Bestimmung eines belastbaren Vergleichsmaßstabs erschwert, da der marktverengungsbegründende besondere Bedarf einzupreisen ist. Ein kombinierter sachlich-zeitlicher Vergleich kann die Bestimmung eines relativ belastbaren Vergleichsmaßstabs ermöglichen. Selbst dann ist aber zu beachten, dass die verengungsbegründende Nachfrage hohe Preisveränderungen zulassen kann. Ferner ist dem marktbeherrschenden Anbieter keine Preiserhöhung anzulasten, die aus dem Markt folgt und damit auch bei hinreichendem Wettbewerb bestünde. Das kann der Fall sein, wenn die Nachfrage auf einer besonderen Wertschätzung beruht, aufgrund derer die Anbieter von sich aus höhere Preise zahlen, um das Produkt entgegen dritter Anleger zu erhalten oder weil sie es als hochpreisig einschätzen. Der Preismissbrauch setzt ferner eine hohe Abweichung des geforderten Preises vom Vergleichsmaßstab voraus.

Fazit

Im Ergebnis sind Art. 101, 102 AEUV, §§ 1, 19 GWB auf Märkte für Kapitalmarktprodukte anwendbar. Die potentielle Marktgröße ist ein generelles Anwendungshindernis. Auch darüber hinaus wirken die Kapitalmarktorganisation und -struktur tatsächlich limitierend auf die Anwendung der Verbote, v.a. im Börsenhandel. Generell bleibt festzuhalten, dass die Besonderheiten des Kapitalmarkts schon in der kartellrechtlichen Prüfung zu beachten sind.

C. Das Verhältnis von Kartell- und Kapitalmarktrecht

I. Einleitung

Im ersten Teil der Arbeit wurden die Anwendbarkeit und Anwendung des Kartellrechts am Kapitalmarkt aus kartellrechtlicher Sicht erörtert. Gegenstand des zweiten Teils der Arbeit ist nun das Verhältnis des Kartellrechts zum Kapitalmarktrecht, v.a. auf der praktisch bedeutsamen Verbots- und Sanktionsebene.

Die Betrachtung dieses Verhältnisses ist von wesentlicher Relevanz. Der Kapitalmarkt ist grundsätzlich Gegenstand des Kapitalmarktrechts.[474] Selbiges regelt spezifisch das Verhältnis der Marktparteien sowie genutzter Intermediäre und die Kapitalmarktorganisation.[475] Das nationale Kapitalmarktrecht ist primär in Bundesgesetzen wie dem WpHG, BörsG und WpüG geregelt.[476] Ferner beeinflusst daneben auch das europäische Recht das Kapitalmarktrecht durch harmonisierende Richtlinien und Verordnungen wesentlich.[477] Eine wichtige europäische Regelung für das Verhalten an Märkten für Kapitalmarktprodukte ist insoweit die Marktmissbrauchsverordnung, die missbräuchliches Kapitalmarktverhalten wie Insiderhandel oder Marktmanipulation betrifft. Gerade in Bezug auf die Marktmissbrauchsverordnung gibt es Überschneidungen mit dem Kartellrecht, auf die einzugehen ist. Es ist erörtern, wie Kartell- und Kapitalmarktrecht in der Anwendung am Kapitalmarkt zueinander stehen. Da das Kapitalmarktrecht für den Kapitalmarkt sachnäher ist, steht im Fokus, ob das Kapitalmarktrecht die Anwendung des Kartellrechts beeinflusst. Die folgende Betrachtung des Verhältnisses von Kartell- und Kapitalmarktrecht ist dabei in drei Abschnitte unterteilt.

Der erste Abschnitt widmet sich der generellen Frage, ob das Kapitalmarktrecht abschließend einen Rechtsrahmen für den Kapitalmarkt setzt oder die Anwendung des Kartellrechts limitiert. Insoweit wird erarbeitet, dass kapitalmarktrechtliche Verbote parallel zu den kartellrechtlichen Verboten eingreifen und faktisch Wettbewerb schützen können. In der Folge ist daher zu erörtern, ob das Kapitalmarktrecht dadurch einen sonderkartellrechtlichen Charakter erhält oder das Kartellrecht verdrängt. Als Ergebnis ist festzuhalten, dass die faktisch wettbewerbsschützenden

---

474 *Langenbucher*, § 1 Rn 15b; SBL/*Seiler*/*Kniehase*, Vor § 104 Rn 61 ff.; *Schwarz*, DStR 2003, 1930, 1930 ff.

475 EBJS/*Grundmann*, Bank- und Börsenrecht, Rn VI 4; Dauses/*Follak*, F III Rn 1; vgl. Kümpel/Hammen/Ekkenga/*Kümpel*, 50 Rn 14; SBL/*Seiler*/*Kniehase*, Vor § 104 Rn 62.

476 *Buck-Heeb*, Rn 23 ff.; *Grunewald*/*Schlitt*, S. 4 f. u. 13 f.; *Merkt*/*Rossbach*, JuS 2003, 217, 221; *Park*, Teil 1: Einleitung, Rn 5; SBL/*Seiler*/*Kniehase*, Vor § 104 Rn 68.

477 Vgl.: *Grunewald*/*Schlitt*, S. 3 f.; Kümpel/Hammen/Ekkenga/*Kümpel*, 50 Rn 2 (über 80 %).

kapitalmarktrechtlichen Verbote kein Sonderkartellrecht darstellen und das Kartellrecht nicht sperren. Kartell- und Kapitalmarktrecht sind aus kapitalmarktrechtlicher Sicht parallel anzuwenden. Daraus folgt die Notwendigkeit, das Verhältnis der Rechtsmaterien in der Anwendung näher zu beleuchten. Dem widmen sich der zweite und dritte Abschnitt.

Der zweite Abschnitt betrachtet die Verbotsebene. Es wird primär das Verhältnis der beiden Rechtsmaterien bei einer unterschiedlichen Bewertung von Vorgängen am Kapitalmarkt analysiert. Gemeint sind einseitige kartell- oder kapitalmarktrechtliche Verbote. Es ist zu klären, ob eine kartell- oder kapitalmarktrechtliche Verbotslosigkeit die Verbote der jeweils anderen Rechtsmaterie sperrt. Wegen der Sachnähe des Kapitalmarktrechts zum Kapitalmarkt steht dabei im Fokus, ob die kapitalmarktrechtliche Zulässigkeit eines Verhaltens die Anwendung der kartellrechtlichen Verbote sperrt. In dem Zusammenhang wird ein Rangverhältnis der Rechtsmaterien erarbeitet, das am Beispiel der kapitalmarktrechtlich zulässigen Kursstabilisation überprüft wird.

Anschließend wird im dritten Abschnitt das Verhältnis von Kartell- und Kapitalmarktrecht auf der Sanktionsebene erörtert. Zunächst wird analysiert, ob sich die Sanktionslosigkeit nach der jeweils anderen Rechtsmaterie auf die Festsetzung einseitiger kartell- oder kapitalmarktrechtlicher Bußgelder auswirkt. Im Anschluss daran wird der Frage nachgegangen, ob eine parallele kartell- und kapitalmarktrechtliche Bebußung eines Verhaltens möglich ist. Auf dieser Frage liegt ein Fokus des Abschnitts. In diesem Zusammenhang wird auch dargestellt, dass parallele Verstöße gegen kartell- und kapitalmarktrechtliche Verbote möglich sind, die jeweils mit einem Bußgeld geahndet werden können.

II. Keine Sperrwirkung des Kapitalmarktrechts

1. Grundsätzliches

Das Kapitalmarktrecht sperrt die Art. 101, 102 AEUV, §§ 1, 19 GWB nicht. Dafür sprechen die in der Prüfung der Anwendbarkeit des Kartellrechts erwähnten kapitalmarktrechtlichen Normen, die das Kartellrecht nennen.[478] Nach § 9 Abs. 1 S. 1 BörsG ist „darauf hinzuwirken, dass die Vorschriften des Gesetzes gegen Wettbewerbsbeschränkungen eingehalten werden". Nach § 7 Abs. 1 S. 1 WpÜG und § 6 Abs. 2 WpHG teilen sich BaFin und Bundeskartellamt die für die Aufgabenerfüllung erforderlichen Informationen mit.

Die Normen schließen eine Sperrwirkung nicht explizit aus. Sie regeln das Verhältnis von Kartell- und Kapitalmarktrecht nicht. Selbiges ist eine von den Normen nicht adressierte Vorfrage. So gilt § 9 Abs. 1 S. 1 BörsG nur in dem Umfang, in dem das Kartellrecht anwendbar, also nicht durch das Kapitalmarktrecht gesperrt ist. Ferner sind zur Aufgabenerfüllung erforderliche Informationen nach § 7

478 Vgl. insoweit Abschnitt B. II. 2. dieser Arbeit.

Abs. 1 S. 1 WpÜG und § 6 Abs. 2 WpHG nur zu übermitteln, wenn das Kapitalmarktrecht keine Sperrwirkung hat, da das Bundeskartellamt sonst keine Aufgaben erfüllen kann und keine Informationen benötigt. Trotzdem indizieren die Normen, dass das Kapitalmarktrecht das Kartellrecht nicht generell sperrt. Ginge vom Kapitalmarktrecht nämlich generell eine solche Sperrwirkung aus, wären die Normen obsolet, da weder die Beachtung des GWB noch die Informationsweitergabe erforderlich wäre. Sie deuten daher auf die Geltung des Kartellrechts neben dem Kapitalmarktrecht hin. Das gilt vor allem für § 6 Abs. 2 WpHG, da das WpHG u.a. mit Insiderhandel und Marktmanipulation für das Kapitalmarktverhalten relevante Verbote regelte, bevor sie in die europäische Marktmissbrauchsverordnung integriert wurden.

Gleiches ergibt sich aus der Marktmissbrauchsverordnung. Nach Erwägungsgrund 80 zur Marktmissbrauchsverordnung schränkt sie das europäische Kartellrecht nicht ein. Der Erwägungsgrund spiegelt zwar nur den Willen des europäischen Gesetzgebers und bezieht sich nur auf das Verhältnis der Marktmissbrauchsverordnung zum europäischen Kartellrecht. Er verdeutlicht aber, dass das Kapitalmarktrecht das Kartellrecht nicht generell sperrt. Vor allem wegen der Überschneidungspotentiale von Marktmissbrauchsverordnung und Kartellrecht ist diese Feststellung praktisch relevant.[479]

Der gesetzgeberische Wille spricht somit gegen eine Sperrwirkung des Kapitalmarktrechts. Zweck und Funktion des Kapitalmarktrechts bestätigen dies, wie sogleich dargestellt wird. Sie zeigen, dass das Kapitalmarktrecht keinen abschließenden Rechtsrahmen für den Kapitalmarkt setzt und kein Sonderkartellrecht ist. Kapitalmarktrechtlichen Verbote können parallel zum Kartellrecht greifen. Sie sind aber nicht originär wettbewerbsschützend und verdrängen das Kartellrecht nicht. Kartell- und Kapitalmarktrecht sind parallel anwendbar.[480]

2. Keine abschließender Charakter des Kapitalmarktrechts

Das Kapitalmarktrecht setzt keinen abschließenden Rechtsrahmen am Kapitalmarkt, der alle rechtlichen Belange regelt und Drittrecht ohne Anlass und Konflikt ausschließt. Es regelt vielmehr kapitalmarktspezifische Besonderheiten. So schafft das BörsG den organisatorischen Rahmen für die Börsen. WpHG, WpÜG, WpPG und Marktmissbrauchsverordnung regeln kapitalmarktbezogene Pflichten und Verbote, bspw. Transparenzpflichten, Insiderhandel und Marktmanipulation. Das Kapitalmarktrecht schafft zusätzliche kapitalmarktbezogene Regelungen, die neben den allgemeinen Regelungen gelten. Diese allgemeinen Regelungen sind am Kapitalmarkt anzuwenden. So gilt das allgemeine Zivilrecht, u.a. das Kaufrecht, am Kapitalmarkt.[481] Kauf und Verkauf von Kapitalmarktprodukten erfolgt über

---

479 Vgl. dazu die nachfolgenden Abschnitte C. II 4. sowie C. III. 4. dieser Arbeit.

480 So auch: *Fleischer/Bueren*, ZIP 2013, 1253, 1263; *Thomas*, ZWeR 2014, 119, 122.

481 Kümpel/Hammen/Ekkenga/*Kümpel*, 50 Rn 433.

Kaufverträge. Das Kapitalmarktrecht ist eng mit dem Schuldrecht verbunden.[482] Regelungen, die an alle Märkten Anwendung finden, sperrt das Kapitalmarktrecht nicht generell. Dazu gehört das Kartellrecht.

Die Anwendbarkeit dritter Regelungen neben dem Kapitalmarktrecht bestätigt sich ferner darin, dass das Kapitalmarktrecht keine generelle Sperrwirkung regelt. Wegen des massiven Eingriffs in die Autonomie dritter Rechtsmaterien müsste sie aber geregelt sein. Auch spricht die Systematik gegen die Sperrwirkung. Das Kapitalmarktrecht schafft zusätzliche Regelungen, ist aber kein abschließendes Kapitalmarktgesetzbuch. Es kann zwar allgemeine Regelungen im Konflikt als sachnäher überlagern.[483] Eine generelle anlass- und konfliktlose Sperrwirkung hat es aber nicht. Dafür spricht auch nicht die Sachnähe des Kapitalmarktrechts zum Kapitalmarkt. Aus ihr folgt nur, dass das Kapitalmarktrecht spezifische Bedeutung für die Bewertung von Kapitalmarktvorgängen hat. Erst wenn ein Konflikt zwischen Dritt- und Kapitalmarktrecht besteht, kann sie einen Vorrang des Kapitalmarktrechts begründen, wohingegen die Ableitung einer generellen Sperrwirkung sie überdehnt.

3. Kein sonderkartellrechtlicher Charakter des Kapitalmarktrechts

a. Kein Sonderkartellrecht und keine Verdrängungswirkung

Das Kapitalmarktrecht ist kein Sonderkartellrecht. Es setzt den besonderen Rahmen des Kapitalmarkts, in dem Geschäfte durch den Wettbewerb gesteuert werden.[484] Das spricht vor dem Hintergrund des universellen kartellrechtlichen Wettbewerbsschutzes für die Anwendung des Kartellrechts zum Wettbewerbsschutz. Wegen der Wettbewerblichkeit des Kapitalmarkts ist eine Sperrung des Kartellrechts ohne ausdrückliche Regelung abzulehnen.

b. Bestätigung durch Zwecke des Kapitalmarktrechtrechts

Gegen einen sonderkartellrechtlichen Charakter des Kapitalmarktrechts spricht dessen Zweck. Grundsätzlich schützt es die Funktionsfähigkeit des Kapitalmarkts sowie damit verbunden und dafür erforderlich die Anleger und deren Vertrauen in den Kapitalmarkt,[485] v.a. in die Stabilität, Fairness und Integrität

482 Kümpel/Hammen/Ekkenga/*Kümpel*, 50 Rn 24.
483 Vgl. zur Erörterung dieser Möglichkeit und darüber hinaus zum Verhältnis von Kartell- und Kapitalmarktrecht auf Verbotsebene Abschnitt C. III. dieser Arbeit.
484 *Assmann*, FS Schneider, 37, 38.
485 *Buck-Heeb*, Rn 7 ff.; Dauses/*Follak*, F. III. Rn 6; *Grunewald/Schlitt*, S. 3; *Kümpel*, Rn 8.388 ff.; Kümpel/Hammen/Ekkenga/*Kümpel*, 50 Rn 29; *Lenenbach*, Rn 10.2; SBL/*Seiler/Kniehase*, Vor § 104 Rn 85; Schwark/Zimmer/*Beck*, § 1 BörsG Rn 2; *Schwarz*, DStR 2003, 1930, 1930.

des Kapitalmarkts.[486] Der Schutz des Anlegervertrauens ist elementar für einen funktionierenden Kapitalmarkt, da die Anleger das für einen funktionierenden Kapitalmarkt erforderliche Kapital nur zur Verfügung stellen, wenn sie auf dessen ordnungsgemäße Funktion vertrauen.[487] Ein effektiver Funktionsschutz setzt Vertrauensschutz voraus.[488] Das Kapitalmarktrecht organisiert den Kapitalmarkt, um dessen Funktionsfähigkeit zu erhalten und die Anleger zur Kapitalmarkttätigkeit zu bewegen. Vor allem die Informations- und Verhaltenspflichten des Kapitalmarktrechts tragen zur Vertrauenssteigerung bei,[489] u.a. Transparenzregeln wie die Ad-hoc-Publizität oder das Insiderrecht. Einen originär wettbewerbsschützenden Zweck verfolgt das Kapitalmarktrecht hingegen nicht, sodass dem Kartellrecht der originäre Anwendungsbereich bleibt. Das Ergebnis sieht sich in den Zwecksetzungen verschiedener kapitalmarktrechtlicher Regelungen bestätigt, die nachfolgend exemplarisch dargestellt werden:

Zunächst ist der Blick auf die Marktmissbrauchsverordnung zu lenken. Sie regelt auf das Kapitalmarktverhalten bezogene Verbote wie das Verbot der Marktmanipulation in Art. 15 als Verbot einer manipulativen Einflussnahme auf das Kapitalmarktgeschehen oder das Verbot des Insiderhandels in Art. 14, das den Umgang mit Insiderinformationen regelt. Sie setzt die Grenzen zulässigen Kapitalmarktverhaltens. Die Marktmissbrauchsverordnung stellt gem. Art. 1 der Marktmissbrauchsverordnung die Finanzmarktintegrität sicher und stärkt Anlegerschutz und -vertrauen. Nach Erwägungsgrund 2 zur Marktmissbrauchsverordnung erfordert die Marktintegrität einen effizienten Kapitalmarkt und ist ein reibungsloses Funktionieren der Wertpapiermärkte angestrebt. Ein effizienter und integrer Kapitalmarkt ist ein funktionierender Kapitalmarkt. Die Marktmissbrauchsverordnung schützt mithin die Funktionsfähigkeit des Kapitalmarkts sowie die Anleger und deren Vertrauen in den Kapitalmarkt, dient dem Funktions- und Anlegerschutz.[490] Ein originärer Wettbewerbsschutz ist nicht bezweckt. Das bestätigt Erwägungsgrund 80 zur Marktmissbrauchsverordnung, nach dem sie das europäische Kartellrecht nicht einschränkt. Sie ist kein originär wettbewerbsschützendes Sonderkartellrecht, die das Kartellrecht verdrängt. Sonst wäre ein Vorrang der Marktmissbrauchsverordnung geregelt.

Das deutsche Kapitalmarktrecht schützt ebenso nicht originär Wettbewerb. Das zeigen Beispiele. Das BörsG regelt gem. § 1 Abs. 1 BörsG den Betrieb und die Organisation von Börsen sowie die Zulassung von Handelsteilnehmern, Rechten und Wirtschaftsgütern zum Börsenhandel. Es schafft Organisations- und

---

486 SBL/*Seiler*/*Kniehase*, Vor § 104 Rn 89; Schwark/Zimmer/*Zimmer*, § 1 WpHG Rn 5.

487 *Kümpel*, Rn 8.390; *Lenenbach*, Rn 10.2; SBL/*Seiler*/*Kniehase*, Vor § 104 Rn 88; Schwark/Zimmer/*Zimmer*, § 1 WpHG Rn 6.

488 *Kümpel*, Rn 8.390.

489 *Kümpel*, Rn 8.390.

490 *Giering*, CCZ 2016, 214, 214 f; Sieber/*Koch*, § 17 Rn 48.

Ablaufregeln für den Börsenhandel.[491] Es dient der Erhaltung der Funktionsfähigkeit der Börsen als Teil des Kapitalmarkts und durch die Organisation und Regelung des Börsenhandels auch dem Schutz und der Stärkung des Anlegervertrauens in einen fairen ordnungsgemäßen Börsenhandel.[492] Es schützt die Funktionsfähigkeit des Kapitalmarkts und das Anlegervertrauen, aber nicht originär Wettbewerb. Das bestätigt § 9 Abs. 1 S. 1 BörsG mit der Forderung der Einhaltung der Vorschriften des GWB. Gleiches gilt für das WpHG. Es behandelt u.a. Wertpapierdienstleistungen, marktmissbräuchliches Verhalten im Handel mit Finanzinstrumenten, Vermarktung, Vertrieb und Verkauf von Finanzinstrumenten, Überwachung von Unternehmenszusammenschlüssen und Transparenz- und Veröffentlichungspflichten, § 1 Abs. 1 WpHG. Es schützt die Funktionsfähigkeit des Kapitalmarkts und Anleger durch Stärkung des Vertrauens in Fairness, Integrität und Ordnungsgemäßheit des Kapitalmarkts[493] Es dient dem Funktions- und Anlegerschutz, hat aber keinen sonderkartellrechtlichen Zweck. Das bestätigt § 6 Abs. 2 WpHG, wonach sich BaFin und Bundeskartellamt für die Aufgabenerfüllung erforderliche Informationen mitteilen.

Das Kapitalmarktrecht dient also dem Funktions- und Anlegerschutz. Es hat keinen originär wettbewerbsschützenden Zweck. Daher überlagert es nicht das universell wettbewerbsschützende Kartellrecht. Ferner deuten die Zwecke des Kapitalmarktrechts vor dem Hintergrund der Erwähnungen des Kartellrechts im Kapitalmarktrecht nicht auf eine generelle Sperrung des Kartellrechts hin.

c. Kein Sonderkartellrecht durch faktischen Wettbewerbsschutz

Trotz der funktions- und anlegerschützenden Zwecksetzung enthält das Kapitalmarktrecht aber faktisch wettbewerbsschützende Elemente. Sie können wegen der Wettbewerblichkeit des Kapitalmarkts v.a. aus dem Funktionsschutz folgen. Um die Funktionsfähigkeit des Kapitalmarkts effektiv zu erhalten, sind die wettbewerblichen Kapitalmarktelemente als Teil des funktionierenden Kapitalmarkts zu schützen. Können Kapitalmarktteilnehmer diese Elemente beschränken, wirkt das negativ auf die Funktionsfähigkeit des Kapitalmarkts als wettbewerblichem Markt. Ferner finden sich im Schutz des Anlegervertrauens wettbewerbsschützende Elemente. Indem ein wettbewerbswidriger Einfluss auf den Kapitalmarkt unterbunden wird, können Anleger darauf vertrauen, dass er ordnungsgemäß wettbewerblich funktioniert. Den zweckgemäß funktionierenden anlegerschützenden Kapitalmarkt zeichnen somit wettbewerbliche Strukturen aus. Faktisch schützt auch das Kapitalmarktrecht den Wettbewerb.

---

491 BH/*Kumpan*, § 1 BörsG Rn 1; vgl. *Buck-Heeb*, Rn 26; vgl. *Groß*, § 1 BörsG Rn 1 ff.; vgl. Heidel/ *Uhl*, § 1 BörsG Rn 1; *Hopt*, ZHR 141 (1977), 389, 394 f.; vgl. Schwark/ Zimmer/*Beck*, § 1 BörsG Rn 5 f.

492 Schwark/Zimmer/*Beck*, § 1 BörsG Rn 2; vgl. *Schwarz*, DStR 2003, 1930, 1931.

493 *Buck-Heeb*, Rn 25; vgl. *Kümpel*, Rn 8.436; Schwark/Zimmer/*Zimmer*, § 1 WpHG Rn 4.

Aus diesem faktischen Wettbewerbsschutz folgt jedoch kein originär wettbewerbsschützender sonderkartellrechtlicher Charakter des Kapitalmarktrechts, was an Beispielen noch dargestellt werden wird.[494] Der Wettbewerbsschutz ist nicht originär im Kapitalmarktrecht angelegt. Die wettbewerbsschützenden Elemente sind als Nebeneffekt aus dem kapitalmarktrechtlichen Funktions- und Anlegerschutz abzuleiten, da diese Zwecke auf die Erhaltung der ordnungsgemäßen Funktion des wettbewerblichen Kapitalmarkts gerichtet sind. Die faktisch wettbewerbsschützende Nebeneffekte sind gerade nicht Ergebnis eines originär wettbewerbsschützenden Zwecks des Kapitalmarktrechts, über den es als sachnäheres Sonderrecht das Kartellrecht verdrängt.

Das Ergebnis bestätigt sich aus kartellrechtlicher Sicht. Der universell wettbewerbsschützenden Ansatz des Kartellrechts ist konterkariert, wäre jede faktisch wettbewerbsschützende Regelungen das Kartellrecht verdrängendes Sonderkartellrecht. Eine solche Rolle müsste klar hervortreten. Eine faktisch wettbewerbsschützende Regelung ohne originär wettbewerbsschützenden Zweck verdrängt das universell wettbewerbsschützende Kartellrecht generell nicht.

d. Zusammenfassung

Das Kapitalmarktrecht ist kein originär wettbewerbsschützendes Sonderkartellrecht, sondern es dient dem Funktions- und Anlegerschutz. Das bestätigen verschiedene kapitalmarktrechtliche Regelungen, v.a. die Marktmissbrauchsverordnung. Eine generelle Sperrwirkung gegenüber dem Kartellrecht ist nicht geregelt. Sie widerspräche auch der Rolle des Kapitalmarktrechts als kapitalmarktspezifische Besonderheiten regelnde nicht abschließende Materie und des universell wettbewerbsschützenden Kartellrechts. Wegen der Wettbewerblichkeit des Kapitalmarkts kann das Kapitalmarktrecht jedoch faktisch den Wettbewerb schützen, was aber nicht originär bezweckt ist, sondern sich als ein Nebeneffekt der kapitalmarktrechtlichen Zwecke darstellt, der keinen sonderkartellrechtlichen Charakter begründet, der das Kartellrecht verdrängt.

4. Beispiele für faktisch wettbewerbsschützende kapitalmarktrechtliche Verbote

a. Einleitung

Nun wird an Beispielen zur Marktmissbrauchsverordnung bestätigt, dass kapitalmarktrechtliche Verbote parallel zu kartellrechtlichen Verboten eingreifen und faktisch den Wettbewerb schützen können. Insoweit wird auch das vorstehende Ergebnis bestätigt, dass aus diesem faktischen Wettbewerbsschutz kein sonderkartellrechtlicher Charakter der kapitalmarktrechtlichen Verbote folgt. Er ist ein

494 Vgl. dazu Abschnitt C. II. 4. dieser Arbeit.

Nebeneffekt des Funktions- und Anlegerschutzes. Die Verbote sind kein Sonderkartellrecht und überlagern oder verdrängen nicht das Kartellrecht.

b. Beispiel: Art. 14 lit. c der Marktmissbrauchsverordnung

aa. Vorbemerkungen

Das Verbot der Offenlegung von Insiderinformationen in Art. 14 lit. c der Marktmissbrauchsverordnung kann parallel zum Kartellverbot greifen. Als Beispiel dienen nachfolgend zwei Sachverhalte. Das ist einmal ein Unternehmen, das als Emittent börsennotierter Aktien künftiges Marktverhalten wie die Einführung einer Produktinnovation oder den künftigen Erwerb börsengehandelter Aktien dritter Unternehmen gegenüber Wettbewerbern offenlegt. Der zweite Sachverhalt ist ein Kapitalmarktteilnehmer, der Wettbewerbern den künftigen Erwerb börsengehandelter Aktien offenlegt. Beides kann Art. 101 AEUV, § 1 GWB und Art. 14 lit. c der Marktmissbrauchsverordnung verletzen.

bb. Möglicher Verstoß gegen das Kartellverbot

(1). Vorbemerkung

Zunächst sei auf das Kartellverbot eingegangen. Die Offenlegung des Marktverhaltens durch den Emittent oder den Kapitalmarktteilnehmer gegenüber den Wettbewerbern kann das Kartellverbot verletzen. Eine Offenlegung von Marktverhalten gegenüber Wettbewerbern kann ein kartellrechtlich unzulässiger Informationsaustausch sein und daher als abgestimmte Verhaltensweise den Wettbewerb beschränken. Ein Informationsaustausch unter Wettbewerbern kann zu einer abgestimmten Verhaltensweise führen, wenn er eine Gewissheit über das Wettbewerbsverhalten schafft und die Ungewissheit des Wettbewerbs minimiert, was wiederum die Wettbewerbsbedingungen künstlich verändert.[495] Der Wettbewerb ist durch den Geheimwettbewerb und das autonome Verhalten der Wettbewerber geprägt. Dies ist bei einem Informationsaustausch zwischen ihnen nicht mehr gewährleistet.

(2). Abgestimmte Verhaltensweise

Die abgestimmte Verhaltensweise setzt eine Koordinierung voraus, die eine bewusst praktische Zusammenarbeit an die Stelle des mit Risiken verbundenen Wettbewerbs treten lässt.[496] Die Beteiligten müssen sich in Koordinierungsabsicht

---

495 IM/*Emmerich*, Bd 1, Art. 101 Abs. 1 AEUV Rn 89.

496 EuGH v. 04.06.2009, Rs. C-8/08, ECLI:EU:C:2009:343, Rn 26 – *„T-Mobile Netherlands"*; *Bech-told/Bosch/Brinker*, Art. 101 AEUV Rn 53; GHN/*Stockenhuber*, Art. 101 AEUV Rn 107; IM/*Emmerich*, Bd 1, Art. 101 Abs. 1 AEUV Rn 89; LMR/*Grave/Nyberg*, Art. 101 Abs. 1 AEUV Rn 229.

verständigen, um über ein grundsätzliches Zusammenwirken die Risiken für den Einzelnen im Wettbewerb zu minimieren, bspw. durch eine Verständigung über künftiges Marktverhalten.[497] Legt der Emittent von Aktien einem Wettbewerber am Markt, an dem er als Unternehmen tätig ist, offen, dass er zeitnah Innovationen zu bestimmten Konditionen auf den Markt bringt, kann der Wettbewerber sein eigenes Marktverhalten am Markt für diese Innovation anpassen. In diesem Fall tritt eine Koordinierung an die Stelle mit Risiken verbundenen Wettbewerbs. Gleiches ist denkbar, wenn der Emittent die Absicht eines Erwerbs von Aktien am Kapitalmarkt offenlegt. Darauf kann sich ein Wettbewerber am Kapitalmarkt ebenso einstellen, indem er bspw. keine höhere Preise bietet als der offenlegende Emittent oder sich zurückhält. Auch in diesem Fall ist das Marktverhalten durch einen individuellen Kontakt konzertiert. Gleiches gilt, wenn ein Kapitalmarktteilnehmer einem Wettbewerber eine geplante Kapitalmarkttransaktion offenlegt. In allen Fällen ist eine Koordinierung möglich. Durch die Offenlegung kann eine praktische Zusammenarbeit an die Stelle des mit Risiken verbundenen Wettbewerbs treten. Der Empfänger kann die Informationen in die Bestimmung des eigenen Marktverhaltens einfließen lassen, sodass die Parteien nicht autonom als Wettbewerber agieren, sondern koordiniert. Es liegt mithin durch die Offenlegung der Informationen zum künftigen Marktverhalten eine hinreichende Fühlungnahme für die abgestimmte Verhaltensweise vor.

Neben dieser Fühlungnahme verlangt die abgestimmte Verhaltensweise ein kausal auf der Fühlungnahme beruhendes Marktverhalten.[498] Wenn die Beteiligten über die Offenlegung ihr Marktverhalten koordinieren, beruht dies kausal auf der Informationsoffenlegung als Fühlungnahme. Eine solche tatsächliche Koordinierung des Marktverhaltens ist bei einer Offenlegung der genannten Informationen zu geplanten Produktinnovationen oder Kapitalmarkttransaktionen nicht ausgeschlossen. Generell wird vermutet, dass die Beteiligten die offengelegten Informationen auch nutzen, wenn sie am Markt tätig bleiben.[499] Außerdem reicht ein einmaliger Austausch für den Kausalzusammenhang, da schon er die Ungewissheit über das Wettbewerbsverhalten verringert.[500] Ferner scheitert die abgestimmte

---

497 Langen/Bunte/*Krauß*, Bd 1, § 1 GWB Rn 96.

498 EuGH v. 08.07.1999, Rs. C-49/92 P, ECLI:EU:C:1999:356, Rn 118 – *„Kommission/Anic Partecipazioni“*; EuGH v. 04.06.2009, Rs. C-8/08, ECLI:EU:C:2009:343, Rn 51 – *„T-Mobile Netherlands“*; GHN/*Schroeder*, Art. 101 AEUV Rn 720; Groeben, von der/Schwarze/*Schröter/Voet van Vormizeele*, Art. 101 AEUV Rn 55; IM/*Emmerich*, Bd 1, Art. 101 Abs. 1 AEUV Rn 95; Langen/Bunte/*Krauß*, Bd I, § 1 GWB Rn 101 f.; LMR/*Grave/Nyberg*, Art. 101 Abs. 1 AEUV Rn 230.

499 EuGH v. 08.07.1999, Rs. C-49/92 P, ECLI:EU:C:1999:356, Rn 121 – *„Kommission/Anic Partecipazioni“*; EuGH v. 04.06.2009, Rs. C-8/08, ECLI:EU:C:2009:343, Rn 51 – *„T-Mobile Netherlands“*; Langen/Bunte/*Krauß*, Bd 1, § 1 GWB Rn 102; LMR/*Grave/Nyberg*, Art. 101 Abs. 1 AEUV Rn 231, 238; Streinz/*Eilmansberger*, Art. 101 AEUV Rn 18.

500 EuGH v. 04.06.2009, Rs. C-8/08, ECLI:EU:C:2009:343, Rn 54 ff. – *„T-Mobile Netherlands“*.

Verhaltensweise nicht pauschal an der Einseitigkeit der Offenlegung. Eine einseitige Offenlegung verringert zumindest die Ungewissheit über das künftige Verhalten des Offenlegenden, was eine Kollusion begünstigt und gegen ein autonomes Marktverhalten spricht.[501] Es ist unwahrscheinlich, dass der Dritte die offengelegten Informationen nicht in die Bestimmung des eigenen Marktverhaltens einfließen lässt. Sind die Beteiligten weiterhin als Wettbewerber am Markt tätig, reicht daher faktisch die Offenlegung der Information für die abgestimmte Verhaltensweise aus, führt man die Kausalitätsvermutung mit den geringen Anforderungen an die Abstimmung zusammen, für die jede praktische Zusammenarbeit anstelle des mit Risiken verbundenen Wettbewerbs ausreicht.

(3). Wettbewerbsbeschränkung

Ebenso kann die Offenlegung den Wettbewerb beschränken. Die Grundlage der Bestimmung der Wettbewerbsbeschränkung ist das Selbständigkeitspostulat, Danach muss jeder Wettbewerber das eigene Marktverhalten autonom bestimmen.[502] Die Wettbewerber sollen unabhängig im Geheimwettbewerb agieren. Die Offenlegung künftigen Marktverhaltens ist ein Informationsaustausch. Dessen Wettbewerbsschädlichkeit folgt generell daraus, dass die Ungewissheit über das Marktverhalten verringert und eine Kollusion erleichtert wird. Der Austausch wettbewerbsrelevanter nicht bekannter Informationen beschränkt den Geheimwettbewerb.[503] Jede Fühlungnahme zwischen Wettbewerbern, um über beabsichtigtes Wettbewerbsverhalten aufzuklären, ist daher untersagt, wenn dadurch bezweckt oder bewirkt wird, dass nicht den normalen Bedingungen des Marktes entsprechende Wettbewerbsbedingungen entstehen.[504] Maßgebliche Kriterien zur Bestimmung der Wettbewerbsschädlichkeit eines Informationsaustausches sind der Inhalt und die Individualisierung der Informationen.[505] Es muss die Ungewissheit über das künftige Wettbewerbsverhalten durch die Informationsoffenlegung verringert sein.[506]

---

501 EuG v. 24.03.2011, Rs. T-377/06, ECLI:EU:T:2011:108; Rn 70; EuG v. 16.09.2013, Rs. T-380/10, ECLI:EU:T:2013:449, Rn 100 – „*Wabco Europe*"; *Bechtold/Bosch/Brinker*, Art. 101 AEUV Rn 202; Langen/Bunte/*Krauß*, Bd 1, § 1 GWB Rn 96; LMR/*Grave/Nyberg*, Art. 101 Abs. 1 AEUV Rn 237.

502 EuGH v. 04.06.2009, Rs. C-8/08, ECLI:EU:C:2009:343, Rn 32 – „*T-Mobile Netherlands*"; GHN/*Schroeder*, Art. 101 AEUV Rn 725.

503 Schulte/Just/*Schulte/Lober*, § 1 GWB Rn 49.

504 EuGH v. 08.07.1999, Rs. C-49/92 P, ECLI:EU:C:1999:356, Rn 117 – „*Kommission/Anic Partecipazioni*"; GHN/*Schroeder*, Art. 101 AEUV Rn 725; EuGH v. 04.06.2009, Rs. C-8/08, ECLI:EU:C:2009:343, Rn 33 – „*T-Mobile Netherlands*".

505 GHN/*Schroeder*, Art. 101 AEUV Rn 749; MüKo-EUKartellR/*Paschke*, Art. 101 Abs. 1 AEUV Rn 68.

506 EuGH v. 04.06.2009, Rs. C-8/08, ECLI:EU:C:2009:343, Rn 35 – „*T-Mobile Netherland*"; *Bechtold/Bosch/Brinker*, Art. 101 AEUV Rn 56; GHN/*Stockenhuber*, Art. 101 AEUV Rn 109.

Auf der Basis kann in den Beispielen[507] der Wettbewerb beschränkt sein. In allen Fällen wird die Ungewissheit des Wettbewerbs minimiert, indem ein Wettbewerber über das Marktverhalten des Offenlegenden aufgeklärt wird. Der Emittent und der Kapitalmarktteilnehmer eröffnen Informationen zum eigenen künftigen Marktverhalten. Es liegt grundsätzlich eine Wettbewerbsbeschränkung vor, wenn sich Parteien über das künftige Marktverhalten informieren,[508] da dies effektiv eine Anpassung an das Marktverhalten des Offenlegenden und damit eine Kollusion ermöglicht. Die Wettbewerber bestimmen in diesem Fall das Marktverhalten nicht mehr autonom, sondern konzertiert, sodass das Selbständigkeitspostulat und der Geheimwettbewerb verletzt sind. Legt bspw. ein Emittent die Einführung von Produktinnovationen oder den Erwerb von Beteiligungen am Kapitalmarkt oder auch ein Kapitalmarktteilnehmer eine bevorstehende Kapitalmarkttransaktion gegenüber den Wettbewerbern offen, klären sie über ein künftiges Marktverhalten auf. Je geschäftlich sensibler die Daten sind, z.B. Informationen zu bevorstehenden Innovationen als wesentliches Elemente des wettbewerblichen Verhaltens am Markt, je stärker sie individualisiert und je mehr sie auf die Zukunft bezogen sind, desto eher liegt auch eine Wettbewerbsbeschränkung vor.[509] Konkrete Informationen zu künftigem Marktverhalten erlaubt eine konkrete Verhaltensanpassung. Wird mithin umfassend über den Zeitpunkt und die Konditionen der Markteinführung einer Produktinnovation informiert, ist offensichtlich eine Kollusion möglich. Folglich kann die Offenlegung auch den Wettbewerb beschränken. Das gilt nicht nur für den Fall, dass der Emittent Informationen zu Produktinnovationen offenlegt. Entsprechend sind auch Informationen zu geplanten Kapitalmarkttransaktionen durch den Emittenten oder durch einen dritten Kapitalmarktteilnehmer gegenüber Wettbewerbern am Kapitalmarkt wesentliche wettbewerblich sensible Informationen zum künftigen Marktverhalten. Auch insoweit ist somit offensichtlich eine Wettbewerbsbeschränkung möglich.

(4). Zusammenfassung

Im Ergebnis kann die einmalige einseitige Offenlegung eines künftigen Marktverhaltens durch Emittenten oder Kapitalmarktteilnehmer gegenüber Wettbewerbern das Kartellverbot verletzen. Die individuelle Offenlegung ist eine für die abgestimmte Verhaltensweise hinreichende Fühlungnahme. Ferner ist die Wettbewerbsbeschränkung bei der Offenlegung künftigen Marktverhaltens die Regel, bspw. die Offenlegung von Produktinnovationen oder einer Kapitalmarkttätigkeit

---

507 Offenlegung von Informationen zu Produktinnovationen oder Erwerb von Wertpapieren wie Aktien durch den Emittenten oder Erwerb von Wertpapieren wie Aktien durch dritte Kapitalmarktteilnehmer.

508 GHN/*Schroeder*, Art. 101 AEUV Rn 726; Streinz/*Eilmansberger*, Art. 101 AEUV Rn 15.

509 GHN/*Schroeder*, Art. 101 AEUV Rn 740 ff.

durch den Emittenten oder einer Kapitalmarkttätigkeit durch einen Kapitalmarktteilnehmer gegenüber Wettbewerbern.

cc. Verstoß gegen Art. 14 lit. c der Marktmissbrauchsverordnung

(1). Vorbemerkung

Die Offenlegung der Informationen kann ferner das Verbot der Offenlegung von Insiderinformationen in Art. 14 lit. c der Marktmissbrauchsverordnung verletzen. Dieses Verbot untersagt in Art. 10 Abs. 1 der Marktmissbrauchsverordnung, einer anderen Person Insiderinformationen offenzulegen, wenn dies nicht im Zuge normaler Ausübung einer Beschäftigung oder eines Berufs oder der normalen Aufgabenerfüllung geschieht.

(2). Offengelegte Informationen als Insiderinformationen

Die Informationen zum Marktverhalten[510] müssen somit zunächst Insiderinformationen sein. Gem. Art. 7 Abs. 1 lit. a der Marktmissbrauchsverordnung sind Insiderinformationen „nicht öffentlich bekannte präzise Informationen, die direkt oder indirekt einem oder mehrere Emittenten oder ein oder mehrere Finanzinstrumente betreffen und die, wenn sie öffentliche bekannt würden, geeignet wären, den Kurs des Finanzinstruments (...) erheblich zu beeinflussen". Sie haben mithin vier Voraussetzungen: Erstens sind sie präzise, zweitens nicht öffentlich bekannt, drittens auf einen Emittenten oder ein Finanzinstrumente bezogen und können viertens bei ihrem Bekanntwerden den Kurs des Finanzinstruments erheblich beeinflussen.[511] Die genannten Beispiele können auf dieser Grundlage Insiderinformation darstellen.

Sie können präzise sein. Der Emittent oder der Kapitalmarktteilnehmer kann detailliert Informationen offenlegen. So kann der Emittent genau darlegen, wann und zu welchen Konditionen er die Innovation anbietet. Gleiches gilt für Kapitalmarkttätigkeit des Emittenten oder von Kapitalmarktteilnehmern. Dieses Ergebnis scheitert nicht daran, dass ein künftiges Marktverhalten offengelegt wird. Gem. Art. 7 Abs. 2 S. 1 der Marktmissbrauchsverordnung sind Umstände oder Ereignisse präzise Informationen, deren künftiger Eintritt vernünftigerweise erwartet werden kann. Erwägungsgrund 16 zur Marktmissbrauchsverordnung stellt insoweit auf eine realistische Wahrscheinlichkeit ab. Vor der Marktmissbrauchsverordnung wurde angenommen, dass der Vorgang wegen verfügbarer Anhaltspunkte

510 Offenlegung von Informationen zu Produktinnovationen oder Erwerb von Wertpapieren wie Aktien durch den Emittenten oder Erwerb von Wertpapieren wie Aktien durch dritte Kapitalmarktteilnehmer.

511 EuGH v. 28.06.2012, Rs. C-19/11, ECLI:EU:C:2012:397, Rn 25 – „*Geltl*"; EuGH v. 11.03.2015, Rs. C-628/13, ECLI:EU:C:2015:162, Rn 24 – „*Lafonta*".

tatsächlich erwartet werden kann.[512] Am Zukunftsbezug scheitert die Einordnung der Beispiele als Insiderinformation nicht. Auch scheitert sie nicht daran, dass die Information nicht öffentlich bekannt sein darf. Ein künftiges Wettbewerbsverhalten ist im Regelfall nicht öffentlich bekannt.

Die Informationen müssen ferner auf einen Emittenten von Finanzinstrumenten oder ein Finanzinstrumente bezogen sein. Finanzinstrumente i.S.d. Marktmissbrauchsverordnung sind gem. Art. 3 Abs. 1 lit. a der Marktmissbrauchsverordnung Finanzinstrumente i.S.v. Art. 4 Abs. 1 Nr. 15 der Richtlinie 2014/65/EU[513], die gem. Anhang I Abschnitt C Abs. 1 übertragbare Wertpapiere erfasst.[514] mithin Aktien. Finanzinstrumente i.S.d. Marktmissbrauchsverordnung sind mithin übertragbare Wertpapiere wie Aktien.

Informationen zum Markt- oder Kapitalmarktverhalten von Aktienemittenten beziehen sich auf einen Emittenten des Finanzinstruments Aktien. Ein Aktienemittent ist ein Emittent eines Finanzinstruments i.S.d. Marktmissbrauchsverordnung. Eine Information hat ferner Emittentenbezug, wenn sie dessen Geschäftsverlauf betrifft.[515] Eine Information zum künftigen Marktverhalten wie der Einführung von Produktinnovationen hat diesen Emittentenbezug. Sie betrifft die künftige Geschäftstätigkeit des Emittenten und dessen künftigen Geschäftsverlauf. Ebenso können Informationen zum Erwerb von Beteiligungen an dritten Unternehmen am Kapitalmarkt den Geschäftsverlauf des Emittenten betreffen. Das kann der Fall sein, wenn der Erwerb Rückschlüsse auf die Geschäftstätigkeit des Emittenten zulässt. Unabhängig von einem Emittentenbezug beziehen sich diese Informationen zur Kapitalmarkttätigkeit jedoch auch direkt auf ein Finanzinstrument i.S.d. Marktmissbrauchsverordnung, wenn es sich um börsengehandelte Aktien dritter Unternehmen handelt. Auch dieser Bezug reicht für eine Insiderinformation aus. Für den Bezug reicht es, wenn die Information den Handel mit dem Finanzinstrument betrifft.[516] Vor allem der Erwerb einer namhaften Mengen eines Wertpapiers

---

512 EuGH v. 28.06.2012, Rs. C-19/11, ECLI:EU:C:2012:397, Rn 49 – „*Geltl*"; *Giering*, CCZ 2016, 214 215; *Krause*, CCZ 2014, 248, 251; *Poelzig*, NZG 2016, 528, 532; zu § 13 WpHG aF: Assmann/ Schütze/*Sethe*, § 8 Rn 38, 41; BH/*Kumpan*, § 13 WpHG Rn 1; Erbs/Kohlhaas/ *Wehowsky*, § 13 WpHG Rn 4; Fuchs/*Mennicke*/*Jakovou*, § 13 WpHG Rn 66 ff.; SBL/*Hopt*, § 107 Rn 18.

513 Richtlinie 2014/65/EU des Europäischen Parlaments und des Rates vom 15. Mai 2014 über Märkte für Finanzinstrumente sowie zur Änderung der Richtlinie 2002/92/EG und 2011/61/EU, ABl. EU Nr. 173, S. 349.

514 *Krause*, CCZ 2014, 248, 250; *Poelzig*, NZG 2016, 528, 530.

515 Zu § 13 WpHG aF: Assmann/Schütze/*Sethe*, § 8 Rn 60; BH/*Kumpan*, § 13 WpHG Rn 4; Fuchs/*Mennicke*/*Jakovou*, § 13 WpHG Rn 110; Schwark/Zimmer/*Schwark*/*Kruse*, § 13 WpHG Rn 38.

516 Zu § 13 WpHG aF: Assmann/Schütze/*Sethe*, § 8 Rn 61; BH/*Kumpan*, § 13 WpHG Rn 4; Erbs/Kohlhaas/ *Wehowsky*, § 13 WpHG Rn 10; Fuchs/*Mennicke*/*Jakovou*, § 13 WpHG Rn 114; Schwark/Zimmer/*Schwark*/*Kruse*, § 13 WpHG Rn 39.

hat hinreichenden Bezug.[517] Informationen zu Erwerb börsengehandelter Aktien durch dritte Kapitalmarktteilnehmer beziehen sich daneben ebenso auf ein Finanzinstrument i.S.d. Marktmissbrauchsverordnung.

Die Einordnung der Informationen als Insiderinformationen scheitert somit nicht am fehlenden Bezug zu einem Emittenten erfasster Finanzinstrumente oder zu solchen Finanzinstrumenten selbst. Der Bezug besteht, wenn der Emittent börsengehandelte Aktien emittiert oder sich die durch den Emittenten oder den dritten Kapitalmarktteilnehmer offengelegte Kapitalmarkttätigkeit auf Aktien als Finanzinstrument i.S.d. Marktmissbrauchsverordnung bezieht.

Die maßgebliche Voraussetzung der Insiderinformation ist das erhebliche Kursbeeinflussungspotential. Dieses kann bei Informationen zu künftigem Marktverhalten des Emittenten oder von Kapitalmarktteilnehmern vorliegen. Nach Art. 7 Abs. 4 UAbs. 1 der Marktmissbrauchsverordnung liegt es vor, wenn verständige Anleger die Information in Anlageentscheidungen einbeziehen. Verständige Anleger beziehen Informationen in die Anlageentscheidungen ein und sie haben damit erhebliches Kursbeeinflussungspotential, wenn sie Anreize schaffen, Geschäfte mit dem Finanzinstrument zu tätigen.[518] Dafür muss aus Anlegersicht eine Kursveränderung im Falle des Bekanntwerdens der Information möglich sein.[519]

Information zu einem künftigem Markt- oder Kapitalmarktverhalten eines Aktienemittenten oder Kapitalmarktverhalten dritter Kapitalmarktteilnehmer kann grundsätzlich erhebliches Kursbeeinflussungspotential haben. Eine Information über Produktinnovation kann abhängig vom Produkt, dessen Marktchancen und den Konditionen, zu denen es angeboten werden soll, den Aktienkurs des Unternehmens erheblich beeinflussen, da das Unternehmen abhängig davon Gewinn generieren und die Attraktivität steigern kann. Das wirkt positiv auf den Unternehmenswert. Entgegengesetzt können hingegen Informationen über enttäuschende Innovationen wirken. Sie können den Unternehmenswert senken. Die Steigerung oder Senkung des Unternehmenswerts aufgrund der Innovation kann wiederum den Kurs der Aktien des Unternehmens entsprechend heben oder senken. Es ist daher nicht ausgeschlossen, dass Informationen zu Produktinnovationen ein erhebliches Kursbeeinflussungspotential haben. Auch eine Tätigkeit am Kapitalmarkt wie der Erwerb von Beteiligungen an dritten Unternehmen kann erheblich auf den Kurs der Aktien des Emittenten wirken. Wenn ein Emittent zwecks eines Konzernumbaus Beteiligungen an dritten Unternehmen erwirbt, kann das auf die Bewertung des Emittenten wirken, da eine Umstrukturierung Signale für

---

517 Zu § 13 WpHG aF: Fuchs/*Mennicke/Jakovou*, § 13 WpHG Rn 114; Park/*Hilgendorf*, § 13 WpHG Rn 106; SBL/*Hopt*, § 107 Rn 26.

518 Assmann/Schütze/*Sethe*, § 8 Rn 67; Fuchs/*Mennicke/Jakovou*, § 13 WpHG Rn 159; SBL/*Hopt*, § 107 Rn 27, 29.

519 Zu § 13 WpHG aF: BH/*Kumpan*, § 13 WpHG Rn 5; Fuchs/*Mennicke/Jakovou*, § 13 WpHG Rn 131; Heidel/*Royé/Fischer zu Cramburg*, § 13 WpHG Rn 4; SBL/*Hopt*, § 107 Rn 27.

die Ausrichtung des Unternehmens senden kann, die auf den Unternehmenswert wirken können. Vor allem eine Restrukturierung mit Einfluss auf Geschäftstätigkeit des Emittenten kann kursrelevant sein.[520] Ebenso kann sich auch ein Erwerb börsengehandelter Aktien dritter Unternehmen durch den Emittenten oder einen dritten Kapitalmarktteilnehmer erheblich auf den Kurs ebendieser Aktien auswirken. Der geplante Erwerb und die geplante Veräußerung größerer Mengen an Aktien eines Unternehmens ist eine Information, die abhängig vom Transaktionsvolumen auf die Bewertung der Aktien wirken kann. Im Ergebnis kann mithin eine Information zum künftigen Marktverhalten des Aktienemittenten oder zum Erwerb börsengehandelter Aktien ein erhebliches Kursbeeinflussungspotential haben.

(3). Weitergabe von Informationen an Wettbewerber als erfasster Fall

Mithin können die Informationen zu einer künftigen Markt- oder Kapitalmarkttätigkeit des Emittenten und einer Kapitalmarkttätigkeit von Kapitalmarktteilnehmern eine Insiderinformation sein. Diese Insiderinformation darf gem. Art. 14 lit. c der Marktmissbrauchsverordnung generell Dritten gegenüber nicht offengelegt werden. Der Emittent und der dritte Kapitalmarktteilnehmer sind Verbotsadressaten. Nach Art. 8 Abs. 4 UAbs. 2 der Marktmissbrauchsverordnung ist zumindest derjenige ein Adressat, wer die Insiderinformationen besitzt und wissen müsste, dass es Insiderinformationen sind. Der Adressatenkreis ist nicht beschränkt. Das Verbot gilt gem. Art. 10 Abs. 1 UAbs. 2 der Marktmissbrauchsverordnung für natürliche und juristische Personen. Mithin sind auch Unternehmen Adressaten.

Ferner sind die Wettbewerber des Emittenten bzw. des Kapitalmarktteilnehmers auch taugliche Empfänger. Eine Offenlegung ist grundsätzlich gegenüber jedem Dritten untersagt. Sie ist nach Art. 10 Abs. 1 UAbs. 1 der Marktmissbrauchsverordnung jedoch zulässig, wenn sie der Ausübung einer Beschäftigung oder eines Berufs oder der normalen Aufgabenerfüllung ist. Eine Offenlegung von Informationen gegenüber Wettbewerbern fällt nicht generell darunter. Der EuGH hat zur Vorgängerregelungen gefordert, dass die Offenlegung im engen Zusammenhang mit der Beschäftigung, dem Beruf oder der Aufgabenerfüllung stehen und unerlässlich sowie verhältnismäßig sein muss.[521] Das wird für die Marktmissbrauchsverordnung teils übernommen.[522] Andere Stimmen verzichten auf die Unerlässlichkeit sowie die Verhältnismäßigkeit und fordern bloß eine Weitergabe im normalen Geschäftsgang.[523] Art. 10 Abs. 1 UAbs. 1 der Marktmissbrauchsverordnung fordert dem Wortlaut nach zumindest eine Offenlegung in der normalen

---

520 Assmann/Schütze/*Sethe*, § 8 Rn 73; Fuchs/*Mennicke*/*Jakovou*, § 13 WpHG Rn 135.

521 EuGH v. 22.11.2005, Rs. C-384/02, ECLI:EU:C:2005:708, Rn 31, 34 – *„Knud Grøngaard, Allan Bang"*.

522 So: *Kiesewetter*/*Parmentier*, BB 2013, 2371, 2373; *Krause*, CCZ 2014, 248, 253; *Poelzig*, NZG 2016, 528, 534; *Teigelack*, BB 2012, 1361, 1363 f.

523 Assmann/Schütze/*Sethe*, § 8 Rn 128; *Zetsche*, NZG 2015, 817, 819 f.

Berufs-, Beschäftigungs- und Aufgabenerfüllung. Grundsätzlich ist eine Offenlegung von Informationen zum künftigen Marktverhaltens gegenüber Wettbewerbern kein Verhalten, das zur normalen Berufs- oder Beschäftigungsausübung oder Aufgabenerfüllung zählt. Wettbewerber sind Konkurrenten. Sie sollen selbständig am Markt agieren und stehen im Geheimwettbewerb. Eine Offenlegung wettbewerblich relevanter Informationen zu einer künftigen Markt- und Kapitalmarkttätigkeit eines Aktienemittenten oder zu einer Kapitalmarkttätigkeit eines dritten Kapitalmarktteilnehmers zählt daher grundsätzlich nicht zur normalen Berufs- oder Beschäftigungsausübung oder Aufgabenerfüllung von Wettbewerbern.

Im Ergebnis kann Art. 14 lit. c der Marktmissbrauchsverordnung somit die Offenlegung einer künftigen Markt- und Kapitalmarkttätigkeit eines Aktienemittenten oder einer künftigen Kapitalmarkttätigkeit eines dritten Kapitalmarktteilnehmer gegenüber einem Wettbewerber verbieten, wenn die Informationen Insiderinformationen sind, was bei einer Offenlegung von Informationen zu Produktinnovationen oder zum Erwerb und zur Veräußerung börsengehandelter Aktien durch einen Emittenten oder zum Erwerb und zur Veräußerung börsengehandelter Aktien durch einen dritten Kapitalmarktteilnehmer möglich ist.

dd. Kein sonderkartellrechtlicher Charakter

Es zeigt sich, dass ein Informationsaustausch von Wettbewerbern über wettbewerbsrelevante Informationen zum künftigen Marktverhalten Art. 14 lit. c der Marktmissbrauchsverordnung verletzen kann. Insiderinformationen, zu denen die Informationen zählen können, dürfen grundsätzlich nicht offengelegt werden, mithin auch nicht gegenüber Wettbewerbern. Das Offenlegungsverbot unterbindet somit faktisch, dass sich Wettbewerber koordinieren, indem schon die Offenlegung der Informationen, über die beim Informationsaustausch die Koordinierung erfolgt, untersagt ist. Das Offenlegungsverbot schützt daher faktisch Wettbewerb. Es erschwert eine Möglichkeit der Kollusion von Wettbewerbern.

Man kann dem Offenlegungsverbot über diesen faktischen Wettbewerbsschutz aber keinen sonderkartellrechtlichen Charakter zusprechen. Das Verbot schützt trotz dessen und der Parallele zum Kartellverbot nicht originär den Wettbewerb. Der Wettbewerbsschutz ist allenfalls ein zufälliger Nebeneffekt. Das zeigt schon der Tatbestand. Es wird nicht ersichtlich, dass Art. 14 lit. c der Marktmissbrauchsverordnung explizit die Offenlegung wettbewerbsrelevanter Informationen zwischen Wettbewerbern untersagt. Es ist generell die Offenlegung einer Insiderinformation als nicht öffentlich bekannte bewertungserhebliche Information zu erfassten Kapitalmarktprodukte gegenüber Dritten untersagt. Für das Verbot reicht die Offenlegung der Information gegenüber jedem Dritten. Sie muss nicht gegenüber Wettbewerbern erfolgen. Das Offenlegungsverbot kann lediglich auch die Offenlegung von Informationen zum Marktverhalten zwischen Wettbewerbern erfassen, wenn es sich um die Offenlegung einer Insiderinformation handelt, aber nicht, weil das Offenlegungsverbot den Wettbewerb schützen und eine Kollusion von Wettbewerbern unterbinden soll.

Der fehlende originär wettbewerbsschützende Charakter bestätigt sich ferner aus einem kartellrechtlichen Blickwinkel. Das Kartellverbot untersagt die Offenlegung nicht der Offenlegung wegen. Der Verbotskern liegt in der Koordinierung des Marktverhaltens der Beteiligten. Das beschränkt den Wettbewerb. Für eine Wettbewerbsbeschränkung ist nicht bloß die Offenlegung der Informationen entscheidend, sondern dass die Beteiligten ihr Marktverhalten abstimmen können. Das kapitalmarktrechtliche Offenlegungsverbot fordert hingegen keine solche Möglichkeit der Koordinierung von Wettbewerbern. Die Offenlegung ist untersagt, weil die Offenlegung von Insiderinformationen am Kapitalmarkt Informationsasymmetrien schaffen kann. Auf deren Vermeidung kommt es für das Offenlegungsverbot an. Die Koordinierung von Wettbewerbern, die für das Kartellverbot relevant ist, wird von Art. 14 lit. c der Marktmissbrauchsverordnung nicht gefordert. Da diese Koordinierungsmöglichkeit jedoch wesentliches Element des Wettbewerbsschutzes ist, folgt daraus, dass das Art. 14 lit. c der Marktmissbrauchsverordnung nicht originär den Wettbewerb schützt.

Der Zweck des Art. 14 lit. c der Marktmissbrauchsverordnung bestätigt den fehlenden originären Wettbewerbsschutz. Die Marktmissbrauchsverordnung dient dem Funktions- und Anlegerschutz am Kapitalmarkt.[524] Dies gilt auch für Art. 14 lit. c der Marktmissbrauchsverordnung als Teil der Marktmissbrauchsverordnung. Die Regelung zählt zum Insiderrecht. Insiderrechtliche Regelungen schützen das Anlegervertrauen und die Funktionsfähigkeit des Kapitalmarkts.[525] Anlegervertrauen entsteht, wenn die Anleger hinsichtlich Informationen am Kapitalmarkt gleichgestellt sind.[526] Das Schutzgut der §§ 12 ff. WpHG aF als die ehemalige deutsche insiderrechtliche Regelung, die durch die Marktmissbrauchsverordnung abgelöst worden ist, war der Funktionsschutz am Kapitalmarkt und der Schutz des Anlegervertrauens in eine informationelle Gleichbehandlung und gegen eine ungerechtfertigte Verwendung von Insiderinformationen.[527] Das lässt sich auf Art. 14 der Marktmissbrauchsverordnung übertragen. Es wird eine ungerechtfertigte Offenlegung von Insiderinformationen untersagt, um ein einheitliches Informationsniveau zu schaffen und eine ungerechtfertigte Nutzung bewertungserheblicher Informationen zu minimieren.[528] Das Verbot minimiert

---

524 Vgl. dazu die Ausführungen Abschnitt C. II. 3. b. dieser Arbeit.

525 Allg. Kümpel/Hammen/Ekkenga/*Kümpel*, 50 Rn 39; zu §§ 12 ff. WpHG aF: SBL/*Hopt*, § 107 Rn 6.

526 EuGH v. 22.11.2005, Rs. C-384/02, ECLI:EU:C:2005:708, Rn 33 – *„Knud Grøngaard, Allan Bang"*; EuGH v. 11.03.2015, Rs. C-628/13, Rn 21 – *„Lafonta"*; Kümpel/Hammen/Ekkenga/ *Kümpel*, 50 Rn 39.

527 Assmann/Schütze/*Sethe*, § 8 Rn 8 ff.; Fuchs/*Mennicke*, Vorbemerkung zu den § 12 bis § 14 WpHG Rn 133; SBL/*Hopt*, § 107 Rn 6.

528 Zum entsprechenden Zweck des § 14 Abs. 1 Nr. 2 WpHG aF: Fuchs/*Mennicke*, § 14 WpHG Rn 202; Park/*Hilgendorf*, § 14 WpHG Rn 165; allg. zum Insiderrecht: Assmann/Schütze/*Sethe*, § 8 Rn 8 ff.

solche Informationsasymmetrien, die negativ auf das Anlegervertrauen und die Funktionsfähigkeit des Kapitalmarkts wirken.

Mit dieser Vermeidung von Informationsasymmetrien hinsichtlich der für Kapitalmarktprodukte bewertungserheblichen Informationen ist kein originär wettbewerbsschützender Zweck verbunden. Ferner spricht Erwägungsgrund 80 zur Marktmissbrauchsverordnung, wonach die Marktmissbrauchsverordnung die Anwendung des europäischen Kartellrechts nicht limitiert, gegen einen sonderkartellrechtlichen Status des Art. 14 lit. c der Marktmissbrauchsverordnung.

Art. 14 lit. c der Marktmissbrauchsverordnung kann also die Offenlegung von Informationen zum künftigen Marktverhalten zwischen Wettbewerbern untersagen und parallel zum Kartellverbot greifen. Es schützt aber nicht originär den Wettbewerb. Das Verbot erfasst jede Offenlegung von Insiderinformationen gegenüber Dritten und ist nicht auf die Offenlegung von Marktverhalten zwischen Wettbewerbern fixiert. Da aber die Kollusion von Wettbewerbern den Wettbewerb beschränkt, schützt gerade deren Unterbindung den Wettbewerb. Eine solche Kollusion ist für das Offenlegungsverbot nicht relevant. Es dient dem Funktions- sowie Anlegerschutz und schützt nicht originär den Wettbewerb. Daher ist es kein Sonderkartellrecht. Das Offenlegungsverbots und das Kartellverbot können lediglich parallel eingreifen.

c. Beispiel: Art. 12 Abs. 2 lit. a der Marktmissbrauchsverordnung

aa. Vorbemerkungen

Eine Parallele der Marktmissbrauchsverordnung zu den Art. 102 AEUV, § 19 GWB findet sich in Art. 12 Abs. 2 lit. a der Marktmissbrauchsverordnung. Es ist u.a untersagt, dass eine marktbeherrschende Stellung in Bezug auf das Angebot eines Finanzinstruments gesichert wird und in der Folge tatsächlich Preise festgesetzt werden. Zu Darstellung der Parallele dient das Beispiel des Anbieters, der das Angebot börsengehandelter Aktien eines Unternehmens zum Großteil vereint und für die Aktien stark erhöhte Preise fordert.

bb. Verstoß gegen das kartellrechtliche Missbrauchsverbot

Dieses Verhalten kann ein Preismissbrauch i.S.d. kartellrechtlichen Missbrauchsverbots in Art. 102 S. 2 lit. a AEUV, § 19 Abs. 2 Nr. 2 GWB sein. Es wird auf die Darstellung des Preismissbrauchs in der Darstellung der Anwendungsmöglichkeiten des Missbrauchsverbots verwiesen, der das identische Beispiel zugrunde liegt.[529] Der Anbieter muss marktbeherrschend sein und unangemessene bzw. nicht wettbewerbsgerechte Preise fordern.

Die marktbeherrschende Stellung besteht, wenn man durch einen vom Wettbewerb und von der Marktgegenseite nicht kontrollierbaren Verhaltensspielraum

529 Vgl. dazu Abschnitt B. V. 3. dieser Arbeit.

ohne Rücksicht auf diese agieren kann und wird v.a. durch einen hohen Marktanteil vermittelt.[530] Ein hoher Anteil am Angebot der Aktien impliziert jedoch nicht automatisch Marktbeherrschung, da die Märkte am Kapitalmarkt nicht generell für einzelne Kapitalmarktprodukte bestehen, sondern börsengehandelte Aktien grundsätzlich zum zumindest bundesweiten Markt für börsengehandelte Unternehmensbeteiligungen zählen.[531] Eine marktbeherrschende Stellung liegt hingegen vor, wenn sich der Markt auf die betreffenden Aktien verengt. Dann hat der das Angebot vereinende Anbieter einen hohen Marktanteil, da wegen der Marktverengung der relevante Markt nur die betreffenden Aktien umfasst. Auf dem Markt ist der Anbieter, der das Angebot der Aktien zum Großteil auf sich vereint, entsprechend auch marktbeherrschend.

Der Preismissbrauch erfordert ferner die Forderung unangemessener bzw. nicht wettbewerbsgerechter Preise. Die Missbräuchlichkeit der Preise ist mit dem Vergleichsmarktkonzept über einen kombinierten sachlich-zeitlichen Vergleich zu bestimmen, wobei zu beachten ist, dass die Folgen der Marktverengung für das Marktgeschehen und die Preise in der Bestimmung des Vergleichsmaßstabs hohe Toleranzen erfordern.[532] Eine wesentliche Abweichung der geforderten Preise von diesem relativierten Vergleichsmaßstab spricht jedoch dafür, dass diese Preise missbräuchlich sind.

cc. Verstoß gegen Art. 12 Abs. 2 lit. a der Marktmissbrauchsverordnung

(1). Vorbemerkungen

Die genannte Forderung erhöhter Preise durch den das Angebot der Aktien zum Großteil vereinenden Anbieter kann ebenso Art. 12 Abs. 2 lit. a der Marktmissbrauchsverordnung verletzen. Danach ist die Sicherung einer marktbeherrschenden Stellung über das Angebot börsengehandelter Aktien eines Unternehmens als erfasstes Finanzinstrument[533] untersagt, wenn in der Folge Preise festgesetzt werden. Es muss eine marktbeherrschende Stellung i.S.d. Kapitalmarktrechts vorliegen, diese Stellung muss gesichert werden und in der Folge sind Preise festzusetzen.

(2). Marktbeherrschung i.S.d. des Kapitalmarktrechts

Der Anbieter muss somit zunächst eine marktbeherrschende Stellung i.S.d. Kapitalmarktrechts sichern. Wann diese Stellung vorliegt, gibt Art. 12 Abs. 2 lit. a der Marktmissbrauchsverordnung nicht vor. Der Begriff ist unbestimmt.[534] Der Begriff

530 Vgl. allg. zur Marktbeherrschung Abschnitt B. V. 2. a. dieser Arbeit.

531 Vgl. allg. zur Marktabgrenzung Abschnitt B. III. dieser Arbeit.

532 Vgl. dazu Abschnitt B. V. 3. c. dieser Arbeit.

533 Vgl. zur Einordnung von Aktien als Finanzinstrument i.S.d. Marktmissbrauchsverordnung die Ausführungen in Abschnitt C. II. 4. b. cc. (2). dieser Arbeit.

534 Park/*Sorgenfrei*, § 39 WpHG Rn 211 f.; vgl. *Fleischer/Bueren*, DB 2102, 1253, 1255.

legt aber nahe, dass wie im Kartellrecht eine Machtstellung erlangt werden muss, die eine Preisfestsetzung erlaubt. Die kartell- und kapitalmarktrechtliche Marktbeherrschung ist aber nicht pauschal deckungsgleich zu verstehen.[535] Trotz der Begriffsidentität sind die Begriffe autonom auszulegen. Sie finden sich in unterschiedlichen Regelungsmaterien. Art. 12 Abs. 2 lit. a der Marktmissbrauchsverordnung nimmt ferner trotz der begrifflichen Nähe keinen expliziten Bezug auf die kartellrechtliche Marktbeherrschung. Das spricht gegen einen generelle Übertragung des kartellrechtlichen Verständnisses.

In diese Richtung weisen ebenso eindeutig die unterschiedlichen Bezugspunkte der beiden Marktbeherrschungsbegriffe. Die kapitalmarktrechtliche Marktbeherrschung bezieht sich auf das Angebot oder die Nachfrage für *ein einzelnes* Finanzinstrument, die kartellrechtliche Marktbeherrschung hingegen auf den relevanten Markt. Für § 19 GWB folgt das aus § 18 Abs. 1 GWB, wonach die Marktbeherrschung am *relevanten Markt* bestehen muss. Gleiches gilt für die Marktbeherrschung nach Art. 102 AEUV.[536] Da der kartellrechtliche Markt nicht generell auf ein Kapitalmarktprodukt verengt ist,[537] kann die kapitalmarktrechtliche Marktbeherrschung allein deswegen schon nicht wie im Kartellrecht verstanden werden. Das wäre mit dem ausdrücklichen Bezug der kapitalmarktrechtlichen Marktbeherrschung auf ein Finanzinstrument unvereinbar. Auf der anderen Seite gibt Art. 12 Abs. 2 lit. a der Marktmissbrauchsverordnung auch nicht vor, dass der kartellrechtlich relevante Markt immer auf das einzelne Kapitalmarktprodukt verengt ist. Die Norm stellt keinen Bezug zum Kartellrecht her. Sie gibt nicht vor, wie die Märkte für Kapitalmarktprodukte kartellrechtlich abzugrenzen sind, da dies nicht zum Zweck des Kapitalmarktrechts zählt.[538]

Festzuhalten sind somit zunächst zwei Punkte. Die kapitalmarktrechtliche Marktbeherrschung ist unabhängig von der kartellrechtlichen Marktbeherrschung zu verstehen und unabhängig vom kartellrechtlichen Markt immer auf das einzelne Kapitalmarktprodukt bezogen zu prüfen. Zugleich bestehen jedoch inhaltlich gewisse Parallelen. Wie im Kartellrecht kommt es auch im Kapitalmarktrecht auf eine grundsätzliche Kontrolle des Angebots für ein Finanzinstrument an. Das begründet sich im kapitalmarktrechtlichen Funktions- und Anlegerschutz, der auch Art. 12 Abs. 2 lit. a der Marktmissbrauchsverordnung als Bestandteil der

---

535 Zu § 4 Abs. 3 Nr. 1 MaKonV als im Wesentlichen deckungsgleiche Vorgängervorschrift zu Art. 12 Abs. 2 lit. a der Marktmissbrauchsverordnung im deutschen Recht: Assmann/Schneider/ *Vogel*, § 20a WpHG Rn 232; KK-WpHG/*Stoll*, § 20a Anh. I - § 4 MaKonV Rn 21; *Thomas*, ZWeR 2014, 119, 124; vgl. *Pfüller/Anders*, WM 2003, 2445, 2450.

536 *Bechtold/Bosch/Brinker*, Art. 102 AEUV Rn 18; Callies/Ruffert/*Weiß*, Art. 102 AEUV Rn 7; IM/*Fuchs/Möschel*, Bd 1, Art 102 AEUV Rn 42.

537 Vgl. zur sachlichen Marktabgrenzung am Kapitalmarkt Abschnitt B. III. 2. dieser Arbeit.

538 Zum insoweit wesentlich deckungsgleichen § 4 Abs. 3 Nr. 1 MaKonV, demgegenüber keine Änderung in diesem Bereich anzunehmen ist: *Thomas*, ZWeR 2014, 119, 124.

Marktmissbrauchsverordnung zugrunde liegt. Die Kontrolle des Angebots eines Kapitalmarktprodukts erlaubt, unabhängig von der Frage eines wettbewerbsbeschränkenden Einflusses im kartellrechtlichen Sinne, eine einseitige Einflussnahme auf die Preisbildung für dieses Kapitalmarktprodukt. Damit funktionieren diese Preisbildung und damit der Kapitalmarkt nicht mehr ordnungsgemäß. Mithin ist die Funktionsfähigkeit des Kapitalmarkts als ein Schutzgut des Kapitalmarktrechts beeinträchtigt. Ebenso beschränkt jede Möglichkeit einer einseitigen Preisfestsetzung das Anlegervertrauen. Dieser Vertrauensverlust hängt nicht davon ab, ob im kartellrechtlichen Sinne der relevante Markt beherrscht wird. Er rekurriert sich vielmehr daraus, dass ein Marktteilnehmer einen einseitigen Einfluss auf Preise für ein Kapitalmarktprodukt hat, der die Position der Anleger unabhängig von wettbewerbsbeschränkenden Effekten schwächt. Ein effektiver Schutz der Funktionsfähigkeit des Kapitalmarkts und des Anlegervertrauen bestätigt mithin, die kapitalmarktrechtliche Marktbeherrschung auf das einzelne Kapitalmarktprodukt bezogen zu verstehen.

Damit stellt sich nun im Weiteren die Frage, nach welchen Kriterien die marktbeherrschende Stellung i.S.d. Kapitalmarktrechts zu bestimmen ist. Eine Marktbeherrschung nach § 4 Abs. 3 Nr. 1 MaKonV, der weitgehend identischen Vorgängervorschrift zu Art. 12 Abs. 2 lit. a der Marktmissbrauchsverordnung, wurde als die faktische Kontrolle der Preisbildung verstanden.[539] Das ist auf Art. 12 Abs. 2 lit. a der Marktmissbrauchsverordnung zu übertragen. Beherrschung bedeutet Kontrolle. Der Ausgangspunkt der Marktbeherrschung ist mithin die Kontrolle des Angebots, da sich damit die Preise bestimmen und die Preisbildung kontrollieren lassen. Ein Anbieter ist folglich marktbeherrschend nach Art. 12 Abs. 2 lit. a der Marktmissbrauchsverordnung, wenn er das Angebot kontrolliert. Man muss die Preise kontrollieren können. Der Kontrollierende kann dann die Preise bestimmen und sie ohne Rücksicht auf dritte Marktteilnehmer festlegen.[540] Diese Grundeinschätzung schafft eine Nähe zur kartellrechtlichen Marktbeherrschung. Diese verlangt ebenso eine Kontrolle. Sie fordert einen vom Wettbewerb nicht hinreichend kontrollierten Verhaltensspielraum, aufgrund dessen man ohne Rücksicht auf dritte Marktteilnehmer handeln kann.[541] Auch das kapitalmarktrechtliche Kontrollelement impliziert einen solchen Verhaltensspielraum, den Dritte nicht

---

539 Assmann/Schneider/*Vogel*, § 20a WpHG Rn 232b; Assmann/Schütze/*Worms*, § 10 Rn 125; Fuchs/*Fleischer*, § 20a WpHG Rn 65; Park/*Sorgenfrei*, § 39 WpHG Rn 210; Schwark/Zimmer/ *Schwark*, § 20a WpHG Rn 68.

540 Zu § 4 Abs. 3 Nr. 1 MaKonV: Assmann/Schneider/*Vogel*, § 20a WpHG Rn 232b; KK-WpHG/*Stoll*, § 20a Ahn. I - § 4 MaKonV Rn 23; vgl. Schwark/Zimmer/*Schwark*, § 20a WpHG Rn 69.

541 Deutsches Recht: *Bechtold/Bosch*, § 18 GWB Rn 31; IM/*Fuchs/Möschel*, Bd 2, § 18 GWB Rn 93; MüKo-DtKartellR/*Wolf*, § 18 GWB Rn 10; europäisches Recht: *Bechtold/Bosch/Brinker*, Art. 102 AEUV Rn 18; Callies/Ruffert/*Weiß*, Art. 102 AEUV Rn 7 ff.; GHN/*Jung*, Art. 102 AEUV Rn 63; IM/*Fuchs/Möschel*, Bd 1, Art 102 AEUV Rn 76 f.

beeinflussen können, da dieses Element die Kontrolle auszeichnet. Kontrolle impliziert, dass Dritte den Kontrollierenden nicht effektiv von einem Verhalten abhalten können. Die kartell- wie kapitalmarktrechtliche Marktbeherrschung zeichnet somit übereinstimmend ein kontrollfreier Verhaltensspielraum aus. Lediglich dessen Bezugspunkt differiert. Während sich die Kontrolle im Kartellrecht auf den relevanten Markt bezieht, muss die kapitalmarktrechtliche Kontrolle in Bezug auf das Angebot oder die Nachfrage für ein Finanzinstrument bestehen. Dem Wortlaut des Art. 12 Abs. 2 lit. a der Marktmissbrauchsverordnung nach muss eine marktbeherrschende Stellung in Bezug auf das einzelne Finanzinstrument bestehen, sodass die Kontrolle und ein Verhaltensspielraum hinsichtlich der Preisbildung für dieses eine Finanzinstrument ausreichen.

Trotz der unterschiedlichen Bezugspunkte kann man daher das maßgebliche Bestimmungskriterium der marktbeherrschenden Stellung als formal identisch ansehen. Es ist übereinstimmend eine Kontrolle erforderlich. Es liegt daher nahe, zur Bestimmung der Marktbeherrschung in Art. 12 Abs. 2 lit. a der Marktmissbrauchsverordnung zumindest die formalen Kriterien zu nutzen, die auch im Kartellrecht der Marktbeherrschungsbestimmung dienen. Man muss dabei lediglich die unterschiedlichen Bezugspunkte beachten. Art. 12 Abs. 2 lit. a der Marktmissbrauchsverordnung bezieht sich auf Angebot eines Finanzinstruments. Daher kann man die Anteile am Angebot zur Bestimmung der Marktbeherrschung nach Art. 12 Abs. 2 lit. a der Marktmissbrauchsverordnung heranziehen. Die kartellrechtlichen Marktanteilsschwellen, die für eine marktbeherrschende Stellung im kartellrechtlichen Sinne sprechen, kann man insoweit zumindest als Richtwert für die Anteile heranziehen, die in Bezug auf das Angebot des betreffenden Kapitalmarktprodukts ausreichen können, um einen marktbeherrschende Stellung im Sinne des Kapitalmarktrechts annehmen zu können. Aufgrund des im Kartell- und Kapitalmarktrecht ähnlichen Erfordernisses eines kontrollfreien Verhaltensspielraums, über den der betreffende Anbieter eine Kontrolle erlangt, kann man im Kapitalmarktrecht die Angebotsanteile als einen wesentlichen Indikator einer marktbeherrschenden Stellung auffassen. Je höher der Anteil am Angebot ist, desto eher erlangt man einen kontrollfreien Verhaltensspielraum, der eine einseitige Steuerung der Preisbildung erlaubt. Die kapitalmarktrechtliche Marktbeherrschung kann daher durch einen hohen Anteil am Angebot des Kapitalmarktprodukts entstehen. Bei einem hohen Anteil können Dritte den Anbieter nicht an Festsetzung der Preise hindern.

Die Bestimmung der marktbeherrschenden Stellung in Anlehnung an das Kartellrecht wird in der Literatur jedoch auch abgelehnt. Es wird zu § 4 Abs. 3 Nr. 1 MaKonV vertreten, nicht auf die kartellrechtlichen Kriterien zurückzugreifen, sondern ein Erreichen der Schwelle zum Preisdiktat für die kapitalmarktrechtliche Marktbeherrschung zu fordern.[542] Was daraus für die Beherrschung folgen

542 Assmann/Schneider/*Vogel*, § 20a WpHG Rn 232; *Fleischer/Bueren*, DB 2013, 1253, 1255; KK-WpHG/*Stoll*, § 20a Anh. I - § 4 MaKonV Rn 21.

soll, bleibt jedoch unklar.[543] Da ein Rückgriff auf das Kartellrecht abgelehnt wird, scheinen insoweit höhere Schwellenwerte gefordert zu sein, was die Formulierung *Preisdiktat* indiziert. Selbst wenn man dies zugrunde legt, ist in Bezug auf das Beispiel eine marktbeherrschende Stellung gegeben. Der Anbieter, der das Angebot an Aktien eines Unternehmens nahezu vereint, kann sehr wahrscheinlich Preise diktieren, sodass der Markt an der Schwelle zum Preisdiktat steht.

Davon abgesehen ist das Erreichen der Schwelle zum Preisdiktat jedoch nicht für die Marktbeherrschung i.S.d. Art. 12 Abs. 2 lit. a der Marktmissbrauchsverordnung zu fordern. Eine einseitige Preisfestsetzung kann auch schon möglich sein, wenn ein Verhaltensspielraum gegeben ist, der es dem betreffenden Anbieter ermöglicht, die geforderten Preise am Markt durchzusetzen. Er muss mithin einen Angebotsanteil haben, aufgrund dessen dritte Anbieter des Kapitalmarktprodukts kein hinreichendes Korrektiv mehr darstellen, sondern sich die vom betreffenden Anbieter geforderten Preise im Markt wiederfinden. Das erlaubt eine Preisbestimmung. Wann ebendieser Einfluss gegeben ist, muss im Einzelfall geprüft werden. Die Angebotsanteile geben hierüber jedoch einen wesentlichen Aufschluss und können analog zu den Marktanteilen im Kartellrecht verstanden werden. Eine einseitige Preisfestsetzung durch den betreffenden Anbieter ist nicht nur denkbar, wenn er das Angebot objektiv gänzlich vereint und Preise im Preisdiktat für den gesamten Markt festsetzt. Der Anbieter muss eine solche Stellung haben, dass sich die von ihm geforderten Preise tatsächlich im Markt wiederfinden und zu zahlen sind, ohne dass dritte Marktteilnehmer darauf einen begrenzenden Einfluss haben. Dafür reicht jede tatsächliche Kontrolle, die eine einseitige Preisfestsetzung erlaubt. Eine Preisfestsetzung ist nicht nur dann möglich, wenn auch dritte Anbieter keine anderen Preise mehr fordern können. Es ist lediglich erforderlich, dass der betreffende Anbieter seine Preise am Markt durchzusetzen vermag. Die Wahrscheinlichkeit dafür steigt mit einem steigenden Marktanteil.

Ein solch weites Verständnis folgt auch aus dem kapitalmarktrechtlichen Zweck, die Funktionsfähigkeit des Kapitalmarkts sowie die Anleger und deren Vertrauen in den Kapitalmarkt zu schützen. Die ordnungsgemäße Funktion des Kapitalmarkts als Marktplatz, der durch das freie Spiel von Angebot und Nachfrage determiniert ist, ist bei jeder Möglichkeit der einseitigen Einflussnahme auf die Preisbildung beeinträchtigt, da sie im entsprechenden Umfang aufgehoben ist. Ebenso senkt jede Möglichkeit der Preisfestsetzung das Anlegervertrauen, da eine solche Möglichkeit für Anleger nachteilige Bedingungen ermöglicht und damit das Vertrauen in den Kapitalmarkt senkt. Aus den Zwecken des Kapitalmarktrechts folgt daher, dass ein weites Verständnis der marktbeherrschenden Stellung zugrunde zu legen ist, das nicht auf Fälle eines eng verstandenen Preisdiktats zu limitieren ist.

Das bestätigt der Blick auf die Zwecke des Verbots der Marktmanipulation in Art. 15 der Marktmissbrauchsverordnung. Art. 12 Abs. 2 lit. a der

---

543 So auch: *Fleischer/Bueren*, DB 2013, 1253, 1255.

Marktmissbrauchsverordnung ist ein Unterfall dieses Verbots. Da Art. 15 der Marktmissbrauchsverordnung den § 20a WpHG aF als ehemaliges deutsches Verbot der Marktmanipulation ersetzt, kann auf dessen Zwecke rekurriert werden. § 20a WpHG aF schützte das öffentliche Interesse an der Zuverlässigkeit und Wahrheit der Preisbildung an Börsen und Märkten.[544] Diese ist bei jeder tatsächlichen einseitigen Preisbeeinflussung beeinträchtigt. Das spricht für ein weites Verständnis der marktbeherrschenden Stellung. Es muss reichen, wenn eine Stellung erlangt wird, die eine einseitige Einflussnahme auf den Preis erlaubt. Ein dem Kartellrecht vergleichbares auf den kontrollfreien Verhaltensspielraum abstellendes Verständnis deckt sich auch mit dem Wortlaut des Art. 12 Abs. 2 lit. a der Marktmissbrauchsverordnung, der kein Preisdiktat fordert, sondern nur eine Stellung hinsichtlich des Angebots des betroffenen Kapitalmarktprodukts, die eine Festsetzung der Preise ermöglicht. Man muss Preise festsetzen können, ohne dabei auf dritte Marktteilnehmer Rücksicht nehmen zu müssen.[545]

Da die formal gleichen Kriterien zur Bestimmung von Kontrolle und Beherrschung in Kartell- und Kapitalmarktrecht zu nutzen sind, liegen die kartell- und kapitalmarktrechtliche Marktbeherrschung parallel vor, wenn sich der kartellrechtlich relevante Markt auf das betroffene Kapitalmarktprodukt verengt. Verengt sich also der Markt im Beispiel auf die betreffenden Aktien, geht mit Kontrolle über das Angebot als kapitalmarktrechtliche Marktbeherrschung ebenso die kartellrechtliche Marktbeherrschung einher. Diese bezieht sich zwar auf den kartellrechtlich relevanten Markt und nicht auf das Angebot der Aktien, bestimmt sich aber nach den formal gleichen Kriterien. Verengt sich nun der Markt auf die Aktien, umfasst der Markt auch nur diese Aktien. Der Anteil am Angebot der Aktien entspricht somit dem Anteil am relevanten Markt, sodass eine Kontrolle, die im kapitalmarktrechtlichen Sinne über das Angebot der Aktien erlangt wird, auch eine Kontrolle im kartellrechtlichen Sinne, die über den Marktanteil, der dem Anteil am Angebot der Aktien wegen der Marktverengung entspricht, erlangt wird. Kartell- und kapitalmarktrechtliche Marktbeherrschung haben damit den gleichen Bezugspunkt in Form des Anteils am Angebot der Aktien. Da der Marktmachtbestimmung insoweit die formal identischen Kriterien zugrunde liegen, ist die marktbeherrschende Stellung im Kartell- und Kapitalmarktrecht in diesen Fällen identisch gegeben oder nicht gegeben.

Selbst wenn man für die marktbeherrschende Stellung i.S.d. Kapitalmarktrechts fordert, dass die Schwelle zum Preisdiktat erreicht ist und das Preisdiktat als

---

544 Assmann/Schütze/*Worms*, § 10 Rn 76; Erbs/Kohlhaas/*Wehowsky*, § 20a WpHG Rn 1; Fuchs/*Fleischer*, WpHG, Vorbemerkungen zu § 20a Rn 1; Habersack/Mülbert/Schlitt/*Haouache*/*Mülbert*, § 27 Rn 10; Park/*Sorgenfrei*, § 39 WpHG Rn 52; Schwark/Zimmer/*Schwark*, § 20a WpHG Rn 7; Sieber/*Koch*, § 17 Rn 6.

545 Zu § 4 Abs. 3 Nr. 1 MaKonV: Assmann/Schneider/*Vogel*, § 20a WpHG Rn 232b; KK-WpHG/Stoll, § 20a Ahn. I - § 4 MaKonV Rn 23; vgl. Schwark/Zimmer/*Schwark*, § 20a WpHG Rn 69.

deutlich höheren Angebotsanteil im Vergleich zum kartellrechtlich erforderlichen Marktanteil versteht, führt dies nicht dazu, dass die kartell- und kapitalmarktrechtliche Marktbeherrschung nicht parallel vorliegen können, wenn sich der Markt auf die betreffenden Aktien verengt. Da das Kapitalmarktrecht die höheren Schwellenwerte fordert als das Kartellrecht, indiziert eine aus kapitalmarktrechtlicher Sicht angenommene Marktbeherrschung aufgrund eines Angebotsanteil, der ein Preisdiktat erlaubt, die kartellrechtlich Marktbeherrschung, für die ein niedrigerer Anteil sowie ein bloßer kontrollfreier Verhaltensspielraum reichen. Beim Erreichen der Schwelle zum Preisdiktat hat der betreffende Anbieter in jedem Fall den kartellrechtlich geforderten kontrollfreien Verhaltensspielraum, auf dem auf die betreffenden Aktien verengten Markt. In Bezug auf das Beispiel des Anbieters, der das Angebot an den Aktien nahezu vereint, ist diese Schwelle zum Preisdiktat wahrscheinlich überschritten, sodass die kartell- und kapitalmarktrechtliche Marktbeherrschung insoweit parallel vorliegt.

(3). Sicherung der Stellung und Preisfestsetzung

Art. 12 Abs. 2 lit. a der Marktmissbrauchsverordnung fordert ferner eine Sicherung der marktbeherrschenden Stellung. Es wird nicht näher beschrieben, wie diese Sicherung zu verstehen ist. Generell meint eine Sicherung die Schaffung und Erhaltung einer Stellung. Man muss somit die beherrschende Stellung relativ verfestigt erlangen. Sie muss letztlich so verfestigt sein, dass sie nutzbar ist. Kann sie genutzt werden und wird sie genutzt, spricht das dafür, dass sie verfestigt ist. Auch das entspricht grundsätzlich dem Kartellrecht, in dem eine gewisse Stabilität der marktbeherrschenden Stellung zu fordern ist, die nicht nur eine Momentaufnahme sein darf. Um den kapitalmarktrechtlichen Verbotstatbestand nicht ausufern zu lassen, kann man erwägen, die Sicherung abzulehnen, wenn die Schaffung der beherrschenden Stellung objektiv gerechtfertigt und objektiv nicht auf Preissteuerung ausgerichtet ist, bspw. bei Aufbau und Erhaltung eines hohen Anteils an den Aktien eines Unternehmens zum Beteiligungsaufbau zwecks Übernahme.[546] Ist die Schaffung und Erhaltung der beherrschenden Stellung jedoch wie im Beispiel lediglich darauf ausgerichtet, überhöhte Preise festzusetzen, kann man die Sicherung nicht ablehnen.

Infolge der Sicherung der marktbeherrschenden Stellung müssen nun noch Preise festgesetzt werden, Art. 12 Abs. 2 lit. a der Marktmissbrauchsverordnung. Fordert der Anbieter aufgrund seiner Stellung überhöhte Preise, setzt er damit Preise fest. Anders als im Kartellrecht ist es nicht erforderlich, dass die Preise missbräuchlich überhöht sind. Für Art. 12 Abs. 2 lit. a der Marktmissbrauchsverordnung reicht jede Preisfestsetzung, folglich auch die Forderung im kartellrechtlichen Sinne missbräuchlicher Preise.

---

546 Zu § 4 Abs. 3 Nr. 1 MaKonV: Assmann/Schneider/*Vogel*, § 20a WpHG Rn 232a; *Fleischer/ Bueren*, DB 2012, 1253, 1256.

dd. Kein sonderkartellrechtlicher Charakter

Die Forderung überhöhter Preise für börsengehandelte Aktien durch einen das Angebot vereinenden Anbieter kann also ein Preismissbrauch nach Art. 102 S. 2 lit. a AEUV, § 19 Abs. 2 Nr. 2 GWB sein und zugleich Art. 12 Abs. 2 lit. a der Marktmissbrauchsverordnung unterfallen. Die kartell- und kapitalmarktrechtlichen Verbote können parallel die Forderung erhöhter Preise durch einen Anbieter untersagen, der das Angebot an Aktien eines Unternehmens vereint, v.a. wenn sich der kartellrechtliche relevante Markt auf die Aktien verengt.

Der Preismissbrauch erfordert grundsätzlich, dass sich der Markt auf die Aktien verengt. Die Missbräuchlichkeit der Preise kann schwierig zu bestimmen sein. Es ist aber nicht unmöglich, v.a. wenn die Preissteigerung extrem ausfällt und sich trotz der besonderen verengungsbegründenden Nachfrage nicht aus dem Markt begründen lässt.

Art. 12 Abs. 2 lit. a der Marktmissbrauchsverordnung untersagt indes die Sicherung einer marktbeherrschenden Stellung mit der Folge der Preisfestsetzung. Die kapitalmarktrechtliche marktbeherrschende Stellung ist mit der Marktbeherrschung im Kartellrecht nicht deckungsgleich. Sie bestimmt sich aber nach den gleichen formalen Kriterien und zeichnet sich ebenso durch einen kontrollfreien Verhaltensspielraum aus. Es ist jedoch der vom Kartellrecht abweichende Bezugspunkt der Marktbeherrschung zu beachten.

Beide Marktbeherrschungen können parallel vorliegen, wenn ein Anbieter das Angebot vereint und sich der kartellrechtlich relevante Markt auf die betreffenden Aktien verengt. Selbst wenn man im Kapitalmarktrecht strenger als im Kartellrecht ein Preisdiktat fordert, liegt die kartellrechtliche Marktbeherrschung zumindest vor, wenn eine kapitalmarktrechtliche Marktbeherrschung gegeben ist, da sie mit dem Preisdiktat eine höhere Schwelle fordert. Ferner reicht im Kapitalmarktrecht jede Preisfestsetzung, mithin auch die Festsetzung im kartellrechtlichen Sinne missbräuchlicher Preise.

Sofern Art. 12 Abs. 2 lit. a der Marktmissbrauchsverordnung parallel zum Kartellrecht eingreift, schützt das Verbot faktisch den Wettbewerb. Es untersagt die Nutzung einer Machtstellung zur Preisfestsetzung. Trotz der wettbewerbsschützenden Elemente schützt es nicht originär den Wettbewerb. Der Konnex zum Wettbewerbsschutz mag aufgrund der marktbeherrschenden Stellung und der einseitigen Preisfestsetzung stärker ausgeprägt sein als bei Art. 14 lit. c der Marktmissbrauchsverordnung. Es gilt im Ergebnis aber das Gleiche. Art. 12 Abs. 2 lit. a der Marktmissbrauchsverordnung ist ebenso keine originär wettbewerbsschützende Regelung.

Zunächst lässt der Wortlaut keinen originären Wettbewerbsschutz erkennen. Es fehlen Begriffe wie *Wettbewerb* oder *Wettbewerbsbeschränkung*, die darauf hinweisen. Vor dem Hintergrund der universellen Anwendung des Kartellrechts wäre außerdem eine Erwähnung des Kartellrechts und der kartellrechtlichen Verbote geboten, wenn eine dem Kartellrecht vorgehende Regelung des Wettbewerbsschutzes intendiert ist. Ebenso ergibt der Zweck des kapitalmarktrechtlichen

Verbots keinen originären Wettbewerbsschutz. Die Marktmissbrauchsverordnung dient dem Funktions- und Anlegerschutz.[547] Das gilt auch für Art. 12 Abs. 2 lit. a der Marktmissbrauchsverordnung als deren Teil. Aus den rein tatsächlich wettbewerbsschützenden Elementen ergibt sich kein originärer Wettbewerbsschutz abweichend vom Zweck der Marktmissbrauchsverordnung. Insoweit bietet sich der Blick auf das ehemalige deutsche Recht an. § 4 Abs. 3 Nr. 1 MaKonV schützte die Marktfairness.[548] Andere nennen den Schutz vor einer monopolbedingten Außerkraftsetzung der Marktmechanismen als Zweck.[549] Das ist auf Art. 12 Abs. 2 lit. a der Marktmissbrauchsverordnung übertragbar. Setzt ein das Angebot kontrollierender Anbieter Preise fest, nimmt er Einfluss auf den Preis als wesentliches wettbewerbliches Parameter, was Dritte wegen dessen Kontrolle nicht verhindern können. Diese Angebotskontrolle wirkt negativ auf die Marktfairness. Die Preise entstehen dann nicht durch das freie Spiel von Angebot und Nachfrage. Das verschlechtert die Marktstellung der dritten Marktteilnehmer im Vergleich zu einem nicht machtbedingt beeinflussten wettbewerblichen Marktgeschehen. Ebenso findet sich der Schutz vor der monopolbedingten Außerkraftsetzung der Marktmechanismen in Art. 12 Abs. 2 lit. a der Marktmissbrauchsverordnung. Ein nach Art. 12 Abs. 2 lit. a der Marktmissbrauchsverordnung marktbeherrschender Anbieter kontrolliert das Angebot. Die Kontrolle folgt u.a. aus einem hohen Angebotsanteil. Durch diese Kontrolle beherrscht er das Angebot und kann die normalen Marktmechanismen außerkraftsetzen, weil Dritte die Angebotsmacht nicht durchbrechen können. Darin liegt einen Bezug zum Wettbewerbsschutz, der die Parallele zum kartellrechtlichen Preismissbrauch bestätigt. Ein durch Marktfairness geprägter Markt ist wettbewerblich. Er ist nicht einseitig gesteuert, sondern richtet sich nach wettbewerblichen Parametern. Daneben hat ein monopolbedingtes Außerkraftsetzen von Marktmechanismen ebenso Bezug zum Wettbewerbsschutz, da derjenige, der eine Kontrolle nutzend die Marktmechanismen außer Kraft setzt, wettbewerbliche Marktstrukturen einschränkt. Art. 12 Abs. 2 lit. a der Marktmissbrauchsverordnung wirkt mithin tatsächlich wettbewerbsschützend.

Trotzdem stellt das Verbot kein Sonderkartellrecht dar. Die tatsächlich wettbewerbsschützenden Effekte implizieren keinen originär wettbewerbsschützenden Charakter, sondern sind wie bei Art. 14 lit. c der Marktmissbrauchsverordnung nur Nebeneffekte des Funktions- und Anlegerschutzes.[550] Dem Schutz des funktionierenden Kapitalmarkts dient es, dass die Marktparteien nicht einseitig machtbedingt in den wettbewerblichen Marktprozess eingreifen. Daher kann der Schutz der wettbewerblichen Elemente des Kapitalmarkts die Funktionsfähigkeit des Kapitalmarkts schützen. Ebenso lassen sich die wettbewerbsschützenden Effekte

547 Vgl. dazu Abschnitt C. II. 3. b. dieser Arbeit.

548 Assmann/Schneider/*Vogel*, § 20a WpHG Rn 231.

549 *Fleischer*, ZGR 2008, 185, 222; Fuchs/*Fleischer*, § 20a WpHG Rn 65; KK-WpHG/*Stoll*, § 20a Anh. I - § 4 MaKonV Rn 20.

550 Vgl. zur kapitalmarktrechtlichen Zwecksetzung Abschnitt C. II. 3. b. dieser Arbeit.

über den Schutz des Anlegervertrauens begründen. Indem Art. 12 Abs. 2 lit. a der Marktmissbrauchsverordnung die Kontrolle über das Angebot mit der Folge der einseitigen Preisfestsetzung untersagt, wird verhindert, dass für die Anleger nachteilige Marktbedingungen geschaffen werden. Das stärkt das Vertrauen der Anleger in den Kapitalmarkt. Art. 12 Abs. 2 lit. a der Marktmissbrauchsverordnung ist mithin über den Funktions- und Anlegerschutz zu begründen. Eine Herleitung der wettbewerbsschützenden Effekte erfordert keinen originär wettbewerbsschützenden Zweck des Verbots.

Der fehlende sonderkartellrechtliche Charakter bestätigt sich auch darin, dass Art. 12 Abs. 2 lit. a der Marktmissbrauchsverordnung ebenso Fälle erfasst, deren Verbot zum Wettbewerbsschutz nicht erforderlich ist, aber dem Funktions- und Anlegerschutz dient. Eine Marktbeherrschung nach Art. 12 Abs. 2 lit. a der Marktmissbrauchsverordnung stellt auf das Angebot oder die Nachfrage für ein Finanzinstrument ab. Das Kartellrecht fordert die Beherrschung des relevanten Markts. Wird bspw. nur das Angebot börsengehandelter Aktien eines Unternehmens auf dem Gesamtmarkt für börsengehandelte Unternehmensbeteiligungen kontrolliert, geht damit keine kartellrechtliche Marktbeherrschung am relevanten Markt einher, da der Markt zu groß ausfällt. Am Markt sind in hinreichender Zahl substituierbare Produkte gegeben, sodass sich der Anbieter nicht dem Wettbewerbsdruck entziehen und darüber Preise einseitig festsetzen kann. Der Wettbewerb wird nicht kartellrechtlich relevant beeinträchtigt. Trotzdem untersagt Art. 12 Abs. 2 lit. a der Marktmissbrauchsverordnung in diesem Fall eine Preisfestsetzung. Außerdem untersagt Art. 12 Abs. 2 lit. a der Marktmissbrauchsverordnung jede Preisfestsetzung, auch die Festsetzung angemessener bzw. wettbewerbsgerechter Preise. Ein Verbot dessen ist zum Wettbewerbsschutz ebenso nicht erforderlich, da die geforderten Preise den wettbewerblichen Preisen entsprechen.

Diese Verbotsvarianten dienen dem Funktions- und Anlegerschutz. So ist der Funktions- und Anlegerschutz beeinträchtigt, wenn die Kontrolle des Angebots eines Kapitalmarktprodukts ermöglicht, Preise für dieses Kapitalmarktprodukt festzusetzen. Dann richtet sich der Preis für das Produkt nicht nach der freien Preisbildung für dieses Produkt. Dies gilt unabhängig davon, ob der Markt beherrscht wird. Ebenso dient die Untersagung jeder Angebotskontrolle dem Anlegerschutz. Da sich die Preise aufgrund der Angebotskontrolle nicht unbeeinflusst bilden, können sie zu Ungunsten der Anleger beeinflusst werden. Das verringert das Vertrauen der Anleger. Auch die Beeinflussung der Angebotsbedingungen für ein Kapitalmarktprodukt durch eine Angebotskontrolle, die wegen der fehlenden Marktverengung keine kartellrechtliche Marktbeherrschung vermittelt, manipuliert die freie Preisbildung. Das beeinträchtigt die Funktionsweise des Kapitalmarkts in Bezug auf das Kapitalmarktprodukt und senkt das Anlegervertrauen in vorstehender Weise. Funktions- und Anlegerschutz sind unabhängig von einer kartellrechtlich relevanten Wettbewerbsbeschränkung beeinträchtigt, wenn über eine Angebotskontrolle für das Kapitalmarktprodukt eine Preisfestsetzung möglich wird. Ein Rückgriff auf den Wettbewerbsschutz ist dafür nicht erforderlich, sodass er auch nicht als ein originärer Zweck des Art. 12 Abs. 2 lit. a der Marktmissbrauchsverordnung anzusetzen ist.

Art. 12 Abs. 2 lit. a der Marktmissbrauchsverordnung kann parallel zu Art. 102 AEUV, § 19 GWB greifen und faktisch den Wettbewerb schützen. Dieser faktische Wettbewerbsschutz ist ein Nebeneffekt des Funktions- und Anlegerschutzes. Dadurch wird die Norm kein originär wettbewerbsschützendes Sonderkartellrecht, die das Kartellrecht verdrängt. Das Ergebnis wird durch Erwägungsgrund 80 zur Marktmissbrauchsverordnung bestätigt.

5. Parallele Anwendung von Kartell- und Kapitalmarktrecht

Abschließend blieb Folgendes festzuhalten:

Das Kapitalmarktrecht hat keinen generell abschließenden, sonderkartellrechtlichen oder kartellrechtsverdrängenden Charakter. Art. 101, 102 AEUV, §§ 1, 19 GWB finden grundsätzlich neben dem Kapitalmarktrecht Anwendung. Die Erwähnungen des Kartellrechts im Kapitalmarktrecht sprechen gegen eine generelle Sperrwirkung des Kapitalmarktrechts. Ferner wird eine Sperrwirkung für die Marktmissbrauchsverordnung in Bezug auf Art. 101, 102 AEUV in Erwägungsgrund 80 zur Marktmissbrauchsverordnung abgelehnt. Das Kapitalmarktrecht setzt keinen abschließenden Rechtsrahmen des Kapitalmarkts, sondern regelt Besonderheiten, die neben den allgemeinen Regeln gelten, denen das Kapitalmarktrecht allenfalls im Konfliktfall vorgehen kann. Auch die Sachnähe des Kapitalmarktrechts zum Kapitalmarkt kann nur im Konfliktfall einen Vorrang begründen.

Ferner ist das Kapitalmarktrecht kein originär wettbewerbsschützendes Sonderkartellrecht, das dem Kartellrecht vorgeht. Der Wettbewerbsschutz ist kein Zweck des Kapitalmarktrechts. Vielmehr schützt es die Funktionsfähigkeit des Kapitalmarkts und das Vertrauen der Anleger in den Kapitalmarkt. Gleichwohl kann es wegen der Wettbewerblichkeit des Kapitalmarkts wettbewerbsschützende Elemente haben, da ein funktionierender Kapitalmarkt wettbewerblich ist. Das zeigen Art. 12 Abs. 2 lit. a und Art. 14 lit. c der Marktmissbrauchsverordnung. Bei Art. 14 lit. c der Marktmissbrauchsverordnung folgt er daraus, dass die Offenlegung eines künftigen Marktverhaltens gegenüber Wettbewerbern parallel zum Kartellverbot untersagt sein kann. Die Offenlegung kann das Mittel einer abgestimmten Verhaltensweise sein, die den Wettbewerb beschränkt. Bei Art. 12 Abs. 2 lit. a der Marktmissbrauchsverordnung liegt die Parallele in der Unterbindung des kontrollbasierten Eingriffs in die Preisbildung. Das Verbot kann Fälle erfassen, die auch dem kartellrechtlichen Preismissbrauch unterfallen. Zugleich zeigen diese Beispiele aber auch, dass der Wettbewerbsschutz nicht originär bezweckt, sondern ein faktischer Nebeneffekt der kapitalmarktrechtlichen Funktions- und Anlegerschutzes ist. Das Offenlegungsverbot untersagt generell die Offenlegung von Insiderinformationen. Es untersagt nicht zum Wettbewerbsschutz die Koordinierung von Wettbewerbern, sondern unabhängig davon die Offenlegung der Insiderinformation, auch gegenüber Dritten, die keine Wettbewerber sind. Es sollen Asymmetrien hinsichtlich bewertungserheblicher

Informationen am Kapitalmarkt verhindert werden, um das Vertrauen der Anleger und die Funktionsfähigkeit des Kapitalmarkts zu erhalten. Das Verbot bezweckt keinen Wettbewerbsschutz. Die Anwendungsparallelität ist zufällig. Art. 12 Abs. 2 lit. a dient ebenso dem Funktions- und Anlegerschutz. Die Unterbindung des einseitigen manipulativen Eingriffs in die Preisbildung dient der Funktionsfähigkeit des Kapitalmarkts und stärkt das Anlegervertrauen. Ferner kann das Verbot auch Fälle erfassen, deren Untersagung der Wettbewerbsschutz nicht fordert. Marktbeherrschung in Art. 12 Abs. 2 lit. a der Marktmissbrauchsverordnung kann wegen des Bezugs auf das einzelne Kapitalmarktmarktprodukt bestehen, wenn wegen großer Märkte mit der Beherrschung des Angebots eines Kapitalmarktprodukts durch einen hohen Angebotsanteil eine kartellrechtliche Marktbeherrschung nicht zwingend ist. Außerdem müssen die festgesetzten Preise für Art. 12 Abs. 2 lit. a der Marktmissbrauchsverordnung nicht unangemessen oder nicht wettbewerbsgerecht sein. Dass der Wettbewerbsschutz nicht der Zweck der kapitalmarktrechtlichen Verbote ist, bestätigt auch Erwägungsgrund 80 zur Marktmissbrauchsverordnung.

Art. 101, 102 AEUV, §§ 1, 19 GWB sind also parallel zum Kapitalmarktrecht anwendbar. Die parallele Anwendung von Kartell- und Kapitalmarktrecht wirft die Frage auf, wie das Kartell- und Kapitalmarktrecht in der Anwendung zueinander stehen. An den Beispielen zeigen sich Parallelen. Daneben ist ebenso möglich, wie an der Kursstabilisation noch dargestellt wird, dass das Kartell- und Kapitalmarktrecht ein Verhalten unterschiedlich beurteilen. Wegen der Überschneidungspotentiale wird daher nachfolgend das Verhältnis von Kartell- und Kapitalmarktrecht auf der Verbots- und der Sanktionsebene näher betrachtet.

III. Verhältnis von Kartell- und Kapitalmarktrecht auf Verbotsebene

1. Eingangsüberlegungen

Wie sich zeigt, sind die Art. 101, 102 AEUV, §§ 1, 19 GWB neben dem Kapitalmarktrecht anwendbar. Das führt zu Überschneidungen von Kartell- und Kapitalmarktrecht. Wie die vorstehend dargestellten Beispiele zeigen, gibt es Konstellationen, in denen das Kartell- und das Kapitalmarktrecht parallel eingreifen können. Für das Verhältnis von Kartell- und Kapitalmarktrecht auf der Verbotsebene deutlich relevanter ist jedoch der Fall, dass die beiden Rechtsmaterien ein Verhalten unterschiedlich beurteilen, mithin ein Verhalten nur von einer Rechtsmaterie untersagt ist. Insoweit ist zu beachten, dass sich im Kartell- und Kapitalmarktrecht Regelungen finden, die ein Verhalten jeweils von kartell- bzw. kapitalmarktrechtlichen Verboten ausnehmen. Im Kartellrecht ist dies bspw. die Freistellung nach Art. 101 Abs. 3 AEUV, § 2 GWB, die ein Verhalten vom Kartellverbot ausnimmt. Im Kapitalmarktrecht sei beispielhaft die Ausnahme für eine Kursstabilisation nach Art. 5 Abs. 4 der Marktmissbrauchsverordnung erwähnt, auf die noch eingegangen wird.[551] Sie nimmt ein zulässiges Stabilisationsverhalten von den Insiderverboten und dem Verbot der Marktmanipulation in Art. 14, 15 der Marktmissbrauchsverordnung aus. Insbesondere bei einer solchen ausdrücklichen Zulässigkeit, die mit einem Verbot der anderen Rechtsmaterie in Konflikt tritt, stellt sich die Frage, ob diese Zulässigkeit auch das Verbot nach der anderen Rechtsmaterie sperrt. Dieser Punkt ist vor allem mit Blick auf Zulässigkeitsregelungen im sachnäheren Kapitalmarktrecht erörterungswürdig. Die Frage nach dem Verhältnis stellt sich vor allem für die unterschiedliche Beurteilung eines Verhaltens, sodass die Betrachtung dessen im Fokus steht.

Die parallele Beurteilung eines Verhaltens sei indes nur kurz erwähnt. Sie stellt sich auf der Verbotsebene als unproblematisch dar. Wenn das Kartell- und Kapitalmarktrecht ein Verhalten gleichermaßen untersagen oder zulassen, fehlt es an einem Wertungswiderspruch. Daher gelten in diesem Fall beide Rechtsmaterien auf der Verbotsebene parallel. Beispiele für eine solche parallele Beurteilung sind die erwähnte Offenlegung von Marktverhalten gegenüber Wettbewerbern, die das Kartellverbot und Art. 14 lit. c der Marktmissbrauchsverordnung verletzen kann, sowie die Forderung überhöhter Preise durch einen Anbieter börsengehandelter Aktien, was Art. 12 Abs. 2 lit. a der Marktmissbrauchsverordnung und das kartellrechtliche Missbrauchsverbot verletzen kann.[552]

Offensichtlich miteinander unvereinbar sind konfligierende Verbote und Verhaltenspflichten. Die Art. 101, 102 AEUV, §§ 1, 19 GWB enthalten jedoch keine Verhaltenspflichten, sodass insoweit keine kartellrechtliche Verhaltenspflicht mit einem kapitalmarktrechtlichen Verbot in Konflikt treten kann. Im Kapitalmarktrecht gibt es hingegen Verhaltenspflichten wie die Transparenz- und Offenlegungspflichten. Selbst wenn eine kapitalmarktrechtliche Verhaltenspflicht zu einem kartellrechtswidrigen Verhalten auffordern sollte, sind keine konfligierenden Ergebnisse möglich. Befolgt man eine kapitalmarktrechtliche Pflicht, befolgt man eine Rechtspflicht. Der verpflichtete Marktteilnehmer entscheidet nicht autonom über sein Verhalten, bspw. dem Kapitalmarktpublikum Informationen offenzulegen, sondern ist dazu verpflichtet. Es fehlt ein autonomes Handeln, auf das sich das Kartell- und Missbrauchsverbot stützen können.[553] Bei einem rechtlich vorgeschriebenen Verhalten, das keine Möglichkeit zur autonomen Verhaltensentscheidung lässt, fehlt daher das für die kartellrechtlichen Verbote erforderliche selbständige Verhalten.[554] Daher können weder das Kartell- noch das

---

551 Vgl. dazu Abschnitt C. III. 4. dieser Arbeit.

552 Vgl. zu den Bsp. Abschnitt C. II 4. dieser Arbeit.

553 Allg. zum Kartellverbot: Callies/Ruffert/*Weiß*, Art. 101 AEUV Rn 46; IM/*Emmerich*, Bd 1, Art. 101 Abs. 1 AEUV Rn 66; allg. zum Missbrauchsverbot: Dauses/*Emmerich*, H. I. § 3 Rn 56; GHN/*Jung*, Art. 102 AEUV Rn 3.

554 EuGH v. 13.12.1991, Rs. C-18/88, EVLI:EU:C:1991:474, Rn 20 – „*GB-Inno-BM*"; EuGH v. 11.11.1997, Rs. C-359/95 P und C-379/95 P, ECLI:EU:1997:531, Rn 33 – „*Ladbroke Racing*".

Missbrauchsverbot das Verhalten tatbestandlich erfassen und untersagen. Folglich ist insoweit kein Konflikt möglich. Kann der kapitalmarktrechtlichen Pflicht jedoch kartellrechtskonform nachgekommen werden, sind die kartellrechtlichen Verbote anwendbar. Das kartellrechtswidrige Verhalten ist nicht verpflichtend vorgegeben, wenn die kapitalmarktrechtliche Pflicht ohne kartellrechtswidriges Verhalten befolgt werden kann. Dann beruht der Kartellrechtsverstoß auf einer autonomen Entscheidung. Da das kartellrechtswidrige Verhalten daher nicht auf kapitalmarktrechtlicher Pflicht beruht, stehen das Verbot und die Pflicht nicht im Widerspruch zueinander.

Einer näheren Betrachtung bedürfen hingegen einseitige Verbote. In diesem Fall beurteilen das Kartell- und das Kapitalmarktrecht ein Verhalten unterschiedlich. Es ist nur kartell- oder kapitalmarktrechtlich verboten. Es stellt sich die Frage, ob mit dem Bewertungsunterschied zugleich ein Wertungskonflikt verbunden ist, der ein Vorrangverhältnis erfordert. Dafür müssen das Kartell- und das Kapitalmarktrecht nicht nur zu unterschiedlichen Ergebnissen kommen, sondern sich gleichzeitig auch widersprechen. Nicht jede unterschiedliche Bewertung eines Verhaltens führt automatisch zu einem Widerspruch, der die parallele Geltung von Kartell- und Kapitalmarktrecht ausschließt. So ist im Falle einer Zulässigkeit ein Verhalten zunächst nur nicht untersagt. Es besteht jedoch keine Pflicht, sich in der zulässigen Weise zu verhalten. Ferner ist das Verhalten zunächst nur nach der Rechtsmaterie, die es zulässt, nicht untersagt. Im Ausgangspunkt ist also ein kartellrechtlich zulässiges Verhalten kartellrechtlich und ein kapitalmarktrechtlich zulässiges Verhalten kapitalmarktrechtlich zulässig. Bleibt es dabei, stehen die Zulässigkeit und das Verbot hinsichtlich des gleichen Verhaltens nicht im Widerspruch. Praktisch überlagert das Verbot die Zulässigkeit. Dieser Grundsatz bedarf indes der Modifikation, wenn der Zulässigkeit nach einer Rechtsmaterie zu entnehmen ist, dass die Zulässigkeit des Verhaltens zugleich das Verbot nach der anderen Rechtsmaterie sperrt. Das Verbot und die Zulässigkeitsregelung müssen sich mithin in einer Weise gegenüberstehen, dass das eine Ergebnis das andere Ergebnis zwingend ausschließt. Aus der Zulässigkeitsregelung muss bspw. folgen, dass sie auch das Verbot nach der anderen Rechtsmaterie unterbinden soll. Dafür muss sie über die Grenzen der Rechtsmaterie, in der sie geregelt ist, hinaus maßgeblich sein. Eine solche Wirkung ist vor allem mit Blick auf eine im Kapitalmarktrecht geregelte Zulässigkeit zu prüfen und auf den ersten Blick auch nicht auszuschließen. Kommt der Zulässigkeit eine solche Wirkung zu, stehen das Verbot und die Zulässigkeit miteinander im Konflikt, sodass ein Vorrangverhältnis etabliert werden muss.

Nachfolgend wird daher für einseitige kartell- und kapitalmarktrechtliche Verbote geprüft, ob sie neben einer Zulässigkeit nach der anderen Rechtsmaterie gelten können. Zunächst wird auf einseitige kapitalmarktrechtliche Verbote eines kartellrechtlich zulässigen Verhaltens eingegangen. Danach werden einseitige kartellrechtliche Verbote eines kapitalmarktrechtlich zulässigen Verhaltens adressiert. Wegen der Sachnähe des Kapitalmarktrechts zum Kapitalmarkt, steht die Frage nach einer Überlagerung des kartellrechtlichen Verbots durch eine kapitalmarktrechtliche Zulässigkeit im Vordergrund. Insoweit wird neben der Erarbeitung eines Verhältnisses eines einseitigen kartellrechtlichen Verbots zur kapitalmarktrechtlichen Zulässigkeit das entwickelte Verhältnis an einer kapitalmarktrechtlich zulässigen Kursstabilisation nach Art. 5 Abs. 4 der Marktmissbrauchsverordnung dargestellt.

2. Einseitige kapitalmarktrechtliche Verbote

a. Grundsätzliche Einordnung

Einseitige kapitalmarktrechtliche Verbote überlagern eine kartellrechtliche Zulässigkeit nach Art. 101, 102 AEUV, §§ 1, 19 GWB unabhängig davon, ob das Kartellrecht ein Verhalten lediglich nicht erfasst oder eine ausdrückliche Ausnahme wie die Freistellung nach Art. 101 Abs. 3 AEUV, § 2 GWB eingreift, sofern das kapitalmarktrechtliche Verbot nicht als Wettbewerbsrecht i.S.d. Kartellrechts anzusehen ist, was aufgrund der nicht wettbewerbsschützenden Zwecksetzung des Kapitalmarktrechts auszuschließen ist, und im Weiteren keine abweichende Regelung existiert, die ebenso nicht gegeben ist.

Das Kapitalmarktrecht ist das zum Kapitalmarkt sachnähere Recht. Es ist spezifisch auf den Kapitalmarkt bezogen. Kapitalmarktrechtliche Verbote sind daher grundsätzlich als Untergrenze dessen anzusehen, was gesetzgeberisch intendiert am Kapitalmarkt verboten sein soll. Diese im Kapitalmarktrecht angelegte Rolle des Kapitalmarktrechts als ein kapitalmarktspezifisches Recht, das den grundsätzlichen Mindestrahmen des verbotenen Verhalten setzt, indiziert einen Vorrang der kapitalmarktrechtlichen Verbote vor einer kartellrechtlichen Zulässigkeit aus kapitalmarktrechtlicher Sicht.

Das Ergebnis ist mit der Bedeutung einer kartellrechtlichen Zulässigkeit nach Art. 101, 102 AEUV, §§ 1, 19 GWB aus kartellrechtlicher Sicht vereinbar. Dem Kartellrecht ist nicht zu entnehmen, dass eine kartellrechtliche Zulässigkeit generell Vorrang vor den kapitalmarktrechtlichen Verboten fordert. Ein solch genereller Vorrang ist zunächst nicht explizit geregelt. Aufgrund der Reichweite der Ausschlusswirkung eines solchen Vorrangs kann er sich ferner auch nicht konkludent ergeben. Im Übrigen spricht nichts für einen solchen Vorrang. Eine kartellrechtliche Zulässigkeit bedeutet, dass das betreffende Verhalten mit dem Kartellrecht vereinbar ist. Sie impliziert keinesfalls eine generelle Zulässigkeit des Verhaltens gemessen am gesamten Recht. Das Kartellrecht bewertet nicht abschließend die rechtliche Zulässigkeit eines Verhaltens. Das zeigt offensichtlich die Freistellung nach Art. 101 Abs. 3 AEUV, § 2 GWB, die dem Wortlaut nach nur vom Kartellverbot freistellt. Sie stellt das Verhalten damit gerade nicht als allgemein zulässig dar. Ferner wäre eine generelle Ausschlusswirkung nicht mit dem auf den Wettbewerbsschutz beschränkten Zweck des Kartellrechts zu vereinen. Aufgrund des insoweit begrenzten Zwecks sperrt eine kartellrechtliche Zulässigkeit nicht generell dritte Verbote. Das ist offensichtlich, wenn diese dritten Verbote vom Wettbewerbsschutz abweichenden Zwecken dienen. Vorschriften die anderen Regelungszwecken dienen, bleiben generell neben dem Kartellrecht anwendbar.[555] Das Kapitalmarktrecht verfolgt mit dem Anleger- und Funktionsschutz einen anderen Regelungszweck. Außerdem käme ein Vorrang der kartellrechtlichen Zulässigkeit einem abschließenden Charakter des Kartellrechts für die Bewertung von Kapitalmarktvorgängen gleich, den es als nicht kapitalmarktbezogenes Recht und vor allem neben dem Kapitalmarktrecht nicht haben kann. Die kartellrechtliche Zulässigkeit schließt somit die kapitalmarktrechtlichen Verbote nicht generell aus.

b. *Mögliche Sperrwirkung kartellrechtlicher Zulässigkeit*

Man kann sich allenfalls fragen, ob eine kartellrechtliche Zulässigkeit in wettbewerbsschützenden Belangen dritte Verbote sperrt, die dem Wettbewerbsschutz dienen. Art. 3 Abs. 2 S. 1 VO 1/2003 regelt eine solche Sperrwirkung mit Blick auf Art. 101 AEUV. Danach darf das nationale Wettbewerbsrecht Vereinbarungen, Beschlüsse oder abgestimmte Verhaltensweisen i.S.d. europäischen Kartellverbots, die geeignet sind, den zwischenstaatlichen Handel zu beeinträchtigen, nicht untersagen, wenn sie den Wettbewerb nicht beschränken oder freigestellt sind. In den Grenzen des Art. 3 Abs. 2 S. 1 VO 1/2003 verdrängt somit Art. 101 AEUV strengere nationale wettbewerbsrechtliche Verbote.[556] Die Sperrwirkung gilt aber nur gegenüber nationalem Recht und vor allem nur gegenüber dem Wettbewerbsrecht. Sie scheitert vorliegend daher primär daran, dass das Kapitalmarktrecht kein Wettbewerbsrecht i.S.v. Art. 3 Abs. 2 S. 1 VO 1/2003 ist. Gem. Art. 3 Abs. 3 VO 1/2003 gilt die Sperrwirkung nicht, wenn das betreffende nationale Verbot überwiegend vom Kartellrecht abweichende Ziele verfolgt. Das bestätigt auch Erwägungsgrund 9 zur VO 1/2003. Danach ist eine Norm kein Wettbewerbsrecht, wenn sie überwiegend auf ein vom Wettbewerbsschutz abweichendes Ziel gerichtet ist. Das Kapitalmarktrecht verfolgt mit dem Funktions- und Anlegerschutz vom Wettbewerbsschutz überwiegend abweichende Ziele.[557] Die Kapitalmarktaufsicht dient generell nicht liberalisierend dem Wettbewerbsschutz, sondern dem Funktions- und Anlegerschutz.[558] Das Kapitalmarktrecht kann als ein Nebeneffekt zum Funktions- und Anlegerschutz faktisch Wettbewerb schützen.[559] Damit wird es aber kein Wettbewerbsrecht. Verfolgt eine Norm mehrere Zwecke, so ist deren Schwerpunkt relevant.[560] Der Begriff *überwiegend* in Art. 3 Abs. 3 VO 1/2003 bestätigt, dass dritte Verbote durchaus den Wettbewerb schützen dürfen, solange dieser Schutz nicht überwiegt. Der Schwerpunkt des Kapitalmarktrechts

---

555 Vgl. *Emmerich*, § 3 Rn 71.

556 IM/*Rehbinder*, Bd 1, Art. 3 VO 1/2003 Rn 19; LMR/*Zuber*, Art. 3 VerfVO Rn 4; MüKo-EUKartellR/*Bardong*, Art. 3 VO 1/2003 Rn 1; SJKM/*Puffer-Mariette*, Art. 3 VO 1/2003 Rn 9.

557 Vgl. zu den Zwecken des Kapitalmarktrechts Abschnitt C. II. 3. b. dieser Arbeit.

558 Vgl. MüKo-EUKartellR/*Bardong*, Art. 3 VO 1/2003 Rn 30.

559 Vgl. dazu Abschnitt C. II. 3. c. sowie die Bsp. in C. II 4. dieser Arbeit.

560 SJKM/*Puffer-Mariette*, Art. 3 VO 1/2003 Rn 17.

ist der Funktions- und Anlegerschutz. Die faktisch wettbewerbsschützenden Nebeneffekte überwiegen keinesfalls diesen Funktions- und Anlegerschutz als die originäre kapitalmarktrechtliche Zwecksetzung. Das zeigen ferner die Beispiele zur Marktmissbrauchsverordnung.[561] Folglich scheitert die Sperrwirkung am fehlenden wettbewerbsrechtlichen Charakter des Kapitalmarktrechts. In Bezug auf das europäische Kapitalmarktrecht kommt noch hinzu, dass Art. 3 Abs. 2 S. 1 VO 1/2003 nur in Bezug auf nationales Recht gilt und gegenüber europäischen Regelungen generell keine Sperrwirkung entfaltet.

Ein über Art. 3 Abs. 2 S. 1 VO 1/2003 hinausgehender Vorrang einer kartellrechtlichen Zulässigkeit ist abzulehnen. Dieser ergibt sich nicht aus dem Kartellrecht. Es läuft dem Kartellrecht nicht zuwider, wenn dritte Regelungen den Wettbewerb schützen. Erst wenn der kartellrechtliche Wettbewerbsschutz eingeschränkt ist, kann ein Widerspruch zum Kartellrecht entstehen. Dieser Wettbewerbsschutz wird aber nicht über eine kartellrechtliche Zulässigkeit, sondern die kartellrechtlichen Verbote transportiert. Will man eine solche Sperrwirkung annehmen, wäre sie auf überwiegend wettbewerbsschützende Normen zu beschränken. Eine weitergehende Sperrwirkung ist nicht zu begründen. Art. 101, 102 AEUV, §§ 1, 19 GWB schützen den Wettbewerb. Daher könnte allenfalls insoweit eine kartellrechtliche Zulässigkeit eine Sperrwirkung entfalten. Sonst könnte das Kartellrecht die überwiegend vom Wettbewerbsschutz abweichenden Hauptzwecke dritter Verbote limitieren. Da das Kapitalmarktrecht nicht überwiegend den Wettbewerb schützt, wäre es auch von dieser Sperrwirkung nicht erfasst.

c. Zusammenfassung und Beispiel

Die kapitalmarktrechtlichen Verbote gehen einer kartellrechtlichen Zulässigkeit nach Art. 101, 102 AEUV, §§ 1, 19 GWB vor. Das folgt aus der Sachnähe des Kapitalmarktrechts zum Kapitalmarkt und bestätigt sich zugleich aus kartellrechtlicher Sicht über die auf den Wettbewerbsschutz begrenzte Zwecksetzung der kartellrechtlichen Verbote. In den Grenzen des Art. 3 Abs. 2 S. 1 VO 1/2003 kann eine kartellrechtliche Zulässigkeit zwar dritte Verbote sperren. Dies scheitert mit Blick auf die kapitalmarktrechtlichen Verbote aber schon daran, dass das Kapitalmarktrecht mit dem Funktions- und Anlegerschutz überwiegend vom Wettbewerbsschutz abweichende Ziele verfolgt. Ebenso ist die Sperrwirkung auf das Verhältnis des nationalen Rechts zu Art. 101 AEUV beschränkt. Ein Vorrang einer kartellrechtlichen Zulässigkeit vor den kapitalmarktrechtlichen Verboten ist allenfalls denkbar, wenn eine explizite Regelung dies statuiert.

Ein Beispiel für ein einseitiges kapitalmarktrechtliches Verbot ist der das Angebot börsengehandelter Aktien eines Unternehmens vereinende Anbieter, der Preise für diese Aktien festsetzt. Das kann Art. 12 Abs. 2 lit. a der Marktmissbrauchsverordnung unterfallen, muss aber wegen der unterschiedlichen Bestimmung der

561 Vgl. dazu Abschnitt C. II. 4. dieser Arbeit.

marktbeherrschenden Stellung im Kartell- und Kapitalmarktrecht nicht zugleich auch Art. 102 AEUV, § 19 GWB verletzen, da die kapitalmarktrechtliche Marktbeherrschung nicht die kartellrechtliche Marktbeherrschung impliziert, wenn sich der Markt nicht verengt.[562] Das Kapitalmarktrecht kann mithin ein Verhalten untersagen, dass kartellrechtlich nicht untersagt ist. Das Verbot nach Art. 12 Abs. 2 lit. a der Marktmissbrauchsverordnung geht dann der insoweit gegebenen kartellrechtlichen Zulässigkeit vor. Zunächst folgt dies aus der Zwecksetzung des Kartellrechts, das auf den Wettbewerbsschutz beschränkt ist und nicht mit dritten Verboten verfolgte Zwecke sperrt. Auch Art. 3 Abs. 2 S. 1 VO 1/2003 greift nicht sperrend ein. Die Sperrwirkung scheitert vorliegend daran, dass bei einem einseitigen Verhalten eines Anbieters nicht Art. 101 AEUV verletzt ist. Selbst wenn man eine allgemeine Sperrwirkung des Kartellrechts in wettbewerbsschützenden Belangen annehmen will, kann sie nur gegenüber überwiegend wettbewerbsschützenden Verboten eingreifen, um die Grenzen des Zwecks des Kartellrechts nicht zu überschreiten. Art. 12 Abs. 2 lit. a der Marktmissbrauchsverordnung ist aber kein Wettbewerbsrecht, da das Verbot dem Funktions- und Anlegerschutz dient, obgleich das Verbot faktisch den Wettbewerb schützen kann. Dieser faktische Wettbewerbsschutz ist jedoch nur ein Nebeneffekt zum Funktions- und Anlegerschutz, der nicht überwiegt.

3. Einseitige kartellrechtliche Verbote

a. Eingangsüberlegungen

Während sich für einseitige kapitalmarktrechtliche Verbote ein relativ einfach zu handhabender und im Grundsatz genereller Vorrang ergibt, stellt sich die Beurteilung einseitiger kartellrechtlicher Verbote hingegen nicht so offensichtlich dar. Dies zeigen die folgenden Eingangsüberlegungen:

Die kartellrechtlichen Verbote transportieren originär den Wettbewerbsschutz. Das spricht für ihren Vorrang in wettbewerbsschützenden Belangen aus kartellrechtlicher Sicht. So wäre die wettbewerbsschützende Zwecksetzung und damit der intendierte Wettbewerbsschutz umfassend und effektiv umgesetzt. Mithin könnte man als ersten Ausgangspunkt durchaus einen generellen Vorrang der kartellrechtlichen Verbote vor einer kapitalmarktrechtlichen Zulässigkeit ansetzen. Dieser Vorrang würde aber aus kapitalmarktrechtlicher Sicht zumindest im Ausgangspunkt nicht uneingeschränkt geteilt. Es ist die Sachnähe des Kapitalmarktrechts zum Kapitalmarkt zu beachten. Das Kapitalmarktrecht regelt die Besonderheiten des Kapitalmarkts und ist spezifisch für sowie mit explizitem Bezug auf den Kapitalmarkt geschaffen. Das indiziert ebenso eine grundsätzliche Relevanz und Maßgeblichkeit der kapitalmarktrechtlichen Bewertung von Kapitalmarktvorgängen. Zumindest wenn eine kapitalmarktrechtliche Zulässigkeit explizit geregelt ist,

562 Vgl. dazu Abschnitt C. II. 4. c. cc. (2). dieser Arbeit.

stellt sie wie die kapitalmarktrechtlichen Verbote und Pflichten eine explizit vom Kapitalmarktgesetzgeber geschaffene kapitalmarktspezifische Regelung dar, aus deren Kapitalmarktbezug und Sachnähe sich ein Vorrang der kapitalmarktrechtlichen Zulässigkeit vor den kartellrechtlichen Verboten ableiten lassen könnte.

Es besteht erkennbar ein Spannungsverhältnis und in der Folge ein grundsätzliches Konfliktpotential zwischen den kartellrechtlichen Verboten einerseits und einer kapitalmarktrechtlichen Zulässigkeit andererseits. Die Spannung und das Konfliktpotential lassen sich nicht durch die simple Annahme eines Nachrangs der kartellrechtlichen Verbote entsprechend des Nachrangs der kartellrechtlichen Zulässigkeit gegenüber kapitalmarktrechtlichen Verboten auflösen. Der Unterschied besteht darin, dass kartellrechtliche Verbote den universell verstandenen Wettbewerbsschutz sicherstellen. Dieser soll kartellrechtlich intendiert generell gelten. Das impliziert die umfassende Geltung der kartellrechtlichen Verbote. Anders als für die kartellrechtliche Zulässigkeit, die nur Ausnahmen von den kartellrechtlichen Verboten statuiert, ohne Sperrwirkung zu haben, kann man daher keinen generellen Nachrang der kartellrechtlichen Verbote gegenüber einer kapitalmarktrechtlichen Zulässigkeit annehmen.

Dieses Spannungs- und Konfliktpotential macht eine Auseinandersetzung mit Ansätzen zur Lösung des Konkurrenzverhältnisses erforderlich. Den Ausgangspunkt der nachfolgenden Erörterung bildet insoweit Erwägungsgrund 80 zur Marktmissbrauchsverordnung. Danach sperrt die Marktmissbrauchsverordnung Art. 101, 102 AEUV nicht. Dies betrifft zwar nicht das gesamte Verhältnis der kartellrechtlichen Verbote zu kapitalmarktrechtlicher Zulässigkeit. Es zeigt aber, dass die kapitalmarktrechtlichen Zulässigkeitsregelungen die kartellrechtlichen Verbote nicht generell sperren. Es ist nun zu klären, ob sich dieses Verständnis generell auf das Verhältnis der kartellrechtlichen Verbote zu kapitalmarktrechtlichen Zulässigkeiten übertragen lässt und damit zu einem generelleren Vorrang der kartellrechtlichen Verbote führt.

Dafür wird das Rangverhältnis von Kartell- und Kapitalmarktrecht aus zwei Blickwinkeln erörtert. Zunächst wird auf das normenhierarchische Verhältnis der kartellrechtlichen Verbote zu kapitalmarktrechtlichen Zulässigkeiten eingegangen. Sodann wird das Verhältnis der kartellrechtlichen Verbote gegenüber kapitalmarktrechtlichen Zulässigkeiten auf Basis der Bedeutung von Kartell- und Kapitalmarktrecht aus der Sicht der jeweiligen Rechtsmaterien ermittelt und anschließend kombiniert. Abschließend wird aus der Zusammenschau der Normenhierarchie und der Bedeutungsanalyse ein Rangverhältnis des kartellrechtlichen Verbots eines kapitalmarktrechtlich zulässigen Verhaltens zur kapitalmarktrechtlichen Zulässigkeitsregelung erarbeitet.

b. Normenhierarchie

Die Normenhierarchie ist ein erster Anhaltspunkt für das Verhältnis der kartellrechtlichen Verbote zu kapitalmarktrechtlich geregelten Zulässigkeiten. Hierbei ergeben sich unterschiedliche Ergebnisse für die normenhierarchische Stellung der Art. 101, 102 AEUV einerseits und in §§ 1, 19 GWB andererseits, sodass die Betrachtung insoweit getrennt wird.

Zunächst ist festzuhalten, dass das Kapitalmarktrecht primär im europäischen Sekundärrecht und daneben national geregelt ist. Ein mit dem europäischen Kartellrecht vergleichbares primärrechtliches Kapitalmarktrecht gibt es nicht.

Normenhierarchisch gehen die Art. 101, 102 AEUV als europäisches Primärrecht nationalen kapitalmarktrechtlichen Zulässigkeitsregelungen vor. Europäisches Recht geht dem deutschen Recht grundsätzlich vor.[563] Der EuGH folgert dies daraus, dass „dem vom Vertrag geschaffenen, somit aus einer autonomen Rechtsquelle fließenden Recht wegen dieser seiner Eigenständigkeit keine wie immer gearteten innerstaatlichen Rechtsvorschriften vorgehen können, wenn ihm nicht sein Charakter als Gemeinschaftsrecht aberkannt und wenn nicht die Rechtsgrundlage der Gemeinschaft selbst in Frage gestellt werden soll“[564]. Es widerspräche dem europäischen Recht als einer eigenständigen Rechtsordnung, wenn die Mitgliedsstaaten Maßnahmen ergreifen dürften, die dessen Wirksamkeit beeinträchtigten.[565] Dem ist grundsätzlich zuzustimmen. Der Vorrang des europäischen Rechts vor nationalem Recht entspricht der Rolle europäischen Rechts als das im europäischen Rechtsraum einheitlich geltende Recht. Um die Rolle als einheitliches gemeinsames Recht aller Mitgliedsstaaten zu wahren und nicht zu konterkarieren, muss es dem Recht der Mitgliedsstaaten vorgehen.

Der grundsätzliche Vorrang vor dem nationalen Recht ist daneben auch im nationalen Recht angelegt. Gem. Art. 23 Abs. 1 S. 2 GG, dürfen Hoheitsrechte auf die Europäischen Union übertragen werden. Das bedeutet zugleich Verzicht auf eigene Souveränität durch den deutschen Staat,[566] mithin eine Unterordnung unter das europäische Recht. Jedoch wird der Vorrang des europäischen Rechts ebenso als vom innerstaatlichen Rechtsanwendungsbefehl begründet und begrenzt angesehen.[567] Das spiegelt sich im nationalen und europäischen Recht. Nach Art. 23 Abs. 1 S. 2 GG *überträgt* der deutsche Staat die Hoheitsrechte. Gleiches findet sich in Art. 1 Abs. 1 EUV, wonach die Mitgliedsstaaten der Europäischen Union Zuständigkeiten zur Verwirklichung gemeinsamer Ziele *übertragen*. Ferner werden der Europäischen Union nach dem Grundsatz der begrenzten Einzelermächtigung in Art. 5 Abs. 1 S. 1 EUV Kompetenzen zugewiesen.[568] Das Primärrecht kann daher nur vorgehen, wenn es wirksam durch die Mitgliedsstaaten gesetzt ist. Hier findet

---

563 GHN/*Nettesheim*, Art. 288 AEUV Rn 47, 54; Groeben, von der/Schwarze/*Geismann*, Art. 288 AEUV Rn 5; *Schöbener*, JA 2011, 885, 886; *Voßkuhle*, NVwZ 2010, 1, 5; *Wölker*, EuR 2007, 32, 37 ff.

564 EuGH v. 15.06.1964, Rs. 6/64, ECLI:EU:C:1964:66 – „*Costa/E.N.E.L*“.

565 EuGH v. 13.02.1969, Rs. C-14/68, ECLI:EU:C:1969:4, Rn 6 – „*Walt Wilhelm*“.

566 Langen/Bunte/*Bunte*, Bd 2, Einl. Rn 70; Maunz/Dürig/*Scholz*, Art. 23 GG Rn 149.

567 BVerfG v. 30.06.2009, 2 BvE 2/08 u.a., Rn 335 (= NJW 2009, 2267); Hömig/*Wolff*, Art. 23 GG Rn 3 ff.; *Schwerdtfeger*, EuR 2015, 290, 291; *Voßkuhle*, NVwZ 2010, 1, 6.

568 GHN/*Bast*, Art. 5 EUV Rn 13; Schwarze/*Lienbacher*, Art. 5 EUV Rn 6.

sich mithin aus nationaler Sicht eine Grenze des Vorrangs. Er ist durch die Grenze des Nichtübertragenen und -übertragbaren beschränkt.[569] Das BVerfG verlangt für den Vorrang des europäischen Rechts u.a., dass es in den Grenzen der übertragenen Kompetenzen bleibt und den in Art. 23 Abs. 1 S. 3 GG i.V.m. Art. 79 Abs. 3 GG verbürgten unantastbaren Kern des Grundgesetzes nicht verletzt.[570] Das Primärrecht ist mithin über Art. 23 Abs. 1 S. 3 GG an Art. 79 Abs. 3 GG zu messen.[571] Darin besteht eine absolute Grenze der europäischen Integration aus nationaler Sicht. Eine Grenze der Integration und der Schaffung von Primärrecht für den deutschen Staat findet sich auch in Art. 23 Abs. 1 S. 1 GG, wonach der deutsche Staat an einer Europäischen Union mitwirken darf, die den demokratischen, rechtsstaatlichen, sozialen und föderativen Grundsätzen und dem Grundsatz der Subsidiarität verpflichtet ist sowie einen im Wesentlichen mit dem Grundgesetz vergleichbaren Grundrechtsschutz bietet. Der deutsche Staat darf sich nur an einer Europäischen Union beteiligen, die diese Strukturanforderungen erfüllt.[572]

Aufgrund dieses somit allenfalls im Einzelfall durchbrochenen generellen Vorrangs des europäischen Recht, gehen Art. 101, 102 AEUV nationalem Recht und damit auch nationalen kapitalmarktrechtlichen Zulässigkeitsregelungen vor. Da das Primärrecht die Kompetenzen schafft, sind die Kompetenzgrenzen nicht überschritten, wenn Art. 101, 102 AEUV zur Anwendung kommen. Ferner tangieren Art. 101, 102 AEUV nicht die grundlegenden deutschen Verfassungsprinzipien. Auch das BVerfG sieht den Vertrag von Lissabon, dessen Bestandteil die Art. 101, 102 AEUV sind, als mit dem Grundgesetz vereinbar an.[573] Der Vorrang der primärrechtlichen Art. 101, 102 AEUV wird also nicht durchbrochen.

Ferner gehen die primärrechtlichen Art. 101, 102 AEUV normenhierarchisch dem sekundärrechtlichen Kapitalmarktrecht vor.[574] Das Sekundärrecht leitet sich aus dem Primärrecht ab.[575] Die Unionsorgane handeln gem. Art. 5 Abs. 1 EUV in den Grenzen der primärrechtlichen Befugnisse, was den Vorrang des Primärrechts vor dem Sekundärrecht verdeutlicht.[576] Gleiches folgt aus Art. 13 Abs. 2 S. 1 EUV,

---

569 Schulze/Zuleeg/Kadelbach/*Ehlers*, § 11 Rn 20 ff.

570 BVerfG v. 30.06.2009, 2 BvE 2/08 u.a., Rn 240 (= NJW 2009, 2267).

571 *Schwerdtfeger*, EuR 2015, 290, 294.

572 Schulze/Zuleeg/Kadelbach/*Ehlers*, § 11 Rn 22.

573 BVerfG v. 30.06.2009, 2 BvE 2/08 u.a., Rn 273 ff. (= NJW 2009, 2267).

574 *Bueren*, WM 2013, 585, 595; *Fleischer/Bueren*, ZIP 2013, 1253, 1263; nachfolgend allg. für Primär- und Sekundärrecht: Bergmann/*Sennekamp*, Normenhierarchie; Callies/Ruffert/*Ruffert*, Art. 288 AEUV Rn 8; GHN/*Nettesheim*, Art. 288 AEUV Rn 226; Groeben, von der/Schwarze/Hatje/*Geismann*, Art. 288 AEUV Rn 16; *Nettesheim*, EuR 2006, 737, 746; *Oppermann/Classen/Nettesheim*, § 10 Rn 39; Schulze/Schuleeg/Kadelbach/*Scheuing*, § 6 Rn 13; Schwarze/*Biervert*, Art. 288 AEUV Rn 11; Streinz/*Schroeder*, Art. 288 AEUV Rn 24.

575 Dauses/*Stettner*, A. IV. Rn 4; *Oppermann/Classen/Nettesheim*, § 9 Rn 65.

576 Callies/Ruffert/*Ruffert*, Art. 288 AEUV Rn 8; Groeben, von der/Schwarze/Hatje/*Geismann*, Art. 288 AEUV Rn 16.

da die europäischen Organe nach Maßgabe der ihnen in den Verträgen zugewiesenen Befugnisse handeln.[577]

Für §§ 1, 19 GWB lässt sich indes der generelle normenhierarchische Vorrang der Art. 101, 102 AEUV vor einer im europäischen Sekundärrecht oder nationalen Recht geregelten kapitalmarktrechtlichen Zulässigkeiten nicht spiegeln. Mit Blick auf das europäische Kapitalmarktrecht folgt aus dem Vorrang des europäischen Rechts vielmehr ein normenhierarchischer Vorrang vor §§ 1, 19 GWB. Es gilt insoweit das vorstehend zum Primärrecht Dargestellte. Das europäische Recht geht dem nationalen Recht grundsätzlich vor. Das europäische Kapitalmarktecht ist im europäischen Sekundärrecht geregelt. Der Vorrang des Sekundärrechts ist indes insofern begrenzt, dass sich die Europäische Union in den Grenzen der übertragenen Kompetenzen bewegen muss und nicht die deutsche Verfassungsidentität verletzen darf.[578] Da der Europäischen Union mithin die Kompetenz zur Setzung von Sekundärrecht übertragen werden muss, fehlt europäischen Rechtsakten ohne hinreichende Kompetenzgrundlage die rechtliche Grundlage.[579] Daran scheitert der Vorrang des europäischen Kapitalmarktrechts nicht. Die Europäische Union hat die Kompetenz zur Setzung des Kapitalmarktrechts. Gem. Art. 114 Abs. 1 S. 2 AEUV darf sie Rechtsakte erlassen, die der Errichtung und dem Funktionieren des Binnenmarktmarkts sowie der Rechtsangleichung dienen. Der Kapitalmarkt ist ein Teil des europäischen Binnenmarkts. Art. 114 AEUV gibt der Europäischen Union daher die Kompetenz, Vorschriften zur Vereinheitlichung des Kapitalmarkts zu schaffen.[580] Einheitliche europäische Kapitalmarktregeln fördern einen einheitlichen Binnenmarkt und dienen somit dessen Errichtung und Funktion. Ist das europäische Kapitalmarktrecht also wirksam gesetzt und verletzt es nicht die deutsche Verfassungsidentität, wovon auszugehen ist, geht es §§ 1, 19 GWB normenhierarchisch vor. Der Vorrang gilt im Übrigen für alle Handlungsformen nach Art. 288 AEUV,[581] da sonst der Vorrang des europäischen Rechts unterlaufen wäre. Das impliziert mithin auch einen Vorrang des nationalen Kapitalmarktrechts vor §§ 1, 19 GWB, das europäische Richtlinien umsetzt.

Im rein nationalen Kontext ist das normenhierarchische Verhältnis der §§ 1, 19 GWB zum Kapitalmarktrecht hingegen regelmäßig durch einen Gleichrang geprägt. Wesentliche kapitalmarktrechtliche Regelungen wie WpHG, WpÜG, WpPG oder das BörsG stehen mit dem GWB auf einer normenhierarchischen Stufe. Normenhierarchisch ergibt sich insoweit weder ein Vor- noch ein Nachrang.

---

577 GHN/*Nettesheim*, Art. 288 AEUV Rn 226; Groeben, von der/Schwarze/Hatje/*Geismann*, Art. 288 AEUV Rn 17; *Oppermann*/*Classen*/*Nettesheim*, § 10 Rn 39; Schwarze/*Biervert*, Art. 288 AEUV Rn 11.

578 *Schöbener*, JA 2011, 885, 886; *Schwerdtfeger*, EuR 2015, 290, 291 ff.

579 *Schöbener*, JA 2011, 885, 890.

580 Dauses/*Follak*, F. III. Rn 8.

581 Groeben, von der/Schwarze/*Geismann*, Art. 288 AEUV Rn 4; vgl. Schulze/Zuleeg/Kadelbach/*Ehlers*, § 11 Rn 15; vgl. *Wölker*, EuR 2007, 32, 39.

Es zeigt sich mithin, dass das normenhierarchische Verhältnis der Art. 101, 102 AEUV und der §§ 1, 19 GWB zu kapitalmarktrechtlichen Zulässigkeitsregelungen uneinheitlich ist. Die Verbote nach Art. 101, 102 AEUV gehen als Primärrecht sekundärrechtlichen und nationalen Zulässigkeitsregelungen normenhierarchisch vor. Da das Kapitalmarktrecht primär sekundärrechtlich und im nationalen Recht geregelt ist, kann man als Grundsatz einen normenhierarchischen Vorrang der Verbote nach Art. 101, 102 AEUV vor einer kapitalmarktrechtlichen Zulässigkeit ansetzen. Demgegenüber ergibt sich für §§ 1, 19 GWB gegenüber dem europäischen Kapitalmarktrecht aus normenhierarchischer Sicht kein Vorrang. Ferner besteht im deutschen Recht normenhierarchisch regelmäßig ein Gleichrang zwischen Kartell- und Kapitalmarktrecht, womit sich auch hier kein normenhierarchischer Vorrang ergibt.

c. Analyse der Bedeutung von Kartell- und Kapitalmarktrecht

aa. Vorbemerkungen

Neben der Normenhierarchie ist das Verhältnis von Kartell- und Kapitalmarktrecht auf Grundlage der Bedeutung von Kartell- und Kapitalmarktrecht zu bestimmen. Ihre jeweilige Bedeutung definiert die Stellung und die Funktion der Rechtsmaterien. Folgt aus den Bedeutungen ein mit beiden Rechtsmaterien vereinbares Verhältnis der Rechtsmaterien für den Konfliktfall, gäbe es schon keinen Wertungskonflikt, der unter Einbezug der Normenhierarchie aufzulösen wäre. Folgt bspw. aus dem Kartellrecht, dass die kartellrechtlichen Verbote den kapitalmarktrechtlichen Zulässigkeitsregelungen nachgehen, ordnet sich das Kartellrecht insofern dem Kapitalmarktrecht unter. Die kartellrechtlichen Verbote griffen im entsprechenden Umfang nicht, wenn ein Verhalten in dieser Weise kapitalmarktrechtlich zugelassen ist. Es entstünde kein Wertungskonflikt, der über die Normenhierarchie aufzulösen wäre.

Um zu prüfen, ob sich ein solches konfliktfreies Verhältnis der Verbote nach Art. 101, 102 AEUV, §§ 1, 19 GWB zu den kapitalmarktrechtlichen Zulässigkeitsregelungen ergibt, wird nachfolgend zunächst getrennt das aus kartell- sowie kapitalmarktrechtlicher Sicht abzuleitende Verhältnis der Rechtsmaterien erarbeitet. Anschließend werden die erarbeiteten Ansätze kombiniert, um auf diese Weise zu definieren, unter welchen Voraussetzungen das Kartell- und das Kapitalmarktrecht ihr Verhältnis identisch bestimmen und wann sie demgegenüber in Konflikt zueinander treten.

bb. Vorranganspruch der kartellrechtlichen Verbote aus kartellrechtlicher Sicht

Aus kartellrechtlicher Sicht ergibt sich unter Berücksichtigung der Bedeutung des Kartellrechts im Ausgangspunkt ein Vorrang der kartellrechtlichen Verbote vor kapitalmarktrechtlichen Zulässigkeitsregelungen. Wie eingangs erwähnt, schützen die kartellrechtlichen Verbote universell den Wettbewerb, auch am

Kapitalmarkt.[582] Der Wettbewerbsschutz wäre konterkariert, wenn die Verbote den kapitalmarktrechtlichen Zulässigkeitsregelungen generell nachgingen. Mit dem Wettbewerbsschutz ist daher aus kartellrechtlicher Sicht eine vorrangige Geltung der kartellrechtlichen Verbote an allen Wettbewerbsmärkten in wettbewerbsschützenden Belangen verbunden. Um den Wettbewerb universell und effektiv zu schützen, müssen die Verbote aus kartellrechtlicher Sicht kapitalmarktrechtlichen Zulässigkeit im Ausgangspunkt generell vorgehen.

Dies bestätigt sich in der Funktionsweise des Kartellrechts. Durch den universellen Ansatz kommen die kartellrechtlichen Verbote zwangsläufig mit dritten Rechtsmaterien wie dem Kapitalmarktrecht in Berührung. Sie dringen aufgrund des universell wettbewerbsschützenden Ansatzes in die Regelungsbereiche solcher dritten Rechtsmaterien ein. Das ist auch der Fall, wenn die dritten Materien, wie das Kapitalmarktrecht in Bezug auf den Kapitalmarkt, sachnäher sind. Gingen die den Wettbewerbsschutz transportierenden kartellrechtlichen Verbote den dritten Rechtsmaterien nach, wäre der Wettbewerb nur subsidiär geschützt, was mit der universell wettbewerbsschützenden Zielsetzung des Kartellrechts unvereinbar ist.

Der generelle Vorrang der kartellrechtlichen Verbote wird ferner von der Bedeutung des unverfälschten Wettbewerbs getragen. Märkten liegt generell der freie Wettbewerb zugrunde. Er ist ein wesentlicher Teil der Wirtschaftsverfassung, sodass sein Schutz wirtschaftlich von Bedeutung ist. Für einen generellen Vorrang der Art. 101, 102 AEUV spricht darüber hinaus auch die Bedeutung unverfälschten Wettbewerbs als wesentlicher Teil des Binnenmarktprojekts.[583]

Ausnahmen von diesem grundsätzlichen Vorrang der kartellrechtlichen Verbote sind aus kartellrechtlicher Sicht allenfalls in Grenzen denkbar. Die kartellrechtlichen Verbote gehen kapitalmarktrechtlichen Zulässigkeitsregelungen nach, wenn dies wirksam geregelt ist. Eine generelle Regelung dieser Art gibt es nicht. Sie kann theoretisch gefasst werden. Das ist aber unwahrscheinlich, da sie den universellen Wettbewerbsschutz konterkarieren würde und es aus kartellrechtlicher Sicht gerade keine Sonderbereiche geben soll, die vom kartellrechtlichen Wettbewerbsschutz generell ausgenommen sind. Auch ist das Kapitalmarktrecht kein Sonderkartellrecht,[584] sodass eine Überlagerung der kartellrechtlichen Verbote auf diesem Weg ausscheidet. Für die Marktmissbrauchsverordnung spricht ferner Erwägungsgrund 80, nach dem die Marktmissbrauchsverordnung die Art. 101, 102 AEUV nicht sperrt, gegen eine die kartellrechtlichen Verbote limitierende Funktion kapitalmarktrechtlicher Zulässigkeitsregelungen.

Im Ausgangspunkt besteht aus kartellrechtlicher Sicht ein Vorrang der kartellrechtlichen Verbote vor kapitalmarktrechtlichen Zulässigkeitsregelungen. Ein Nachrang ist allenfalls über eine Ausnahmeregelung denkbar. Solange diese nicht

---

582 Vgl. dazu Abschnitt B. II. dieser Arbeit.
583 Vgl. dazu Abschnitt B. II. 3. a. dieser Arbeit.
584 Vgl. dazu Abschnitt C. II. 3. dieser Arbeit.

existiert, indizieren der universelle Ansatz des Kartellrechts, der universelle Wettbewerbsschutz und die Bedeutung des unverfälschten Wettbewerbs den Vorrang vor kapitalmarktrechtlichen Zulässigkeitsregelungen in wettbewerbsschützenden Belangen.

cc. Berücksichtigungserfordernis aus kapitalmarktrechtlicher Sicht

(1). Vorbemerkung

Aus kapitalmarktrechtlicher Sicht besteht indes kein genereller Vorrang der kapitalmarktrechtlichen Zulässigkeitsregelung vor kartellrechtlichen Verboten, anders als dies in den Eingangsüberlegungen erwogen wurde.

(2). Grundsätzliche Bedeutung des Kapitalmarktrechts

Das Kapitalmarktrecht ist dem Kapitalmarkt zunächst in der Tat sachnäher. Es setzt den kapitalmarktspezifischen Rechtsrahmen, der am Kapitalmarkt grundsätzlich maßgeblich bei der Bewertung von Kapitalmarktvorgängen zu beachten ist. Dies indiziert im Ausgangspunkt einen Vorrang der kapitalmarktrechtlichen Bewertung von Kapitalmarktvorgängen vor deren Bewertung auf Basis weniger kapitalmarktspezifischen Rechts. Zu diesem weniger kapitalmarktspezifischen Recht zählt auch das Kartellrecht.

Der Funktionsschutz als Zweck des Kapitalmarktrechts bestätigt diese Annahme. Das Kapitalmarktrecht formt und schützt die Funktionsfähigkeit des Kapitalmarkts. Es regelt die Besonderheiten, die spezifisch am Kapitalmarkt zu beachten sind. Um diese Zwecksetzung als sachnahes kapitalmarktspezifisches Recht umzusetzen, ist ein Vorrang der kapitalmarktrechtlichen Bewertung vor Bewertungen durch dritte Rechtsmaterien aus kapitalmarktrechtlicher Sicht im Ausgangspunkt geboten. Die kapitalmarktspezifische Rolle wäre sonst umgangen, ginge Drittrecht dem Kapitalmarktrecht generell vor.

Auch die wirtschaftliche Rolle des Kapitalmarkts ist insoweit zu beachten. Die effiziente Funktion des Kapitalmarkts ist wichtig für die Marktwirtschaft.[585] Unternehmen beschaffen sich am Kapitalmarkt das Kapital zur Unternehmensfinanzierung, das die Anleger wiederum zur Verfügung stellen und investieren.[586] Damit der Kapitalmarkt der Finanzierungsfunktion für Unternehmen und der Rolle als Motor der Gesamtwirtschaft gerecht werden kann, muss er effektiv funktionieren.[587] Alle Kapitalmarktteilnehmer sind ein Teil des Kapitalkreislaufs, auf den eine nicht ordnungsgemäße Funktion des Kapitalmarkts negativ wirkt. Es kann dann weniger Kapital für Unternehmen verfügbar sein, da weniger Anleger tätig sind

---

585 *Schwarz*, DStR 2003, 1930, 1930.

586 Allg. zum Finanzmarkt: MüKo-BGB/*Lehmann*, Bd 11, Internationales Finanzmarktrecht, Rn 3.

587 *Kümpel*, Rn 8.395.

oder das zu investierende Kapital ineffizient investiert wird. Die Beeinträchtigung des Kapitalmarkts als Motor der Gesamtwirtschaft kann gesamtwirtschaftlich durchschlagen. Ferner dienen Kapitalmarktprodukte, bspw. Aktien und Schuldverschreibungen, u.a. der privaten Altersvorsorge.[588] Außerdem hat die öffentliche Hand ein Interesse an einem effizienten Kapitalmarkt, um ihren stets bestehenden Finanzierungsbedarf zu decken, sodass aufgrund der vielschichtigen Interessenlage funktionierende Kapitalmärkte ein wesentliches Element einer funktionierenden Gesellschaft sind.[589] Die Funktionstätigkeit des Kapitalmarkts ist daher im gesamtwirtschaftlichen Interesse zu schützen. Diesem Schutz dient primär das Kapitalmarktrecht.

(3). Kein genereller Vorrang kapitalmarktrechtlicher Zulässigkeit

All dies mag aus kapitalmarktrechtlicher Sicht im Ausgangspunkt für einen Vorrang einer kapitalmarktrechtlichen Bewertung vor dritten Bewertungen sprechen. Ein aus kapitalmarktrechtlicher Sicht indizierter Vorrang darf aber nicht pauschal angenommen werden. Ein genereller Vorrang kann nicht für eine kapitalmarktrechtliche Zulässigkeit, sondern allenfalls für kapitalmarktrechtliche Verbote und Pflichten gelten. Der kapitalmarktrechtliche Verbots- und Pflichtenkanon setzt gerade den kapitalmarktspezifischen Rechtsrahmen, der das unzulässige bzw. verpflichtende Kapitalmarktverhalten spezifisch und sachnah formt. Dieser Verbots- und Pflichtenkanon dient der Erhaltung der spezifischen Funktionsfähigkeit des Kapitalmarkts und dient damit den beschriebenen kapitalmarktrechtlichen Zwecken sowie einem effizient funktionierenden Kapitalmarkt als Motor der Gesamtwirtschaft. Daher ist es naheliegend, ihm aus kapitalmarktrechtlicher Sicht einen Vorrang vor dritten Regelungen geben. Vorliegend wird jedoch kein Eingriff des Kartellrechts in diesen Verbots- und Pflichtenkanon analysiert, sondern das Verhältnis der kartellrechtlichen Verbote zu kapitalmarktrechtlichen Zulässigkeiten. Es wird erörtert, ob die kartellrechtlichen Verbote diese überlagern.

Die Zulässigkeitsregelungen gehen auch aus kapitalmarktrechtlicher Sicht kartellrechtlichen Verboten nicht generell vor. Sie zählen zwar wie kapitalmarktrechtliche Verbote und Pflichten zum kapitalmarktspezifischen Rechtsrahmen. Sie können ebenso der Funktionsfähigkeit des Kapitalmarkts und dem Anlegerschutz dienen, v.a. wenn der Gesetzgeber ein kapitalmarktförderliches Verhalten zulässt, und effiziente Kapitalmarktstrukturen ermöglichen. Trotzdem lässt sich kein genereller Vorrang einer kapitalmarktrechtlichen Zulässigkeit vor kartellrechtlichen Verboten begründen. Das Kapitalmarktrecht ist zwar das besondere Recht des Kapitalmarkts, hat aber keinen abschließenden, kartellrechtsverdrängenden oder sonderkartellrechtlichen Charakter.[590] Gingen die kapitalmarktrechtlichen

---

588 *Kümpel*, Rn 8.396 ff.

589 *Kümpel*, Rn 8.396 ff.

590 Vgl. zum Charakter des Kapitalmarktrechts Abschnitt C. II 1. sowie C. II. 2. dieser Arbeit.

Zulässigkeitsregelungen generell den kartellrechtlichen Verboten vor, bestünde ein solcher Charakter. Verstünde man einen generellen Vorrang ferner umfassend, wäre sogar ein bloßes Schweigen des Kapitalmarktrechts umfasst. Das Kapitalmarktecht wäre abschließend. Das ist kapitalmarktrechtlich nicht intendiert. Es gibt keine Anhaltspunkte für einen solch weitreichenden abschließenden Charakter des Kapitalmarktrechts.

Ein Vorrang kapitalmarktrechtlicher Zulässigkeiten vor den kartellrechtlichen Verboten kommt generell nur in Frage, wenn das Kapitalmarktrecht das Verhalten ausdrücklich zulässt oder die kapitalmarktrechtliche Zulässigkeit des betreffenden Verhaltens zumindest erkennbar konkludent aus einer kapitalmarktrechtlichen Regelung folgt. Doch auch für eine insoweit geregelte Zulässigkeit folgt aus der Bedeutung des Kapitalmarktrechts nicht pauschal ein Vorrang vor den kartellrechtlichen Verboten, da das Kapitalmarktrecht nicht abschließend, kartellrechtsverdrängend oder Sonderkartellrecht ist. Eine kapitalmarktrechtliche Zulässigkeitsregelung hat keinen kartellrechtlichen Erklärungsgehalt, sondern bedeutet nur, dass das Kapitalmarktrecht im geregelten Umfang unanwendbar ist. Aus einer kapitalmarktrechtlichen Zulässigkeitsregelung generell einen Vorrang vor den kartellrechtlichen Verboten abzuleiten, überdehnt diese bloße Ausnahme vom Kapitalmarktrecht. Kapitalmarktrechtliche Zulässigkeitsregelungen statuieren nicht abschließend das am Kapitalmarkt zulässige Verhalten.

(4). Kapitalmarktrechtliche Zulässigkeitsregelung nicht als *lex specialis*

Dem wird in der Literatur nicht uneingeschränkt gefolgt. Eine Literaturstimme will den kapitalmarktrechtlichen Tatbeständen generell als Sondertatbeständen einen Vorrang vor dem Kartellrecht als *lex specialis* einräumen, wenn ausschließlich kapitalmarktrechtliche Belange betroffen sind.[591] Legt man dies zugrunde, ginge eine kapitalmarktrechtliche Zulässigkeitsregelung kartellrechtlichen Verboten stets vor. Sie betrifft immer spezifisch kapitalmarktrechtliche Belange. Obgleich für diesen Charakter der Zulässigkeitsregelung deren Sachnähe zum Kapitalmarkt sowie die Regelung des kapitalmarktspezifischen Rechtsrahmens durch das Kapitalmarktrecht sprechen, ist die Einordung einer geregelten kapitalmarktrechtlichen Zulässigkeit als *lex specialis* zum Kartellrecht abzulehnen. Das Kapitalmarktrecht ist zwar mit Blick auf den Kapitalmarkt sachnäher. Eine kapitalmarktrechtliche Zulässigkeit enthält nicht die abschließende Wertung, dass ein Verhalten allgemein zulässig ist. Das Kapitalmarktrecht regelt vor allem nicht den Wettbewerbsschutz besonders für den Kapitalmarkt. Daher ist eine kapitalmarktrechtliche Zulässigkeit kein *lex specialis* zu den kartellrechtlichen Verboten. Einer kapitalmarktrechtlichen Zulässigkeit fehlt dafür der kartellrechtliche Erklärungsgehalt. Allein aus der Sachnähe zum Kapitalmarkt folgt dieser Erklärungsgehalt nicht.

591 KK-WpHG/*Mock*, § 20a WpHG Rn 89.

Dieses Ergebnis bestätigt sich ferner, wenn man die Sachlage aus kartellrechtlicher Sicht betrachtet. Die Einordung der kapitalmarktrechtlichen Zulässigkeitsregelungen ohne Bezug zum Wettbewerbsschutz als *lex specialis* zu den kartellrechtlichen Verboten ist mit der universell wettbewerbsschützenden Zwecksetzung des Kartellrechts unvereinbar. Einer kapitalmarktrechtlichen Zulässigkeit als *lex specialis* Vorrang vor den kartellrechtlichen Verboten zu geben, würde dazu führen, dass die kartellrechtlichen Verbote entgegen der kartellrechtlichen Zwecksetzung nicht universell in wettbewerbsschützenden Belangen gelten würden. Der kartellrechtliche Wettbewerbsschutz gilt aber gerade universell an allen Wettbewerbsmärkten. Münzt man dies auf die vorliegende *lex-specialis*-Thematik um, muss man zu dem Schluss kommen, dass eine bloß kapitalmarktrechtliche Zulässigkeitsregelung ohne Bezug zum Kartellrecht oder zum Wettbewerbsschutz, der somit jeder kartellrechtliche Erklärungsgehalt fehlt, keinesfalls allein aus einer Sachnähe zum Kapitalmarkt als *lex specialis* zu den kartellrechtlichen Verboten angesehen werden kann, die den universellen kartellrechtlichen Wettbewerbsschutz transportieren. Das gilt umso mehr, wenn man berücksichtigt, dass das Kapitalmarktrecht weder abschließend, sonderkartellrechtlich noch kartellrechtsverdrängend ist. Dies muss erst recht für bloße kapitalmarktrechtliche Zulässigkeitsregelungen gelten, die keinen über das Kapitalmarktrecht hinausgehenden Erklärungsgehalt haben. Vielmehr muss man die Sachlage in die entgegengesetzte Richtung werten. Wegen ihrer Stellung als universell wettbewerbsschützende Verbote gehen die kartellrechtlichen Verbote als *lex specialis* dritten Regelungen, die wie das Kapitalmarktrecht nicht spezifisch den Wettbewerb schützen, in wettbewerbsschützenden Belangen vor, solange kein gegensätzlicher Ansatz kodifiziert ist. Dies entspricht der Stellung des Kartellrechts. Jeder andere Ansatz beruht auf einer Fehlinterpretation des kartellrechtlichen Stellenwerts.

Der *lex-specialis*-Grundsatz lässt sich somit nicht für einen Vorrang der kapitalmarktrechtlichen Zulässigkeitsregelung requirieren.

(5). Kapitalmarktrechtliches Berücksichtigungserfordernis

Ein genereller Vorrang der kapitalmarktrechtlichen Zulässigkeitsregelungen vor den kartellrechtlichen Verboten folgt aus der Bedeutung des Kapitalmarktrechts somit nicht. Eine kapitalmarktrechtliche Zulässigkeit bedeutet im Ausgangspunkt, dass das Verhalten kapitalmarktrechtlich nicht verboten ist und das Kapitalmarktrecht im entsprechenden Umfang keine Anwendung findet. Trotzdem darf man nicht vorschnell darauf schließen, kapitalmarktrechtlichen Zulässigkeitsregelungen keine Bedeutung gegenüber den kartellrechtlichen Verboten zuzusprechen. Es darf nicht außer Betracht bleiben, dass das Kapitalmarktrecht in Bezug auf den Kapitalmarkt sachnäher ist und dessen spezifischen Rechtsrahmen formt. Das gilt auch für die Zulässigkeitsregelungen, da sie eine kapitalmarktbezogene Wertung in der Form beinhalten, dass das Verhalten nicht kapitalmarktrechtlichen Zwecken widerspricht und am Kapitalmarkt zulässig sein soll. Wegen der Sachnähe des Kapitalmarktrechts darf dies nicht generell unberücksichtigt bleiben. Eine kapitalmarktrechtliche Zulässigkeitsregelung hat daher aus kapitalmarktrechtlicher Sicht keinen gänzlichen Nachrang gegenüber kartellrechtlichen Verboten, da sie eine Wertung des Kapitalmarktgesetzgebers ist, die sachnäher als das Kartellrecht auf den Kapitalmarkt bezogen ist.

Daher kann sich aus kapitalmarktrechtlicher Sicht ein Erfordernis ergeben, die kapitalmarktrechtliche Zulässigkeitsregelung in der kartellrechtlichen Bewertung angemessen zu berücksichtigen. Dieses Berücksichtigungserfordernis besteht jedoch nicht generell. Dem stehen wiederum der universelle Geltungsanspruch der kartellrechtlichen Verbote aus kartellrechtlicher Sicht und der nicht abschließende, sonderkartellrechtliche oder kartellverdrängende Charakter der kapitalmarktrechtlichen Zulässigkeitsregelungen sowie die grundsätzliche Rolle der kartellrechtlichen Verbote als *lex specialis* in wettbewerbsschützenden Belangen entgegen.

Zunächst ist daher zu klären, wann sich aus kapitalmarktrechtlicher Sicht überhaupt ein Berücksichtigungserfordernis ergeben kann. Ist es im Einzelfall nicht gegeben, geht auch aus kapitalmarktrechtlicher Sicht das kartellrechtliche Verbot der kapitalmarktrechtlichen Zulässigkeitsregelung vor. Insoweit kommen Kartell- und Kapitalmarktrecht dann zum gleichen Ergebnis. Besteht es hingegen, kann sich aus kapitalmarktrechtlicher Sicht ein Vorrang vor dem kartellrechtlichen Verbot und in der Folge ein Wertungskonflikt ergeben.

Ein Berücksichtigungserfordernis ergibt sich in einem ersten Schritt nur, wenn einem kartellrechtlichen Verbot eine kapitalmarktrechtlich geregelte Zulässigkeit gegenübersteht. Sie muss ausdrücklich geregelt sein oder sich erkennbar konkludent aus einer Regelung ergeben. Ein bloßes Schweigen des Kapitalmarktrechts reicht wegen des nicht abschließenden, sonderkartellrechtlichen oder kartellrechtsverdrängenden Charakters des Kapitalmarktrechts nicht.

Weiter ergibt sich nur dann ein Berücksichtigungserfordernis, wenn die kapitalmarktrechtliche Zulässigkeitsregelung durch das kartellrechtliche Verbot ganz oder zumindest wesentlich überlagert ist. Ist das kapitalmarktrechtlich zulässige Verhalten nicht ganz oder wesentlich überlagert, bleibt es trotz des kartellrechtlichen Verbots im wesentlichen Umfang möglich und können die damit verbundenen Zwecke erreicht sowie Wertungen umgesetzt werden. In diesem Fall ist es aus kapitalmarktrechtlicher Sicht nicht erforderlich, der kapitalmarktrechtlichen Zulässigkeitsregelung, die keine abschließende allgemeine Zulässigkeit des Verhaltens statuiert, einen Vorrang zu geben.

Ob eine kapitalmarktrechtliche Zulässigkeitsregelung wesentlich oder ganz überlagert wird, ist eine Frage des Einzelfalls und hängt vor allem davon ab, welches Verhalten kapitalmarktrechtlich zugelassen ist und wie hoch das Überschneidungspotential mit den kartellrechtlichen Verboten ist. Die Funktionsweise des Kartellrechts begünstigt in diesem Zusammenhang, dass ein kapitalmarktrechtlich zulässiges Verhalten grundsätzlich nicht in Gänze untersagt wird und wesentlich möglich bleibt. Zunächst fordern das Kartell- und Missbrauchsverbot für ihr Eingreifen gewisse Marktanteile als Schwellenwerte. Beim Kartellverbot in Art. 101 AEUV, § 1 GWB sind diese für die Spürbarkeit der Wettbewerbsbeschränkung erforderlich und beim Missbrauchsverbot in Art. 102 AEUV, § 19 GWB für die Marktbeherrschung. Wie zum Kartell- und Missbrauchsverbot dargestellt, ist der hinreichende Marktanteil rein tatsächlich eine wesentliche Hürde der Anwendung des Kartellrechts auf Märkten für Kapitalmarktprodukte, da diese Märkte im Grundsatz groß sind.[592] Lediglich die Formen eines kapitalmarktrechtlich zulässigen Verhaltens, die diese Schwellen überschreiten, können überhaupt kartellrechtlich untersagt sein. Bleibt das kapitalmarktrechtlich zulässige Verhalten jedoch unter den Schwellenwerten, ist es kartellrechtlich nicht untersagt. Die Schwellenwerte zeigen, dass eine kapitalmarktrechtliche Zulässigkeitsregelung gerade auf großen Märkten für Kapitalmarktprodukte, bspw. für börsengehandelte Unternehmensbeteiligungen, nicht oder zumindest nicht völlig von den kartellrechtlichen Verboten überlagert wird. Das erhöht die Wahrscheinlichkeit dafür, dass das kapitalmarktrechtlich zulässige Verhalten im wesentlichen Umfang möglich bleibt.

Ferner enthält das Kartellrecht auch Einfallstore, die eine Berücksichtigung von Drittwertungen ermöglichen. Dazu zählt die Freistellung nach Art. 101 Abs. 3 AUEV, § 2 GWB, nach der ein kartellverbotswidriges Verhalten zulässig sein kann, wenn es Effizienzvorteile schafft. Ein auf das Missbrauchsverbot in Art. 102 AEUV, § 19 GWB bezogenes Einfallstor ist daneben das Missbrauchserfordernis. Die Missbräuchlichkeit verlangt einen Unwert, der unter bestimmten Voraussetzungen ebenso fehlen kann, wenn ein kapitalmarktrechtlich zulässiges Verhalten Effizienzvorteile schafft, wie an späterer Stelle an der Kursstabilisation dargelegt wird.[593] Im Zusammenhang mit diesen Einfallstoren sind die faktisch ähnlichen Zwecksetzungen des Kartell- und Kapitalmarktrechts zu erwähnen. Das Kapitalmarktrecht schützt die Funktionsfähigkeit des wettbewerblichen Kapitalmarkts. Eine Beeinträchtigung der Wettbewerblichkeit des Kapitalmarkts kann grundsätzlich dessen Funktionsfähigkeit schaden. Erlaubt eine kapitalmarktrechtliche Zulässigkeitsregelung daher ein wettbewerbsschädliches Verhalten, beeinträchtigt sie grundsätzlich auch die Funktionsfähigkeit des Kapitalmarkts. Daher ist es denkbar, dass mit dem kapitalmarktrechtlich zulässigen Verhalten zugleich Effekte einhergehen, die den Eingriff in die Wettbewerblichkeit des Kapitalmarkts als Teil eines funktionierenden Kapitalmarkts rechtfertigen. Es ist nicht auszuschließen, dass diese Effekte als Effizienzvorteile in der kartellrechtlichen Prüfung in der Freistellung bzw. im Missbrauchserfordernis berücksichtigt werden können. Darüber kann die kapitalmarktrechtliche Zulässigkeit im Kartellrecht gespiegelt und ein Widerspruch von Kartell- und Kapitalmarktrecht verhindert werden. Auch darin liegt eine Möglichkeit, eine gänzliche oder wesentliche Überlagerung der kapitalmarktrechtlichen Zulässigkeitsregelung zu verhindern. Dies wird nachfolgend ebenfalls am Fall der Kursstabilisation dargestellt.

Die Schwellenwerte und Einfallstore des Kartellrechts tragen dazu bei, dass ein kapitalmarktrechtlich zulässiges Verhalten kartellrechtlich nur in Teilen und nicht

592 Vgl. dazu Abschnitt B. IV. 2. b. und B. V. 2. a. dieser Arbeit.

593 Vgl. zum Bsp. der Kursstabilisation nachfolgenden Abschnitt C. III. 4. dieser Arbeit.

wesentlich oder ganz untersagt ist. Mithin steigt die Wahrscheinlichkeit, dass der Vorrang der kartellrechtlichen Verbote mit der Bedeutung des Kapitalmarktrechts vereinbar ist, sodass sich ein einheitlicher Vorrang der kartellrechtlichen Verbote vor einer kapitalmarktrechtlichen Zulässigkeit bereits auf der Bedeutungsebene ergibt und ein Rückgriff auf die Normenhierarchie zur weiteren Konfliktlösung obsolet wird.

Ergibt sich jedoch nach den vorstehenden Maßstäben im Einzelfall, dass die kartellrechtlichen Verbote eine kapitalmarktrechtliche Zulässigkeit ausnahmsweise doch ganz oder wesentlich überlagern, sind die Zulässigkeitsregelung und die damit verbundenen Zwecke und Wertungen allein aus kapitalmarktrechtlicher Sicht angemessen zu berücksichtigen. Dies ergibt sich aus kapitalmarktrechtlicher Sicht, da das kartellrechtliche Verbot dann der Zulässigkeitsregelung und den Wertungen des Kapitalmarktgesetzgebers diametral entgegensteht. Aus der Sachnähe und dem Bezug des Kapitalmarktrechts zum Kapitalmarkt lässt sich in diesem Fall ein grundsätzliches Erfordernis der angemessenen Berücksichtigung der kapitalmarktrechtlichen Zulässigkeitsregelung und der damit verbundenen Wertungen und Zwecke aus kapitalmarktrechtlicher Sicht ableiten. Ein genereller Vorrang gilt aber auch aus kapitalmarktrechtlicher Sicht nicht, da das kartellrechtliche Verbot nur eine nicht als allgemeine Zulässigkeitsregelung zu wertende kapitalmarktrechtliche Zulässigkeit überlagert.

Aus kapitalmarktrechtlicher Sicht kann sich ein Vorrang der kapitalmarktrechtlichen Zulässigkeit ergeben, wenn die mit ihr verbundenen Wertungen und Zwecke im Einzelfall den mit dem überlagernden kartellrechtlichen Verbot verfolgten Wettbewerbsschutz überwiegen. In der Abwägung der kapitalmarktrechtlichen Zwecke und Wertungen mit dem kartellrechtlichen Wettbewerbsschutz ist maßgeblich zu beachten, dass der nicht abschließende, kartellrechtsverdrängende oder sonderkartellrechtliche Charakter des Kapitalmarktrechts die Anforderungen an die Angemessenheit der Berücksichtigung senkt. Vor dem Hintergrund des universellen Wettbewerbsschutzes und der Rolle der kartellrechtlichen Verbote als *lex specialis* in wettbewerbsschützenden Belangen reichen daher grundsätzlich von der kapitalmarktrechtlichen Zwecksetzung abweichende Gründe, die nicht offensichtlich weniger schwer wiegen als die kapitalmarktrechtlichen Zwecke. Das dürfte im Falle des Wettbewerbsschutzes grundsätzlich der Fall sein, sodass im Grundsatz eine angemessenen Berücksichtigung der kapitalmarktrechtlichen Zulässigkeit und damit kein Überwiegen der verbundenen Wertungen und Zwecke anzunehmen ist.

Dies wird durch eine Betrachtung der Bedeutung und Wertigkeit des Wettbewerbsschutzes bestätigt. Das Kartellrecht schützt den Wettbewerb universell und greift bewusst in die Regelungsbereiche dritter Rechtsmaterien ein. Das indiziert, dass die kartellrechtlichen Verbote diese Rechtsmaterien in wettbewerbsschützenden Belangen überlagern. Ebenso hat der Schutz des Wettbewerbs eine zentrale Bedeutung in Binnenmarkt und in der Wirtschaftsverfassung. Entsprechend hoch ist dessen Wert. Dem stehen geringe Anforderungen an die angemessene Berücksichtigung der kapitalmarktrechtlichen Zulässigkeit gegenüber. Das

Kapitalmarktrecht ist zwar sachnäher, regelt rechtliche Besonderheiten des Kapitalmarkts und schützt dessen Funktionsfähigkeit. Zugleich ist aber zu beachten, dass nicht in den kapitalmarktrechtlichen Verbots- und Pflichtenkanon eingegriffen, sondern eine Zulässigkeit überlagert wird, und das Kapitalmarktrecht nicht abschließend, kartellrechtsverdrängend oder sonderkartellrechtlich ist. Der Wettbewerbsschutz wiegt abstrakt schwerer. Das spricht für eine angemessene Berücksichtigung trotz des generellen Vorrangs der kartellrechtlichen Verbote.

Ferner sieht sich das Ergebnis durch die erwähnten kartellrechtlichen Schwellenwerte und Einfallstore für Drittwertungen bestätigt. Über die Schwellenwerte werden die Fälle mit geringerer Relevanz für den Wettbewerbsschutz aussortiert. Mithin haben die untersagten Fälle eine gewisse Relevanz für den Wettbewerbsschutz. Das erhöht den Stellenwert des Wettbewerbsschutzes. Gleiches begünstigen Einfallstore wie die Freistellung und der Missbrauchsbegriff. Liegen bspw. grundsätzlich berücksichtigungsfähige Effizienzvorteile vor, reichen sie aber nicht, um den Eingriff in den Wettbewerb aufzuwiegen, scheitern die Freistellung und der Ausschluss der Missbräuchlichkeit.[594] Das spricht dafür, dass der mit dem kartellrechtlichen Verbot verfolgte Wettbewerbsschutz überwiegt, sofern nicht wesentliche dritte Zwecke mit der kapitalmarktrechtlichen Zulässigkeitsregelung verbunden sind, die nicht als Effizienzvorteile berücksichtigt werden können, aber den Wettbewerbsschutz überwiegen. Das ist wegen der zentralen Bedeutung des kartellrechtlichen Wettbewerbsschutzes unwahrscheinlich. Eine Höherwertigkeit der kapitalmarktrechtlichen Zulässigkeit und Wertung, die zum Vorrang aus kapitalmarktrechtlicher Sicht führt, ist aber nicht ausgeschlossen. Sie kann bspw. denkbar sein, wenn sie sich aus europäischem Primärrecht wie den Grundfreiheiten ableitet.

Im Übrigen darf der Grad der Überlagerung der Zulässigkeit durch die kartellrechtlichen Verbote nicht außer Betracht gelassen werden. Es ist zwar für das Berücksichtigungserfordernis schon grundsätzlich eine wesentliche oder gänzliche Überlagerung der Zulässigkeitsregelung erforderlich. Doch auch dies lässt Raum für Unterschiede im Grad der Überlagerung. Je geringfügiger die Überlagerung ist und je unbedeutender die überlagerten Bereiche für die Zulässigkeitsregelung und den verfolgten Zweck sind, desto geringer sind die Anforderungen an das Berücksichtigungserfordernis. Je weitergehender also das Verhalten auch kartellrechtlich zulässig ist, desto weitgehender kommt die kapitalmarktrechtliche Wertung trotz des kartellrechtlichen Verbots zur Geltung. Insofern sinkt auch aus kapitalmarktrechtlicher Sicht die Erforderlichkeit eines Vorrangs der Zulässigkeitsregelung zwecks angemessener Berücksichtigung.

Zusammenfassend ist es unter Beachtung der abstrakten Wertigkeiten, Schwellenwerte und Einfallstore wahrscheinlich, dass der kartellrechtliche Wettbewerbsschutz im Einzelfall einen Stellenwert hat, der die mit der kapitalmarktrechtlichen

594 Vgl. dazu am Bsp. der Kursstabilisation nachfolgenden Abschnitt C. III. 4. c. bb. dieser Arbeit.

Zulässigkeitsregelung verfolgten Zwecke und Wertungen überwiegt. Dafür spricht schon die abstrakte Wertigkeit des Wettbewerbsschutzes. Zu berücksichtigen ist ferner die relativierende Wirkung des nicht abschließenden, kartellrechtsverdrängenden oder sonderkartellrechtlichen Charakters des Kapitalmarktrechts. Das grundsätzliche Überwiegen des Wettbewerbsschutzes bestätigt für die Marktmissbrauchsverordnung Erwägungsgrund 80 zur Marktmissbrauchsverordnung. Indem der europäische Gesetzgeber feststellt, dass sie Art. 101, 102 AEUV nicht sperrt, zeigt er, dass der Wettbewerbsschutz den mit einer kapitalmarktrechtlichen Zulässigkeit verbundenen Wertungen und Zwecken überwiegt. Im Grundsatz ist daher davon auszugehen, dass trotz Vorrangs der kartellrechtlichen Verbote die kapitalmarktrechtliche Zulässigkeitsregelung und die damit verbundenen Wertungen und Zwecke angemessen berücksichtigt sind, sofern sich das Berücksichtigungserfordernis überhaupt infolge einer wesentlichen oder gänzlichen Überlagerung aktiviert.

Im Zusammenhang mit dem erwähnten Berücksichtigungserfordernis ist in systematischer Hinsicht ein wesentlicher Punkt generell zu beachten. Aktiviert sich das Berücksichtigungserfordernis und ergibt die Abwägung der Zwecke und Wertungen im Einzelfall, dass die kapitalmarktrechtliche Zulässigkeit bei Vorrang des kartellrechtlichen Verbots aus kapitalmarktrechtlicher Sicht nicht angemessen berücksichtigt ist, da deren Wertungen und Zwecke überwiegen, ergibt sich zunächst nur aus kapitalmarktrechtlicher Sicht ein Vorrang der Zulässigkeitsregelung. Daraus folgt aber nicht zugleich automatisch der generell verbindliche Vorrang der Zulässigkeitsregelung vor dem kartellrechtlichen Verbot, sodass es abschließend nachgeht und das Verhalten nicht untersagen kann. Der aus einer nicht angemessenen Berücksichtigung folgende Vorrang ergibt sich an dieser Stelle allein aus kapitalmarktrechtlicher Sicht, da ebendieses Berücksichtigungserfordernis aus kapitalmarktrechtlicher Sicht besteht. Aus kartellrechtlicher Sicht folgt demgegenüber aus dem universellen Wettbewerbsschutz weiterhin ein genereller Vorrang des kartellrechtlichen Verbots, sofern nicht für das Kartellrecht wirksam bindend ein Nachrang geregelt ist. Der entstehende Konflikt ist unter Einbezug der Normenhierarchie aufzulösen.[595]

Hinfällig ist das Berücksichtigungserfordernis, wenn eine kapitalmarktrechtliche Regelung oder Wertung des Kapitalmarktgesetzgebers ergibt, dass die Zulässigkeitsregelung dem kartellrechtlichen Verbot nachgeht. Ist ein solcher Nachrang im Kapitalmarktrecht geregelt, geht die Zulässigkeitsregelung auch aus kapitalmarktrechtlicher Sicht nicht vor. Gleiches gilt, wenn dies aus den gesetzgeberischen Erwägungen folgt. Ein Vorrang der Zulässigkeitsregelung widerspräche in diesem Fall der Wertung des Kapitalmarktgesetzgebers. Der Kapitalmarktgesetzgeber gibt mit solchen Regelungen und Wertungen das aus seiner Sicht bestehende Verhältnis der kartellrechtlichen Verbote zu kapitalmarktrechtlichen Zulässigkeitsregelungen

595 Vgl. zu den Einzelheiten der Bestimmung des Rangverhältnisses nachfolgenden Abschnitt C. III. 3. d. dieser Arbeit.

vor. Er determiniert das Ergebnis der Prüfung des Berücksichtigungserfordernisses und stellt fest, dass die Zulässigkeitsregelung trotz Vorrangs der kartellrechtlichen Verbote angemessen berücksichtigt ist. Eine solche Wertung findet sich bspw. in Erwägungsgrund 80 zur Marktmissbrauchsverordnung.

Auf der anderen Seite ist ebenso denkbar, dass die kapitalmarktrechtliche Zulässigkeit explizit die kartellrechtlichen Verbote sperren soll. Auch dann gibt der Kapitalmarktgesetzgeber die aus seiner Sicht geltende Bewertung vor. Aufgrund des nicht abschließenden, sonderkartellrechtlichen oder kartellrechtsverdrängenden Charakters des Kapitalmarktrechts kommt einer bloßen kapitalmarktrechtlichen Zulässigkeitsregelung dieser Effekt jedoch nicht zu. Es bedarf einer Bezugnahme auf das Kartellrecht oder erkennbaren Regelung der allgemeinen Zulässigkeit, die über die kapitalmarktrechtlichen Grenzen hinaus gelten soll. Dann besteht aus kapitalmarktrechtlicher Sicht ein Vorrang der Zulässigkeitsregelung. Auch hier ist zu beachten, dass dieser Vorrang zunächst nur aus kapitalmarktrechtlicher Sicht gilt. Es kommt mithin im Ausgangspunkt zu einem Wertungswiderspruch, der unter Einbezug der Normenhierarchie aufzulösen ist. Demgegenüber folgt aus einer solchen Regelung ein verbindlicher Vorrang der Zulässigkeitsregelung vor dem kartellrechtlichen Verbot, wenn sie das Kartellrecht bindet und als kartellrechtliche Zulässigkeitsregelung zu verstehen ist. Wann eine die kartellrechtlichen Verbote sperrende kapitalmarktrechtliche Regelung den Vorrang der kartellrechtlichen Verbote auch aus kartellrechtlicher Sicht sperrt, wird noch erörtert.[596]

(6). Zusammenfassung der Ergebnisse

Abschließend ist festzuhalten, dass kapitalmarktrechtliche Zulässigkeitsregelungen den kartellrechtlichen Verboten aus kapitalmarktrechtlicher Sicht nicht generell vorgehen. Ein solcher Vorrang aus kapitalmarktrechtlicher Sicht ist im Einzelfall jedoch nicht ausgeschlossen.

Aus kapitalmarktrechtlicher Sicht kann sich ein Vorrang der Zulässigkeit vor den kartellrechtlichen Verboten über das dargestellte Berücksichtigungserfordernis unter den folgenden vier kumulativen Voraussetzungen ergeben, dass es sich (1.) um eine ausdrücklich oder zumindest konkludent geregelte kapitalmarktrechtliche Zulässigkeit handelt, (2.) diese kapitalmarktrechtliche Zulässigkeitsregelung ganz oder zumindest wesentlich durch die einschlägigen kartellrechtlichen Verbote überlagert ist, (3.) die mit der kapitalmarktrechtlichen Zulässigkeit verbundenen Wertungen und Zwecke im konkreten Einzelfall den mit dem ganz oder teilweise überlagernden kartellrechtlichen Verbot beabsichtigten kartellrechtlichen Wettbewerbsschutz überwiegen und sich (4.) kein sonstiger Nachrang der kapitalmarktrechtlichen Zulässigkeit aus einer kapitalmarktrechtlichen Regelung oder einer Wertung des Kapitalmarktgesetzgebers ergibt. Sind diese vier kumulativen Voraussetzungen nicht erfüllt, ergibt sich aus kapitalmarktrechtlicher Sicht

596 Vgl. dazu nachfolgenden Abschnitt C. III. 3. d. dieser Arbeit.

kein Vorrang der Zulässigkeitsregelung über das Berücksichtigungserfordernis gegenüber dem kartellrechtlichen Verbot.

Dieses Berücksichtigungserfordernis darf jedoch wegen des nicht abschließenden, kartellrechtsverdrängenden oder sonderkartellrechtlichen Charakters des Kapitalmarktrechts nicht überbewertet werden. Es reicht grundsätzlich jeder objektive von den kapitalmarktrechtlichen Zwecken verschiedene Grund für eine angemessene Berücksichtigung, wenn das kapitalmarktrechtlich zulässige Verhalten nur in Teilen untersagt ist, aber im Wesentlichen möglich bleibt. Das Berücksichtigungserfordernis aktiviert sich erst, wenn die Zulässigkeitsregelung ganz oder wesentlich überlagert wird, weil dann in die kapitalmarktspezifisch bewusst gesetzte Wertung eingegriffen wird. Hinsichtlich der Angemessenheit der Berücksichtigung reichen auch in diesem Fall objektiv dritte Zwecke, die nicht offensichtlich weniger schwer wiegen als die kapitalmarktrechtlichen Zwecke. Ergibt sich aus kapitalmarktrechtlicher Sicht eine nicht angemessene Berücksichtigung, folgt daraus zunächst nur ein Vorrang aus kapitalmarktrechtlicher Sicht, der allein noch keinen Nachrang des Kartellrechts begründet. Spiegelt sich der Vorrang kartellrechtlich nicht, kommt es zum Wertungskonflikt.

Ferner ist zu beachten, dass sich aus kapitalmarktrechtlicher Sicht in jedem Fall ein Vorrang der kapitalmarktrechtlichen Zulässigkeitsreglung ergibt, wenn dies explizit im Kapitalmarktrecht geregelt ist. Eine bloß kapitalmarktrechtliche Zulässigkeitsregelung hat diesen Effekt jedoch nicht.

dd. Entwicklung eines Verhältnisses von kapitalmarktrechtlicher Zulässigkeit und kartellrechtlichem Verbot auf Basis der Bedeutung der Rechtsmaterien

Vorstehend wurde mit dem folgenden wesentlichen Ergebnis unter Berücksichtigung der Bedeutung der Rechtsmaterien untersucht, wie sich das Verhältnis kartellrechtlicher Verbote zu kapitalmarktrechtlicher Zulässigkeit aus Sicht des Kartell- und des Kapitalmarktrechts darstellt:

Aus kartellrechtlicher Sicht ergibt sich ein genereller Vorrang der Verbote nach Art. 101, 102 AEUV, §§ 1, 19 GWB, sofern kein Nachrang im Kartellrecht geregelt ist. Letzteres ist in Bezug auf das Kapitalmarktrecht nicht ersichtlich ist und widerspräche auch dem universellen Wettbewerbsschutz.

Aus kapitalmarktrechtlicher Sicht folgt indes kein genereller Vorrang kapitalmarktrechtlicher Zulässigkeitsregelungen vor kartellrechtlichen Verboten, sofern dies nicht explizit geregelt ist. Fehlt eine Regelung, ist eine geregelte kapitalmarktrechtliche Zulässigkeit aus kapitalmarktrechtlicher Sicht nach den entwickelten Grundsätzen angemessen in der kartellrechtlichen Bewertung zu berücksichtigen, sofern sich das Berücksichtigungserfordernis aktiviert. Dies setzt vor allem eine wesentliche oder gänzliche Überlagerung der kapitalmarktrechtlichen Zulässigkeitsregelung durch das kartellrechtliche Verbot voraus.

Auch wenn die Anforderungen an das Berücksichtigungserfordernis nicht zu überhöhen sind, können der grundsätzlich aus kartellrechtlicher Sicht abzuleitende

Vorrang der kartellrechtlichen Verbote und das aus kapitalmarktrechtlicher Sicht bestehende Berücksichtigungserfordernis zu entgegengesetzten Vorrangansprüchen führen.

Aus der Zusammenschau dieser Einzelbetrachtungen ergeben sich die folgenden Grundsätze für das Verhältnis einseitiger kartellrechtlicher Verbote zu einer kapitalmarktrechtlichen Zulässigkeit:

Klare Verhältnisse bestehen, wenn explizite Regelungen zum Verhältnis von Kartell- und Kapitalmarktrecht gegeben sind. Ist im Kartellrecht bspw. ein Nachrang der kartellrechtlichen Verbote wirksam geregelt, geht die kapitalmarktrechtliche Zulässigkeit vor. Solche Nachrangregelungen gibt es im Kartellrecht nicht. Ebenso sind auch im spiegelbildlichen Fall klare Verhältnisse gegeben. Ergibt sich aus dem Kapitalmarktrecht ein Nachrang der kapitalmarktrechtlichen Zulässigkeit, gehen die kartellrechtlichen Verbote vor. Das regelt bspw. Erwägungsgrund 80 zur Marktmissbrauchsverordnung mit Blick auf Art. 101, 102 AEUV.

Näherer Betrachtung bedürfen solche Fälle, in denen das kartellrechtliche Verbot ein Verhalten untersagt, dass durch eine kapitalmarktrechtliche Regelung zugelassen ist, ohne dass es eine Regelung zum Verhältnis gibt. Dann stehen sich der aus dem Kartellrecht abzuleitende Vorrang und das für das Kapitalmarktrecht entwickelte Erfordernis, die kapitalmarktrechtliche Zulässigkeit angemessen zu berücksichtigen, gegenüber und sind in Einklang zu bringen. Aus kapitalmarktrechtlicher Sicht ergibt sich dabei, wie dargestellt, nur ausnahmsweise ein Vorrang der Zulässigkeit vor kartellrechtlichen Verboten, wenn es sich (1.) um eine ausdrückliche oder zumindest konkludente Zulässigkeitsregelung handelt, diese ausdrückliche kapitalmarktrechtliche Zulässigkeitsregelung (2.) ganz oder zumindest wesentlich durch kartellrechtliche Verbote überlagert ist, (3.) die mit der kapitalmarktrechtlichen Zulässigkeit verbundenen Wertungen und Zwecke im konkreten Einzelfall den mit dem ganz oder teilweise überlagernden kartellrechtlichen Verbot beabsichtigten kartellrechtlichen Wettbewerbsschutz überwiegen und sich (4.) kein sonstiger Nachrang der kapitalmarktrechtlichen Zulässigkeit aus kapitalmarktrechtlicher Regelung oder einer Wertung des Kapitalmarktgesetzgebers ergibt.

Sind die Voraussetzungen nicht erfüllt, ergibt sich aus kapitalmarktrechtlicher Sicht kein Vorrang der Zulässigkeitsregelung. Da zugleich aus kartellrechtlicher Sicht generell ein Vorrang er kartellrechtlichen Verbote besteht, sofern keine wirksame abweichende Regelung existiert, ergibt man auf Grundlage der kartell- und der kapitalmarktrechtlichen Bedeutung einheitlich der Vorrangs der kartellrechtlichen Verbote. Es entsteht kein Wertungswiderspruch, der über die Normenhierarchie aufzulösen wäre.

Ergibt sich aus kapitalmarktrechtlicher Sicht indes eine nicht angemessene Berücksichtigung der Zulässigkeitsregelung, folgt daraus nicht automatisch abschließend der Vorrang vor dem kartellrechtlichen Verbot. Dieser ergibt sich nur aus kapitalmarktrechtlicher Sicht. Aus kartellrechtlicher Sicht bleibt es beim grundsätzlichen Vorrang des kartellrechtlichen Verbots. Es entsteht mithin ein Wertungswiderspruch, der unter Einbezug der Normenhierarchie aufzulösen ist.

ee. Zusammenfassung der Ergebnisse zur Bedeutungsanalyse

Im Ausgangspunkt folgt aus der Bedeutungsanalyse ein genereller Vorrang kartellrechtlicher Verbote nach Art. 101, 102 AEUV, §§ 1, 19 GWB vor einer kapitalmarktrechtlichen Zulässigkeit, der mit Kartell- und Kapitalmarktrecht vereinbar ist. Folglich besteht im Ausgangspunkt kein Wertungskonflikt. Diese Grundregel kann im Einzelfall durch eine Regelung oder das kapitalmarktrechtliche Erfordernis angemessener Berücksichtigung durchbrochen sein. Dieses Grundverständnis folgt im Ausgangspunkt aus dem universellen Geltungsanspruch des Kartellrechts und dem nicht abschließenden, sonderkartellrechtlichen oder kartellrechtsverdrängenden Charakter des Kapitalmarktrechts.

Ist der Vorrang der kapitalmarktrechtlichen Zulässigkeitsregelung das Kartellrecht bindend geregelt, soll im Grundsatz aus kartell- wie kapitalmarktrechtlicher Sicht ein Nachrang der kartellrechtlichen Verbote gegenüber der kapitalmarktrechtlichen Zulässigkeitsregelung im geregelten Umfang gelten. Ein solcher genereller Nachrang ist jedoch weder im deutschen noch im europäischen Kartellrecht geregelt. Eine solche Regelung ist theoretisch möglich, aber unwahrscheinlich, da sie mit dem universellen Wettbewerbsschutz unvereinbar ist. Ferner statuiert eine bloß kapitalmarktrechtliche Zulässigkeit diesen Nachrang nicht. Ihr fehlt der kartellrechtliche Erklärungsgehalt. Selbst wenn eine solche Regelung besteht, ist zu prüfen, ob sie die kartellrechtlichen Verbote bindet. Darauf wird noch eingegangen. Dies ist vor allem mit Blick auf Art. 101, 102 AEUV zu beachten. Sind die kartellrechtlichen Verbote durch die Regelung nicht gebunden, bleibt es aus kartellrechtlicher Sicht beim Vorrang der kartellrechtlichen Verbote. Dann kann sich nur aus kapitalmarktrechtlicher Sicht ein Vorrang der kapitalmarktrechtlichen Zulässigkeitsregelung ergeben. Der Wertungskonflikt ist unter Einbezug der Normenhierarchie aufzulösen.

Ferner ergibt sich kein einheitlicher Vorrang der kartellrechtlichen Verbote aus Kartell- und Kapitalmarkt, wenn der Vorrang der kartellrechtlichen Verbote nicht mit dem kapitalmarktrechtlichen Erfordernis der angemessenen Berücksichtigung vereinbar ist. Eine nicht angemessene Berücksichtigung ist, wie dargestellt, die Ausnahme. Erst wenn kartellrechtliche Verbote die kapitalmarktrechtliche Zulässigkeitsregelung ganz oder wesentlich überlagern, kommt sie in Betracht. Selbst dann spricht aber der Stellenwert des Wettbewerbsschutzes im Ausgangspunkt wegen der geringen Anforderungen an die Berücksichtigungspflicht für eine angemessene Berücksichtigung. Spricht im Einzelfall das Berücksichtigungserfordernis aus kapitalmarktrechtlicher Sicht für den Vorrang der kapitalmarktrechtlichen Zulässigkeit, hebt dies nicht den aus kartellrechtlicher Sicht bestehenden Vorrang der kartellrechtlichen Verbote auf. Dies ist grundlegend zu beachten. Vielmehr entsteht ein Wertungskonflikt, der unter Einbezug der normenhierarchischen Erwägungen aufzulösen ist.

Ferner sei darauf hingewiesen, dass sich für die praktisch relevante Marktmissbrauchsverordnung aus Erwägungsgrund 80 zur Marktmissbrauchsverordnung ein Nachrang der Zulässigkeitsregelungen gegenüber Art. 101, 102 AEUV ergibt.

d. Abschließende Darstellung des Rangverhältnisses von Kartell- und Kapitalmarktrecht unter Kombination von Normenhierarchie und Bedeutungsanalyse

aa. Vorbemerkungen

In der Zusammenschau der Normenhierarchie und der Bedeutungsanalyse lässt sich das folgende grundsätzliche Rangverhältnis von Kartell- und Kapitalmarktrecht für einseitige kartellrechtliche Verbote kapitalmarktrechtlich zulässigen Verhaltens festhalten:

bb. Verhältnis von Art. 101, 102 AEUV zu kapitalmarktrechtlicher Zulässigkeit

Die Verbote nach Art. 101, 102 AEUV gehen im Ausgangspunkt einer im europäischen Sekundärrecht oder im nationalen Recht geregelten kapitalmarktrechtlichen Zulässigkeit unabhängig von deren angemessenen Berücksichtigung schon normenhierarchisch wegen ihres Primärrechtscharakters vor.

Ferner fehlt den kapitalmarktrechtlichen Zulässigkeitsregelungen der kartellrechtliche Erklärungsgehalt. Vielmehr ist das Kartellrecht *lex specialis* in wettbewerbsschützenden Belangen, sodass der *lex-specialis*-Grundsatz nicht gegen einen Vorrang der Art. 101, 102 AEUV vor kapitalmarktrechtlichen Zulässigkeitsregelungen spricht. Erwägungsgrund 80 zur Marktmissbrauchsverordnung, nach dem die Marktmissbrauchsverordnung die Art. 101, 102 AEUV nicht sperrt, bestätigt, dass das Kapitalmarktrecht nicht *lex specialis* ist. Der Erwägungsgrund bezieht sich zwar nicht auf das allgemeine Verhältnis von Kartell- und Kapitalmarktrecht. Er spricht aber dafür, dass das Kapitalmarktrecht keinen solchen Charakter haben soll.

Eine Ausnahme von diesem normenhierarchischen Vorrang kann sich bei einer Art. 101, 102 AEUV sperrenden Regelung ergeben. Eine Sperrung ist möglich, wenn ein Vorrang der kapitalmarktrechtlichen Zulässigkeit vor Art. 101, 102 AEUV geregelt ist. Diesbezüglich ist zu beachten, dass nicht jede Vorrangregelung die Art. 101, 102 AEUV bindet. Das nationale Recht kann wegen der Normenhierarchie Art. 101, 102 AEUV nicht sperren. Europäisches Kartellrecht geht zur einheitlichen Rechtsanwendung einer nationalen Erlaubnis vor.[597] Art. 101, 102 AEUV können nur durch europäisches Recht limitiert werden. Gem. Art. 103 Abs. 2 lit. c AEUV kann der Anwendungsbereich der Art. 101, 102 AEUV über Richtlinien und Verordnungen bestimmt werden. Mithin reicht eine sekundärrechtliche Regelung, die einen Nachrang der kartellrechtlichen Verbote gegenüber der kapitalmarktrechtlichen Zulässigkeitsregelung statuiert. Eine allgemeine Regelung dieser Art ist aber nicht existent.

---

597 IM/*Rehbinder*, Bd 1, Art. 3 VO 1/2003 Rn 28; GHN/*Dalheimer*, Art. 3 VO 1/2003 Rn 19.

Auch wenn wegen der klaren Normenhierarchie kein Rückgriff auf die Bedeutungsanalyse erforderlich ist, um den Vorrang zu rechtfertigen, bestätigt sich der grundsätzliche Vorrang der Verbote nach Art. 101, 102 AEUV vor kapitalmarktrechtlich im Sekundärrecht oder im nationalen Recht geregelter Zulässigkeit in der Bedeutungsanalyse.

Wie oben dargestellt, folgt aus der Bedeutungsanalyse ein grundsätzlicher Vorrang der kartellrechtlichen Verbote vor einer kapitalmarktrechtlichen Zulässigkeitsregelung, der nur im Einzelfall durchbrochen sein kann.[598] Kapitalmarktrechtlich besteht nur ein Erfordernis, eine geregelte Zulässigkeit angemessen zu berücksichtigen. Dieses Berücksichtigungserfordernis ist an vier kumulative Voraussetzungen geknüpft: explizite kapitalmarktrechtliche Zulässigkeitsregelung, wesentliches oder gänzliches Überlagern der Regelung durch das kartellrechtliche Verbot, keine angemessene Berücksichtigung der kapitalmarktrechtlichen Wertungen und Zwecke sowie kein kapitalmarktrechtlich geregelter oder sich aus einer kapitalmarktrechtlichen Wertung ergebener Nachrang. Diese Voraussetzungen sind in der Regel nicht erfüllt. Eine nur teilweise Überlagerung wird durch die Schwellenwerte im Kartellrecht sowie die Einfallstore für Drittwertungen i.V.m. den faktisch ähnlichen Zwecksetzungen von Kartell- und Kapitalmarktrecht begünstigt. Selbst wenn sich das Berücksichtigungserfordernis wegen einer wesentlichen Überlagerung aktiviert, ist grundsätzlich davon auszugehen, dass ein Vorrang der kartellrechtlichen Verbote wegen des Stellenwerts des Wettbewerbsschutzes angemessen ist. Selbst wenn jedoch eine sekundärrechtlich oder national geregelte kapitalmarktrechtliche Zulässigkeit aus kapitalmarktrechtlicher Sicht nicht angemessen berücksichtigt ist, folgt daraus nicht pauschal der Vorrang der Zulässigkeitsregelung. Dieser besteht nur aus kapitalmarktrechtlicher Sicht. Kartellrechtlich gilt weiterhin der Vorrang des kartellrechtlichen Verbots, der sich für Art. 101, 102 AEUV auch normenhierarchisch durchsetzt. Daher gehen sie einer kapitalmarktrechtlichen Zulässigkeit in Sekundärrecht und nationalem Recht generell vor.

Der normenhierarchische Vorrang der Art. 101, 102 AEUV findet jedoch eine Grenze, wenn sich die kapitalmarktrechtliche Zulässigkeitsregelung im europäischem Primärrecht befindet. In der Literatur wird erwogen, eine kapitalmarktrechtliche Zulässigkeit den Art. 101, 102 AEUV vorgehen zu lassen, wenn sie sich bspw. im europäischen Primärrecht wie der Kapitalverkehrsfreiheit findet.[599] Die Zulässigkeitsregelung steht dann normenhierarchisch auf einer Ebene mit Art. 101, 102 AEUV. In diesem Fall ergibt sich kein normenhierarchischer Vor- oder Nachrang. Es kommt darauf an, welches Verhältnis aus der Bedeutungsanalyse folgt. Art. 101, 102 AEUV gehen daher vor, wenn die Zulässigkeitsregelung und die damit verbundenen Wertungen und Zwecke trotz des Vorrangs angemessen berücksichtigt sind. Dabei ist auf die Gesamtumstände des Einzelfalls

598 Vgl. dazu die Ausführungen in Abschnitt C. III. 3. dd. dieser Arbeit.
599 *Bueren*, WM 2013, 585, 595.

abzustellen. Wenn das kartellrechtliche Verbot die sich primärrechtlich ergebende kapitalmarktrechtliche Zulässigkeit nur in Teilen überlagert, kann man auch hier im Grundsatz annehmen, dass das kartellrechtliche Verbot vorgeht, da das zulässige Verhalten und die damit verbundene Wertung nicht ganz überlagert sind. Bei einer wesentlichen Überlagerung der Zulässigkeitsregelung ist hingegen eine Abwägung der verfolgten Zwecke unter Berücksichtigung aller Besonderheiten des Einzelfalls vorzunehmen und zu fragen, ob die dritte Regelung tatsächlich den Wettbewerbsschutz limitieren soll. Eine primärrechtliche Ableitung der kapitalmarktrechtlichen Zulässigkeit führt indes nicht automatisch zu deren Vorrang. Das gilt auch für die Grundfreiheiten. Sie stehen mit dem Wettbewerbsschutz auf einer Stufe. Die Grundfreiheiten binden die Europäische Union und die Mitgliedsstaaten,[600] das Kartellrecht die Marktteilnehmer.[601] Der Wettbewerbsschutz und die Grundfreiheiten ergänzen sich im effektiven Schutz des Binnenmarkts.[602] Die Kapitalverkehrsfreiheit ist bspw. dem Wettbewerbsschutzes in einer Abwägung gegenüberzustellen. Selbst bei einer Ableitung der Zulässigkeit aus einer Grundfreiheit wie der Kapitalverkehrsfreiheit, ergibt sich kein automatischer Vorrang der Zulässigkeit. Man muss vielmehr die besondere Stellung des Wettbewerbsschutzes im europäischen Recht und im Binnenmarktprojekt beachten.

Zusammenfassend gehen somit die Verbote nach Art. 101, 102 AEUV einer sekundärrechtlich oder im nationalen Recht geregelten kapitalmarktrechtlichen Zulässigkeit vor, sofern keine abweichende europäische Regelung im Einklang mit Art. 103 Abs. 2 lit. c AEUV besteht, die einen Nachrang der Art. 101, 102 AEUV statuiert. Außerhalb von Art. 101, 102 AEUV sperrender Regelungen ist ein Vorrang einer kapitalmarktrechtlichen Zulässigkeit nur möglich, wenn dem kapitalmarktrechtlichen Berücksichtigungserfordernis nicht nachgekommen ist und die Zulässigkeitsregelung normenhierarchisch nicht unter Art. 101, 102 AEUV steht, mithin dem Primärrecht entstammt. Aufgrund der normenhierarchischen Stellung des europäischen Kartellrechts und der Regelung des originären Kapitalmarktrechts im europäischen Sekundärrecht oder im nationalen Recht, ist daher ein Vorrang der Verbote nach Art. 101, 102 AEUV der Regelfall. Ausnahmen können sich allenfalls bei einer primärrechtlichen Ableitung der Zulässigkeit oder einer expliziten Nachrangregelung im europäischen Recht unter Beachtung von Art. 103 Abs. 2 lit. c AEUV ergeben.

600 Callies/Ruffert/*Kingreen*, Art. 36 AEUV Rn 104 u. 109; Dauses/*Hoffmann*, H I § 1 Rn 2; *Hobe*, Rn 639; *Kling*/*Thomas*, § 1 Rn 4.

601 Dauses/*Hoffmann*, H I § 1 Rn 2; *Kling*/*Thomas*, § 1 Rn 4; GHN/*Terhechte*, Art. 3 EUV Rn 41.

602 GHN/*Terhechte*, Art. 3 EUV Rn 41; Schulte/Just/*de Bronett*, Art. 101 AEUV Rn 3.

cc. Verhältnis von §§ 1, 19 GWB zu kapitalmarktrechtlicher Zulässigkeit

Für §§ 1, 19 GWB ergibt sich hingegen aus normenhierarchischer Sicht zunächst ein anderes Verhältnis zu kapitalmarktrechtlicher Zulässigkeit. Dem europäischen und europäisch determinierten nationalen Kapitalmarktrecht gehen die §§ 1, 19 GWB normenhierarchisch nach. Zu nationalem Kapitalmarktrecht besteht ein normenhierarchischer Gleichrang, wenn es mit dem GWB gleichrangig geregelt ist. Das ist der Regelfall.

Dieser regelmäßig fehlende normenhierarchische Vorrang der §§ 1, 19 GWB führt aber nicht dazu, dass die kartellrechtlichen Verbote nach §§ 1, 19 GWB in der Regel den kapitalmarktrechtlichen Zulässigkeitsregelungen nicht vorgehen.

In Bezug auf das europäische und europäisch determinierte nationale Kapitalmarktrecht ergibt sich normenhierarchisch zwar ein Nachrang. Dieser Nachrang wird jedoch durch das Ergebnis der in dieser Arbeit vorgenommenen Bedeutungsanalyse relativiert. Wie beschrieben, ergibt sich aus kartellrechtlicher Sicht ein genereller Vorrang der kartellrechtlichen Verbote, den das Kartellrecht wirksam bindende Regelungen durchbrechen können. Dieser Vorrang ist, wie dargestellt, regelmäßig mit der Bedeutung der kapitalmarktrechtlichen Zulässigkeitsregelung aus kapitalmarktrechtlicher Sicht vereinbar.

Auf Basis der Bedeutungsanalyse ergibt sich somit im Ausgangspunkt aus kartell- wie kapitalmarktrechtlicher Sicht einheitlich ein Vorrang der Verbote nach §§ 1, 19 GWB vor kapitalmarktrechtlicher Zulässigkeit. In diesem Fall entsteht kein Wertungswiderspruch. Ohne einen Wertungswiderspruch muss auch die Normenhierarchie nicht bemüht werden. Sie kann nicht gegen den Vorrang der §§ 1, 19 GWB vorgetragen werden. Er steht nicht im Widerspruch zum normenhierarchisch höherrangigen europäischen Kapitalmarktrecht. Eine im europäischen Kapitalmarktrecht geregelte Zulässigkeit geht mithin nicht generell vor, nur weil sie normenhierarchisch höherrangig ist. Die Normenhierarchie spielt erst eine Rolle und kann einen Vorrang begründen, wenn sich ein Wertungskonflikt ergibt. Dieser besteht, wenn sich über das entwickelte kapitalmarktrechtliche Berücksichtigungserfordernis aus kapitalmarktrechtlicher Sicht ein Vorrang der kapitalmarktrechtlichen Zulässigkeitsregelung ergibt. Wie zur Bedeutungsanalyse dargestellt, ist dies jedoch im Ausgangspunkt unwahrscheinlich.

Sofern hingegen ein Nachrang der §§ 1, 19 GWB im europäischen oder europäisch determinierten nationalen Kapitalmarktrecht explizit geregelt ist, geht die kapitalmarktrechtliche Zulässigkeitsregelung verbindlich vor. Gleiches gilt, wenn im nationalen Kartellrecht ein Nachrang der §§ 1, 19 GWB geregelt ist. Allgemeine Nachrangregelungen dieser Art sind nicht existent.

Im Verhältnis der §§ 1, 19 GWB zu einer rein national geregelten kapitalmarktrechtlichen Zulässigkeit ergibt sich im Falle des regelmäßigen normenhierarchischen Gleichrangs kein normenhierarchisches Vorrangverhältnis. Es ist die Bedeutungsanalyse zu bemühen, aus der regelmäßig ein Vorrang der §§ 1, 19 GWB vor kapitalmarktrechtlichen Zulässigkeitsregelungen im nationalen Recht folgt. Ergibt sich indes über das kapitalmarktrechtliche Berücksichtigungserfordernis aus kapitalmarktrechtlicher Sicht ein Vorrang der kapitalmarktrechtlichen Zulässigkeitsregelung, geht sie bei normenhierarchischen Gleichrang dem kartellrechtlichen Verbot vor. Ferner sind auch hier etwaige Regelungen, die das Vor- oder Nachrangverhältnis spezifisch regeln, zu beachten.

Anders als für Art. 101, 102 AEUV ergibt sich somit für §§ 1, 19 GWB kein genereller Vorrang vor dem sekundär- und nationalrechtlichen Kapitalmarktrecht, der nur durch eine das Kartellrecht bindende entgegenstehende Regelung durchbrochen werden kann. Trotzdem ist über die Bedeutungsanalyse im Grundsatz ein Vorrang der §§ 1, 19 GWB vor einer kapitalmarktrechtlichen Zulässigkeit anzunehmen. Selbst normenhierarchisch vorrangige kapitalmarktrechtliche Zulässigkeitsregelungen können den §§ 1, 19 GWB nur vorgehen, wenn dies geregelt oder das kapitalmarktrechtliche Berücksichtigungserfordernis nicht erfüllt ist. Insoweit ist zu beachten, dass das Berücksichtigungserfordernis in der Regel erfüllt sein wird.

dd. Genereller Vorrang kartellrechtlicher Verbote

Im Ergebnis ist zur Verbotsebene festzuhalten, dass eine kapitalmarktrechtliche Zulässigkeit trotz der Sachnähe des Kapitalmarktrechts zum Kapitalmarkt nicht pauschal eine kartellrechtliche Zulässigkeit impliziert und die kartellrechtlichen Verbote nicht generell überlagert. Vielmehr ist im Ausgangspunkt wegen des universell wettbewerbsschützenden Charakters des Kartellrechts ein Vorrang der kartellrechtlichen Verbote vor der kapitalmarktrechtlichen Zulässigkeit anzunehmen, der allenfalls im Einzelfall durchbrochen ist. Vor allem für Art. 101, 102 AEUV ergibt sich normenhierarchisch ein umfassender Vorrang vor einer sekundärrechtlich und national geregelten kapitalmarktrechtlichen Zulässigkeit. Zu den Durchbrechungsmöglichkeiten gehören eine das Kartellrecht bindende Regelung eines Nachrangs gegenüber der kapitalmarktrechtlichen Zulässigkeit sowie das kapitalmarktrechtliche Berücksichtigungserfordernis in den Grenzen der Normenhierarchie. Eine den Nachrang der kartellrechtlichen Verbote statuierende Regelung ist unwahrscheinlich, da sie dem universellen Wettbewerbsschutz widerspricht. Eine Verletzung des kapitalmarktrechtlichen Berücksichtigungserfordernisses ist ebenso unwahrscheinlich, da es sich lediglich bei einer gänzlichen oder wesentlichen Überlagerung der kapitalmarktrechtlichen Zulässigkeitsregelung aktiviert und der Wettbewerbsschutz einen hohen Stellenwert hat, der vor dem Hintergrund des nicht abschließenden, sonderkartellrechtlichen oder kartellrechtsverdrängenden Charakter des Kapitalmarktrechts überwiegen wird.

ee. Praktische Rechtsanwendung

Für die praktische Rechtsanwendung bietet sich zur Bestimmung des Vorrangverhältnisses zwischen den kartellrechtlichen Verboten und einer kapitalmarktrechtlicher Zulässigkeit folgende grobe Prüfungsabfolge an:

Als Ausgangspunkt der Prüfung ist ein Vorrang des Kartellrechts anzusetzen.

Folgt die Zulässigkeit eines Verhaltens aus kapitalmarktrechtlicher Sicht aus einem Schweigen des Kapitalmarktrechts, steht dies dem Vorrang der kartellrechtlichen Verbote nicht entgegen, da das Kapitalmarktrecht nicht abschließend die rechtlichen Belange des Kapitalmarkts regelt und eine konkrete Wertung fehlt, die kartellrechtlich zu beachten sein könnte.

In Bezug auf eine geregelte kapitalmarktrechtliche Zulässigkeit ist zu prüfen, ob ein Nachrang der kartellrechtlichen Verbote gegenüber dem Kapitalmarktrecht geregelt ist. Insoweit ist zu beachten, dass die Art. 101, 102 AEUV nur primärrechtlich und in den Grenzen des Art. 103 Abs. 2 lit. c AEUV sekundärrechtlich, aber nicht durch nationales Recht, eingeschränkt werden können und eine bloß kapitalmarktrechtliche Zulässigkeit wegen des fehlenden sonderkartellrechtlichen Charakters nicht als eine kartellrechtliche Verbote sperrende Zulässigkeit zu verstehen ist.

Besteht keine Regelung des Vorrangverhältnisses, ist zu prüfen, ob sich der Vorrang der kartellrechtlichen Verbote aus der Normenhierarchie ergibt. Insofern gehen Art. 101, 102 AEUV normenhierarchisch im europäischen Sekundärrecht und im nationalen Recht geregelter kapitalmarktrechtlicher Zulässigkeit vor.

Ergibt sich kein normenhierarchischer Vorrang der kartellrechtlichen Verbote, ist im Weiteren zu prüfen, ob sich aus dem kapitalmarktrechtlichen Berücksichtigungserfordernis ein Nachrang der kartellrechtlichen Verbote ergibt. Hierfür sind die erarbeiteten vier kumulative Voraussetzungen zu prüfen: explizite kapitalmarktrechtliche Zulässigkeitsregelung, wesentliches oder gänzliches Überlagern der Regelung durch das kartellrechtliche Verbot, keine angemessene Berücksichtigung der kapitalmarktrechtlichen Wertungen und Zwecke sowie kein kapitalmarktrechtlich geregelter oder sich aus kapitalmarktrechtlicher Wertung ergebener Nachrang.

Sind diese vier Voraussetzungen nicht erfüllt, ergibt sich aus Kartell- und Kapitalmarktrecht einheitlich der Vorrang der kartellrechtlichen Verbote, sofern kein Nachrang der kartellrechtlichen Verbote wirksam geregelt ist. Sind sie erfüllt, ist zu beachten, dass daraus nur aus kapitalmarktrechtlicher Sicht ein Vorrang der kapitalmarktrechtlichen Zulässigkeitsregelung folgt, wenn kein bindender Nachrang der kartellrechtlichen Verbote geregelt ist. Es entsteht mithin ein Wertungskonflikt, der unter Einbezug der Normenhierarchie aufzulösen ist, sodass die kapitalmarktrechtliche Zulässigkeit nicht vorgeht, wenn das kartellrechtliche Verbot normenhierarchisch höher steht. Mit Blick auf Art. 101, 102 AEUV kann sich daher aufgrund deren normenhierarchischen Stellung über das Berücksichtigungserfordernis allenfalls ein Vorrang einer primärrechtlichen kapitalmarkrechtlichen Zulässigkeitsregelung ergeben. Für §§ 1, 19 GWB ergibt sich demgegenüber ein Vorrang der kapitalmarktrechtlichen Zulässigkeitsregelung, wenn die Voraussetzungen des Berücksichtigungserfordernisses erfüllt sind und – was regelmäßig der Fall sein wird – ein normenhierarchischer Gleich- oder Nachrang der §§ 1, 19 GWB mit der kapitalmarktrechtlichen Zulässigkeitsregelung gegeben ist.

4. Kartellrechtliche Analyse kapitalmarktrechtlich zulässiger Kursstabilisation

a. Einleitung

Das entwickelte Verhältnis der kartellrechtlichen Verbote zu kapitalmarktrechtlicher Zulässigkeit wird nun am Beispiel einer kapitalmarktrechtlich nach Art. 5 Abs. 4 der Marktmissbrauchsverordnung zulässigen Kursstabilisation praktisch angewendet und dargestellt. Art. 5 Abs. 4 der Marktmissbrauchsverordnung ist eine kapitalmarktrechtliche Zulässigkeitsregelung. Sie nimmt die insoweit zulässige Kursstabilisation vom Insiderhandel und der Marktmanipulation nach Art. 14, 15 der Marktmissbrauchsverordnung aus. Es ist nicht ausgeschlossen, dass Verhaltensweisen, die grundsätzlich dieser kapitalmarktrechtlichen Zulässigkeitsregelung unterfallen, gegen das Kartellverbot in Art. 101 AEUV, § 1 GWB sowie das Verbot des Missbrauchs einer marktbeherrschenden Stellung in Art. 102 AEUV, § 19 GWB verstoßen können.

Zur Darstellung dessen werden nachfolgend zunächst der Begriff sowie der grundsätzliche Zweck der kapitalmarktrechtlich zulässigen Kursstabilisation dargestellt, um anschließend darzulegen, dass ein im Sinne dieser kapitalmarktrechtlichen Zulässigkeitsregelung kursstabilisierendes Verhalten den vorgenannten kartellrechtlichen Verboten unterfallen kann. Im Anschluss daran wird daher das vorstehend allgemein entwickelte Verhältnis von Kartell- und Kapitalmarktrecht im Falle kartellrechtlicher Verbote eines kapitalmarktrechtlich zulässigen Verhaltens auf die Kursstabilisation angewandt.

Gem. Art. 3 Abs. 2 lit. d der Marktmissbrauchsverordnung ist eine Kursstabilisierung u.a. jeder Kauf von Wertpapieren, die ein Kreditinstitut oder eine Wertpapierfirma im Rahmen eines signifikanten Zeichnungsangebots für die Wertpapiere mit dem alleinigen Ziel tätigt, den Marktkurs der Wertpapiere für im Voraus bestimmte Zeit zu stützen, wenn auf den Wertpapieren Verkaufsdruck lastet. Als Kursstabilisation nach Art. 5 Abs. 4 der Marktmissbrauchsverordnung lässt der Verordnungsgeber mithin einen Erwerb eines Wertpapiers zu, der vorgenommen wird, um den Preis des Wertpapiers zu stützen. Die Stützung darf vorgenommen werden, weil auf dem Wertpapier ein Verkaufsdruck lastet. Die Stabilisation darf aber nicht beliebig vorgenommen werden, sondern im Rahmen eines signifikanten Zeichnungsangebots. Art. 5 Abs. 4 der Marktmissbrauchsverordnung lässt die Stützungskäufe mithin lediglich im Rahmen einer Emission von Wertpapieren am Kapitalmarkt zu. Ein signifikantes Zeichnungsangebot ist nach Art. 3 Abs. 2 lit. c der Marktmissbrauchsverordnung eine Erst- oder Zweitplatzierung von Wertpapieren, die sich hinsichtlich des Werts der angebotenen Wertpapiere und der Verkaufsmethoden vom üblichen Handel unterscheidet.

Der Verkaufsdruck, der als Grund dafür genannt ist, warum eine Kursstabilisation kapitalmarktrechtlich zulässig vorgenommen werden darf, kann entstehen, indem infolge der Emission eine größere Menge eines Wertpapiers, bspw. Beteiligungen an einem Unternehmen, zeitgleich dem Kapitalmarkt und damit dem Handel zugeführt werden. Es kommt zu einem plötzlichen Angebotsanstieg. Die Emission schafft damit zumindest temporär ein wesentliches Überangebot des Wertpapiers am Markt, da es in größerer Menge platziert und damit angeboten wird, wobei hinzukommen kann, dass Dritte, die das Wertpapier in der Emission erwerben, dieses direkt wieder anbieten.[603] Das unterstützt ein deutlich überhöhtes Angebot. Es kann zu einem deutlichen Angebotsüberhang nach der Emission sowie einer Übersättigung der Nachfrage kommen. Dieser Angebotsüberhang im Nachgang der Emission kann zu einem Preisverfall mit Blick auf das Wertpapier unmittelbar im Zusammenhang mit der Emission führen.[604]

Mit der Kursstabilisation erlaubt es der Gesetzgeber nun, dem Angebotsüberhang kapitalmarktrechtlich zulässig durch Stützungskäufe entgegenzuwirken und den Preis des Wertpapiers zu stabilisieren. Um dem Angebotsüberhang entgegenzuwirken, muss die Nachfrage gesteigert oder das Angebot verknappt werden.[605] Dadurch wird das durch das Überangebot geschaffene Ungleichgewicht ausgeglichen und in der Folge der Verkaufsdruck gemindert. Eine mögliche Stabilisationsform, über die der Angebotsüberhang und der Verkaufsdruck gemindert werden, ist der Erwerb des Wertpapiers.[606] Diesen erlaubt Art. 5 Abs. 4 der Marktmissbrauchsverordnung ausdrücklich. Die kapitalmarktrechtlich zulässige Stabilisation erlaubt somit eine auf den Wertpapierpreis einwirkende Markttätigkeit durch den Erwerb des Wertpapiers zu einem bestimmten Preis, um damit den Preis zu stützen und Angebotsüberhänge mit dem Ziel abzubauen, den Markt zu beruhigen. Der Preisverfall durch einen Verkaufsdruck soll mithin abgewandt werden.

Nachfolgend wird dargestellt, dass die Stabilisation nach Art. 5 Abs. 4 der Marktmissbrauchsverordnung durch den Erwerb des Wertpapiers in Formen denkbar und kapitalmarktrechtlich zumindest nicht unzulässig ist, die gegen das Kartellverbot in Art. 101 AEUV, § 1 GWB sowie das kartellrechtliche Missbrauchsverbot in 102 AEUV, § 19 GWB verstoßen können. Dies wird getrennt für das Kartell- und Missbrauchsverbot dargestellt. Zugleich wird jeweils erörtert, ob und unter welchen Voraussetzungen die kapitalmarktrechtlich zulässige Kursstabilisation auch von den kartellrechtlichen Verboten ausgenommen sein kann. Abschließend wird auf das erarbeitete Ergebnis das vorstehend entwickelte Rangverhältnis von Kartell- und Kapitalmarktrecht für kartellrechtliche Verbote eines kapitalmarktrechtlich zulässigen Verhaltens angewandt.

---

603 Assmann/Schneider/*Vogel*, § 20a WpHG Rn 267; *Bueren*, WM 2013, 585, 590; Fuchs/*Fleischer*, § 20a WpHG Rn 114; *Fleischer*, ZIP 2003, 2045, 2047; Habersack/*Haouache*/*Mülbert*, § 27 Rn 83; KK-WpHG/*Mock*, § 20a WpHG Rn 339; *Langenbucher*, § 13 Rn 48; Schwark/Zimmer/*Schwark*, § 20a WpHG Rn 79; *Vogel*, WM 2003, 2437, 2437.

604 Assmann/Schneider/*Vogel*, § 20a WpHG Rn 267; KK-WpHG/*Mock*, § 20a WpHG Rn 339; *Meyer*, AG 2004, 289, 289; *Vogel*, WM 2003, 2437, 2437.

605 *Bueren*, WM 2013, 585, 585.

606 KK-WpHG/*Mock*, § 20a WpHG Rn 344; *Vogel*, WM 2003, 2437, 2437.

b. Kartellverbot

aa. Möglicher Verstoß gegen das Kartellverbot

Nehmen mehrere Unternehmen abgestimmt die Stabilisation des Wertpapiers vor, kann dies gegen das Kartellverbot verstoßen. Regelmäßig nehmen Emissionskonsortien die Stabilisation vor.[607] Dabei kann der Konsortialführer die Stabilisation gänzlich allein vornehmen.[608] Es ist aber auch möglich, dass er dritte Konsortialmitglieder in die Stabilisationstätigkeit einbinden.[609] In diesem Fall nehmen die Konsortialmitglieder die Stützungskäufe zur Stabilisation gemeinsam und abgestimmt vor. Eine solche Stabilisation durch mehrere Unternehmen ist von der kapitalmarktrechtlichen Zulässigkeitsregelung in Art. 5 Abs. 4 der Marktmissbrauchsverordnung nicht ausdrücklich ausgenommen. Es wird somit nicht ersichtlich, dass die kapitalmarktrechtlich zulässige Kursstabilisation zwingend nur von einem Unternehmen autonom vorgenommen werden darf. Das bestätigt sich auch in der Marktmissbrauchsverordnung selbst. Art. 5 Abs. 5 der Marktmissbrauchsverordnung spricht in der Mehrzahl von an der Stabilisation teilnehmenden Unternehmen. Die kapitalmarktrechtliche Zulässigkeitsregelung geht somit offensichtlich davon aus, dass die Stabilisation zumindest auch von mehreren Unternehmen gemeinschaftlich vorgenommen werden kann, ohne damit zugleich allein aufgrund der Mehrheit der beteiligten Unternehmen kapitalmarktrechtlich unzulässig zu werden. Die kapitalmarktrechtlich nach Art. 5 Abs. 4 der Marktmissbrauchsverordnung zulässige Stabilisation kann also durch mehrere Unternehmen vorgenommen werden.

Stabilisieren nun mehrere Unternehmen, u.a. Mitglieder eines Emissionskonsortiums, gemeinsam den Preis des emittierten Wertpapiers durch einen Erwerb des Wertpapiers zu einem bestimmten Preis, um den Verkaufsdruck durch eine Nachfrageerhöhung abzumindern und den Preis durch den Erwerb zu einem bestimmten Preis zu stabilisieren, liegt es nahe, dass sie diese stabilisierende Tätigkeit und damit das Nachfrageverhalten am Einkaufsmarkt für das betreffende emittierte Wertpapier auch untereinander abstimmen. Das gewährleistet, dass die Stabilisation einheitlich erfolgt und vor allem ein gleichgerichtetes Verhalten sowie die bewusste Bündelung der zur Verfügung stehenden Nachfragekapazitäten der beteiligten Unternehmen effektiv gestaltet werden. Durch diese effektive Gestaltung steigt die Wahrscheinlichkeit, das Überangebot, den daraus folgenden

---

607 Assmann/Schneider/*Vogel*, § 20a WpHG Rn 268; Fuchs/*Fleischer*, § 20a WpHG Rn 111; *Schwark*, FS Kümpel 485, 493; KK-WpHG/*Mock*, § 20a WpHG Rn 346; SBL/*Grundmann*, § 112 Rn 30; *Vogel*, WM 2003, 2437, 2437.

608 *Bueren*, WM 2013, 585, 585 f.; Fuchs/*Fleischer*, § 20a WpHG Rn 111; *Grüger*, BKR 2007, 437, 437; Schwark/Zimmer/*Schwark*, § 20a WpHG Rn 80; SBL/*Grundmann*, § 112 Rn 102.

609 *Bueren*, WM 2013, 585, 586; Fuchs/*Fleischer*, § 20a WpHG Rn 111; Schwark/Zimmer/*Schwark*, § 20a WpHG Rn 80; vgl. *Vogel*, WM 2003, 2437, 2437.

Verkaufsdruck sowie auch den Preisverfall effektiv und möglichst umfassend auszugleichen. Daher werden sich die beteiligten stabilisierenden Unternehmen insbesondere auf einen einheitlichen Preis einigen, zu dem sie das Wertpapier erwerben wollen. Dadurch ist sichergestellt, dass die Stabilisationstätigkeit einheitlich auf das gleiche Preisniveau gerichtet ist, auf das der Preis stabilisiert werden soll. Ebenso ist die Abstimmung von Umfang und Zeitpunkt der Nachfragetätigkeit naheliegend, um eine möglichst einheitliche und effektive Stabilisation zu erreichen. Die an der Stabilisation beteiligten Unternehmen können mithin zum Zwecke der effektiven Stabilisation ihre Einkaufstätigkeit am Markt für das betreffende Wertpapier koordinieren.

Im vorstehend skizzierten Vorgehen ist eine wettbewerbsbeschränkende Absprache zu sehen, sofern die Beteiligten ohne die Abstimmung ihres Nachfrageverhaltens zur Stabilisation wettbewerblich am Markt tätig sein könnten. Durch die Absprache des zum Zwecke der Stabilisation als Nachfrager gezahlten Preises ist in diesem Fall offensichtlich eine Preisabsprache gegeben, die durch das Kartellverbot untersagt ist.[610] Das Vorgehen ähnelt einer Einkaufsvereinbarung, die grundsätzlich das Kartellverbot verletzt, da sie die wettbewerbliche Handlungsfreiheit der Beteiligten einschränkt.[611] Die Abstimmung beschränkt den Wettbewerb am Nachfragemarkt für das Wertpapier, wenn die Beteiligten trotz Möglichkeit das Wertpapier nicht autonom nachfragen. Zur Wettbewerbsbeschränkung reicht dabei jede Beschränkung der wettbewerblichen Handlungsfreiheit der Abstimmungsbeteiligten.[612] Die an der abgestimmten Stabilisationstätigkeit beteiligten Unternehmen beschränken insoweit ihre wettbewerbliche Handlungsfreiheit, wenn sie den Preis, den sie zwecks Stabilisation einheitlich für das Wertpapier bieten, sowie ggf. dritte Konditionen und Modalitäten ihrer Nachfragetätigkeit, bspw. den Zeitpunkt und Umfang der Nachfragetätigkeit, die sie anderenfalls als Wettbewerber autonom festgelegen könnten, abstimmen. Es kommt in diesem Fall ersichtlich zu einer Koordinierung eines potentiell wettbewerblichen Marktverhaltens am Nachfragemarkt für das betreffende Wertpapier. Der Wettbewerb wird mithin beschränkt. Der Umstand, dass die an der Stabilisation beteiligten Unternehmen zum Zeitpunkt der Abstimmung nicht als aktuelle Wettbewerber am Nachfragemarkt tätig sind, hindert insoweit nicht die Annahme einer Wettbewerbsbeschränkung. Dadurch, dass sie ihr Verhalten an diesem Nachfragemarkt abstimmen, dass sie auch wettbewerblich gestalten könnten, beschränken sie den Wettbewerb. Es reicht aus, dass die Beteiligten autonom am Markt tätig sein könnten. Das Kartellverbot schützt

610 Vgl. allg. zur Preisabsprache Abschnitt B. IV. 2. a. dieser Arbeit.

611 *Bunte*, S. 143; *Bueren*, WM 2013, 585, 592; Langen/Bunte/*Krauß*, Bd 1, § 1 GWB Rn 213.

612 *Bechtold/Bosch*, § 1 GWB Rn 35; Callies/Ruffert/*Weiß*, Art 101 AEUV Rn 96; *Fleischer/Bueren*, DB 2012, 2561, 2567; GHN/*Stockenhuber*, Art 101 AEUV Rn 122; IM/*Zimmer*, Bd 2, § 1 GWB Rn 129; Groeben, von der/Schwarze/*Schröter*/*Voet van Vormizeele*, Art. 101 AEUV Rn 85.

auch den potentiellen Wettbewerb als eine Form des Wettbewerbs.[613] Auch durch die Beschränkung des potentiellen Wettbewerbs wird der Wettbewerb limitiert.

In der Literatur wird die Annahme einer Wettbewerbsbeschränkung bei einer abgestimmten Stabilisation durch mehrere Unternehmen hingegen auch als zu formal abgelehnt. Maßgeblich sei vielmehr eine durch die Abstimmung erlangte Machtstellung, über die man sich unabhängig von der Marktgegenseite verhalten könne, die aber bei der abgestimmten Stabilisation fehle, da es gerade auf funktionierende Marktmechanismen ankomme, da die Anbieter im freien Spiel von Angebot und Nachfrage auf die erhöhten gebotenen Preise im eigenen Interesse mit entsprechenden erhöhten Preisforderungen reagieren müssen.[614]

Zunächst ist festzuhalten, dass die an der Stabilisation beteiligten Unternehmen durch die abgestimmte Markttätigkeit die Nachfrage erhöhen wollen, um den Verkaufsdruck auszugleichen. Zugleich bieten sie als Nachfrager einheitlich einen erhöhten Preis, um dem Verkaufsdruck und dem Preisverfall entgegenzuwirken sowie den Preis für das betreffende Wertpapier auf einer bestimmten Höhe stabilisieren. Damit verhalten sie sich grundsätzlich entgegengesetzt zum klassischen Nachfragekartell, das primär darauf ausgerichtet ist, niedrige Preise abzustimmen und diese gegenüber Anbietern durchzusetzen.[615] Daraus folgt jedoch nicht die generelle kartellrechtliche Zulässigkeit der Vereinbarung, als Nachfrager höhere Preise zu bieten. Preiskartelle sind jeder Form verboten.[616] Die entgegengesetzte Preisausrichtung im Vergleich zum klassischen Nachfragekartell ändert nichts daran, dass die Beteiligten sich als potentielle Wettbewerber koordinieren und damit ihre wettbewerbliche Freiheit limitieren. Auf ebendiesen Koordinierungseffekt kommt es für das Kartellverbot an. Das Kartellverbot fordert allein eine wettbewerbsbeschränkende Abstimmung. Ob nun die Nachfrager niedrigere Preise abstimmen oder einen erhöhten Preis vereinbaren, ist grundsätzlich irrelevant. In beiden Fällen koordinieren Wettbewerber ein eigentlich wettbewerbliches Marktverhalten. Darin liegt die Wettbewerbsbeschränkung, die durch das Kartellverbot kartellrechtlich verboten wird.

Auch der Umstand, dass die Marktgegenseite im freien Spiel von Angebot und Nachfrage mit erhöhten Preisforderungen im eigenen Interesse reagieren muss, hebt die Wettbewerbsbeschränkung nicht auf. Es ist richtig, dass sich der Stabilisationseffekt nur einstellen kann, wenn die Marktgegenseite, mithin die Anbieter des betreffenden und zu stabilisierenden Wertpapiers, dieses auch zu den Preisen anbieten, die von den an der Stabilisation beteiligten Unternehmen gefordert werden. Nur auf diese Weise kann die abgestimmte Nachfragetätigkeit tatsächlich zu einer Stabilisation des Preises führen, weil die Geschäfte zu dem Preis

---

613 *Emmerich*, § 4 Rn 41; Langen/Bunte/*Bunte*, Bd 1, Einl. Rn 110; Langen/Bunte/*Hengst*, Bd 2, Art. 101 AEUV Rn 163.
614 *Bueren*, WM 2013, 585, 592 f.
615 *Bueren*, WM 2013, 585, 592 f.
616 *Emmerich*, § 5 Rn 3.

geschlossen werden, auf den der Preis für das Wertpapier stabilisiert werden soll. Die Anbieter müssen mithin auf das erhöhte Preisangebot eingehen und damit die eigenen Preisforderungen entsprechend erhöhen. Des Weiteren müssen sie auf die Nachfrage der an der Stabilisation beteiligten Unternehmen auch im hinreichenden Umfang eingehen, damit tatsächlich ein preisstabilisierender Effekt eintreten kann, indem eine Vielzahl von Geschäften zum einheitlich von den an der Stabilisation beteiligten Unternehmen geforderten Preis abgeschlossen werden. Ferner kommt es auch erst durch die Bedienung der bewusst erhöhten Nachfrage der Stabilisationsbeteiligten zum einheitlichen Preis seitens der Anbieter zu einem Ausgleich des Überangebots und des Verkaufsdrucks. Es wird mithin ersichtlich, dass die Anbieter tatsächlich auf die Nachfrage der Stabilisierenden reagieren und diese annehmen müssen, damit der gewünschte Stabilisationseffekt durch eine Stabilisation des Preisniveaus sowie eine Senkung des Überangebots und des Verkaufsdrucks eintreten kann. Dieser Umstand, dass eine effektive Reaktion der Marktgegenseite erforderlich ist, um den Stabilisationseffekt auszulösen, ändert jedoch nichts daran, dass sich die Stabilisationsbeteiligten im Binnenverhältnis über ihren Marktauftritt als Nachfrager abstimmen. Aus dieser Koordinierung ergibt sich die Wettbewerbsbeschränkung. Diese ist wiederum unabhängig davon, ob und in welchem Umfang die Anbieter tatsächlich auf die gebotenen höheren Preise der als Nachfrager an der Stabilisation beteiligten Unternehmen eingehen. Die tatsächlichen Auswirkungen und Folgen der insoweit offensichtlich bestehenden Absprache des Nachfrageverhaltens durch einen gleichgerichteten Erwerb des betreffenden Wertpapiers zwecks Stabilisation sind auf tatbestandlicher Ebene des Kartellverbots nicht relevant. Insoweit kommt es dem klaren Wortlaut des Kartellverbots nach nur auf eine Wettbewerbsbeschränkung durch eine Abstimmung an. Diese liegt durch die Absprache der Nachfragetätigkeit durch die an der Stabilisation beteiligten Unternehmen im Binnenverhältnis der Stabilisationsbeteiligten als potentielle Wettbewerber auf dem betreffenden Nachfragemarkt für das stabilisierte Wertpapier in jedem Fall vor. Sie ist unabhängig davon, in welchem Umfang die mit der Abstimmung verfolgten Zwecke, vorliegend die Stabilisation durch die Bedienung der spezifischen Nachfrage der Stabilisationsbeteiligten durch die Anbieter, tatsächlich eintritt. Dass die Anbieter auf die Nachfrage reagieren und diese annehmen müssen, ändert nichts an der aus der Koordinierung der Stabilisationsbeteiligten folgen Wettbewerbsbeschränkung im Binnenverhältnis. Für das Kartellverbot reicht es aus, wenn die Abstimmungsbeteiligten über eine Abstimmung ihre eigene wettbewerbliche Freiheit limitieren. Die Beteiligten stimmen ihr Marktverhalten unabhängig davon ab, ob die Anbieter mit erhöhten Preisforderungen reagieren.

Daher ist es für die Wettbewerbsbeschränkung ebenso irrelevant, dass die Bedienung der Nachfrage durch die Anbieter im eigenen Interesse der Anbieter erfolgt, da sie höhere Einnahmen generieren können. Die Stabilisationsbeteiligten müssen den Anbietern keine höheren Preise aufzwingen, um gegen das Kartellverbot zu verstoßen. Das ist für das Kartellverbot nicht von Relevanz. Eine Wettbewerbsbeschränkung i.S.d. Kartellverbots setzt nicht voraus, dass der Marktgegenseite

Vorteile genommen werden, da das unmittelbare Schutzobjekt des Kartellrechts der Wettbewerb ist.[617] Daher ist es im Umkehrschluss für die Wettbewerbsbeschränkung nicht relevant, dass die Marktgegenseite durch erhöhte gebotene Preise höhere Einnahmen generieren können. Auch insoweit ist wieder festzuhalten, dass die Wettbewerbsbeschränkung im Binnenverhältnis der Stabilisationsbeteiligten infolge der Koordinierung des Marktverhaltens davon unabhängig ist. Sie besteht unabhängig davon, ob die Absprache für Dritte vor- oder nachteilhaft ist. Das Kartellverbot unterbindet abstrakt, dass die Kartellbeteiligten den Binnenwettbewerb limitieren. Für die Annahme dieser Limitierung ist es nicht relevant, ob die Abstimmung positiv oder negativ auf Anbieter als die Marktgegenseite wirkt.

Aus dem gleichen Grund scheitert diese Wettbewerbsbeschränkung auch nicht an einer fehlenden Machtstellung der Stabilisationsbeteiligten. Es ist zwar richtig, dass die Stabilisationsbeteiligten den Anbietern ohne eine Machtstellung über die Nachfrage die erhöhten Preise nicht aufzwingen können. Wie der Umstand, dass die erhöhten gebotenen Preise für die Anbieter nicht von Nachteil sind, bleibt aber auch hier ebenso festzuhalten, dass sich eine fehlende Marktmacht nicht auf die Wettbewerbsbeschränkung im Binnenverhältnis auswirkt. Die Wettbewerbsbeschränkung ergibt sich bei der abgestimmten Stabilisation im Binnenverhältnis der Stabilisierenden, die ihre eigene wettbewerbliche Freiheit limitieren, wenn sie ihre Nachfragetätigkeit abstimmen, obwohl sie wettbewerblich am Nachfragemarkt auftreten können. Eine Machstellung der sich insoweit abstimmenden Unternehmen, die Preise einseitig fordern zu können, wird, anders als beim Missbrauch einer marktbeherrschenden Stellung, vom Kartellverbot gerade nicht gefordert.[618] Dementsprechend kann man das Kartellverbot an einer fehlenden marktbeherrschenden Stellung nicht scheitern lassen. Die Generierung einer Machtstellung mag einen tatsächlichen Nutzen der Abstimmung begünstigen. Sie ist außerdem ein Punkt, der im Rahmen der Spürbarkeit der Wettbewerbsbeschränkung Berücksichtigung finden kann. Die Wettbewerbsbeschränkung im Binnenverhältnis der Abstimmungsbeteiligten hängt aber nicht davon ab.

Es wird somit ersichtlich, dass entgegen der eingangs erwähnten Literaturansicht der Verweis auf das freie Spiel von Angebot und Nachfrage, die fehlende Nutzung von Marktmacht, das Fordern erhöhter Preise und das Interesse der Anbieter an höheren Preisen die Wettbewerbsbeschränkung nicht ausschließen. Die Wettbewerbsbeschränkung ergibt sich aus der Beschränkung der wettbewerblichen Freiheit der Abstimmungsbeteiligten im Binnenverhältnis.

Ferner ist auf der Tatbestandsebene nicht relevant, dass die abgestimmte Nachfragetätigkeit für die Stabilisationswirkung erforderlich ist und ggf. Vorteile generieren kann. Diese heben auf der Tatbestandsebene des Kartellverbots die Wettbewerbsbeschränkung nicht auf, die daraus folgt, dass die Stabilisationsbeteiligten durch die abgestimmte Nachfragetätigkeit die eigene wettbewerbliche

---

617 Schulte/Just/*Schulte/de Bronett*, Art. 101 AEUV Rn 53.
618 *Emmerich*, § 4 Rn 38.

Freiheit limitieren. Eine Berücksichtigung positiver Effekte einer Abstimmung für den Markt, den Wettbewerb oder auch dritte Rechtsgüter auf der Tatbestandsebene ist im Kartellverbot nicht vorgesehen und widerspricht klar der ausdrücklichen Regelung einer Freistellungsmöglichkeit in Art. 101 Abs. 3 AEUV, § 2 GWB. Die klare Systematik sowie der eindeutige Wortlaut des Kartellverbots sind in unzulässiger Weise durchbrochen, lässt man eine Interessen- und Güterabwägung schon auf der Tatbestandsebene zu.[619] Die positiven Effekte können ggf. in der Freistellung beachtet werden, worauf noch eingegangen wird.[620]

Mit dem abgestimmtem Erwerb des stabilisierten Wertpapiers kann mithin eine auf einer Absprache beruhende Wettbewerbsbeschränkung verbunden sein. Insbesondere die Abstimmung der zwecks Stabilisation gebotenen Preise ist eine Preisabsprache. Können die Beteiligten autonom als Wettbewerber am Nachfragemarkt für das Wertpapier agieren, beschränken sie damit ihre eigene wettbewerbliche Freiheit.

Ferner muss die Wettbewerbsbeschränkung auch spürbar sein. Das hängt primär von den Marktanteilen der Beteiligten ab.[621] Der Nachfragemarkt ist aus Sicht der Anbieter des stabilisierten Wertpapiers abzugrenzen.[622] Bei einer Stabilisation börsengehandelter Unternehmensbeteiligung kommen alle Anleger als Nachfrager in Frage, die börsengehandelte Unternehmensbeteiligungen am zumindest bundesweiten Markt nachfragen. Wegen der potentiellen Marktgröße sind daher ausreichende Marktanteile nicht zwingend. Da aber eine effektive Stabilisation eine gewisse Nachfrage benötigt, sind sie nicht generell ausgeschlossen und spricht im Übrigen eine erfolgreiche Stabilisation dafür, dass sich die Preisabsprache auch spürbar am Markt auswirkt.[623]

Im Ergebnis kann sich die abgestimmte Nachfragetätigkeit der Stabilisationsbeteiligten als spürbar wettbewerbsbeschränkende Abstimmung i.S.d. Kartellverbots darstellen. Es liegt grundsätzlich ein Verstoß gegen das Kartellverbot vor.

bb. Für Emissionskonsortien geltenden Ausnahmen

Da die Stabilisation oftmals durch Emissionskonsortien vorgenommen wird, kann man sich der Frage widmen, ob die abgestimmte Stabilisationstätigkeit aus den gleichen Gründen vom Kartellverbot ausgenommen sein, die auch die Konsortialbildung zum gemeinsamen Angebot der Emissionserbringung gegenüber dem Emittenten sowie das abgestimmte Angebot des Emissionsprodukts durch das Emissionskonsortium zulassen.[624]

---

619 So zum deutschen Recht: Langen/Bunte/*Krauß*, Bd 1, § 1 GWB Rn 149.

620 Vgl. zur Freistellungsmöglichkeit bei Kursstabilisation Abschnitt C. III. 4. b. cc. dieser Arbeit.

621 Vgl. dazu Abschnitt B. IV. 2. b. dieser Arbeit.

622 *Bueren*, WM 2013, 585, 592; allg.: *Emmerich*, § 4 Rn 64; Langen/Bunte/*Bardong*, Bd 1, § 18 GWB Rn 41.

623 So auch: *Bueren*, WM 2013, 585, 592.

624 Vgl. zu den Ausnahmen Abschnitt B. IV. 4. b. bb. sowie B. 4. c. bb. dieser Arbeit.

Die Konsortialbildung zur Emissionserbringung kann als Arbeitsgemeinschaft vom Kartellverbot ausgenommen sein. Dafür muss die Abstimmung den Marktauftritt ermöglichen.[625] Damit die Ausnahme für die Stabilisation greifen kann, dürften die stabilisationsbeteiligten Unternehmen mithin ohne die dargestellte Abstimmung nicht am Nachfragemarkt für das stabilisierte Wertpapier tätig sein können. Zunächst treten die Beteiligten nicht gemeinsam als Gruppe, mithin nicht als Arbeitsgemeinschaft, stabilisierend auf, sondern parallel und abgestimmt einzeln als Nachfrager. Auch ist es unwahrscheinlich, dass sie nicht einzeln als Nachfrager agieren können. Die Abstimmung der Nachfragetätigkeit kann zwar für den tatsächlichen Stabilisationseffekt erforderlich sein. Davon hängt aber die objektive Möglichkeit des Auftritts am Nachfragemarkt nicht ab. Können die Stabilisationsbeteiligten einzeln am Nachfragemarkt tätig sein, ändert dies nichts daran, dass die Absprache nicht erst den Marktauftritt ermöglicht und sie daher auch keinesfalls eine Arbeitsgemeinschaft darstellen können.

Auch ist die abgestimmte Stabilisation anders als das abgestimmte Angebot des Emissionsprodukts in der Emission nicht als eine Nebenabrede zur Konsortialbildung oder als wirtschaftliche Einheit zulässig.

Um eine zulässige Nebenabrede zu sein, muss die Stabilisation als Nebenabrede zur kartellrechtlich neutralen Konsortialbildung für das Angebot der Emissionserbringung erforderlich und verhältnismäßig sein.[626] Zwischen der Konsortialbildung und der Stabilisation fehlt dieser Konnex. Die Stabilisation ist mit der Emission oder dem Angebot des Wertpapiers als Emissionsprodukt nicht notwendigerweise verbunden.[627] Es handelt sich um einen davon zu trennenden nachfolgenden Vorgang, auch wenn die Vorgänge in einem gewissen zeitlichen Zusammenhang stehen. Die Stabilisation ist keine zwingende Voraussetzung für die Emission und das Angebot der Emissionserbringung. Sie ist mithin dafür nicht erforderlich und damit keine zulässige Nebenabrede.

Ebenso ist die abgestimmte Stabilisation nicht über die in dieser Arbeit hinsichtlich des Angebots des Emissionsprodukts durch die Konsortialmitglieder angenommene wirtschaftliche Einheit zulässig. Diese wirtschaftliche Einheit ergibt sich für das Angebot des Emissionsprodukts als Durchführungsakt der einheitlichen Emission, die sich aufgrund der strukturellen Einheitlichkeit im Binnenverhältnis der Stabilisationsbeteiligten nicht als wettbewerblich darstellt, sondern die Konsortialmitglieder i.V.m. der Konsortialbildung zu einer Einheit verklammert.[628] Da die Stabilisation formal kein Element ebendieser einheitlichen Emission ist, erfasst die Klammerwirkung sie nicht. Sind die Stabilisierenden hingegen Mittler des Emittenten, der die Stabilisationsrisiken und -kosten trägt, kann eine mit dem

625 Vgl. dazu Abschnitt B. IV. 4. b. bb. dieser Arbeit.
626 Vgl. zu den Voraussetzungen Abschnitt B. IV. 4. c. bb. (3). dieser Arbeit.
627 *Bueren*, WM 2013, 585, 592.
628 Vgl. dazu Abschnitt B. IV. 4. c. bb. (2). dieser Arbeit

Emittenten abgestimmte Stabilisation wie die Mittlertätigkeit bei der Emission mit dem Kartellverbot vereinbar sein.[629]

cc. *Freistellung vom Kartellverbot*

(1). Vorbemerkungen

Die zentrale Möglichkeit, die kapitalmarktrechtlich nach Art. 5 Abs. 4 der Marktmissbrauchsverordnung zulässige Kursstabilisation in Form eines abgestimmten Erwerbs des stabilisierten Wertpapiers durch mehrere Unternehmen, die nach den vorstehend dargestellten Grundsätzen gegen das Kartellverbot verstoßen kann, vom Kartellverbot auszunehmen, liegt in der Möglichkeit einer Einzelfreistellung vom Kartellverbot nach Art. 101 Abs. 3 AEUV, § 2 GWB. Eine gegen das Kartellverbot verstoßende Abstimmung ist danach vom Kartellverbot freigestellt, wenn sie zur Verbesserung der Warenerzeugung oder -verteilung oder zur Förderung des technischen oder wirtschaftlichen Fortschritts beiträgt, die Verbraucher angemessen am Gewinn beteiligt werden, den beteiligten Unternehmen nur die für die Verwirklichung dieser Ziele unerlässliche Beschränkungen auferlegt werden und zugleich nicht die Möglichkeit eröffnet wird, für einen wesentlichen Teil der Waren den Wettbewerb auszuschalten. Die Möglichkeit einer Freistellung scheitert nicht schon grundsätzlich daran, dass die abgestimmte Stabilisation in der Regel eine als Preisabsprache enthalten wird, die in Art. 101 Abs. 1 2. HS lit. a AEUV explizit genannt ist und eine Kernbeschränkung darstellt. Die generell vorgesehene Möglichkeit der Einzelfreistellung vom Kartellverbot nimmt keine Form der kartellverbotswidrigen Abstimmung aus.[630] Der Wortlaut lässt keine solche Einschränkung erkennen.

Nachfolgend werden die einzelnen Voraussetzungen der Einzelfreistellung in Bezug auf eine durch mehrere Unternehmen gemeinschaftlich und abgestimmt vorgenommene nach Art. 5 Abs. 4 der Marktmissbrauchsverordnung zulässige Kursstabilisation geprüft.

(2). Effizienzvorteile

Für eine Freistellung muss die Stabilisation zuvorderst Effizienzvorteilen durch eine Verbesserung der Warenerzeugung oder -verteilung oder Förderung des technischen oder wirtschaftlichen Fortschritts schaffen. Dafür reicht ein objektiv spürbarer Vorteil, der die Nachteile für den Wettbewerb aufwiegen kann.[631] Das

---

629 Vgl. dazu Abschnitt B. IV. 4. d. dieser Arbeit.

630 *Bechtold/Bosch/Brinker*, Art. 101 AEUV Rn 150; Groeben, von der/Schwarze/*Schröter/Voet van Vormizeele*, Art. 101 AEUV Rn 264; IM/*Fuchs*, Bd 2, § 2 GWB Rn 64; vgl. Schulte/Just/*Schulte/Lober*, § 2 GWB Rn 8.

631 EuGH v. 13.07.1966, verb. Rs. 56 u. 58/64, ECLI:EU:C:1966:41 – *„Consten und Grundig"*; *Bech-told/Bosch/Brinker*, Art. 101 AEUV Rn 153 f.; Dauses/*Hoffmann*, H. I. § 2

Verhalten muss für die Freistellung gesamtwirtschaftlich einen Nutzen haben.[632] Vorteile der Kursstabilisation, die als Effizienzvorteile in Frage kommen und nachfolgend betrachtet werden, sind die Steigerung des Anlegervertrauens und der Marktaktivität, eine erhöhte Emittentenaktivität, die Schaffung eines stabilen und angemessenen Preisniveaus für das Wertpapier und die Wiederherstellung des Gleichgewichts von Angebot und Nachfrage als Verbesserung der Markt- und Wettbewerbsfunktionen sowie eine allgemeine Marktbelebung.

Zunächst kann die Stabilisation durch eine Steigerung des Anlegervertrauens und der Marktaktivität die Warenverteilung verbessern. Das folgt aus den Wirkungen der Stabilisation. Bei und kurz nach der Emission besteht noch kein Gleichgewicht von Angebot und Nachfrage für das Wertpapier, sodass Kursschwankungen möglich sind.[633] Diese gründen auf einem Überangebot des zu stabilisierenden Wertpapiers.[634] Dieses Überangebot ist, wie einleitend dargestellt, dadurch bedingt, dass durch die Platzierung der Wertpapiere zwecks Emission plötzlich eine große Zahl des betreffenden Wertpapiers in den Markt gegeben wird. Das Überangebot kann neben dem schon emissionsbedingt erhöhtem Angebot zusätzlich darauf gründen, dass die Anleger bei der Emission erworbene Wertpapiere wiederum anbieten, um Gewinne zu generieren, die aus dem Unterschied des Emissionspreises zum ersten Handelskurs folgen.[635] Vor allem wenn sich die Anleger nach Emission in großer Zahl von Wertpapieren trennen, ist ein die Nachfrage übersteigendes Angebot offensichtlich möglich, das zu einem Kurseinbruch hinsichtlich des betreffenden Wertpapiers führen kann.[636] Dieser Preisverfall ist dadurch bedingt, dass das Angebot nach der Emission aufgebläht wird, was zu einem Preisdruck führt.[637]

Die Stabilisation wirkt dem nun entgegen, indem die stabilisationsbeteiligten Unternehmen im größeren Umfang das Wertpapier zu einem bestimmten stabilen Preis nachfragen und damit die Nachfrage erhöhen bzw. das Angebot in der Folge verringern. Die Stabilisation gleicht mithin erkennbar den aus dem Überangebot folgenden Preisdruck aus.[638] Ebenso stabilisiert sie den Preis. Sie verhindert damit Preisschwankungen und -verfall. Aufgrund des überangebotsbedingten Preisverfalls, der sich ohne die Stabilisation einstellen kann, bewerten die Anleger eine

---

Rn 176; GHN/*Schuhmacher*, Art. 101 AEUV Rn 283; Groeben, von der/Schwarze/*Schroeter*/*Voet van Vormizeele*, Art. 101 AEUV Rn 292.

632 *Lettl*, § 2 Rn 179.

633 *Kümpel*, Rn 16.382; *Meyer*, AG 2004, 289, 289; *Schwark*, FS Kümpel 485, 493.

634 KK-WpHG/*Mock*, § 20a WpHG Rn 339.

635 Assmann/Schneider/*Vogel*, § 20a WpHG Rn 267; *Bueren*, WM 2013, 585, 590; Fuchs/*Fleischer*, § 20a WpHG Rn 114; *Fleischer*, ZIP 2003, 2045, 2047; Habersack/Mülbert/Schlitt/*Haouache*/*Mülbert*, § 27 Rn 83; KK-WpHG/*Mock*, § 20a WpHG Rn 339; Schwark/Zimmer/*Schwark*, § 20a WpHG Rn 79; *Vogel*, WM 2003, 2437, 2437.

636 Assmann/Schneider/*Vogel*, § 20a WpHG Rn 267; *Fleischer*, ZIP 2003, 2045, 2047; *Meyer*, AG 2004, 289, 289; Schwark/Zimmer/*Schwark*, § 20a WpHG Rn 79.

637 *Kümpel*, Rn 16.382.

638 *Langenbucher*, § 13 Rn 48; *Möller*, WM 2002, 309, 315.

Emission ohne Stabilisation entsprechend negativ.[639] Sie müssen in diesem Fall mit einem Preisverfall rechnen, was sich negativ auf die Rendite und den Handelswert des erworbenen Wertpapiers auswirkt. Die Anleger vertrauen daher nicht in die Preisstabilität und die Angemessenheit der Preise. In der Folge besteht deswegen die Gefahr, dass die Anleger gar nicht in das Wertpapier investieren und dieses nicht erwerben, wenn der Kurs nicht stabilisiert wird. In diesem Zusammenhang ist auch zu beachten, dass der potentielle emissions- und überangebotsbedingte Preisverfall nicht auf einem objektiven Verlust des im Wertpapier tatsächlich verkörperten Werts folgt, bspw. dem in einer Unternehmensbeteiligung objektiv verkörperten Anteil am Unternehmen.[640] Er folgt daraus, dass das Wertpapier am Markt im zu großen Umfang angeboten wird.[641] Es sinkt vielmehr lediglich der Handelswert des Wertpapiers. Das Unternehmen hat nicht plötzlich einen objektiv geringeren Wert. Die Preisschwankungen folgen aus dem emissions- und überangebotsbedingt fehlenden Gleichgewicht von Angebot und Nachfrage und nicht aus einer negativen Marktbewertung des betreffenden Wertpapiers.[642] Es handelt sich mithin um von außen auf das Wertpapier wirkende Einflüsse, die sich nicht aus dessen verkörperten Wert ergeben. Auch dies spricht dafür, dass die Anleger ohne eine Stabilisation nicht investieren, da sie mit einem objektiv nicht den Wert des Wertpapiers spiegelnden Wertverfall rechnen müssen.

Die Stabilisation steigert folglich das Anlegervertrauen.[643] Die stabilisierende Tätigkeit wirkt dem Preisverfall und dem Überangebot nach der Emission entgegen und schafft durch die Stabilisation auf einheitliches Preisniveau i.Vm. der Reduzierung des Überangebots potentiell Preisstabilität. Dadurch dass das Überangebot verringert wird, sinkt auch die Wahrscheinlichkeit von Preisschwankungen und -verfall. Daher ist es nicht auszuschließen, dass die Anleger infolge der durch die Stabilisation gesteigerten Attraktivität eher in das Wertpapier investieren.[644] Das erhöht potentiell die Anlegerzahl und -aktivität. Die Anleger erwerben bei einer möglichen Stabilisation das emittierte Wertpapier eher. Ferner ist es wahrscheinlicher, dass das betreffende Wertpapier auch nach der Emission in der Stabilisationsphase eher durch die Anleger gehandelt und erworben wird, weil in der Phase das Überangebot abgebaut wird und die Anleger nicht mit Preisschwankungen und -verfall auf Grundlage des Überangebots rechnen müssen, die nicht den Wert des Wertpapiers spiegeln. Da die Anleger während der Stabilisation auf die Preisstabilität vertrauen, sind sie bei gegebener Stabilisation auch in dieser Phase eher am Markt tätig.

---

639 KK-WpHG/*Mock*, § 20a WpHG Rn 339.
640 Vgl. *Kümpel*, Rn 16.383.
641 *Ekkenga*, WM 2002, 317, 317; *Kümpel*, Rn 16.382.
642 *Kümpel*, Rn 16.383.
643 Fuchs/*Fleischer*, § 20a WpHG Rn 113; *Fleischer*, ZIP 2003, 2045, 2047; *Meyer*, AG 2004, 289, 289.
644 *Bueren*, WM 2013, 585, 590.

Treten diese Effekte ein, kann die Stabilisation als eine Verbesserung der Warenverteilung gewertet werden. Durch die erhöhte Anlegeraktivität sind potentiell mehr Anleger während der Emission und der Stabilisation als Nachfrager tätig. Dadurch kann das Wertpapier einfacher, schneller, besser und breiter am Markt verteilt werden als ohne eine Stabilisation. Das Wertpapier kann den Markt besser durchdringen. Eine bessere Marktdurchdringung und Verbreitung des betreffenden Produkts durch die eigentlich kartellverbotswidrige Absprache als ohne diese Absprache ist eine Form der verbesserten Warenverteilung.[645] Die Verteilung des Wertpapiers in der Emission und während der Stabilisation an ein breiteres Publikum durch die stabilisationsbedingt erhöhte Anlegeraktivität kann mithin die Marktdurchdringung des Wertpapiers als ein Effizienzvorteil verbessern.

Ferner ist es ebenso möglich, dass die Stabilisation die Warenerzeugung verbessert. Der durch das Überangebot nach der Emission bedingte Preisverfall wirkt auch negativ auf den Emissionserfolg.[646] Dies folgt schon aus den vorstehenden Überlegungen. Insbesondere aufgrund des geringeren Anlegervertrauens in die Preisstabilität des Wertpapiers nach der Emission ohne die Stabilisation ist es unwahrscheinlicher, dass die Anleger in das Wertpapier wertangemessen oder überhaupt investieren. Die Anleger werden jedenfalls zumindest entsprechende Preisabschläge fordern, um die Gefahr des möglichen Preisverfalls nach der Emission auszugleichen. Diese Zurückhaltung hinsichtlich der Preise kann sich im Übrigen auch nach der Emission fortsetzen, da der Preisverfall insoweit weiterhin eintreten kann, wenn nicht stabilisiert wird.

Gerade die Zurückhaltung der Anleger sowie die potentiellen Preisabschläge in der Emission wirken negativ auf die Marktpräsenz des Emittenten.[647] Er muss mit einer schlechten Platzierung rechnen. Daher ist es nicht ausgeschlossen, dass er einer Emission ohne Stabilisationsmöglichkeit generell zurückhaltend gegenübersteht und die potentiell negativen Effekte der ausbleibenden Stabilisation schon grundsätzlich dagegen sprechen, dass der potentielle Emittent die Wertpapiere wie bspw. Unternehmensbeteiligungen an der Börse emittiert.

Die Stabilisation, die einen Preisverfall unterbinden kann und damit Preisstabilität und Anlegervertrauen schafft, kann dazu führen, dass die Emittenten eher zu einer Emission geneigt sind. Aufgrund der potentiell höheren Anlegertätigkeit, die sich wie vorstehend beschrieben einstellen kann, ist zunächst eine umfänglichere und sichere Platzierung möglich. Die potentiell höhere Anlegertätigkeit verbreitert insoweit die Absatzmöglichkeiten. Ferner schwächt die Stabilisation daneben Zufallsschwankungen sowie den Preisverfall ab und ermöglicht insgesamt einen

---

645 Dauses/*Hoffmann*, H. I. § 3 Rn 179; *Emmerich*, § 8 Rn 15; IM/*Fuchs*, Bd 2, § 2 GWB Rn 90; *Lettl*, § 2 Rn 182.

646 *Ekkenga*, WM 2002, 317, 317; Habersack/*Singhof*, § 22 Rn 1; *Kümpel*, Rn 16.383.

647 *Ekkenga*, WM 2002, 317, 317.

ruhigeren Absatz der Wertpapiere.[648] Darüber hinaus fordern die Anleger bei einer Stabilisation keine oder nur geringere Preisabschläge bei der Emission.[649] Durch die Stabilisation vertrauen sie auf die Preisstabilität des Wertpapiers. Das Preisverfallrisiko ist mithin reduziert. Für die Anleger besteht somit keine oder nur eine stark verringerte Notwendigkeit, die Gefahr eines überangebotsbedingten Preisverfalls über Preisabschläge auszugleichen.

All dies wirkt sich für den Emittenten vorteilhaft aus. Es wird ersichtlich, dass die Emission für den Emittenten infolge der Stabilisation attraktiver werden kann. Es sind potentiell mehr Anleger tätig und es werden geringere Preisabschläge gefordert. Es ist mithin nicht ausgeschlossen, dass die Emittenten gerade wegen der Möglichkeit der Stabilisation zur Emission neigen können bzw. sich diese als ein ausschlaggebendes Kriterium darstellen kann. Die Stabilisationsmöglichkeit soll ferner gerade die Attraktivität des Börsengangs für kleinere und mittlere Unternehmen erhöhen.[650] Die Effekte der Stabilisation, die eine Emission begünstigen, können mithin die Zahl der Emittenten sowie die am Markt angebotenen und im Handel verfügbaren Wertpapiere erhöhen. Eine erhöhte Emittentenaktivität erhöht zugleich die Anbieterzahl, die Investitionsmöglichkeiten für die Anleger und die Produktvielfalt im Handel mit Wertpapieren. Eine erhöhte Produktvielfalt wird in der Literatur als eine Verbesserung der Warenerzeugung gewertet.[651] Darüber hinaus wird den Emittenten auch der Marktzutritt durch die stabilisationsbedingt höhere Anlegeraktivität und die geringeren Preisabschläge erleichtert. Es sinken v.a. die Emissionskosten, wenn geringere Abschläge gefordert werden.[652] Die Wertpapiere finden durch diese Effekte leichter in den Markt, da der Aufwand für den Emittenten geringer ist und der Absatz durch die erhöhte Anlegeraktivität erleichtert wird. Auch ein leichterer Marktzutritt wird in der Literatur als eine Verbesserung der Warenerzeugung gewertet.[653] Mithin ist es nicht fernliegend, der Stabilisation auch eine die Warenerzeugung verbessernde Funktion zu unterstellen.

Daneben können außerdem Effizienzvorteile aus einer Förderung des wirtschaftlichen Fortschritts am Markt für das stabilisierte Wertpapier folgen. Der wirtschaftliche Fortschritt ist bei einer Erhöhung der gesamtwirtschaftlichen Wohlfahrt gefördert.[654] Dieser ist wiederum gedient, wenn die Markt- und

---

648 Fuchs/*Fleischer*, § 20a WpHG Rn 113; *Fleischer*, ZIP 2003, 2045, 2047; vgl. *Kümpel*, Rn 16.382; *Schwark*, FS Kümpel 485, 493; *Weber*, NZG 2000, 113, 127; *Vogel*, WM 2003, 2437, 2438.

649 *Bueren*, WM 2013, 585, 590; Fuchs/*Fleischer*, § 20a WpHG Rn 113.

650 *Bueren*, WM 2013, 585, 590; Fuchs/*Fleischer*, § 20a WpHG Rn 114; *Fleischer*, ZIP 2003, 2045, 2047; Habersack/*Haouache*/*Mülbert*, § 27 Rn 83.

651 GHN/*Schuhmacher*, Art. 101 AEUV Rn 294; Groeben, von der/Schwarze/*Schroeter*/*Voet van Vormizeele*, Art. 101 AEUV Rn 302; Langen/Bunte/*Hengst*, Bd 2, Art. 101 AEUV Rn 380; *Lettl*, § 2 Rn 182.

652 Fuchs/*Fleischer*, § 20a WpHG Rn 113.

653 Callies/Ruffert/*Weiß*, Art 101 Rn 158.

654 IM/*Ellger*, Bd 1, Art. 101 Abs. 3 AEUV Rn 207.

Wettbewerbsfunktionen verbessert werden. Diese Verbesserung ist als ein Effizienzvorteil zu werten.[655] Sie gestaltet den Markt objektiv effizienter, indem sie zu ausgeglicheneren Markt- und Wettbewerbsbedingungen führt. Das dient allen Marktteilnehmer und dem Markt. Daher ist eine Verbesserung der Markt- und Wettbewerbsbedingungen als Förderung des wirtschaftlichen Fortschritts zu werten. Solche Effekte können mit der Stabilisation verbunden sein.

Die Stabilisation stellt zunächst über eine erhöhte Nachfrage das emissionsbedingt verschobene Gleichgewicht von Angebot und Nachfrage wieder her. Sie ermöglicht dadurch ausgeglichene Wettbewerbsverhältnisse. Die Stabilisation ist kapitalmarktrechtlich zulässig, wenn sie den Verkaufsdruck, der auf dem Überangebot gründet, ausgleicht. Durch die zur Stabilisation erhöhte Nachfrage wird die Nachfrage erhöht und damit zugleich Angebot vom Markt genommen, indem die stabilisationsbeteiligten Unternehmen das Überangebot erwerben. Sie reduzieren auf diesem Weg das Übergewicht des Angebots. Da der Wettbewerb nicht mehr durch Überangebot und Preisdruck geprägt wird, ist ein ausgeglichenes wettbewerbliches Marktgeschehen möglich. Es ist ersichtlich, dass die Stabilisation den Markt von einer nicht den normalen Marktbedingungen entsprechenden atypischen Entwicklung befreit. Sie stellt das durch die Emission, das Überangebot und den Verkaufsdruck verschobene Gleichgewicht von Angebot und Nachfrage durch einen Ausgleich des Überangebots durch eine erhöhte Nachfrage wieder her. Die Stabilisation schadet daher offensichtlich nicht den Marktfunktionen oder der Marktintegrität.[656] Sie fördert beides vielmehr durch die Wiederherstellung des Gleichgewichts von Angebot und Nachfrage. Damit werden die Wettbewerbsfunktionen des betreffenden Markts gefördert. Die Stabilisation gleicht die Fehlentwicklung aus, die durch die Emission und das Überangebot entstanden ist. Die Kurspflege stellt mithin das Marktgleichgewicht wieder her und ist im Übrigen auch ökonomisch sinnvoll.[657] Die Stabilisation bereinigt den Markt. Sie ermöglicht durch die Eliminierung des Verkaufsdrucks wieder eine freie Preisbildung,[658] Damit dient sie nicht nur den wettbewerblichen Funktionen des betreffenden Markts, sondern auch der wirtschaftlichen Funktion des Kapitalmarkts. Der Kapitalmarkt ist ein Kapitalanlage- und Kapitalbeschaffungsmarkt. Eine ordnungsgemäße Wettbewerbsfunktion trägt zu dessen effizienter Funktion bei, da ein ausgeglichenes wettbewerbliches Marktgeschehen einen effizienten Kapitaleinsatz begünstigt. Die Kursstabilisation dient daher sowohl den Wettbewerbsfunktionen des betreffenden Markts als auch seiner wirtschaftlichen Funktion, wenn sie das Überangebot und den Preisverfall, mithin den Verkaufsdruck, ausgleicht. Auf diesen Fall ist die kapitalmarktrechtlich zulässige Stabilisation bezogen, sodass sich diese Wirkungen auch einstellen können. Daher dient die Stabilisation über die dargestellten

---

655 Groeben, von der/Schwarze/*Schroeter*/*Voet van Vormizeele*, Art. 101 AEUV Rn 292.
656 Habersack/*Haouache*/*Mülbert*, § 27 Rn 77.
657 *Schwark*, FS Kümpel, 485, 493.
658 *Langenbucher*, § 13 Rn 49.

positiven Effekte für die wirtschaftlichen und wettbewerblichen Funktionen des Kapitalmarkts der Verbesserung der Markt- und Wettbewerbsfunktionen. Das dient wiederum der gesamtwirtschaftlichen Wohlfahrt. Die Stabilisation verbessert diese Funktionen des Kapitalmarkts zugunsten aller Marktbeteiligten, indem sie das Gleichgewicht von Angebot und Nachfrage wiederherstellt. Darin ist eine Förderung des wirtschaftlichen Fortschritts am Markt für das stabilisierte Wertpapier zu sehen.

Ferner ist dem wirtschaftlichen Fortschritt parallel auf einem anderen Weg gedient. Die Stabilisation kann stabile gemessen am tatsächlich im Wertpapier verkörperten Wert angemessenere Preise schaffen. Sie gleicht die zufälligen Preisschwankungen und den zufälligen Preisverfall aus.[659] Beide Effekte folgen aus dem Überangebot und der Verschiebung des Gleichgewichts von Angebot und Nachfrage. Die Stabilisation wirkt mithin einer Preisentwicklung entgegen, die weder die Geschäftslage des Emittenten noch die allgemeine Marktentwicklung spiegelt.[660] Sie gleicht eine Fehlbewertung des Wertpapiers wegen des atypischen emissionsbedingten Überangebots aus. Zugleich wird damit der daraus folgende künstliche Preisdruck eliminiert, der allein auf einem Aufblähen des Angebots beruht.[661] Der Preisverfall beruht nicht darauf, dass der tatsächliche Wert, den das Wertpapier verkörpert, sinkt.[662] Er beruht bspw. nicht darauf, dass das Unternehmen, dessen Beteiligungen gegen einen emissionsbedingten Verkaufsdruck stabilisiert werden, einen geringen Wert hat, der einen geringeren Wert der einzelnen Beteiligung indiziert. Lässt man den Preisverfall ohne eine Stabilisation zu, wird wegen des Verkaufsdrucks weniger für das Wertpapier bezahlt, als der objektive Wert des Wertpapiers vorgibt. Mithin wird das Kapital gemessen am objektiven Wert des Kapitalmarktprodukts ineffizient verteilt, wenn der emissionsbedingte Preisverfall nicht ausgeglichen wird. Die Stabilisation schwächt nun den Verkaufsdruck ab, da sie durch die erhöhte Nachfrage zu einem stabilen Preis dem Überangebot entgegenwirkt. Dadurch kommt es nicht zu einem Preisverfall durch ein Überangebot, da das Überangebot verringert wird. Die Stabilisation ermöglicht somit v.a. durch eine Wiederherstellung des Gleichgewichts von Angebot und Nachfrage ein objektiv gemessen am verkörperten Wert des Wertpapiers angemesseneres Preisniveau. Die Stabilisation ermöglicht dadurch eine effizientere Verteilung des Kapitals, weil das Produkt objektiv wertangemessener bewertet wird, wenn ein Gleichgewicht von Angebot und Nachfrage besteht und kein Überangebot künstlich auf den Preis drückt. Um aber diesen Effekt nicht zu konterkarieren, darf natürlich der Preis nicht zwecks Stabilisation gänzlich überhöht werden. Darin läge letztlich eine Fehlallokation und ineffiziente Kapitalverteilung in die entgegengesetzte

---

659 *Fleischer*, ZIP 2003, 2045, 2047; Habersack/*Singhof*, § 22 Rn 1.

660 *Ekkenga*, WM 2002, 317, 317; *Kümpel*, Rn 16.382; Schwark/Zimmer/*Schwark*, § 20a WpHG Rn 77; *Ziouvas*, ZGR 2003, 113, 136.

661 *Ekkenga*, WM 2002, 317, 317; *Kümpel*, Rn 16.382.

662 Vgl. *Kümpel*, Rn 16.383.

Richtung. Der Preis wird jedoch insoweit nicht überhöht, wenn die Stabilisation nur das Überangebot ausgleicht und die Preise nicht beliebig in die Höhe treibt, sondern auf einem wertangemessenen Preis stabilisiert. Das wird durch die kapitalmarktrechtlich bestehenden Grenzen der zulässigen Stabilisation begünstigt. Gem. Art. 5 Abs. 4 lit. c der Marktmissbrauchsverordnung müssen die zur Stabilisation aufgerufenen Preise in einem angemessenen Rahmen zum Kurs am Markt liegen. Es darf somit kein beliebiger Preis über dem Marktniveau gewählt werden. Das stellt sicher, dass nur die Preissenkung ausgeglichen wird, die aus dem emissions- und preisverfallbedingten Überangebot folgt. Der Stabilisationspreis muss sich also grundsätzlich am Marktniveau orientieren. Dann wird durch die Stabilisationstätigkeit lediglich das Überangebot verringert. Dadurch wird wiederum der Verkaufsdruck minimiert sowie das Gleichgewicht von Angebot und Nachfrage hergestellt. Dies führt dazu, dass die Preise sich objektiv wertangemessen in einem ausgeglichen Spiel von Angebot und Nachfrage am Markt darstellen. Dies spiegelt sich wiederum im Kurs, an dem sich der Stabilisationspreis zu orientieren hat. Entsprechend ist damit auch eine gänzliche Überhöhung des Preises durch die Stabilisation und damit eine entsprechende Fehlallokation ausgeschlossen. Es wird lediglich der Preisverfall des emissionsbedingten Überangebots ausgeglichen und damit ein wertangemessener Preis ermöglicht. Da die Stabilisation damit zu einem effizienteren Kapitaleinsatz führt, werden die wirtschaftlichen Funktionen des Kapitalmarkts als Kapitalanlage- und Kapitalbeschaffungsmarkt entsprechend der vorstehenden Ausführungen verbessert, worin ein wirtschaftlicher Fortschritt zu sehen ist.

Zur gesamtwirtschaftlichen Wohlfahrt und dem wirtschaftlichen Fortschritt trägt ebenso eine grundsätzliche Belebung des Markts bei. Wie oben dargestellt, erhöht die Stabilisation für Anleger und auch Emittenten die Attraktivität einer tatsächlichen Marktaktivität. Eine erhöhte Marktaktivität kann grundsätzlich zu einer erhöhten Wettbewerblichkeit eines Markts beitragen, da die Konkurrenz intensiviert wird. Außerdem dient die Marktbelebung der intendierten Marktplatzfunktion des Kapitalmarkts für Kapital. Dadurch werden auch wirtschaftliche und wettbewerbliche Funktionen des Kapitalmarkts gefördert, sodass sich ein wirtschaftlicher Fortschritt einstellt.

Zusammenfassend können somit mit der Stabilisation umfassende Effizienzvorteile einhergehen. Sie kann die Warenerzeugung und -verteilung verbessern, indem sie die Anlegeraktivität durch stabile Preise und ein höheres Anlegervertrauen sowie zugleich auch die Emittentenaktivität durch erhöhte Absatzmöglichkeiten und verringerte Preisabschläge steigert. Ferner kann die Stabilisation die Marktdurchdringung verbessern, da durch das höhere Anlegervertrauen mehr Anleger tätig sind. Daneben senkt die Stabilisation die Emissionskosten, da die Anleger geringere Preisabschläge fordern. Verbunden mit der erhöhten Anlegeraktivität kann dies die Emissionsbereitschaft der Emittenten begünstigen und damit der Warenerzeugung dienen. Ferner können ein stabiles wertgerechtes Preisniveau und die Bereinigung von Angebot und Nachfrage daneben als eine Förderung des wirtschaftlichen Fortschritts eintreten. Diese Effekte folgen direkt aus der Stabilisation, da durch die stabilisationsbedingte Nachfrage das Gleichgewicht von Angebot und Nachfrage wiederhergestellt wird und ein objektiv angemesseneres Preisniveau möglich ist, das nicht durch einen nicht den im Wertpapier verkörperten Wert spiegelnden Preisverfall bedingt ist. Die Stabilisation bereinigt somit den Markt von einer atypischen Fehlentwicklung in Form des Überangebots und des Verkaufsdrucks, die durch die Emission ausgelöst worden ist. Sie dient damit den Markt- und Wettbewerbsfunktionen des betreffenden Markts. Ebenso dient sie durch die damit verbundene Wiederherstellung des Gleichgewichts von Angebot und Nachfrage den wettbewerblichen Funktionen des Markts. Durch die Herstellung wertangemessenerer Preise fördert die Stabilisation die effiziente Kapitalverteilung und damit die wirtschaftlichen Funktionen des Markts als Kapitalanlage- und Kapitalbeschaffungsmarkt. Diese Effekte dienen allen Marktteilnehmern und den Märkten. Sie dienen der gesamtwirtschaftlichen Wohlfahrt. Dazu trägt auch eine allgemeine Belebung des Markts bei. Insgesamt wird somit auch der wirtschaftliche Fortschritt gefördert.

Die Frage ist jedoch, ob alle genannten Effekte auch in der Freistellung berücksichtigt werden können. Eine erhöhte Anleger- und Emittentenaktivität, welche die Warenverteilung und -erzeugung verbessert, tritt als Effekt nicht erst durch und nach Stabilisationstätigkeit ein, sondern schon vorher bei der Emission. So steigert die mögliche Stabilisation das Anlegervertrauen und die Investitionsbereitschaft der Anleger bei der Emission. Die Anleger fordern zu diesem Zeitpunkt geringere Preisabschläge. Die erhöhte Investitionsbereitschaft und die geringeren Preisabschläge bewegen wiederum die Emittenten zur Emission. Die Vorteile folgen mithin im Ursprung aus einem Vertrauensvorschuss der Anleger. Trotzdem können diese Vorteile als aus der Stabilisation folgende Effizienzvorteile in der Freistellung berücksichtigt werden. Das aus der Stabilisationsmöglichkeit folgende Anlegervertrauen fußt nämlich darauf, dass die Stabilisation bei ihrer Erforderlichkeit auch erfolgt. Um das Vertrauen zu bewahren, muss sie somit erfolgen, wenn ein Verkaufsdruck droht. Die Stabilisation bei einer gegebenen Notwendigkeit ist daher erforderlich, damit sie nicht nur ein inhaltsloses Versprechen ist. Damit stehen auch diese Vorteile in einem Konnex zur Stabilisation, weil sie darauf beruhen, dass tatsächlich stabilisiert wird, wenn eine Stabilisation erforderlich ist. Das stabile wertangemessenere Preisniveau und die Widerherstellung des Gleichgewichts von Angebot und Nachfrage als Förderung des wirtschaftlichen Fortschritts folgen hingegen direkt aus der Stabilisation. Sie sind in jedem Fall als Effizienzvorteile berücksichtigungsfähig.

(3). Grundsätzliches Überwiegen der Effizienzvorteile

Für die Freistellung müssen die Effizienzvorteile im Weiteren die mit der Abstimmung verbundenen Nachteile aufwiegen.[663] Sonst liegt keine Verbesserung oder

663 *Bechtold/Bosch/Brinker*, Art. 101 AEUV Rn 156; Callies/Ruffert/*Weiß*, Art. 101 AEUV Rn 161; Dauses/*Hoffmann*, H. I. § 2 Rn 176; *Emmerich*, § 8 Rn 13; Groeben, von der/

Förderung vor. Obgleich dies im Einzelfall geklärt werden muss, ist ein Überwiegen der Vorteile wahrscheinlich. Die Stabilisation hat Vorteile für den Markt, die Marktteilnehmer und den Wettbewerb. Sie erhöht die Teilnehmerzahl und Marktaktivität auf der Angebots- und Nachfrageseite. Sie schafft ferner ein stabiles angemesseneres Preisniveau. Ebenso stellt sie das Gleichgewicht von Angebot und Nachfrage her und belebt den Markt und den Wettbewerb. Auf der anderen Seite nimmt sie aber auch auf die freie Preisbildung Einfluss und greift damit in das freie Spiel von Angebot und Nachfrage ein.[664] Sie schafft ein Preisniveau,[665] das über dem Niveau liegt, das sich ohne Stabilisation ergäbe.

Die Nachteile überwiegen jedoch nicht die Vorteile der Stabilisation. Dafür spricht zunächst, dass die negativen Auswirkungen der Stabilisation limitiert sind. Art. 5 Abs. 4 der Marktmissbrauchsverordnung erlaubt die Stabilisation zeitlich begrenzt (lit. a) und unter Einhaltung angemessener Grenzen zum Kurs am Markt (lit. c). Es kann mithin nicht auf ein beliebiges Preisniveau stabilisiert werden. Das relativiert die Intensität des Eingriffs in die Preisbildung.

Die insoweit relativierten Nachteile werden außerdem durch die Effizienzvorteile ausgeglichen. Die Stabilisation schafft eine angemessene Preisstabilität, die allen Anlegern dient. Gleiches gilt für die Wiederherstellung des Gleichgewichts von Angebot und Nachfrage. Dadurch werden die Wettbewerbsfunktionen des Markts unterstützt. Ferner wird das Kapital effizienter eingesetzt. Das dient der wirtschaftlichen Funktion des Kapitalmarkts als Kapitalanlage- und Kapitalbeschaffungsmarkt. Außerdem verbreitert die Stabilisation durch die erhöhte Marktaktivität ferner die Anlage- und Absatzmöglichkeiten. Ebenso ist auch die generelle Marktbelebung zu beachten.

Stellt man die Vorteile nun dem limitierten Eingriff in die Preisbildung gegenüber, spricht das im Ausgangspunkt für überwiegende Vorteile. Es wird eine Fehlentwicklung am Kapitalmarkt bereinigt und gerade nicht zum Nachteil des Markts stabilisiert. Das kommt allen Anlegern zugute. Das Ergebnis bestätigt sich darin, dass das Kapitalmarktrecht die Stabilisation in den kapitalmarktrechtlich vorgegebenen Grenzen zulässt. Die Marktmissbrauchsverordnung dient der Funktionsfähigkeit des Kapitalmarkts und dem Anlegerschutz.[666] Indem der Verordnungsgeber die Stabilisation in den genannten Grenzen zulässt, gibt er zugleich zu erkennen, dass die Vorteile der Stabilisation für die Funktionsfähigkeit des Kapitalmarkts sowie die Anleger die zugleich entstehenden Nachteile überwiegen.

Schwarze/*Schroeter*/*Voet van Vormizeele*, Art. 101 AEUV Rn 292; IM/*Ellger*, Bd 1, Art. 101 Abs. 3 AEUV Rn 142, 208; *Lettl*, § 2 Rn 179; Schulte/Just/*Schulte*/*Lober*, § 2 GWB Rn 10.

664 Habersack/*Haouache*/*Mülbert*, § 27 Rn 82; vgl. *Langenbucher*, § 13 Rn 49.

665 *Grüger*, BKR 2007, 437, 442; KK-WpHG/*Mock*, § 20a WpHG Rn 392.

666 Vgl. dazu Abschnitt C. II. 3. b. dieser Arbeit.

(4). Angemessene Verbraucherbeteiligung

Die Freistellung verlangt im Weiteren eine angemessene Verbraucherbeteiligung am Gewinn. Dies soll eine angemessene Beteiligung der Allgemeinheit an den Vorteilen der Abstimmung gewährleisten.[667] Gemeint ist jeder Dritte, der nicht Teilnehmer der Abstimmung ist.[668] Verbraucher sind mithin alle Dritten, die das stabilisierte Wertpapier anbieten oder nachfragen. Die Verbrauchergewinne müssen nicht finanzieller Art sein, jeder Vorteil reicht.[669] Der Wortlaut beschränkt sich nicht auf bestimmte Arten von Vorteilen. Eine angemessene Beteiligung liegt daher vor, wenn die Vorteile die negativen Auswirkungen für die Verbraucher hinreichend wahrscheinlich aufwiegen.[670]

In jedem Fall sind die Anbieter angemessen beteiligt. Die an der Stabilisation beteiligten Unternehmen bieten höhere Preise als ohne eine Stabilisation, um damit dem Preisverfall entgegenzuwirken. Die Anbieter können durch diese höheren angebotenen Preise wiederum höhere Gewinne realisieren. Sie erleiden mithin keine Nachteile, sondern direkte finanzielle Vorteile.

Für die Nachfrager des Wertpapiers schafft die Stabilisation hingegen durchaus Nachteile. Durch das höhere Preisniveau müssen sie höhere Preise zahlen. Die Stabilisation läuft ferner offensichtlich den Interessen derer zuwider, welche die Preisschwankungen nach der Emission nutzen, um darüber Gewinne zu generieren.[671] Diese Nachteile schließen jedoch eine angemessene Beteiligung der Verbraucher nicht aus. Das indiziert die Gegenüberstellung der Vor- und Nachteile. Die Effizienzvorteile sind Verbrauchervorteile. Die Anleger profitieren von einem stabilen wertgerechten Preisniveau. Sie zahlen im Vergleich zum ohne Stabilisation möglichen Preisverfall zwar höhere Preise, können aber zugleich auf die Wertstabilität vertrauen und müssen nicht mit einem auf Überangebot beruhenden Preisverfall rechnen. Ebenso profitieren die Nachfrager davon, dass das Gleichgewicht von Angebot und Nachfrage hergestellt wird, da dadurch das Kapital generell effizienter eingesetzt wird. Ferner kommt es den Anlegern auch zugute, dass die Stabilisation potentielle Emittenten zur Emission bewegen kann. Eine erhöhte Emissionstätigkeit verbessert die Versorgung mit Wertpapieren. Sie erweitert die Anlagemöglichkeiten. Die Effekte können sich außerdem in der Stabilisationsphase fortsetzen, da

---

667 IM/*Fuchs*, Bd 2, § 2 GWB Rn 93; IM/*Ellger*, Bd 1, Art. 101 Abs. 3 AEUV Rn 225.

668 Dauses/*Hoffmann*, H. I. § 2 Rn 181; *Emmerich*, § 8 Rn 16; vgl. GHN/*Schuhmacher*, Art. 101 AEUV Rn 314.

669 Callies/Ruffert/*Weiß*, Art. 101 AEUV Rn 162; Dauses/*Hoffmann*, Art. 101 AEUV Rn 156; GHN/*Schuhmacher*, Art. 101 AEUV Rn 318; Groeben, von der/Schwarze/*Schroeter*/*Voet van Vormizeele*, Art. 101 AEUV Rn 314; IM/*Ellger*, Bd 1, Art. 101 Abs. 3 AEUV Rn 227; MüKo-EUKartellR/*Wolf*, Art. 101 AEUV Rn 954.

670 *Bechtold*/*Bosch*/*Brinker*, Art. 101 AEUV Rn 160; Callies/Ruffert/*Weiß*, Art. 101 AEUV Rn 163; Dauses/*Hoffmann*, H. I. § 2 Rn 182; IM/*Ellger*, Bd 1, Art. 101 Abs. 3 AEUV Rn 246.

671 Meyer, AG 2004, 289, 291; *Weber*, NZG 2000, 113, 127.

die Anleger, die das Wertpapier bei der Emission wegen der in Aussicht gestellten Stabilisation erwerben, als Anbieter am Sekundärmarkt auftreten können. Das ist wegen des stabileren Preisniveaus während der Stabilisation nicht unwahrscheinlich. Die Angebotsverbreiterung[672] und neue Anbieter[673] sind daher Verbrauchervorteile.

Die Vorteile, v.a. die Angebotsverbreiterung, die Schaffung wertgerechterer stabiler Preise sowie die Wiederherstellung des Gleichgewichts von Angebot und Nachfrage überwiegen als Verbrauchervorteile die Nachteile des Eingriffs in die Preisbildung. Im Ergebnis werden die Verbraucher angemessen an Gewinnen beteiligt. Das gilt auch für solche Anleger, die den Preisverfall nutzen wollen, um dadurch Gewinne zu generieren. Auch sie profitieren objektiv von den stabilen und wertangemessenen Preisen sowie der Wiederherstellung des Gleichgewichts von Angebot und Nachfrage. Selbst wenn man dies anders sehen will, ist eine angemessene Verbraucherbeteiligung nicht ausgeschlossen. Es muss dafür nicht jeder einzelne Verbraucher von den Vorteilen profitieren, sondern es reicht aus, wenn die Mehrzahl der Verbraucher davon profitiert.[674] Die Mehrzahl der Anleger wird eine langfristigere Anlagestrategie verfolgen und nicht auf kurzfristige Gewinne in Nutzung des Preisverfalls ausgerichtet sein.

(5). Unerlässlichkeit der Beschränkungen

Die Freistellung lässt ferner nur die zur Zielerreichung unerlässlichen Beschränkungen zu. Die Vorteile dürfen somit ohne den Kartellverstoß nicht, im geringeren Maß oder unsicherer erreichbar sowie zugleich mildere Mittel nicht verfügbar sein.[675] Ebenso dürfen die Vorteile nicht mit einer geringeren Limitierung der Beteiligten möglich sein.[676]

Die Effizienzvorteile folgen aus der Stabilisation. Auch ohne die Stabilisation könnten ein stabiles angemessenes Preisniveau sowie ein Gleichgewicht von Angebot und Nachfrage entstehen. Durch die Stabilisation treten diese Effekte jedoch früher und vor allem auch schon während des zum Preisverfall führenden Verkaufsdrucks ein. Mithin ist die Stabilisation unerlässlich für die Effizienzvorteile, da diese gerade aus dem Umstand folgen, dass während des Verkaufsdrucks

---

672 *Bechtold/Bosch/Brinker*, Art. 101 AEUV Rn 156; Callies/Ruffert/*Weiß*, Art. 101 AEUV Rn 162; Dauses/*Hoffmann*, H. I. § 2 Rn 184; GHN/*Schuhmacher*, Art. 101 AEUV Rn 319.

673 GHN/*Schuhmacher*, Art. 101 AEUV Rn 321; IM/*Ellger*, Bd 1, Art. 101 Abs. 3 AEUV Rn 239.

674 *Emmerich*, § 8 Rn 16; *Lettl*, § 2 Rn 177.

675 *Bunte*, S. 107; *Bechtold/Bosch/Brinker*, Art. 101 AEUV Rn 162; Dauses/*Hoffmann*, H. I. § 2 Rn 185; Groeben, von der/Schwarze/*Schroeter/Voet van Vormizeele*, Art. 101 AEUV Rn 323; IM/*Ellger*, Bd 1, Art. 101 Abs. 3 AEUV Rn 254.

676 Groeben, von der/Schwarze/*Schroeter/Voet van Vormizeele*, Art. 101 AEUV Rn 322; IM/*Ellger*, Bd 1, Art. 101 Abs. 3 AEUV Rn 254.

und Preisverfalls stabilisiert wird. Damit ist aber noch nicht gesagt, dass die durch mehrere Unternehmen abgestimmte Stabilisation ebenso unerlässlich für die Effizienzvorteile ist. Sie ist es, wenn eine Stabilisation anders nicht zu erreichen ist. Es dürfen mithin keine wettbewerbskonformeren Möglichkeiten zur Verfügung stehen, um die Effizienzvorteile zu erreichen, wobei die Unerlässlichkeit insbesondere fehlt, wenn die Effizienzvorteile auch ohne eine Abstimmung erreicht werden können.[677] Es ist also zu fragen, ob die Effizienzvorteile schaffende Stabilisation auch weniger wettbewerbsbeschränkend möglich ist. Das ist bspw. der Fall, wenn sie durch ein Unternehmen wie dem Konsortialführer ohne eine Abstimmung mit den anderen Konsortialmitgliedern ebenso effizient möglich ist. Insoweit ist aber zu beachten, dass generell nur wirtschaftlich zumutbare Alternativen in die Betrachtung einzubeziehen sind.[678] Man kann nicht verlangen, dass ein Unternehmen allein stabilisierend tätig wird und damit die eigene Belastungsgrenze völlig überschreitet. Ferner ist eine Abstimmung nur so lange zulässig, wie es die Effizienzvorteile es erfordern.[679] Es ist davon auszugehen, dass eine Stabilisation in den Grenzen des Art. 5 Abs. 4 der Marktmissbrauchsverordnung für die Stabilisationseffekte erforderlich ist.

(6). Kein Ausschluss eines wesentlichen Teils des Wettbewerbs

Ebenso scheitert die Freistellung, wenn für einen wesentlichen Teil der Wertpapiere der Wettbewerb ausgeschlossen wird. Es muss im hinreichenden Umfang Wettbewerb für dessen Steuerungs- und Koordinierungsfunktion verbleiben.[680] Maßgeblich sind in diesem Zusammenhang die Marktanteile der Beteiligten.[681] Die Stabilisation erfolgt durch eine abgestimmte Nachfrage. Es sind somit die Marktanteile am Nachfragemarkt maßgeblich. Dieser kann aufgrund der potentiellen Marktgröße am Kapitalmarkt groß ausfallen. Gerade bei einer Erstemission kann eine hohe Nachfrage nach dem emittierten Produkt bestehen, die sich am Sekundärmarkt fortsetzt. Auf der anderen Seite ist zu beachten, dass eine effektive Stabilisation durch einen gewissen Nachfrageumfang der Beteiligten begünstigt wird. Je höher die stabilisierende Nachfrage ist, desto eher stellt sich auch tatsächlich ein stabilisierender Effekt ein. Bei lebhaftem Restwettbewerb und wettbewerbsförderlichen Effekten schließen jedoch auch hohe Marktanteile nicht zwingend

677 *Emmerich*, § 8 Rn 18.

678 IM/*Fuchs*, Bd 2, § 2 GWB Rn 103; MüKo-EUKartellR/*Wolf*, Art. 101 AEUV Rn 979.

679 GHN/*Schuhmacher*, Art. 101 AEUV Rn 336; IM/*Ellger*, Bd 1, Art. 101 Abs. 3 AEUV Rn 261; Langen/Bunte/*Hengst*, Art. 101 AEUV Rn 393; MüKo-EUKartellR/*Wolf*, Art. 101 AEUV Rn 992.

680 Dauses/*Hoffmann*, H. I. § 2 Rn 187; IM/*Ellger*, Bd 1, Art. 101 Abs. 3 AEUV Rn 280; vgl. *Lettl*, § 2 Rn 187.

681 *Bechtold/Bosch/Brinker*, Art. 101 AEUV Rn 168; Callies/Ruffert/*Weiß*, Art. 101 AEUV Rn 166; Groeben, von der/Schwarze/*Schroeter*/*Voet van Vormizeele*, Art. 101 AEUV Rn 339; IM/*Ellger*, Bd 1, Art. 101 Abs. 3 AEUV Rn 286 ff.

die Freistellung aus.[682] Ein lebhafter Restwettbewerb und wettbewerbsförderliche Effekte sind vor allem vor dem Hintergrund der durch das vertrauensschaffende stabile Preisniveau potentiell gesteigerten Anlegertätigkeit möglich. Es kommt bei der Prüfung darauf an, ob die Wettbewerber noch ein hinreichendes Gegengewicht zu den Abstimmungsbeteiligten bilden.[683] Bei Marktanteilen der Abstimmungsbeteiligten ab 80 % wird in der Literatur generell ein Wettbewerbsausschluss angenommen.[684] Ob bei der Stabilisation solche Marktanteile erreicht werden, ist durchaus fraglich. Eine pauschale Eischätzung scheidet insoweit aus. Ob ein Wettbewerbsausschluss möglich ist, ist erkennbar eine Frage des Einzelfalls.

dd. Ergebnis

Der abgestimmte Erwerb des Wertpapiers zur Stabilisation nach Art. 5 Abs. 4 der Marktmissbrauchsverordnung kann mithin, wenn auch nur in seltenen Fällen, das Kartellverbot verletzen. Stimmen potentielle Wettbewerber ihr Nachfrageverhalten in Bezug auf das stabilisierte Wertpapier ab, ist das eine wettbewerbsbeschränkende Absprache, da sie ihre wettbewerbliche Freiheit einschränken, wenn sie bspw. Preise sowie weitere Konditionen und Modalitäten des Marktauftritts abstimmen. Der Wettbewerbsbeschränkung kann aber die Spürbarkeit fehlen, wenn der Nachfragemarkt groß ist. Wegen des für eine effektive Stabilisation erforderlichen Nachfrageumfangs ist die Spürbarkeit jedoch nicht ausgeschlossen. Grundsätzlich ist daher ein Kartellverstoß durch eine abgestimmte Stabilisation möglich.

Dieser mögliche Verstoß ist jedoch in aller Regel durch eine Freistellung nach Art. 101 Abs. 3 AEUV, § 2 GWB gerechtfertigt. Die Stabilisation kann die Warenerzeugung und -verteilung fördern und dem wirtschaftlichen Fortschritt dienen. Sie kann die Marktteilnehmerzahlen und die Erwerbs- und Absatzmöglichkeiten erhöhen. Ebenso schafft sie stabile angemessenere Preise und stellt das durch die Emission verschobene Gleichgewicht von Angebot und Nachfrage wieder her. Das dient ebenso den wettbewerblichen und wirtschaftlichen Funktionen des Markts und damit dem wirtschaftlichen Fortschritt wie eine allgemeine Marktbelebung. Die Vorteile überwiegen grundsätzlich den Eingriff in die Preisbildung und das erhöhte Preisniveau. Das indiziert auch die kapitalmarktrechtliche Zulässigkeit der Stabilisation. Aus gleichen Gründen ergibt sich regelmäßig eine angemessene Beteiligung der Verbraucher am Gewinn. Sie profitieren von den dargestellten Vorteilen, vor allem dem stabilen angemesseneren Preisniveau, der Wiederherstellung des Gleichgewichts von Angebot und Nachfrage und der Angebotsverbreiterung.

Problematischer sind die übrigen Freistellungsvoraussetzungen. Erlaubt sind nur die für die aus der Stabilisation folgenden Effizienzvorteile unerlässlichen

---

682 GHN/*Schuhmacher*, Art. 101 AEUV Rn 350.

683 *Lettl*, § 2 Rn 188.

684 *Bunte*, S. 108; Langen/Bunte/*Hengst*, Bd 2, Art. 101 AEUV Rn 396.

Beschränkungen. Folglich ist eine abgestimmte Stabilisation unerlässlich, wenn nur so die Stabilisationswirkung und die Effizienzvorteile erreicht werden können, bspw. nicht ein Unternehmen allein in gleich effektiver Weise stabilisieren kann. Daneben scheitert die Freistellung, wenn der Wettbewerb wesentlich ausgeschaltet wird. Die generelle Größe der Nachfragemärkte und der für einen Wettbewerbsausschluss erforderliche Marktanteil stehen einem Ausschluss jedoch entgegen. Die Unerlässlichkeit und der Wettbewerbsausschluss sind aber Punkte, die im Einzelfall gegen eine Freistellung sprechen können.

c. Verbot des Missbrauchs einer marktbeherrschenden Stellung

aa. Missbrauch durch Stabilisation

Ebenso sind auch Konstellationen denkbar, in denen der Erwerb des Wertpapiers zur Stabilisation einen Missbrauch einer marktbeherrschenden Stellung in Art. 102 AEUV, § 19 GWB darstellen kann. Dafür muss der Stabilisierende[685] marktbeherrschend sein und diese Stellung zur Stabilisation missbrauchen.

Zur Bestimmung der marktbeherrschenden Stellung ist primär der Marktanteil maßgeblich.[686] Der Stabilisierende ist insoweit nachfragend tätig. Der Nachfragemarkt wird aus Sicht der Anbieter nach dem Bedarfsmarktkonzept bestimmt, sodass es auf die Frage ankommt, welche Anleger für die Anbieter als Abnehmer in Frage kommen. Der Nachfragemarkt für das stabilisierte Wertpapier kann groß sein. Bei börsengehandelten Unternehmensbeteiligungen als stabilisiertem Wertpapier sind bspw. alle Anleger potentiell Nachfrager, die börsengehandelte Unternehmensbeteiligungen nachfragen.[687] Ferner ist zu beachten, dass die Stabilisation im Nachgang der Emission erfolgt. Es ist nicht ausgeschlossen, dass mit der Emission eine hohe Nachfrage verbunden ist, die während der Stabilisationsphase am Sekundärmarkt erhalten bleibt, da die Anleger, die in der Emission keine Wertpapiere erhalten haben, diese am Sekundärmarkt zu erwerben versuchen.

Hohe Marktanteile einzelner Teilnehmer des Nachfragemarkts sind somit nicht zwingend. Eine marktbeherrschende Stellung kann sich allenfalls daraus ergeben, dass für eine effektive Stabilisation eine höhere Nachfrage von Vorteil ist und daher auch generiert wird. Ebenso kann der relative Marktanteil, mithin der Abstand zu den Wettbewerbern, in der Bestimmung der Marktbeherrschung relevant werden.[688] Es ist denkbar, dass der für eine effektive Stabilisation vorteilhafte höhere Nachfrageumfang einen für die Marktbeherrschung ausreichenden relativen Marktanteil schafft. Das wird dadurch begünstigt, dass am Nachfragemarkt viele Anleger tätig sein können. Die Marktanteile einzelner Anleger am

---

685 Es können auch mehrere Unternehmen, die zusammen stabilisieren, marktbeherrschend sein. Die Konstellation ist grundsätzlich entsprechend zu bewerten.

686 Vgl. allg. zur marktbeherrschenden Stellung Abschnitt B. V. 2. a. dieser Arbeit.

687 Vgl. allg. zur Marktabgrenzung Abschnitt B. III. 2. d. bb. dieser Arbeit.

688 Vgl. allg. zum relativen Marktanteil Abschnitt B. V. a. bb. (4). dieser Arbeit.

Nachfragemarkt können daher klein und aufgrund der Zahl der Nachfrager ebenso auch fragmentiert sein.

Ob eine marktbeherrschende Stellung besteht, ist jedoch generell eine Frage des Einzelfalls. Durch die erhöhte Nachfrage zwecks Stabilisation kann sie begünstigt werden, insbesondere wenn insgesamt wenig dritte Nachfrager tätig sind. Auf der anderen Seite ist der Nachfragemarkt generell groß, insbesondere bei großen Märkten wie dem Markt für börsengehandelte Unternehmensbeteiligungen. Es ist daher nicht auszuschließen, dass das Missbrauchsverbot an der fehlenden Marktbeherrschung scheitert. Auf der anderen Seite ist der Umstand zu beachten, dass der Stabilisierende durch eine erhöhte Nachfragetätigkeit tatsächlich den Preis auf einem bestimmten Level fixieren kann. Allgemein wird eine solche Möglichkeit als ein Indiz dafür gewertet, dass sich der betreffende Marktteilnehmer tatsächlich unabhängig von Dritten verhalten und damit Wettbewerb verhindern kann, mithin eine marktbeherrschende Stellung hat.[689] Das lässt sich jedoch nicht zwingend übertragen. Es ist zu beachten, dass zur Stabilisation erhöhte Preise geboten werden, die von der Marktgegenseite freiwillig angenommen werden. Die tatsächliche Beeinflussung des Preisniveaus muss daher nicht zwingend aus der Marktbeherrschung des stabilisierenden Nachfragers folgen.

Sofern sich eine marktbeherrschende Stellung des Stabilisierenden darlegen lässt, scheint auf den ersten Blick auch ein Preismissbrauch nach Art. 102 S. 2 lit. a AEUV, § 19 Abs. 2 Nr. 2 GWB denkbar. Es werden erhöhte Preise geboten. Für den Preismissbrauch muss der geforderte Preis jedoch auch unangemessen bzw. nicht wettbewerbsgerecht sein. Maßgeblich ist der Preis, der sich im hypothetischen unverfälschten Wettbewerb eingestellt hätte.[690] Dieser ist nach dem Vergleichsmarktkonzept über sachliche, räumliche und zeitliche Vergleichsmärkte zu bestimmen.[691] Es muss letztlich der preisverfallbedingte Preis ohne Stabilisation bestimmt werden. Dieser beruht, wenn auch durch den Verkaufsdruck und das Überangebot bedingt, auf dem freien Spiel von Angebot und Nachfrage als unverfälschtem Wettbewerb. Er ergibt sich mithin aus den unbeeinflussten Wettbewerbskräften.

Dieser preisverfallbedingte Preis kann über das Vergleichsmarktkonzept nur näherungsweise bestimmt werden. Eine Bestimmung der wettbewerbsgerechten bzw. angemessenen Preise ist grundsätzlich schwierig.[692] Im Falle der Stabilisation kommt im Weiteren erschwerend hinzu, dass der Verkaufsdruck und das Überangebot als besondere Effekte der Emissionssituation in den Vergleichsmaßstab

---

689 *Emmerich*, § 9 Rn 29.

690 Europäisches Recht: EuGH v. 14.02.1978, Rs. 27/76, ECLI:EU:C:1978:22, Rn 248/257 – *„United Brands"*; *Bechtold/Bosch/Brinker*, Art. 102 AEUV Rn 34; GHN/*Jung*, Art. 102 AEUV Rn 173; Wiedemann/*de Bronett*, § 22 Rn 61; deutsches Recht: *Bechtold/Bosch*, § 19 GWB Rn 55; IM/*Fuchs/Möschel*, Bd 2, § 19 GWB Rn 259; LMR/*Loewenheim*, § 19 GWB Rn 69.

691 Vgl. Abschnitt B. V. 3. c. dieser Arbeit.

692 Vgl. zu diesen Schwierigkeiten Abschnitt B. V. 3. c. dieser Arbeit.

einzupreisen sind. Lässt sich trotzdem ein Preis feststellen, ist darüber hinaus das Erfordernis der erheblichen Abweichung des Stabilisationspreises vom Vergleichsmaßstab zu beachten. Das ist nicht zwingend der Fall. Gem. Art. 5 Abs. 4 lit. c der Marktmissbrauchsverordnung darf sich der zur Stabilisation aufgerufene Preis nur in angemessenen Grenzen zum Wertpapierkurs am Markt bewegen. Er darf mithin nicht beliebig hoch sein. Ebenso kann der durch die Stabilisation vermiedene hypothetische Preisverfall gering ausfallen. Beides kann für eine geringe Diskrepanz von Stabilisationspreis und preisverfallbedingten Preis und damit gegen eine erhebliche Abweichung des Stabilisationspreises vom Vergleichsmaßstab sprechen.

Selbst wenn der Stabilisationspreis erheblich vom Vergleichsmaßstab abweicht, liegt kein Preismissbrauch vor. Insoweit ist zu beachten, dass zur Stabilisation nachfrageseitig hohe Preise geboten werden. Davon profitieren die Anbieter. Sie werden, anders als bei einer Forderung niedriger Preise durch einen marktbeherrschenden Nachfrager, dadurch nicht benachteiligt. Das Bieten hoher Preise durch einen marktbeherrschenden Nachfrager wird nicht als Preismissbrauch angesehen.[693] Dem ist zuzustimmen. Der Wortlaut der Art. 102 S. 2 lit. a AEUV, § 19 Abs. 2 Nr. 2 GWB beschränkt sich zwar in Bezug auf nachfrageseitig gebotene Preise nicht auf niedrige Preise, sondern verlangt lediglich generell unangemessene bzw. nicht wettbewerbsgerechte Preise als vom Wettbewerbsniveau abweichende Preise. Der Preismissbrauch ist jedoch als Ausbeutungsmissbrauch zu verstehen.[694] Legt man das zugrunde, muss die Marktgegenseite durch die Forderung der missbräuchlichen Preise auch ausgebeutet werden. Der stabilisierende Nachfrager beutet die Anbieter durch die höheren gebotenen Preise jedoch gerade nicht aus, da die Anbieter von diesen Preisen profitieren, indem sie dadurch höhere Einnahmen erzielen. Daher liegt kein Preismissbrauch vor, wenn man ihn als Ausbeutungsmissbrauch versteht.

Dass dieses Verständnis richtig und daher zugrunde zu legen ist, zeigt eine weitere Überlegung. Die Anbieter nehmen die gebotenen höheren Preise freiwillig an, weil sie damit selbst höhere Einnahmen erzielen können. Fordert man nun eine Kausalität zwischen der Marktbeherrschung und dem Missbrauch, muss der Preismissbrauch abgelehnt werden, wenn die erhöhten Kaufpreise nicht aus der Marktbeherrschung folgen. Da die gebotenen Preise für die Anbieter von Vorteil sind, ist es wahrscheinlich, dass sie die Preise auch akzeptieren, wenn sie ein nicht marktbeherrschender Nachfrager bietet. Mithin beruht die Forderung der erhöhten Preise nicht auf der Marktbeherrschung. Zu Art. 102 AEUV wird ein solches

693 Groeben, von der/Schwarze/*Schröter*/*Bartl*, Art. 102 AEUV Rn 190.

694 Europäisches Recht: *Bechtold*/*Bosch*/*Brinker*, Art. 102 AEUV Rn 34; Callies/Ruffert/*Weiß*, Art. 102 AEUV Rn 46; Groeben, von der/Schwarze/*Schröter*/*Bartl*, Art. 102 AEUV Rn 190; Schwarze/*Brinker*, § 102 AEUV Rn 21; deutsches Recht: *Bechtold*/*Bosch*, § 19 GWB Rn 53; IM/*Fuchs*/*Möschel*, Bd 2, § 19 GWB Rn 246; LMR/*Loewenheim*, § 19 GWB Rn 67; MüKo-DtKartellR/*Wolf*, § 19 Rn 85.

Kausalitätserfordernis zwischen der Marktbeherrschung und dem Missbrauch teils abgelehnt.[695] Dafür werden der auf den Wettbewerbsschutz und nicht auf die Ausnutzung wirtschaftlicher Macht gerichtete Schutzzweck des Art. 102 AEUV sowie die besondere Verantwortung marktbeherrschender Unternehmen für den Restwettbewerb angeführt.[696] Legt man das hier zugrunde, müssen die Marktbeherrschung und das Verhalten nur parallel vorliegen. Dem steht jedoch der Wortlaut des Art. 102 AEUV entgegen, der ein Ausnutzen der Marktbeherrschung fordert, woraus sich nicht nur im Wortlaut ein Konnex zwischen der Marktbeherrschung und dem Verhalten ergibt, sondern systematisch die Marktbeherrschung auch zum Bezugspunkt des Ausnutzens wird.[697] Außerdem meint Erzwingen in Art. 102 S. 2 lit. a AEUV, dass die Gegenseite die Preise wegen der marktbeherrschenden Stellung hinnimmt.[698] Das bestätigt, dass ein grundsätzlicher Konnex zwischen dieser Stellung und der Preisforderung bestehen muss. Für das deutsche Missbrauchsverbot gilt Gleiches, da identisch ein Ausnutzen der Marktbeherrschung gefordert ist, sodass ebenso ein Konnex zwischen der Marktbeherrschung und dem Verhalten erfordert ist.[699] Das Erfordernis der Ausnutzung macht insoweit deutlich, dass die Marktmacht und das Verhalten in Beziehung zueinander stehen müssen. Zwischen der Marktbeherrschung und dem Missbrauch muss in der Form ein Zusammenhang bestehen, dass das Verhalten aus der Marktbeherrschung folgt.[700] Ebendieser Konnex fehlt, wenn die erhöhten Preise, die zwecks Stabilisation durch den nachfragenden Stabilisierenden geboten werden, nicht auf der Marktbeherrschung beruhen.

Lehnt man daher den Preismissbrauch zutreffend ab, kann das Bieten der hohen Preise durch einen Nachfrager jedoch ein Behinderungsmissbrauch sein.[701] Dies kann im europäischen Recht Art. 102 S. 1 AEUV unterfallen,[702] während der Behinderungsmissbrauch im nationalen Recht in § 19 Abs. 2 Nr. 1 GWB als eine unbillige Behinderung dritter Unternehmen geregelt ist. Der Behinderungsmissbrauch findet seine Grundlage darin, dass die Wettbewerber am Nachfragemarkt wegen der vom marktbeherrschenden Nachfrager gebotenen höheren Preise gezwungen sein können, ebenso erhöhte Preise für das

---

695 Callies/Ruffert/*Weiß*, Art. 102 AEUV Rn 135; GHN/*Jung*, Art. 102 AEUV 135.

696 GHN/*Jung*, Art. 102 AEUV 136.

697 MüKo-EUKartellR/*Eilmansberger*/*Bien*, Art. 102 AEUV Rn 135.

698 Callies/Ruffert/*Weiß*, Art. 102 AEUV Rn 47; *Emmerich*, § 10 Rn 13; GHN/*Jung*, Art. 102 AEUV Rn 346; Groeben, von der/Schwarze/*Schröter*/*Bartl*, Art. 102 AEUV Rn 191.

699 *Bechtold*/*Bosch*, § 19 GWB Rn 5; Wiedemann/*Wiedemann*, § 23 Rn 55.

700 *Bechtold*/*Bosch*, § 19 GWB Rn 5; MüKo-DtKartellR/*Wolf*, § 19 Rn 35; vgl. MüKo-EUKartellR/*Eilmansberger*/*Bien*, Art. 102 AEUV Rn 140.

701 Allg.: *Bechtold*/*Bosch*, § 19 GWB Rn 19; IM/*Fuchs*/*Möschel*, Bd 2, § 19 GWB Rn 281; Groeben, von der/Schwarze/*Schröter*/*Bartl*, Art. 102 AEUV Rn 190.

702 GHN/*Jung*, Art 102 AEUV Rn 218; IM/*Fuchs*/*Möschel*, Bd 1, Art. 102 AEUV Rn 233; Groeben, von der/Schwarze/*Schröter*/*Bartl*, Art. 102 AEUV Rn 190.

Wertpapier zu zahlen. Es ist insoweit zwar zu beachten, dass eine freie Preisgestaltung auch für marktbeherrschende Unternehmen ein Ausdruck wettbewerblicher Freiheit ist. Eine Nutzung wettbewerblicher Aktionsparameter darf daher nicht vorschnell als eine Behinderung eingestuft werden.[703] Auch wenn ein marktbeherrschendes Unternehmen eine Verantwortung für den Restwettbewerbs tragen mag, kann man ihm deswegen nicht die grundlegende wettbewerbliche Freiheit nehmen. Daher kann es nicht generell untersagt sein, hohe Preise für das stabilisierte Wertpapier als Nachfrager zu bieten. Dies findet sich auch in § 19 Abs. 2 Nr. 1 GWB wieder, der nur eine unbillige Behinderung untersagt. Die Prüfung der Unbilligkeit erfordert wiederum eine Interessenabwägung im Einzelfall. Auch für Art. 102 S. 1 AEUV ist eine Unbilligkeit der Behinderung gefordert, da man sich sonst einem wettbewerbskonformen Preisdruck eines marktmächtigen Wettbewerbers entziehen kann.[704] Überhöhte Einkaufspreise eines marktbeherrschenden Nachfragers können aber dann missbräuchlich sein, wenn er die Preise in einer solchen Form in die Höhe treibt, dass dritte Nachfrager vom Markt verdrängt werden.[705] Unbillig kann mithin ein solches Preisniveau sein, das sich bei hinreichendem Wettbewerb nicht ergeben hätte.[706] Dieses Preisniveau beruht dann nicht mehr auf dem Wettbewerb, sondern auf der Marktbeherrschung. Ein Behinderungsmissbrauch kann daher im Falle des Bietens erhöhter Preise durch einen Nachfrager daraus folgen, dass ein unangemessenes bzw. nicht wettbewerbsgerechtes Preisniveau durch die Nutzung der Marktbeherrschung entsteht. Zu dessen Bestimmung wird auf die Ausführungen zum Preismissbrauch verwiesen.

Eine nach Art. 5 Abs. 4 der Marktmissbrauchsverordnung zulässige Stabilisation durch einen Erwerb des stabilisierten Wertpapiers kann somit grundsätzlich auch ein Missbrauch einer marktbeherrschenden Stellung sein. Das ist aber allenfalls in Grenzen denkbar. Ein Preismissbrauch scheidet aus. Es kann hingegen ein Behinderungsmissbrauch in Frage kommen. Eine wesentliche Hürde ist jedoch generell die potentielle Größe des relevanten Nachfragemarkts für das stabilisierte Wertpapier. Dieser kann so groß ausfallen, dass keine für eine marktbeherrschende Stellung ausreichenden Marktanteile gegeben sind.

bb. Fehlende Missbräuchlichkeit der Stabilisation

(1). Ausnahme durch Effizienzvorteile

Selbst wenn man im Einzelfall einen Verstoß gegen das Missbrauchsverbot in Betracht ziehen kann, ist im Weiteren zu prüfen, ob die Stabilisation ebenso wie vom Kartellverbot auch von Art. 102 AEUV, § 19 GWB ausgenommen sein kann.

703 Vgl. *Emmerich*, § 10 Rn 4.
704 Vgl. MüKo/*Eilmannsberger*/*Bien*, Art. 102 AEUV Rn 489 f.
705 Groeben, von der/Schwarze/*Schröter*/*Bartl*, Art. 102 AEUV Rn 306.
706 *Bechtold*/*Bosch*, § 19 GWB Rn 19.

Eine direkte Anwendung von Art. 101 Abs. 3 AEUV, § 2 GWB ist nicht möglich. Dies widerspricht dem klaren Wortlaut und der Systematik. Die Freistellung ist dem Wortlaut nach allein auf das Kartellverbot bezogen. Ebenso ist für das Missbrauchsverbot keine entsprechende Regelung vorgesehen. Vom Kartellverbot freigestelltes Verhalten ist nicht automatisch vom Missbrauchsverbot freigestellt.[707] Ein Verbot der Stabilisation kann aber an einer fehlenden Missbräuchlichkeit der Stabilisation scheitern. Das ist unter den gleichen Voraussetzungen wie bei der Freistellung vom Kartellverbot möglich.

Die Rechtfertigung eines Verstoßes gegen Art. 102 AEUV wird grundsätzlich als möglich angesehen.[708] Art. 102 S. 1 AEUV fordert die *missbräuchliche* Ausnutzung der Marktbeherrschung. Das impliziert einen Unwert in Form eines wettbewerblich ungerechtfertigten Verhaltens.[709] Fehlt dieser Unwert, ist das Verhalten nicht missbräuchlich. Ein Verhalten, das nicht missbräuchlich ist, verstößt wiederum nicht gegen das Verbot, da ohne den Missbrauch ein Tatbestandsmerkmal und zugleich der Unwert des Missbrauchsverbots fehlen. Eine solche Möglichkeit der Aufhebung der Missbräuchlichkeit durch legitime Gründe als eine tatbestandsimmanente Interessenabwägung in der Missbräuchlichkeit widerspricht auch nicht dem Konzept des Art. 102 AEUV.[710] Das Verbot fußt darauf, dass die Marktbeherrschung nicht nur genutzt, sondern auch tatsächlich missbraucht wird. Art. 102 AEUV fordert den Missbrauch als ein wesentliches Tatbestandselement. Als legitime Gründe, die insoweit ein Verhalten als nicht missbräuchlich einstufen und daher rechtfertigen können, werden Effizienzvorteile angesehen, welche die Nachteile für den Wettbewerb und die Verbraucher aufwiegen.[711] Dem ist zuzustimmen. Ein Verhalten, dass der wirtschaftlichen Effizienz eines Marktes dient sowie die Verbraucher entsprechend an den Vorteilen beteiligt, kann im Grundsatz nicht als missbräuchlich angesehen werden.[712] Einem solchen Verhalten fehlt der

---

707 EuGH v. 11.04.1989, Rs. 66/86, ECLI:EU:C:1989:140, Rn 37 – *„Ahmed Saeed Flugreisen u.a.“*; *Bechtold/Bosch/Brinker*, Art. 102 AEUV Rn 2; Callies/Ruffert/*Weiß*, Art. 102 AEUV Rn 3; Dauses/*Hoffmann*, H. I. § 2 Rn 175; *Emmerich*, § 8 Rn 12; GHN/*Jung*, Art. 102 AEUV Rn 23; vgl. *Lettl*, § 1 Rn 4.

708 IM/*Fuchs/Möschel*, Bd 1, Art. 102 AEUV Rn 163; MüKo-EUKartellR/*Eilmansberger/Bien*, Art. 102 AEUV Rn 513; SJKM/*Schröter/Bartl*, Art. 102 AEUV Rn 178 ff.

709 MüKo-EUKartellR/*Eilmansberger/Bien*, Art 102 AEUV Rn 514; GHN/*Jung*, Art. 102 AEUV Rn 145; Wiedemann/*Wiedemann*, § 23 Rn 205.

710 IM/*Fuchs/Möschel*, Bd 1, Art. 102 AEUV Rn 152; MüKo/*Eilmansberger/Bien*, Art 102 AEUV Rn 514; in diese Richtung wohl auch *Emmerich*, § 10 Rn 10.

711 EuGH v. 15.03.2007, Rs. C.95/04 P ECLI:EU:C:2007:166, Rn 86 – *„British Airways“*; Callies/Ruffert/*Weiß*, Art. 102 AEUV Rn 37; Groeben, von der/Schwarze/*Schröter/Bartl*, Art. 102 AEUV Rn 181; LMR/*Huttenlauch/Lübbig*, Art. 102 AEUV Rn 294; SJKM/*Schröter/Bartl*, Art. 102 AEUV Rn 179.

712 IM/*Fuchs/Möschel*, Bd 1, Art 102 AEUV Rn 157 ff.; SJKM/*Schröter/Bartl*, Art. 102 AEUV Rn 181.

erforderliche Unwert. Solche Vorteile können mithin den für den Missbrauch und damit das Missbrauchsverbot erforderlichen Unwert aufheben.

Diese Ausnahme vom Missbrauchsverbot ist jedoch restriktiv zu nutzen.[713] Das Missbrauchsverbot hat keine geschriebene Ausnahme. Man darf daher das unbeschränkt angelegte Verbot nicht über eine weite Ausnahme aushöhlen. Der EuGH verlangt daher mit Blick auf Effizienzvorteile zutreffend nicht nur, dass sie die negativen Effekte für den Wettbewerb und die Verbraucher aufwiegen, sondern zugleich auch, dass das Verhalten für die Effizienzvorteile erforderlich ist und den Wettbewerb nicht auszuschalten vermag.[714] Das Verhalten darf den Wettbewerb wegen des erforderlichen restriktiven Ansatzes nur im erforderlichen Maß beschränken. Sind Mittel nicht erforderlich, um die Effizienzvorteile zu erreichen, gibt es mithin mildere Mittel, die dann zu wählen sind. Daher kann ein für die Effizienzvorteile nicht erforderliches Verhalten nicht vom Missbrauchsverbot ausgenommen werden. Ebenso sind aus dem gleichen restriktiven Ansatz heraus keine unverhältnismäßigen oder für die Verbraucher überwiegend nachteilige Eingriffe zu rechtfertigen. Die Voraussetzungen entsprechen folglich der Freistellung vom Kartellverbot. Es bedarf Effizienzvorteilen, für die das Verhalten erforderlich und verhältnismäßig ist. Etwaige Nachteile für die Verbraucher müssen aufgewogen und der Wettbewerb darf nicht ausgeschaltet werden. Diese grundsätzliche Identität der Voraussetzungen dieser Ausnahmemöglichkeit mit den Voraussetzungen der Freistellung widerspricht nicht der eingangs dargestellten Ablehnung der Übertragung der Freistellungsregelung zum Kartellverbot auf das kartellrechtliche Missbrauchsverbot. Die Rechtfertigungsmöglichkeit folgt nicht daraus, die Freistellung auf das Missbrauchsverbot zu übertragen, sondern vielmehr aus dem Erfordernis der Missbräuchlichkeit als eigenständige Voraussetzung des Missbrauchsverbots.

Die Ausnahmemöglichkeit ergibt sich im Übrigen auch für § 19 GWB. Der Norm liegt das gleiche Missbrauchskonzept zugrunde. Dementsprechend kann auch unter gleichen Voraussetzungen die Missbräuchlichkeit fehlen.

(2). Anwendung auf die Kursstabilisation

Damit die Missbräuchlichkeit über die Generierung von Effizienzvorteile aufgehoben ist und ein Verstoß gegen das kartellrechtliche Missbrauchsverbot ausscheidet, müssen mithin die folgenden Voraussetzungen erfüllt sein. Es müssen Effizienzvorteile geschaffen werden. Diese müssen die Nachteile für den Wettbewerb und die Verbraucher überwiegen. Des Weiteren darf der Wettbewerb nicht ausgeschaltet werden.

---

713 IM/*Fuchs*/*Möschel*, Bd 1, Art. 102 AEUV Rn 163.

714 EuGH v. 15.03.2007, ECLI:EU:C:2007:166, Rn 86 – „*British Airways*"; EuGH v. 27.03.2012, Rs. C-209/10, ECLI:EU:C:2012:172, Rn 42 – „*Post Danmark*".

Es müssen somit zunächst Effizienzvorteile als legitime Gründe, auf der die Ausnahme fußen kann, durch das fragliche Verhalten geschaffen werden. Dieses Verhalten ist vorliegend die grundsätzlich gegen das Missbrauchsverbot verstoßende Stabilisation durch den Erwerb des stabilisierten Wertpapiers unter Schaffung eines missbräuchlichen Preisniveaus in marktbeherrschender Stellung. Dass aus der Stabilisationstätigkeit durchaus Effizienzvorteile erwachsen können, wurde zur Freistellung vom Kartellverbot dargestellt, auf die verwiesen wird.[715] Zentral sind als Effizienzvorteile die Angebots- und Nachfrageerweiterung, die Marktbelebung, das wertgerechte stabile Preisniveau und die Wiederherstellung des Gleichgewichts von Angebot und Nachfrage zu erwähnen.

Der grundsätzlich gegen das Missbrauchsverbot verstoßende Erwerb der Wertpapiere muss ferner für die Stabilisation erforderlich sein, da die Effizienzvorteile aus der Stabilisation folgen. Das ist eine Frage des Einzelfalls. Ist bspw. die Stabilisation durch nicht marktbeherrschende Unternehmen in gleich effektiver Weise möglich, ist die Erforderlichkeit abzulehnen. In der Folge fällt dann die Rechtfertigung aus.

Das Verhalten muss im Weiteren auch verhältnismäßig sein und die Verbrauchernachteile müssen aufgewogen werden. Insoweit wird auf die Freistellung verwiesen.[716] Die Vorteile der Stabilisation können deren Nachteile überwiegen. Die Stabilisation schafft ein höheres Preisniveau, aufgrund dessen dritte Nachfrager als Wettbewerber ebenso höhere Preise zahlen müssen. Die Angebots- und Nachfrageerweiterung, die Marktbelebung, das wertgerechte stabile Preisniveau und die Wiederherstellung des Gleichgewichts von Angebot und Nachfrage überwiegen aber grundsätzlich als Vorteile. Diese Vorteile sind auch Verbrauchervorteile, sodass die Nachteile für Verbraucher überwogen sind.

Die Ausnahme vom Missbrauchsverbot kann scheitern, wenn der Wettbewerb ausgeschaltet wird. Auch hier wird auf die Freistellung verwiesen.[717] Für eine effektive Stabilisation ist ein höherer Nachfrageanteil von Vorteil. Es ist nicht auszuschließen, dass die Stabilisierenden eine Marktstellung am Nachfragemarkt erlangen, die den Wettbewerb ausschaltet. Die grundsätzliche potentielle Marktgröße steht dem jedoch als Hürde entgegen. Auch hierbei handelt es sich um eine im Einzelfall zu beantwortende Frage.

cc. Ergebnis

Es ist nicht ausgeschlossen, dass die kapitalmarktrechtlich zulässige Kursstabilisation in Formen vorgenommen werden kann, die gegen das kartellrechtliche Missbrauchsverbot verstoßen. Das ist jedoch vergleichsweise unwahrscheinlich.

715 Vgl. dazu Abschnitt C. III. 4. b. cc. (2). dieser Arbeit.
716 Vgl. dazu Abschnitt C. III. 4. b. cc. (3). sowie C. III. 4. b. cc. (4). dieser Arbeit.
717 Vgl. dazu Abschnitt C. III. 4. b. cc. (6). dieser Arbeit.

Zunächst steht ihm die potentielle Marktgröße entgegen. Ferner wird er regelmäßig an der fehlenden Missbräuchlichkeit der Stabilisation scheitern.

Die potentielle Größe des relevanten Nachfragemarkts ist eine erste wesentliche Hürde. Es ist nicht zwingend, dass hinreichende Marktanteile erreicht werden, die eine marktbeherrschende Stellung indizieren. Sie sind jedoch nicht ausgeschlossen. Der für eine effektive Stabilisation erforderliche und sinnvolle Nachfrageumfang kann für einen höheren Marktanteil sprechen, der ggf. unter Berücksichtigung des relativen Marktanteils ausreichen mag.

Wenn sich eine marktbeherrschende Stellung feststellen lässt, kommt ein Behinderungsmissbrauchs durch das nachfrageseitige Bieten erhöhter Preise in Frage. Dieser setzt grundsätzlich voraus, dass ein unangemessenes bzw. nicht wettbewerbsgerechtes Preisniveau geschaffen wird und insbesondere dritte Nachfrager vom Markt verdrängt werden. Neben der grundsätzlichen Probleme bei dessen Feststellung ist wegen der kapitalmarktrechtlichen Grenzen hinsichtlich des Stabilisationspreises nicht zwingend ein solches Preisniveau mit der Stabilisation verbunden. Dies hängt vom Einzelfall und vor allem der Frage ab, wie hoch der potentielle Preisverfall ohne eine Stabilisation gewesen wäre.

Selbst wenn die vorstehenden Voraussetzungen erfüllt sind und ein Behinderungsmissbrauch in Frage kommt, scheitert das kartellrechtliche Missbrauchsverbot regelmäßig an der fehlenden Missbräuchlichkeit der Stabilisation. Der Missbrauch verlangt einen Unwert. Diesen können die durch die Stabilisation geschaffenen Effizienzvorteile als legitime Gründe aufheben. Dafür muss die Nutzung der Marktbeherrschung für diese erforderlich und verhältnismäßig sein. Ferner müssen die Verbrauchernachteile aufgewogen und darf der Wettbewerb nicht ausgeschaltet werden. Das kann entsprechend zur Freistellung vom Kartellverbot der Fall sein. Insbesondere an der Erforderlichkeit und am Wettbewerbsausschluss kann die Ausnahme jedoch scheitern. Die Erforderlichkeit kann fehlen, wenn gleich effektive eine Stabilisation durch ein nicht marktbeherrschendes Unternehmen möglich ist. Ein Wettbewerbsausschluss ist möglich, wegen der Marktgröße und des leichten Marktzutritts auf der Nachfrageseite aber unwahrscheinlich.

d. Verhältnis von Kartell- und Kapitalmarktrecht mit Blick auf potentielle kartellrechtliche Verbote der Kursstabilisation

aa. Ergebnisse der kartellrechtlichen Bewertung kapitalmarktrechtlich zulässigen kursstabilisierenden Verhaltens

Zusammenfassend zeigen die vorstehenden Ausführungen, dass eine kapitalmarktrechtlich nach Art. 5 Abs. 4 der Marktmissbrauchsverordnung zulässige Stabilisation grundsätzlich gegen Art. 101, 102 AEUV, §§ 1, 19 GWB verstoßen kann. Der Verstoß gegen das Missbrauchsverbot ist jedoch insbesondere wegen der Größe des Nachfragemarkts eher unwahrscheinlich. Ebenso scheitern beide Verbote in der Regel daran, dass die Kursstabilisation über Effizienzvorteile von den Verboten ausgenommen werden kann.

Eine abgestimmte Stabilisation durch mehrere Unternehmen ist eine wettbewerbsbeschränkende Absprache i.S.d. Kartellverbots nach Art. 101 AEUV, § 1 GWB, wenn sie potentielle Wettbewerber am Nachfragemarkt für das stabilisierte Wertpapier sind und die Marktaktivität zwecks Stabilisation abstimmen. Dies kann bspw. erfolgen, indem sie Preise oder sonstige Konditionen und Modalitäten wie den Umfang und den Zeitpunkt der Nachfragetätigkeit abstimmen. Die stabilisationsbeteiligten Unternehmen koordinieren damit ihr Marktverhalten und limitieren ihre wettbewerbliche Freiheit. Vor allem scheitert die Wettbewerbsbeschränkung nicht daran, dass nachfrageseitig hohe Preise geboten werden, da sie im Binnenverhältnis der Beteiligten davon unabhängig ist. Auch wenn die Kursstabilisation von Emissionskonsortien vorgenommen wird, rechtfertigen die für die Betätigung des Emissionskonsortiums dargestellten Ausnahmen die Kursstabilisation nicht pauschal.[718] Eine weitere Hürde kann wegen der potentiellen Größe des Nachfragemarkts die Spürbarkeit der Wettbewerbsbeschränkung sein. Hinreichende Marktanteile werden jedoch durch den für effektive Stabilisation vorteilhaften hohen Nachfrageumfang begünstigt.

Ebenso kommt ein Verstoß gegen das Missbrauchsverbot in Art. 102 AEUV, § 19 GWB in Form eines Behinderungsmissbrauchs in Betracht. Dieser ist unwahrscheinlicher als ein Verstoß gegen das Kartellverbot. Aufgrund der für die Marktbeherrschung erforderlichen Marktanteile kann das Verbot bereits daran scheitern, dass wegen der Größe des Nachfragemarkts trotz eines für eine effektive Stabilisation erforderlichen und sinnvollen höheren Nachfrageumfangs keine für eine marktbeherrschende Stellung hinreichenden Marktanteile generiert werden. Selbst wenn dies der Fall ist, muss ein unangemessenes bzw. nicht wettbewerbsgerechtes Preisniveau geschaffen werden. Auch das muss, wie dargestellt, nicht zwingend vorliegen.

Diese potentiellen Verstöße gegen Kartell- und Missbrauchsverbot durch eine Kursstabilisation, die nach Art. 5 Abs. 4 der Marktmissbrauchsverordnung kapitalmarktrechtlich zulässig ist, scheitern regelmäßig daran, dass mit der Stabilisation Effizienzvorteile verbunden sind, die verbotsausschließend wirken können. Sie können die Freistellung vom Kartellverbot bewirken oder die Missbräuchlichkeit des Missbrauchsverbots aufheben. In beiden Fällen sind grundsätzlich übereinstimmend Effizienzvorteile zu fordern, welche die Nachteile für den Wettbewerb überwiegen, an denen Verbraucher angemessen beteiligt sind und für die das betreffende Verhalten erforderlich ist, wobei der Wettbewerb nicht im wesentlichen Umfang ausgeschaltet sein darf. Die verhältnismäßigen Effizienzvorteile und eine angemessene Verbraucherbeteiligung können v.a. aus der Angebotsverbreiterung, dem wertangemessenen stabilen Preisen sowie der Wiederherstellung des Gleichgewichts von Angebot und einer allgemeinen Marktbelebung folgen. Scheitern können die Freistellung vom Kartellverbot und die Ausnahme vom Missbrauchsverbot über den Ausschluss der Missbräuchlichkeit des Verhaltens

718 Vgl. zu diesen Ausnahmen Abschnitt C. III. 4. b. bb. dieser Arbeit.

hingegen im Einzelfall daran, dass das Verhalten für die Stabilisation und damit die Effizienzvorteile nicht erforderlich ist. Das ist mit Blick auf das Kartell- und das Missbrauchsverbot bspw. der Fall, wenn die Stabilisation durch ein nicht marktbeherrschendes Unternehmen ebenso effektiv möglich ist. Ferner ist zu beachten, dass wegen des höheren Nachfrageumfangs zwecks effektiver Stabilisation ein Wettbewerbsausschluss zumindest theoretisch möglich, wenn auch praktisch unwahrscheinlich ist.

Festzuhalten bleibt, dass die Kursstabilisation allenfalls in Ausnahmen gegen das Kartell- und Missbrauchsverbot verstößt. Regelmäßig werden die Verstöße wegen der mit der Kursstabilisation verbundenen Effizienzvorteile gerechtfertigt sein. Primär kommen Verstöße in Frage, wenn das Verhalten im Einzelfall für die Effizienzvorteile nicht erforderlich ist oder der Wettbewerb im wesentlichen Umfang ausgeschaltet wird, was grundsätzlich unwahrscheinlich ist. An dieser Spiegelungsmöglichkeit der Vorteile der Kursstabilisation im Kartellrecht bestätigt sich die allgemein dargestellte Möglichkeit der Reduzierung des Konflikpotentials zwischen Kartell- und Kapitalmarktrecht vor allem aufgrund der faktisch ähnlich auf einen wettbewerblich funktionierenden Kapitalmarkt gerichteten Zwecke. Es bestätigt sich, dass die Vorteile, die mit einem kapitalmarktrechtlich zulässigen Verhalten einhergehen, in der kartellrechtlichen Prüfung berücksichtigt werden können.

bb. Anwendung des entwickelten Rangverhältnisses

Gleichzeitig bleibt festzuhalten, dass die kapitalmarktrechtlich zulässige Kursstabilisation nicht generell mit den kartellrechtlichen Verboten vereinbar sein muss. Insbesondere wenn die Voraussetzungen der Freistellung bzw. des Ausschlusses der Missbräuchlichkeit nicht erfüllt sind, ist das kapitalmarktrechtlich zulässige Verhalten kartellrechtlich verboten. Obgleich dies allenfalls in seltenen Ausnahmefällen denkbar ist, entsteht damit insoweit ein Spannungsverhältnis zwischen Kartell- und Kapitalmarktrecht in der Rechtsanwendung. Dieses Spannungsverhältnis ist daher in Anwendung des entwickelten Verhältnisses von Kartell- und Kapitalmarktrecht im Falle kartellrechtlicher Verbote eines kapitalmarktrechtlich zulässigen Verhaltens aufzulösen. Im Ergebnis gehen danach die kartellrechtlichen Verbote, sofern sie eine kapitalmarktrechtlich zulässige Kursstabilisation untersagen, der Zulässigkeitsregelung in Art. 5 Abs. 4 der Marktmissbrauchsverordnung generell vor.

In Anwendung des entwickelten Vorgehens zur Bestimmung des Verhältnisses von Kartell- und Kapitalmarktrecht ist im Ausgangspunkt von einem Vorrang der kartellrechtlichen Verbote auszugehen. Sodann ist zu prüfen, ob dieser Vorrang im Einzelfall durchbrochen ist.

Dies wäre zunächst der Fall, wenn Art. 5 Abs. 4 der Marktmissbrauchsverordnung die kartellrechtlichen Verbote wirksam sperrt. Eine bloß kapitalmarktrechtliche Zulässigkeit hat diese Wirkung wegen des nicht abschließenden, sonderkartellrechtlichen oder kartellrechtsverdrängenden Charakters jedoch nicht. Sie ist kein *lex specialis* zu den kartellrechtlichen Verboten. Die Regelung müsste dafür die kartellrechtlichen Verbote sperren. Dies ist nicht der Fall. Art. 5 Abs. 4 der Marktmissbrauchsverordnung nimmt das Verhalten nicht von Art. 101, 102 AEUV, §§ 1, 19 GWB aus, sondern nur von den Art. 14, 15 der Marktmissbrauchsverordnung. Es handelt sich um eine kapitalmarktrechtliche Zulässigkeit ohne Bezug zum Kartellrecht. Ein solcher Bezug folgt auch nicht aus Art. 5 Abs. 5 der Marktmissbrauchsverordnung, der auf mehrere stabilisationsbeteiligte Unternehmen verweist. Danach können aus kapitalmarktrechtlicher Sicht zwar mehrere Unternehmen an der Stabilisation beteiligt sein. Das heißt aber nicht, dass Art. 5 Abs. 4 der Marktmissbrauchsverordnung eine auf das Kartellverbot bezogene Ausnahme ist. Dem steht der nur auf die genannten Verbote der Marktmissbrauchsverordnung bezogene Wortlaut des Art. 5 Abs. 4 der Marktmissbrauchsverordnung entgegen. Die fehlende Sperrwirkung findet sich zumindest für Art. 101, 102 AEUV auch in Erwägungsgrund 80 zur Marktmissbrauchsverordnung bestätigt, wonach diese durch die Marktmissbrauchsverordnung nicht gesperrt sind. Das zeigt, dass auch Art. 5 Abs. 4 der Marktmissbrauchsverordnung keinen kartellrechtlichen Erklärungsgehalt hat und keine kartellrechtliche Zulässigkeit ist. Der Vorrang des Kartellrechts ist also nicht ausdrücklich durchbrochen.

Die Normenhierarchie bestätigt den Vorrang der Art. 101, 102 AEUV. Als Primärrecht gehen sie dem sekundärrechtlichen Art. 5 Abs. 4 der Marktmissbrauchsverordnung generell vor. Für §§ 1, 19 GWB lässt sich dies nicht spiegeln. Sie gehen dem europäischen Art. 5 Abs. 4 der Marktmissbrauchsverordnung als rein nationale Regelung normenhierarchisch nach.

Abschließend ist die Bedeutungsanalyse zu betrachten. Für Art. 101, 102 AEUV ist diese Betrachtung rein praktisch nicht erforderlich. Der Vorrang folgt regelmäßig bereits aus der Normenhierarchie i.V.m. der universellen Geltung der kartellrechtlichen Verbote aus kartellrechtlicher Sicht. Für §§ 1, 19 GWB ist die Betrachtung der Bedeutungsanalyse indes erforderlich, da aus der Normenhierarchie regelmäßig kein Vorrang vor der kapitalmarktrechtlichen Zulässigkeitsregelung folgt. Ein Nachrang der §§ 1, 19 GWB kommt jedoch nur in Frage, wenn sich aus kapitalmarktrechtlicher Sicht über das entwickelte Berücksichtigungserfordernis ein Vorrang des Art. 5 Abs. 4 der Marktmissbrauchsverordnung als kapitalmarktrechtliche Zulässigkeitsregelung vor den §§ 1, 19 GWB wegen nicht angemessener Berücksichtigung ergibt. Dies ist nicht der Fall.

Ein Vorrang von Art. 5 Abs. 4 der Marktmissbrauchsverordnung kann sich aus kapitalmarktrechtlicher Sicht nur ergeben, wenn die vier kumulativen Voraussetzungen des Berücksichtigungserfordernisses erfüllt sind. Bei diesen handelt es sich um geregelte kapitalmarktrechtliche Zulässigkeit, wesentliches oder gänzliches Überlagern der kapitalmarktrechtlichen Zulässigkeitsregelung, keine angemessene Berücksichtigung der kapitalmarktrechtlichen Wertungen und Zwecke sowie keine sich aus kapitalmarktrechtlicher Regelung oder einer Wertung des Kapitalmarktgesetzgebers ergebender Nachrang der kapitalmarktrechtlichen Zulässigkeitsregelung. Diese vier Voraussetzungen sind nicht erfüllt:

Die erste Voraussetzung einer geregelten Zulässigkeit ist noch gegeben. Art. 5 Abs. 4 der Marktmissbrauchsverordnung regelt ausdrücklich die Zulässigkeit der Kursstabilisation. Die dem Kartell- und Missbrauchsverbot unterfallenden Konstellationen einer Kursstabilisation sind auch nicht ausdrücklich von dieser Regelung ausgenommen. Mithin liegt eine ausdrücklich das kartellrechtlich unzulässige Verhalten zulassende kapitalmarktrechtliche Regelung vor.

Zweitens muss diese Zulässigkeitsregelung von den eingreifenden kartellrechtlichen Verboten ganz oder wesentlich überlagert werden. Dies ist nicht der Fall. Die kartellrechtlichen Verbote untersagen die nach Art. 5 Abs. 4 der Marktmissbrauchsverordnung zulässige Stabilisation nicht generell, sondern allenfalls in Randbereichen. Dies begründet sich damit, dass über die mit der Stabilisation verbundenen Effizienzvorteile regelmäßig eine Freistellung oder ein Ausschluss der Missbräuchlichkeit zu erreichen ist. Diese Ausnahmemöglichkeiten können allenfalls an einer fehlenden Erforderlichkeit des jeweiligen Verhaltens für die Effizienzvorteile und damit die Stabilisation, da aus dieser die Effizienzvorteile folgen, oder einem Ausschluss eines wesentlichen Teils des Wettbewerbs scheitern. Darüber wird die Stabilisationsmöglichkeit nicht wesentlich eingeschränkt. Ist ein bestimmtes Verhalten zur Stabilisation nicht erforderlich, steht ein anderes weniger wettbewerbsschädliches Verhalten zur Verfügung, das ebenso effektiv stabilisiert. Die kapitalmarktrechtliche Stabilisationsmöglichkeit wird mithin nicht wesentlich eingeschränkt. Ein Wettbewerbsausschluss setzt daneben einen so hohen Marktanteil voraus, dass faktisch kein Wettbewerb mehr herrscht. Davon ist allenfalls ein sehr kleiner Bereich möglicher Stabilisationskonstellationen betroffen. Insbesondere die potentielle Größe des Nachfragemarkts spricht gegen einen Wettbewerbsausschluss. Im Übrigen ist es fraglich, ob ein Wettbewerbsausschluss für eine kapitalmarktrechtlich zulässige Kursstabilisation noch erforderlich ist. Auch hierin ist somit keine wesentliche Einschränkung zu sehen.

Selbst wenn man dementgegen eine wesentliche Einschränkung annehmen möchte, scheitert ein Vorrang der kapitalmarktrechtlichen Zulässigkeitsregelung aus kapitalmarktrechtlicher Sicht an der dritten Voraussetzung des Berücksichtigungserfordernisses. Damit diese erfüllt ist, müssen die kapitalmarktrechtlichen Zwecke und Wertungen nicht hinreichend berücksichtigt sein. Dies ist nicht der Fall. Wie dargestellt, können die Freistellung sowie der Ausschluss der Missbräuchlichkeit allenfalls an der fehlenden Erforderlichkeit des potentiell kartellrechtswidrigen Verhaltens für die Effizienzvorteile und damit die Stabilisation oder an einem Ausschluss eines wesentlichen Teils des Wettbewerbs scheitern. Bei fehlender Erforderlichkeit des Verhaltens steht ein weniger wettbewerbsschädliches gleich effektiv stabilisierendes Verhalten zur Verfügung, das die Effizienzvorteile ebenso generiert. In diesem Fall ist das kapitalmarktrechtlich zulässige Verhalten ohne den Kartellrechtsverstoß gleich effektiv möglich, sodass sich ein Vorrang der kapitalmarktrechtlichen Zulässigkeitsregelung nicht als angemessen darstellen lässt. Ebenso lässt sich kein Vorrang der Zulässigkeit vor den kartellrechtlichen Verboten als für eine angemessene Berücksichtigung erforderlich begründen, wenn das Verhalten zu einem Wettbewerbsausschluss führt. Der kartellrechtlich geschützte Wettbewerb ist bei einem Wettbewerbsausschluss wesentlich tangiert. Unabhängig von der Frage, wie wahrscheinlich ein Wettbewerbsausschluss im Falle der kapitalmarktrechtlich zulässigen Kursstabilisation ist, muss dem Wettbewerbsschutz in diesem Fall aufgrund dessen Stellenwert und der universellen Geltung des Wettbewerbsschutzes vor dem Hintergrund des nicht abschließenden, kartellrechtsverdrängenden oder sonderkartellrechtlichen Charakters des Kapitalmarktrechts sowie der Überlagerung einer nicht auf das Kartellrecht bezogenen kapitalmarktrechtlichen Zulässigkeit der Vorrang gegeben werden. Mit der Kursstabilisation können zwar positive Effekte für Markt, Marktteilnehmer und Wettbewerb einhergehen. Ein Wettbewerbsausschluss als wesentlichen Eingriff in den kartellrechtlichen Wettbewerbsschutz lässt sich darüber jedoch nicht rechtfertigen.

Der Vollständigkeit halber sei erwähnt, dass mit Blick auf Art. 101, 102 AEUV auch die vierte Voraussetzung des Berücksichtigungserfordernisses nicht erfüllt ist. Danach scheitert ein Vorrang über das Berücksichtigungserfordernis auch an Erwägungsgrund 80 zur Marktmissbrauchsverordnung, wonach Art. 101, 102 AEUV nicht durch die Regelungen der Marktmissbrauchsverordnung gesperrt sein sollen. Dem ist die Wertung des Verordnungsgebers zu entnehmen, dass die kartellrechtlichen Verbote nicht durch Zulässigkeitsregelungen der Marktmissbrauchsverordnung überlagert sein sollen. Da sich Erwägungsgrund 80 zur Marktmissbrauchsverordnung nur auf Art. 101, 102 AEUV bezieht, kann man daraus keinen Vorrang der §§ 1, 19 GWB ableiten. Das ist aber auch nicht erforderlich, da unabhängig davon nicht alle Voraussetzungen des Berücksichtigungserfordernisses erfüllt sind.

Im Ergebnis ist zur Bedeutungsanalyse festzuhalten, dass die vier kumulativen Voraussetzungen des kapitalmarktrechtlichen Berücksichtigungserfordernisses nicht erfüllt sind. Es scheitert schon am Erfordernis der wesentlichen Überlagerung der kapitalmarktrechtlichen Zulässigkeitsregelung, da die kartellrechtlichen Verbote aufgrund der Freistellung bzw. Aufhebung der Missbräuchlichkeit nur in wenigen Fällen überhaupt eingreifen und damit die kapitalmarktrechtlich zulässige Stabilisation im Wesentlichen möglich bleibt. Selbst wenn man dies anders sieht, scheitert der Vorrang am Erfordernis der fehlenden angemessenen Berücksichtigung der mit der kapitalmarktrechtlichen Zulässigkeitsregelung verbundenen Wertungen und Zwecke. Folglich ergibt sich aus dem Berücksichtigungserfordernis kein Vorrang des Art. 5 Abs. 4 der Marktmissbrauchsverordnung aus kapitalmarktrechtlicher Sicht, der dem Vorrang des kartellrechtlichen Verbots entgegensteht. Aus Kartell- wie Kapitalmarktrecht folgt daher einheitlich der Vorrang der kartellrechtlichen Verbote. Für Art. 101, 102 AEUV bestätigt das den aus der Normenhierarchie folgenden Vorrang, wohingegen dieses Ergebnis der Bedeutungsanalyse für §§ 1, 19 GWB den Vorrang erst statuieren. Normenhierarchisch gingen sie Art. 5 Abs. 4 der Marktmissbrauchsverordnung nach. Aus der Bedeutungsanalyse lässt sich aber kein Vorrang des Art. 5 Abs. 4 der Marktmissbrauchsverordnung vor den §§ 1, 19 GWB aus kapitalmarktrechtlicher Sicht ableiten, der dem Vorrang der §§ 1, 19 GWB aus kartellrechtlicher Sicht entgegenstünde. Es entsteht mithin kein Wertungskonflikt, der über die Normenhierarchie zugunsten des Art. 5 Abs. 4 der Marktmissbrauchsverordnung aufzulösen wäre. Die Bedeutungsanalyse ergibt einen Vorrang der §§ 1, 19 GWB vor Art. 5 Abs. 4 der Marktmissbrauchsverordnung.

Art. 101, 102 AEUV, §§ 1, 19 GWB gehen somit im Grundsatz Art. 5 Abs. 4 der Marktmissbrauchsverordnung einheitlich vor, wenn sie eine nach Art. 5 Abs. 4 der Marktmissbrauchsverordnung zulässige Kursstabilisation untersagen.

cc. *Fazit: Vorrang der kartellrechtlichen Verbote vor der kapitalmarktrechtlichen Zulässigkeitsregelung im Falle einer Kursstabilisation*

Eine Kursstabilisation, die grundsätzlich Art. 5 Abs. 4 der Marktmissbrauchsverordnung unterfällt, kann im Einzelfall gegen Art. 101, 102 AEUV, §§ 1, 19 GWB verstoßen. Wegen der mit einer kapitalmarktrechtlich zulässigen Kursstabilisation verbundenen Effizienzvorteile sind diese Verstöße jedoch regelmäßig über eine Freistellung oder fehlende Missbräuchlichkeit von den kartellrechtlichen Verboten ausgenommen. Für die verbleibenden potentiellen Fälle des kartellrechtlichen Verbots kursstabilisierenden Verhaltens, das Art. 5 Abs. 4 der Marktmissbrauchsverordnung kapitalmarktrechtlich zulässt, ergibt sich ein grundsätzlicher Vorrang der kartellrechtlichen Verbote. Sie werden nicht von Art. 5 Abs. 4 der Marktmissbrauchsverordnung überlagert. Dieser Vorrang folgt aus einer konsequenten Anwendung des in dieser Arbeit erarbeiteten Verhältnisses von Kartell- und Kapitalmarktrecht, das einen Vorrang der kartellrechtlichen Verbote vor einer kapitalmarktrechtlichen Zulässigkeit vorsieht, der nur im Einzelfall durch das Kapitalmarktrecht durchbrochen werden kann, wenn gesetzliche Regelungen oder die Bedeutungsanalyse dies unter Beachtung der Normenhierarchie ergeben.

5. Zusammenfassung des Verhältnisses auf Verbotsebene

Abschließend lassen sich die Ergebnisse für das Verhältnis von Kartell- und Kapitalmarktrecht auf Verbotsebene wie folgt zusammenfassen:

Kein Problem ergibt sich bei einer identischen Beurteilung eines Verhaltens durch Kartell- und Kapitalmarktrecht, da kein Wertungswiderspruch besteht. Insoweit finden sie auf Verbotsebene parallel Anwendung.[719]

Für einseitige Verbote ist hingegen zwischen einseitigen kartell- und kapitalmarktrechtlichen Verboten zu differenzieren. Im Grundsatz ist jedoch von einem generellen Vorrang des Verbots vor einer entgegenstehenden Zulässigkeit auszugehen. Ausnahmen von diesem Grundsatz sind im Einzelfall möglich, bspw. durch explizite Regelung. Da das Kapitalmarktrecht kein Wettbewerbsrecht im kartellrechtlichen Sinne ist, ergeben sich Einschränkungsmöglichkeiten nur mit Blick auf

719 Vgl. zur Bewertung paralleler Bußgelder Abschnitt C. IV. 3. dieser Arbeit.

kartellrechtliche Verbote eines kapitalmarktrechtlich zulässigen Verhaltens, wobei auch diese mehr theoretischer Natur sind.

Kapitalmarktrechtliche Verbote gehen einer kartellrechtlichen Zulässigkeit vor. Dies folgt daraus, dass die kapitalmarktrechtlichen Verbote einen Vorranganspruch als das sachnähere Recht haben und Art. 101, 102 AEUV, §§ 1, 19 GWB Kapitalmarktverhalten nicht abschließend bewerten. Untersagen Art. 101, 102 AEUV, §§ 1, 19 GWB ein Verhalten nicht, impliziert das allein die kartellrechtliche Zulässigkeit des Verhaltens, die aber nicht generell die kapitalmarktrechtlichen Verbote überlagert. In den Grenzen des Art. 3 Abs. 2 S. 1 VO 1/2003 hat zwar Art. 101 AEUV Vorrang vor überwiegend wettbewerbsschützendem nationalem Recht. Unabhängig davon, dass der Vorrang nur gegenüber nationalem Recht greift und nicht Verhaltensweisen nach Art. 102 AEUV betrifft, scheitert er schon daran, dass das Kapitalmarktrecht nicht überwiegend wettbewerbsschützend ist. Die sich aus Funktions- und Anlegerschutz ergebenden wettbewerbsschützende Nebeneffekte schaffen keinen überwiegenden Wettbewerbsschutz. Über Art. 3 Abs. 2 S. 1 VO 1/2003 hinaus erlangt eine kartellrechtliche Zulässigkeit keinen Vorrang. Will man dies anders sehen, kann sich ein Vorrang ebenso allenfalls gegenüber überwiegend wettbewerbsschützenden Verboten ergeben. Sonst könnte das Kartellrecht über den eigenen Zweck hinaus in die Regelungsbereiche dritter Rechtsmaterien eingreifen. Der Vorrang der kapitalmarktrechtlichen Verbote ist daher allenfalls durchbrochen, wenn explizit ein Nachrang gegenüber dem Kartellrecht geregelt ist.

Kartellrechtliche Verbote nach Art. 101, 102 AEUV, §§ 1, 19 GWB gehen daneben im Ausgangspunkt kapitalmarktrechtlichen Zulässigkeitsregelungen ebenso vor, was aus kartellrechtlicher Sicht aus dem von den Verboten transportierten universellen Wettbewerbsschutz folgt. Das Ergebnis ist auch aus kapitalmarktrechtlicher Sicht sachgerecht, da das Kapitalmarktrecht, v.a. eine kapitalmarktrechtliche Zulässigkeit, trotz der Sachnähe zum Kapitalmarkt nicht abschließend, kartellrechtsverdrängend oder sonderkartellrechtlich ist und ein Vorrang einer kapitalmarktrechtlichen Zulässigkeit im Ausgangspunkt mit der universellen Geltung des Kartellrechts unvereinbar ist. Eine kapitalmarktrechtliche Zulässigkeit ist kein *lex specialis* zum Kartellrecht. Es fehlt der kartellrechtliche Bezug. Vielmehr kann sich das Kartellrecht in wettbewerbsschützenden Belangen auf den *lex-specialis*-Grundsatz berufen.

Diesen grundsätzlichen Vorrang der kartellrechtlichen Verbote zugrunde legend ist ferner zu prüfen, ob er im Einzelfall durchbrochen ist. Eine solche Durchberechnung ist gegeben, wenn die kapitalmarktrechtliche Zulässigkeit die kartellrechtlichen Verbote ausschließt. Dabei ist zu beachten, dass Art. 101, 102 AEUV nur durch europäisches Recht eingeschränkt werden können. Nach Art. 103 Abs. 2 lit. c AEUV kann der Anwendungsbereich der Art. 101, 102 AEUV auch über Richtlinien und Verordnungen bestimmt werden. Mithin reicht eine sekundärrechtliche Regelung, die einen Nachrang der kartellrechtlichen Verbote gegenüber kapitalmarktrechtlichen Zulässigkeitsregelungen statuiert. Eine bloße kapitalmarktrechtliche Zulässigkeit reicht wegen des fehlenden Bezugs zum Kartellrecht hingegen nicht.

Eine zweite Durchbrechungsmöglichkeit findet sich in dem aus kapitalmarktrechtlicher Sicht bestehenden Erfordernis der angemessenen Berücksichtigung der kapitalmarktrechtlichen Zulässigkeitsregelung in der kartellrechtlichen Bewertung. Aus diesem Erfordernis folgt aus kapitalmarktrechtlicher Sicht unter vier kumulativen Voraussetzungen ein Vorrang der Zulässigkeitsregelung. Erstens muss es sich um eine geregelte kapitalmarktrechtliche Zulässigkeit handeln. Zweitens muss sie wesentlich oder ganz durch das kartellrechtliche Verbot überlagert sein. Daran wird häufig der Vorrang scheitern. Drittens dürfen die mit der kapitalmarktrechtlichen Zulässigkeitsregelung verbundenen Wertungen und Zwecke im Falle des Vorrangs der kartellrechtlichen Verbote nicht angemessen berücksichtigt sein. Dies erfordert eine Abwägung im Einzelfall, in welcher der kartellrechtliche Wettbewerbsschutz im Grundsatz überwiegt. Viertens kann der Vorrang der kapitalmarktrechtlichen Zulässigkeitsregelung nicht entstehen, wenn aus einer kapitalmarktrechtlichen Regelung oder Wertung des Gesetzgebers ein Nachrang gegenüber den kartellrechtlichen Verboten folgt. Für die praktische relevante Marktmissbrauchsverordnung statuiert Erwägungsgrund 80 zur Marktmissbrauchsverordnung einen solchen Nachrang gegenüber Art. 101, 102 AEUV.

Selbst wenn die vier kumulativen Voraussetzungen erfüllt sind, ergibt sich der Vorrang der kapitalmarktrechtlichen Zulässigkeitsregelung zunächst nur aus kapitalmarktrechtlicher Sicht. Es entsteht somit ein Wertungskonflikt, da der aus kartellrechtlicher Sicht bestehende generelle Vorrang kartellrechtlicher Verbote dem Ergebnis aus kapitalmarktrechtlicher Sicht entgegensteht. Dieser Konflikt ist unter Einbezug der Normenhierarchie aufzulösen. Daher gehen Art. 101, 102 AEUV als Primärrecht sekundär- oder nationalrechtlich geregelte kapitalmarktrechtlichen Zulässigkeiten generell vor. Da das Kapitalmarktrecht originär im Sekundärrecht und im nationalen Recht geregelt ist, ergibt sich faktisch ein genereller Vorrang. Gegenüber Art. 101, 102 AEUV ist ein Vorrang der kapitalmarktrechtlichen Zulässigkeit allenfalls denkbar, wenn sie aus dem europäischen Primärrecht folgt. Hingegen ergibt sich für §§ 1, 19 GWB ein Nachrang gegenüber europäischen und gleichrangigem nationalen Kapitalmarktrecht, wenn die vier Voraussetzungen des Berücksichtigungserfordernisses erfüllt sind und sich damit aus kapitalmarktrechtlicher Sicht ein Vorrang der kapitalmarktrechtlichen Zulässigkeitsregelung ergibt. Ein solcher Vorrang ist aber wegen der engen Voraussetzungen, dem hohen Stellenwert des Wettbewerbsschutzes, der Einfallstore für Drittwertungen und der Schwellenwerte im Kartellrecht unwahrscheinlich.

Im Ergebnis ist zumindest faktisch von einem generellen Vorrang der kartellrechtlichen Verbote nach Art. 101, 102 AEUV, §§ 1, 19 GWB vor kapitalmarktrechtlichen Zulässigkeitsregelungen auszugehen, sofern keine die kartellrechtlichen Verbote sperrende Regelung gegeben ist. Die kartellrechtlichen Verbote überlagern grundsätzlich die kapitalmarktrechtlichen Zulässigkeitsregelungen. Das gilt vor allem für Art. 101, 102 AEUV. Dieses Ergebnis ist sachgerecht, obgleich das Kartellrecht in den sachnäheren kapitalmarktspezifischen Rechtsrahmen eingreift. Das Ergebnis spiegelt den im Kartellrecht angelegten Vorrang der kartellrechtlichen Verbote, die den Wettbewerbsschutz transportieren, und die Bedeutung des

Wettbewerbsschutzes. Ferner ist ein anderes Verhältnis mit dem nicht abschließenden, sonderkartellrechtlichen oder kartellrechtsverdrängenden Charakter des Kapitalmarktrechts unvereinbar. Ebenso konterkariert das Kartellrecht den kapitalmarktrechtlichen Rechtsrahmen damit nicht, sondern ergänzt diesen. Der Kapitalmarkt ist wettbewerblich. Der Schutz des Wettbewerbs ist für dessen Funktionsfähigkeit sinnvoll. Das Kapitalmarktrecht regelt trotz teilweise faktisch wettbewerbsschützender Nebeneffekte den Wettbewerbsschutz nicht. Über die kartellrechtlichen Verbote lassen sich daher Regulierungsdefizite ausgleichen, die bei einer alleinigen Maßgeblichkeit des Kapitalmarkts entstünden.[720] Außerdem zeigt Erwägungsgrund 80 zur Marktmissbrauchsverordnung, dass ein Vorrang des Kartellrechts intendiert ist.

Darüber hinaus ist zu beachten, dass der Vorrang der kartellrechtlichen Verbote nicht pauschal zur gänzlichen Überlagerung der kapitalmarktrechtlichen Zulässigkeitsregelungen führt. Dies ergibt sich aus der faktischen Nähe der kartellrechtlich wettbewerbsschützenden und der kapitalmarktrechtlich funktionsschützenden Zwecksetzung aufgrund der wettbewerblichen Funktionsweise des Kapitalmarkts. Daher ist es nicht ausgeschlossen, dass die mit kapitalmarktrechtlichen Zulässigkeitsregelungen einhergehenden Vorteile im Kartellrecht Berücksichtigung finden können. An der Kursstabilisation bestätigt sich dies. Mit ihr können Effizienzvorteile einhergehen, die kartellrechtlich verbotsausschließend wirken können. Das reduziert das Konfliktpotential.

IV. Verhältnis von Kartell- und Kapitalmarktrecht auf Sanktionsebene

1. Einleitung

Nachfolgend wird das Verhältnis von Kartell- und Kapitalmarktrecht auf Sanktionsebene erörtert. Wie bis hierin in der Arbeit dargestellt, können sich das Kartell- und das Kapitalmarktrecht vor allem bzgl. Verhalten, das kapitalmarktrechtlich durch die Marktmissbrauchsverordnung geregelt ist, überscheiden. Es sind insoweit parallele kartell- und kapitalmarktrechtliche Verbote denkbar, wie an Art. 12 Abs. 2 lit. a und Art. 14 lit. c der Marktmissbrauchsverordnung dargestellt wurde.[721] Ferner sind aber auch einseitige Verbote eines Verhaltens denkbar. Das ist nicht nur möglich, wenn eine Rechtsmaterie schweigt. Vielmehr kann bspw. das Kartellrecht, wenn auch in Grenzen, ein Verhalten untersagen, dass kapitalmarktrechtlich der Kursstabilisation nach Art. 5 Abs. 4 der Marktmissbrauchsverordnung unterfällt.[722] Wegen dieser einseitigen und v.a. parallelen Verbote ist das Verhältnis von

---

720 So auch: *Bueren*, WM 2013, 585, 595; *Fleischer/Bueren*, ZIP 2013, 1253, 1263.
721 Vgl. dazu Abschnitt C. II. 4. dieser Arbeit.
722 Vgl. dazu Abschnitt C. III. 4. dieser Arbeit.

Kartell- und Kapitalmarktrecht auf der Sanktionsebene zu betrachten. Da das Kartellrecht und die Marktmissbrauchsverordnung insoweit Überschneidungspunkte aufweisen, wird die Betrachtung an deren Verhältnis vorgenommen.

Verstöße gegen Art. 101, 102 AEUV, §§ 1, 19 GWB oder die Marktmissbrauchsverordnung können gleichermaßen mit Bußgeldern geahndet werden. Es stehen Sanktionsnormen zur Verfügung. Diese seien kurz dargestellt.

Die kartellrechtlichen Bußgeldnormen für Verstöße gegen Art. 101, 102 AEUV, §§ 1, 19 GWB sind Art. 23 VO 1/2003 und § 81 GWB. Die Europäische Kommission kann Verstöße gegen Art. 101, 102 AEUV gem. Art. 23 Abs. 2 lit. a VO 1/2003 mit einem Bußgeld ahnden. Daneben kann das Bundeskartellamt ebenso Verstöße gegen Art. 101, 102 AEUV gem. § 81 Abs. 4 GWB i.V.m. § 81 Abs. 1 GWB und auch Verstöße gegen §§ 1, 19 GWB gem. § 81 Abs. 4 GWB i.V.m. § 81 Abs. 2 Nr. 1 GWB mit einem Bußgeld ahnden.

Verstöße gegen die Marktmissbrauchsverordnung kann die BaFin nach § 39 WpHG mit einem Bußgeld ahnden. Dies sei an den erwähnten Art. 12 Abs. 2 lit. a, Art. 14 lit. c der Marktmissbrauchsverordnung dargestellt. Verstöße gegen Art. 14 lit. c der Marktmissbrauchsverordnung können nach § 39 Abs. 4a i.V.m. §§ 39 Abs. 3b, 38 Abs. 3 Nr. 3 WpHG und Verstöße gegen Art. 15, Art. 12 Abs. 2 lit. a der Marktmissbrauchsverordnung nach § 39 Abs. 4a WpHG i.V.m. § 39 Abs. 3d Nr. 2 WpHG bebußt werden. Eine europäische Bußgeldkompetenz besteht für Verstöße gegen die Marktmissbrauchsverordnung hingegen nicht. Die Marktmissbrauchsverordnung enthält keine Bußgeldnorm.[723] Gem. Art. 30 der Marktmissbrauchsverordnung schafft vielmehr der nationale Gesetzgeber die erforderlichen Bußgeldvorschriften, im deutschen Recht bspw. § 39 WpHG.[724]

Die nachfolgende Betrachtung trennt zwischen einseitiger und paralleler Nutzung der dargestellten kartell- und kapitalmarktrechtlichen Sanktionsmöglichkeiten. Eine parallele Nutzung ist denkbar, wenn ein Verhalten sowohl kartell- als auch kapitalmarktrechtliche Verbote verletzt und diese Verstöße nach beiden Rechtsmaterien mit einem Bußgeld geahndet werden können. Es wird jeweils erörtert, ob sich die Rechtsmaterien hinsichtlich der Wahrnehmung der Sanktionsmöglichkeit bedingen. Zunächst wird auf die einseitige Bebußung von Verstößen gegen Kartell- oder Kapitalmarktrecht eingegangen. Insoweit wird erörtert, ob die Sanktionslosigkeit nach einer Rechtsmaterie bußgeldmindernd auf die andere Rechtsmaterie durchwirkt. Da solche einseitigen Sanktionen in der rechtlichen Betrachtung unproblematisch sind, werden sie in gebotener Kürze behandelt. Anschließend wird auf parallele Bußgelder durch Kartell- und Kapitalmarktbehörden hinsichtlich eines Verhaltens eingegangen. Diese Konstellation bedarf einer breiteren Erörterung. Daher liegt auf ihr der Fokus der nachfolgenden

---

723 *Krause*, CCZ 2014, 248, 258; *Rubner/Pospiech*, GWR 2016, 228, 230; vgl. *Teigelack/Dolff*, BB 2016, 387, 387; *von der Linden*, DStR 2016, 1036, 1041.

724 *Giering*, CCZ 2016, 214, 218; *Poelzig*, NZG 2016, 492, 497; *Teigelack/Dolff*, BB 2016, 387, 388; *von der Linden*, DStR 2016, 1036, 1041.

Betrachtung. Es wird erörtert, ob und in welchen Grenzen eine parallele Nutzung der kartell- und kapitalmarktrechtlichen Bußgeldmöglichkeiten durch die Kartell- und Kapitalmarktbehörden überhaupt zulässig sein kann.

2. Einseitige Bußgelder

Das Kartell- und das Kapitalmarktrecht sehen parallel Bußgeldnormen vor. Daher sind mit einem Bußgeld sanktionierte einseitige Verstöße gegen eine der Rechtsmaterien möglich. Eine solche einseitige Sanktionierung unterliegt keiner generellen Beschränkung. Die kartell- und kapitalmarktrechtlichen Bußgeldnormen stehen autonom nebeneinander. Sie sind auf die Durchsetzung der in der jeweiligen Bußgeldnorm genannten Verbote gerichtet. Sie sind ein Annex zu den Verboten und stehen daher grundsätzlich zur Verfügung, wenn ein Verbot verletzt ist. Es setzt sich insoweit für einseitige Verstöße das auf der Verbotsebene entwickelte Verhältnis der beiden Rechtsmaterien fort. Geht ein einseitiges Verbot auf der Verbotsebene der Verbotslosigkeit nach der anderen Rechtsmaterie vor, wovon wegen des grundsätzlichen Vorrangs des Verbots in der Regel auszugehen ist, kann in der Folge auch die entsprechende Sanktionsmöglichkeit genutzt werden.

Dieser Grundsatz wäre hingegen nicht anzunehmen, wenn sich ergäbe, dass die Sanktionslosigkeit nach der anderen Rechtsmaterie berücksichtigt werden muss. Das ergibt sich weder aus dem Kartell- noch dem Kapitalmarktrecht.

Die kartellrechtlichen Sanktionsnormen sind wie auch die Verbote nicht abschließend. Nur weil ein Verhalten kartellrechtlich nicht untersagt ist, heißt das nicht, dass es generell nicht verboten sein kann und ein Verstoß gegen ein drittes Verbot nicht sanktioniert werden darf. Das Kartellrecht bewertet Vorgänge nur aus wettbewerbsschützender Sicht. Es verhält sich nicht dazu, ob Verstöße gegen dritte Verbote sanktioniert werden dürfen und limitiert diese Möglichkeit auch nicht. Eine solche Wirkung lässt sich ebenso nicht den kartellrechtlichen Sanktionsnormen Art. 23 VO 1/2003, § 81 GWB entnehmen. Sie zählen die Sanktionsmöglichkeiten für Kartellrechtsverstöße auf, ohne damit dritte Sanktion zu limitieren. Dies wäre nicht mit dem auf den Wettbewerbsschutz beschränkten Kartellrechtszweck vereinbar. Ist das kapitalmarktrechtliche Verbot auf der Verbotsebene nicht gesperrt, kann ein Verstoß gegen das Verbot trotz kartellrechtlicher Sanktionslosigkeit mithin sanktioniert werden. Eine mögliche Ausnahme ist eine abweichende Regelung, die aber nicht besteht.

Auf der anderen Seite sperrt auch eine kapitalmarktrechtliche Sanktionslosigkeit eine kartellrechtliche Sanktion nicht. Das Kapitalmarktrecht regelt die rechtlichen Belange des Kapitalmarkts nicht abschließend und ist kein Sonderkartellrecht oder kartellrechtsverdrängend.[725] Ebenso wie es das zulässige und verbotene Kapitalmarktverhalten nicht generell abschließend nennt, sind die kapitalmarktrechtlichen Sanktionsnormen nicht abschließend hinsichtlich der Möglichkeit

---

725 Vgl. dazu Abschnitt C. II. 2. sowie C. II. 3. dieser Arbeit.

einer Sanktion von Kapitalmarktverhalten. Eine mögliche Ausnahme ist wiederum eine explizit abweichende Regelung, die mit Blick auf Art. 23 VO 1/2003, § 81 GWB nicht existiert. Das wäre auch mit dem nicht auf den Wettbewerbsschutz bezogenen Zweck des Kapitalmarktrechts unvereinbar. Dass vor allem eine kapitalmarktrechtliche Sanktionslosigkeit mit Blick auf Verstöße gegen die Marktmissbrauchsverordnung eine kartellrechtliche Sanktion nicht generell sperrt, bestätigt ferner auch Erwägungsgrund 80 zur Marktmissbrauchsverordnung, wonach die Verordnung Art. 101, 102 AEUV nicht sperrt. Konsequenterweise umfasst diese Wertung auch die Sanktionsmöglichkeit, da die Sanktion der Durchsetzung der Verbote dient.

Ohne eine ausdrückliche Regelung kann man mithin keine Sperrung oder Reduktion solcher einseitigen Bußgelder annehmen. Ein anderes Ergebnis folgt auch nicht aus einem etwaigen Vertrauensschutz. Dafür müsste sich aus der Sanktionslosigkeit nach einer Rechtsmaterie ableiten, dass das Verhalten nach der anderen Rechtsmaterie nicht sanktioniert sein soll. Dafür ergeben sich keine Anhaltspunkte. Das folgt aus den vorstehenden Erläuterungen und vor allem aus den unterschiedlichen Schutzzwecken sowie dem nicht abschließenden Charakter von Kartell- und Kapitalmarktrecht.

Das Kartellrecht betrachtet ein Verhalten aus wettbewerbsschützender Sicht und adressiert den kapitalmarktrechtlichen Funktions- und Anlegerschutz nicht. Es stellt die Verbots- und Sanktionsmöglichkeiten für Kapitalmarktverhalten nicht abschließend dar. Daher kann ein Betroffener nicht wegen einer kartellrechtlichen Sanktionslosigkeit zugleich auf eine kapitalmarktrechtliche Sanktionslosigkeit vertrauen. Es fehlen der Konnex und der erforderliche Erklärungsgehalt des Kartellrechts.

Gleiches gilt trotz der Sachnähe des Kapitalmarktrechts zum Kapitalmarkt für eine kapitalmarktrechtliche Sanktionslosigkeit. Ein schutzwürdiges Vertrauen scheitert am nicht abschließenden, sonderkartellrechtlichen oder kartellrechtsverdrängenden Charakter des Kapitalmarktrechts sowie mit Blick auf die Marktmissbrauchsverordnung in Bezug auf Art. 101, 102 AEUV zusätzlich an Erwägungsgrund 80 zur Marktmissbrauchsverordnung. Das gilt auch, wenn das Kapitalmarktrecht ein kartellrechtlich verbotenes Verhalten wie im Falle der Kursstabilisation zulässt. Das Kapitalmarktrecht hat nicht die Funktion, die kartellrechtliche Sanktionsmöglichkeiten zu sperren, da das Kapitalmarktrecht keinen Konnex zum Wettbewerbsschutz aufweist. Daher kann sich auch kein schutzwürdiges Vertrauen einstellen, aus dem eine Reduktion des kartellrechtlichen Bußgelds folgt.

Ein Beispiel für eine einseitige kartellrechtliche Sanktion ist die erwähnte Möglichkeit, dass ein Verhalten, das Art. 101, 102 AEUV, §§ 1, 19 GWB verletzt, kapitalmarktrechtlich über Art. 5 Abs. 4 der Marktmissbrauchsverordnung als Kursstabilisation grundsätzlich zulässig ist.[726] Auf der Verbotsebene sperrt die kapitalmarktrechtliche Zulässigkeit nicht das kartellrechtliche Verbot.[727] Aus der

726 Vgl. dazu Abschnitt C. III. 4. dieser Arbeit.
727 Vgl. dazu Abschnitt C. III. 4. d. dieser Arbeit.

relevanten kapitalmarktrechtlichen Sanktionsnorm § 39 WpHG folgt ebenso keine Sperrwirkung oder die Notwendigkeit einer bußgeldmindernden Berücksichtigung auf der Sanktionsebene. In diese Richtung sprechen auch die unterschiedlichen Zwecke von Kartell- und Kapitalmarktrecht. Eine kapitalmarktrechtliche Zulässigkeit schafft ferner wegen des nicht abschließenden, sonderkartellrechtlichen oder kartellrechtsverdrängenden Charakters des Kapitalmarktrechts kein bußgeldminderndes schutzwürdiges Vertrauen. Bestätigung findet dies mit Blick auf Bußgelder wegen eines Verstoßes gegen Art. 101, 102 AEUV in Erwägungsgrund 80 zur Marktmissbrauchsverordnung, wonach diese Verbote nicht durch die Marktmissbrauchsverordnung limitiert sein sollen.

Zusammenfassend ist festzuhalten, dass die Sanktionierung einseitiger Verstöße gegen Kartell- oder Kapitalmarktrecht ohne eine entgegenstehende Regelung bei Sanktionslosigkeit nach der jeweils anderen Rechtsmaterie nicht limitiert ist.

3. Parallele Bußgelder

a. Einführung

Problematischer als die einseitige Sanktionierung sind parallele kartell- und kapitalmarktrechtliche Bußgelder. Die im ersten Abschnitt zum zweiten Teil dargestellten Beispiele paralleler kartell- und kapitalmarktrechtlicher Verbote zeigen, dass dies möglich sein kann. So kann die Offenlegung von Informationen zum künftigen Marktverhalten gegenüber Wettbewerbern Art. 14 lit. c der Marktmissbrauchsverordnung und das Kartellverbot oder die Festsetzung überhöhter Preise durch einen Anbieter von börsengehandelten Aktien Art. 12 Abs. 2 lit. a der Marktmissbrauchsverordnung und das kartellrechtliche Missbrauchsverbot verletzen.[728] In der Folge sind auch parallele kartellrechtliche Bußgelder nach Art. 23 VO 1/2003, § 81 GWB und kapitalmarktrechtliche Bußgelder nach § 39 WpHG in zwei Konstellationen denkbar. Die BaFin und das Bundeskartellamt können parallel ein Verhalten jeweils mit einem Bußgeld ahnden. Dabei handelt es sich um den nationalen Fall einer parallelen Sanktionierung. Die insoweit relevanten Bußgeldnormen § 81 GWB und § 39 WpHG entstammen dem deutschen Recht. Ebenso kann aber auch die Europäische Kommission als Kartellbehörde neben der BaFin als Kapitalmarktbehörde agieren. In diesem Fall sind mithin parallel europäische und deutsche Stelle tätig. Wegen der fehlenden europäischen Bußgeldkompetenz mit Blick auf die Marktmissbrauchsverordnung sind hingegen parallele Bußgelder nur durch europäische Stellen in diesem Bereich ebenso unmöglich wie durch eine als Kapitalmarktbehörde agierende europäische Stelle neben dem Bundeskartellamt.

Diese Möglichkeit der Festsetzung paralleler kartell- und kapitalmarktrechtlicher Bußgelder weckt ein Störgefühl. Es besteht die Gefahr, dass der Betroffene für das gleiche Verhalten mehrmals sanktioniert wird. Es stellt sich daher vor allem

728 Vgl. dazu Abschnitt C. II. 4. dieser Arbeit.

die Frage, ob die parallele Bebußung gegen das Doppelbestrafungsverbot *ne bis in idem* verstößt. Dafür lässt sich die Parallelität des bebußten Verhaltens vortragen. Auf der anderen Seite können die mit dem Wettbewerbsschutz sowie dem Funktions- und Anlegerschutz unterschiedlichen Zwecke von Kartell- und Kapitalmarktrecht für eine Zulässigkeit der parallelen Bußgelder sprechen. Kartell- und Kapitalmarktrecht verhalten sich nicht ausdrücklich zur Möglichkeit der parallelen Bebußung.

Nachfolgend wird daher erörtert, ob *ne bis in idem* für parallele kartell- und kapitalmarktrechtliche Bußgelder zu beachten ist und in der Folge parallele Bußgelder untersagen kann. Da die relevanten Bußgelder durch nationale und europäische Stellen festgesetzt werden können, wird zunächst hergeleitet, dass *ne bis in idem* im deutschen wie europäischen Recht für kartell- und kapitalmarktrechtliche Bußgelder gilt. Im Anschluss wird erörtert, wann ein *idem* vorliegt, mithin Gleiches sanktioniert wird und *ne bis in idem* parallele Sanktionen untersagen kann. Diese Frage ist v.a. wegen der formal unterschiedlichen Zwecke von Kartell- und Kapitalmarktrecht relevant. Ferner wird erörtert, ob *ne bis in idem* für parallele Bußgelder durch deutsche und europäische Behörden gilt. Anschließend wird auf die Folgen eines Eingreifens von *ne bis in idem* für parallele kartell- und kapitalmarktrechtliche Bußgelder und einer entsprechenden Untersagung dieser parallelen Bußgelder für die Wahrnehmung der Bebußungsmöglichkeit eingegangen. Da insoweit für parallele kartell- und kapitalmarktrechtliche Bußgelder keine Regelung besteht, wird diskutiert, welches Vorgehen für die Wahrnehmung des Bebußungsrechts sinnvoll sein kann.

Neben der Herleitung der Geltung von *ne bis in idem* wird dargestellt, dass einfachgesetzlich aus dem OWiG eine Beschränkung paralleler kartell- und kapitalmarktrechtlicher Bußgelder folgt. Das bestätigt das Ergebnis zu *ne bis in idem*. Die Beschränkung im OWiG bindet aber, wie dargestellt wird, nur deutsche Behörden. Da eine parallele Bebußung aber ebenso durch europäische und nationale Behörden möglich ist, beschäftigt sich die Arbeit daher zunächst mit der Frage, ob *ne bis in idem* die Festsetzung paralleler kartell- und kapitalmarktrechtlicher Bußgelder beschränkt.

b. Geltung von ne bis in idem *im deutschen Recht*

aa. Keine Anwendung Art. 103 Abs. 3 GG

Der Frage einer Geltung von *ne bis in idem* für kartell- und kapitalmarktrechtliche Bußgelder sei zunächst für das deutsche Recht nachgegangen. *Ne bis in idem* findet sich im deutschen Recht in Art. 103 Abs. 3 GG. Danach darf niemand „wegen derselben Tat auf Grund der allgemeinen Strafgesetze mehrmals bestraft werden“. Art. 103 Abs. 3 GG untersagt mithin eine Mehrfachsanktion nach allgemeinen Strafgesetzen. Wann allgemeine Strafgesetze vorliegen, gibt Art. 103 Abs. 3 GG jedoch nicht vor. Aus der begrifflichen Eingrenzung wird aber deutlich, dass Art. 103 Abs. 3 GG nicht jede Sanktion erfasst. *Allgemeine Strafgesetze* werden von

BVerfG und Literatur insoweit als Haupt- und Nebenstrafrecht verstanden.[729] Das bestätigt auch der Wortlaut. Der Begriff *Strafgesetze* stellt einen Bezug zum Strafrecht her. Art. 103 Abs. 3 GG findet daher direkt nur im Strafrecht Anwendung.

Die Geltung von Art. 103 Abs. 3 GG für Bußgelder nach § 81 GWB, § 39 WpHG scheitert jedoch daran, dass diese Normen keine allgemeinen Strafgesetze i.S.v. Art. 103 Abs. 3 GG sind. § 81 GWB[730] und § 39 WpHG[731] zählen zum Ordnungswidrigkeitenrecht. Gem. § 81 Abs. 1, Abs. 2 GWB handelt der Verstoßende *ordnungswidrig*. Gem. § 81 Abs. 4 S. 1 kann die *Ordnungswidrigkeit* geahndet werden. Entsprechendes gilt ferner für § 39 WpHG. So handelt bspw. nach § 39 Abs. 3d Nr. 2 WpHG derjenige, der gegen Art. 15 i.V.m. Art. 12 Abs. 2 lit. a der Marktmissbrauchsverordnung verstößt, *ordnungswidrig*. Die *Ordnungswidrigkeit* kann gem. § 39 Abs. 4a WpHG geahndet werden. Auch erfüllen die Tatbestände die Definition der Ordnungswidrigkeit in § 1 Abs. 1 OWiG als „rechtswidrige und vorwerfbare Handlung, die den Tatbestand eines Gesetzes verwirklicht, das die Ahndung mit einer Geldbuße zulässt". § 39 Abs. 3d Nr. 2 WpHG fordert einen vorsätzlichen oder leichtfertigen Verstoß gegen Art. 15 der Marktmissbrauchsverordnung und § 39 Abs. 3b WpHG einen leichtfertigen Verstoß gegen Art. 14 lit. c der Marktmissbrauchsverordnung als jeweils vorwerfbares rechtswidriges Handeln. § 81 Abs. 1, Abs. 2 GWB fordert vorsätzliche oder leichtfertige Verstöße gegen Art. 101, 102 AEUV, §§ 1, 19 GWB als ein rechtwidriges vorwerfbares Handeln.

Nun werden ordnungswidrigkeitenrechtliche Normen nicht als allgemeine Strafgesetze i.S.v. Art. 103 Abs. 3 GG angesehen, sodass in Bezug auf diese Art. 103 Abs. 3 GG nicht gilt.[732] Dem ist zuzustimmen. Dafür spricht die formale Trennung von Straf- und Ordnungswidrigkeitenrecht. Der Begriff *Strafgesetz* verdeutlich den Bezug des Art. 103 Abs. 3 GG zum Strafrecht. Art. 103 Abs. 3 GG ist kein allgemeines Verbot mehrfacher Sanktion, sondern vielmehr mehrfacher strafrechtlicher Sanktion.[733] Eine ordnungswidrigkeitenrechtliche Sanktion mag eine Vorstufe zur strafrechtlichen Sanktion darstellen und ihr zu gewissem Grad ähneln. Sie ist aber formalbegrifflich kein Strafrecht. Die begrifflichen und formalrechtlichen Unterschiede von Straf- und Ordnungswidrigkeitenrecht wären obsolet, begriffe man beides als Strafrecht. Ob eine Norm dem Straf- oder Ordnungswidrigkeitenrecht

---

729 BVerfG v. 02.05.1967, 2 BvL 1/66, (= NJW 1967,1654, 1655); BeckOK-GG/*Radtke/Hagemeier*, Art. 103 Rn 47; Jarass/Pieroth/*Pieroth*, Art. 103 GG Rn 74; Maunz/Dürig/*Schmidt-Aßmann*, Art. 103 Abs. 3 GG Rn 286; Sachs/*Degenhart*, Art. 103 GG Rn 80; Sieber/*Esser*, § 55 Rn 58 (Kriminalstrafgesetze).

730 BeckOK-OWiG/*Sackreuther*, § 81 GWB, Rn 1; vgl. *Bechtold/Bosch*, § 81 GWB Rn 67.

731 Erbs/Kohlhaas/*Wehowsky*, § 39 WpHG Rn 2; Fuchs/*Waßner*, § 39 WpHG Rn 1.

732 BVerfG v. 02.05.1967, 2 BvL 1/66 (= NJW 1967,1654); BeckOK-GG/*Radtke/Hagemeier*, Art. 103 GG Rn 47; KK-OWiG/*Mitsch*, § 17 OWiG Rn 7 (kein Kriminalstrafrecht); Maunz/Dürig/*Schmidt-Aßmann*, Art. 103 GG Rn 289; Sachs/*Degenhart*, Art. 103 GG Rn 80.

733 BVerfG v. 27.09.1995, 2 BvR 1734/90 (= NStZ-RR 1996, 122); BeckOK-GG/*Radtke/Hagemeier*, Art. 103 GG Rn 47.

zugeordnet wird, obliegt grundsätzlich dem Gesetzgeber, der vor allem im Grenzbereich einen umfassenden Beurteilungsspielraum habe.[734] Für die Rechtsanwendung ist ferner ebenso die gesetzestechnische Einordnung einer Norm im Straf- oder Ordnungswidrigkeitenrecht maßgebend.[735] Allenfalls bei einer offensichtlichen Fehlverortung kann man dies anders werten. Für die kartell- und kapitalmarktrechtlichen Bußgeldnormen ist dies trotz der noch darzustellenden Vergleichbarkeit mit strafrechtlicher Sanktion und potentiellen Bußgeldhöhe nicht anzunehmen.

Die fehlende Strafrechtlichkeit des Ordnungswidrigkeitenrechts folgt ferner nicht nur aus formalen Unterschieden. Auch in der Anwendung und der Bedeutung gibt es Unterschiede, die einer Zuordnung des Ordnungswidrigkeitenrechts zum Strafrecht entgegenstehen. Das Straf- und das Ordnungswidrigkeitenrecht unterscheiden sich mit Blick auf das Verfahren und die Zuständigkeiten.[736] Gleiches gilt auch für die Rechtsfolgen. Eine Ordnungswidrigkeit kann nicht mit einer Freiheitsstrafe geahndet werden. Das Bußgeldverfahren, das von Behörden wie BaFin und Bundeskartellamt durchgeführt werden, unterscheidet sich von Strafverfahren. Ferner wohnt strafrechtlicher Sanktion eine soziale Ächtung inne.[737] Eine Kriminalstrafe beinhaltet ein ehrenrühriges autoritatives Unwerturteil über das Verhalten des Sanktionierten als Auflehnung gegen die Rechtsordnung.[738] Bei Ordnungswidrigkeiten ist die Ächtungskomponente weniger ausgeprägt als bei strafrechtlicher Sanktion.[739] Es fehlt deren Ernst.[740] Die ordnungswidrigkeitenrechtliche Sanktion dient der Erhaltung des gesetzlich vorgesehenen Ordnungsgefüges und weniger, insoweit im Gegensatz zu strafrechtlicher Sanktion, dem Schutz höherrangiger Rechtsgüter.[741] Das gilt auch für § 81 GWB, § 39 WpHG. § 81 GWB schützt die wettbewerbliche Ordnung, § 39 WpHG die Funktionsfähigkeit des Kapitalmarkts als Kapitalmarktordnung. Es stehen mithin ordnungserhaltende Elemente im Vordergrund.

Der Vollständigkeit halber sei erwähnt, dass Art. 23 VO 1/2003 als europäische kartellrechtliche Bußgeldnorm aufgrund des Vorstehenden ebenso nicht als strafrechtlich i.S.v. Art. 103 Abs. 3 GG einzuordnen ist. Die Norm entspricht formal § 81

---

734 BVerfG v. 10.04.1997, 2 BvL 45/92 (= NVwZ 1997, 1109); BVerfG v. 06.06.1989, 2 BvL 6/89 (= NVwZ 1989, 951).

735 BeckOK-OWiG/*Gerhold*, Einleitung zum OWiG Rn 2.

736 BeckOK-OWiG/*Gerhold*, Einleitung zum OWiG Rn 1; KK-OWiG/*Mitsch*, Einleitung Rn 112.

737 KK-OWiG/*Mitsch*, § 17 OWiG Rn 5; *Schwarze*, EuZW 2003, 261, 264.

738 BVerfG v. 16.07.1969, 2 BvL 2/69 (= NJW 1969, 1619); BVerfG v. 06.06.1967, 2 BvR 375, 53/60, 18/65 (= NJW 1967, 1219); KK-OWiG/*Mitsch*, § 17 OWiG Rn 5.

739 BVerfG v. 16.07.1969, 2 BvL 2/69 (= NJW 1969, 1619); EGMR v. 21.02.1984, GH 73/A, Rn 52 - *Öztürk* (NJW 1985, 1273); BeckOK-OWiG/*Sackreuther*, § 17 OWiG Rn 1; KK-OWiG/*Mitsch*, Einleitung Rn 112.

740 BVerfG v. 16.07.1969, 2 BvL 2/69 (= NJW 1969, 1619); BVerfG v. 06.06.1967, 2 BvR 375, 53/60, 18/65 (= NJW 1967, 1219).

741 BeckOK-OWiG/*Sackreuther*, § 17 OWiG Rn 2; KK-OWiG/*Mitsch*, § 17 OWiG Rn 5 ff.

GWB. Will man sie daher in deutsche Termini einordnen, ist sie wie § 81 GWB zu behandeln.

bb. Geltung eines rechtsstaatlichen Grundsatzes ne bis in idem

Der Umstand, dass die relevanten kartell- und kapitalmarktrechtlichen Bußgeldnormen kein Strafrecht i.S.v. Art. 103 Abs. 3 GG sind, führt jedoch nicht dazu, dass *ne bis in idem* für parallele kartell- und kapitalmarktrechtliche Bußgelder als insoweit außerstrafrechtliche Bußgeldsanktionen nicht gelten kann. Einer solche Geltung steht zunächst nicht Art. 103 Abs. 3 GG entgegen. Die Norm kodifiziert *ne bis in idem* lediglich für das Strafrecht. Das heißt nicht, dass der Grundsatz nur im Strafrecht gilt. Die Geltung von *ne bis in idem* für ordnungswidrigkeitenrechtliche Bußgelder ist im deutschen Recht grundsätzlich anerkannt.[742]

Teils wird in der Literatur sogar erwogen, Art. 103 Abs. 3 GG auf ordnungswidrigkeitenrechtliche Sanktion analog anzuwenden, da sich das Ordnungswidrigkeitenrecht über eine Entkriminalisierung der Tatbestände aus dem Strafrecht entwickelt habe.[743] Für eine Art. 103 Abs. 3 GG entsprechende Geltung von *ne bis in idem* für ordnungswidrigkeitenrechtliche Bußgeldsanktionen ist aber nicht der Anwendungsbereich des Art. 103 Abs. 3 GG über dessen Wortlaut hinaus zu erweitern. Vielmehr folgt aus den *ne bis in idem* zugrunde liegenden rechtsstaatlichen Prinzipien ein ungeschriebener Grundsatz *ne bis in idem*, der außerhalb des Strafrechts und damit auch für kartell- und kapitalmarktrechtliche Bußgelder gilt. Käme *ne bis in idem* außerhalb des Strafrechts nicht zur Geltung, wäre ein rechtsstaatlicher Schutz vor mehrfacher Sanktion genommen, selbst wenn die Situation für den Betroffenen und dessen Schutzbedürftigkeit mit strafrechtlicher Sanktion vergleichbar ist. Eine generelle Nichtanwendung der *ne bis in idem* zugrunde liegenden rechtsstaatlichen Prinzipien, an die der deutsche Staat aufgrund der Rechtsstaatlichkeit generell und damit auch im Bußgeldverfahren gebunden ist, außerhalb des Strafrechts ist daher abzulehnen. Eine Reduzierung von *ne bis in idem* auf das Strafrecht bildet die rechtsstaatliche Bedeutung des Grundsatzes nicht umfassend ab.

Ne bis in idem ist eine grundsätzliche rechtsstaatliche Rechtsposition.[744] Der Grundsatz ist ein Ausdruck allgemeiner Rechtsstaatlichkeit.[745] Er enthält das

---

742 BGH v. 26.02.2013, KRB 20/12, Rn 22 -„*Grauzementkartell*" (= NZKart 2013, 195); BGH v. 17.12.1970, KRB 1/70 – „*Teerfarben*" (= GRUR 1971, 276); OLG Zweibrücken v. 17.09.1998, 1 Ss 208–98 (= NJW 1999, 962); KK-OWiG/*Kurz*, Einleitung Rn 141; *Bechtold/Bosch*, § 81 GWB Rn 69; *Dannecker*, NZKart 2015, 25, 25; IM/*Dannecker/Biermann*, Bd 2, § 81 GWB Rn 627; LMR/*Meyer-Lindemann*, § 81 GWB Rn 139.

743 Dreier/*Schulze-Fielitz*, Art. 103 III Rn 21; vgl. Jarass/Pieroth/*Pieroth*, Art. 102 AEUV Rn 74; Schmidt-Bleibtreu/Hofmann/Henneke/*Schmahl*, Art. 103 GG Rn 83; sogar eine direkte Geltung annehmend: Sodan/*Sodan*, Art. 103 GG Rn 29.

744 BeckOK-GG/*Radtke/Hagemeier*, Art. 103 GG vor Rn 1; Maunz/Dürig/*Schmidt-Aßmann*, Art. 103 GG Rn 258 ff.

745 Ableitung aus Rechtsstaatlichkeit: BGH v. 17.12.1970, KRB 1/70 – *Teerfarben* (= GRUR 1971, 276); KK-OWiG/*Mitsch*, Einleitung Rn 142.

materielle Schutzrecht zugunsten des Betroffenen, dass ein Verstoß mit der ersten Sanktion ausgeglichen ist und keine erneute Sanktion für dieselbe Tat festgesetzt wird.[746] Man soll nicht fortlaufend einer Sanktionsandrohung für das gleiche Verhalten ausgesetzt sein.[747] *Ne bis in idem* ist damit eine aus der Rechtsstaatlichkeit folgende Garantie zugunsten des Einzelnen.

Diese grundsätzliche rechtsstaatliche Garantie begründet sich vorrangig im Gebot der Rechtssicherheit.[748] *Ne bis in idem* limitiert die staatliche Sanktionsmacht, indem er eine mehrfache Sanktionierung derselben Tat untersagt. Der Grundsatz gibt dem Einzelnen die Sicherheit einmaliger Sanktion eines Verhaltens. Mit dieser bewusst Sanktionsmacht limitierenden Funktion steht *ne bis in idem* daher zwischen Rechtssicherheit und materieller Gerechtigkeit als grundsätzliche rechtstaatliche Prinzipien.[749]

Während eine umfassende Durchsetzung des staatlichen Sanktionsanspruchs über eine angemessene Sanktion materielle Gerechtigkeit schafft, gebietet die aus der Rechtsstaatlichkeit abzuleitende Rechtssicherheit, dass der Sanktionsanspruch mit der ersten Entscheidung in der Sache verbraucht ist.[750] Diese Garantie ist für das Strafrecht im Art. 103 Abs. 3 GG explizit kodifiziert, weil sie im Strafrecht besonders relevant ist. Strafrechtliche Sanktion hat eine besondere Schwere und Qualität, die es rechtsstaatlich gebietet, dem Einzelnen Sicherheit hinsichtlich der Grenzen der Sanktion zu geben. Anderenfalls könnte der Hoheitsträger eine fortlaufend angedrohte Sanktion willkürlich zur Verhaltenslenkung nutzen. Es widerspricht im Falle strafrechtlicher Sanktion der Rechtsstaatlichkeit, den Betroffenen trotz einer erfolgten Sanktionierung eines Verhaltens nicht ins Recht zurückkehren zu lassen und ihn über die Ermöglichung einer mehrfachen Sanktion des gleichen Verhaltens als Rechtsbrecher zu stigmatisieren. Der Betroffene hat ein aus der Rechtsstaatlichkeit abgeleitetes schutzwürdiges Interesse an Rechtssicherheit.

Die Rechtssicherheit und die materielle Gerechtigkeit als rechtsstaatliche Prinzipien stehen mithin erkennbar in einem Spannungsverhältnis. Dieses Spannungsverhältnis löst *ne bis in idem* nun zugunsten der Rechtssicherheit auf.[751] *Ne bis in idem* verhindert, dass man dauerhaft einer erneuten Sanktion ausgesetzt zum

---

746 Maunz/Dürig/*Schmidt-Aßmann*, Art. 103 GG Rn 257; vgl. BeckOK-GG/*Radtke*/*Hagemeier*, Art. 103 GG Rn 44; vgl. MAH-Strafverteidigung/*Eschelbach*, § 30 Rn 160.

747 Dreier/*Schulze-Fielitz*, Art. 103 III GG Rn 12.

748 BeckOK-GG/*Radtke*/*Hagemeier*, Art. 103 GG Rn 44; MAH-Strafverteidigung/*Eschelbach*, § 30 Rn 160.

749 Maunz/Dürig/*Schmidt-Aßmann*, Art. 103 GG Rn 259; Sieber/*Esser*, § 55 Rn 58; BeckOK-GG/*Radtke*/*Hagemeier*, Art. 103 GG Rn 44.

750 Maunz/Dürig/*Schmidt-Aßmann*, Art. 103 GG Rn 260.

751 Dreier/*Schulze-Fielitz*, Art. 103 III GG Rn 13; Jarass/Pieroth/*Pieroth*, Art. 103 GG Rn 71; Maunz/Dürig/*Schmidt-Aßmann*, Art. 103 GG Rn 260; Sieber/*Esser*, § 55 Rn 58; Sodan/*Sodan*, Art. 103 GG Rn 27.

Objekt staatlichen Handelns wird.[752] Es wird die materielle Gerechtigkeit durch eine Sanktionierung allen Unrechts zugunsten und zwecks der Erhaltung der rechtsstaatlich gebotenen Rechtssicherheit eingeschränkt, an welcher der Sanktionsbetroffene ein schutzwürdiges Interesse hat.

Ferner dient die von *ne bis in idem* ausgehende Sanktionsbegrenzung der Verhältnismäßigkeit.[753] Zunächst ist eine dauerhafte Sanktionsandrohung wegen der Schwere und Qualität der strafrechtlichen Sanktion grundsätzlich unverhältnismäßig. Ferner steigert eine mögliche mehrfache Sanktion gleichen Verhaltens die Gefahr, dass die Sanktion in der Summe unverhältnismäßig ausfällt. Es entsteht ein Ungleichgewicht zugunsten staatlicher Sanktionsmacht.

Es zeigt sich mithin, dass es über Rechtssicherheit und Verhältnismäßigkeit rechtsstaatlich geboten sein kann, den staatlichen Sanktionsanspruch durch *ne bis in idem* zu limitieren. Das ist für das Strafrecht in Art. 103 Abs. 3 GG explizit geregelt, beschränkt sich aber nicht auf diesen Bereich. *Ne bis in idem* leitet sich nicht aus dem Strafrecht ab. Er ist nur für das Strafrecht ausdrücklich geregelt, da wegen der Qualität und Schwere der Sanktion ein besonderes Bedürfnis und eine besondere Notwendigkeit für eine zugesicherte Rechtsstaatlichkeit besteht. *Ne bis in idem* leitet sich jedoch generell aus den rechtsstaatlichen Prinzipien Rechtssicherheit und Verhältnismäßigkeit ab.

Aufgrund dieser Ableitung aus allgemeinen rechtsstaatlichen Prinzipien darf *ne bis in idem* nicht auf das Strafrecht limitiert verstanden werden. Der Grundsatz gilt als rechtsstaatlicher Grundsatz darüber hinaus. Die rechtsstaatlichen Prinzipien, die *ne bis in idem* zugrunde liegen, gelten außerhalb des Strafrechts ebenso. Art. 103 Abs. 3 GG ist nur eine spezifische Ausformung des rechtsstaatlichen Gebots, aus Gründen der Rechtsstaatlichkeit und Verhältnismäßigkeit die staatliche Sanktionsmacht zu limitieren, das im Strafrecht wegen der Belastung strafrechtlicher Sanktion strikt gilt, aber ebenso auch außerhalb des Strafrechts als rechtsstaatliche Garantie staatliche Sanktionsmacht limitieren kann.[754]

Jede staatliche Sanktion muss sich an den rechtsstaatlichen Grenzen messen.[755] Das folgt aus der Rechtsstaatlichkeit. Eine generelle Beschränkung von *ne bis in idem* auf das Strafrecht wäre daher eine nicht zu rechtfertigende Einschränkung dieser Rechtsstaatlichkeit. Rechtssicherheit und Verhältnismäßigkeit gelten als rechtsstaatliche Prinzipien außerhalb des Strafrechts und müssen in einem Rechtsstaat in gleicher Weise wie im Strafrecht staatliche Sanktion limitieren können. Sie

---

752 Maunz/Dürig/*Schmidt-Aßmann*, Art. 103 GG Rn 260; Meyer/*Eser*, Art. 50 Charta, Rn 7.

753 Dreier/*Schulze-Fielitz*, Art. 103 III GG Rn 13; Maunz/Dürig/*Schmidt-Aßmann*, Art. 103 GG Rn 261.

754 Maunz/Dürig/*Schmidt-Aßmann*, Art. 103 GG Rn 277; Ableitung der Geltung von *ne bis in idem* aus Rechtsstaatlichkeit in Bezug auf Ordnungswidrigkeiten: LMR/*Mayer-Lindemann*, § 81 GWB Rn 139.

755 *Ackermann*, ZWeR 2010, 329, 336.

können als rechtsstaatliche Prinzipien daher auch doppelte Sanktion außerhalb des Strafrechts begrenzen.[756]

Aufgrund der Ableitung von *ne bis in idem* aus rechtsstaatlichen Prinzipien kann *ne bis in idem* mithin über Art. 103 Abs. 3 GG hinaus und damit auch außerhalb des Strafrechts mehrfache Sanktion limitieren. Es handelt es sich inner- wie außerhalb des Strafrechts um den gleichen Grundsatz, der sich aus den gleichen rechtsstaatlichen Prinzipien ableitet. Aus der grundsätzlichen außerstrafrechtlichen Geltung von *ne bis in idem* muss aber nicht zugleich zwingend folgen, dass *ne bis in idem* insoweit jede parallele Sanktion entsprechend Art. 103 Abs. 3 GG limitiert, da die Möglichkeiten staatlicher Sanktion breit sind.[757] Die Garantie kann hingegen Art. 103 Abs. 3 GG entsprechend greifen, wenn die *ne bis in idem* zugrunde liegenden Prinzipien eine identische Limitierung der Sanktionsmacht erfordern. Die Interessen- und Gefährdungslage muss dem Strafrecht entsprechen. Rechtssicherheit und Verhältnismäßigkeit müssen es wie im Strafrecht gebieten, die staatliche Sanktionsmacht zu limitieren. Die zu klärende Frage ist daher, unter welchen Voraussetzungen eine solche Konstellation anzunehmen ist. Es muss im Ausgangspunkt die gleiche Spannung zwischen einerseits der materiellen Gerechtigkeit durch eine Sanktionierung allen Unrechts und andererseits der Rechtssicherheit, ein Unrecht mit erster Sanktion abgegolten zu haben und nicht dauerhaft Sanktion ausgesetzt zu sein, bestehen. Dann ist es trotz der Unterschiede von straf- und außerstrafrechtlicher Sanktion wie im Strafrecht geboten, den Betroffenen mit der ersten Sanktion ins Recht zurückkehren zu lassen sowie nicht einer unverhältnismäßigen Androhung mehrfacher Sanktion auszusetzen und als Rechtsbrecher zu stigmatisieren.

Die Geltung von *ne bis in idem* ist außerstrafrechtlich daher in jedem Fall geboten, wenn die außerstrafrechtliche Sanktion mit strafrechtlicher Sanktion vergleichbare Qualität und Schwere hat. Der Sanktionierte wäre dann gleichermaßen wie im Strafrecht das Objekt staatlichen Handelns. Ihm wird in diesem Fall ebenso die rechtsstaatlich gebotene Rechtssicherheit genommen, wenn die Sanktionierung des Verhaltens mit der ersten Sanktion nicht abgeschlossen ist. Folglich gebieten in der Folge Rechtssicherheit und Verhältnismäßigkeit eine Einschränkung der Sanktionsmacht, die zum Ausschluss einer weiteren Sanktion des Verhaltens führt. *Ne bis in idem* überwacht als rechtsstaatlicher Grundsatz generell die staatliche Sanktionsmacht. Das folgt aus den *ne bis in idem* zugrunde liegenden rechtsstaatlichen Prinzipien Rechtssicherheit und Verhältnismäßigkeit, aufgrund derer bei jeder mehrfachen staatlichen Sanktion zu prüfen ist, ob eine erneute Sanktion rechtsstaatlich zulässig ist.[758] Die Bindung des deutschen Staates an die sanktionslimitierenden rechtsstaatlichen Prinzipien hinter *ne bis in idem* endet nicht an den Grenzen des Strafrechts. *Ne bis in idem* gilt ebenso außerstrafrechtlich

---

756 Dreier/*Schulze-Fielitz*, Art. 103 III GG Rn 23.
757 Maunz/Dürig/*Schmidt-Aßmann*, Art. 103 GG Rn 278.
758 Maunz/Dürig/*Schmidt-Aßmann*, Art. 103 GG Rn 276 f.

als rechtsstaatlicher Grundsatz, der mithin auch parallele kartell- und kapitalmarktrechtliche Bußgelder untersagen kann.

Es ist somit nachfolgend zu klären, wann die Sachlage hinsichtlich außerstrafrechtlicher kartell- und kapitalmarktrechtlicher Bußgelder dem Strafrecht entspricht und daher die gleiche Auflösung des Spannungsverhältnisses von materieller Gerechtigkeit einerseits und Rechtssicherheit des Einzelnen andererseits zugunsten der Rechtssicherheit des Einzelnen erfordert. Für ein solches Ergebnis spricht insbesondere eine vergleichbare Schwere und Qualität der Sanktion mit Blick auf strafrechtliche Sanktionen.

Im Ausganspunkt ist eine entsprechende präventive wie zugleich auch repressiv ein begangenes Unrecht ahndende Sanktion zu fordern. Die schafft eine grundsätzliche Vergleichbarkeit, die eine Grundvoraussetzung dafür ist, den rechtsstaatlich gebotenen Ausgleich zwischen der hoheitlichen Sanktionsmacht und dem Rechtsschutzbedürfnis des Einzelnen über die hinter *ne bis in idem* stehende rechtsstaatliche Prinzipien herzustellen.[759] Durch eine vergleichbare Schwere und Qualität ergibt sich das für *ne bis in idem* charakteristische Spannungsverhältnis zwischen materieller Gerechtigkeit und Rechtssicherheit, das zugunsten der Rechtssicherheit sanktionslimitierend aufzulösen ist. Die kartell- und kapitalmarktrechtlichen Bußgelder gehören, wie schon dargestellt, dem Ordnungswidrigkeitenrecht an. Ergibt sich das Spannungsverhältnis daher für ordnungswidrigkeitenrechtliche Sanktion, können Rechtssicherheit und Verhältnismäßigkeit trotz der fehlenden Strafrechtlichkeit die staatliche Sanktionsmacht limitieren und damit mehrfache Sanktion untersagen.[760]

Vor allem wenn eine Sanktion repressiv ist und potentiell hoch ausfällt, kann die Garantie des *ne bis in idem* außerhalb des Strafrechts rechtsstaatlich geboten sein. Durch eine solche mehrfache Sanktion ist der Betroffene einer mit dem Strafrecht vergleichbaren Situation ausgesetzt. Er kann Objekt staatlichen Handelns werden. Ein weiteres Indiz, dass gegen eine Vereinbarkeit einer mehrfachen außerstrafrechtlichen Sanktion mit *ne bis in idem* spricht, sind identische Sanktionsarten.[761] Der Betroffene könnte dann ohne eine sanktionslimitierende Geltung von *ne bis in idem* mehrmals repressiv mit mehreren Bußgeldern für gleiches Verhalten sanktioniert werden. Das nimmt im hohen Maße Rechtssicherheit, da selbst eine mehrfache gleichartige Sanktion des gleichen Verhaltens nicht ausgeschlossen wäre. Ferner wird dadurch die Verhältnismäßigkeit der Sanktion gefährdet.

Eine präventive wie zugleich auch repressiv Unrecht ahndende Wirkung als formal qualitativ dem Strafrecht ähnliche Sanktion, potentiell hohe Sanktion als

---

759 *Schwarze*, EuZW 2003, 261, 265; vgl. zu den Kriterien die Rechtsprechung des EGMR die in Abschnitt C. IV. c. aa. dieser Arbeit dargestellt wird.

760 Allg. zum Ordnungswidrigkeitenrecht: Maunz/Dürig/*Schmidt-Aßmann*, Art. 103 GG Rn 289.

761 Maunz/Dürig/*Schmidt-Aßmann*, Art. 103 GG Rn 280; vgl. Dreier/*Schulze-Fielitz*, Art. 103 III GG Rn 23.

vergleichbares Schwereelement und identische Sanktionsarten der potentiell parallelen Sanktionen führen in jedem Fall dazu, dass die rechtsstaatlich gebotene Rechtssicherheit zugunsten des Einzelnen objektiv die materielle Sanktionsgerechtigkeit durch eine Umsetzung des staatlichen Sanktionsanspruchs überwiegt. Ist dies der Fall, muss *ne bis in idem* über die hinter *ne bis in idem* stehenden rechtsstaatlichen Prinzipien das Spannungsverhältnis zwischen der Rechtssicherheit und der materiellen Gerechtigkeit zugunsten der Rechtssicherheit auflösen. Wann dies der Fall ist, wird hier nicht allgemein erörtert. Der Blick ist auf kartell- und kapitalmarktrechtliche Bußgelder nach Art. 23 VO 1/2003, § 81 GWB, § 39 WpHG zu lenken.

§ 81 GWB, § 39 WpHG sind Ordnungswidrigkeitenrecht und Art. 23 VO 1/2003 ordnungswidrigkeitenähnlich. Für eine mehrmalige Ahndung derselben Tat als Ordnungswidrigkeit wird angenommen, dass *ne bis in idem* als rechtsstaatlicher Grundsatz gelte.[762] Auch der BGH wendet ihn im kartellrechtlichen Bußgeldverfahren an.[763] Dem ist zuzustimmen. Bußgelder nach Art. 23 VO 1/2003, § 81 GWB, § 39 WpHG können mit strafrechtlicher Sanktion vergleichbare Qualität und Schwere haben, die eine Geltung von *ne bis in idem* begründet.

Das erfordert zunächst eine grundsätzliche Vergleichbarkeit der Sanktionen als präventive und repressiv begangenes Unrecht ahndende Sanktionen als ein qualitatives Merkmal. Eine ordnungswidrigkeitenrechtliche Sanktion wirkt wie das Strafrecht präventiv und repressiv. Im Vordergrund mag zwar die Prävention durch die Erhaltung einer bestimmten Ordnung stehen.[764] Ordnungswidrigkeitenrechtliche Bußgelder sollen präventiv von Verstößen gegen die Ordnung abhalten, indem sie über eine potentiell hohe Sanktion abschreckend wirken. Die Bußgelder werden als eine Pflichtenmahnung für den Ordnungsverstoß verstanden.[765] Ferner sollen sie auch Dritte präventiv von einer Zuwiderhandlung abhalten, indem sie die negative finanziellen Folgen darstellen.[766]

Die präventiven Effekte ändern jedoch nichts daran, dass eine ordnungswidrigkeitenrechtliche Sanktion auch repressiv ist.[767] Bußgelder wirken generell repressiv.[768] Sie knüpfen an ein Unrecht an und wirken strafrechtsähnlich.[769] Sie

---

762 IM/*Dannecker/Biermann*, Bd 2, § 83 GWB Rn 18; LMR/*Meyer-Lindemann*, § 81 GWB Rn 139; *ne bis in idem* für § 81 GWB bejahend: *Bechtold/Bosch*, § 81 GWB Rn 69; IM/*Dannecker/Biermann*, Bd 2, § 81 GWB Rn 627.

763 BGH v. 26.02.2013, KRB 20/12, Rn 22 -„*Grauzementkartell*" (= NZKart 2013, 195).

764 BeckOK/*Sackreuther*, § 17 OWiG Rn 6; IM/*Dannecker/Biermann*, Bd 2, § 81 GWB Rn 440; KK-OWiG/*Mitsch*, § 17 OWiG Rn 9; vgl. *Kümpel*, Rn 8.489.

765 BVerfG v. 16.07.1969, 2 BvL 2/69 (= NJW 1969, 1619); BeckOK/*Sackreuther*, § 17 OWiG Rn 7; KK-OWiG/*Mitsch*, § 17 OWiG Rn 7.

766 BeckOK-OWiG/*Sackreuther*, § 17 OWiG Rn 7; Blum/*Gassner*, § 17 OWiG Rn 2; KK-OWiG/*Mitsch*, § 17 OWiG Rn 9.

767 BeckOK-OWiG/*Sackreuther*, § 17 OWiG Rn 6; Blum/*Gassner*, § 17 OWiG Rn 2; KK-OWiG/*Mitsch*, § 17 OWiG Rn 8.

768 Groeben, von der/Schwarze/*Kienapfel*, Art. 23 VO (EG) 1/2003 Rn 3.

769 *Kümpel*, Rn 8.489.

ahnden den Verstoß gegen ein gesetzliches Verbot. Eine Norm ist allgemein dann repressiv, wenn eine Sanktion von einem vorwerfbaren schuldhaften Verhalten abhängt.[770] Eine Ordnungswidrigkeit nach § 1 Abs. 1 OWiG ist eine solche vorwerfbare und schuldhafte Handlung. Eine ordnungswidrigkeitenrechtliche Sanktion bezweckt daher ebenso wie das Strafrecht die Repression durch eine Ahndung begangenen Unrechts und die Prävention durch Abschreckung.

Das gilt für Sanktionen nach Art. 23 VO 1/2003, § 81 GWB wegen eines Verstoßes gegen Art. 101, 102 AEUV, §§ 1, 19 GWB und nach § 39 WpHG wegen eines Verstoßes gegen die Marktmissbrauchsverordnung. Die Sanktionen wirken mit strafrechtlicher Sanktion vergleichbar repressiv und präventiv.

Für § 39 WpHG sei dies an den Beispielen für mögliche parallele kartell- und kapitalmarktrechtliche Verbote dargelegt. So fordert §§ 39 Abs. 4a, 39 Abs. 3b WpHG einen zumindest leichtfertigen Verstoß gegen Art. 14 lit. c der Marktmissbrauchsverordnung für ein Bußgeld. Gleiches gilt für den Verstoß gegen Art. 12 Abs. 2 lit. a der Marktmissbrauchsverordnung als eine Form der Marktmanipulation nach Art. 15 der Marktmanipulation nach §§ 39 Abs. 4a, 39 Abs. 3d Nr. 2 WpHG. § 39 WpHG ahndet mithin repressiv einen Gesetzesverstoß. Daneben wirkt die Bußgeldandrohung ebenso auch präventiv, da sie durch eine Abschreckung vom Verstoß abhält.[771]

Für die kartellrechtlichen Bußgelder wegen Verstößen gegen Art. 101, 102 AEUV, §§ 1, 19 GWB gilt Entsprechendes. Die Bußgelder nach § 81 GWB wirken repressiv und durch Abschreckung auch präventiv.[772] § 81 Abs. 1, Abs. 2 GWB setzt einen vorsätzlichen oder fahrlässigen Verstoß gegen Art. 101, 102 AEUV, §§ 1, 19 GWB voraus, damit ein Bußgeld festgesetzt werden kann. Es wird somit repressiv ein Gesetzesverstoß geahndet. Die Bußgeldandrohung wirkt ferner auch präventiv. Die Bußgelder nach Art. 23 VO 1/2003 wirken daneben ebenso repressiv und durch eine Abschreckungswirkung präventiv.[773] Art. 23 Abs. 2 VO 1/2003 setzt insoweit bei Verstößen gegen Art. 101, 102 AEUV für ein Bußgeld Vorsatz oder Fahrlässigkeit voraus. Ferner wirkt die Norm über die Bußgeldandrohung präventiv. Das Kartellrecht ahndet somit Wettbewerbsverstöße als ein unrechtes Handeln repressiv.[774] In der Literatur werden die kartellrechtlichen Bußgelder vereinzelt als nur präventiv verstanden, da die einen möglichen Gewinn aus dem Kartellrechtsverstoß übersteigende Geldbuße an die wirtschaftliche Vernunft der Unternehmen appelliere, ohne dabei repressiv zu wirken.[775] Dem wird widersprochen. Mit dem

---

770 IM/*Dannecker*/*Biermann*, Bd 1, Art. 23 VO 1/2003, Rn 335.

771 *Giering*, CCZ 2016 214, 216 f.; vgl. *Poelzig*, NZG 2016, 492, 497.

772 IM/*Dannecker*/*Biermann*, Bd 2, § 81 GWB Rn 440.

773 GHN/*Feddersen*, Art. 23 VO 1/2003 Rn 11; Groeben, von der/Schwarze/*Kienapfel*, Art. 23 VO (EG) 1/2003, Rn 3; IM/*Dannecker/Biermann*, Bd 1, Vorbemerkungen zu Art. 23 f. VO 1/2003, Rn 23 ff.; LMR/*Nowak*, Art. 23 VerfVO Rn 4;

774 *Schwarze*, EuZW 2003, 261, 267.

775 *Ackermann*, ZWeR 2010, 329, 333.

Bußgeld wird vielmehr, wie dargestellt, repressiv der Verstoß gegen ein gesetzliches Verbot und die Wettbewerbsordnung geahndet. Es wird nicht nur präventiv von einem Verstoß abgehalten. Dies wird offensichtlich, wenn man zugleich die hohen Bußgeldrahmen einbezieht, der nachfolgend noch als ein Argument für eine dem Strafrecht entsprechende Geltung von *ne bis in idem* vorgetragen werden. Die Geldbuße dient nicht nur dazu, mögliche Gewinne des Kartellverbots zu übersteigen, sondern sie soll das Unternehmen auch für den Gesetzesverstoß repressiv sanktionieren.

Im Ausgangspunkt spricht die mit dem Strafrecht formal vergleichbare repressive und präventive Wirkung der kartell- und kapitalmarktrechtlichen Bußgelder als eine qualitative Vergleichbarkeit für eine dem Strafrecht entsprechende Geltung von *ne bis in idem* über die hinter dem Grundsatz stehenden rechtsstaatlichen Prinzipien. Diese Vergleichbarkeit ist ein starker Grund dafür, *ne bis in idem* wie im Strafrecht greifen zu lassen. Die ordnungswidrigkeitenrechtliche Sanktion ist ihrer Form und Funktion nach als eine Vorstufe zur strafrechtlichen Sanktion zu verstehen. Ferner ist auch der angesprochene Umstand, dass sich das Ordnungswidrigkeitenrecht über eine Entkriminalisierung der Tatbestände aus dem Strafrecht entwickelt hat,[776] in diesem Zusammenhang zu beachten. Es ergibt sich dadurch eine qualitative Nähe zu strafrechtlicher Sanktion. Der Unterschied zwischen dem Straf- und Ordnungswidrigkeitenrecht ist daher nicht von qualitativer, sondern vielmehr von quantitativer Natur.[777] Strafrechtliche Sanktion kann quantitativ schwerwiegender sein. Die demgegenüber bestehende wesentliche qualitative Nähe spricht dafür, dass auch bei ordnungswidrigkeitenrechtlicher Sanktion durch die formal ähnliche präventive wie repressive Wirkung das gleiche Spannungsverhältnis zwischen Rechtssicherheit und materieller Gerechtigkeit wie im Strafrecht entsteht, das eine Auflösung zugunsten der Rechtssicherheit über *ne bis in idem* rechtsstaatlich fordert. Es ist aus rechtsstaatlichen Erwägungen geboten, *ne bis in idem* bei jeder ordnungswidrigkeitenrechtlichen Bußgeldsanktion wegen der vergleichbar präventiven und repressiv einen Gesetzesverstoß ahndenden Wirkung zur Geltung kommen lassen. In der Folge spricht dies dafür, parallele ordnungswidrigkeitenrechtliche kartell- und kapitalmarktrechtliche Bußgelder an *ne bis in idem* zu messen. Das bestätigt auch der weiter unten noch angesprochene § 84 Abs. 1 OWiG, der eine *ne bis in idem* entsprechende Limitierung für Bußgelder nationaler Behörden einfachgesetzlich statuiert.[778]

---

776 Vgl. dazu: Dreier/*Schulze-Fielitz*, Art. 103 III Rn 21; vgl. Jarass/Pieroth/*Pieroth*, Art. 102 AEUV Rn 74; Schmidt-Bleibtreu/Hofmann/Henneke/*Schmahl*, Art. 103 GG Rn 83; sogar eine direkte Geltung annehmend: Sodan/*Sodan*, Art. 103 GG Rn 29.

777 Sodan/*Sodan*, Art. 103 GG Rn 29.

778 Vgl. dazu nachfolgenden Abschnitt C. IV. 3. g. dieser Arbeit.

Andererseits kann man jedoch auch vertreten, dass erst zusätzlich eine gewisse quantitative Sanktionsschwere, die sich über die potentielle Bußgeldhöhe ergibt, eine dem Strafrecht vergleichbare Wirkung ergibt, die eine entsprechende Geltung von *ne bis in idem* gebietet. Die Sanktionsschwere ist in jedem Fall ein Kriterium, das für die Nähe zum Strafrecht spricht.[779] Je schwerer Sanktion ist, desto stärker sind auch die repressive und präventive Wirkung, entsprechend wichtiger ist mithin die Beachtung rechtsstaatlicher Garantien.[780] Je schwerer Sanktion ausfallen kann, desto höher ist die rechtsstaatlich gebotene Rechtssicherheit zu werten, um den Betroffenen nicht zum Objekt staatlichen Handelns zu machen und einer unverhältnismäßigen Sanktionsandrohung auszusetzen. Entsprechend eher überwiegt somit auch die Rechtssicherheit der materiellen Gerechtigkeit sowie dem staatlichen Sanktionsanspruch, sodass über *ne bis in idem* das Spannungsverhältnis zwischen diesen rechtsstaatlichen Elementen zugunsten der Rechtssicherheit mit der Folge aufzulösen ist, dass eine mehrfache Sanktion untersagt ist.

Ein maßgebliches Abstellen auf die potentielle Höhe der Sanktion kann jedoch dazu führen, dass die Geltung von *ne bis in idem* als rechtsstaatliche Garantie vom Einzelfall abhängt, da die aus der Sanktionshöhe abzuleitende Schwere der Sanktion vom Einzelfall sowie dem finanziellen Leistungsvermögen und dem subjektiven Empfinden des Betroffenen abhängt. Trotzdem ist es auf der anderen Seite ebenso richtig, dass eine außerstrafrechtliche Sanktion mit steigender Sanktionshöhe auch an Nähe zum Strafrecht gewinnt. Das spricht in der Folge verstärkt für die Geltung von *ne bis in idem*. Man muss sich jedoch fragen, ab welcher Sanktionshöhe dieser Effekte eintritt.[781] Bei einer mit dem Strafrecht vergleichbaren präventiven und repressiven Wirkung, einer gewissen Bußgeldhöhe und der parallel gleichen Sanktionsart ist es, wie auch weiter oben schon dargestellt, geboten, *ne bis in idem* außerhalb des Strafrechts wie im Strafrecht greifen zu lassen.

Selbst wenn man die Bußgeldhöhe bei einer ordnungswidrigkeitenrechtlichen Sanktion wie den kartell- und kapitalmarktrechtlichen Bußgeldern als maßgebliches Kriterium ansieht, ist wegen der schon grundsätzlich hohen qualitativen Nähe von Straf- und Ordnungswidrigkeitenrecht die Schwelle jedoch grundsätzlich nicht zu hoch anzusetzen. Ferner ist zu beachten, dass die vorliegend relevanten kartell- und kapitalmarktrechtlichen Sanktionsnormen hohe Bußgeldrahmen vorsehen. Aufgrund dessen ist in jedem Fall eine mit dem Strafrecht vergleichbare Schwere der kartell- und kapitalmarktrechtlichen Bußgelder gegeben. Die Frage, ob allein schon die formal dem Strafrecht entsprechende präventive und repressive Bußgeldsanktion die Geltung von *ne bis in idem* erforderlich macht, kann daher insoweit grundsätzlich offen bleiben.

---

779 IM/*Dannecker*/*Biermann*, Bd 1, Art. 23 VO 1/2003, Rn 335; vgl. ebenso die in Abschnitt C. IV. 3. c. aa. dargestellten Kriterien des EGMR.

780 *Bechtold*/*Bosch*/*Brinker*, Art. 23 VO 1/2003 Rn 90.

781 Vgl.: *Schwarze*, EuZW 2003, 261, 265; vgl. auch: BVerfG v. 16.07.1969, 2 BvL 2/69 (= NJW 1969, 1619).

Nachfolgend sei der Bußgeldrahmen dargestellt. Die Bußgelder nach § 39 WpHG können hoch ausfallen. So kann gem. § 39 Abs. 4a S. 1 WpHG das Bußgeld wegen eines Verstoßes gegen das Art. 12 Abs. 2 lit. a der Marktmissbrauchsverordnung gegen natürliche Personen bis zu 500.000 Euro und bei einem Verstoß gegen das Offenlegungsverbot des Art. 14 lit. c der Marktmissbrauchsverordnung bis zu 5 Millionen Euro betragen. Gegen juristische Personen sind gem. § 39 Abs. 4a S. 2 Nr. 1 WpHG bis zu 15 % des Gesamtumsatzes im vorausgegangenen Geschäftsjahr, mindestens jedoch bis zu 15 Millionen Euro, möglich. Das zeigt den stark repressiven und auch präventiv abschreckenden Charakter dieser kapitalmarktrechtlichen Bußgelder. Der Erwägungsgrund 71 zur Marktmissbrauchsverordnung bestätigt dies, wonach das Bußgeldregime der Marktmissbrauchsverordnung die Abschreckung verstärken soll.[782] Diese potentielle Bußgeldhöhe bestätigt die erforderliche Geltung von *ne bis in idem*. Bei Sanktion der Verstöße gegen die Marktmissbrauchsverordnung intendiert insoweit auch der europäische Gesetzgeber die grundsätzliche Geltung von *ne bis in idem*. Gemäß Erwägungsgrund 23 zur Marktmissbrauchsrichtlinie[783], die strafrechtliche Ahndung u.a. der Marktmanipulation betrifft, will er sichergestellt wissen, dass eine parallele strafrechtliche Sanktion auf Basis der Richtlinie einerseits und eine verwaltungsrechtliche Sanktion nach der Marktmissbrauchsverordnung andererseits nicht *ne bis in idem* verletzt. Auch wenn dieser Erwägungsgrund parallele straf- und verwaltungsrechtliche Sanktion betrifft, zeigt sich eine Sensibilität des Gesetzgebers. Das bestätigt die vorstehende Einordung in tatsächlicher Hinsicht grundsätzlich.

Ebenso bestätigt daneben auch im Kartellrecht die potentielle Bußgeldhöhe die Geltung von *ne bis in idem*. Gegen natürliche Personen sind gem. § 81 Abs. 4 S. 1 GWB Bußgelder von bis zu 1 Millionen Euro und gegen juristische Personen gem. § 81 Abs. 4 S. 2 GWB von bis zu 10 % des Gesamtumsatzes im vorausgegangenen Geschäftsjahr möglich. Daneben kann die Europäische Kommission bei Verstößen gegen Art. 101, 102 AEUV gem. Art. 23 Abs. 2 VO 1/2003 ebenso Bußgelder von bis zu 10% des Gesamtumsatzes im vorausgegangenen Geschäftsjahr festsetzen. Dieser stark punitive Charakter spricht dafür, die strafrechtlichen Verfahrensgarantien wie *ne bis in idem* anzuwenden.[784] Das gilt ebenso für § 39 WpHG und § 81 GWB.

Im Ergebnis ist für die kartell- und kapitalmarktrechtlichen Bußgelder nach Art. 23 VO 1/2003, § 81 GWB, § 39 WpHG eine Geltung von *ne bis in idem* geboten. Dies folgt daraus, dass zumindest aus der Qualität und Schwere der Sanktionen eine qualitative und quantitative Nähe der Sanktionen zu strafrechtlicher Sanktion entsteht, die zu einer Interessenlage führt, die der Interessenlage bei potentieller

782 *Poelzig*, NZG 2016, 492, 497.

783 Richtlinie 2014/57/EU des Europäischen Parlaments und des Rates vom 16. April 2014 über strafrechtliche Sanktionen bei Marktmanipulation (Marktmissbrauchsrichtlinie), ABl. Nr. L 173, S. 179.

784 LMR/*Nowak*, Art. 23 VO 1/2003/EG, Rn 5; *Schwarze*, EuZW 2003, 261, 267 f.

mehrfacher strafrechtlicher Sanktion entspricht. Daher ergibt sich das gleiche Spannungsverhältnis zwischen der materiellen Gerechtigkeit und der Rechtssicherheit wie im Strafrecht, das zugunsten der Rechtssicherheit des Betroffenen aufzulösen ist.

Eine dem Strafrecht entsprechende Geltung von *ne bis in idem* ist durch eine Auflösung des Spannungsverhältnisses zugunsten der Rechtssicherheit für Bußgelder nach § 81 GWB, § 39 WpHG und Art. 23 VO 1/2003 schon allein wegen der generell dem Strafrecht formal entsprechenden präventiven und repressiven Sanktionswirkung geboten. Für § 81 GWB, § 39 WpHG folgt insoweit aus der besonderen qualitativen Nähe der ordnungswidrigkeitenrechtlichen Sanktion zu strafrechtlicher Sanktion, das *ne bis in idem* entsprechend dem Strafrecht gelten muss. Für Art. 23 VO 1/2003 muss man in diesem Zusammenhang auf die Ähnlichkeit zum ordnungswidrigkeitenrechtlichen § 81 GWB abstellen und zum gleichen Ergebnis kommen.

Hinsichtlich der in dieser Arbeit dargestellten Beispiele für parallele kartell- und kapitalmarktrechtliche Sanktionen bestätigt sich die Geltung von *ne bis in idem* jedoch ferner auch in der potentiellen Bußgeldhöhe, die über die vorstehend erwähnte qualitative Nähe hinaus zugleich eine quantitative Schwere schafft, die im Zusammenspiel mit dem qualitativen Element in jedem Fall für eine Geltung von *ne bis in idem* im Falle der betreffenden kartell- und kapitalmarktrechtlichen Bußgelder spricht. Selbst wenn man also allein aus der besonderen qualitativen Nähe der kartell- und kapitalmarktrechtlichen Bußgeldsanktionen zu strafrechtlicher Sanktion keine sanktionslimitierende Wirkung aus den hinter *ne bis in idem* stehenden rechtsstaatlichen Prinzipien ableiten will, ergibt sich diese Wirkung und damit eine Geltung von *ne bis in idem* insoweit unter Einbezug der potentiellen Bußgeldhöhe als ein quantitatives Schwereelement. Je höher die potentielle Sanktion ist, desto eher besteht die Gefahr, dass der Betroffene Objekt staatlichen Handelns wird. Entsprechend höher wiegt die Rechtssicherheit in der Abwägung mit der materiellen Gerechtigkeit. Hohe potentielle Bußgelder haben damit eine Qualität und Schwere, die eine Auflösung des Spannungsverhältnisses zwischen materieller Gerechtigkeit und Rechtssicherheit zugunsten der Rechtssicherheit gebietet. Bei hohen Bußgeldern verschwimmt die Grenze zur Kriminalstrafe.[785]

Ne bis in idem gilt somit im deutschen Recht nicht über Art. 103 Abs. 3 GG für Bußgelder nach § 81 GWB, § 39 WpHG und Art. 23 VO 1/2003, da sie kein Strafrecht sind. Über die rechtsstaatlichen Prinzipien hinter *ne bis in idem* ergibt sich aber ein allgemeiner rechtsstaatlicher Grundsatz, der außerstrafrechtlich parallele Sanktion limitiert. Dafür muss das gleiche Spannungsverhältnis zwischen materieller Gerechtigkeit und Rechtssicherheit entstehen, das über eine Geltung von *ne bis in idem* zugunsten der Rechtssicherheit aufzulösen ist. Dies ist, wie dargestellt, für Bußgelder nach § 81 GWB, § 39 WpHG und Art. 23 VO 1/2003 der

---

785 So zum Kartellrecht: IM/*Dannecker*/*Biermann*, Bd 1, Vorbemerkungen zu Art. 23 f. Rn 20.

Fall. Sie haben grundsätzliche eine qualitative Nähe zu strafrechtlicher Sanktion. Bestätigt wird dies durch die hohen Bußgeldrahmen. Dies gilt insbesondere für die in dieser Arbeit dargestellten Fälle potentieller paralleler Verstöße gegen kartellrechtliche Verbote und Verbote der Marktmissbrauchsverordnung, die mit Bußgeldern geahndet werden können. Bei Sanktionen nach Art. 23 VO 1/2003, § 81 GWB wegen Verstößen gegen Art. 101, 102 AEUV, §§ 1, 19 GWB und nach § 39 wegen Verstößen gegen Art. 12 Abs. 2 lit. a und Art. 14 lit. c der Marktmissbrauchsverordnung gilt somit *ne bis in idem*.

c. *Geltung von* ne bis in idem *im europäischen Recht*

aa. *Keine Geltung der Kodifizierungen von* ne bis in idem

Vorstehend ist *ne bis in idem* lediglich mit Blick auf das deutsche Recht hergeleitet. Ebenso gilt *ne bis in idem* jedoch im gleichen Umfang im europäischen Recht für parallele kartell- und kapitalmarktrechtliche Bußgelder. Das ist damit zu begründen, dass im europäischen Recht ein entsprechender Grundsatz *ne bis in idem* gilt und die Europäische Union in gleicher Weise zur Rechtsstaatlichkeit verpflichtet ist. Die vorstehenden Ausführungen zu *ne bis in idem* indizieren mithin eine entsprechend Geltung von *ne bis in idem* im europäischen Recht. *Ne bis in idem* ist ein tragender Grundsatz des europäischen Rechts.[786] Er ist in Art. 50 der Charta der Grundrechte der Europäischen Union[787] kodifiziert, die gem. Art. 6 Abs. 1 EUV Primärrechtsrang hat.[788] Auch ist er grundsätzlich identisch in Art. 4 des 7. Zusatzprotokolls zur EMRK geregelt. Es ist anerkannt, dass *ne bis in idem* bei Bußgeldern zu beachten ist.[789] Die Frage ist jedoch auch hier, wie diese Geltung herzuleiten ist.

Ein Ansatz kann die Anwendung von Art. 50 EU-Charta sein, der Art. 103 Abs. 3 GG ähnelt: „Niemand darf wegen einer Straftat, derentwegen er bereits in der Union nach dem Gesetz rechtskräftig verurteilt oder freigesprochen worden ist, in einem

---

786 EuGH v. 15.10.2002, Rs. C-238/99 u.a., ECLI:EU:C:2002:582, Rn 59 – *„Maatschappij“*; *Brammer*, EuZW 2013, 617, 617; *Bechtold/Bosch/Brinker*, Art. 23 VO 1/2003 Rn 10; Callies/Ruffert/*Blanke*, Art. 50 EU-GrCharta, Rn 2; *Jarass*, Art. 50 EU-Grundrechte-Charta, Rn 2; Maunz/Dürig/*Schmidt-Aßmann*, Art. 103 Abs. 3 GG Rn 313; Sieber/*Eser*, § 36 Rn 69; Wabnitz/Janovsky/*Dannecker/Müller*, Kap 18 Rn 265.

787 Im Folgenden: „EU-Charta“.

788 BeckOK-GG/*Radtke/Hagemeier*, Art. 103 GG Rn 50; Callies/Ruffert/*Kingreen*, Art. 6 EUV Rn 8; *Jarass*, NStZ 2012, 611, 611; MüKo-EUKartellR/*Badong*, Art. 11 VO Nr. 1/2003, Rn 105; *Radtke*, NStZ 2012, 479, 481; *Schomburg/Suominen-Picht*, NJW 2012, 1190, 1191; Schwarze/*Hatje*, Art. 6 EUV Rn 6.

789 EuGH v. 15.10.2002, Rs. C-238/99, ECLI:EU:C:2002:582, Rn 59 – *„Limburgse Vinyl Maatschappij“*; EuGH v. 14.02.2012, Rs. C-17/10, ECLI:EU:C:2012:72, Rn 94 – *„Toshiba“*; *Bechtold/Bosch/Brinker*, Art. 23 VO 1/2003, Rn 10 ff.; Blum/*Gassner*, § 17 OWiG Rn 82; *Brammer*, EuZW 2013, 617, 618; GHN/*Feddersen*, Art 23 VO 1/2003 Rn 20; Groeben, von der/Schwarze/*Kienapfel*, Art. 23 VO (EG) 1/2003, Rn 15 ff.; LMR/*Nowak*, Art. 23 VerfVO Rn 48 f.

Strafverfahren erneut verfolgt oder bestraft werden". Wie auch bei Art. 103 Abs. 3 GG ist das Verbot jedoch strafrechtsbezogen, wie die Begriffe *Straftat* und *Strafverfahren* zeigen.[790] Legt man das Ergebnis zu Art. 103 Abs. 3 GG zugrunde, erfasst in der Folge Art. 50 EU-Charta die kartell- und kapitalmarktrechtlichen Bußgelder nicht. Jedoch kann man wegen der erforderlichen Trennung des europäischen und nationalen Rechts den nationalen Strafrechtsbegriff nicht einfach auf das europäische Recht übertragen. Das europäische Recht ist autonom auszulegen. Zum Strafrechtsbegriff wird in der Literatur vertreten, ihn in Art. 50 EU-Charta eine strafähnliche Sanktion erfassend weit zu verstehen.[791] Auch verwaltungsrechtliche Bußgelder wären erfasst, wenn sie nach Art. 50 EU-Charta strafrechtlich sind.[792] Es ist somit zu klären, wie die Strafrechtlichkeit einer Norm im europäischen Recht zu bestimmen ist. Der EuGH stellt insoweit für die Bestimmung der Strafrechtlichkeit einer Norm auf die Einordnung der Norm, die Art der Zuwiderhandlung sowie Art und Schwere der angedrohten Sanktion ab.[793] Er nimmt damit auf Kriterien Bezug, die der EGMR zur Bestimmung der Strafrechtlichkeit in der EMRK nutzt.[794] Dieser sieht aufgrund der Kriterien eine ordnungswidrigkeitenrechtliche Sanktion als strafrechtlich i.S.d. EMRK an.[795]

Die Einordnung einer Norm als strafrechtlich durch den Gesetzgeber, die nach den vorstehenden Kriterien für eine Strafrechtlichkeit spricht,[796] liegt nicht vor. § 81 GWB und § 39 WpHG sind Normen des Ordnungswidrigkeitenrechts, kein Strafrecht.[797] Für Art. 23 VO 1/2003 schließt Art. 23 Abs. 5 VO 1/2003 den strafrechtlichen Charakter aus.[798] Die Bußgelder nach Art. 23 VO 1/2003 sind kein

---

790 *Brammer*, EuZW 2013, 617, 618; Callies/Ruffert/*Blanke*, Art. 50 EU-GRCharta Rn 1; *Jarass*, Art. 50 EU-Grundrechte-Charta, Rn 5.

791 Callies/Ruffert/*Blanke*, Art. 50 EU-GrCharta, Rn 1; Meyer/*Eser*, Art. 50 Charta Rn 8.

792 EuGH v. 26.02.2013, Rs. C-617/10, ECLI:EU:C:2013:105, Rn 32 ff. – *„Akerberg Fransson"*; Callies/Ruffert/*Blanke*, Art. 50 EU-GrCharta, Rn 4; *Jarass*, Art. 50 EU-Grundrechte-Charta, Rn 5; Meyer/*Eser*, Art. 50 Charta Rn 8.

793 EuGH v. 05.06.2012, Rs. C-489/10, ECLI:EU:C:2012:319, Rn 37 – *„Bonda"*; EuGH v. 26.02.2013, Rs. C-617/10, ECLI:EU:2013:105, Rn 35 – *„Akerberg Fransson"*; *Jarass*, Art. 50 EU-Grundrechte-Charta, Rn 5; *Mestmäcker/Schweitzer*, § 22 Rn 69.

794 EGMR v. 21.02.1984, Rs. GH 73/A, Rn 50 – *Öztürk* (= NJW 1985, 1273); EGMR v. 10.02.2009, Beschwerde-Nr. 14939/03, Rn 52 u. 53 – *„Zolotoukhine/Russland"* (= NJOZ 2010, 2630); vgl. EuGH v. 05.06.2012, C-489/10, ECLI:EU:2012:319, Rn 37 – *„Bonda"*.

795 EGMR v. 10.02.2009, Beschwerde-Nr. 14939/03, Rn 57 – *„Zolotoukhine/Russland"* (= NJOZ 2010, 2630); EGMR v. 21.02.1984, Rs. GH 73/A, Rn 50 ff. - *Öztürk* (= NJW 1985, 1273).

796 BeckOK-OWiG/*Gerhold*, Einleitung zum OWiG Rn 5; *Jarass*, Art. 50 EU-Grundrechte-Charta, Rn 5.

797 Vgl. dazu Abschnitt C. IV. 3. b. aa. dieser Arbeit.

798 *Mestmäcker/Schweitzer*, § 22 Rn 69; MüKo-EUKartellrecht/*Schneider/Engelsing*, Art. 23 VO Nr. 1/2003, Rn 21 ff.; SJKM/*Kienapfel*, Art. 23 VO (EG) 1/2003 Rn 10.

Strafrecht, sondern Verwaltungszwang.[799] Das erste Kriterium ist mithin nicht erfüllt. Der EGMR misst jedoch der Einordung einer Norm durch den Gesetzgeber keine ausschlaggebende Bedeutung zu, da sich der Gesetzgeber sonst nach Belieben der Geltung der strafrechtlichen Grundsätze durch eine formale Einordnung einer Norm außerhalb des Strafrechts entziehen könnte, und sieht die übrigen Kriterien daher als wichtiger an.[800]

Greift man sie auf, können Art. 23 VO 1/2003, § 81 GWB, § 39 WpHG strafrechtlich i.S.d. Art. 50 EU-Charta sein. Die Art der Zuwiderhandlung soll für eine strafrechtliche Sanktion sprechen, wenn sich die Sanktion repressiv gegen den Betroffenen richtet.[801] Die Bußgelder nach den genannten Normen wirken über die potentielle Bußgeldhöhe stark repressiv.[802] Der EuGH leitet aus dem repressiven Charakter und der potentiellen Bußgeldhöhe im Falle von Art. 23 VO 1/2003 ab, dass die strafrechtlichen Prinzipien der EMRK, zu denen auch *ne bis in idem* zählt, für die Bußgeldsanktionen gelten sollen.[803] Beim Kriterium des Schweregrads stellt der EGMR ferner auf die potentielle Höchststrafe ab.[804] Wegen der hohen Bußgeldrahmen der Art. 23 VO 1/2003, § 81 GWB, § 39 WpHG in den geprüften Beispielen ist der Schweregrad daher hoch. In der EMRK wird Strafe ferner weit verstanden und umfasst jede schwere repressive Sanktion.[805] Die kartellrechtlichen Sanktionen nach Art. 23 VO 1/2003, § 81 GWB wegen eines Verstoßes gegen das Kartell- und Missbrauchsverbot[806] sowie auch Sanktionen nach § 39 WpHG wegen eines Verstoßes gegen die Marktmissbrauchsverordnung[807] sind aufgrund der hohen Bußgeldrahmen strafrechtlich oder strafrechtsähnlich, wenn man die Kriterien anwendet. Sie unterfallen auf Grundlage dieses Verständnisses daher direkt *ne bis in idem* nach Art. 50 der EU-Charta.

---

799 SJKM/*Kienapfel*, Art. 23 VO (EG) 1/2003 Rn 10.

800 EGMR v. 21.02.1984, Rs. GH 73/A, Rn 50 ff. - *Öztürk* (= NJW 1985, 1273).

801 EuGH v. 05.06.2012, Rs. C-489/10, ECLI:EU:2012:319, Rn 39 – „*Bonda*"; *Jarass*, Art. 50 EU-Grundrechte-Charta, Rn 5; Blum/*Gassner*, Einleitung Rn 8; BeckOK-OWiG/*Gerhold*, Einleitung zum OWiG Rn 5; Meyer-Ladewig/*Meyer-Ladewig*/*Harrendorf*/*König*, Art. 6 EMRK Rn 27.

802 Vgl. dazu Abschnitt C. IV. 3. b. bb. dieser Arbeit.

803 EuGH v. 08.07.1999, Rs. C-199/92 P, ECLI:EU:1999:358, Rn 150 – „*Hüls*"; EuGH v. 19.07.2013, Rs. C-501/11 P, ECLI:EU:2013:522, Rn 33 f. – „*Schindler*".

804 EGMR v. 10.02.2009, Beschwerde-Nr. 14939/03, Rn 56 – „*Zolotoukhine*/*Russland*" (= NJOZ 2010, 2630); Meyer-Ladewig/*Meyer-Ladewig*/*Harrendorf*/*König*, Art. 6 EMRK Rn 27.

805 *Jarass*, NStZ 2012, 611, 612.

806 Geltung von *ne bis in idem* im Kartellrecht grundsätzlich bejahend: EuGH v. 15.10.2002, Rs. C-238/99, ECLI:EU:C:2002:582, Rn 59 – „*Limburgse Vinyl Maatschappij*"; EuGH v. 14.02.2012, Rs. C-17/10, ECLI:EU:C:2012:72, Rn 94 – „*Toshiba*".

807 *Ne bis in idem* für Sanktionen nach § 39 WpHG auf Grundlage der EGMR-Kriterien bejahend: *Poelzig*, NZG 2014, 492, 500.

bb. Geltung eines rechtsstaatlichen Grundsatzes ne bis in idem

Man muss sich jedoch im Weiteren fragen, ob dieser weite Strafrechtsbegriff sachgerecht ist. Die Rspr. des EGMR ist für das Verständnis des Art. 50 EU-Charta zunächst formalrechtlich relevant. Gem. Art. 52 Abs. 3 EU-Charta ist die EU-Charta bei einer Übereinstimmung mit der EMRK wie diese auszulegen. Art. 50 EU-Charta entspricht in weiten Teilen Art. 4 Abs. 1 des 7. Zusatzprotokolls zur EMRK, wonach niemand „wegen einer Straftat, wegen der er bereits nach dem Gesetz und dem Strafverfahrensrecht eines Staates rechtskräftig verurteilt oder freigesprochen worden ist, in einem Strafverfahren desselben Staates erneut verfolgt oder bestraft werden“ darf. Nach Art. 50 EU-Charta darf niemand „wegen einer Straftat, derentwegen er bereits in der Union nach dem Gesetz rechtskräftig verurteilt oder freigesprochen worden ist, in einem Strafverfahren erneut verfolgt oder bestraft werden“. Den beiden Normen ist der Strafrechtsbezug gemein. Also ist der Strafrechtsbegriff in Art. 50 EU-Charta gem. Art. 52 Abs. 3 EU-Charta wie in Art. 4 Abs. 1 des 7. Zusatzprotokolls zur EMRK zu verstehen.[808] Es sind somit formal zutreffend die EGMR-Kriterien zur Bestimmung der Strafrechtlichkeit i.S.v. Art. 50 EU-Charta zu nutzen. Daher sind die kartell- und kapitalmarktrechtlichen Bußgelder formal zutreffend an *ne bis in idem* in Art. 50 EU-Charta gebunden, wenn man das weite Strafrechtsverständnis auf Grundlage der Kriterien anwenden will.

In der Sache wird der Geltung von *ne bis in idem* nicht widersprochen. Wie zum deutschen Recht dargestellt, ist eine dem Strafrecht entsprechend Geltung von *ne bis in idem* für kartell- und kapitalmarktrechtliche Bußgeldsanktionen rechtsstaatlich geboten. Es wird nur die Frage aufgeworfen, ob diese Geltung tatsächlich über ein weites Verständnis des Strafrechtsbegriffs herzuleiten ist. Um eine Geltung von *ne bis in idem* für die kartell-[809] und kapitalmarktrechtlichen Bußgelder zu erreichen, ist es nicht erforderlich, sie als Strafrecht einzuordnen. Bei einer mit strafrechtlicher Sanktion vergleichbaren Schwere und Qualität der Sanktionen gilt *ne bis in idem* schon als rechtsstaatlicher Grundsatz. Dieses Ergebnis erfordert mithin keine begriffliche Aufdehnung des Strafrechtsbegriffs, sondern nur eine konsequente Anwendung der rechtsstaatlichen Prinzipien, die hinter *ne bis in idem* stehen. Die Zuordnung der Norm zum Strafrecht ist für *ne bis in idem* letztlich nicht erforderlich, sondern es kommt allein darauf an, die in *ne bis in idem* enthaltene rechtsstaatliche Garantie zur Geltung zu bringen, wenn dies geboten ist.[810] Insoweit wird auf die Ausführungen zum deutschen Recht verwiesen.[811] *Ne bis in idem*

---

808 *Brammer*, EuZW 2013, 617, 618; GHN/*Mayer*, Grundrechtsschutz und rechtsstaatliche Grundsätze, Rn 383.

809 Ähnlich mit Blick auf Art. 23 VO 1/2003: LMR/*Nowak*, Art. 23 VerfVO Rn 51; MüKo-EUKartellR/*Schneider*/*Engelsing*, Art. 23 VO 1/2003 Rn 27.

810 Ähnlich für Art. 23 VO 1/2003: IM/*Dannecker*/*Biermann*, Bd 1, Art. 23 VO 1/2003, Rn 329.

811 Vgl. zur Herleitung Abschnitt C. IV. 3. b. bb. dieser Arbeit.

ist im deutschen und europäischen Recht identisch zu verstehen. Es handelt sich um den gleichen Grundsatz. *Ne bis in idem* leitet sich aus den gleichen rechtsstaatlichen Prinzipien ab. Da diese auch außerhalb des Strafrechts gelten, kann eine Geltung von *ne bis in idem* für § 39 WpHG, § 81 GWB, Art. 23 VO 1/2003 erreicht werden, ohne dafür die Normen begrifflich als strafrechtlich oder strafrechtsähnlich einzuordnen.

Die Einordung der Bußgeldnormen als strafrechtlich, auch nur i.S.d. EMRK oder i.S.v. Art. 50 EU-Charta, ist daher abzulehnen.[812] Das *Strafrecht* umfasst begrifflich einen klaren Bereich. Es handelt sich um in v.a. persönliche Rechte eingreifende oft eine Freiheitsstrafe vorsehende Sanktion mit einer hohen sozialen Ächtung. Über die Kriterien von EGMR und EuGH wäre letztlich jede repressive Sanktion gewisser Schwere dem Strafrecht zuzuordnen. Die Strafrechtlichkeit hinge allein von der Schwere der Sanktion ab und nicht von ihrer qualitativen Einordnung. Das überdehnt den Begriff und beraubt das Strafrecht der Kontur, v.a. der Ächtungskomponente, die aus der qualitativen Einordnung im Strafrecht folgt. Eine strafrechtliche Sanktion hat auch eine formalbegriffliche Qualität. Aus der formalbegrifflichen Zuordnung einer Norm zum Strafrecht entsteht ein Teil der Sanktionsschwere und -qualität, die strafrechtliche Sanktion auszeichnet. Dies bleibt unberücksichtigt, greift man die Kriterien des EGMR und EuGH auf, welche der formalbegrifflichen Einordung durch den Gesetzgeber in der Bestimmung der Strafrechtlichkeit einer Norm nur eine untergeordnete Relevanz beimessen. Auch bei potentiell hohen Bußgeldern und einer potentiell hohen Schwere der Sanktion ist daher zur Erhaltung dieser Kontur des Strafrechts kein strafrechtlicher Charakter einer repressiven Bußgeldsanktion anzunehmen. Vielmehr ist die formalbegriffliche Zuordnung einer Norm zum Strafrecht durch den Gesetzgeber für die Einordnung als Strafrecht maßgeblich.[813]

Die gegen eine primäre Relevanz der gesetzgeberischen Einordnung vorgetragene Gefahr, dass sich die Gesetzgeber den strafrechtlichen Garantien entziehen, indem sie Normen als nicht-strafrechtlich deklarieren, aktiviert sich nicht. Sie kann mithin auch nicht gegen die Maßgeblichkeit der gesetzgeberischen Einordnung vorgetragen werden. Die Geltung von *ne bis in idem* scheitert nämlich nicht an einer fehlenden Strafrechtlichkeit der kartell- und kapitalmarktrechtlichen Bußgelder. Auch im europäischen Recht gilt *ne bis in idem* im außerstrafrechtlichen Bereich aus den zum deutschen Recht vorgetragenen Erwägungen über allgemeine rechtsstaatliche Prinzipien. Rechtssicherheit und Verhältnismäßigkeit, die *ne bis in idem* zugrunde liegen, fordern auch im europäischen Recht

812 So zu Art. 23 VO 1/2003: *Bechtold/Bosch/Brinker*, Art. 23 VO 1/2003 Rn 2.

813 Grundsätzliche Maßgeblichkeit der gesetzgeberischen Einordnung mit Blick auf das Straf- und Ordnungswidrigkeitenrecht annehmend: BVerfG v. 16.07.1969, 2 BvL 2/69 (= NJW 1969, 1619); BVerfG v. 06.06.1989, 2 BvL 6/89 (= NVwZ 1989, 951); BVerfG v. 26.02.2008, 2 BvR 392/07 (= NJW 2008, 1137); BeckOK-OWiG/*Sackreuther*, § 17 OWiG Rn 2.

die außerstrafrechtliche Geltung des Grundsatzes nach den zum deutschen Recht entwickelten Kriterien. Es kommt mithin darauf an, dass das Spannungsverhältnis zwischen der materiellen Gerechtigkeit einerseits und der Rechtssicherheit des Einzelnen andererseits zugunsten der Rechtssicherheit aufzulösen ist. Dies ergibt sich aus einer mit dem Strafrecht vergleichbaren Schwere und Qualität der Sanktion. Maßgeblich ist dafür die formal strafrechtsähnliche präventive und repressive Wirkung, die für die entsprechende Geltung von *ne bis in idem* reicht. In jeden Fall spricht eine gewisse quantitative Schwere der Sanktion durch hohe Bußgeldrahmen für eine dem Strafrecht entsprechende Schwere und Qualität, die dazu führt, dass *ne bis in idem* als rechtsstaatlicher Grundsatz greift.

Für die Geltung von *ne bis in idem* muss also nicht der Strafrechtsbegriff erweitert werden, sondern es sind lediglich die *ne bis in idem* zugrunde liegenden rechtsstaatlichen Prinzipien konsequent zur Geltung zu bringen. *Ne bis in idem* gilt unabhängig von der formalen Einordnung der Norm im Strafrecht aufgrund des rechtsstaatlichen Ursprungs des Grundsatzes *ne bis in idem* über das Strafrecht hinaus. Ähnlich wie bei Art. 103 Abs. 3 GG ist *ne bis in idem* in Art. 50 EU-Charta nur explizit für das Strafrecht kodifiziert. Dies ist nicht als eine Beschränkung auf das Strafrecht zu verstehen, sondern vielmehr eine bestätigende Verschriftlichung aufgrund der besonderen Notwendigkeit der rechtsstaatlichen Limitierung der staatlichen Sanktionsmacht im strafrechtlichen Kontext. *Ne bis in idem* auf das Strafrecht zu verkürzen, widerspricht dessen Zweck, die staatliche Sanktionsmacht rechtsstaatlich zu limitieren. Der Grundsatz gilt daher auch außerhalb des Strafrechts. In der Folge besteht damit nicht die Gefahr, dass sich der Gesetzgeber der Geltung von *ne bis in idem* entzieht, indem er eine Norm als nicht-strafrechtlich deklariert, weil dies für die Geltung des Grundsatzes nicht relevant ist.

Ferner ist anzumerken, dass man hinsichtlich der Geltung von *ne bis in idem* für formal nicht dem Strafrecht zugeordnete Normen nach den in dieser Arbeit aufgestellten Kriterien und den Kriterien, die der EGMR und der EuGH nutzen, im Regelfall zum gleichen Ergebnis kommt. Der EGMR und der EuGH stellen auf die repressive Wirkung der Sanktion und die Schwere in Form der Bußgeldhöhe ab. Vorliegend wird maßgeblich auf eine dem Strafrecht vergleichbare präventive wie repressive Wirkung als ein qualitatives Kriterium und auf die Bußgeldhöhe als ein quantitatives Schwerekriterium abgestellt. Die Kriterien entsprechen sich wesentlich.

Im Ergebnis lässt sich somit zur Geltung von *ne bis in idem* für die Bußgelder nach Art. 23 VO 1/2003, § 81 GWB, § 39 WpHG festhalten, dass diese nicht strafrechtlich nach Art. 50 EU-Charta sind. Die Einordung einer Norm als strafrechtlich hängt aufgrund der formalbegrifflichen Relevanz des Strafrechtsbegriffs von der gesetzgeberischen Zuordnung der Norm zum Strafrecht ab. Trotzdem gilt über die rechtsstaatlichen Prinzipien hinter *ne bis in idem* für Bußgelder nach diesen Normen *ne bis in idem* nach den vorstehend dargestellten Grundsätzen, ohne sie jedoch als strafrechtlich einzuordnen. Die relevanten Bußgeldsanktionen wegen eines Verstoßes gegen Art. 101, 102 AEUV, §§ 1, 19 GWB im Kartellrecht und wegen der erwähnten Verstöße gegen die Marktmissbrauchsverordnung haben eine mit dem Strafrecht vergleichbare Schwere und Qualität. Die Annahme eines strafrechtlichen oder strafrechtsähnlichen Charakters der Normen ist daher nicht erforderlich und wegen der damit verbundenen unnötigen Aufdehnung des Strafrechtsbegriffs auch abzulehnen. Die Annahme eines strafrechtlichen oder strafrechtsähnlichen Charakters dient allein dazu, den Anwendungsbereich von *ne bis in idem* über das Strafrecht hinaus auszudehnen. Konsequenterweise müsste man daher, wie in dieser Arbeit, die Anwendung der strafrechtlichen Kodifizierungen von *ne bis in idem* ablehnen und eine Ableitung aus den zugrunde liegenden rechtsstaatlichen Prinzipien vornehmen. Der EuGH bestätigt dies indirekt. Er wendet die strafrechtlichen Garantien der EMRK auf Art. 23 VO 1/2003 zwar an, lässt aber die Einordung der Norm als Strafrecht offen.[814] Da er die Strafrechtlichkeit des Art. 23 VO 1/2003 offen lässt, bleibt der Schluss, dass er die Geltung von *ne bis in idem* über das Strafrecht hinaus erweitert. Das entspricht dem entwickelten Verständnis.

d. *Verständnis von* ne bis in idem *im Bußgeldbereich*

aa. *Einleitung*

Ne bis in idem gilt somit im deutschen wie europäischen Recht außerhalb des Strafrechts als rechtsstaatlicher Grundsatz für kartell- und kapitalmarktrechtliche Bußgelder. Neben der Herleitung dieser Geltung ist zu klären, wann *ne bis in idem* außerstrafrechtlich greift. Dafür ist zu klären, wie das *idem* zu verstehen ist. Dazu gehen die Meinungen auseinander. Das *idem* wird einerseits faktisch und andererseits verrechtlicht verstanden. Beide Ansätze werden dargestellt und auf die Beispiele zum parallelen Eingreifen von kartellrechtlichen Verboten und Verboten der Marktmissbrauchsverordnung angewandt. An diesen Beispielen zeigt sich, dass die Ansätze zu unterschiedlichen Ergebnissen hinsichtlich der Reichweite von *ne bis in idem* führen, sodass nach der Darstellung und Anwendung der Ansätze entschieden wird, welchem der Ansätze zu folgen ist.

bb. *Faktisches Verständnis*

(1). Darstellung

Da es sich bei *ne bis in idem* inner- und außerhalb des Strafrechts um den gleichen Grundsatz handelt, liegt es nahe, zur Bestimmung des *idem* die strafrechtlichen Kodifizierungen heranzuziehen. *Dieselbe Tat* in Art. 103 Abs. 3 GG ist der geschichtliche Vorgang, auf den Anklage und Eröffnungsbeschluss hinweisen und innerhalb dessen der Angeklagte als Täter oder Teilnehmer einen Straftatbestand

---

814 EuGH v. 08.07.1999, Rs. C-199/92 P, ECLI:EU:C:1997:358, Rn 149 f. – „*Hüls*"; vgl. SJKM/*Kienapfel*, Art. 23 VO (EG) 1/2003 Rn 12.

verwirklicht haben soll.[815] Es kommt auf den nach natürlicher Betrachtung einheitlichen Lebenssachverhalt hat.[816] Legt man dies für die kartell- und kapitalmarktrechtlichen Bußgeldsanktionen zugrunde, liegt ein *idem* i.S.v. *ne bis in idem* vor, wenn die Sanktionen einem einheitlichen Sachverhalt entspringen. Maßgeblich ist die faktische Identität des zugrunde liegenden Sachverhalts.

Ein solches faktisches Verständnis auf Basis einer natürlichen Betrachtung liegt ferner auch Art. 54 SDÜ als Kodifizierungen von *ne bis in idem* zugrunde. Dieselbe Tat i.S.v. Art. 54 SDÜ ist der Komplex konkreter, unlösbar miteinander verbundener Umstände unabhängig von der rechtlichen Qualifizierung und dem geschützten rechtlichen Interessen.[817] Die Grundlage ist mithin ein tatsächliches Verständnis.[818]

Für Art. 4 Abs. 1 des 7. Zusatzprotokolls zur EMRK legt der EGMR ein auf die Identität des Sachverhalts abstellendes Verständnis an, nach dem die rechtliche Einordnung des Verhaltens irrelevant ist, da nur so der Betroffenen effektiv geschützt sei.[819]

Teils wird auch das *idem* in Art. 50 EU-Charta faktisch als einheitlicher Lebenssachverhalt verstanden,[820] mithin als Komplex konkreter unlösbar miteinander verbundener Umstände unabhängig von der rechtlichen Qualifizierung.[821]

Es kommt mithin nach diesem faktischen Verständnis des *idem* allein auf die tatsächliche Sachverhaltsidentität an. Vor allem dessen rechtliche Einordnung hat für die Bestimmung des *idem* keine Relevanz.

---

815 BVerfG v. 07.03.1968, 2 BvR 354/67 u.a., (= NJW 1968, 982); BVerfG v. 08.01.1981, 2 BvR 873/80, (= NJW 1981, 1433); BVerfG v. 28.08.2003, 2 BvR 1012/01 (= NJW 2004, 279); BeckOK-GG/*Radtke*/*Hagemeier*, Art. 103 GG Rn 48; Hömig/Wolff/*Hömig*, Art. 103 GG Rn 20; Jarass/Pieroth/*Pieroth*, Art. 103 GG Rn 72; MAH-Strafverteidigung/*Eschelbach*, § 30 Rn 160; Maunz/Dürig/*Schmidt-Aßmann*, Art. 103 GG Rn 281.

816 BVerfG v. 08.01.1981, 2 BvR 873/80, (= NJW 1981, 1433); BVerfG v. 28.08.2003, 2 BvR 1012/01 (= NJW 2004, 279); Hömig/Wolff/*Hömig*, Art. 103 GG Rn 20; MAH-Strafverteidigung/*Eschelbach*, § 30 Rn 160; Maunz/Dürig/*Schmidt-Aßmann*, Art. 103 GG Rn 283 f.; Sieber/*Esser*, § 55 Rn 58.

817 EuGH v. 09.03.2006, Rs. C-436/04, ECLI:EU:C:2006:165, Rn 25 ff. – *„Van Esbroeck"*; EuGH v. 18.07.2007, Rs. C-288/05, ECLI:EU:C:2007:441, Rn 29 – *„Kretzinger"*; *Hackner*, NStZ 2011, 425, 427; *Radtke*, NStZ 2012, 479, 483; Schulze/Zuleeg/Kadelbach/*Weißer*, § 42 Rn 129; Sieber/*Eser*, § 36 Rn 72; Wabnitz/Janovsky/*Hackner*, Kap 24 Rn 101.

818 BeckOK-StPO/*Inhofer*, Art. 54 SDÜ Rn 35; Meyer/*Eser*, Art. 50 Charta Rn 15; *Hackner*, NStZ 2011, 425, 427; *Radtke*, NStZ 2012, 479, 483.

819 EGMR v. 10.02.2009, Beschwerde-Nr. 14939/03, Rn 79 ff.– *Zolotukhin/Russland.* (= NJOZ 2010, 2630).

820 *Brammer*, EuZW 2013, 617, 617; IM/*Dannecker*/*Biermann*, Bd 1, Vorbemerkungen zu Art. 23 f. VO 1/2003, Rn 245; Schulze/Zuleeg/Kadelbach/*Weißer*, § 42 Rn 129.

821 Callies/Ruffert/*Blanke*, Art. 50 EU-GRCharta Rn 4.

(2). Anwendung

Auf Grundlage dessen gibt es Fälle, in denen kartell- und kapitalmarktrechtliche Bußgelder das gleiche *idem* betreffen. Das zeigen die Beispiele, die zum parallelen Eingreifen von Verboten der Marktmissbrauchsverordnung und kartellrechtlicher Verbote dargestellt sind.

Dazu zählt der Anbieter von Art. 12 Abs. 2 lit. a der Marktmissbrauchsverordnung erfasster Aktien, der in kartell- wie kapitalmarktrechtlich marktbeherrschender Stellung das Angebot der Aktien vereinend überhöhte Preise fordert, was Art. 12 Abs. 2 lit. a der Marktmissbrauchsverordnung und Art. 102 S. 2 lit. a AEUV, § 19 Abs. 2 Nr. 2 GWB verletzen kann.[822] Art. 12 Abs. 2 lit. a der Marktmissbrauchsverordnung untersagt die Sicherung der marktbeherrschenden Stellung über das Angebot der Aktien mit der Folge der Preisfestsetzung für die Aktien. Art. 102 S. 2 lit. a AEUV, § 19 Abs. 2 Nr. 2 GWB untersagen den Missbrauch der marktbeherrschenden Stellung durch eine Festsetzung unangemessener bzw. nicht wettbewerbsgerechter Preise. Die Tatbestände sind nicht deckungsgleich. Bei Zugrundelegung des faktischen *idem* betreffen sie trotzdem den gleichen Lebenssachverhalt.

Beiden Normen unterfällt als Handlung die einseitige Festsetzung von Preisen. Dass das Kartellrecht anders als das Kapitalmarktrecht unangemessene bzw. nicht wettbewerbsgerechte Preise verlangt, spricht nicht gegen ein faktisch gleiches *idem*. Art. 12 Abs. 2 lit. a der Marktmissbrauchsverordnung untersagt jede Preisfestsetzung, auch eine Festsetzung unangemessener bzw. nicht wettbewerbsgerechter Preise. Damit wird an die gleiche Handlung in Form der einseitigen Festsetzung der Preise angeknüpft.

Beiden Verboten kann ferner identisch zugrunde liegen, dass der Anbieter das Angebot der Aktien kontrolliert. Eine Marktbeherrschung nach Kartell- bzw. Kapitalmarktrecht ist nicht deckungsgleich, da sie sich im Kartellrecht auf den Markt und im Kapitalmarktrecht auf ein Finanzinstrument, die Aktien, bezieht. Der kartellrechtlich relevante Markt bezieht sich wegen der Gattungseinteilung von Kapitalmarktprodukten nicht generell nur auf die betroffenen Aktien. Kartell- und kapitalmarktrechtliche Marktbeherrschung leitet sich aber formal gleich aus einer Kontrolle ab. Es ist lediglich der unterschiedliche Bezugspunkt der Kontrolle zu beachten. Im Kartellrecht muss sie am Markt bestehen, im Kapitalmarktrecht für das Angebot der Aktien. Verengt sich der kartellrechtlich relevante Markt auf die Aktien, haben die kartell- und die kapitalmarktrechtliche Marktbeherrschung den gleichen Bezugspunkt. Dabei handelt es sich um den Anteil am Angebot der Aktien als das kontrollschaffende Element. Bei einer Marktverengung entspricht der kartellrechtlich für die Kontrolle relevante Marktanteil dem kapitalmarktrechtlich relevanten Angebotsanteil. Daher leiten sich beide Marktbeherrschungen bei

---

822 Vgl. dazu und zu den nachfolgenden Erläuterungen Abschnitt C. II. 4. c. dieser Arbeit.

einer Marktverengung auf die betroffenen Aktien parallel aus der Kontrolle über das Angebot der Aktien ab.[823] Sie beruhen damit auf dem gleichen Lebenssachverhalt.

Im Ergebnis liegt bei einer Verengung des Markts auf die Aktien damit beiden Verboten und Bußgeldern die Festsetzung von überhöhten Preisen bei Kontrolle des Angebots der Aktien über einen hohen Angebotsanteil zugrunde. Sie beziehen sich folglich auf den identischen Sachverhalt. In der Folge liegt nach einem faktischem Verständnis des *idem* ein *idem* i.S.v. *ne bis in idem* vor.

Ebenso können kartell- und kapitalmarktrechtliche Bußgelder bei einer Offenlegung künftigen Marktverhaltens gegenüber Wettbewerbern das faktisch gleiche *idem* betreffen, mithin auf dem gleichen Sachverhalt beruhen. Die Offenlegung künftigen Marktverhaltens durch einen Emittenten oder dritte Kapitalmarktteilnehmer gegenüber Wettbewerbern kann Art. 14 lit. c der Marktmissbrauchsverordnung und Art. 101 AEUV, § 1 GWB verletzen.[824]

Dem faktisch gleichen *idem* steht dabei nicht entgegen, dass für den Verstoß gegen das Offenlegungsverbot die Offenlegung der Informationen gegenüber Dritten reicht, während das Kartellverbot nicht bloß auf einer Offenlegung fußt, sondern der Unwert aus der eine Kollusion ermöglichenden Verhaltensabstimmung durch die Offenlegung künftigen Marktverhaltens folgt.[825] Auf Grundlage einer tatsächlicher Betrachtung ist jedoch auch beim kartellrechtlich verbotenen Informationsaustausch die Weitergabe der Information die relevante Handlung. Die kartellrechtlich relevante Koordinations- und Kollusionsmöglichkeit folgt insoweit aus der Offenlegung der Information. Ferner wird die Berücksichtigung einer von einem Wettbewerber erhaltener Information zum künftigen Marktverhalten bei der Bestimmung eigenen Marktverhaltens vermutet, wenn der empfangende Wettbewerber am Markt tätig bleibt und sich nicht von der Information distanziert.[826] Das zeigt, dass die wesentliche Handlung die Informationsweitergabe ist. Zumindest ist sie ein wesentlicher Teil des vom Kartellverbot untersagten Verhaltens. Es liegt daher nicht fern, beide Verbote und damit auch beide Sanktionen als auf den gleichen Lebenssachverhalt, der sich wesentlich durch die Informationsweitergabe auszeichnet, bezogen anzusehen. Dass das Kartellrecht eine wettbewerbsbeschränkende Abstimmung fordert und das Kapitalmarktrecht nur eine Offenlegung der Information, ändert nichts daran, dass in beiden Fällen die Weitergabe der Information als tatsächliche Handlung der Dreh- und Angelpunkt des Verbots ist.

Ferner spricht der Umstand, dass im Kapitalmarktrecht die Information als Insiderinformation zu klassifizieren ist, nicht gegen die Annahme eines faktisch identischen *idem*. Versteht man das *idem* faktisch, kommt es auf die rechtliche Qualifizierung des Sachverhalts nicht an, sondern nur auf den gleichen tatsächlichen

823 Vgl. dazu Abschnitt C. II. 4. c. cc. (2). dieser Arbeit.
824 Vgl. dazu Abschnitt C. II. 4. b. dieser Arbeit.
825 Vgl. dazu Abschnitt C. II. 4. b. dd. dieser Arbeit.
826 Vgl. dazu Abschnitt C. II. 4. b. bb. dieser Arbeit.

Sachverhalt. Da die weitergebenen Informationen tatsächlich die gleichen Informationen sind, liegt insoweit eine faktische Identität vor.

cc. *Erweiterung um Erfordernis der Rechtsgutidentität*

(1). Darstellung

Das faktische Verständnis des *idem* wird jedoch nicht uneingeschränkt geteilt. So wird für Art. 50 EU-Charta [827] und v.a. für Bußgeldsanktionen[828] neben der Identität des Zuwiderhandelnden und des Sachverhalts in Teilen der Literatur zusätzlich auch noch die Identität des geschützten Rechtsguts gefordert. Dieses Verständnis von *ne bis in idem* legt auch der EuGH im außerstrafrechtlichen Bereich für Bußgelder zugrunde, u.a. im Kartellrecht.[829] Es wird somit nicht nur eine faktische Sachverhaltsidentität gefordert, sondern zusätzlich der Unrechtsgehalt der Normen als wesentliches Element der Bestimmung des *idem* angesehen.[830] Liegt die Identität des Unrechtsgehalt in Form des geschützten Rechtsguts nicht vor, wird nach dieser Ansicht ein *idem* i.S.v. *ne bis in idem* abgelehnt, sodass der *ne bis in idem* nicht sanktionslimitierend greift. Der EuGH geht in Anwendung dieses Verständnisses sogar für gleichermaßen wettbewerbsschützendes nationales und europäisches Kartellrecht davon aus, dass sie nicht das gleiche Rechtsgut schützen, da die nationalen Vorschriften den Verstoß anders als das europäisches Kartellrecht nicht wegen der Hemmnissen für den zwischenstaatlichen Handel untersagen.[831] Er legt somit erkennbar ein enges Verständnis des identischen geschützten Rechtsguts als Voraussetzung für ein *idem* zugrunde. Nach dieser Ansicht reicht die faktische Identität des Lebenssachverhalts nicht, die im Strafrecht zugrunde gelegt wird, um *ne bis in idem* parallele Sanktionen untersagend greifen zu lassen. Es muss zusätzlich das gleiche Rechtsgut geschützt sein. Ist hingegen nicht das gleiche Rechtsgut geschützt, schließt dies aber auch nach Ansicht des EuGH eine Limitierung paralleler Bußgelder nicht aus. Ist keine Identität des geschützten Rechtsguts gegeben, sieht der EuGH zumindest die Möglichkeit einer Anrechnung des ersten Bußgelds im zweiten Bußgeld aus Billigkeit vor.[832]

---

827 Callies/Ruffert/*Blanke*, Art. 50 EU-GRCharta Rn 4. *Jarass*, Art. 50 EU-Grundrechte-Charta, Rn 9.

828 *Bechtold/Bosch/Brinker*, Art. 23 VO 1/2003 Rn 11; *de Bronett*, Art. 23 Rn 17; LMR/*Nowak*, Art. 23 VerfVO Rn 48.

829 EuGH v. 07.01.2002, Rs. C-204/00, ECLI:EU:C:2004:6, Rn 338 – „*Aalborg Portland*“; EuGH v. 14.02.2012, Rs. C-17/10, ECLI:EU:C:2012:72, Rn 97 – „*Toshiba*“.

830 *Bechtold/Bosch/Brinker*, Art. 23 VO 1/2003 Rn 11.

831 EuGH v. 13.02.1969, Rs. 14/68, ECLI:EU:C:1969:4, Rn 3 – „*Walt Wilhelm*“; EuGH v. 13.07.2006, verb. Rs. C-295/04 bis C-298/04, ECLI:EU:C:2006:461, Rn 38 – „*Manfredi*“; EuGH v. 14.02.2012, Rs. C-17/10, ECLI:EU:C:2012:72, Rn 81 – „*Toshiba*“;.

832 EuGH v. 13.02.1969, Rs. 14/86, ECLI:EU:C:1969:4, Rn 11 – „*Walt Wilhelm*“; EuGH v. 14.12.1972, Rs. 7/72, ECLI:EU:C:1972:125, Rn 3 – „*Boehringer*“;

(2). Anwendung

Folgt man der Ansicht, kann somit *ne bis in idem* bei Bußgeldern nach dritten Rechtsmaterien parallel zu kartellrechtlichen Bußgeldern schon allein wegen unterschiedlicher geschützter Rechtsgüter nie greifen.[833] Das sieht sich auch am Kartell- und Kapitalmarktrecht bestätigt. Die beiden Rechtsmaterien schützen nicht das gleiche Rechtsgut. Das Kartell- und das Kapitalmarktrecht haben mit dem Wettbewerb bzw. dem Funktions- und Anlegerschutz unterschiedliche formale Schutzgüter.

Reichen nach EuGH jedoch schon Unterschiede zwischen dem Schutz des europäischen und des nationalen Wettbewerbs für die Annahme unterschiedlicher Rechtsgüter aus, gilt dies erst recht für die Schutzgüter von Kartell- und Kapitalmarktrecht. Daher sind parallele kartell- und kapitalmarktrechtliche Bußgelder auf Basis der Ansicht des EuGH nicht von *ne bis in idem* gesperrt. Es könnte neben dem kartellrechtlichen Bußgeld wegen eines Verstoßes gegen Art. 101, 102 AEUV, §§ 1, 19 GWB in den Beispielen zur Marktmissbrauchsverordnung parallel zugleich ein Bußgeld nach § 39 WpHG wegen Verstoßes gegen Art. 12 Abs. 2 lit. a und 14 lit. c der Marktmissbrauchsverordnung festgesetzt werden, da diese nicht originär Wettbewerb schützen, sondern dem kapitalmarktrechtlichen Funktions- und Anlegerschutz dienen.[834] Auch wenn die Verbote im Falle des parallelen Eingreifens zum Kartellrecht faktisch den Wettbewerb schützen können, ändert das nichts daran, dass sie nicht dem Wettbewerbsschutz dienen, sondern sich über den Funktions- und Anlegerschutz begründen.[835] Über die allenfalls faktisch wettbewerbsschützenden Elemente lässt sich kein Wettbewerbsschutz in der Form ableiten, dass von einer Identität der Schutzgüter ausgegangen werden kann.

Somit sperrt *ne bis in idem* nach dieser Ansicht wegen der formal unterschiedlichen geschützten Rechtsgüter parallele kartell- und kapitalmarktrechtliche Bußgelder nicht. Obgleich eine Anwendung von *ne bis in idem* an der fehlenden Identität der Schutzgüter scheitert, scheidet hingegen eine Bußgeldreduktion auch auf Grundlage der Ansicht des EuGH im Einzelfall nicht ganz aus. Es ist die Möglichkeit der Anrechnung des ersten Bußgelds im zweiten Bußgeld aus Billigkeit zu berücksichtigen.

Die vom EuGH angenommene Anrechnungsmöglichkeit verdeutlicht, dass nicht pauschal zwei vollwertige Bußgelder nebeneinander möglich sein sollen, wenn nur das geschützte Rechtsgut nicht identisch ist. Die Anrechnungsmöglichkeit kann zur Anwendung kommen, wenn die Bußgelder trotz formal unterschiedlicher

---

Bechtold/Bosch/Brinker, Art. 23 VO 1/2003 Rn 11; SJKM/*Kienapfel*, Art. 23 VO (EG) 1/2003 Rn 16.

833 Groeben, von der/Schwarze/Hatje/*Kienappfel*, Art. 23 VO (EG) 1/2003, Rn 16; vgl. *Bechtold/Bosch/Brinker*, Art. 23 VO 1/2003 Rn 11 (andere materiell-rechtliche Verbotsnorm).

834 Vgl. dazu Abschnitt C. II. 3. dieser Arbeit.

835 Vgl. dazu Abschnitt C. II. 4. dieser Arbeit

geschützter Rechtsgüter faktisch den gleichen Unwert sanktionieren. Dann ist eine Anrechnung aus Billigkeit geboten. Sonst ist der gleiche Unwert mehrmals sanktioniert. Sanktionieren zwei Bußgelder tatsächlich den gleichen Unwert, besteht die Möglichkeit einer unverhältnismäßigen Sanktionierung, wenn die Bußgelder nicht aufeinander angerechnet werden.

Eine solche Anrechnung kann für parallele kartell- und kapitalmarktrechtliche Bußgelder relevant sein. Die Bußgelder sanktionieren im Ausgangspunkt die Verletzung formal unterschiedlicher Schutzgüter. Das Kartellrecht hat keine kapitalmarktbezogene Zwecksetzung, sondern schützt den Wettbewerb. Ebenso dient der kapitalmarktrechtliche Schutz nicht originär dem Wettbewerbsschutz, sondern dem Funktions- und Anlegerschutz am Kapitalmarkt. Daher ahnden die Bußgelder formal unterscheidbaren Unwert. Parallele kartell- und kapitalmarktrechtliche Verbote können aber im Einzelfall faktisch den gleichen Unwert betreffen. Grundsätzlich folgt diese Möglichkeit aus der Nähe des Funktions- und Anlegerschutzes zum Wettbewerbsschutz durch die Wettbewerblichkeit des Kapitalmarkts.[836] Die Erhaltung wettbewerblicher Kapitalmarktelemente kann der Funktionserhaltung und dem Anlegerschutz dienen, da der Kapitalmarkt wettbewerblich ist. Daher kann dies die Funktionsfähigkeit des Kapitalmarkts als funktionierenden Kapitalmarkt erhalten.

Ist ein Verhalten kartell- und kapitalmarktrechtlich untersagt, ist es nicht ausgeschlossen, dass der kartellrechtlich sanktionierte Unwert in Form der Wettbewerbsschädlichkeit des Verhaltens im kapitalmarktrechtlich sanktionieren Unwert aufgeht, wenn das kapitalmarktrechtliche Bußgeld ebenso die Wettbewerbsschädlichkeit des Verhaltens wegen der damit einhergehenden Verletzung der Funktionsfähigkeit des Kapitalmarkts ahndet. Die Bußgelder sanktionieren dann gleichen tatsächlichen Unwert, obgleich sie formal unterschiedliche Rechtsgüter schützen. Wegen der formal unterschiedlichen Schutzgüter ist in diesem Fall weiterhin nach der eine Rechtsgutidentität für ein *idem* fordernden Ansicht zu *ne bis in idem* keine Geltung von *ne bis in idem* möglich. Hingegen ist es aber aus Billigkeit geboten, die Bußgelder unter Nutzung der vom EuGH vorgesehenen Anrechnungsmöglichkeit anzurechnen. In der Folge wäre das zeitlich zweite Bußgeld mithin zu reduzieren.

Eine Identität des faktischen Unwerts ist im Fall des Anbieters, der das Angebot an Art. 12 Abs. 2 lit. a der Marktmissbrauchsverordnung unterfallenden börsengehandelten Aktien eines Unternehmens vereint und dafür hohe Preise fordert, möglich. Dieses Verhalten kann, wie dargestellt, kapitalmarktrechtlich Art. 12 Abs. 2 lit. a der Marktmissbrauchsverordnung und kartellrechtlich Art. 102 S. 2 lit. a AEUV, § 19 Abs. 2 Nr. 2 GWB verletzen.[837]

Kartell- und Kapitalmarktrecht schützen mit dem Wettbewerbsschutz bzw. dem Funktions- und Anlegerschutz formal unterschiedliche Schutzgüter. Trotzdem wird in beiden Fällen der identische Eingriff in das Marktgeschehen durch

836 Vgl. dazu Abschnitt C. II. 3. c. dieser Arbeit.
837 Vgl. dazu Abschnitt C. II. 4. c. dieser Arbeit.

die erhöhten Preise infolge der Kontrolle über das Angebot sanktioniert. Den Bußgeldern liegt nicht nur das faktisch gleiche Verhalten zugrunde. Sie sanktionieren auch den faktisch gleichen Unwert, der im Eingriff in die Marktmechanismen durch die Preisfestsetzung in Nutzung der Machtstellung infolge der Kontrolle des Angebots liegt.

Art. 12 Abs. 2 lit. a der Marktmissbrauchsverordnung hat damit eine grundsätzliche Nähe zum Wettbewerbsschutz.[838] Der Vorgängervorschrift § 4 Abs. 3 Nr. 1 MaKonV wurde als Unrechtskern die monopolbedingte Außerkraftsetzung der Marktmechanismen zugesprochen.[839] Es wurde unterbunden, ohne Rücksicht auf Dritte Preise zu bestimmen.[840] Das gilt für Art. 12 Abs. 2 lit. a der Marktmissbrauchsverordnung bei einer Preisfestsetzung infolge der Kontrolle des Angebots des Kapitalmarktprodukts fort. Ein Marktteilnehmer soll nicht eine Machtstellung zur einseitig bestimmenden Preisfestsetzung unter Ausschaltung wettbewerblicher Marktmechanismen nutzen können. Indem in Nutzung der marktbeherrschenden Stellung durch die Angebotskontrolle Preise bestimmt werden können, setzt man das freie Spiel von Angebot und Nachfrage, mithin den Wettbewerb, außer Kraft. Art. 12 Abs. 2 lit. a der Marktmissbrauchsverordnung untersagt damit den Eingriff in wettbewerbliche Kapitalmarktmechanismen als Element eines funktionierenden Kapitalmarkts und damit als Element des kapitalmarktrechtlichen Funktionsschutzes. Art. 12 Abs. 2 lit. a der Marktmissbrauchsverordnung schützt wettbewerbliche Kapitalmarktelemente.

Diesem Schutz dienen auch die Art. 102 S. 2 lit. a AEUV, § 19 Abs. 2 Nr. 2 GWB, wenn auch nicht kapitalmarktbezogen, sondern allgemein. Ein Marktteilnehmer soll sich nicht durch eine Machtstellung der wettbewerblichen Kontrolle des Markts entziehen und wettbewerbliche Marktmechanismen außer Kraft setzen können.

Es wird somit ersichtlich, dass beide Verbotsnormen und damit auch beide Bußgelder faktisch den gleichen Unwert betreffen. Offensichtlich wird die Übereinstimmung des faktisch sanktionierten Unwerts, wenn man beachtet, dass für die kartellrechtliche Marktbeherrschung regelmäßig eine Marktverengung auf die betreffenden Aktien erforderlich ist. In diesem Fall ahnden beide Bußgelder identisch die Möglichkeit, sich durch eine Kontrolle über das Angebot der Aktien der wettbewerblichen Kontrolle durch dritte Marktteilnehmer zu entziehen und Preise einseitig festzusetzen. Faktisch ahnden damit beide Bußgelder den gleichen Unwert in Form der marktmachtbasierten Beeinflussung der wettbewerblichen Kapitalmarktmechanismen durch eine Preisfestsetzung in Folge der Kontrolle des Angebots.

---

838 Vgl. dazu Abschnitt C. II. 4. c. dd. dieser Arbeit.

839 Fuchs/*Fleischer*, § 20a WpHG Rn 65; KK-WpHG/*Stoll*, § 20a Anh. I - § 4 MaKonV Rn 20.

840 Assmann/Schneider/*Vogel*, § 20a WpHG Rn 232b; Schwark/Zimmer/*Schwark*, § 20a WpHG Rn 68.

Nimmt man nun eine solche Übereinstimmung des faktischen Unwerts an, den die Bußgelder sanktionieren, ist das zweite Bußgeld aus Billigkeitsgründen zu reduzieren. Zwei volle Bußgelder führen zur Unverhältnismäßigkeit und Unbilligkeit der Sanktionierung, soweit beide Bußgelder den faktisch gleichen Unwert sanktionieren. Der missbräuchliche Eingriff in wettbewerblichen Kapitalmarktmechanismen mit der Folge einseitiger Preisfestsetzung, den beide Bußgelder ahnden, darf nicht Gegenstand beider Bußgelder sein. Daher ist das zweite Bußgeld im Umfang der Überschneidung zu reduzieren.

Die verbleibende Frage ist, im welchem Umfang das zweite Bußgeld zu reduzieren ist. Bei einer parallelen kartell- und kapitalmarktrechtlichen Bebußung wegen einer Verletzung von Art. 12 Abs. 2 lit. a der Marktmissbrauchsverordnung und Art. 102 S. 2 lit. a AEUV, § 19 Abs. 2 Nr. 2 GWB liegt es nicht fern, aus der Anrechnung aus Billigkeitsgründen einen Ausschluss des zweiten Bußgelds zu folgern. Wegen der faktisch identischen Schutzdimension sanktionieren beide Bußgelder trotz der formal unterschiedlichen geschützten Rechtsgüter den faktisch gleichen kontrollbasierten Eingriff in die wettbewerblichen Marktmechanismen durch eine Preisfestsetzung. Man kann insoweit erwägen, aus dem kapitalmarktrechtlichen Funktions- und Anlegerschutz eine weitergehende Schutzdimensionen abzuleiten. Denkbar ist die Annahme eines Schutzes des Vertrauens der Anleger in eine generell unbeeinflusste und nicht einseitige bestimmte Preisfindung am Kapitalmarkt als weitergehende Schutzdimension. Dabei handelt es sich aber nur um eine formale Schutzdimension, die sich faktisch ebenso gegen die einseitige kontrollbasierte Preisfestsetzung unter einer Ausschaltung der wettbewerblichen Marktmechanismen richtet. Es bleibt daher trotzdem dabei, dass mit beiden Bußgeldern der faktisch gleiche Unwert geahndet wird. Selbst wenn man hingegen aus den kapitalmarktrechtlichen Schutzzwecken weitere Unwertbestandteile über die Verletzung der wettbewerblichen Kapitalmarktelemente hinaus ableiten will, die das kartellrechtliche Bußgeld nicht ahndet, hebt dies die trotzdem weiterhin bestehende Übereinstimmung nicht auf. Zumindest im Umfang dieser Übereinstimmung ist das zweite Bußgeld daher aus Billigkeitsgründen zu reduzieren. Der kontrollbasierte missbräuchliche Eingriff in die wettbewerblichen Marktmechanismen darf nicht mehrmals sanktioniert werden.

Zugleich ist jedoch auch zu beachten, dass die Reduktion oder der Ausschluss des zweiten Bußgelds keine zwingend Folge paralleler kartell- und kapitalmarktrechtlicher Bußgelder ist. Das zeigt schon der Blick auf Art. 14 lit. c der Marktmissbrauchsverordnung. So kann z.B. die Offenlegung der bevorstehenden Einführung von Produktinnovationen oder einer geplanten Kapitalmarkttransaktionen durch einen Emittenten börsengehandelter Aktien gegenüber einem Wettbewerber als ein unzulässiger Informationsaustausch das Kartellverbot und zugleich auch das kapitalmarktrechtliche Verbot der Offenlegung von Insiderinformationen in Art. 14 lit. c der Marktmissbrauchsverordnung verletzen, wenn die offengelegte Information eine Insiderinformation ist.[841]

---

841 Vgl. dazu Abschnitt C. II. 4. b. cc. dieser Arbeit.

In diesem Fall ist eine Anrechnung aus Billigkeitsgründen abwegig. Die Bußgelder ahnden nicht den faktisch gleichen Unwert. Das Offenlegungsverbot soll in Bezug auf bewertungserhebliche Informationen am Kapitalmarkt Informationsasymmetrien verhindern, damit die Kapitalmarktteilnehmer auf Basis der gleichen Informationen am Kapitalmarkt tätig sind.[842] Es geht bei Art. 14 lit. c der Marktmissbrauchsverordnung mithin anders als bei Art. 12 Abs. 2 lit. a der Marktmissbrauchsverordnung nicht darum, missbräuchliche Eingriffe in die wettbewerblichen Marktmechanismen zu unterbinden. Demgegenüber ist jedoch der kartellrechtlich sanktionierte Unwert im Falle der Offenlegung nicht die bloße Offenlegung, sondern vielmehr die Kollusion von Wettbewerbern infolge der Offenlegung. Auf diese kommt es wiederum bei Art. 14 lit. c der Marktmissbrauchsverordnung nicht an. Will man vor diesem Hintergrund trotzdem eine Überschneidung des Unwerts annehmen, da das kapitalmarktrechtliche Bußgeld die Weitergabe wettbewerbsrelevanter Informationen erfasst und damit zumindest mittelbar eine Kollusion unterbindet, ist die Anrechnung aufgrund der anders als bei Art. 12 Abs. 2 lit. a der Marktmissbrauchsverordnung tatsächlich unterschiedlichen Schutzdimensionen allenfalls marginal.

dd. Ablehnung der Einschränkung des faktischen Verständnisses

(1). Vorbemerkungen

Die dargestellten Ansichten zum *idem* führen mithin v.a. für die Beispiele zu unterschiedlichen Ergebnissen. Nur ein faktisches Verständnis des *idem* schließt parallele kartell- und kapitalmarktrechtliche Bußgelder über *ne bis in idem* generell aus, wenn sie sich auf den gleichen tatsächlichen Lebenssachverhalt beziehen. Fordert man mit dem EuGH die Rechtsgutidentität als Voraussetzung von *ne bis in idem*, greift der Grundsatz für parallele kartell- und kapitalmarktrechtlicher Bußgelder hingegen nicht ein, selbst wenn die Bußgelder den gleichen Lebenssachverhalt betreffen. Dies ist mit den formal unterschiedlichen Schutzgütern von Kartell- und Kapitalmarktrecht zu begründen. Parallele kartell- und kapitalmarktrechtliche Bußgelder sind daher mit *ne bis in idem* vereinbar, wenn man dieser zweiten Ansicht folgt. Es ist nur die vom EuGH vorgesehene Anrechnung aus Billigkeitsgründen möglich. Diese Anrechnung kann für parallele kartell- und kapitalmarktrechtliche Bußgelder geboten sein, da nicht auszuschließen ist, dass beide Bußgelder den faktisch gleichen Unwert sanktionieren. Dies folgt daraus, dass das Kartell- und das Kapitalmarktrecht bei Überschneidungen gleichermaßen die Funktionsfähigkeit des wettbewerblichen Kapitalmarkts schützen können, wie am Bsp. eines Art. 12 Abs. 2 lit. a der Marktmissbrauchsverordnung unterfallenden Verhaltens, das zugleich kartellrechtlich Art. 102 AEUV, § 19 GWB verletzen kann, dargestellt ist. In diesem Fall ist ein Ausschluss des zweiten Bußgelds über die Anrechnung wegen der Identität des sanktionierten Unwerts geboten. Beide

842 Vgl. dazu Abschnitt C. II. 4. b. dd. dieser Arbeit.

Bußgelder ahnden den faktisch gleichen machtbasierten missbräuchlichen Eingriff ins wettbewerbliche Marktgeschehen. Wie jedoch demgegenüber das Bsp. der Offenlegung von Informationen zum künftigen Marktverhalten zeigt, muss eine Anrechnung im Falle paralleler kartell- und kapitalmarktrechtlicher Bußgelder nicht immer erfolgen.

Aufgrund der unterschiedlichen Ergebnisse der Ansichten ist zu erörtern, welches Verständnis des *idem* zugrunde zu legen ist. Im Ergebnis ist die Rechtsgutidentität als Voraussetzung von *ne bis in idem* abzulehnen.

(2). Durchbrechung eines einheitlichen Grundsatzes

Das faktische Verständnis des *idem* findet im Wortlaut der Kodifizierungen von *ne bis in idem* für das Strafrecht eine Bestätigung. Deren Heranziehung scheitert nicht daran, dass *ne bis in idem* für die kartell- und kapitalmarktrechtlichen Bußgelder als Sanktionen außerhalb des Strafrechts nicht über diese Kodifizierungen gilt, da *ne bis in idem* inner- und außerhalb des Strafrechts auf den gleichen rechtsstaatlichen Prinzipien fußt.[843] Der Grundsatz findet sich lediglich ausdrücklich für das Strafrecht kodifiziert, gilt aber darüber hinaus mit gleichem Inhalt als eine ungeschriebene rechtsstaatliche Garantie. Das indiziert ein dem Strafrecht entsprechendes Verständnis des *idem*, sodass der Wortlaut der Kodifizierungen herangezogen werden kann. Dieser Wortlaut deutet nicht auf das Erfordernis der Rechtsgutidentität, sondern ein faktisches Verständnis hin. Art. 103 Abs. 3 GG und Art. 54 SDÜ untersagen die erneute Sanktion *derselben Tat*. Es ist nicht die Sanktion der gleichen Rechtsgutverletzung gefordert. Der Begriff *Tat* deutet auf ein faktisch verstandenes *idem* hin. *Tat* meint gleiches Tun. Dem Wortlaut ist nicht zu entnehmen, dass *ne bis in idem* von einer rechtlichen Komponente wie der Identität des geschützten Rechtsguts abhängt. Ferner wird das *idem* in Art. 103 Abs. 3 GG und Art. 54 SDÜ auch überwiegend faktisch verstanden.[844]

Der Begriff *Tat* wird jedoch in den Kodifizierungen nicht einheitlich genutzt. So untersagen Art. 50 EU-Charta und Art. 4 Abs. 1 des 7. Zusatzprotokolls zur EMRK die erneute Verfolgung einer *Straftat*. Es stellt sich die Frage, ob die Tatsache, dass insoweit die Begehung einer *Straftat* und anders als bei Art. 103 Abs. 3 GG nicht nur einer *Tat* gefordert ist, eine Verrechtlichung des *idem* indiziert, die in der Folge gegen das faktische Verständnis spricht.[845] Der Begriff *Straftat* in Art. 4 Abs. 1 des 7. Zusatzprotokolls zur EMRK impliziert laut EuGH die Relevanz der rechtlichen Qualifizierung des Verhaltens.[846] *Straftat* dient jedoch nicht der Verrechtlichung

---

843 Vgl. zur Herleitung von *ne bis in idem* als rechtsstaatlichen Grundsatz und Vergleichbarkeit der Bußgeldsanktionen mit strafrechtlicher Sanktion Abschnitt C. IV. 3. b. dieser Arbeit.

844 Vgl. dazu Abschnitt C. IV. 3. d. bb. (1). dieser Arbeit sowie die dortigen Nachweise.

845 So auch: *Brammer*, EuZW 2013, 617, 618.

846 EuGH v. 09.03.2006, Rs. C-436/04, ECLI:EU:C:2006:165, Rn 28 – „*Van Esbroeck*".

des *idem*, sondern ist als ein Hinweis darauf zu verstehen, dass sich Art. 50 EU-Charta und Art. 4 Abs. 1 des 7. Zusatzprotokolls zur EMRK auf das Strafrecht beziehen. Zur Bestimmung des *idem* bleibt der Begriffsteil *Tat*, mithin der gleiche Begriff wie in den anderen Kodifizierungen. Aus *Straftat* folgt keine Verrechtlichung des *idem*. Das bestätigt der EGMR. Zu Art. 4 Abs. 1 des 7. Zusatzprotokolls zur EMRK stellt er in Verweis auf das Verständnis in Art. 54 SDÜ, der eine *Tat* fordert, auf ein faktisches Verständnis ab und fordert Sachverhaltsidentität unter Irrelevanz der rechtlichen Einordnung.[847]

(3). Unvereinbarkeit mit der Bedeutung von *ne bis in idem*

Ferner ist Rechtsgutidentität als Voraussetzung von *ne bis in idem* nicht mit der Bedeutung des Grundsatzes vereinbar. Aus der Bedeutung folgt ebenso ein faktisches Verständnis. Dem stehen auch nicht die nachfolgend dargestellten Effekte entgegen, die mit dem Erfordernis der Rechtsgutidentität einhergehen. Ahnden die Sanktionen nur die Verletzungen unterscheidbarer Rechtsgüter, beziehen sie sich nur auf Verletzung des jeweils geschützten Rechtsguts. Die Verletzung durch andere Normen geschützte Rechtsgüter bleiben hingegen unberücksichtigt und dementsprechend auch unsanktioniert. So ist es auch bei kartell- und kapitalmarktrechtlicher Sanktion. Kartellrechtlich wird der Eingriff in den Wettbewerb und kapitalmarktrechtlich in den Funktions- und Anlegerschutz geahndet. Auf der Grundlage des faktischen verstandenen *idem* ist nun ein kapitalmarktrechtliches Bußgeld neben dem kartellrechtlichem Bußgeld unzulässig, obgleich es nur den Wettbewerbsverstoß ahndet und nicht die Verletzung von Funktions- und Anlegerschutz. Versteht man den Grundsatz *ne bis in idem* faktisch, darf der Betroffene auf die Einmaligkeit der Sanktion vertrauen, die nicht alle Rechtsgutverletzung erfasst. Es ist damit insbesondere auch das Vertrauen auf die Einmaligkeit einer objektiv am Unrecht gemessen zu niedrigen Sanktion geschützt. Das ist hingegen anders als bei diesem faktischen Verständnis nicht der Fall, wenn man die Rechtsgutidentität als Voraussetzung von *ne bis in idem* ansetzt, da dann alle formalen Rechtsgutverletzungen sanktionierbar sind. Das ermöglicht eine Ahndung des gesamten Unrechts. Die Sanktion fällt insgesamt objektiv gemessen am formalen Unrecht angemessener aus. Die parallele Sanktion gleichen Verhaltens kann folglich bei der Sanktion unterschiedlicher Rechtsgutverletzungen objektiv der Sanktionsangemessenheit dienen. Daher kann sich eine objektive Sanktionsgerechtigkeit gemessen am Unrecht einstellen. Die mit dem Erfordernis der Rechtsgutidentität verbundenen Effekte sind somit: Objektive Sanktionsgerechtigkeit und Erfassung aller formalen Rechtgutverletzungen.

Dies sind jedoch keine Effekte von *ne bis in idem*. Daher sind sie nicht als in *ne bis in idem* selbst angelegte Einschränkung des faktisch verstandenen *idem*

---

847 EGMR v. 10.02.2009, Beschwerde-Nr. 14939/03, Rn 79 ff.– *Zolotukhin/Russland.* (= NJOZ 2010, 2630); vgl. *Brammer*, EuZW 2013, 617, 619.

anzusehen. Der Grundsatz ist als eine Garantie zu lesen, die das Vertrauen in die tatsächliche Einmaligkeit der Sanktionierung eines Verhaltens schützt. Nur so wird die rechtsstaatlich gebotene Rechtssicherheit erreicht. Eine tatsächliche Garantie verhindert, dass der Betroffene für ein Verhalten erneut einer Sanktion ausgesetzt ist und damit Objekt staatlichen Handelns wird, dem trotz erfolgter Ahndung des Verhaltens die Rückkehr ins Recht verwehrt ist.[848] Die *ne bis in idem* zugrunde liegende Rechtssicherheit gebietet die tatsächliche Einmaligkeit der Sanktion, mithin ein faktisches Verständnis des *idem*. Der Betroffene soll zwecks Rechtssicherheit darauf vertrauen können, nur einmal für ein Verhalten sanktioniert zu werden. Lässt man die mehrmalige Bebußung des gleichen Verhaltens über verschiedene Rechtsgutverletzungen zu, gilt dies nicht. Es wäre nicht mehr die von *ne bis in idem* geschützte tatsächliche Einmaligkeit der Sanktionierung eines Verhaltens garantiert.

Es wäre lediglich eine objektiv angemessene alle Rechtsgutverletzungen erfassende Sanktion des gleichen Verhaltens garantiert, die sich auf mehrere Sanktionen aufteilen kann. Der Betroffene wäre der Ungewissheit erneuter Sanktion sanktionierten Verhaltens ausgesetzt, was *ne bis in idem* aus Gründen der Rechtssicherheit und Verhältnismäßigkeit unterbindet. Es ist nicht Zweck von *ne bis in idem*, eine objektiv den Rechtsgutverletzungen angemessene Sanktion zu garantieren, mithin eine objektive Sanktionsgerechtigkeit herzustellen. Der Vertrauensschutz hängt nicht davon ab, ob ein Bußgeld alle Rechtsgutverletzungen angemessen spiegelt und objektiv hoch genug ausfällt. Als tatsächliche Garantie unterbindet *ne bis in idem* vielmehr in rein tatsächlicher Hinsicht eine mehrfache Sanktion. Es kommt dabei nicht darauf, in welchem Umfang und für welche Rechtsgüter ein Verhalten sanktioniert ist. Die Rechtssicherheit schaffende Garantie von *ne bis in idem* ist sonst unterlaufen.

Setzt man dies um, ist auch das Vertrauen in die Einmaligkeit objektiv zu geringer Sanktion geschützt. Selbst wenn die Tatumstände im ersten Bußgeld nicht berücksichtigt sind, darf kein zweites Bußgeld festgesetzt werden, da dies gegen den Grundgedanken von *ne bis in idem* in Form der Einmaligkeit der Bebußung verstößt.[849] Es kommt für *ne bis in idem* nicht darauf an, ob alles Unrecht eines Verhaltens sanktioniert worden ist, sondern nur darauf, dass ein Verhalten tatsächlich schon sanktioniert ist. Nur so ist die in den Fällen, in denen *ne bis in idem* wegen der Vergleichbarkeit der Sanktionen mit strafrechtlicher Sanktion greift, die rechtsstaatlich gebotene tatsächliche Einmaligkeit der Bebußung des Verhaltens garantiert. Der Gegenstand von *ne bis in idem* ist es, eine tatsächliche Einmaligkeit der Sanktion eines Verhaltens zu garantieren und nicht bloß eine objektiv

848 Vgl. dazu Abschnitt C. IV. 3. b. bb. dieser Arbeit.

849 BVerfG v. 28.08.2003, 2 BvR 1012/01 (= NJW 2004, 279); IM/*Dannecker*/*Biermann*, Bd 1, Vorbemerkungen Art. 23 VO 1/2003 Rn 247; LMR/*Meyer-Lindemann*, § 81 GWB Rn 139; MAH-Strafverteidigung/*Eschelbach*, § 30 Rn 160; Sieber/*Vogel*/*Brodowski*, § 5 Rn 47; Wabnitz/Janovsky/*Dannecker*/*Müller*, Kap 18 Rn 266.

unrechtsgerechte Sanktion. Die Rechtssicherheit gebietet, dem Betroffenen die tatsächliche Einmaligkeit der Sanktion zu garantieren, damit er nicht Objekt staatlichen Handelns wird.

Mithin ergibt sich die Rechtsgutidentität als Erfordernis von *ne bis in idem* nicht aus Sinn und Zweck von *ne bis in idem* selbst, da die mit der Rechtsgutidentität verfolgten Zwecke objektive Sanktionsgerechtigkeit und Erfassung aller Rechtsgutverletzungen keine Zwecke von *ne bis in idem* sind. Ebenso rechtfertigten sie keine von außen kommende Einschränkung von *ne bis in idem*. Damit wäre die Rechtssicherheit schaffende Garantie als zentrales Element von *ne bis in idem* entwertet, da die Rechtsgutidentität als Voraussetzung von *ne bis in idem* in tatsächlicher Hinsicht mehrfache Bebußung erlaubt. Man kann nicht auf tatsächliche Einmaligkeit der Sanktion vertrauen und zugleich für alle Rechtsgutverletzungen eines Verhaltens parallel bebußt werden. Damit wäre die Rechtssicherheit genommen, die *ne bis in idem* gibt. Mit Rechtssicherheit und Verhältnismäßigkeit sind zentrale Zwecke von *ne bis in idem* durch das Erfordernis der Rechtsgutidentität unterminiert. Die Rechtssicherheit schaffende Garantie tatsächlicher Einmaligkeit der Sanktion ist als wesentliches Element von *ne bis in idem* und Kern geboten. Fordert man nun eine Rechtsgutidentität als Voraussetzung von *ne bis in idem*, womit eine mehrfache Sanktion erlaubt wäre, um alle Rechtsgutverletzungen zu erfassen, wird in diesen Kern eingegriffen. Das Erfordernis der Rechtsgutidentität reduziert *ne bis in idem* insoweit auf ein bloßes Verhältnismäßigkeitsgebot. *Ne bis in idem* ist aber „keine Verfahrensregel, die als Linderungsmittel im Dienste der Verhältnismäßigkeit funktioniert“[850], da sie dem Schutz des Vertrauens in die tatsächliche Einmaligkeit der Sanktion unabhängig von der objektiven Verhältnismäßigkeit der Sanktion bezweckt. Selbst wenn man eine Anrechnung aus Billigkeit vorsieht, wird der tatsächliche Verlust an von *ne bis in idem* intendierter Rechtssicherheit nicht kompensiert. Die bloße Anrechnung genügt *ne bis in idem* nicht.[851] Die zentrale Garantie von *ne bis in idem* hat keinen Wert, ist man erneuter Sanktion ausgesetzt. Das kann eine Anrechnung nicht ausgleichen, da trotz der Anrechnung mehrere Bußgelder dem Grunde nach möglich sind. *Ne bis in idem* ist keine Garantie, die nur der Billigkeit und der Verhältnismäßigkeit dient.[852] *Ne bis in idem* würde von einer tatsächlich Einmaligkeit der Sanktion schützenden Garantie auf einen lediglich eine verhältnismäßige Sanktion garantierenden Grundsatz reduziert. Einen solchen Eingriff in den Kern des rechtsstaatlichen Grundsatzes rechtfertigen die objektive Sanktionsgerechtigkeit und die Erfassung aller Rechtsgutverletzungen als die mit dem Erfordernis der Rechtsgutidentität verbundenen Effekte nicht.

---

850 *GA Colomer*, Schlussanträge v. 11.02.2003, Rs. C-213/00 P, ECLI:EU:C:2003:84, Rn 96 -„*Italcementi*“.

851 *GA Colomer*, Schlussanträge v. 11.02.2003, Rs. C-213/00 P, ECLI:EU:C:2003:84, Rn 96 -„*Italcementi*“; *Brammer*, EuZW 2013, 617, 621.

852 *Brammer*, EuZW 2013, 617, 621.

Gegen eine Einschränkung von *ne bis in idem* über diese Effekte spricht ferner auch, dass umgekehrt die Einschränkung ebendieser Effekte in *ne bis in idem* selbst angelegt ist. *Ne bis in idem* nimmt in Kauf, dass eine Sanktion objektiv zu gering ausfällt und nicht alle Rechtsgutverletzungen erfasst. Richtigerweise erlaubt *ne bis in idem* keine zweite Sanktion, wenn erschwerende Umstände nach der ersten Sanktion hinzutreten, die in der Sanktion unberücksichtigt sind.[853] Ebendies liefe der *ne bis in idem* zugrunde liegenden Rechtssicherheit zuwider. Den Tatbegriff i.S.v. *ne bis in idem* zur Ermöglichung einer härteren Bestrafung einzuengen, widerspricht trotz der möglicherweise als ungerecht empfundenen Ergebnisse ebenjener Rechtssicherheit, die von *ne bis in idem* ausgeht.[854] Der Grundsatz schützt das Vertrauen in die tatsächliche Einmaligkeit der Sanktion, auch in eine nicht alle Rechtsgutverletzungen erfassende Sanktion. Das fordert die Rechtssicherheit, da nur so die tatsächliche Einmaligkeit der Sanktion garantiert ist. Objektiv zu geringe Sanktion durch eine zweite Sanktion aufzustocken, widerspricht nicht nur *ne bis in idem*, sondern wird insoweit durch den Grundsatz auch bewusst unterbunden. Sie steht der garantierten tatsächlichen Einmaligkeit der Sanktion diametral entgegen. Erlaubt man zum Zwecke der objektive Sanktionsgerechtigkeit und einer Erfassung aller Rechtsgutverletzungen zwei Sanktionen, verkehrt man diese Wertung ins Gegenteil. *Ne bis in idem* schränkt die objektive Sanktionsgerechtigkeit und die Erfassung aller Rechtsgutverletzungen ein, um die gebotene Garantie schaffen. Eine Einschränkung von *ne bis in idem* kann daher nicht über diese Effekte erfolgen.

Im Ergebnis ist das Erfordernis der Rechtsgutidentität nicht mit *ne bis in idem* vereinbar. Die Erfassung aller Rechtsgutverletzungen und die objektive Sanktionsgerechtigkeit sind keine Zwecke von *ne bis in idem*. Der Grundsatz garantiert die tatsächliche Einmaligkeit der Sanktion. Es kommt nicht auf die Sanktionsgerechtigkeit oder die Erfassung aller Rechtsgutverletzungen an, sondern darauf, ob ein Verhalten tatsächlich sanktioniert ist. Das Erfordernis der Rechtsgutidentität limitiert daher den zentralen und rechtsstaatlich in der Rechtssicherheit verankerten Zweck von *ne bis in idem*. Diesen Eingriff können die mit dem Erfordernis der Rechtsgutidentität verbundenen Effekte nicht rechtfertigen, da *ne bis in idem* diese wiederum bewusst limitiert. Die Zwecksetzung von *ne bis in idem* spricht daher für ein faktisches *idem*.

Das Erfordernis der Rechtsgutidentität lässt sich ferner auch nicht damit begründen, dass *ne bis in idem* vorliegend für außerstrafrechtliche Bußgelder gilt. Daraus folgt nicht, dass pauschal abweichend vom Strafrecht die Rechtsgutidentität als Voraussetzung von *ne bis in idem* gefordert werden kann. Der Grundsatz

853 BVerfG v. 28.08.2003, 2 BvR 1012/01 (= NJW 2004, 279); IM/*Dannecker*/*Biermann*, Bd 1, Vorbemerkungen Art. 23 VO 1/2003 Rn 247; LMR/*Meyer-Lindemann*, § 81 GWB Rn 139; MAH-Strafverteidigung/*Eschelbach*, § 30 Rn 160; Sieber/*Vogel*/*Brodowski*, § 5 Rn 47; Wabnitz/Janovsky/*Dannecker*/*Müller*, Kap 18 Rn 266.

854 BVerfG v. 08.01.1981, 2 BvR 873/80 (= NJW 1981, 1433).

leitet sich außerstrafrechtlich aus den gleichen rechtsstaatlichen Erwägungen ab wie im Strafrecht.[855] Ein nicht-faktisches Verständnis führt daher zu Inkonsistenzen des einheitlichen Grundsatzes. Der Grundsatz *ne bis in idem* darf als zentraler Grundsatz mit fundamentaler Bedeutung zur Erhaltung der Einheit der Rechtsordnung in der Europäischen Union in verschiedenen Rechtsgebieten nicht unterschiedlich ausgelegt werden.[856]

Es kommt außerhalb des Strafrechts allein darauf an, ob aus der Rechtssicherheit und der Verhältnismäßigkeit eine Limitierung der staatlichen Sanktionsmacht rechtsstaatlich geboten ist. Ist dies der Fall, gilt *ne bis in idem* wegen der Ableitung aus den gleichen rechtsstaatlichen Grundsätzen wie im Strafrecht außerstrafrechtlich im gleichen Umfang wie im Strafrecht. Daher folgt aus dem außerstrafrechtlichen Charakter der Bußgelder nicht, dass *ne bis in idem* um die Rechtsgutidentität als Voraussetzung erweitert zu verstehen ist. Vielmehr ist das gleiche faktische Verständnis wie im Strafrecht anzulegen, da *ne bis in idem* als rechtsstaatliche Garantie mit gleichem Inhalt greift.

Die kartell- und kapitalmarktrechtlichen Bußgelder nach Art. 23 VO 1/2003, § 81 GWB, § 39 WpHG sind daher nach den oben dargestellten Grundsätzen mit strafrechtlicher Sanktion vergleichbar, was eine dem Strafrecht entsprechende Geltung von *ne bis in idem* wegen der zugrundeliegenden rechtsstaatlichen Prinzipien gebietet.[857]

(4). Weniger Einzelfallabhängigkeit

Bestätigt wird dieses Verständnis von *ne bis in idem* als eine Garantie, die tatsächlich Einmaligkeit der Sanktion eines Verhaltens garantiert, dadurch, dass das Kartell- und das Kapitalmarktrecht faktisch den gleichen Unwert sanktionieren können.[858] Die vom EuGH vorgesehene Anrechnung bei fehlender Rechtsgutidentität kann über eine Bußgeldreduktion zwar eine Unverhältnismäßigkeit vermeiden.[859] Die Anrechnung hängt aber vom Behördenermessen im Einzelfall ab. Es ist kaum zu bestimmen, im welchem Umfang eine Bebußung faktisch gleichen Unwerts das Bußgeld reduziert. Dem Betroffenen wäre aufgrund dessen über die Möglichkeit einer parallelen Bußgelder wegen formal unterschiedlicher geschützter Rechtsgüter im verstärkten Maße Rechtssicherheit genommen. Da eine Anrechnung im Behördenermessen liegt und vom Einzelfall abhängt, ist es nämlich nicht ausgeschlossen, dass die Bußgelder trotz einer Anrechnung unverhältnismäßig sind. Die bloße Anrechnung verstärkt die Gefahr, Objekt hoheitlichen Handelns zu werden und Willkür ausgesetzt zu sein. Da die Behörde über die Höhe

---

855 Vgl. dazu Abschnitt C. IV. 3. b. bb. sowie C. IV 3 c. bb. dieser Arbeit.

856 *GA Kokott*, Schlussanträge v. 08.09.2011, Rs. C-17/10, Rn 116 f., ECLI:EU:C:2012:72 – „*Toshiba*“; *Brammer*, EuZW 2013, 617, 619.

857 Vgl. dazu C. IV. 3. b. bb. sowie C. IV 3 c. bb. dieser Arbeit.

858 Vgl. dazu Abschnitt C. IV. 3. d. cc. (2). dieser Arbeit.

859 Vgl. dazu Abschnitt C. IV. 3. d. cc. (2). dieser Arbeit.

der Anrechnung entscheidet, hängt sie von deren Wohlwollen ab. Das erhöht den Verlust an Rechtssicherheit. Ebenso gehen mit parallelen Bußgeldern bei Verletzung unterschiedlicher Rechtsgüter auch Umgehungspotentiale einher. Es besteht insoweit die Gefahr, dass die Sanktionslast durch eine Etikettierung des gleichen Fehlverhaltens mit unterschiedlichen Rechtsgütern in mehreren Verbots- und Sanktionsnormen in Umgehung von *ne bis in idem* potenziert wird. Lässt man das zweite Bußgeld wegen formal unterscheidbarer Rechtsgüter zu, besteht mithin die Gefahr, dass die Verletzung einer bloßen Begrifflichkeit bebußt wird. Diese Gefahr ist durch ein faktisches Verständnis des *idem* eliminiert. Unsicherheiten, Gefahren für die Verhältnismäßigkeit und Umgehungspotentiale, die mit einer parallelen Bebußung des faktisch gleichen Unwerts einhergehen, sind ausgeschlossen, wenn *ne bis in idem* faktisch verstanden nur ein Bußgeld zulässt.

ee. *Zusammenfassung der Ergebnisse*

Im Ergebnis ist *ne bis in idem* für kartell- und kapitalmarktrechtliche Bußgelder faktisch zu verstehen. Die Rechtsgutidentität ist als Voraussetzung von *ne bis in idem* abzulehnen. Der Wortlaut der strafrechtlichen Kodifizierungen von *ne bis in idem* deutet auf ein faktisch verstandenes *idem* hin. Wegen der Vergleichbarkeit der Bußgelder mit strafrechtlicher Sanktion kann dem Wortlaut gefolgt werden, da er das allgemeine Verständnis von *ne bis in idem* aufgrund der zugrunde liegenden rechtsstaatlichen Prinzipien wiedergibt. Ferner findet dies im Zweck von *ne bis in idem* Bestätigung. Der Grundsatz beinhaltet die rechtsstaatliche Garantie der tatsächlichen Einmaligkeit der Sanktion eines Verhaltens zwecks Rechtssicherheit. Diese Garantie ist mit einer Einschränkung über das Erfordernis der Rechtsgutidentität, das der Erfassung aller Rechtsgutverletzungen und der objektiven Sanktionsgerechtigkeit dient sowie zugleich auch eine mehrfache Sanktion erlaubt, unvereinbar. *Ne bis in idem* garantiert nicht nur eine verhältnismäßige und objektiv gerechte Sanktion wird. Ferner rechtfertigen die vorgenannten Effekte des Erfordernisses der Rechtsgutidentität keine Einschränkung des faktischen Verständnisses des *idem*, da die rechtsstaatlich gebotene Garantie der tatsächlichen Einmaligkeit der Sanktion als Kern von *ne bis in idem* durch diese Einschränkung betroffen und konterkariert ist. *Ne bis in idem* schützt auch das Vertrauen in die Einmaligkeit der Sanktion bei einer zu geringen Sanktion. Die objektive Sanktionsgerechtigkeit und die Erfassung aller Rechtsgutverletzungen werden gerade durch *ne bis in idem* eingeschränkt, sodass diese Effekte keine Einschränkung von *ne bis in idem* rechtfertigen. Daraus, dass *ne bis in idem* für kartell- und kapitalmarktrechtliche Bußgelder als ungeschriebener Grundsatz greift, folgt im Weiteren auch kein niedrigeres Schutzniveau als im Strafrecht, da *ne bis in idem* straf- wie außerstrafrechtlich aufgrund des identischen rechtsstaatlichen Ursprungs in gleicher Weise gilt. Bestätigung findet die Zugrundelegung des faktischen Verständnisses ferner darin, dass die kartell- und kapitalmarktrechtlichen Bußgelder faktisch den gleichen Unwert betreffen können. Die mit der bloßen Möglichkeit der Anrechnung einhergehenden Unsicherheiten für die Verhältnismäßigkeit sowie auch

Umgehungspotentiale werden durch ein faktisches Verständnis von *ne bis in idem* beseitigt.

e. *Geltungsreichweite von* ne bis in idem

Nachdem die Geltung von *ne bis in idem* als eine faktisch verstandene tatsächliche Garantie für parallele kartell- und kapitalmarktrechtliche Bußgelder nun hergeleitet ist, stellt sich ferner die Frage, in welchen Konstellationen *ne bis in idem* gilt. Zu beachten ist, dass die Bußgelder mit Blick auf parallele Verstöße gegen das Kartellrecht und die Marktmissbrauchsverordnung sowohl durch europäische als auch durch deutsche Behörden festgesetzt werden können. So können bspw. nicht nur die BaFin und das Bundeskartellamt nach § 39 WpHG bzw. § 81 GWB parallel Bußgelder für Verstöße gegen Marktmissbrauchsverordnung und Kartellrecht festsetzen, sondern auch die BaFin und die Europäische Kommission nach § 39 WpHG bzw. Art. 23 VO 1/2003.

Zunächst ist festzuhalten, dass *ne bis in idem*, wie dargestellt, im deutschen und europäischen Recht für parallele kartell- und kapitalmarktrechtliche Bußgelder gilt. Mithin gilt *ne bis in idem* für parallele Bußgelder deutscher Behörden wie das Bundeskartellamt und die BaFin. Insoweit untersagt *ne bis in idem* nach den dargestellten Grundsätzen parallele Bußgelder hinsichtlich des faktisch gleichen *idem*. Gleiches gilt auch bei parallelen Bußgeldern durch europäische Stellen. Insoweit ist im vorliegenden Kontext jedoch zu beachten, dass sie in Bezug auf Verstöße gegen die Marktmissbrauchsverordnung keine Bußgeldkompetenz haben, vgl. Art. 30 der Marktmissbrauchsverordnung.

Näher zu beleuchten sind demgegenüber parallele deutsche und europäische Bußgelder, bspw. bei Verstößen gegen die Marktmissbrauchsverordnung und das Kartellrecht durch die BaFin als Kapitalmarktbehörde nach § 39 WpHG und die Europäische Kommission als Kartellbehörde nach Art. 23 VO 1/2003. Dann handeln Behörden zweier unterschiedlicher Hoheitsträger. Die Europäische Kommission ist der Europäischen Union zuzuordnen, die BaFin eine deutsche Behörde. Man kann sich nun fragen, ob *ne bis in idem* für diese Form der parallelen Bebußung gilt. Der EuGH nimmt eine Geltung von *ne bis in idem* für parallele europäische und nationale kartellrechtliche Bußgelder an.[860] Der Geltung von *ne bis in idem* für parallele europäisch-deutsche Bußgelder ist zuzustimmen. *Ne bis in idem* ist als inhaltsgleiches rechtsstaatliches Prinzip des deutschen und europäischen Rechts auch auf diese Fälle anzuwenden. Das ergibt sich wie folgt:

Ne bis in idem ist wegen der besonderen Beziehung zwischen der Europäischen Union und des deutschen Staats als deren Mitgliedsstaat mit Blick auf potentielle

---

860 EuGH v. 13.02.1969, Rs. 14/68, ECLI:EU:C:1969:4, Rn 11 – „*Walt Wilhelm*"; EuGH v. 14.12.1972, Rs. 7/72, ECLI:EU:C:1972:125, Rn 3 – „*Boehringer*"; EuGH v. 07.01.2004, verb. Rs. C-204/00 P u. a., ECLI:EU:C:2004:6, Rn 338 ff. – „*Aalborg Portland*"; EuGH v. 14.02.2012, Rs. C-17/10, ECLI:EU:C:2012:72, Rn 94 – „*Toshiba*".

parallele Bußgelder deutscher und europäischer Stellen zunächst durch die beteiligten deutsche Behörden zu beachten. Zu Art. 103 Abs. 3 GG wird vertreten, dass eine Entscheidung des EuGH keine Entscheidungen ausländischer Gerichte darstelle, sondern wie Entscheidungen deutscher Gericht zu behandeln sei, da der EuGH mit der Rechtssprechungsgewalt deutsche übertragene Hoheitsgewalt ausübe.[861] Dem ist zuzustimmen. Ferner lässt sich diese Argumentation auch auf parallele deutsche und europäische Bußgelder übertragen.

Die Europäische Kommission nutzt bei der Bußgeldfestsetzung ähnlich zum EuGH bzgl. der Rechtsprechungsgewalt deutsche übertragene Hoheitsgewalt. Die Europäische Union ist eine supranationale Einheit, die übertragene Hoheitsrechte nutzt, und kein Drittstaat, sodass das europäische und das deutsche Recht wie auch die europäische und die deutsche Hoheitsgewalt anders als im Verhältnis zu Drittstaaten nicht zu trennen sind, sondern vielmehr das Gemeinschaftsrecht als Teil der innerstaatlichen Rechtsordnung anzusehen ist, was für eine Geltung von *ne bis in idem* im Verhältnis von Europäischer Union und deutschem Staat spricht.[862] Die Bindung an *ne bis in idem* bestätigt sich darin, dass gem. Art. 23 Abs. 1 S. 2 GG Hoheitsrechte auf die Europäische Union übertragen werden. Der deutsche Staat gibt mithin Hoheitsrechte an die Europäische Union. Er darf sich aber über die Schaffung der supranationalen Europäischen Union, der er Hoheitsrechte gibt und die an seiner Stelle als Hoheitsträger agiert, nicht eigenen rechtsstaatlichen Pflichten entziehen. Sonst könnte er durch Übertragung von Bußgeldkompetenzen auf die Europäische Union, die er sonst selbst wahrnähme, *ne bis in idem* durch einen eigenen Schaffensakt umgehen. Das unterminiert die Rechtsstaatlichkeit, der er als Rechtsstaat verpflichtet ist.

Aufgrund der Stellung der Europäische Union und ihrer Schaffung als supranationale Einheit durch den deutschen Staat als Mitgliedsstaat muss der deutsche Staat das hoheitliche Handeln der Europäischen Union wie ein eigenes hoheitliches Handeln ansehen. Folglich gelten in diesem Verhältnis für die deutschen Stellen die rechtsstaatlichen Pflichten, die gelten, wenn nur deutsche Stellen agieren. Um den eigenen rechtsstaatlichen Pflichten gerecht zu werden und diese nicht über einen eigenen Schaffensakt und die Übertragung von Hoheitsrechten auf die Europäische Union entgegen der Verpflichtung zur Rechtsstaatlichkeit zu umgehen, muss der deutsche Staat daher hoheitliches Handeln der Europäischen Union einem eigenen hoheitlichen Handeln gleichsetzen. Daher sind deutsche Stellen neben europäischen Stellen an *ne bis in idem* gebunden. Bei parallelen Verstößen gegen die Marktmissbrauchsverordnung und das Kartellrecht ist somit die BaFin in der Möglichkeit der Wahrnehmung der Bußgeldmöglichkeit aus § 39 WpHG neben der Europäischen Kommission als Kartellbehörde an *ne bis in idem* gebunden.

---

861 Dreier/*Schulze-Fielitz*, Art. 103 III GG Rn 28; Sachs/*Degenhart*, Art. 103 GG Rn 81; Schmidt-Bleibtreu/Hofmann/Henneke/*Schmahl*, Art. 103 GG Rn 91.

862 BGH v. 17.12.1970, KRB 1/70 – „*Teerfarben*“ (= NJW 1971, 521); vgl.: Maunz/Dürig/*Schmidt-Aßmann*, Art. 103 Abs. 3 GG, Rn 303.

Ferner spricht die gleiche Überlegung zum supranationalen Charakter der Europäischen Union als ein geschaffener und mit Hoheitsrechten ausgestatteter Hoheitsträger für eine Bindung der Europäischen Union an *ne bis in idem* neben dem deutschen Staat. Die identische Geltung des gleichen Grundsatzes *ne bis in idem* im deutschen und europäischen Recht spricht daher dafür, die europäische Stellen neben deutschen Behörden an *ne bis in idem* zu binden. Außerdem könnte sich der deutsche Staat sonst mit Schaffung der Europäischen Union ebenso eigenen rechtsstaatlichen Pflichten entziehen.

Bestätigt wird diese Bindung europäischer Stellen an *ne bis in idem* neben der erwähnten Rspr. des EuGH durch Art. 50 EU-Charta. Dieser greift zwar nach in dieser Arbeit vertretener Ansicht für die parallelen kartell- und kapitalmarktrechtlichen Bußgelder nicht ein. Legt man aber die Kriterien von EGMR und EuGH anders zur Bestimmung der Strafrechtlichkeit i.S.d. Art. 50 EU-Charta zugrunde, griffe Art. 50 EU-Charta.[863] Ferner handelt es sich inner- und außerhalb des Strafrechts um den gleichen Grundsatz, sodass zumindest tatsächlich bestätigend auf das Verständnis zu Art. 50 EU-Charta zurückgegriffen werden kann. Art. 50 EU-Charta gilt bei einer parallelen Verfolgung durch die Europäische Union und nationale Stellen.[864] Er verlangt keine Identität des Entscheidungsträgers,[865] sondern fordert eine Sanktion „in der Union nach dem Gesetz". Er erfasst somit europäisches wie nationales Recht. Nach dem Gesetz in der Union wird ein Bußgeld auch dann festgesetzt, wenn es auf einer deutschen Bußgeldnorm beruht. Im Weiteren gilt gem. Art. 51 Abs. 1 EU-Charta die EU-Charta für Organe, Einrichtungen und sonstige Stellen der Europäischen Union. Art. 51 Abs. 1 EU-Charta zeigt somit, dass *ne bis in idem* nach europäischem Verständnis auch europäische Stellen im europäisch-nationalen Kontext binden soll.

Obgleich *ne bis in idem* für kartell- und kapitalmarktrechtliche Bußgelder nach in dieser Arbeit vertretener Ansicht nicht über Art. 50 EU-Charta greift, bestätigt er mithin das vorstehende Ergebnis zur Bindung europäischer Stellen neben deutschen Stellen. Ebenso ist zu beachten, dass Art. 50 EU-Charta eine Kodifizierung des allgemeinen Grundsatzes *ne bis in idem* ist, der als rechtsstaatlicher Grundsatz mit gleichem Inhalt wie im Strafrecht für parallele außerstrafrechtliche kartell- und kapitalmarktrechtliche Bußgelder gilt. Da *ne bis in idem* inner- und außerhalb des Strafrechts inhaltsgleich gilt, kann das vorstehend dargestellte geregelte Verständnis zur Bindung europäischer Stellen neben nationalen Stellen auf den ungeschriebenen rechtsstaatlichen Grundsatz *ne bis in idem* übertragen werden, der außerhalb des Strafrechts gilt.

---

863 Vgl. dazu Abschnitt C. IV. 3. c. aa. dieser Arbeit.

864 BeckOK-GG/*Radtke/Hagemeier*, Art. 103 GG Rn 50; Callies/Ruffert/*Blanke*, Art. 50 EU-GRCharta, Rn 1; *Jarass*, Art. 50 EU-Grundrechte-Charta Rn 10; Meyer/*Eser*, Art. 50 Charta Rn 16a; Schwarze/*Voet van Vormizeele*, Art. 50 GRC Rn 3.

865 *Soltész/Marquier*, EuZW 2006, 102, 105.

Ferner bestätigt Art. 50 EU-Charta in Teilen auch die Bindung deutscher Stellen neben europäischen Stellen an *ne bis in idem*. Gem. Art. 51 Abs. 1 S. 1 EU-Charta ist der deutsche Staat ein Adressat des Art. 50 EU-Charta, wenn er das Recht der Union durchführt. Unter Durchführung wird der legislative und auch der administrative Vollzug verstanden.[866] Bei der Bebußung von Verstößen gegen die Marktmissbrauchsverordnung wird demnach europäisches Recht durchgeführt. Art. 30 der Marktmissbrauchsverordnung gibt dem nationalen Gesetzgeber vor, Bußgeldnormen für Verstöße gegen die Marktmissbrauchsverordnung zu schaffen. Dem ist der deutsche Gesetzgeber in § 39 WpHG nachgekommen. Er führt durch die Schaffung und Nutzung des europäisch determinierten § 39 WpHG das europäische Recht durch, indem er die Vorgaben des europäischen Rechts hinsichtlich der zu schaffenden Bußgeldnorm umsetzt und diese auch nutzt. Eine Durchführung des Unionsrechts sind ferner auch nationale Verwaltungsverfahren, welche die Einhaltung des Unionsrechts gewährleisten.[867] Das dient ebenso der Durchsetzung des europäischen Rechts und damit dessen Durchführung. Daher ist die Durchsetzung europäischer Verbote mit Bußgeldern eine Durchführung des europäischen Rechts. Im Ergebnis wäre die Festsetzung von Bußgeldern nach § 39 WpHG mithin eine Durchführung des europäischen Rechts, sodass die BaFin insoweit an Art. 50 EU-Charta gebunden wäre, wenn man die Kriterien des EGMR und des EuGH für die Bestimmung der Strafrechtlichkeit einer Norm zugrunde legt. Bei Bußgeldern des Bundeskartellamts nach § 81 GWB ergäbe sich diese Bindung an Art. 50 EU-Charta bei der Sanktionierung von Verstößen gegen Art. 101, 102 AEUV bei einer Maßgeblichkeit der Kriterien von EGMR und EuGH zur Bestimmung der Strafrechtlichkeit ebenso, da die Bußgeldverfahren Art. 101, 102 AEUV als europäisches Recht durchsetzen. Wenn deutsche Behörden mithin das europäische Recht durchsetzen, sind sie damit ebenso neben europäischen Stellen an *ne bis in idem* gebunden, da auch Sanktionen auf Grundlage des europäischen Rechts durch europäische Stellen, bspw. nach Art. 23 VO 1/2003 durch die Europäische Kommission als Kartellbehörde, eine Sanktion nach dem Gesetz in der Union ist.

Zumindest mit Blick auf eine Durchsetzung des europäischen Rechts durch deutsche Behörden bestätigt das Vorstehende die Bindung deutscher Behörden an *ne bis in idem* neben europäischen Stellen. Auch das ist daraus zu folgern, dass Art. 50 EU-Charta lediglich eine Kodifizierung des allgemeinen *ne bis in idem* ist, der inhaltsgleich außerhalb des Strafrechts gilt.

Ne bis in idem gilt mithin für alle eingangs erwähnten Konstellationen paralleler kartell- und kapitalmarktrechtlicher Bußgelder. Der Grundsatz gilt für parallele Bußgelder durch deutsche Kartell- und Kapitalmarktbehörden ebenso wie für parallele Bußgelder europäischer Kartell- und Kapitalmarktbehörden, wobei

---

866 Callies/Ruffert/*Kingreen*, Art. 51 EU-GRCharta Rn 8; *Jarass*, Art. 51 EU-Grundrechte-Charta Rn 21 f.; Meyer/*Borowski*, Art. 51 Charta Rn 26; Schwarze/*Hatje*, Art. 51 GRC Rn 19.

867 *Jarass*, Art. 51 EU-Grundrechte-Charta Rn 22.

diese Konstellation mit Blick auf Verstöße gegen die Marktmissbrauchsverordnung wegen der fehlenden Bußgeldkompetenz der Europäischen Union nicht denkbar ist. Für parallele deutsch-europäische Bußgelder folgt aus dem Verhältnis der Europäischen Union als von den Mitgliedsstaaten geschaffene Einheit zum deutschen Staat als Mitgliedsstaat der Europäischen Union, dass deutsche und europäische Stellen nebeneinander gleichermaßen an *ne bis in idem* gebunden sind. Bestätigung findet dies in Art. 51 Abs. 1 EU-Charta.

f. Folgen für parallele Bußgelder

aa. Grundregel

Abschließend sei erörtert, welche Folgen sich für die Wahrnehmung der kartell- und kapitalmarktrechtlichen Bebußungsmöglichkeiten ergeben, wenn *ne bis in idem* parallele Bußgelder untersagt. *Ne bis in idem* sichert die Einmaligkeit der Sanktion. Ein Bußgeld ist mithin zulässig. Erst eine mehrfache Bebußung verstößt gegen *ne bis in idem.* Daraus lässt sich eine Grundregel folgern. Das erste Bußgeld ist mit *ne bis in idem* vereinbar. Das zweite Bußgeld hinsichtlich des faktisch gleichen *idem* verstößt hingegen gegen *ne bis in idem*, wenn der Grundsatz gilt. Mit der Festsetzung des ersten Bußgelds ist das Bebußungsrechts verbraucht.

bb. Vorteile einer geregelten Wahrnehmung des Bebußungsrechts

Obgleich sich damit eine klare Grundregel ergibt, ist zu erörtern, ob eine Regelung zur Wahrnehmung des Bebußungsrechts sinnvoll ist. Belässt man es bei der Grundregel, besteht die Sicherheit, dass die Sanktion mit dem ersten Bußgeld abgeschlossen ist. Der Betroffene ist aber wahrscheinlich trotzdem parallelen Ermittlungsverfahren der Kartell- und der Kapitalmarktbehörde ausgesetzt. Behördenseitig entstehen mithin Kosten und der Aufwand zweier Ermittlungsverfahren. Parallele Ermittlungen lassen sich aber nicht ganz vermeiden. Die Behörden müssen feststellen, ob ein Verstoß gegen das Kartell- bzw. das Kapitalmarktrecht vorliegt. Kann wegen *ne bis in idem* nur ein kartell- oder ein kapitalmarktrechtliches Bußgeld festgesetzt werden, ist es aber zwecks Effizienz behördlicher Arbeit und Reduzierung der Belastung des Betroffenen mit zwei Verfahren geboten, dass die Behörden frühestmöglich die Wahrnehmung des Bebußungsrechts regeln und damit die doppelte Ermittlung beenden.

Ein Weg zur Bestimmung der Wahrnehmung des Bebußungsrechts ist zunächst eine informelle Abstimmung der Behörden. Haben sie ein Bußgeldermessen, können sie grundsätzlich entscheiden, ob sie ein Bußgeld festsetzen. Dies ist mit Blick auf Art. 23 VO 1/2003, § 81 GWB, § 39 WpHG der Fall. Danach kann ein Bußgeld festgesetzt werden. Die Entscheidung der nicht-bebußenden Behörde, kein Bußgeld festzusetzen, ist ferner vom Ermessen gedeckt. Sie setzt damit nur die Konsequenz aus *ne bis in idem*, nämlich die Unzulässigkeit des zweiten Bußgelds, um. Die Frage ist jedoch, ob die Behörden tatsächlich zur Abstimmung über die Wahrnehmung des Bebußungsrechts geneigt sind. Insoweit ist zu beachten, dass nur eine Behörde ein Bußgeld festsetzen kann, wenn *ne bis in idem* parallele Bußgelder untersagt. Bei einem großen Ermittlungsaufwand, einem prestigeträchtigen Sachverhalt oder auch nur zur Verbesserung der Bußgeldbilanz der Behörde durch potentiell hohe Bußgelder kann den Behörden daran gelegen sein, dass eine zulässige Bußgeld festzusetzen. Eine Relevanz erlangt dies v.a., wenn europäische und deutsche Stellen nebeneinander auftreten. Es geht dann bspw. nicht nur um die Bußgeldbilanz von BaFin und Bundeskartellamt als gleichermaßen dem deutschen Staat untergeordnete Behörden, sondern die Festsetzung des Bußgelds durch den deutschen Staat oder die Europäische Union. Einmal fließt das Bußgeld der Europäischen Union zu und im anderen Fall dem deutschen Staat. Insbesondere in diesem Fall können mithin die beteiligte deutsche und europäische Behörde jeweils ein gesteigertes Interesse daran haben, das Bußgeld festzusetzen, um entsprechend auch die Bußgeldzahlung zu erhalten. Um nun das mit *ne bis in idem* vereinbare Bußgeld festzusetzen, muss die Behörde das zeitlich erste Bußgeld festsetzen. Dafür muss sie ihre Ermittlungen schneller abschließen als die andere Behörde, um damit auch zuerst das Bußgeld festsetzen zu können. Es kann mithin ein Wettlauf um die Bebußungsmöglichkeit entstehen, der sich wiederum negativ auf die Qualität der Ermittlung und der Bußgeldentscheidung auswirken kann. Um diesen Wettlauf zu unterbinden und Rechtssicherheit sowie -klarheit durch eine verbindliche Regelung zu schaffen, ist eine Regelung zur Wahrnehmung des Bebußungsrechts von Vorteil. Das ist in verschiedenen Formen denkbar. Da sich, wie nachfolgend noch dargestellt wird, im deutschen Recht einfachgesetzlich eine *ne bis in idem* entsprechende Limitierung paralleler Bußgelder und eine Regelung zur Wahrnehmung der Bußgeldzuständigkeit finden,[868] haben die nachfolgenden Ausführungen zu einer möglichen Regelung v.a. für potentielle parallele Bußgelder durch europäische und deutsche Stellen eine praktische Relevanz.

cc. Mögliche Regelungen

Zunächst ist die Möglichkeit eines Gesamtbußgelds ähnlich der Gesamtstrafe nach §§ 54, 55 StGB denkbar. Setzen die Behörden das Gesamtbußgeld gemeinsam fest, ist kein Wettlauf um die Bebußung notwendig. Es verletzt außerdem auch nicht *ne bis in idem*, da nicht mehrere Bußgelder festgesetzt sind.

Daneben ist eine Regelung ähnlich § 39 OWiG möglich, die für potentielle parallele kartell- und kapitalmarktrechtlicher Bußgelder nationaler Behörden direkt gilt, wie nachfolgend noch dargestellt wird. Die Vorschrift regelt die Zuständigkeitswahrnehmung bei mehreren zuständigen Behörden. So ist nach § 39 Abs. 1 S. 1 OWiG bei einer Zuständigkeit mehrerer Behörden für eine Tat, die Behörde zuständig ist, die den Betroffenen zuerst vernimmt. Eine Vernehmung nach § 39 OWiG ist die schriftliche oder mündliche Konfrontation mit dem Vorwurf.[869]

---

868 Vgl. dazu nachfolgenden Abschnitt C. IV. 3. g. dieser Arbeit.

869 BeckOK-OWiG/*Inhofer*, § 39 OWiG Rn 5; *Bohnert/Krenberger/Krumm*, § 39 OWiG Rn 6; KK-OWiG/*Lampe*, § 39 OWiG Rn 9.

Entsprechend könnte man für eine Untersagung paralleler Bußgelder durch *ne bis in idem*, v.a. mit Blick auf potentielle parallele Bußgelder durch europäische Stellen oder durch deutsche und europäische Stellen, da insoweit keine Bindung der europäischen Stellen an § 39 OWiG besteht,[870] regeln, dass die Behörde, die zuerst tätig wird, auch für das Bußgeldverfahren zuständig ist. Es entsteht kein Wettlauf um das Bebußungsrecht, da die Behörde, die zuerst Ermittlungen mit Außenwirkung einleitet, verbindlich zuständig ist. Insoweit ist aber zu beachten, dass es durchaus sinnvoll sein kann, wenn die nicht-ersttätige Behörde das Bußgeld festsetzt, u.a. bei Schwierigkeiten hinsichtlich der Feststellung eines Verstoßes durch die ersttätige Behörde, bei mehrere Mitgliedsstaaten umfassenden Verstößen und gleichzeitiger Ersttätigkeit der nur den nationalen Verstoß ahndenden Behörde oder bei einer Möglichkeit der Festsetzung eines höheren Bußgelds durch die nicht-ersttätige Behörde. Auch diese Probleme lassen sich über eine § 39 OWiG entsprechende Regelung lösen. § 39 Abs. 2 S. 1 OWiG sieht vor, dass die nach § 39 Abs. 1 S. 1 OWiG zuständige Behörde die Verfolgung und Ahndung der Tat auf eine andere zuständige Behörde durch eine Vereinbarung übertragen darf, wenn es sachdienlich ist. Eine solche Regelung kann ebenso geschaffen werden, um damit einen Wechsel der Zuständigkeit zu ermöglichen.

Eine weitere Möglichkeit ist eine Bestimmung der Wahrnehmung der Bußgeldzuständigkeit in Anlehnung an § 19 OWiG. Nach § 19 Abs. 1 OWiG wird nur ein Bußgeld festgesetzt, wenn dieselbe Handlung mehrere Gesetze verletzt, die als Ordnungswidrigkeit geahndet werden können. Gem. § 19 Abs. 2 S. 1 OWiG darf sich das Bußgeld nur nach dem Gesetz richten, das die höchste Geldbuße androht. Entsprechend kann man vorsehen, dass die Behörde das Bußgeld festsetzt, welcher der höhere Bußgeldrahmen zur Verfügung steht.[871]

Jede dieser Alternativen hat Vor- und Nachteile. So bietet eine § 39 OWiG entsprechende Bestimmung nach der Ersttätigkeit Rechtssicherheit. Daneben bietet eine § 39 Abs. 2 S. 1 OWiG entsprechende Möglichkeit der Zuständigkeitsübertragung bei Sachdienlichkeit zugleich die behördenseitig notwendige Flexibilität. Eine § 19 OWiG entsprechende Bußgeldfestsetzung aufgrund des höheren Bußgeldrahmens schafft hingegen im Vergleich ein hohes Maß an Rechtssicherheit, da die zuständige Behörde abstrakt aus dem Gesetz bestimmt werden kann und nicht durch ein Behördenhandeln abänderbar ist. Der Nachteil ist jedoch, dass zwingend die Behörde mit höherem Bußgeldrahmen zuständig ist, auch wenn die Zuständigkeit der anderen Behörde sinnvoll ist, u.a. bei Beweisschwierigkeiten, schwierigen Rechtsfragen oder kapazitären Engpässen. Ein Gesamtbußgeld hat daneben den Vorteil der Bebußung des gesamten Unwerts, da nicht nur ein Bußgeld wegen Verletzung des Kartell- oder des Kapitalmarktrechts möglich ist wie bei § 19 OWiG oder § 39 OWiG entsprechender Bestimmung. Es ergäben sich aber bei der Festsetzung eines Gesamtbußgelds, das beide Verstöße erfasst, zugleich

870 Vgl. dazu nachfolgenden Abschnitt C. IV. 3. g. ee. dieser Arbeit.
871 Vgl. zu den Bußgeldrahmen Abschnitt C. IV. 3. b. bb. dieser Arbeit.

Unsicherheiten für die Verhältnismäßigkeit der Sanktionierung, da die kartell- und kapitalmarktrechtlichen Bußgelder den gleichen Unwert sanktionieren können.[872] Das Gesamtbußgeld kann den gleichen Unwert mehrfach sanktionierend mithin unverhältnismäßig sein. Zusätzlich besteht bei einer Gesamtbußgeldregelung im Falle der Beteiligung europäischer und deutscher Stellen das Problem der Aufteilung des Bußgelds. Außerdem hat eine § 19 OWiG (Bußgeldrahmen) oder eine § 39 OWiG (Ersttätigkeit) entsprechende Bestimmung den Vorteil, dass eine Regelung durch den Gesetzgeber nicht erforderlich ist, wenn die Kartell- und die Kapitalmarktbehörde wie bei Art. 23 VO 1/2003, § 81 GWB, § 39 WpHG Bußgeldermessen haben. Dann können sie sich über eine entsprechende Vereinbarung binden. Ein Gesamtbußgeld kann hingegen über eine Abstimmung nicht geschaffen werden. Die Kartell- und Kapitalmarktbehörde können kein gemeinsames Bußgeld festsetzen, da sie nur die Bußgeldzuständigkeit für Verstöße gegen das jeweilige Rechtsgebiet haben und eine gemeinsame Bußgeldfestsetzung auf Basis beider Verstöße nicht vorgesehen ist. Vor allem kennt das deutsche Ordnungswidrigkeitenrecht keine Gesamtstrafe.[873] Um ein Gesamtbußgeld festsetzen zu können, ist mithin eine ausdrückliche Grundlage im deutschen und europäischen Recht erforderlich.

In der Gesamtschau bietet eine § 39 OWiG entsprechende Wahrnehmung des Bußgeldrechts die beste Lösung. Sie gibt die Rechtssicherheit, dass grundsätzlich die ersttätige Behörde das Bußgeld festsetzt. Zum anderen gibt sie die Möglichkeit, die Zuständigkeit für das Bußgeldverfahren an die andere Behörde abzugeben, wenn dies sachdienlich ist. Dazu kann zählen, dass die nicht ersttätige Behörde einfacher einen Verstoß nachweisen oder das höhere Bußgeld festsetzen kann. Das schafft für die Behörden eine sinnvolle Flexibilität hinsichtlich der Wahrnehmung der Zuständigkeit, um eine effektive Sanktionierung zu ermöglichen. Eine § 19 OWiG entsprechende Wahrnehmung des Bebußungsrechts nach dem Bußgeldrahmen gibt zwar mehr Rechtssicherheit, nimmt aber zugleich auch Flexibilität, die im Übrigen die Rechtssicherheit nicht über Gebühr einschränkt. Die Zuständigkeit darf nur übertragen werden, wenn es sachdienlich ist. Eine willkürliche Übertragung ist mithin nicht möglich. Auf der anderen Seite ist auch zu beachten, dass der Bußgeldrahmen den Unwert spiegelt, der sanktioniert werden soll. Um den Unwert i.S.d. gesetzgeberischen Vorgabe angemessen zu bebußen, ist grundsätzlich der höhere Bußgeldrahmen zu nutzen. Das hat den Nebeneffekt einer erhöhten Abschreckung. Dies spricht für eine § 19 OWiG entsprechende Wahrnehmung der Bußgeldzuständigkeit. Zugleich ist jedoch ebenso zu beachten, dass eine Bestimmung der Zuständigkeit aufgrund der Ersttätigkeit in Anlehnung an § 39 OWiG nicht mit der gesetzgeberischen Wertung zur Bußgeldhöhe unvereinbar ist, sodass dieser Umstand nicht gegen eine § 39 OWiG entsprechende Wahrnehmung des Bebußungsrechts spricht. Die Behörden können bspw. den Bußgeldrahmen der nicht ersttätigen Behörde als Kriterium für eine sachdienliche

---

872 Vgl. dazu Abschnitt C. IV. 3. D. cc. (3). dieser Arbeit.
873 *Bohnert/Krenberger/Krumm*, § 19 OWiG Rn 1; KK-OWiG/*Mitsch*, § 19 OWiG Rn 5.

Übertragung der Zuständigkeit nutzen. Ferner hat eine § 19 OWiG entsprechende Wahrnehmung anhand des Bußgeldrahmens auch weitere Nachteile. Es ist zwingend die Bußgeldnorm zu wählen, die den höheren Bußgeldrahmen vorsieht. Gibt mithin das Kartellrecht den höheren Bußgeldrahmen, ist der Kartellverstoß aber nur schwer nachweisbar und ein leicht nachweisbarer Kapitalmarktrechtsverstoß gegeben, ist es sinnvoll, für eine schnelle, einfache und effektive Sanktion das Bußgeld auf Grundlage des Kapitalmarktrechts festzusetzen. Das ist bei einer § 19 OWiG entsprechenden Wahrnehmung des Bußgeldrechts jedoch nicht möglich. Eine § 39 OWiG entsprechende Wahrnehmung bietet für diese Fällen hingegen die notwendige Flexibilität. Im Behördeninnenverhältnis kann ferner ein Kriterienkatalog entwickelt werden, nach dem die Sachdienlichkeit für eine Übertragung der Zuständigkeit bestimmt wird, bspw. neben der Bußgeldhöhe die Wahrscheinlichkeit der Feststellung eines Verstoßes, die Kapazitäten der Behörden oder die Ausdehnung des Verstoßes über einen Staat hinaus, der die Verfolgung durch eine europäische Stellen sinnvoll macht. Zugleich bietet eine § 39 OWiG entsprechende Wahrnehmung des Bebußungsrechts hinreichend Rechtssicherheit. Der Betroffene weiß, dass grundsätzlich die ersttätige Behörde das Bußgeld festsetzt, wenn die Zuständigkeit nicht abgegeben wird.

Eine § 39 OWiG entsprechende Wahrnehmung der Bebußungszuständigkeit ist sinnvoll. Sie ist einer § 19 OWiG entsprechender Wahrnehmung nach dem abstrakten Bußgeldrahmen vorzuziehen, da sie flexibler ist. Daneben hat § 39 OWiG gegenüber der Möglichkeit eines Gesamtbußgelds den Vorteil, dass keine Unsicherheiten für die Verhältnismäßigkeit wegen einer schwierigen Umrechnung gleicher Unwertanteile in beiden Bußgeldern in eine Bußgeldreduktion entstehen. Ferner ist eine Aufteilung des Bußgelds bei paralleler Zuständigkeit deutscher und europäischer Stellen bei Festsetzung eines Gesamtbußgelds eine praktisch nicht unproblematische Folgefrage. Im Übrigen erfordert eine § 39 OWiG entsprechende Wahrnehmung nicht zwingend eine Regelung. Haben die Behörden ein Bußgeldermessen, können sie dieses Ermessen nutzen, um eine Vereinbarung zur Wahrnehmung des Bebußungsrechts zu treffen.

Im Ergebnis folgt aus *ne bis in idem*, dass bei einer parallelen kartell- und kapitalmarktrechtlichen Bebußung eines *idem* nur das erste Bußgeld zulässig ist, wenn *ne bis in idem* greift. Diese Regel ist einfach zu handhaben, birgt aber zugleich die Gefahr eines Wettrennens um die Bebußungsmöglichkeit und bietet darüber hinaus wenig Sicherheit und Klarheit hinsichtlich der zuständigen bebußenden Behörde. Daher ist eine geregelte Wahrnehmung des Bebußungsrechts sinnvoll. Die Zuständigkeit ist dabei entsprechend § 39 OWiG nach der Ersttätigkeit zu bestimmen, wobei die Übertragung der Zuständigkeit bei Sachdienlichkeit möglich sein sollte. Das gibt ein gewisses Maß an Flexibilität bei gleichzeitig hinreichender Rechtssicherheit. Eine solche § 39 OWiG entsprechende Wahrnehmung des Bebußungsrechts kann ferner durch eine Vereinbarung der Behörden erfolgen, wenn sie wie bei Art. 23 VO 1/2003, § 81 GWB, § 39 WpHG Ermessen haben. Um zugleich auch Rechtssicherheit und -klarheit zu schaffen, ist aber eine Regelung sinnvoll. Insoweit ist anzumerken, dass die Ausführungen primär für das europäische Recht und eine parallele Bebußung durch deutsche und europäische Behörden praktisch relevant sind. Für deutsche Behörden ergibt sich, wie sogleich dargestellt wird, eine *ne bis in idem* entsprechende einfachgesetzliche Limitierung und eine direkte Bindung an § 39 OWiG bei ordnungswidrigkeitenrechtlichen kartell- und kapitalmarktrechtlichen Bußgeldern. Das ist ein weiteres Argument für ein § 39 OWiG entsprechende Wahrnehmung des Bebußungsrechts. Sie stimmt mit der Regelung überein, die für deutsche Behörden verbindlich ist, sodass eine einheitliche Rechtsanwendung möglich ist, wenn man die Wahrnehmung des Bebußungsrechts für Fälle, die nicht direkt § 39 OWiG unterfallen, entsprechend bestimmt.

g. Einfachgesetzliche Regelungen im deutschen Recht

aa. Vorbemerkungen

Wie vorstehend zu *ne bis in idem* angedeutet, finden sich im deutschen Ordnungswidrigkeitenrecht einfachgesetzliche Normen, die parallele Bußgelder limitieren und die Bebußungszuständigkeit betreffen. Diese Normen binden die deutschen Behörden. Sie gelten bspw. für eine Bebußung paralleler Verstöße gegen das Kartellrecht und die Marktmissbrauchsverordnung durch das Bundeskartellamt und die BaFin. Für die Bußgelder nach § 81 GWB[874] und nach § 39 WpHG[875] gilt das OWiG. Gem. § 2 OWiG findet das OWiG auf alle Ordnungswidrigkeiten nach Bundes- oder Landesrecht Anwendung, bspw. somit auch auf Ordnungswidrigkeiten nach § 81 GWB, § 39 WpHG.

Nachfolgend werden die relevanten Normen und deren Auswirkungen auf eine potentielle parallele kartell- und kapitalmarktrechtliche Bebußung durch deutsche Behörden dargestellt. Anschließend wird erörtert, welche Relevanz sie haben, wenn nicht die BaFin und das Bundeskartellamt als deutsche Behörde potentiell parallel bebußend auftreten, sondern europäische Stellen involviert sind, bspw. für parallele Verstöße gegen das Kartellrecht und die Marktmissbrauchsverordnung die Europäische Kommission als Kartellbehörde neben der BaFin als Kapitalmarktbehörde auftritt.

bb. Parallele Bußgelder durch nationale Behörden

Zunächst folgt aus § 84 Abs. 1 OWiG eine *ne bis in idem* entsprechende Limitierung der parallelen Bebußung durch die BaFin und das Bundeskartellamt, welche die erarbeitete Geltung von zu *ne bis in idem* in diesem Bereich einfachgesetzlich bestätigt. Gem. § 84 Abs. 1 OWiG kann eine Tat nicht mehr als Ordnungswidrigkeit verfolgt werden, wenn zu der Tat ein Bußgeldbescheid rechtskräftig festgesetzt ist. Hat bspw. das Bundeskartellamt rechtskräftig einen Bußgeldbescheid

874 *Bechtold/Bosch*, § 81 GWB Rn 67; LMR/*Meyer-Lindemann*, § 81 GWB Rn 10.

875 Erbs/Kohlhaas/*Wehowsky*, § 39 WpHG Rn 2; Fuchs/*Waßner*, § 39 WpHG Rn 3; Schwark/Zim-mer/*Zimmer*/*Cloppenburg*, § 39 WpHG Rn 2.

festgesetzt, kann die BaFin keinen Bußgeldbescheid festsetzen, wenn er dieselbe Tat i.S.v. § 84 Abs. 1 OWiG betrifft. § 84 Abs. 1 OWiG meint die Tat im prozessualen Sinne als ein einheitlicher geschichtlicher Lebenssachverhalt.[876] Ein solcher Tatbegriff liegt im Ausgangspunkt auch dem faktischen Tatbegriff in Art. 103 Abs. 3 GG zugrunde,[877] der für *ne bis in idem* auch außerstrafrechtlich gilt. Für die Beispiele paralleler Verstöße gegen das Kartellrecht und die Marktmissbrauchsverordnung kann man daher entsprechend zu *ne bis in idem* eine Tat i.S.v. § 84 Abs. 1 OWiG annehmen.[878]

§ 84 Abs. 1 OWiG limitiert entsprechend *ne bis in idem* die parallele Sanktion durch deutsche Kartell- und Kapitalmarktbehörden. Die Norm bestätigt insoweit die Ausführungen zu *ne bis in idem*. § 84 Abs. 1 OWiG hat eine mit *ne bis in idem* vergleichbare Funktion, spezifisch geregelt für das Ordnungswidrigkeitenrecht.[879] Anzumerken ist im Weiteren, dass die Untersagung paralleler kartell- und kapitalmarktrechtlicher Bußgelder durch § 84 Abs. 1 OWiG nicht daran scheitert, dass das Bundeskartellamt und die BaFin den jeweils durch die andere Behörde verfolgten Verstoß wegen fehlender Zuständigkeit nicht verfolgen können. Das Bundeskartellamt kann insoweit bspw. keine Verstöße gegen die Marktmissbrauchsverordnung mit einem Bußgeld ahnden, da die erforderliche Zuständigkeit fehlt. Eine Vereinbarkeit der Verfolgung weiterer Ordnungswidrigkeiten, die sich aus derselben Tat i.S.v. § 84 Abs. 1 OWiG ergeben, mit § 84 Abs. 1 OWiG folgt nicht daraus, dass die beteiligten Behörden jeweils nicht für die Verfolgung aller potentiellen Ordnungswidrigkeiten der jeweiligen Tat zuständig sind.[880] § 84 Abs. 1 OWiG stellt rein objektiv auf eine erneute Verfolgung derselben tatsächlichen Tat ab, für die ein Bußgeldbescheid festgesetzt ist. § 84 Abs. 1 OWiG macht die Sperrwirkung nicht von den Zuständigkeitserwägungen abhängig. Die Sperrwirkung erfasst alle Ordnungswidrigkeiten, die in derselben Tat liegen.[881] Das ist folgerichtig, versteht man § 84 Abs. 1 OWiG zutreffend als einfachgesetzliche Ausformung von *ne bis in idem*.

---

876 BeckOK-OWiG/*Ganter*, § 84 OWiG Rn 6; *Bohnert/Krenberger/Krumm*, § 84 GWB Rn 5; Leitner/*von Galen/Maass*, § 84 OWiG Rn 2.

877 Siehe: BVerfG v. 28.03.2003, 2 BvR 1012/01 (= NJW 2004, 279); MAH-Strafverteidigung/ *Eschelbach*, § 30 Rn 160; Maunz/Dürig/*Schmidt-Aßmann*, Art. 103 GG Rn 282; Schwarze/*Voet van Vormizeele*, Art. 50 GRC Rn 4.

878 Vgl. zu den Beispielen und deren Einordnung in Bezug auf den faktischen verstandenen Grundsatz *ne bis in idem* Abschnitt C. IV. 3. d. bb. (2). dieser Arbeit.

879 Vgl. KK-OWiG/*Lutz*, § 84 OWiG Rn 1.

880 Blum/*Schulz*, § 84 OWiG Rn 3; *Bohnert/Krenberger/Krumm*, § 84 GWB Rn 5; vgl. BeckOK-OWiG/*Ganter*, § 84 OWiG Rn 5; KK-OWiG/*Lutz*, § 84 OWiG Rn 3; Leitner/*von Galen/Maass*, § 84 OWiG Rn 7.

881 BeckOK-OWiG/*Ganter*, § 84 OWiG Rn 5.

cc. Zuständigkeit zur Wahrnehmung des Bebußungsrechts

Im OWiG findet sich nicht nur eine einfachgesetzliche *ne bis in idem* entsprechende Limitierung der Festsetzung paralleler kartell- und kapitalmarktrechtlicher Bußgelder durch deutsche Behörden. Ferner sind deutsche Behörden in der Wahrnehmung des insoweit nur einer der beteiligten Behörden zustehenden Bebußungsrechts an die Zuständigkeitsregelung in § 39 OWiG, die vorstehend zu *ne bis in idem* als anzuwendender Modus dargestellt wurden, gebunden.

Gem. § 39 Abs. 1 S. 1 OWiG ist bei Zuständigkeit mehrerer Behörden für eine Tat die Behörde zuständig, die den Betroffenen zuerst vernimmt. Nur diese darf die Ordnungswidrigkeit mit Bußgeld ahnden.[882] Auch für § 39 OWiG wird wie für § 84 OWiG auf dieselbe Tat im prozessualen Sinne abgestellt.[883] Die Ausführungen zu § 84 OWiG gelten mithin entsprechend. § 39 Abs. 1 S. 1 OWiG nimmt ferner auf die Zuständigkeiten nach §§ 36 – 38 OWiG Bezug. § 36 OWiG regelt die sachliche Zuständigkeit. Mithin erfasst § 39 Abs. 1 S. 1 OWiG den Fall mehrerer sachlich für dieselbe Tat zuständiger Behörden[884] Folglich unterfällt die potentielle parallele Bebußung derselben Tat durch das Bundeskartellamt und die BaFin, die in den dargestellten Beispielfällen möglich ist, der Zuständigkeitsregelung des § 39 Abs. 1 S. 1 OWiG. Zu beachten ist ferner, dass die nach § 39 Abs. 1 S. 1 OWiG zuständige Behörde die Zuständigkeit durch Vereinbarung nach § 39 Abs. 2 S. 1 OWiG an die andere Behörde übertragen kann.

dd. Keine Relevanz von § 19 OWiG

Ferner sei noch § 19 OWiG erwähnt, der im Zusammenhang mit *ne bis in dem* als möglicher Modus zur Wahrnehmung der Bußgeldzuständigkeit angesprochen ist. Diese Norm limitiert im Ergebnis nicht die parallele Bebußung durch deutsche Kartell- und Kapitalmarktbehörden.

Gem. § 19 Abs. 1 OWiG kann für dieselbe Handlung, die mehrere Gesetze verletzt, nach denen sie als Ordnungswidrigkeit geahndet werden kann, nur eine Geldbuße festgesetzt werden. Diese hat sich gem. § 19 Abs. 2 S. 1 OWiG nach dem Gesetz zu richten, das den höheren Bußgeldrahmen vorsieht. Auf den ersten Blick könnte man zu dem Schluss kommen, dass dies auch für potentielle parallele Bußgelder der Kartell- und der Kapitalmarktbehörde gilt, wenn sie sich auf dieselbe Handlung i.S.v. § 19 OWiG beziehen, sodass in der Folge nur das höhere Bußgeld festgesetzt werden darf. Das ist aber nicht der Fall, da § 19 OWiG systematisch nicht auf diese Konstellation bezogen ist. Richtigerweise wird § 19 OWiG nur im gleichen Verfahren einer Behörde relevant, wohingegen bei verschiedenen Verfahren unterschiedlicher Behörden in Bezug auf dieselbe Tat § 39 OWiG

---

882 BeckOK-OWiG/*Inhofer*, § 39 OWiG Rn 11.
883 BeckOK-OWiG/*Inhofer*, § 39 OWiG Rn 2; *Bohnert/Krenberger/Krumm*, § 39 OWiG Rn 1; KK-OWiG/*Lampe*, § 39 OWiG Rn 1 u. 3.
884 BeckOK-OWiG/*Inhofer*, § 39 OWiG Rn 1; Blum/*Seith*, 3 39 OWiG Rn 1.

als die Zuständigkeitsregelung bzw. § 84 OWiG als die eine mehrfache Sanktion unterbindende Regelung einschlägig sind.[885] Das ist aus gesetzessystematischen Zusammenhängen zu folgern. § 39 OWiG wäre als Zuständigkeitsregelung obsolet, ergäbe sich schon aus § 19 OWiG die Zuständigkeit. § 19 OWiG ist daher dahingehend zu verstehen, dass eine Behörde das Bußgeld nach dem Gesetz festzusetzen hat, das den höheren Bußgeldrahmen bietet, wenn mehrere Gesetze verletzt sind und die Behörde all diese Gesetzesverletzungen ahnden könnte. Da die Verfolgung der Kartell- und Kapitalmarktrechtsverstöße in verschiedenen Verfahren durch unterschiedliche Behörden erfolgt, ist § 19 OWiG insoweit nicht relevant.

ee. Involvierung europäischer Stellen

Die §§ 39, 84 OWiG sind zu beachten, wenn deutsche Behörden parallel ordnungswidrigkeitenrechtliche Bußgelder festsetzen könnten. Daher sind bspw. das Bundeskartellamt und die BaFin bei potentiell paralleler Bebußung von Verstößen gegen das Kartellrecht und die Marktmissbrauchsverordnung an die §§ 39, 84 OWiG gebunden. Sie müssen die *ne bis in idem* entsprechende Limitierung paralleler Bebußung derselben Tat in § 84 Abs. 1 OWiG ebenso beachten wie die Zuständigkeitsregelung in § 39 OWiG. Nun können parallele kartell- und kapitalmarktrechtliche Bußgelder aber nicht nur durch deutsche Behörden festgesetzt werden. Auch die Europäische Kommission kann als Kartellbehörde nach Art. 23 VO 1/2003 bebußend neben der BaFin auftreten, die nach § 39 WpHG einen Verstoß gegen die Marktmissbrauchsverordnung mit einem Bußgeld ahndet. Zu klären ist daher, ob die §§ 39, 84 OWiG in diesen Fällen auch Anwendung finden.

Offensichtlich ist, dass die europäischen Stellen nicht an § 84 Abs. 1 OWiG gebunden sind. Obgleich bspw. Art. 23 VO 1/2003 formal § 81 GWB als kartellrechtliche Bußgeldnorm entspricht, ist die Europäische Union kein Adressat des § 84 Abs. 1 OWiG. Die Norm bindet als Norm des deutschen Ordnungswidrigkeitenrechts deutsche Behörden. Die Europäische Kommission ist daher bspw. nicht durch § 84 Abs. 1 GWB gehindert, als Kartellbehörde für dieselbe Tat, bezüglich derer die BaFin ein kapitalmarktrechtliches Bußgeld festgesetzt hat, ein Bußgeld nach Art. 23 VO 1/2003 festzusetzen.

Die fehlende Bindung der europäischen Stellen an § 84 Abs. 1 OWiG führt jedoch nicht zur generellen Zulässigkeit paralleler Bebußung in diesen Fällen. Wegen ebendieser fehlenden Bindung und einer fehlenden entsprechenden Regelung im europäischen Recht wurde vorstehend umfassend die Geltung von *ne bis in idem* für parallele kartell- und kapitalmarktrechtliche Bußgelder deutscher und europäischer Stellen hergeleitet, die v.a. für eine potentielle parallele Bebußung von Verstößen gegen das Kartellrecht und die Marktmissbrauchsverordnung durch deutsche und europäische Stellen praktisch relevant ist. Trotz der fehlenden Bindung an § 84 Abs. 1 OWiG können europäische Stellen daher nicht

885 So auch: KK-OWiG/*Mitsch*, § 19 Rn 3.

uneingeschränkt Bußgelder parallel zu deutschen Behörden bzgl. des faktisch gleichen *idem* festsetzen. Es ergibt sich eine § 84 Abs. 1 OWiG entsprechende Limitierung paralleler Bebußung über *ne bis in idem* nach den Grundsätzen, die oben zu *ne bis in idem* erarbeitet sind.

Auch wenn die europäische Stellen nicht an § 84 Abs. 1 OWiG gebunden sind, kann man erörtern, ob jedoch die deutschen Behörden an § 84 Abs. 1 OWiG gebunden sind, wenn sie neben europäischen Stellen bebußend auftreten, bspw. wenn die BaFin als Kapitalmarktbehörde ein Verhalten wegen Verstoßes gegen die Marktmissbrauchsverordnung nach § 39 WpHG mit einem Bußgeld ahndet, das die Europäische Kommission als Kartellbehörde nach Art. 23 VO 1/2003 wegen Verstoßes gegen Art. 101, 102 AEUV ahndet.[886]

Man könnte für dieses Beispiel erwägen, die Zweitbebußung durch die deutsche BaFin bei einem bestehenden Bußgeldbescheid der Europäischen Kommission entsprechend § 84 Abs. 1 OWiG zu untersagen. Dafür muss der Bußgeldbescheid der Europäischen Kommission ein Bußgeldbescheid i.S.d. § 84 Abs. 1 OWiG sein, der eine erneute Verfolgung derselben Tat durch eine deutsche Behörde als Ordnungswidrigkeit ausschließt. Diese Annahme lässt sich aus dem gleichen supranationalen Charakter der Europäischen Union und dem Verhältnis des deutschen Staats zur Europäischen Union als deren Mitgliedsstaat, der sie schafft und mit Hoheitsrechten ausstattet, ableiten, aus dem auch die Geltung von *ne bis in idem* im Verhältnis deutscher und europäischer Kartell- und Kapitalmarktbehörden folgt.[887] Die Europäische Union ist kein Drittstaat, sondern eine von den Mitgliedsstaaten geschaffene Einheit, die auf dem Gebiet der Mitgliedsstaaten an deren Stelle tätig wird. Das europäische und das deutsche Rechts sind ebenso wenig strikt zu trennen wie das europäische und das deutsche hoheitliche Handeln, wie schon zu *ne bis in idem* dargestellt. Daher müssen deutsche Behörden ein Handeln der Europäischen Union wie ein Handeln deutscher Behörden werten. Man kann daher einen Bußgeldbescheid einer europäischen Stelle, zumindest wenn er einem deutschen ordnungswidrigkeitenrechtlichen Bußgeldbescheid ähnelt, als Bußgeldbescheid i.S.v. § 84 Abs. 1 OWiG ansehen. Insbesondere wegen der Vergleichbarkeit des Art. 23 VO 1/2003 mit § 81 GWB, der dem deutschen Ordnungswidrigkeitenrecht zugeordnet ist, kann man den von der Europäischen Kommission als Kartellbehörde festgesetzten Bußgeldbescheid als Bußgeldbescheid i.S.v. § 84 Abs. 1 OWiG ansehen, der eine erneute Verfolgung derselben Tat als Ordnungswidrigkeit durch eine deutsche Behörde, bspw. die BaFin als Kapitalmarktbehörde, untersagt. Es entsteht mithin eine Bindung der deutschen Behörde an § 84 Abs. 1 OWiG als zweitbebußende Behörde neben der Europäischen Kommission.

Selbst wenn man diese Bindung der deutschen Behörde ablehnt, sind parallele deutsche und europäische kartell- und kapitalmarktrechtliche Bußgelder nicht uneingeschränkt möglich. Es besteht weiterhin die erarbeitete Bindung

---

886 Vgl. die Beispiele zu solchen parallelen Verstößen in Abschnitt C. II. 4. dieser Arbeit.
887 Vgl. dazu Abschnitt C. IV 3. e. dieser Arbeit.

an *ne bis in idem*, die v.a. auch im Verhältnis einer potentiellen parallelen deutschen und europäischen kartell- und kapitalmarktrechtlichen Bebußung besteht.

Ferner ist noch auf § 39 OWiG einzugehen. Wie oben dargestellt, ist danach bei sachlich parallel für dieselbe Tat zuständigen deutschen Kartell- und Kapitalmarktbehörden die ersttätige Behörde zuständig. Auch diese Norm bindet nur deutsche Behörden. Wie bei § 84 Abs. 1 OWiG ist in Bezug auf § 39 OWiG eine europäische Stelle kein Adressat. Auch hier kann man aber wie bei § 84 Abs. 1 OWiG die potentiell zweitbebußende deutsche Behörde entsprechend an § 39 OWiG binden. In der Folge ist sie für das Bußgeldverfahren nicht zuständig, wenn die europäische Stelle zuerst i.S.v. § 39 OWiG tätig wird. Diese einseitige Bindung der deutschen Behörde lässt sich wie bei § 84 Abs. 1 OWiG über den supranationalen Charakter der Europäischen Union und das Verhältnis der Europäischen Union zum deutschen Staat als deren Mitgliedsstaat begründen. Lehnt man dies ab, bleibt die Bindung an *ne bis in idem* nach den erarbeiteten Grundsätzen. Damit wäre als Grundregel das zeitlich zuerst festgesetzte Bußgeld maßgebend und das zeitlich zweite Bußgeld mit *ne bis in idem* unvereinbar. Eine Zuständigkeitsregelung für die *ne bis in idem* unterfallenden Konstellationen gibt es, wie dargestellt, nicht. Wie zu *ne bis in idem* erarbeitet, ist ein § 39 OWiG entsprechendes Vorgehen jedoch sachgerecht. Dies hätte v.a. den Vorteil einer identisch bestimmten Zuständigkeitsverteilung in allen relevanten Fällen.

4. Fazit zum Verhältnis auf der Sanktionsebene

Zum Verhältnis von Kartell- und Kapitalmarktrecht auf der Sanktionsebene ist festzuhalten, dass die Bebußung einseitiger Verstöße gegen das Kartell- oder das Kapitalmarktrecht ohne eine entgegenstehende Regelung uneingeschränkt zulässig ist, während parallele kartell- und kapitalmarktrechtliche Bußgelder durch *ne bis in idem* und für nationale Behörden zusätzlich durch das OWiG limitiert sind. Im Einzelnen:

Die Sanktionierung einseitiger Verstöße gegen das Kartell- oder das Kapitalmarktrecht wird nicht durch eine Sanktionslosigkeit nach der anderen Rechtsmaterie eingeschränkt. Sie ist wegen des jeweils nicht abschließenden Charakters nicht bußgeldmindernd zu berücksichtigen. Vor allem lassen die für parallele Verstöße gegen das Kartellrecht und die Marktmissbrauchsverordnung relevanten Bußgeldnormen Art. 23 VO 1/2003, § 81 GWB und § 39 WpHG keine solche Wirkung erkennen. Eine denkbare Ausnahme ist eine entsprechende Regelung. Auch aus der Sachnähe des Kapitalmarktrechts ist wegen des nicht abschließenden, sonderkartellrechtlichen oder kartellrechtsverdrängenden Charakters kein anderes Ergebnis abzuleiten.

Ebenso scheitert eine Bußgeldminderung über schutzwürdiges Vertrauen. Dieses könnte sich allenfalls aus der Sachnähe des Kapitalmarktrechts zum Kapitalmarkt ergeben. Es entsteht aber wegen des nicht abschließenden oder sonderkartellrechtlichen Charakters des Kapitalmarktrechts nicht. Einer kapitalmarktrechtlichen

Zulässigkeitsregelung fehlt der dafür erforderliche kartellrechtliche Erklärungsgehalt.

Für die praktisch relevante Marktmissbrauchsverordnung bestätigt sich dieses Ergebnis für ein kartellrechtliches Bußgeld wegen Verstoßes gegen Art. 101, 102 AEUV in Erwägungsgrund 80 zur Marktmissbrauchsverordnung, nach dem das europäische Kartellrecht durch die Marktmissbrauchsverordnung nicht eingeschränkt sein soll, was auch die Sanktion von Verstößen umfassen muss, da sie der Durchsetzung der Verbote dient.

Für parallele kartell- und kapitalmarktrechtliche Bußgelder stellt sich die Sachlage demgegenüber grundlegend anders dar. Sie ist zunächst durch den Grundsatz *ne bis in idem* limitiert. Ferner findet sich im deutschen Recht eine *ne bis in idem* entsprechende einfachgesetzliche Beschränkung paralleler kartell- und kapitalmarktrechtlicher Bebußung. Die Herleitung von *ne bis in idem* für parallele kartell- und kapitalmarktrechtliche Bußgelder hat somit v.a. für eine Bindung europäischer Stellen praktische Relevanz.

Ne bis in idem ist ein allgemeiner rechtsstaatlicher Grundsatz, der auch außerhalb des Strafrechts zu beachten ist, mithin nach den vorstehend entwickelten Grundsätzen auch bei der praktisch relevanten parallelen Bebußung von Verstößen gegen das Kartellrecht nach Art. 23 VO 1/2003, § 81 GWB und die Marktmissbrauchsverordnung nach § 39 WpHG. Der Grundsatz greift jedoch nicht über die für das Strafrecht geschaffenen Kodifizierungen wie Art. 103 Abs. 3 GG oder Art. 50 EU-Charta. Dafür fehlt Art. 23 VO 1/2003, § 81 GWB und § 39 WpHG die erforderliche Strafrechtlichkeit, da zur Bestimmung dieser Strafrechtlichkeit auf die formalbegriffliche Einordnung einer Norm durch den Gesetzgeber abzustellen ist. Anderenfalls wird der Strafrechtsbegriff überdehnt und seiner Kontur beraubt.

Der Grundsatz *ne bis in idem* gilt für außerstrafrechtliche Bußgelder als rechtsstaatlicher Grundsatz über die hinter *ne bis in idem* stehenden rechtsstaatlichen Prinzipien Rechtssicherheit und Verhältnismäßigkeit, wenn die außerstrafrechtliche Sanktion mit strafrechtlicher Sanktion vergleichbare Qualität und Schwere hat. Dann ist das Spannungsverhältnis zwischen der materiellen Gerechtigkeit und der Rechtssicherheit über *ne bis in idem* zugunsten der Rechtssicherheit aufzulösen. *Ne bis in idem* ist nicht auf das Strafrecht limitiert. Die Kodifizierungen sind nur Verschriftlichung des rechtsstaatlichen Grundsatzes wegen der besonderen Notwendigkeit der Garantie im Strafrecht. Die hinter *ne bis in idem* stehenden rechtsstaatlichen Prinzipien führen bei einer Vergleichbarkeit der Bußgelder mit strafrechtlicher Sanktion zu einer dem Strafrecht entsprechenden Limitierung der hoheitlichen Sanktionsmacht aus Gründen der Rechtsstaatlichkeit, da in diesem Fall die Zusicherung der tatsächlichen Einmaligkeit der Sanktionierung eines Verhaltens rechtsstaatlich ebenso geboten ist, damit der Betroffene nicht Objekt staatlichen Handelns wird.

Bei Bußgeldern nach Art. 23 VO 1/2003, § 81 GWB und § 39 WpHG folgt die hinreichende Vergleichbarkeit schon aus der formal mit dem Strafrecht vergleichbare präventiven und repressiven Wirkung dieser ordnungswidrigkeitenrechtlichen Bußgelder bzw. im Falle des Art. 23 VO 1/2003 ordnungswidrigkeitenrechtlicher

Sanktion ähnlichen Bußgelder. Wegen dieser grundsätzlichen Vergleichbarkeit ist eine dem Strafrecht entsprechende Geltung von *ne bis in idem* anzunehmen. Mit Blick auf Bußgelder wegen Verstößen gegen Art. 101, 102 AEUV, §§ 1, 19 GWB nach Art. 23 VO 1/2003, § 81 GWB und wegen Verstößen gegen Art. 12 Abs. 2 lit. a, 14 lit. c der Marktmissbrauchsverordnung nach § 39 WpHG wird die Vergleichbarkeit ferner durch die potentielle Bußgeldhöhe aufgrund der hohen Bußgeldrahmen bestätigt. Dadurch wird die qualitative Nähe der Sanktion zu strafrechtlicher Sanktion durch ein quantitatives Schwereelement ergänzt, das die Geltung von *ne bis in idem* in der Auflösung des Spannungsverhältnisses der materiellen Gerechtigkeit und der Rechtssicherheit des Betroffenen zugunsten der Rechtssicherheit bestätigt. Je höher der Bußgeldrahmen ist, desto schwerer wiegt auch die potentielle Sanktion, sodass man bei hohen Bußgeldrahmen in jedem Fall eine dem Strafrecht entsprechende Geltung von *ne bis in idem* annehmen muss. Selbst wenn man dieses quantitative Schwereelement als konstitutiv für die Geltung von *ne bis in idem* ansieht, ist sie zumindest bei hohen Bußgeldrahmen anzunehmen, die in genannten Beispielen gegeben sind.

Gilt *ne bis in idem* nach diesen Grundsätzen, ist das *idem* faktisch zu verstehen, sodass es darauf ankommt, ob die Bußgelder an den identischen Lebenssachverhalt anknüpfen. Vor allem ist, anders als vom EuGH verlangt, keine Identität des geschützten Rechtsguts als Voraussetzung für *ne bis in idem* zu fordern, da dies *ne bis in idem* im Kern widerspricht. Die Einschränkung findet sich nicht in *ne bis in idem* als die Garantie der tatsächlichen Einmaligkeit der Sanktionierung eines Verhaltens. Die mit dem Erfordernis der Rechtsgutidentität verbundenen Effekte objektive Sanktionsgerechtigkeit und Erfassung aller formalen Rechtsgutverletzungen sind ferner durch *ne bis in idem* bewusst eingeschränkt und können daher keine Einschränkung von *ne bis in idem* rechtfertigen. Ebenso dient das faktische Verständnis der einheitlichen Anwendung des straf- sowie außerstrafrechtlich aus den gleichen rechtsstaatlichen Prinzipien abgeleiteten und daher identisch zu verstehenden Grundsatzes *ne bis in idem.*

Ne bis in idem gilt im Weiteren nicht nur für parallele Bußgelder zweier deutscher oder zweier europäischer Stellen. Da *ne bis in idem* im deutschen wie europäischen Recht inhaltsgleich gilt, ist er wegen des Verhältnisses der Europäischen Union und des deutschen Staates als deren Mitgliedsstaat auch auf parallele Bußgelder durch europäische und deutsche Stellen anwendbar.

Die Folge des Eingreifens von *ne bis in idem* ist die bloße Zulässigkeit des ersten Bußgelds. Wegen der Wettlaufproblematik sowie auch für die Rechtssicherheit und -klarheit ist eine Regelung der Wahrnehmung des Bebußungsrechts geboten. Insoweit bietet sich eine § 39 OWiG entsprechende Wahrnehmung an, sodass grundsätzlich die ersttätige Stelle das Bußgeld festsetzt, die Zuständigkeit zur Bußgeldfestsetzung bei Sachdienlichkeit aber auf die andere Behörde übertragen kann.

Daneben findet sich in § 84 Abs. 1 OWiG eine *ne bis in idem* entsprechende einfachgesetzliche Einschränkung paralleler Bußgelder für deutsche Kartell- und Kapitalmarktbehörden. Diese Regelung bestätigt das vorstehende Ergebnis zu *ne bis in idem.* Die Norm bindet aber nur deutsche Behörden. Europäische Stellen sind keine Adressaten des § 84 Abs. 1 OWiG. Das hebt jedoch deren Bindung an *ne bis in idem* nach den erarbeiteten Grundsätzen nicht auf. Ferner kann man deutsche Behörden neben europäischen Stellen an § 84 Abs. 1 OWiG binden. Selbst wenn man dies ablehnt, sind deutsche Behörden über *ne bis in idem* identisch gebunden, wenn sie neben europäischen Stellen auftreten. Ebenso gilt für deutsche Behörden die Zuständigkeitsregelung des § 39 OWiG, die als Modus für die Wahrnehmung des Bebußungsrechts im Falle eines Eingreifens von *ne bis in idem* zugrunde gelegt ist, direkt. Darin liegt ein weiteres Argument für eine § 39 OWiG entsprechende Wahrnehmung des Bebußungsrechts im Falle eines Eingreifens von *ne bis in idem*, da dies eine einheitliche Zuständigkeitsbestimmung gewährleistet ist.

V. Zusammenfassung: Verhältnis von Kartell- und Kapitalmarktrecht

Abschließend seien die Ergebnisse zum Verhältnis von Kartell- und Kapitalmarktrecht zusammengefasst. Das Kapitalmarktrecht sperrt das Kartellrecht nicht am Kapitalmarkt. Die Rechtsmaterien finden parallel Anwendung. Auf der Verbotsebene gilt im Grundsatz ein Vorrang des Verbots, der im Einzelfall durch eine Regelung oder für einseitige kartellrechtliche Verbote in den Grenzen der Normenhierarchie durch das entwickelte Berücksichtigungserfordernis durchbrochen sein kann. Auf der Sanktionsebene ist die Möglichkeit der Festsetzung paralleler Bußgelder eingeschränkt.

Grundsätzliche parallele Anwendung von Kartell- und Kapitalmarktrecht

Das Kartellrecht wird nicht generell vom Kapitalmarktrecht verdrängt. Obgleich das Kapitalmarktrecht mit Blick auf den Kapitalmarkt das sachnähere Recht ist, setzt es keinen abschließenden Rechtsrahmen für den Kapitalmarkt. Es regelt die Besonderheiten, die neben den allgemeinen Regelungen zu beachten sind. Das impliziert eine grundsätzliche Geltung des Kartellrechts neben dem Kapitalmarktrecht. Die Sachnähe des Kapitalmarktrechts kann allenfalls im Konfliktfall für einen Vorrang des Kapitalmarktrechts sprechen. Sie führt nicht dazu, dass das Kapitalmarktrecht generell jede dritte Rechtsmaterie von der Anwendung am Kapitalmarkt ausschließt. Ebenso verdrängt es nicht spezifisch das Kartellrecht und ist kein Sonderkartellrecht. Da das Kapitalmarktrecht den Wettbewerbsschutz nicht regelt, wäre der Wettbewerb am Kapitalmarkt ohne die Geltung des Kartellrechts nicht hinreichend geschützt. Das Kapitalmarktrecht kann zwar faktisch den Wettbewerb schützen. Das zeigen vor allem die Art. 12 Abs. 2 lit. a und 14 lit. c der Marktmissbrauchsverordnung. Auch dadurch wird das Kapitalmarktrecht aber nicht zum Sonderkartellrecht. Diese Effekte sind lediglich Nebeneffekte des kapitalmarktrechtlichen Funktions- und Anlegerschutzes, die nicht als ein originärer Wettbewerbsschutz zu werten sind.

Grundsätzlicher Vorrang des Verbots auf Verbotsebene

Da das Kapitalmarktrecht das Kartellrecht am Kapitalmarkt nicht sperrt, sind die Rechtsmaterien auf der Verbotsebene parallel anwendbar. Dies wirft keine Probleme auf, wenn das Kartell- und das Kapitalmarktrecht ein Verhalten identisch beurteilen. Wenn sie ein Verhalten unterschiedlich beurteilen, sind indes Wertungswidersprüche möglich. Insoweit lässt sich als Grundsatz im Ausgangspunkt formulieren, dass ein Verbot nach einer Rechtsmaterie der Zulässigkeit nach der anderen Rechtsmaterie vorgeht.

Für einseitige kapitalmarktrechtliche Verbote folgt dies aus dem fehlenden abschließenden Charakter der kartellrechtlichen Bewertung eines Kapitalmarktverhaltens und der Sachnähe des Kapitalmarktrechts, die für eine vorrangige Geltung des kapitalmarktrechtlichen Verbotskanons spricht. Die kartellrechtlichen Verbote betrachten ein Verhalten aus wettbewerbsschützender Sicht, sodass aus der kartellrechtlichen Zulässigkeit nur eine Vereinbarkeit des Verhaltens mit dem Wettbewerbsschutz folgt. Die kartellrechtliche Zulässigkeit kann zwar in den Grenzen des Art. 3 Abs. 2 VO 1/2003 vorgehen. Unabhängig von den übrigen Voraussetzungen scheitert dieser Vorrang aber daran, dass das Kapitalmarktrecht nicht überwiegend wettbewerbsschützend und damit kein Wettbewerbsrecht i.S.v. Art. 3 Abs. 2 VO 1/2003 ist. Es dient dem Funktions- und Anlegerschutz am Kapitalmarkt. Die faktisch wettbewerbsschützenden Elemente der kapitalmarktrechtlichen Verbote sind nur ein Nebeneffekt des Funktions- und Anlegerschutzes. Selbst wenn man über Art. 3 Abs. 2 VO 1/2003 hinaus einen Vorrang einer kartellrechtlichen Zulässigkeit annehmen will, was hier abgelehnt wird, kann er nur gegenüber überwiegend wettbewerbsschützenden Verboten greifen, da das Kartellrecht sonst über den eigenen Zweck hinaus in die Regelungsbereiche dritter Rechtsmaterien eingreift. Mithin griffe ein solcher Vorrang nicht gegenüber dem Kapitalmarktrecht. Der Vorrang einer kartellrechtlichen Zulässigkeit vor den kapitalmarktrechtlichen Verboten kann sich daher praktisch nur aus einer expliziten Regelung ergeben.

Einseitige kartellrechtliche Verbote gehen umgekehrt im Grundsatz ebenso einer kapitalmarktrechtlichen Zulässigkeit vor. Das folgt aus dem universellen kartellrechtlichen Wettbewerbsschutz und dem nicht abschließenden, kartellrechtsverdrängenden oder sonderkartellrechtlichen Charakters des Kapitalmarktrechts. Der Vorrang kann allenfalls im Einzelfall durchbrochen sein.

Das ist zunächst der Fall, wenn ein Nachrang der kartellrechtlichen Verbote wirksam das Kartellrecht bindend geregelt ist. Daneben kann sich ein Vorrang der kapitalmarktrechtlichen Zulässigkeitsregelung in den Grenzen der Normenhierarchie auch über das in dieser Arbeit entwickelte Berücksichtigungserfordernis ergeben. Dafür muss eine (1.) geregelte kapitalmarktrechtliche Zulässigkeit (2.) wesentlich oder ganz von kartellrechtlichen Verboten überlagert werden und (3.) dürfen die mit der kapitalmarktrechtlichen Zulässigkeitsregelung verbundenen Wertungen und Zwecke bei Vorrang des kartellrechtlichen Verbots nicht angemessen berücksichtigt sein, (4.) ohne dass sich aus einer Regelung oder einer Wertung des Kapitalmarktgesetzgebers ein Nachrang der kapitalmarktrechtlichen

Zulässigkeitsregelung gegenüber den kartellrechtlichen Verboten ergibt. Sind die Voraussetzungen erfüllt, ergibt sich aus kapitalmarktrechtlicher Sicht ein Vorrang der kapitalmarktrechtlichen Zulässigkeitsregelung, der dem Vorrang des kartellrechtlichen Verbots aus kartellrechtlicher Sicht entgegensteht. Es kommt mithin zu einem Wertungswiderspruch, der unter Einbezug der Normenhierarchie aufzulösen ist, sodass die kapitalmarktrechtliche Zulässigkeitsregelung das kartellrechtliche Verbot überlagert, wenn das kartellrechtliche Verbot normenhierarchisch nicht über der kapitalmarktrechtlichen Zulässigkeitsregelung steht. Art. 101, 102 AEUV gehen daher dem originär im europäischen Sekundärrecht und nationalen Recht geregelten Kapitalmarktrecht generell und unabhängig vom Berücksichtigungserfordernis vor. Für §§ 1, 19 GWB hat das Erfordernis wegen des von Art. 101, 102 AEUV abweichenden normenhierarchischen Verhältnisses hingegen eine größere praktische Relevanz und kann eine Nachrang der §§ 1, 19 GWB begründen.

Es ist jedoch unwahrscheinlich, dass die vier Voraussetzungen erfüllt sind. Wegen der faktisch ähnlichen Zwecksetzungen von Kartell- und Kapitalmarktrecht mit Blick auf einen wettbewerblich funktionierenden Kapitalmarkt können mit einer kapitalmarktrechtlichen Zulässigkeitsregelung zugleich Vorteile verbunden sein, die als Effizienzvorteile auch die kartellrechtlichen Verbote ausschließen können. Ferner sind die Marktanteile als Schwellenwerte für die kartellrechtlichen Verbote zu beachten, über die für den Wettbewerbsschutz irrelevante Fälle aussortiert werden. Beides spricht gegen ein wesentliches oder gänzliches Überlagern der kapitalmarktrechtlichen Zulässigkeit durch das Kartellrecht. Selbst im Falle einer Überlagerung sprechen die Bedeutung des Wettbewerbsschutzes, der nicht abschließende, kartellrechtsverdrängende oder sonderkartellrechtliche Charakter des Kapitalmarktrechts und die bloße Überlagerung einer kapitalmarktrechtlichen Zulässigkeit ohne Eingriff in den kapitalmarktrechtlichen Verbots- und Pflichtenkanon für ein Überwiegen des Wettbewerbsschutzes und eine angemessene Berücksichtigung der mit der kapitalmarktrechtlichen Zulässigkeitsregelung verbundenen Wertungen und Zwecke trotz des Vorrangs der kartellrechtlichen Verbote.

Daher folgt in der Regel aus dem Berücksichtigungserfordernis kein Vorrang der kapitalmarktrechtlichen Zulässigkeitsregelungen. Für die Marktmissbrauchsverordnung ergibt sich der Vorrang der Art. 101, 102 AEUV ferner aus Erwägungsgrund 80 zur Marktmissbrauchsverordnung.

Das Beispiel einer kapitalmarktrechtlich nach Art. 5 Abs. 4 der Marktmissbrauchsverordnung zulässigen Kursstabilisation bestätigt dieses Ergebnis. Es zeigt, dass mit dem kapitalmarktrechtlich zulässigen Verhalten Effizienzvorteile einhergehen können, die in der kartellrechtlichen Bewertung berücksichtigt werden können. Aufgrund derer ist die Kursstabilisation kartellrechtlich in der Regel nicht verboten. Die Zulässigkeitsregelung wird nicht wesentlich oder gänzlich überlagert. In der Folge folgt aus dem Berücksichtigungserfordernis kein Vorrang der kapitalmarktrechtlichen Zulässigkeitsregelung. Dies bestätigt für Art. 101, 102 AEUV Erwägungsgrund 80 zur Marktmissbrauchsverordnung.

Einschränkung der parallelen Bebußung auf Sanktionsebene

Auf der Sanktionsebene findet sich die parallele Anwendung von Kartell- und Kapitalmarktrecht hingegen teils eingeschränkt. Einseitige Bußgelder für einen Verstoß gegen das Kartell- oder Kapitalmarktrecht sind uneingeschränkt möglich, sofern keine entgegenstehende Regelung besteht. Die Möglichkeit paralleler kartell- und kapitalmarktrechtlicher Bußgelder ist indes eingeschränkt. Zunächst ist *ne bis in idem* zu beachten. Der Grundsatz gilt auch außerhalb des Strafrechts als rechtsstaatlicher Grundsatz. Bei kartell- und kapitalmarktrechtlichen Bußgeldern nach Art. 23 VO 1/2003, § 81 GWB, § 39 WpHG ist *ne bis in idem* schon wegen der qualitativen Vergleichbarkeit mit dem Strafrecht anzuwenden. In jedem Fall folgt die Geltung von *ne bis in idem* aus den potentiell hohen Bußgeldern als einem quantitativen Schwereelement. Ist *ne bis in idem* anwendbar, muss das *idem* faktisch verstanden werden. Durch ein Erfordernis der Rechtsgutsidentität wäre *ne bis in idem* als tatsächliche Garantie limitiert. Da sich der Grundsatz im deutschen wie europäischen Recht aus den gleichen rechtstaatlichen Prinzipien ableitet und gleich gilt, ist er auf parallele europäische und deutsche Bußgelder anzuwenden. Eine Regelung für die Wahrnehmung des Bebußungsrechts für den Fall, dass parallele kartell- und kapitalmarktrechtliche Bußgelder gegen *ne bis in idem* verstoßen, gibt es nicht. Eine Zuständigkeit der ersttätigen Behörde mit Möglichkeit der Übertragung der Zuständigkeit auf die andere Behörde entsprechend § 39 OWiG ist jedoch sinnvoll.

Die Geltung von *ne bis in idem* findet sich im deutschen Recht in § 84 OWiG bestätigt. Die Regelung bindet aber nur deutsche Behörden. Ferner sind deutsche Behörden direkte an die Zuständigkeitsregelung des § 39 OWiG gebunden.

Fazit

Mit Blick auf Art. 101, 102 AEUV, §§ 1, 19 GWB bleibt festzuhalten, dass sie neben dem Kapitalmarktrecht Anwendung finden. Eine Sperrwirkung durch eine kapitalmarktrechtliche Zulässigkeit ist allenfalls im seltenen Einzelfall denkbar und mehr eine theoretische Möglichkeit. Art. 101, 102 AEUV gehen regelmäßig schon normenhierarchisch vor, sodass insoweit nur eine explizite Nachrangregelung die Verbote einschränken kann. Für §§ 1, 19 GWB ist hingegen das entwickelte kapitalmarktrechtliche Berücksichtigungserfordernis von Belang, über das die §§ 1, 19 GWB aber in der Regel auch nicht einschränkt werden. Die kartellrechtlichen Verbote gelten somit grundsätzlich vorrangig vor dem Kapitalmarktrecht. Dieses Ergebnis ist aufgrund der hohen Wettbewerblichkeit des Kapitalmarkts und der fehlenden originär wettbewerbsschützenden Dimension des Kapitalmarktrechts zum effektiven Schutz des Wettbewerbs am Kapitalmarkt und der Funktionsfähigkeit des Kapitalmarkts als wettbewerblichem Markt sachgerecht. Eine Konsequenz dessen ist aber, dass der Gesetzgeber, will er über eine kapitalmarktrechtliche Zulässigkeitsregelung auch die kartellrechtlichen Verbote sperren, diese Wirkung verbindlich regeln muss. Erwägungsgrund 80 zur Marktmissbrauchsverordnung zeigt für die praktisch relevante Marktmissbrauchsverordnung, dass eine solche Wirkung nicht intendiert ist.

Auf der Sanktionsebene können ferner parallele Bußgelder durch *ne bis in idem* und § 84 OWiG limitiert sein, wobei § 84 OWiG nur nationale Behörden, *ne bis in idem* hingegen auch europäische Stellen bindet.

D. Abschließende Zusammenfassung und Schlussfolgerung sowie Kernthesen und praktischer Prüfungsleitfaden

I. Vorbemerkung

Abschließend werden nun im letzten Teil dieser Arbeit die wesentlichen Ergebnisse und Schlussfolgerungen der vorstehenden Ausarbeitungen zusammengefasst. Weiter wird ein Leitfaden für die Prüfung der kartellrechtlichen Verbote am Kapitalmarkt vorschlagen, der auf den wesentlichen Ergebnissen der Arbeit basiert. Zuletzt werden noch einmal die Kernthesen dieser Arbeit benannt.

II. Zusammenfassung der wesentlichen Ergebnisse und Schlussfolgerungen dieser Arbeit

Die wesentlichen Ergebnisse und Schlussfolgerungen aus dieser Arbeit stellen sich wie folgt dar:

Anwendbarkeit des Kartellrechts am Kapitalmarkt

Das Kartellrecht ist grundsätzlich am Kapitalmarkt anwendbar. Die Anwendbarkeit folgt daraus, dass es den Wettbewerb universell an allen Wettbewerbsmärkten schützen soll. Der Wettbewerb am Kapitalmarkt ist hiervon nicht ausgenommen. Vielmehr bestätigen die Erwähnungen des Kartellrechts im Kapitalmarktrecht, v.a. Erwägungsgrund 80 zur Marktmissbrauchsverordnung, dass das Kartellrecht grundsätzlich Anwendung findet. Die Anwendbarkeit scheitert ebenso wenig an einer fehlenden Wettbewerblichkeit des Kapitalmarkts.

Das Kartellrecht findet jedoch nicht unbeeinflusst Anwendung. Es sind im Kapitalmarktrecht begründete Besonderheiten in der kartellrechtlichen Prüfung zu berücksichtigen.

Marktgröße als primäre Hürde für die Anwendung des Kartellrechts am Kapitalmarkt

Die primär zu beachtende Hürde für die Anwendung des Kartellrechts am Kapitalmarkt ist die potentielle Größe der Märkte für Kapitalmarktprodukte. Daran können im Einzelfall sowohl die für das Kartellverbot erforderliche Spürbarkeit der Wettbewerbsbeschränkung als auch die marktbeherrschende Stellung des Missbrauchsverbots scheitern. Ohne eine Marktverengung, u.a. auf das einzelne Kapitalmarktprodukt, sind für die Spürbarkeit und die marktbeherrschende Stellung hinreichende Marktanteile gerade im Börsenhandel aufgrund dessen

Marktplatzfunktion und der potentiellen räumlichen Marktausdehnung im Grundsatz unwahrscheinlich, sofern sich im Einzelfall keine volumenschwache Kapitalmarktproduktgattung abgrenzen lässt.

In räumlicher und sachlicher Hinsicht sind Märkte für Kapitalmarktprodukte grundsätzlich wie folgt zu bestimmen:

Grundsätze der Abgrenzung von Märkten für Kapitalmarktprodukte

Die Märkte für Kapitalmarktprodukte sind räumlich grundsätzlich zumindest bundesweit ausgedehnt. Die Möglichkeit grenzüberschreitender Märkte hängt primär von Anlegerpräferenzen und Marktzutrittsschranken ab. Vor allem eine Sprachbarriere, die Unkenntnis des ausländischen Kapitalmarkts oder eine erschwerte Betätigung an diesem können gegen eine Zuordnung eines ausländischen und des deutschen Kapitalmarkts zu einem räumlichen Markt sprechen, v.a. für Klein- und Privatanleger. Mit steigender Professionalisierung der Anleger, Standardisierung, Organisation und Simplizität des Handels sowie der Kapitalmarktprodukte werden dagegen grenzüberschreitende Märkte wahrscheinlicher. Für professionelle Anleger sind börs- sowie außerbörslich europäische Märkte im Grundsatz anzunehmen und auch weitergehende Märkte möglich, da sie potentielle tatsächliche und rechtliche Hindernisse im Einzelfall überwinden können. Für Klein- und Privatanleger sind grenzüberschreitende Märkte v.a. möglich, wenn Mittelsmänner zur Verfügung stehen, um Hindernisse wie eine Sprachbarrieren zu überwinden. Im Börsenhandel tragen ferner die Standardisierung und die Organisation für Klein- und Privatanleger zu grenzüberschreitenden Märkten bei. Grenzüberschreitende räumliche Märkte sind somit nicht ausgeschlossen und v.a. im Börsenhandel auch nicht unwahrscheinlich.

Komplexer gestaltet sich hingegen die sachliche Abgrenzung von Märkten für Kapitalmarktprodukte. Die zentrale Feststellung dieser Arbeit ist in dieser Hinsicht, dass die Märkte sachlich nicht generell auf einzelne Kapitalmarktprodukte verengt sind. Sie umfassen vielmehr grundsätzlich alle funktional identischen Kapitalmarktprodukte als für den Anlegerbedarf identisches wirtschaftliches Engagement, mithin bestimmte Gattungen von Kapitalmarktprodukten.

Wesentliche Abgrenzungskriterien dieser Kapitalmarktproduktgattungen sind (i) die formalen Eigenschaften der jeweiligen Kapitalmarktprodukte, (ii) das tatsächlich und nicht formalrechtlich zu bestimmende durch das Kapitalmarktprodukt verbriefte Recht sowie (iii) der wirtschaftliche Zweck, der mit den in Frage stehenden Kapitalmarktprodukten verfolgt wird. Diese grundsätzliche Einteilung in Gattungen impliziert zugleich, dass die sachlichen Märkte für Kapitalmarktprodukte heterogen strukturiert sein können. Die Kapitalmarktproduktgattungen können jeweils verschiedene Produkte umfassen, denn individuelle Unterschiede der einer Gattung zuzuordnenden Kapitalmarktprodukte, bspw. unterschiedliche Unternehmen als Emittenten funktional identischer Beteiligungen an unterschiedlichen Unternehmen, sind grundsätzlich nur Kriterien der Auswahlentscheidung zwischen gleich bedarfsdeckenden Kapitalmarktprodukten. Sie sind grundsätzlich nicht bedarfsbestimmend und heben die funktionale Austauschbarkeit der Produkte einer Gattung nicht auf.

Diese Kapitalmarktproduktgattungen sind außerdem generell sachlich in börs- und außerbörsliche Bereiche zu trennen, da die Organisation, die Standardisierung, die Sicherheit und der einfache Handel bedarfsrelevante Merkmale der börslichen Märkte sind, die außerbörsliche Märkte nicht bieten. Selbst bei mit Börsen vergleichbaren außerbörslichen Handelsplätzen spricht die Stellung der Börsen für eine Trennung.

Insbesondere im Börsenhandel ist zu berücksichtigen, dass die Gattungsmärkte grundsätzlich groß ausfallen können, sofern nicht eine volumenschwache Kapitalmarktproduktgattung abgegrenzt werden kann. Dies gilt v.a. im Börsenhandel wegen der potentiell grenzüberschreitenden Marktausdehnung und der Marktplatzfunktion, die für hohe Marktvolumina und Teilnehmerzahlen spricht. Aber auch im börslichen Bereich sind ausreichend kleine Märkte nicht ausgeschlossen. Eine weitere Unterteilung der Gattungsmärkte im Börsenhandel ist allerdings wegen der Standardisierung, der Organisation und des einfachen Handels im Grundsatz abzulehnen, da es aufgrund dessen grundsätzlich nicht der Bedarfs- und Interessenlage der Anleger entspricht, die Gattungsmärkte weiter zu teilen. Ferner ist zu berücksichtigen, dass sich die Gattungsmärkte in Grenzen nach Preis und Risiko teilen können. Unterschiedliche Laufzeiten von Kapitalmarktprodukten sind aber bspw. wegen der Fixierung auf den Handel an Börsen grundsätzlich nicht bedarfsrelevant.

Außerbörslich sind die Gattungen hingegen wegen der abweichenden Anlage- und Risikostruktur eher weiter unterteilbar, bspw. Unternehmensbeteiligungen nach Branchen. Dafür dürfen die individuellen Unterschiede der Produkte einer Gattung nicht mehr bloß Kriterien der Auswahlentscheidung zwischen funktional identischen Kapitalmarktprodukten sein, sondern müssen aus Sicht der Anleger zu bedarfsrelevanten Unterscheidungskriterien werden. Auch die Laufzeit kann in diesem Zusammenhang zu beachten sein. Da die Produkte schlechter handelbar sind, kann im außerbörslichen Bereich die Anlage in laufzeitgebundene Produkte für die gesamte Laufzeit angelegt sein. In der Folge sind Laufzeitunterschiede insoweit auch bedarfsrelevant.

Ein Sonderfall sind zweckgebundene Kapitalmarktprodukte wie risikoabsichernde Derivate, die aus Sicht zweckspezifisch agierender Anleger nach Zwecken zu trennen sind. Es ist keine verrechtliche, sondern eine auf den tatsächlichen Zweck abstellende Betrachtung zugrunde zu legen. Ist die Absicherung eines Risikos der Zweck eines Kapitalmarktprodukts, sind solche Produkte vergleichbar, die das Risiko absichern. Insoweit können Märkte grundsätzlich sachlich kleiner ausfallen, wobei die Marktplatzfunktion der Börse zu beachten ist.

Insbesondere wenn großvolumige Gattungsmärkte nicht weiter unterteilt werden können, sind die Märkte im Zweifel groß. Das ist im Börsenhandel wegen der Standardisierung, Organisation, einfachen Handelbarkeit und Marktplatzfunktion sowie der möglichen räumlichen Ausdehnung der Märkte über

Staatsgrenzen hinaus sogar wahrscheinlich. Märkte können so groß sein, dass die für die Spürbarkeit der Wettbewerbsbeschränkung und die marktbeherrschende Stellung erforderlichen Marktanteile ausgeschlossen sind. Außerbörslich können die Märkte kleiner sein, wenn eine weitere Verengung in Gattungen möglich ist. Sofern die Märkte wie an Börsen grundsätzlich groß sind und man nur Sonderfälle wie Hochrisikoanlage, teure Kapitalmarktprodukte oder volumenschwache Kapitalmarktproduktgattungen ausblendet, kommt das Kartellrecht grundsätzlich nur zur Anwendung, wenn sich die Märkte im Einzelfall verengen.

Am wahrscheinlichsten sind ausreichende Marktanteile, wenn sich der Markt auf ein Kapitalmarktprodukt verengt, bspw. die Beteiligungen eines bestimmten Unternehmens. Dies setzt einen entsprechend auf das Kapitalmarktprodukt verengten Anlegerbedarf mit hinreichender Relevanz voraus, der von der Marktgegenseite als eigenständiger vom Gesamtmarkt abgekoppelter Bedarf wahrgenommen sowie eigenständig bedient werden und eigene Markt- und Wettbewerbsstrukturen bilden kann. Zur Bestimmung der Relevanz sind maßgeblich die Zahl der Anleger mit verengtem Bedarf sowie der Bedarfsumfang und die Bedarfsdauer gesamtbetrachtend zu bewerten. Wenn viele Anleger relativ stabil den identisch verengten Bedarf haben, begünstigt dies die eigenständige Wahrnehmung und Bedienung dieses Bedarfs durch die Marktgegenseite als vom Gesamtmarkt losgelöst, sodass sich ein eigener Markt wahrscheinlich bilden kann. Eine erhöhte Anlegerzahl mit gleich verengtem Bedarf ist jedoch keine zwingende Voraussetzung für die Marktverengung. Die Kriterien können sich gegenseitig ausgleichen, sodass bspw. ein hoher Umfang und eine hohe Dauer des verengten Bedarfs eine geringe Zahl an Anlegern mit gleich verengtem Bedarf ausgleichen kann. Der Umfang des verengten Bedarfs ist das wesentliche Kriterium. Bei hinreichender Reaktionsgeschwindigkeit des Markts kann schon eine kürzere Dauer des verengten Bedarfs reichen, v.a. wenn der Bedarf und die Zahl der Anleger mit dem verengten Bedarf hoch sind. Beispiele für eine Marktverengung sind bedarfsverengende Verpflichtungen der Anleger, Anlegerpräferenzen in Hochphasen oder die erstmalige börsliche Emission von Beteiligungen eines Unternehmens. Bei Anlegerpräferenzen ist zu beachten, dass sie auf den gleichen Kriterien gründen, die grundsätzlich die Basis der Auswahlentscheidung zwischen funktional identischen Kapitalmarktprodukten eines sachlichen Markts sind. Es ist daher zu prüfen, ob eine bloße Auswahlentscheidung zwischen den Produkten eines Markts vorliegt oder die Unterschiede bedarfsrelevant geworden sind.

Einfluss von Kapitalmarktorganisation und Kapitalmarktstruktur auf die Anwendung des Kartellrechts am Kapitalmarkt

Neben der Bestimmung der Kapitalmarktproduktmärkte müssen die Besonderheiten der Kapitalmarktorganisation und -struktur unabhängig vom Verhältnis von Kartell- und Kapitalmarktrecht in die kartellrechtliche Prüfung einfließen.

Bei einem hohen Organisationsgrad des Kapitalmarktteils, v.a. bei Börsen, kann ein kartellrechtswidriges Verhalten tatsächlich erschwert sein, bspw. bei Kopplungen oder bei Markt- oder Kundenaufteilungen an Börsen wegen des automatischen Zusammenführens von Angebot und Nachfrage. Das schließt die Anwendung des Kartellrechts zwar nicht aus, zeigt aber, dass die Kapitalmarktbesonderheiten die Kartellrechtsanwendung beeinflussen können. Das bestätigen die zum Kartell- und Missbrauchsverbot dargestellten Beispiele:

Bei Referenzzinsmanipulationen zeigt sich dieser Einfluss darin, dass wegen der marktstrukturell vorgegebenen Bindung referenzzinsgekoppelter Produkte an den Referenzzins die Wettbewerbsbeschränkung an Märkten für referenzzinsgekoppelte Produkte nicht generell aus der Steuerung des Referenzzinses als Preisbestandteil oder Kondition ebendieser Produkte folgt, da hinsichtlich der Höhe des Referenzzinssatzes keine wettbewerbliche Freiheit besteht, die mithin auch nicht eingeschränkt sein kann. Vielmehr muss die Wettbewerbsbeschränkung aus dritten Effekten wie einer Beschränkung der Betätigungsfreiheit dritter Marktteilnehmer oder einer Senkung der Wettbewerbsintensität folgen.

Bei Emissionskonsortien ist die Abstimmung des Angebots eines Emissionsprodukts durch die Konsortialmitglieder über die strukturelle Einheitlichkeit der Emission als zulässige Nebenabrede zur Konsortialbildung bzw. als wirtschaftliche Einheit der Konsortialmitglieder, die bezüglich des Angebots der Emissionsprodukte nicht im Wettbewerb stehen, mit dem Kartellverbot vereinbar. Auch dieses Ergebnis folgt aus einer Besonderheit der Kapitalmarktorganisation und -struktur in Form der strukturellen Einheitlichkeit der Emission.

Zum Missbrauchsverbot zeigt der Preismissbrauch durch einen Anbieter börsengehandelter Unternehmensbeteiligungen, der einen Großteil des Angebots dieser Beteiligungen vereint, eine marktstrukturell bedingte Einschränkung in Form der potentiellen Marktgröße. Ohne eine Marktverengung, v.a. auf die betreffenden Beteiligungen, ist eine Marktbeherrschung zumindest faktisch ausgeschlossen. Wenn sich aber infolge einer Marktverengung auf diese Beteiligungen eine marktbeherrschende Stellung darstellen lässt, folgen aus der Marktverengung zugleich Schwierigkeiten bei der Bestimmung des missbräuchlichen Preisniveaus über das Vergleichsmarktkonzept, da die marktverengungsbegründende Nachfrage einzupreisen ist. Am ehesten belastbare Ergebnisse liefert ein kombinierter sachlich-zeitlicher Vergleich der Preise. Doch auch hier sind grundsätzlich hohe Toleranzen zugunsten des marktbeherrschenden Anbieters einzurechnen. Hohe Preissteigerungen können vor allem zulässig sein, wenn die Marktverengung auf besonderen Anlegerpräferenzen beruht, die dazu führen, dass die Anleger von sich aus höhere Preise zahlen, ohne dass der marktbeherrschende Anbieter dafür die marktbeherrschende Stellung einsetzen muss, weil die Anleger das Kapitalmarktprodukt selbst als höherwertig und -preisig einstufen. Ein Preismissbrauch ist daher grundsätzlich nur bei einer hohen Abweichung des potentiell missbräuchlichen Preises vom Vergleichsmaßstab denkbar, sodass sich nur ein eingeschränkter Anwendungsbereich des Preismissbrauchs ergibt. Wird der Rahmen des Vergleichsmaßstabs jedoch überschritten, muss grundsätzlich auch eine Preismissbrauchskontrolle möglich sein.

Es zeigt sich, dass die Beurteilung eines Verhaltens aus kartellrechtlicher Sicht nicht ohne die Berücksichtigung der Besonderheiten der Kapitalmarktorganisation und -struktur vorgenommen werden kann.

Anwendungsspielraum für das Kartellrecht am Kapitalmarkt – keine generelle Sperrung durch das Kapitalmarktrecht

Auch unter Berücksichtigung der beschriebenen Hürden und Besonderheiten verbleibt ein Anwendungsspielraum für das Kartellrecht am Kapitalmarkt. Die eingangs der Arbeit erwähnten Bedenken, dass das Kapitalmarktrecht als kapitalmarktbezogenes Marktrecht das Kartellrecht als allgemeines Marktrecht verdrängen könnte, bestätigen sich im Ergebnis nicht. Das Kapitalmarktrecht organisiert und strukturiert das Kapitalmarktgeschehen, steht der Anwendung des Kartellrechts als wettbewerbs- und marktliberalisierendes Recht aber nicht entgegen. Das Kapitalmarktrecht ist dem Kapitalmarkt zwar sachnäher, es setzt aber keinen abschließenden Rechtsrahmen am Kapitalmarkt. Es regelt ferner nicht kapitalmarktspezifisch den Wettbewerbsschutz, ist also kein Sonderkartellrecht. Es hat eine kapitalmarktbezogene funktions- und anlegerschützende Zwecksetzung und verfolgt keinen originären Wettbewerbsschutz. Ein originärer Wettbewerbsschutz folgt auch nicht daraus, dass kapitalmarktrechtliche Verbote parallel zu Art. 101, 102 AEUV, §§ 1, 19 GWB greifen und faktisch den Wettbewerb schützen können. Diese wettbewerbsschützenden Effekte sind Nebeneffekte des kapitalmarktrechtlich bezweckten Funktions- und Anlegerschutzes aufgrund der grundsätzlichen Wettbewerblichkeit des Kapitalmarkts. Der Wettbewerbsschutz verbleibt beim Kartellrecht.

Eine Anwendung des Kartellrechts neben dem Kapitalmarktrecht ist nicht nur folgerichtig, sondern auch geboten und notwendig, um den Wettbewerb am Kapitalmarkt und damit indirekt die Funktionsfähigkeit des Kapitalmarkts effektiv zu schützen. Das Kartell- und das Kapitalmarktrecht ergänzen sich im effektiven Kapitalmarktschutz. Die parallele Geltung kartellrechtlicher Verbote neben dem Kapitalmarktrecht gleicht Defizite im Schutz des wettbewerblichen Kapitalmarkts aus, die mit der alleinigen Geltung des Kapitalmarktrechts einhergingen.

Die Anwendung des Kartellrechts neben dem Kapitalmarktrecht entspricht darüber hinaus der Wertung des Gesetzgebers. Eine generelle Sperrwirkung des Kapitalmarktrechts widerspräche den Erwähnungen des Kartellrechts im Kapitalmarktrecht, v.a. Erwägungsgrund 80 der Marktmissbrauchsverordnung. Der Gesetzgeber könnte eine Sperrwirkung regeln, unterlässt dies jedoch.

Überschneidungen von Kartell- und Kapitalmarktrecht auf Verbotsebene

Durch die parallele Anwendung von Kartellrecht und Kapitalmarktrecht kommt es zu Überschneidungen auf der Verbotsebene, da die kartell- und kapitalmarktrechtlichen Verbote parallel gelten. Zunächst können Kartell- und Kapitalmarktrecht ein Verhalten parallel untersagen oder nicht untersagen. Diese Konstellationen sind unproblematisch, da sich kein Wertungswiderspruch ergibt. Kartell- und Kapitalmarktrecht gelten insoweit auf der Verbotsebene parallel.

Einer genaueren Betrachtung bedarf hingegen die Konstellation einseitiger Verbote, die mit einer Zulässigkeitsregelung der anderen Rechtsmaterie kollidieren. Im Ausgangspunkt ist von einem Vorrang des Verbots vor einer Zulässigkeitsregelung der anderen Rechtsmaterie auszugehen. Dieser Vorrang kann allenfalls im Einzelfall durch einen geregelten Nachrang oder im Falle einseitiger kartellrechtlicher Verbote in den Grenzen der Normenhierarchie über das entwickelte Berücksichtigungserfordernis durchbrochen sein. Eine Durchbrechung des Vorrangs der Verbote ist aber im Grundsatz unwahrscheinlich.

Hinsichtlich lediglich einseitiger Verbote sind zwei Kategorien zu unterscheiden. Zum einen gibt es den Fall, dass sich eine kartellrechtliche Zulässigkeit einem kapitalmarktrechtlichen Verbot gegenübersieht. Zum anderen gibt es den umgekehrten – und komplexeren sowie vor dem Hintergrund der Sachnähe des Kapitalmarktrechts zum Kapitalmarkt relevanteren – Fall, dass ein kartellrechtliches Verbot mit einer kapitalmarktrechtlichen Zulässigkeit kollidiert.

Im ersten Fall gilt, dass die kartellrechtliche Zulässigkeit die kapitalmarktrechtlichen Verbote nicht sperrt, wenn kein Nachrang der Verbote geregelt ist. Das Kartellrecht bewertet ein Verhalten aus wettbewerbsschützender Sicht. Eine kartellrechtliche Zulässigkeit bedeutet, dass ein Verhalten mit dem Wettbewerbsschutz vereinbar ist. Allenfalls gegenüber überwiegend wettbewerbsschützenden Verboten kann eine Sperrwirkung als spezifisch wettbewerbsschützendes Recht bestehen, vgl. Art. 3 Abs. 2 VO 1/2003 für Art. 101 AEUV. Eine Sperrwirkung scheitert jedoch generell daran, dass das Kapitalmarktrecht nicht überwiegend wettbewerbsschützend ist. Die Verbote der Marktmissbrauchsverordnung mit Parallelen zum Kartellrecht schützen zum Beispiel nicht überwiegend den Wettbewerb, sondern dienen dem Funktions- und Anlegerschutz am Kapitalmarkt. Eine kartellrechtliche Zulässigkeit sperrt wegen der bloß wettbewerbsschützenden Zwecksetzung die kapitalmarktrechtlichen Verbote nicht, da das Kartellrecht sonst über den eigenen Zweck hinaus in die Regelungsbereiche des Kapitalmarktrechts eingriffe.

Einseitige kartellrechtliche Verbote sind hingegen differenzierter zu betrachten. Auch hier ist im Ausgangspunkt vom Vorrang der Verbote auszugehen, wenn kein Nachrang geregelt ist. Zunächst könnte der Gesetzgeber, einen Nachrang der kartellrechtlichen Verbote gegenüber dem Kapitalmarktrecht regeln. Dass dies nicht geschieht, spricht dafür, dass die grundsätzlich vorrangige Anwendung kartellrechtlicher Verbote vor kapitalmarktrechtlichen Zulässigkeitsregelungen sachgerecht ist. Dafür spricht auch die herausragende Bedeutung des Wettbewerbsschutzes. Kapitalmarktrechtliche Zulässigkeitsregelungen statuieren trotz der Sachnähe zum Kapitalmarkt nicht generell einen Nachrang der kartellrechtlichen Verbote, da das Kapitalmarktrecht nicht abschließend, sonderkartellrechtlich oder kartellrechtsverdrängend ist. Eine kapitalmarktrechtliche Zulässigkeit hat keinen kartellrechtlichen Erklärungsgehalt. Dies bestätigt mit Blick auf die praktisch relevante Marktmissbrauchsverordnung Erwägungsgrund 80 zur Marktmissbrauchsverordnung. Danach sperrt die Marktmissbrauchsverordnung Art. 101, 102 AEUV nicht. Damit bestätigt der Verordnungsgeber den grundsätzlichen Vorrang der kartellrechtlichen Verbote für diesen Bereich. Eine kapitalmarktrechtliche Zulässigkeit ist nicht *lex specialis* zum Kartellrecht.

Der Vorrang der kartellrechtlichen Verbote gilt zumindest theoretisch nicht unbeschränkt, sondern kann im Einzelfall aufgrund einer das Kartellrecht bindenden Regelung eines Nachrangs der kartellrechtlichen Verbote oder des entwickelten kapitalmarktrechtliche Berücksichtigungserfordernisses durchbrochen werden. Beides ist unwahrscheinlich.

Eine generelle Nachrangregelung ist nicht ersichtlich und generell unwahrscheinlich, da sie nicht mit dem universellen Wettbewerbsschutz vereinbar ist. Ferner ist zu beachten, dass ein Nachrang der Art. 101, 102 AEUV grundsätzlich nur im europäischen Recht geregelt werden kann. Durch nationale Regelungen sind Art. 101, 102 AEUV schon aufgrund der Normenhierarchie nicht gebunden.

Auch über das Berücksichtigungserfordernis ergibt sich nur seltenen Fällen ein Vorrang der kapitalmarktrechtlichen Zulässigkeitsregelung vor dem kartellrechtlichen Verbot. Das Berücksichtigungserfordernis hat vier kumulative Voraussetzungen: ausdrückliche kapitalmarktrechtliche Zulässigkeitsregelung, wesentliche oder gänzliche Überlagerung der kapitalmarktrechtlichen Zulässigkeitsregelung durch das kartellrechtliche Verbot, keine angemessene Berücksichtigung der mit der kapitalmarktrechtlichen Zulässigkeitsregelung verbundenen Wertungen und Zwecke sowie kein geregelter oder sich zumindest aus den Wertungen des Kapitalmarktgesetzgebers ergebender Nachrang der kapitalmarktrechtlichen Zulässigkeitsregelung gegenüber den kartellrechtlichen Verboten. Die Voraussetzungen werden selten erfüllt sein. Die grundsätzliche Marktgröße ist eine generelle Hürde für die kartellrechtlichen Verbote. Ferner begünstigen die ähnlich auf den Schutz des wettbewerblichen Kapitalmarkts ausgerichteten Zwecksetzungen von Kartell- und Kapitalmarktrecht, dass mit der kapitalmarktrechtlichen Zulässigkeitsregelung verbundene Vorteile als Effizienzvorteile verbotsausschließend im Kartellrecht Berücksichtigung finden können. Das Kapitalmarktrecht schützt die Funktionsfähigkeit des Kapitalmarkts, das Kartellrecht schützt generell die Wettbewerblichkeit von Märkten, auch des Kapitalmarkts. Beide Punkte reduzieren die Wahrscheinlichkeit eines wesentlichen oder gänzlichen Überlagerns der kapitalmarktrechtlichen Zulässigkeitsregelung durch das kartellrechtliche Verbot. Das Beispiel der Kursstabilisation bestätigt dies. Das Kartellrecht überlagert die zulässige Kursstabilisation nicht ganz. Des Weiteren können für den Markt, die Marktteilnehmer und den Wettbewerb positive Effekte der Kursstabilisation als Effizienzvorteile kartellrechtlich eine Freistellung ermöglichen und die Missbräuchlichkeit des Verhaltens ausschließen. Die zulässige Kursstabilisation bleibt kartellrechtlich im wesentlichen Umfang möglich. Aus dem Berücksichtigungserfordernis kann sich mithin auch aus kapitalmarktrechtlicher Sicht kein Vorrang ergeben. Das hat v.a. für §§ 1, 19 GWB Relevanz. Art. 101, 102 AEUV gehen Art. 5 Abs. 4 der Marktmissbrauchsverordnung schon normenhierarchisch vor. Außerdem bestätigt Erwägungsgrund 80 zur Marktmissbrauchsverordnung deren Vorrang.

Darüber hinaus spricht der Stellenwert des kartellrechtlichen Wettbewerbsschutzes vor dem Hintergrund, die bloße Überlagerung einer kapitalmarktrechtlichen Zulässigkeitsregelung sowie der nicht abschließende, sonderkartellrechtliche oder kartellrechtsverdrängende Charakter des Kapitalmarktrechts für eine Überwiegen des Wettbewerbsschutzes, selbst wenn die kartellrechtlichen Verbote die kapitalmarktrechtliche Zulässigkeitsregelung wesentlich überlagern. Außerdem folgt für die Marktmissbrauchsverordnung aus Erwägungsgrund 80 zur Marktmissbrauchsverordnung ein Nachrang gegenüber Art. 101, 102 AEUV.

Sollten die Voraussetzungen des Berücksichtigungserfordernisses erfüllt sein, folgt daraus ferner zunächst nur ein Vorrang der kapitalmarktrechtlichen Zulässigkeitsregelung aus kapitalmarktrechtlicher Sicht. Aus kartellrechtlicher Sicht bleibt es beim generellen Vorrang der kartellrechtlichen Verbote, sofern keine abweichende explizite Regelung gegeben ist. Es kommt mithin zu einem Wertungskonflikt, der unter Einbezug der Normenhierarchie zu lösen ist. Gegenüber dem überwiegend sekundärrechtlich und national geregelten Kapitalmarktrecht ergibt sich daher ein genereller Vorrang der normenhierarchisch vorgehenden primärrechtlichen Art. 101, 102 AEUV, sofern kein Nachrang der Art. 101, 102 AEUV gegenüber diesen kapitalmarktrechtlichen Zulässigkeitsregelung geregelt ist. Für §§ 1, 19 GWB kann sich ein Vorrang einer kapitalmarktrechtlichen Zulässigkeitsregelung, die sich im europäischen Sekundärrecht oder im dem GWB gleichrangigen nationalen Recht befindet, ergeben. Da die Voraussetzung des Berücksichtigungserfordernisses jedoch selten erfüllt sein werden, gehen auch §§ 1, 19 GWB in der Regel vor.

Im Ergebnis ist somit grundsätzlich von einem generellen schon normenhierarchisch vermittelten Vorrang der Art. 101, 102 AEUV vor kapitalmarktrechtlichen Zulässigkeitsregelungen auszugehen. Für §§ 1, 19 GWB ergibt sich dieser Vorrang hingegen regelmäßig aus der Bedeutungsanalyse, da sich aus dem kapitalmarktrechtlichen Berücksichtigungserfordernis regelmäßig kein Vorrang der kapitalmarktrechtlichen Zulässigkeitsregelung ergibt. Die wesentliche Möglichkeit der Durchbrechung des Vorrangs der kartellrechtlichen Verbote liegt in einer Nachrangregelung. Der in dieser Arbeit festgestellte grundsätzliche Vorrang der kartellrechtlichen Verbote führt indes nicht dazu, dass das Kartellrecht über Gebühr in den Regelungsbereich des Kapitalmarktrechts eingreift und die kapitalmarktrechtliche Ordnung konterkariert. Das Kartellrecht überlagert keine kapitalmarktrechtlichen Pflichten und Verbote, sondern nur Zulässigkeitsregelungen. Des Weiteren darf, wie die Kurstabilisation zeigt, das tatsächliche Konfliktpotential zwischen

Kartell- und Kapitalmarktrecht nicht überbewertet werden. Es ist durch die Spiegelungsmöglichkeiten kapitalmarktrechtlicher Zulässigkeit im Kartellrecht reduziert. Dies begünstigen die ähnlichen Zwecksetzungen von Kartell- und Kapitalmarktrecht mit Blick auf den wettbewerblich funktionierenden Kapitalmarkt.

Überschneidungen von Kartell- und Kapitalmarktrecht auf Sanktionsebene

Dass die kartell- und die kapitalmarktrechtlichen Verbote grundsätzlich parallel gelten, heißt nicht, dass die kartell- und kapitalmarktrechtlichen Bußgeldmöglichkeiten uneingeschränkt parallel Anwendung finden.

Unproblematisch ist die Konstellation, dass einseitig eine kartell- oder kapitalmarktrechtliche Sanktion vorgesehen ist. Weder ist die Sanktionslosigkeit nach einer Rechtsmaterie in der Sanktionierung nach der anderen Rechtsmaterie bußgeldmindernd zu beachten noch ergibt sich ein schutzwürdiges Vertrauen. Die Sanktionsmöglichkeiten stehen autark nebeneinander.

Einer genaueren Betrachtung bedarf jedoch der Fall einer parallelen Sanktionierung nach Kartell- und Kapitalmarktrecht. Diese ist bereits aus prinzipiellen Erwägungen eingeschränkt:

Zunächst ist der Grundsatz *ne bis in idem* zu beachten. Dieser rechtsstaatliche Grundsatz gilt auch für Bußgeldsanktionen außerhalb des Strafrechts. Er gilt dem Strafrecht entsprechend, wenn Sanktionen repressiv und präventiv wirken. Die kartell- und kapitalmarktrechtlichen Bußgeldsanktionen wirken wie strafrechtliche Sanktionen repressiv und präventiv. Eine dem Strafrecht entsprechende Geltung von *ne bis in idem* ist in jedem Fall geboten, wenn die Bußgelder hoch ausfallen können. Dies trifft auf die Bußgelder nach Art. 23 VO 1/2003, § 81 GWB wegen eines Verstoßes gegen Art. 101, 102 AEUV, §§ 1, 19 GWB zu. Im Kapitalmarktrecht ist im Einzelfall zu prüfen, ob sich eine Vergleichbarkeit der Sanktionen mit strafrechtlicher Sanktion einstellt. Bei einer Bebußung von Verstößen gegen die Marktmissbrauchsverordnung nach § 39 WpHG kann sie gegeben sein, wie an Art. 12 Abs. 2 lit. a und Art. 14 lit. c der Marktmissbrauchsverordnung dargestellt ist.

Findet *ne bis in idem* Anwendung, sind keine parallelen kartell- und kapitalmarktrechtlichen Bußgelder für ein *idem* zulässig. Dabei kommt es allein auf die faktische Identität des *idems* an. Eine Identität des geschützten Rechtsguts ist nicht erforderlich, da sonst *ne bis in idem* als tatsächliche Garantie entwertet wäre. Eine parallele Bebußung ist daher nicht deswegen zulässig, weil das Kartell- und das Kapitalmarktrecht formal unterschiedliche Schutzgüter haben. Der EuGH lässt jedoch, anders als in dieser Arbeit vertreten, parallele Bußgelder zu, wenn sie unterschiedliche Rechtsgüter schützen. Dies wird *ne bis in idem* nicht gerecht. *Ne bis in idem* ist eine Garantie, die eine tatsächliche Rechtssicherheit schafft. Diese Garantiewirkung wäre durch die Zulässigkeit einer parallelen Bebußung bei unterschiedlichen geschützten Rechtsgütern konterkariert. Außerdem zerrisse dies einen Grundsatz, der inner- und außerhalb des Strafrechts aufgrund seines identischen rechtsstaatlichen Ursprungs einheitlich zu verstehen ist.

Greift *ne bis in idem* limitierend ein, ist nur das erste Bußgeld zulässig. Damit ist die Bebußungsmöglichkeit verbraucht. Um einen Wettlauf um diese Möglichkeit zu unterbinden, Flexibilität in der Wahrnehmung des Bebußungsrechts zu erhalten und Rechtssicherheit zu schaffen, ist es sinnvoll, die Bebußungsmöglichkeit an § 39 OWiG angelehnt zu nutzen. Danach ist grundsätzlich die ersttätige Behörde zuständig. Auf der anderen Seite besteht eine hinreichende Flexibilität, da das Verfahren an die andere Behörde abgeben werden kann. Haben die Behörden in der Bebußung wie bei § 39 WpHG und Art. 23 VO 1/2003, § 81 GWB Ermessen, können sie dieses Ermessen nutzen, um einen an § 39 OWiG angelehnten Modus zu schaffen. Eine ausdrückliche Regelung wäre aus Gründen der Rechtssicherheit jedoch sinnvoll.

Dass nur das erste Bußgeld erlaubt ist, bestätigt sich ferner im OWiG, das für Bußgelder nach § 81 GWB und § 39 WpHG gilt. Gem. § 84 Abs. 1 OWiG darf eine Tat nicht mehr als Ordnungswidrigkeit verfolgt werden, wenn zu dieser schon ein Bußgeldbescheid rechtskräftig festgesetzt ist. Der Vorschrift liegt im Grundsatz derselbe Tatbegriff zugrunde, der nach dieser Arbeit für *ne bis in idem* gilt. Daher bestätigt § 84 Abs. 1 OWiG die Untersagung paralleler Bußgelder durch deutsche Behörden. Europäische Stellen sind dagegen nicht an § 84 Abs. 1 OWiG gebunden. Eine deutsche Behörde ist als zweitbebußende Behörde neben einer europäischen Behörde jedoch an § 84 Abs. 1 OWiG gebunden, wenn die Sanktion der europäischen Stelle ordnungswidrigkeitenähnlich ist. Da die Europäische Union mitgliedsstaatlich geschaffen ist und anstelle der Mitgliedsstaaten auf deren Hoheitsgebiet agiert, muss der deutsche Staat ein Handeln der Europäischen Union eigenem Handeln gleichsetzen. Daher ist eine deutsche Behörde als zweitbebußende Behörde neben einer europäischen Stelle an § 84 Abs. 1 OWiG gebunden. Selbst wenn man dies anders sieht, limitiert *ne bis in idem* die parallele Bebußung durch deutsche und europäische Stellen. Durch die Geltung des OWiG für Bußgelder nach § 81 GWB und § 39 WpHG gilt außerdem die Zuständigkeitsregelung des § 39 OWiG direkt.

III. Vorschlag eines Prüfungsleitfadens für die Prüfung kartellrechtlicher Verbote neben dem Kapitalmarktrecht

Basierend auf vorstehender Zusammenfassung der wesentlichen Ergebnisse dieser Arbeit wird folgender Leitfaden für die Prüfung kartellrechtlicher Verbote am Kapitalmarkt vorgeschlagen. Die Prüfung der kartellrechtlichen Verbote und ihrer Rechtsfolgen neben dem Kapitalmarktrecht hat in drei grundlegenden Schritten zu erfolgen. Dabei handelt es sich (1.) um die kartellrechtliche Beurteilung des Sachverhalts, (2.) den Einbezug der kapitalmarktrechtlichen Bewertung in die

Beurteilung des Sachverhalts und (3.) die Anwendung der Sanktionsmöglichkeiten auf Rechtsfolgenebene.

Schritt 1: Beurteilung aus kartellrechtlicher Sicht

Im ersten Schritt sind die kartellrechtlichen Verbote auf das zu prüfende Verhalten anzuwenden. Das Verhalten ist aus kartellrechtlicher Sicht zu bewerten. Greifen die kartellrechtlichen Verbote bereits nicht ein, ist eine Berücksichtigung des Verhältnisses von Kartell- und Kapitalmarktrecht nicht erforderlich.

Der Fokus dieser einleitenden kartellrechtlichen Prüfung liegt zum einen auf der Bestimmung der konkreten Marktgröße und zum anderen auf der Einbeziehung der Auswirkungen der Besonderheiten der Kapitalmarktorganisation und -struktur auf die kartellrechtliche Prüfung.

Wie dargestellt, ist die potentielle Größe der Märkte für Kapitalmarktprodukte eine wesentliche Hürde der Kartellrechtsanwendung. Es ist daher sorgfältig zu prüfen, ob der relevante Markt hinreichend klein ausfällt, um für die Spürbarkeit oder die marktbeherrschende Stellung ausreichende Marktanteile zu erlauben. Wegen der höheren erforderlichen Marktanteile für eine Marktbeherrschung wirkt sich die Marktgröße im Missbrauchsverbot stärker aus. In räumlicher Hinsicht sind die Märkte grundsätzlich bundesweit ausgedehnt. Sie können sich v.a. an Börsen aber auch über Staatsgrenzen hinaus ausdehnen. Bei der einzelfallbezogenen Bestimmung des Marktes ist in sachlicher Hinsicht die Trennung nach Gattungen funktional gleicher Anlage vorzunehmen und sind die Gattungen im Weiteren in börs- wie außerbörsliche Bereiche aufzuteilen. Ebenso können sich außerbörslich wegen der abweichenden Anlage- und Risikostruktur die Gattungen weiter aufteilen, bspw. Unternehmensbeteiligungen nach Branchen. Am wahrscheinlichsten sind hinreichende Marktanteile bei einer Marktverengung auf ein Kapitalmarktprodukt. Dafür muss sich im hinreichenden Umfang verengte Nachfrage bilden, die eigene Markt- und Wettbewerbsstrukturen für die Bedienung der Nachfrage erlaubt. Sie kann aus Verpflichtungen der Anleger oder auch aus Anlegerpräferenzen folgen. Im letzteren Fall ist zu prüfen, ob die Präferenzen einen eigenen Bedarf begründen oder es sich nur um eine Auswahlentscheidung zwischen gleich bedarfsdeckenden Kapitalmarktprodukten handelt.

Schritt 2: Berücksichtigung der besonderen kapitalmarktrechtlichen Wertungen in der Prüfung

Ist ein Kartellrechtsverstoß möglich, muss im zweiten Prüfungsschritt die kapitalmarktrechtliche Bewertung des Verhaltens in die Beurteilung einbezogen werden. Das Kartell- und das Kapitalmarktrecht gelten grundsätzlich parallel. Kommt der Anwender bei der Prüfung eines Verhaltens aus kapitalmarktrechtrechtlicher Sicht zu gleichen Ergebnis wie in der kartellrechtlichen Ausgangsprüfung, besteht auf der Verbotsebene kein Konflikt zwischen Kartell- und Kapitalmarktrecht. Gleiches gilt, wenn das Kapitalmarktrecht zu dem zu beurteilenden Verhalten schweigt.

Eine genauere Betrachtung ist hingegen erforderlich, wenn das Kapitalmarktrecht ein kartellrechtlich untersagtes Verhalten über eine Zulässigkeitsregelung erlaubt. Im Grundsatz limitiert eine kapitalmarktrechtliche Zulässigkeit die kartellrechtlichen Verbote nicht.

Ein Nachrang der kartellrechtlichen Verbote gegenüber der kapitalmarktrechtlichen Zulässigkeitsregelung kann geregelt sein. Eine bloß kapitalmarktrechtliche Zulässigkeit ist wegen des nicht abschließenden, sonderkartellrechtlichen oder kartellrechtsverdrängenden Charakters des Kapitalmarktrechts keine solche Nachrangregelung. Auch können Art. 101, 102 AEUV nur primärrechtlich und in den Grenzen des Art. 103 Abs. 2 lit. c AEUV sekundärrechtlich eingeschränkt werden.

Sofern keine Regelungen bestehen und das kartellrechtliche Verbot normenhierarchisch nicht vorgeht, ergibt sich ein Vorrang der kapitalmarktrechtlichen Zulässigkeitsregelung, wenn die vier Voraussetzungen des kapitalmarktrechtlichen Berücksichtigungserfordernisses erfüllt sind. Diese sind erfüllt, wenn es sich (1.) um eine geregelte kapitalmarktrechtliche Zulässigkeit handelt, (2.) diese kapitalmarktrechtliche Zulässigkeitsregelung ganz oder zumindest wesentlich durch die einschlägigen kartellrechtlichen Verbote überlagert ist, (3.) die mit der kapitalmarktrechtlichen Zulässigkeit verbundenen Wertungen und Zwecke im konkreten Einzelfall den mit dem ganz oder teilweise überlagernden kartellrechtlichen Verbot beabsichtigten kartellrechtlichen Wettbewerbsschutz überwiegen und sich (4.) kein sonstiger Nachrang der kapitalmarktrechtlichen Zulässigkeit aus einer kapitalmarktrechtlichen Regelung oder einer Wertung des Kapitalmarktgesetzgebers ergibt.

Nur wenn das kartellrechtliche Verbot die Zulässigkeitsregelung wesentlich oder ganz überlagert, kommt überhaupt ein Vorrang der Zulässigkeitsregelung wegen nicht angemessener Berücksichtigung in Frage. Anderenfalls bleibt das zulässige Verhalten im hinreichenden Umfang möglich. Dies wird durch die kartellrechtlichen Marktanteilsschwellen und die mögliche Berücksichtigung der mit der kapitalmarktrechtlichen Zulässigkeitsregelung einhergehenden Vorteile als die kartellrechtlichen Verbote ausschließende Effizienzvorteile begünstigt. Insoweit ist zu beachten, dass die ähnliche Zwecksetzung von Kartell- und Kapitalmarktrecht mit Blick auf den wettbewerblichen funktionierenden Kapitalmarkt dies unterstützen. Mit einem kapitalmarktrechtlich zulässigen Verhalten können Vorteile für die Funktionsfähigkeit des Kapitalmarkts, dessen Wettbewerblichkeit sowie die Anleger verbunden sein, die als Effizienzvorteile die Verstöße gegen das Kartell- und das Missbrauchsverbot rechtfertigen können.

Es ist somit eingehend zu prüfen, ob sich Effizienzvorteile ergeben, die eine Freistellung vom Kartellverbot oder einen Ausschluss der Missbräuchlichkeit im kartellrechtlichen Missbrauchsverbot ermöglichen. Selbst bei einer wesentlichen Überlagerung der kapitalmarktrechtlichen Zulässigkeitsregelung kann sich ein Vorrang nur ergeben, wenn die kapitalmarktrechtlichen Zwecke den Wettbewerbsschutz überwiegen. Aufgrund der Bedeutung des Wettbewerbsschutzes ist dies im Ausgangspunkt unwahrscheinlich. Für Art. 101, 102 AEUV spielt die Prüfung in der Regel keine Rolle, da das Kapitalmarktrecht originär sekundärrechtlich und national geregelt ist, sodass die Art. 101, 102 AEUV schon allein aus normenhierarchischer Sicht vorgehen. Ein aus kapitalmarktrechtlicher Sicht angenommener Vorrang der Zulässigkeitsregelung kann den Vorrang der Art. 101, 102 AEUV insoweit nicht unterlaufen. Die Prüfung des Berücksichtigungserfordernisses hat folglich primär für §§ 1, 19 GWB praktische Relevanz.

Schritt 3: Anwendung der Sanktionsmöglichkeiten auf Rechtsfolgenseite

Bei einem festgestellten Verstoß gegen das Kartellrecht unter Berücksichtigung der kapitalmarktrechtlichen Besonderheiten in der kartellrechtlichen Prüfung muss sich der Anwender in einem dritten Schritt der besonders praxisrelevanten Sanktionsebene zuwenden.

Einseitige Verstöße gegen das Kartell- oder das Kapitalmarktrecht können sanktioniert werden, ohne dass die Sanktions- und Verbotslosigkeit nach der anderen Rechtsmaterie bußgeldmindernd zu beachten ist. Probleme ergeben sich, wenn das Kartell- und das Kapitalmarktrecht ein Verhalten parallel mit Bußgeld sanktionieren. Dieses Spannungsverhältnis ist aufzulösen.

Die parallele Sanktionierung kann durch *ne bis in idem* gesperrt sein. Der Grundsatz gilt für kartell- und kapitalmarktrechtliche Bußgelder. Damit *ne bis in idem* greift, müssen die Bußgeldsanktionen repressiv und präventiv wirken und sollten einen hohen Bußgeldrahmen vorsehen. Für Bußgelder nach Art. 23 VO 1/2003, § 81 GWB wegen Verstößen gegen Art. 101, 102 AEUV, §§ 1, 19 GWB gilt *ne bis in idem.* Für Bußgelder wegen Verstößen gegen die Marktmissbrauchsverordnung nach § 39 WpHG kann *ne bis in idem* ebenso gelten. Gilt *ne bis in idem,* darf für das gleiche Verhalten nur ein Bußgeld festgesetzt werden. Mit diesem ersten Bußgeld ist die Bebußungsmöglichkeit verbraucht. Es ist daher vor der Festsetzung des kartellrechtlichen Bußgelds zu prüfen, ob für das gleiche faktische *idem* ein kapitalmarktrechtliches Bußgeld festgesetzt ist. Es ist insoweit nicht geregelt, ob beim Eingreifen von *ne bis in idem* die Kartell- oder die Kapitalmarktbehörde das Bußgeld festsetzt. Es bietet sich ein § 39 OWiG entsprechendes Vorgehen an, wonach die ersttätige Behörde das Bebußungsrecht wahrnimmt, sofern sie die Zuständigkeit nicht auf die andere Behörde überträgt. Darüber hinaus ergibt sich aus § 84 Abs. 1 OWiG, der für Bußgelder nach § 81 GWB und § 39 WpHG gilt, eine entsprechende einfachgesetzliche Limitierung. Insoweit besteht eine direkte Bindung an § 39 OWiG.

IV. Kernthesen dieser Arbeit

Abschließend seien die zentralen Thesen und Ergebnisse dieser Arbeit noch einmal kurz zusammengefasst:

Das Kartellrecht findet am Kapitalmarkt parallel zum Kapitalmarktrecht Anwendung. Der primärer Limitierungsfaktor der Kartellrechtsanwendung sind aufgrund der grundsätzlichen Einteilung der Kapitalmarktprodukte in

Kapitalmarktproduktgattungen sowie der möglichen räumlichen Ausdehnung die daraus folgenden potentiell großen Märkte, v.a. an Börsen. Dadurch können die erforderlichen Marktanteile schwer zu erreichen sein, wobei die Möglichkeit der Marktverengung, u.a. auf das einzelne Kapitalmarktprodukt, zu beachten ist. Daneben können die Kapitalmarktbesonderheiten die Anwendung des Kartellrechts beeinflussen. Das Kartellrecht darf daher nicht schablonenhaft angewandt werden, sondern muss die Kapitalmarktbesonderheiten beachten.

Das Kapitalmarktrecht sperrt eine Anwendung des Kartellrechts nicht generell. Es ist nicht abschließend, sonderkartellrechtlich oder kartellrechtsverdrängend. Der gesetzgeberische Wille in Erwägungsgrund 80 zur Marktmissbrauchsverordnung bestätigt das Fehlen einer generellen Sperrwirkung.

Auf der Verbotsebene geht im Konfliktfall grundsätzlich das Verbot einer Zulässigkeitsregelung nach der anderen Rechtsmaterie vor, was primär durch eine entgegenstehende Regelung durchbrochen werden kann. Eine kartellrechtliche Zulässigkeit sperrt kapitalmarktrechtliche Verbote nicht, da sie nicht überwiegend den Wettbewerb schützen. Kapitalmarktrechtliche Zulässigkeitsregelungen haben indes bei Existenz einer wirksam einen Nachrang der kartellrechtlichen Verbote statuierenden Regelung oder bei Erfüllung der vier Voraussetzungen des in dieser Arbeit entwickelten Berücksichtigungserfordernisses (geregelte kapitalmarktrechtliche Zulässigkeit, wesentliche oder gänzliche Überlagerung der kapitalmarktrechtlichen Zulässigkeitsregelung durch das kartellrechtliche Verbot, keine angemessene Berücksichtigung der mit der kapitalmarktrechtlichen Zulässigkeitsregelung verbundenen Wertungen und Zwecke, kein geregelter oder aus einer Wertung des Kapitalmarktgesetzgebers folgender Nachrang der kapitalmarktrechtlichen Zulässigkeitsregelung gegenüber den kartellrechtlichen Verboten) in den Grenzen der Normenhierarchie Vorrang vor den kartellrechtlichen Verboten. Eine explizite Nachrangregelung ist aufgrund des universellen Wettbewerbsschutzes unwahrscheinlich. Gleiches gilt für einen Vorrang über das Berücksichtigungserfordernis. Man darf außerdem das Konfliktpotential der Rechtsmaterien im Falle einseitiger kartellrechtlicher Verbote in der Praxis aufgrund der ähnlichen Ausrichtung auf einen wettbewerblich funktionierenden Kapitalmarkt nicht überbewerten. Die Vorteile, die mit der kapitalmarktrechtlichen Zulässigkeitsregelung entstehen, können als Effizienzvorteile die kartellrechtlichen Verbote ausschließen.

Auf der Sanktionsebene werden parallele Bußgelder durch *ne bis in idem* und das OWiG limitiert. Da Bußgeldsanktionen grundsätzlich repressiv und präventiv wirken, begründet sich die Geltung von *ne bis in idem* insbesondere auch über die potentielle Bußgeldhöhe. Daher gilt *ne bis in idem* bei Bußgeldern wegen Verstößen gegen Art. 101, 102 AEUV, §§ 1, 19 GWB neben Bußgeldern wegen Verstößen gegen Art. 12 Abs. 2 lit. a oder Art. 14 lit. c der Marktmissbrauchsverordnung zumindest aufgrund der Bußgeldhöhe. Ebenso untersagt § 84 Abs. 1 OWiG generell parallele kartell- und kapitalmarktrechtliche Bußgelder, bindet aber insoweit nur deutsche Behörden.

Literaturverzeichnis

Ackermann, Thomas: Prävention als Paradigma: Zur Verteidigung eines effektiven kartellrechtlichen Sanktionssystems, in: ZWeR 2010, S. 329–352

Angerer, Lutz (Hrsg.)/Geibel, Stephan (Hrsg.)/Süßmann, Rainer (Hrsg.): Wertpapiererwerbs- und Übernahmegesetz (WpÜG), Kommentar, 3. Auflage, München 2017 (zit.: Angerer/Geibel/Süßmann/*Bearbeiter*)

Assmann, Heinz-Dieter: Das Verhältnis von Aufsichtsrecht und Zivilrecht im Kapitalmarktrecht, in: Festschrift für Uwe H. Schneider zum 70. Geburtstag, Köln 2011, S. 37–55 (zit.: *Assmann*, FS Schneider)

Assmann, Heinz-Dieter(Hrsg.)/Schneider, Uwe (Hrsg.): Wertpapierhandelsgesetz, Kommentar, 6. Auflage, Köln 2012 (zit.: Assmann/Schneider/*Bearbeiter*)

Assmann, Heinz-Dieter (Hrsg.)/Schütze, Rolf A. (Hrsg.): Handbuch des Kapitalanlagerechts, 4. Auflage, München 2015 (zit.: Assmann/ Schütze/*Bearbeiter*)

Bächstädt, Karl-Heinz/Pietrzak, Michael: Manipulation von LIBOR und EURIBOR – Referenzzinssätze auf dem Prüfstand, in: KRP 2012, S. 19–23

Baumbach, Adolf/Hopt, Klaus J.: Handelsgesetzbuch, 37. Auflage, München 2016 (zit.: BH/*Bearbeiter*)

Bausch, Stephan/Wittmann, Martin: Schadensersatzklagen vor deutschen Gerichten im Zusammenhang mit der Manipulation von Libor und Euribor, in: WM 2014, S. 494 –502

Bechtold, Rainer/Bosch, Wolfgang: Kartellgesetz, Gesetz gegen Wettbewerbsbeschränkungen, Kommentar, 8. Auflage, München 2015 (zit.: *Bechtold/Bosch*)

Bechtold, Rainer/Bosch, Wolfgang/Brinker, Ingo: EU-Kartellrecht, Kommentar, 3. Auflage, München 2014 (zit.: *Bechtold/Bosch/Brinker*)

Bergmann, Jan: Handlexikon der Europäischen Union, 5. Auflage, Baden-Baden 2015 (zit.: Bergmann/*Bearbeiter,*)

Blum, Heribert/Gassner, Kathi/Seith, Sebastian (Hrsg.): Ordnungswidrigkeitengesetz, Handkommentar, 1. Auflage, Baden-Baden 2016 (zit.: Blum/*Bearbeiter*)

Bohnert, Joachim/Krenberger, Benjamin/Krumm, Carsten: Ordnungswidrigkeitengesetz, Kommentar, 4. Auflage, München 2016 (zit.: *Bohnert/Krenberger/Krumm*)

Bornkamm, Joachim (Hrsg.)/Montag, Frank (Hrsg.)/Säcker, Franz Jürgen (Hrsg.): Münchener Kommentar, Europäisches und Deutsches

Wettbewerbsrecht, Band 1– Europäisches Wettbewerbsrecht, 2. Auflage, München 2015 (zit.: MüKo-EUKartellR/*Bearbeiter*)

dies.: Münchener Kommentar, Europäisches und Deutsches Wettbewerbsrecht, Band 2 – Gesetz gegen Wettbewerbsbeschränkungen (GWB), 2. Auflage, München 2015 (zit.: MüKo-DtKartellR/*Bearbeiter*)

Brammer, Silke: Ne bis in idem im europsäischen Kartellrecht – Neue Einsichten zu einem alten Grundsatz, in: EuZW 2013, S. 617–622

Buck-Heeb, Katja: Kapitalmarktrecht, 7. Auflage, Heidelberg 2014 (zit.: *Buck-Heeb*)

Bueren, Eckart: Kopplung und Kursstabilisierung bei Neuemission zwischen Kapitalmarkt- und Kartellrecht, in: WM 2013, S. 585–595

Bunte, Hermann-Josef/Stancke, Fabian: Kartellrecht, 3. Auflage, München 2016 (zit.: *Bunte*)

Callies, Christian (Hrsg.)/Ruffert, Matthias (Hrsg.): EUV/AEUV, Das Verfassungsrecht der Europäischen Union mit Europäischer Grundrechtscharta, Kommentar, 5. Auflage, München 2016 (zit.: Callies/Ruffert/*Bearbeiter*)

Dannecker, Gerhard: Der Grundrechtsschutz im Kartellordnungswidrigkeitenrecht im Lichte der neueren Rechtsprechung des EuGH, in: NZKart 2015, S. 25–30

Dauses, Manfred A. (Hrsg.): Handbuch des EU-Wirtschaftsrecht, Band 2, 40. Ergänzungslieferung Juni 2016, München 2016 (zit.: Dauses/*Bearbeiter*)

de Bronett, Georg-Klaus: Europäisches Kartellverfahrensrecht, Kommentar zur VO 1/2003, 2. Auflage 2012, Köln 2011 (zit.: *de Bronett*)

Dreier, Horst (Hrsg.): Grundgesetz, Kommentar, Band III, 2. Auflage, Tübingen 2008 (zit.: *Dreier*)

Ebenroth, Thomas/Boujong, Carsten Thomas/Joost, Detlev (Hrsg.) et al.: Handelsgesetzbuch, Band 2, 3. Auflage, München 2105 (zit.: EBJS/*Bearbeiter*)

Ekkenga, Jens: Kurspflege und Kursmanipulation nach geltendem und künftigem Recht, in: WM 2002, S. 317–325

Emmerich, Volker: Kartellrecht, 13. Auflage, München 2014 (zit.: *Emmerich*)

Epping, Volker (Hrsg.)/Hillgruber, Christian (Hrsg.): Beck'scher Online-Kommentar Grundgesetz, 31. Edition, Stand: 01.12.2016, München 2016 (zit.: BeckOK-GG/*Bearbeiter*)

Erbs, Georg/Kohlhaas, Max/Häberle, Peter (Hrsg.): Strafrechtliche Nebengesetze, Band IV, 212. Ergänzungslieferung 2017, München 2017 (zit.: Erbs/Kohlhaas/*Bearbeiter*)

Fikentscher, Wolfgang: Neuere Entwicklungen der Theorie zum Tatbestandsmerkmal der Wettbewerbsbeschränkung in § 1 GWB, in: WuW 1961, S. 788–801

Fleischer, Holger: Statthaftigkeit und Grenzen der Kursstabilisierung, in: ZIP 2003, S. 2045–2053

ders.: Finanzinvestoren im ordnungspolitischen Gesamtgefüge von Aktien-, Bankaufsichts- und Kapitalmarktrecht, in: ZGR 2008, S. 185–224

Fleischer, Holger/Bueren, Eckart: Die Libor-Manipulation zwischen Kapitalmarkt- und Kartellrecht, in: DB 2012, S. 2561–2568

dies.: Cornering zwischen Kapitalmarkt- und Kartellrecht, in: ZIP 2013, S. 1253–1264

Fuchs, Andreas (Hrsg.): Wertpapierhandelsgesetz (WpHG), Kommentar, 2. Auflage, München 2016 (zit.: Fuchs/*Bearbeiter*)

Giering, Thomas: Das neue Kapitalmarktmissbrauchsrecht für Emittenten, in: CCZ 2016, S. 214–220

Goette, Wulf (Hrsg.)/Habersack, Mathias (Hrsg.): Münchener Kommentar zum Aktiengesetz, Band 6, 3. Auflage, München 2011 (zit.: MüKo-AktG/*Bearbeiter*)

Grabitz, Eberhard/Hilf, Meinhard/Nettesheim, Martin (Hrsg.): Das Recht der Europäischen Union, 60. Ergänzungslieferung 2016, München 2016 (zit.: GHN/*Bearbeiter*)

Graf, Jürgen-Peter (Hrsg.): Beck'scher Online-Kommentar OWiG, 14. Edition, Stand: 15.01.2017, München 2017 (zit.: BeckOK-OWiG/*Bearbeiter*)

ders.: Beck'scher Online-Kommentar StPO mit RiStBV und MiStra, 27. Edition, Stand: 01.01.2017, München 2017 (zit.: BeckOK-StPO/*Bearbeiter*)

Groß, Wolfgang: Kapitalmarktrecht, Kommentar zum Börsengesetz, zur Börsenzulassungs-Verordnung und zum Wertpapierprospektgesetz, 6. Auflage, München 2016 (zit.: Groß/*Bearbeiter*)

Grunewald, Barbara/Schlitt, Michael: Einführung in das Kapitalmarktrecht, 3. Auflage, München 2014 (zit.: *Grunewald/Schlitt*)

Grüger, Tobias W.: Kurspflegemaßnahmen durch Banken – Zulässige Marktpraxis oder Verstoß gegen das Verbot der Marktmanipulation nach § 20a Abs. 1 WpHG, in: BKR 2007, S. 437–447

Habersack, Mathias (Hrsg.)/Mülbert, Peter O. (Hrsg.)/Schlitt, Michael (Hrsg.): Handbuch der Kapitalmarktinformation, 2. Auflage, München 2013 (zit.: Habersack/*Bearbeiter*)

Hackner, Thomas: Das teileuropäische Doppelverfolgungsverbot insbesondere in der Rechtsprechung des Gerichtshofs der Europäischen Union, in: NStZ 2011, S. 425–430

Hauck, Ronny: Club-Bids und Kartellrecht, in: CCZ 2010, S. 53–61

Heidel, Thomas (Hrsg.): Aktienrecht und Kapitalmarktrecht, 4. Auflage, Baden Baden 2014 (zit.: Heidel/*Bearbeiter*)

Hirte, Heribert (Hrsg.)/Möllers, Thomas (Hrsg.): Kölner Kommentar zum WpHG, 2. Auflage, Köln 2014 (zit.: KK-WpHG/*Bearbeiter*)

Hobe, Stephan: Europarecht, 8. Auflage, München 2014 (zit.: *Hobe*)

Hömig, Dieter/Wolff, Heinrich Amadeus (Hrsg.): Grundgesetz für die Bundesrepublik Deutschland, 11. Auflage, Baden-Baden 2016 (zit.: Hömig/*Bearbeiter*)

Hopt, Klaus: Vom Aktien- und Börsenrecht zum Kapitalmarktrecht?, in: ZHR 141 (1977), S. 389–441

Immenga, Ulrich (Hrsg.)/Mestmäcker, Ernst-Joachim (Hrsg.): Wettbewerbsrecht, Band 1. EU/Teil 1, Kommentar zum Europäischen Kartellrecht, 5. Auflage, München 2012 (zit.: IM/*Bearbeiter*, Bd 1)

dies.: Wettbewerbsrecht, Band 2. GWB, Kommentar zum Deutschen Kartellecht, 5. Auflage, München 2014 (zit.: IM/*Bearbeiter*, Bd 2)

Jarass, Hans D.: Charta der Grundrechte der Europäischen Union, Kommentar, 3. Auflage, München 2016 (zit.: *Jarass*)

ders.: Strafrechtliche Grundrechte im Unionsrecht, in: NStZ 2012, S. 611–616

Jarass, Hans D./Pieroth Bodo: Grundgesetz für die Bundesrepublik Deutschland, 13. Auflage, München 2014 (zit.: Jarass/Pieroth/*Bearbeiter*)

Kiesewetter, Matthias/Parmentier, Miriam: Verschärfung des Marktmissbrauchsrechts – ein Überblick über die neue EU-Verordnung über Insidergeschäfte und Marktmanipulation, in: BB 2003, S. 2371–2379

Kirchhof, Ferdinand: Finanzwetten zerstören Finanzmärkte, in: Festschrift für Michael Streck zum 70. Geburtstag, Köln 2011, S. 849–858 (zit.: *Kirchhof*, FS Streck)

Kling, Michael/Thomas, Stefan, Kartellrecht, 2. Auflage, München 2016 (zit.: *Kling/Thomas*)

Knöpfle, Robert: Kann der Inhalt des Wettbewerbs i. S. des GWB bestimmt werden?, in: DB 1991, S. 1433–1440

Krause, Harmut: Kapitalmarktrechtliche Compliance: neue Pflichten und drastisch verschärfte Sanktionen nach der EU-Marktmissbrauchsverordnung, in: CCZ 2014, S. 248–260

Kümpel, Siegrfried: Bank- und Kapitalmarktrecht, 3. Auflage, Köln 2004 (zit.: *Kümpel*)

Kümpel, Siegfried/Hammen, Horst/Ekkenga, Jens: Kapitalmarktrecht, Handbuch für die Praxis, Band 1, Stand: 4/16, Berlin 2016 (zit.: Kümpel/Hammen/Ekkenga/*Bearbeiter*)

Langen, Eugen/Bunte, Hermann-Josef (Hrsg.): Kartellrecht, Band 1, Deutsches Kartellrecht, 12. Auflage, Köln 2014 (zit.: Langen/Bunte/*Bearbeiter*, Bd 1) *dies.:* Kartellrecht, Band 2, Europäisches Kartellrecht, 12. Auflage, Köln 2014 (zit.: Langen/Bunte/*Bearbeiter*, Bd 2)

Langenbucher, Katja (Hrsg.)/Bliesener, Dirk H. (Hrsg.)/Spindler, Gerald (Hrsg.): Bankrechts-Kommentar, 2. Auflage, München 2016 (zit.: LBS/*Bearbeiter*)

Leitner, Werner/Rosenau, Henning (Hrsg.): Wirtschafts- und Steuerstrafrecht, 1. Auflage, Baden-Baden 2017(zit.: Leitner/*Bearbeiter*)

Lenenbach, Markus: Kapitalmarkt- und Börsenrecht, Köln 2002 (zit: *Lenenbach*)

Lettl, Tobias: Kartellrecht, 3. Auflage, München 2013 (zit.: *Lettl*)

Loewenheim, Ulrich (Hrsg.)/Meessen, Karl M. (Hrsg.)/Riesenkampff, Alexander (Hrsg.) et al.: Kartellrecht, Kommentar, 3. Auflage, München 2016 (zit.: LMR/*Bearbeiter*)

Maunz, Theodor/Dürig, Günther/Herzog, Roman (Hrsg.) et al.: Grundgesetz, Kommentar, Band IV, 78. Ergänzungslieferung 2016, München 2016 (zit.: Maunz/Dürig/*Bearbeiter*)

dies.: Grundgesetz, Kommentar, Band VI, 78. Ergänzungslieferung 2016, München 2016 (zit.: Maunz/Dürig/*Bearbeiter*)

Merkt, Hanno/Rossbach, Oliver: Zur Einführung: Kapitalmarktrecht, in: JuS 2003, S. 217–224

Mestmäcker, Ernst-Joachim/Schweitzer, Heike: Europäisches Wettbewerbsrecht, 3. Auflage, München 2014 (zit.: *Mestmäcker/Schweitzer*)

Meyer, Andreas: Neue Entwicklungen bei der Kursstabilisierung, in: AG 2004, S. 289–299

Meyer-Ladewig, Jens/Nettesheim, Martin/von Raumer, Stefan (Hrsg.): EMRK, Europäische Menschenrechtskonvetion, Handkommentar, 4. Auflage, Baden-Baden 2017 (zit.: Meyer-Ladewig/*Bearbeiter*)

Möller, Andreas: Die Neuregelung des Verbots der Kurs- und Marktpreismanipulation im Vierten Finanzmarktförderungsgesetz, in: WM 2002, S. 310–317

Möllers, Thomas M. J.: Die juristische Aufarbeitung der Übernahmeschlacht VW-Porsche – ein Überblick, in: NZG 2014, S. 361–400

Neef, Andreas: Kartellrecht, Heidelberg 2008 (zit.: *Neef*)

Nettesheim, Martin: Normenhierarchie im EU-Recht, in: EuR 2007, S. 737–772

Oppermann, Thomas/Classen, Claus Dieter/Nettesheim, Martin: Europarecht, Ein Studienbuch, 7. Auflage, München 2016 (zit.: *Oppermann/Classen/Nettesheim*)

Park, Tido (Hrsg.): Kapitalmarktstrafrecht, Handkommentar, 3. Auflage, Baden-Baden 2013 (zit.: *Park*)

Pfüller, Markus/Anders, Dietmar: Die Verordnung zur Konkretisierung des Verbots *der* Kurs- und Martkpreismanipulation nach § 20a WpHG, in: WM 2003, S. 2445–2454

Poelzig, Dörte: Insider- und Marktmanipulationsverbot im neuen Marktmissbrauchsrecht, in: NZG 2016, S. 528–538

Radtke, Henning: Der strafprozessuale Tatbegriff auf europäischer und nationaler Ebene, in: NStZ 2012, S. 479–484

Rubner, Daniel/Pospiech, Lutz: Die EU-Marktmissbrauchsverordnung – verschärfte Anforderungen an die kapitalmarktrechtliche Compliance auch für den Freiverkehr, in: GWR 2016, S. 228–230

Sachs, Michael (Hrsg.): Grundgesetz, 7. Auflage, München 2014 (zit.: Sachs/Bearbeiter)

Säcker, Franz Jürgen (Hrsg.)/Rixecker, Roland (Hrsg.)/Oetker, Hartmut (Hrsg.) et al.: Münchener Kommentar zum Bürgerlichen Gesetzbuch, Band 6, 7. Auflage, München 2017 (zit.: MüKo-BGB/*Bearbeiter*, Bd 6)

dies.: Münchener Kommentar zum Bürgerlichen Gesetzbuch, Band 11, 6. Auflage, München 2015 (zit.: MüKo-BGB/*Bearbeiter*, Bd 11)

Saenger, Ingo/Aderhold, Lutz/Lenkaitis, Karlheinz et al.: Handels- und Gesellschaftsrecht, 2. Auflage, Baden-Baden 2011 (zit.: Saenger/Aderhold/*Bearbeiter*)

Schimansky, Herbert (Hrsg.)/Bunte, Hermann-Josef (Hrsg.)/Lwowski, Hans-Jürgen (Hrsg.): Bankrechts-Handbuch, 4. Auflage, München 2011 (zit.: SBL/*Bearbeiter*)

Schmidt-Bleibtreu, Bruno/Klein, Franz/Hofmann, Hans, (Hrsg.) et al.: GG Kommentar zum Grundgesetz, 13. Auflage, Köln 2014 (zit.: Schmidt-Bleibtreu/Hofmann/Henneke/*Bearbeiter*)

Schöbener, Burkhard: Das Verhältnis des EU-Rechts zum nationalen Recht der Bundesrepublik Deutschland, in: JA 2012, S. 885–894

Schomburg, Wolfgang/Suominen-Picht, Irene: Verbot der mehrfachen Strafverfolgung, Kompetenzkonflikte und Verfahrenstransfer, in: NJW 2012, S. 1190–1194

Schröter, Helmut/Jakob, Thinam/Klotz, Robert et al.: Europäisches Wettbewerbsrecht, Großkommentar, 2. Auflage, München 2014 (zit.: SJKM/*Bearbeiter*)

Schulte, Josef L.(Hrsg.)/Just, Christoph (Hrsg): Kartellrecht, 2. Auflage, Köln 2016 (zit.: Schulte/Just/*Bearbeiter*)

Schulze, Reiner/Zuleeg, Manfred/Kadelbach, Stefan (Hrsg.): Europarecht, Handbuch für die deutsche Rechtspraxis, 3. Auflage, Baden-Baden 2015 (zit.: Schulze/Zuleeg/Kadelbach/*Bearbeiter*)

Schwark, Eberhard: Kurs- und Marktpreismanipulation, in: Bankrecht und Kapitalmarktrecht in der Entwicklung, Festschrift für Siegfried Kümpel zum 70. Geburtstag, Berlin 2003, S. 485–499 (zit.: *Schwark*, FS Kümpel)

Schwark, Eberhard (Hrsg.)/Zimmer, Daniel (Hrsg.): Schwark/Zimmer, Kapitalmarktrechts-Kommentar, 4. Auflage, München 2010 (zit.: Schwark/ Zimmer/*Bearbeiter*)

Schwarz, Günther Christian: Kapitalmarktrecht – Ein Überblick, in: DStR 2003, S. 1930–1934

Schwarze, Jürgen (Hrsg.)/Becker, Ulrich (Hrsg.)/Hatje, Armin (Hrsg.) et al.: EU-Kommentar, 3. Auflage, Baden-Baden 2012 (zit.: Schwarze/*Bearbeiter*)

Schwarze, Jürgen: Rechtsstaatliche Grenzen der gesetzlichen und richterlichen Qualifikation von Verwaltungssanktion im europäischen Gemeinschaftsrecht, in: EuZW 2003, S. 261–269

Senger, Lothar (Hrsg.): Karlsruher Kommentar zum Gesetz über Ordnungswidrigkeiten, 4. Auflage, München 2014 (zit.: KK-OWiG/*Bearbeiter*)

Sieber, Ulrich (Hrsg.)/Satzger, Helmut/von Heintschel-Heinegg, Bernd: Europäisches Strafrecht, 2. Auflage, Baden-Baden 2014 (zit.: Sieber/*Bearbeiter*)

Sodan, Helge (Hrsg.): Grundgesetz, 3. Auflage, München 2015 (zit.: Sodan/ Bearbeiter)

Soltész, Ulrich/Marquier, Julia: Hält „doppelt bestraft" wirklich besser? – Der ne bis in idem-Grundsatz im Europäischen Netzwerk der Kartellbehörden, in: EuZW 2006, S. 102–107

Streinz, Rudolf (Hrsg.): EUV/AEUV, Vertrag über die Europäische Union und Vertrag über die Arbeitsweise der Europäischen Union, 2. Auflage, München 2012 (zit.: Streinz/*Bearbeiter*)

Teigelack, Lars: Insiderhandel und Marktmanipulation im Kommissionsentwurf einer Marktmissbrauchsverordnung, in: BB 2012, S. 1361–1365

Teigelack, Lars/Dolff, Christian: Kapitalmarktrechtliche Sanktionen nach dem Regierungsentwurf eines Ersten Finanzmarktnovellierungsgesetzes – 1. FimanoG, in: BB 2016, S. 387–393

Terhechte, Jörg Philipp: Der Vertrag von Lissabon: Grundlegende Verfassungsurkunde der europäischen Rechtsgemeinschaft oder technischer Änderungsvertrag?, in: EuR 2008, S. 143–190

Thomas, Stefan: Die kartellrechtliche Bewertung des sog. kapitalmarktrechtlichen „cornering", in: ZWeR 2014, S. 119–142

Voet van Vormizeele, Phillip: Kartellrecht und Verfassungsrecht, in: NZKart 2013, S. 386–393

Vogel, Joachim: Kurspflege: Zulässige Kurs- und Marktpreisstabilisierung oder straf- bzw. ahndbare Kurs- und Marktmanipulation?, in: WM 2003, S. 2437–2455 *von der Groeben, Hans (Hrsg.)/Schwarze, Jürgen (Hrsg.)/Hatje, Armin (Hrsg.)*: Europäisches Unionsrecht – Vertrag über die Europäische Union, Vertrag über die Arbeitsweise der Europäischen Union, Charta der Grundrechte der Europäischen Union, 7. Auflage, München 2015 (zit.: Groeben, von der/Schwarze/*Bearbeiter*)

von der Linden, Klaus: Das neue Marktmissbrauchsrecht im Überblick, in: DStR 2016, S. 1036–1041

von Dietze, Philipp/Janssen, Helmuth: Kartellrecht in der anwaltlichen Praxis, 5. Auflage, München 2015 (zit.: *von Dietze/Janssen*)

Voßkuhle, Andreas: Der europäische Verfassungsgerichtsverbund, in: NVwZ 2010, S. 1–8

Wabnitz, Heinz-Bernd (Hrsg.)/Janovsky, Thomas (Hrsg.): Handbuch des Wirtschafts- und Steuerstrafrechts, 4. Auflage, München 2014 (zit.: Wabnitz/Janovsky/*Bearbeiter*)

Weber, Martin: Kursmanipulation am Wertpapiermarkt, in: NZG 2000, S. 113–129

Weck, Jochen: Die Manipulation des LIBOR als Referenzzinssatz in kommunalen Derivate-Geschäften – Teil 2, in: KommJur 2013, S. 281–288

Widmaier, Gunter/Müller, Eckhart (Hrsg.)/Schlothauer, Reinhold (Hrsg.) et al.: Münchener Anwaltshandbuch Strafverteidigung, 2. Auflage, München 2014 (zit.: MAH-Strafverteidigung/*Bearbeiter*)

Wiedemann, Gerhard (Hrsg.): Handbuch des Kartellrechts, 3. Auflage, München 2016 (zit.: Wiedemann/*Bearbeiter*)

Wölker, Ulrich: Die Normenhierarchie im Unionsrecht in der Praxis, in: EuR 2007, S. 32–57

Zerey, Jean-Claude (Hrsg.): Finanzderivate, Rechtshandbuch, 4. Auflage, Baden-Baden 2016 (zit.: Zerey/*Bearbeiter*)

Zetsche, Dirk: Normaler Geschäftsgang und Verschwiegenheit als Kriterien für die Weitergabe transaktionsbezogener Insiderinformationen an Arbeitnehmer – Überlegungen zu Art. 10 I und 17 I der Marktmissbrauchsverordnung, in: NZG 2015, S. 817–824

Ziouvas, Dimitris: Das neue Recht gegen Kurs- und Marktpreismanipulation, in: ZGR 2003, S. 113–s146

www.ingramcontent.com/pod-product-compliance
Ingram Content Group UK Ltd.
Pitfield, Milton Keynes, MK11 3LW, UK
UKHW021130041026
8980IPUK00034B/1460

9 783631 773413